千载菁华

陈明光 著

—陈明光中国古代史论集—

厦门大学出版社
XIAMEN UNIVERSITY PRESS
国家一级出版社
全国百佳图书出版单位

图书在版编目(CIP)数据

寸薪集:陈明光中国古代史论集/陈明光著. —厦门:厦门大学出版社,2017.10
ISBN 978-7-5615-6615-2

Ⅰ.①寸…　Ⅱ.①陈…　Ⅲ.①中国历史-唐代-文集　Ⅳ.①K242.07-53

中国版本图书馆 CIP 数据核字(2017)第 170755 号

出 版 人	蒋东明
责任编辑	韩轲轲
封面设计	夏　林
技术编辑	朱　楷

出版发行	厦门大孝出版社
社　　址	厦门市软件园二期望海路 39 号
邮政编码	361008
总 编 办	0592-2182177　0592-2181406(传真)
营销中心	0592-2184458　0592-2181365
网　　址	http://www.xmupress.com
邮　　箱	xmup@xmupress.com
印　　刷	厦门市万美兴印刷设计有限公司

开本	720mm×1000mm　1/16
印张	38.25
字数	667 千字
版次	2017 年 10 月第 1 版
印次	2017 年 10 月第 1 次印刷
定价	138.00 元

本书如有印装质量问题请直接寄承印厂调换

厦门大学出版社
微信二维码

厦门大学出版社
微博二维码

作者简介

陈明光，男，1948 年生，祖籍福建省德化县，成长于厦门市。1982 年春，于福建师范大学历史系本科毕业。1984 年春、1988 年夏，先后获得厦门大学历史学硕士学位、历史学博士学位。历任厦门大学历史系讲师、副教授、教授、专门史（中国经济史）博士生导师，曾兼任厦门大学历史研究所副所长、厦门大学图书馆馆长、中国唐史学会副会长、中国经济史学会理事等职务。主要从事中国古代财政经济史、汉唐史研究。已发表学术论文百余篇，个人代表作有《唐代财政史新编》《六朝财政史》《汉唐财政史论》《中国古代的纳税与应役》等。合著有《中国赋役制度史》及《魏晋南北朝财政史》《隋唐五代财政史》（《中国财政通史》第三、四卷）等。著作多次获得中国出版政府奖、教育部全国高校人文社科优秀成果奖、福建省人文社会科学优秀成果奖。

序

陈明光教授是1982年春作为1977级本科毕业生考入韩国磐先生门下攻读硕士学位，1985年继续在韩师指导下在职攻读博士学位。那时，我兼任韩师助手和傅（衣凌）、韩二先生研究生班主任，自然和他们熟悉。那时的明光同志和其他研究生，都视攻读学位为人生不可多得的际遇，其奋发有为之势，今日不可遂见矣！

当时正值政治思想领域"拨乱反正"之后，学术界风正气清，既有复出之史学优秀传统影响，又有风气渐开，自由争鸣之环境，加之严师指导有方，他们的研究生学习气氛是非常好的，即所谓"才与世会合，物随诚感通"（白居易《旅次华州赠袁右丞》）也。这个时代，为他们奠定了日后成功进入学术研究阶段的基础。为此，我常常深感遗憾，因为自己没有机会经历这一宝贵的研究生阶段，这在日后一定程度上影响我的学术研究进程。

从明光同志收入本集的论文看，其治学特色之一是具备宏观理论素养，所以能摆脱历史研究的所谓"专业"方法束缚，运用经济学、财政学、法学理论，研究汉至唐宋的经济史。

首先，他较早关注汉唐的财政问题。中国古代史的教学和研究，一向比较重视赋役制度的阐述，但赋役制度和财政制度有区别，赋税的研究重在税项、税率（税负）、征纳方式及其社会效果；而财政史的研究，必然要分析国家财政本质、职能和作用等问题。明光同志的代表作《唐代财政史新编》（1991年版）提出"国家预算"概念，将唐代户部度支的"支度国用"和杨炎推行两税法的"量出为入"原则，判定为唐朝的国家"预算原则"，在学术界有相当影响。

《唐代财政史新编》一书是他的博士论文《唐代国家预算研究》修订而成的，也是他长期坚持探索汉唐财政赋税变革诸方面内在关系的结果。

本集多篇文章都围绕国家财政这个大主题。如《"修耕植，畜军资"——曹魏财政基本建设方针述论》一文从曹魏其财源主要依赖农业经济这一点出发，认定"修耕植,畜军资"为曹魏的财政建设的基本方针。《论曹魏财政管理的专职化演变》一文指出:新设度支尚书一职的确是魏文帝代汉后对于中央财政管理机构的重要改易。新设度支尚书,并强化其专职财政管理职能,成为汉唐财政中枢管理机构演变过程中的关键一步。财政管理由非专职化趋于专职化,体现了曹魏财政管理体制在汉唐财政制度变迁中承上启下的历史地位。《隋唐王朝赋税的来源与用途述论》一文从赋税是"国家凭借政治权力参与国民收入分配取得财政收入的活动,体现国家同社会集团、社会成员之间的分配关系"的角度加以分析,指出:唐朝后期无论是中央财政还是地方财政,其赋税用途都以官员俸禄和军费为大宗。也就是说,作者从财政学观点理解"赋税用途"。《唐朝财政国库制度述略》一文,将财政管理的重要部门国库进行研究。他认为国库就是"邦国库藏"缩略语,其言可谓精辟。他指出:太仓和左藏库集中了唐朝大部分的财政收入,既是唐朝中央一级财政的命脉之所系,也牵动着唐朝国家财政的全局面貌,因此称它们为"国库"应是名实相副。该文还对国库的收支事务管理、监督(如比部的勾稽,即审计;另有《唐朝中央对地方政府的财政监督述论》一文详述财政监督制度)做了阐述。唐朝财政运行的基本矛盾是什么?他在《略论唐朝的州县行纲》一文中认为:可概括为财源的高度分散性与支出的高度集中性的矛盾。发前人所未发,言皆中的也。《唐代后期地方财政支出定额包干制与南方经济建设》一文指出:唐代"地方财政实行支出定额包干制,贯彻的是'超支不补,结余留用'的基本原则"。所以"唐后期的地方长官手中有了一定的财政自主权"。一些地方政府自筹资金兴建工程,"涉及到城镇建设,兴修水利,改善交通,救灾,改建民居"等等。从财政自主权角度论述地方(主要是南方)的经济建设,出题新颖,令读者倍感兴趣。他还对广州的"市舶之利"与唐朝财政的关系做了深入分析,如认为唐朝广州的"市舶之利"与财政的关系,主要发生在与帝室财政之间;并对文宗《疾愈德音》中的"除舶脚收市进奉",断句为"除舶脚、收市进奉",前者属于国家财政收入,后者属于帝室财政采购并供进。这样深入辨误剖析,值得经济史研究者参考。关于五代的财政制度研究的文章有《五代财政中枢管理体制演变考论》《论五代时期臣属"贡献"与财政性》等。"考论"对五代建昌宫使、国计使、租庸使等使职掌的演变做了勾勒,多有辨正之言,有助于厘清变动中的五代财政中枢管理体系,所论有据。《从唐朝后期的"省司钱物"到五代的"系省钱物"——五代财政管理体制演变探微》写得很细致,言不孤发。该文指出:比较唐朝后期"省司钱物"的构成,五代"系省钱物"在"两税"方面发生了重大变化,就是五代中央财政把两税的正税和附加税全部"系省",并且没有从中划分出可由地方财政自行支配的"留州""留使"两个份额。五代中央财政以"系省钱物"承担了地方的军费、官俸等大宗支出。这也说明五代没有沿用唐朝后期支出包干的两税"留州""留使"制。五代的"上供"只是财赋调度方式；五代地方财政仍然有一定的合法收入，地方长官对此有支配权甚至自主权。这些论述有助于厘清五代的财政管理体制。以上文字说明，明光同志的研究以财政学理论为指导，纲举目张，使汉唐五代财政管理制度、政策的演变史实十分清晰，并开创了自己的特色研究领域，在许多课题的阐发上，为同时代学者所不及。

其次，明光同志关于汉唐经济史的研究，继承了中国史学的优秀传统，重视史实的辨误，精疏细校，抉瑕释疑，廓清了许多似是而非的问题。这一点正是目前部分史学研究著作所不足的。他在《汉宋时期农村"计赀定课"的制度性缺陷及其影响》一文中，对汉唐"计赀定课"的沿革进行梳理，既从税负公平角度评论"计赀定课"的合理性，又把"计赀定课"这一定税原则的沿革说清楚了。《走马楼吴简所见孙吴官府仓库账簿体系试探》一文，认为孙吴官府仓库账簿体系包括了收支分类账簿、作为会计凭证的账簿、与常规会计结算有关的账簿这三大部分，并对三类账簿作出试析，其实是很精到的分析，他自谦所做分析"不免猜测、推论"，但读者已惊其入微矣。历史是不断变革的过程，任何一项制度、政策，都有其变革的源和流，于此可见一斑也。

复次，明光同志从财政、赋税制度研究出发，切入学术界某些热点如产权、经济重心南移等问题，言无虚发，足资参考。《六朝'民田'的产权及交易方式》一文指出："六朝民田的私有产权受到法律的承认，其让渡必须经田主本人同意，买卖是让渡的主要形式。"这是对过去关于中国封建社会的"土地兼并"暴力论、无限性描述的纠正。《司法与产权》一文从司法和产权两方面着眼，以唐律令为中心，论述唐五代"籍没家产"的相关问题。秦汉以来，从产权的角度看，"在司法实践中，处死'反逆'罪犯并株连其亲属者之后，官府如何处置他们留下的家产，是必须面对的一个产权问题"。明光同志认为："唐朝对籍没全部家产这一刑罚的适用对象及相关问题，作出空前明确且详细的法律规定。"从产权的角度，唐朝官方对于所籍没资产是如何处置的？他回答说："唐朝官方对籍没资产的产权后续处置形式主要有两种：一是货卖，一次性地收利；二是作为官有资产进行经营，多是将田地出佃收租。此外，也有将籍没田产无偿分给百姓，或者用于代纳百姓的少数事例。""比起前期，这体现了对私有财产的一定程度的尊重和保护，无疑是中国古代法制和产权制度的一次进步。""就产权处置而言，五代官方对'籍没家产'，有将部分籍没家产由官有或官营课利，转为私有或私营而令其纳税的若干举动，成为五代时期产权变动的一种比较突出的现象。"该文从法制史角度论述籍没资产的产权转移情况,所论有据。《唐五代逃田产权制度变迁》一文对唐五代政府预期的产权政策的激励机制、逃田产权政策及赋税"摊逃"与当时民间私自处理逃田产权的情况互为因果问题均有点评,拓展了经济史研究的视野,切入了难以回避的古代个人财产的产权问题讨论。虽然对比较复杂的产权分割现象(如租佃关系中的产权)没有跟进研究,但其较早介入已是难能可贵了。

另一个热点是中国古代经济重心南移问题,《论六朝时期江南生产力积极因素的积淀》一文对此做了论述,提出"生产力积极因素的积淀需要较长的时间和广泛的空间"的观点,有助于中国古代经济重心南移为何时的判断。

最后,明光同志的专长在汉唐五代史研究,以财政史为中心兼及政治、简牍、人物、文化诸方面。他的文史功底深厚,诗文并茂,同侪望尘,美誉有加。

对明光同志学术成果和治学历程的评价其实就是对 1977、1978、1979 级大学本科毕业生成才的回顾。我当时曾参与厦门大学师资培养的"顶层设计",那时我任副校长,主管教学师资工作。在校长田昭武院士的领导下,和其他几位领导一起制订了厦门大学师资培养计划,重点放在 1977 级、1978 级、1979 级本科毕业且经过研究生训练的教师身上(也包括其他具备研究生学历的教师)。他们经过攻读硕士、博士学位之后,在教学科研中崭露头角。他们以后逐次被晋升为副教授、教授,授予博士生导师资格,为厦门大学的壮大、增誉做出重要的贡献。明光同志就是这批崭露头角的优秀人才之一。所以说,我也是借为《寸薪集:陈明光中国古代史论集》作《序》的机会,表达我的欣喜之情。因为我有幸看到在韩师等老一代学者辛勤培育下一代学人的成长,看到他们"青出于蓝而胜于蓝"的骄人成绩,看到当年学校诸公吐哺之功,终有硕果,吾额手相庆焉。

谨此为序。

郑学檬

2017 年 2 月 12 日于点涛斋

目　录

略谈中国古代商业史的几个问题

《高中历史课程标准》就"古代中国经济的基本结构与特点",提出"概述古代商业发展的概况,了解古代中国商业发展的特点",这是符合时代性和基础性的要求。说它具有时代性,是因为对古代中国商业比较广泛地展开研究并取得较多重要学术成果,是我国改革开放以来特别是提出建设社会主义市场经济体制的战略方针之后的景况,高中历史课程应该及时地加以反映。说它具有基础性,是因为在古代中国经济的基本结构中,商业与农业、手工业素称三大支柱,是讲述古代中国经济基本结构的题中应有之义。现行几种版本的新编高中历史教材对此都进行了一定的探索,虽然选择的资料各有侧重,但可以看出编者都认为教学的重点和难点在于两方面,一是如何概述古代中国商业发展概况,特别是揭示发展的主要表现和特点;二是如何评说古代中国官方商业政策的影响。我觉得,要比较好地处理这两方面的问题,无论是教材编写,还是教学实践,都有必要进一步厘清有关思路和概念。下面就三个问题略陈管见。

一、把握古代中国商业发展的趋势及其经济原因

谈商业,其实主要是谈商品的流通与交换,古今皆然。在古代中国,林林总总的商人从事的主要是商品的流通与交换,介入商品生产过程的只是少数;大大小小的城乡市场承载的是商品的流通与交换,形形色色的货币与金融机构也是为商品的流通与交换服务的。要描述古代中国商业发展的主要表现,归纳其特点,资料不是问题,关键是在剪裁资料之前,应该先对中国古代商业的发展趋势及其经济原因了然于胸。

纵观中国古代商业史,尽管有严重战乱或王朝政策导致的萧条衰落,但商

业的发展与繁荣犹如九曲黄河向东流,终究是阻挡不了的经济趋势。之所以如此,其根本原因或可概括为三个方面,即生产力提高引起的社会分工不断发展,社会经济发展的不均衡,以及人们消费需求的不断增长。

众所周知,商业的发展是以生产力提高引起的社会分工为基础的,而社会分工的不断发展又促进商业的繁荣。在古代中国,社会分工发展的表现之一,是人们从事的职业由趋同到不断分化,春秋战国以来所谓士、农、工、商的"四民"之分,反映的就是生产力提高导致的社会分工的重大发展。古代中国经济的基本结构虽然长期以自然经济为主,自给性的农业生产占据极为重要的地位,但由于社会分工的发展,加上自然资源分布的不均衡、生产技术的限制等,个体生产者很难真正做到自给自足,因此产品交换很早就出现了,如《诗经》所云"氓之蚩蚩,抱布贸丝"。北朝人颜之推在《颜氏家训·治家篇》描绘了这样一幅自给性生产的理想图画:"生民之本,要当稼穑而食,桑麻以衣。蔬果之畜,园场之所产;鸡豚之善,埘圈之所生。爰及栋宇器械,樵苏脂烛,莫非种殖之物也。能守其业者,闭门而为生之具以足",但仍不得不感叹"家无盐井"。因此,从产品交换逐渐发展为商品的生产与交换,是不可阻挡的一种经济发展趋势。同时,由于生产力的提高及人们消费需求的拉动,农业、手工业两大传统经济部门的生产分工也不断发展,如农业在秦汉已经从传统的粮食种植业分化出经济林、水果种植业,唐代南方茶叶种植业和元明江南棉花种植业的异军突起等,都是突出的经济现象,农民便有了粮农、林农、果农、茶农、花农之类的分工。手工业工匠的分工发生更早,春秋战国就有"百工"之称,逐渐形成诸如木匠、铁匠、革工、漆工、织工、金银匠之类的专业工匠。生产分工的发展可使产品单一化,从而提高生产效率,但也扩大了产品单一化与社会消费需求多样化之间的矛盾,必须更加依赖商业活动加以弥合。要言之,社会分工的不断发展,使得商品的流通与交换日益成为必不可少的经济活动,商业的不断发展是大势所趋。

社会经济发展的不均衡,也是古代中国商业呈现繁荣发展趋势的重要原因。在古代中国,社会经济发展的不均衡,首先是由于自然资源分布的客观差异引起的产品差异。农耕经济与畜牧经济的产品差异且不说,即使是同属于农业经济,许多地区之间也存在着自然资源与产品的差异。如《史记·货殖列传》所描述的:"夫山西饶材、竹、谷、纑、旄、玉石;山东多鱼、盐、漆、丝、声色;江南出楠、梓、丹沙、犀、玳瑁、珠玑、齿革;龙门、碣石北多马、牛、羊、旃裘、筋角;铜、铁则千里往往山出棋置。此其大较也。皆中国人民所喜好,谣俗被服饮食奉生送死之具也。故待农而食之,虞而出之,工而成之,商而通之。"因此,不同地区的大宗土特产依靠商人进行跨地区的流通与交换,即长途贩运,是古代商业早期发展的重要表现,此后长盛不衰。

至于人们消费需求的不断增长对于商业发展的刺激作用,如汉代《盐铁论·散不足篇》关于人们衣食住行消费水平的增长就有生动的议论。再如中唐饮茶风尚的广泛流行,使得大批茶商的身影遍布大江南北、长城内外,也是有力证明。兹不一一枚举。

总而言之,从整体上把握古代中国商业发展的历史趋势及其客观经济原因,当有助于在说明古代中国商业发展的概况时去其枝蔓、突出主干,也有助于辩证地评介中国古代王朝的商业政策。

二、关于古代中国商业发展的主要表现

古代中国商业的不断发展主要表现在哪些方面?在教材有限的篇幅中如何反映?这也要以宏观的视野鸟瞰。根据现有研究成果,我觉得或许以下四个方面应该加以反映。

一是从市场空间看,商业呈现从大小城市向广大乡村扩展之势。城市无疑一直是古代中国商业繁荣发展的主要载体,因此必须描述汉代以来不同类型的著名城市商业繁荣的景况,而唐宋以来农村集市贸易的发展,明清江南市镇商业的发展,也显示了商业的显著进展,应予以说明。

二是从商业组织形式看,表现为商行与商业行会的形成与显著增多。古代有所谓行商坐贾之分,这是从经营方式作出的区分。如上所述,行商从事的长途贩运一直是古代中国商业发展的重要表现,而城市的坐贾按经营商品区分的"行"不断增多,也是商业繁荣发展的直接反映。如唐代长安东市,"市内货财二百二十行,四面立邸,四方珍奇皆所积累"。[1] 从唐玄宗时期北京房山云居寺石经题记中,也可见大量的以经营商品为名的行会,如绢行、布行、米行、生铁行、炭行、肉行、油行、果子行、靴行,等等。[2] 至于宋代以来商行、商人行会的涌现及其垄断市场的种种行为,更是言之凿凿的史实。

三是从商品构成来看,古代中国商业从早期的以奢侈品为主,到唐宋以来

---

① （宋）宋敏求:《长安志》卷八。

② 北京图书馆金石组、中国佛教图书文物馆石经组编:《房山石经题记汇编》,书目文献出版社 1987 年版。

以生产资料、生活资料为主,如铁器、食盐、茶叶、棉花、布匹、粮食、日用百货等。一般认为,判断商业发展水平高低的重要标志之一,是生产资料和生活日常用品在商品构成中所占的比例。所以,上述商品构成的变化趋势,反映的是古代中国市场内涵与外延的同步发展,成为商业进一步发展的重要体现。

四是金融服务方式的创新,特别是唐代"飞钱"即异地汇兑的出现,是适应大宗的长途贩运(尤其是南方茶叶的购销)需求的划时代的金融服务形式变革。此后宋代的纸币(会子)和有价证券(茶引、盐钞等),明清的商号会票,清代票号、钱庄的银钱票等,莫不承其异地汇兑之精髓。这种便捷安全的金融服务方式的出现与推广应用,也是商业发展到较高阶段的一种表现。

三、正确认识与评说中国古代政府的商业政策及其影响

古代中国商业的发展不是一帆风顺,而是多有曲折,这与社会经济状况有关,也与官方的商业政策有关。历史事实说明,中国古代王朝采取何种商业政策,对于商业的阶段性发展确实会产生或大或小的影响,某些历史时期商业的萧条,无疑与政府强力推行压制私人商业的政策直接相关。不过,我觉得目前有些论著在评论中国古代王朝的"重农抑商"政策时,对其内涵与外延,或有误解,或有混淆之处。

"重农抑商"是今人对先秦以来历代王朝制定处理农业和商业两大经济部门关系的政策的一种概括,古人并没有使用这一词语。这就牵涉到今人提出的概念与古代诸多史实能否相符的问题。我觉得,我们在应用"重农抑商"这一概念时,必须注意经济分析,并且符合同一律(即在同一个思维过程中,每一个概念必须在内涵和外延上保持自身的确定性,并始终保持同一)。现有研究多认为,中国古代的"重农抑商"政策正式形成于秦国商鞅变法的时候。当时,它作为国家调控农业与商业这两个经济部门的人力资源投入的政策,是相辅相成、密不可分的,即抑商是为了重农,要重农必须抑商。《商君书·垦令》就是明证。当时,商鞅为了促使更多的劳动力投入农耕,对商人及其经商环境采取了诸多压抑性的经济措施,旨在迫使他们弃商从耕。之所以如此,是因为秦国当时的社会财富和国家财政收入主要来源于农业经济部门。

不过,如果我们要把汉朝初期统治集团采取的某些贱商措施也称为"抑商"的话,其内涵与商鞅时期"重农抑商"政策之"抑商"已经大相径庭了。因

为,汉初的"抑商"只是压抑商人的政治地位和社会地位,在经济上却是鼓励商人经商,对其获取高额的商业利润未加任何干预。《史记·平准书》说:"天下已平,高祖乃令贾人不得衣丝乘车,重租税以困辱之。孝惠、高后时,为天下初定,复弛商贾之律,然市井之子孙亦不得仕宦为吏。"从政治和法律上看,这的确是贱商政策。但是,从经济上看,它却称不上是抑商政策。其中只有"重租税以困辱之"一项具有经济内容,但当时针对商人的税收真的是很重吗?现有史料表明,西汉前期商人不同于农民的赋税负担有二项,一是"倍算"。据应劭的说法是:"汉律,人出一算,算百二十钱,唯贾人与奴婢倍算。"①二是算轺车。别人"轺车一算","商贾人轺车二算"。② 可是,纳税人税负的轻重,必须根据其经济收入相对而计。根据晁错的分析,汉初农民的田租即使是十五税一,相对于其生产能力和生活最低消费需求而言,已是相当沉重,"尚复被水旱之灾,急政暴(虐)[赋],赋敛不时,朝令而暮改。当具有者半贾而卖,亡者取倍称之息,于是有卖田宅鬻子孙以偿责者矣"。而商人"亡农夫之苦,有仟伯之得"。③司马迁指出:"因贫求富,农不如工,工不如商,刺绣纹不如倚市门。"就是说汉代农业、手工业、商业三个经济部门比较,经商的利润最高。如果把经营术高低考虑在内,"贪贾三之,廉贾五之"。④ 对此,《汉书音义》解释说:"贪贾未当卖而卖,未可买而买,故利少,而十得三。廉贾贵而卖,贱仍买,故十得五。"可知商人的利润通常可达30%至50%。更不要说那些高利贷商人的"取倍称之息"了。所以,商人一年比别人多交120钱的算赋以及一辆轺车多交纳120钱的税钱,这两项负担相对于其经济收入而言,绝对称不上是"重租税"。与此同时,西汉王朝对商人经商采取自由放任政策,提供了不少优惠,使商人获得巨大的经济收益。史载:"汉兴,海内为一,开关梁,弛山泽之禁,是以富商大贾周流天下,交易之物莫不通,得其所欲";"文帝之时,纵民得铸钱、冶铁、煮盐";⑤"冶铸煮盐,财或累万金"。正因为西汉初期奉行的是在政治上和法律上贱商,却在经济上鼓励私人商业的不同政策,才会出现晁错向文帝所指出的矛盾现象:"今法律贱商人,商人已富贵矣;尊农夫,农夫已贫贱矣,故俗之所贵,主之

---

① 《汉书》卷二,《惠帝纪》。
② 《史记》卷三〇,《平准书》。
③ 《汉书》卷二四上,《食货志上》。
④ 《史记》卷一二九,《货殖列传》。
⑤ 《史记》卷一二九,《货殖列传》。

所贱也;吏之所卑,法之所尊也。"①可见从经济的角度加以审视,笼统地说汉初是"重农抑商",实有含混乃至错误之处。

同样的,从经济的角度观察,我们也可以发现唐朝统治者并没有因为"重农"而采取"抑商"政策。因为唐朝前期基本上是不征收商税的,长期允许盐铁私营。唐后期实行两税法,规定:"不居处而行商者,在所郡县税三十之一,度所与居者均,使无侥利。"②并没有特别加重商人的两税负担。唐朝中央三令五申"两税外加率一钱以枉法论",也使地方政府向商人加税缺乏合法性。唐朝实行的盐铁茶酒等禁榷制度,在多数场合是允许私商参与的,只是要纳税输利。而且,我们不能一看到征收商税,就说政府在"抑商",必须具体分析所征收的商税是否必要和合理。中国古代政府也一直向农民征税,我们并没有据此便说"抑农"是古代的传统政策。论者举证古代中国政府"抑商"的另一类史实,是不少王朝在财政困难之际往往采取强制剥夺商业资本,或者与私商争夺商业利润的做法。这无疑与"重农"无关,而且也反证了当时私人商业繁荣发展、私人商业资本积累到相当多的程度。

所以,把"重农抑商"说成是中国古代一以贯之的"传统政策",既缺乏连贯的史实支撑,也不能在概念内涵方面取得一致。比较妥当的做法,是把"抑商"作为单独的一个历史范畴进行政治的、社会的和经济的不同分析,评论其不同的影响。从经济上看,政府有意压制私人商业的显著事例之一,是汉武帝时期采取的盐铁官营,完全禁止私营工商业,甚至发展到颁布算缗告缗令,严重摧残了商业资本和私人商业。不过当时并非没有商业,只是官营商业垄断了市场而已。明清实行过的若干压制私人商业的做法,影响都是一时的或者局部的。

最后,顺带地说,高中历史教材采用的有关概念应该尽量避免引起歧义或者增加教学难度。例如,有的教材使用"官商分利"这一概念。这其实是当今有的学者针对唐朝刘晏改革盐铁禁榷经营方式所作出的一种概括,古人并没有这一说法。因为此前第五琦的盐铁专卖形式是官方垄断产销,完全不让私商参与,官方独占专卖品之利。刘晏则在所掌管的东南地区改为官方控制专卖品的收购与批发,获得专卖加价之利,再让私商承担专卖品的销售,获取销售之利。这就是所谓"官商分利"的特定内涵。显然,在这种场合,"官商分利"是一个狭义的概念。可是,从字面上看,"官商分利"在商业史上还可以有其他

---

① 《汉书》卷二四上,《食货志上》。
② 《旧唐书》卷一一八,《杨炎传》。

的适用场合。譬如,在古代中国,政府对多数商品并未实行禁榷,商业利润或者由商人独占,或者政府通过征税而分得一部分,后者是否也可称为"官商分利"呢?古代中国历来是官营商业与私营商业并存,就整体的商业利润而言,这是否也是一种"官商分利"呢?还有,古代的官商勾结或者说官商一体化,其实是权钱交易,但商人向官吏行贿的钱财来源仍然是商业利润,这能不能也说是"官商分利"呢?这样一来,教材如果使用了"官商分利"的说法,教师就必须确切地掌握其特定内涵,并对学生做适当的解释,避免概念模糊。再如,有的教材采用"商帮"这一概念,定义为:"以地域为中心、以血缘乡谊为纽带","既'亲密'又松散的商人群体"。其实,这也是当代有些学者提出的概念,古代并无这一名物。不过,目前学术界对"商帮"做如此定义尚存争议。我个人也认为,不少论著所界说的种种冠以地名的"商帮",往往没有提供比较一致的可比的判断标准,并且对所谓"商帮"的群体性缺乏详实的资料论证。就是说,古代"商帮"的客体性仍有待验证。在现有研究状况下,高中历史教材如果采用这一概念,恐怕会在教学中造成一定的知识混乱。

驵侩、牙人、经纪、掮客

——中国古代交易中介人主要称谓演变试说

一、驵与侩

  中国古代对交易中介人这一角色的最早称谓,当是见于战国时期的作品《吕氏春秋·尊师篇》的"驵",文中为论证"得之于学"的益处,举六个或出身微贱,或曾作奸为盗的"刑戮死辱之人"为例,说他们后来分别师从孔子、墨子及其高足,"由此为天下名士显人"。其中一位是"段干木,晋国之大驵也"。所谓驵,是一种与商业相关的职业。司马迁在《史记·货殖列传》列举一年获利之巨可富敌封君贵族的若干行业,其中有"节驵会"一种行当,而《汉书·食货志》则写为"节驵侩"。据东汉许慎的《说文解字》,"驵"的本意是"牡马";"侩"为"合市也"。那么,"节驵侩"究竟是什么样的一种经济活动呢?对此汉唐之际的经学家已有所训诂。《史记·货殖列传》中,南朝刘宋人裴骃的"集解"征引徐广曰:"驵……马侩也。"唐人司马贞的《索隐》则引《汉书音义》曰:"会亦是侩也。节,节物贵贱也。谓估侩其余利比千乘之家。"并进而解释说:"驵者,度牛马市;云驵侩者,合市也。"唐人颜师古为《汉书·食货志》作注时又进一步说:"侩者,合会二家交易者也。驵者,其首率也。"《后汉书·逢萌传》载:"初,萌与同郡徐房、平原李子云、王君公相友善,并晓阴阳,怀德秽行。房与子云养徒各千人,君公遭乱独不去,侩牛自隐。"唐章怀太子李注曰:"侩谓平会两家卖买之价。"东汉高诱为《淮南子·氾论训》的"段干木,晋国之大驵也,为文侯师"一句作注称:"驵,市侩也,言魏国之大侩也。"按照他们的解释,套用今天的俗语,或许可以说"驵"是"侩"中的"大腕"。综合上述各家解释,我们或可归纳出这样的看法:秦汉之际,人们曾用"侩"来称呼从事说合马或牛交易的中介人;"侩"的职能在于评定出一个买卖双方都能接受的交易价格,促使买卖成交。

　　另有一说,认为《周礼·地官司徒》的属官"质人",职责在于"掌成市之贸贿。人民、牛马、兵器、珍异凡卖儥者质剂焉。"《辞源》解释"质人"的作用在于"主评定物价,保证货物质量"。这是平实之说。所谓质剂是贸易券契,有的著作认为:"'质人'就是管理市场的经纪人,由他负责制发买卖券契。"文中把"经纪人"的职责概括为"管理市场",其中是否包括中介交易,语焉不详。有的文章据此认为"质人"是中国古代商贸活动的经纪人的"雏形",是其最早的称谓。[①] 我们觉得此说证据尚嫌不足。实际上"质人"的身份应属于"市官"。《唐六典》卷二〇《太府寺》"两京诸市署"条,对市令、市丞这二种职官沿承"质人"而来的历史演变有简明扼要的说明,并规定了他们管理市场秩序、评定商品的上中下三等价格、监督商品质量以及交易中的度量衡的使用之类的职责,其中并无中介交易一项内容。可见在古代职官演变史上,质人和唐朝的市令、市丞一样都是"市官",没有交易中介人的性质。

　　秦汉人以"侩"指代交易中介人的语言习惯,一直沿用到近现代,并产生了诸如市侩、牙侩等常用名词。

　　必须指出,在中国古代文献中首见的交易中介人称谓,是作为马、牛一类牲畜交易的中介人的驵或侩,这一现象值得注意,它可能不是偶然的。因为,春秋战国时期的马、牛无论是在农业生产中,或是在攻防战争中,或是在交通运输中,都是极其重要的工具,一次交易的价值相当高,属于大宗买卖,是其他诸如"抱布贸丝"或是沽酒称盐的零散交易不能比拟的。在交易中,如何从"形容筋骨"去评判马、牛的良劣而确定其相应的价值,更是一种常人不易掌握的专门知识,买卖双方自己难以达成共识。而当时为适应社会上马、牛交易活动的需求,已经形成了相马经之类的学问,如《吕氏春秋·观表篇》就记载了十个善于相马者的姓名,"凡此十人者,皆天下之良工也,其所以相者不同,见马之一徵也,而知节之高卑,足之滑易,材之坚脆,能之长短"。不难想见,在民间活跃着更多的从生活实践和商业活动中积累丰富经验的谙熟马经、牛经者,在当地市场上具有撮合与仲裁马、牛买卖的一定权威。所以我们推测先秦时期市场上是在马、牛交易中而不是在其他小产品或小商品交换中首先出现专职的买卖中介人,是源于客观的经济原因,具有一定的必然性。

　　值得注意的还有,在古代文献中,"驵"作为牲畜交易中介人的"大腕",出现伊始就不是受人尊敬的角色。《吕氏春秋·尊师篇》是这样写的:

---

① 孟繁冶:《中国古代商贸活动中的经纪人》,《文史知识》1996 年第 5 期。

子张，鲁之鄙家也；颜涿聚，梁父之大盗也，学于孔子。段干木，晋国之大驵也，学于子夏。高何、县子石，齐国之暴者也，指于乡曲，学于子墨子。索卢参，东方之钜狡也，学于禽滑黎。此六人者，刑戮死辱之人也，今非徒免于刑戮死辱也，由此为天下名士显人，以终其寿，王公大人从而礼之，此得之于学也。

文中将"大驵"段干木与其他被鄙称为"鄙家""大盗""暴者""巨狡"的五个人相提并论，统统定性为"刑戮死辱之人"，无疑是贬义。推测其原因，一方面可能与先秦以来逐渐形成的"重农抑商"乃至"贱商"的官方政策有关，从而反映到儒生笔下。更主要的另一方面，应该是与"驵""侩"的特定行业行为相关，就是说驵、侩无须本钱，只凭到市肆上撮合成买卖即可获利，"驵"甚至因此致富。在胼手胝足辛勤劳作犹难以果腹的农业经济时代，这号人物自然会给人以游手好闲、不劳而获的不良印象。同时，先秦时期的"驵"作为"度市之魁"，很可能已经有垄断交易、欺行霸市之类的恶劣行径，一般小生产者和小商品交易者对此敢怒而不敢言，只能加以鄙称，从而也见诸儒生的笔端。

二、牙人与牙保

魏晋南北朝时期对交易中介人的称谓，除了"侩"之外，是否还有其他习惯称呼，史无明文。《太平御览》卷八二八《资产部八》"驵侩"条引晋令曰："侩卖者皆当着巾，白帖额，所侩卖者姓名，一足着白履，一足着黑履。"有的文章认为此处"侩卖者"就是指交易中介人，并说这条法规说明晋代政府要求交易中介人做到统一着装，在额头上的白帖上标明自己的姓名、经营行业如牛马、田产等，近乎"挂牌经营"等。[①] 不过，一般都将这条史料中的"侩卖者"理解为泛指在市肆开店设铺经营者（坐贾）。如果"侩卖者"确系"挂牌经营"的各种交易中介人，则说明晋代交易中介人之间的专业分工相当发展。可是，据目前的资料看，古代交易中介人的行业分工及其专称出现较迟，除了秦汉的"驵侩"这种牲畜交易中介人，到五代后周广顺二年（952 年）才在官方文告中见到"庄宅牙人"这种对专门从事田地房屋交易中介人的专称。所以尽管《太平御览》的编者将上引晋令列入"驵侩"类，但我们对将所谓侩卖者解释为专指"经纪人"存

---

① 孟繁冶：《中国古代商贸活动中的经纪人》，《文史知识》1996 年第 5 期。

有疑问。

根据出土汉简中的买卖契约来看,汉代买卖双方订立契约,须有中保人署名,如称"旁人""任者""知契约""证人"等。① 这种习俗到魏晋南北朝仍然存在,有"任知者""时证者""时人""任人"等多种称谓。《说文解字》称:"任,保也。"可见上述称谓都有中保人之意。有的学者认为中保人是对在买卖过程中充当中介人和保证人的总称,汉魏时期二者是不分的。② 这种推测不是完全没有理由。因为,"驵""侩"在撮合买卖、仲裁交易价格时,其实是在为买卖双方提供有关商品的所有权转换、质量与相应价格的信用保证。所以,从提供信用保证的角度来说,中保人的职责与中介人的职责有某种相似之处。

不过,进一步深究,我们认为汉魏的交易中保人与交易中介人二者实际上似是而非。首先,当时的中保人多数不是专业人员,往往是买卖双方的亲友、邻居或伙伴,其人选具有一定的随意性,所以他们在买卖过程中起的作用显然偏重于交易证明而非中介交易。其次,从契约上看,中保人所得报酬,多半只是饮酒,费用由买卖双方平均负担。而交易中介人的报酬一般比较可观,这些人在《史记·货殖列传》中被划归"贪贾三之,廉贾五之"之列,即利润可达交易总额的 30%～50%。③ 再者,后世仍然有类似的中保人存在,如唐代称为保人、见人、邻见人、知见人、证见人等,宋代则称为作中人、见交易人、见交钱人等,他们与作为说合交易角色的"牙人"同时并存,说明是与之区别的另一种身份。据本世纪 20 年代的调查,在不少地方仍有相似的习俗,即临时到场给一笔田宅买卖契约签名作证的人称为陪中、散中等,而说合该笔买卖并在契约上签名的人则称原中、顶中,后者所得报酬往往是交易价值总额的 3%～5%,前者一般也只是得到饮酒之类的款待。④ 总之,我们倾向于认为魏晋南北朝的中保人一般只是交易的中证人,不承担买卖中介的职能。

以"牙"字冠称交易中介人,古人已经指出最早的是在唐代玄宗开元年间(713—741 年)出现的"牙郎",其著名人物就是"安史之乱"的罪魁祸首安禄

---

① 中国科学院考古研究所编:《居延汉简甲编·释文》,科学出版社 1959 年版,第 169 页。

② 张传玺:《秦汉问题研究》,北京大学出版社 1985 年版。

③ 裴骃"集解"引《汉书音义》曰:"贪贾未当卖而卖,未可买而买,故得利少,而十得三。廉贾贵而卖,贱乃买,故十得五。"

④ 施沛生等编:《中国民事习惯大全》第一编,广益书局 1924 年版。

山、史思明。《旧唐书·安禄山传》载:"安禄山,营州柳城(治所在今辽宁朝阳市)杂种胡人也。……解六蕃语,为互市牙郎。"《资治通鉴》卷二一四在开元二十六年(738年)记事中则称史思明与安禄山"皆为互市牙郎,以骁勇闻"。胡三省对此注说:"牙郎,驵侩也,南北物价定于其口,而后相与贸易。"

此后,唐代官私文献中以"牙人"①"牙子""市牙子""市牙"②"牙侩"③"牙保"④等名称去称呼交易中介人的资料逐渐增多了。以"牙"字冠称交易中介人,特别是以"牙人""牙保"作为交易中介人主要的特定称谓的习俗,一直延续到近代。

这自然引起人们的兴趣,为什么"牙"字从唐代开始会变成对交易中介人的特称呢? 迄今为止大致有三种解释。

第一种可以日本学者稻叶君山为代表。他在发表于本世纪20年代的《驵侩、牙侩及牙行》一文中,提出如下解释:"牙人"之义渊源于"牙旗"之"牙",该字在唐代有特殊意义,一般指官府。由于驵侩的营业系为官府所经营,换言之,即归牙门办理之故,于是生出"牙侩""牙郎"的"牙"字,在这个场合,"牙"字已失去其原义,而成为官府之意。不过,小林高四郎对此说有所质疑。⑤

稻叶君山的说法在本世纪30年代传入中国,其后,有中国学者循其思路解释"牙郎"的由来,认为秦汉到唐代,凡市有市楼,有旗亭,亭上牙旗飘扬。当时的边境互市处,市楼上必建立将军牙旗,安禄山、史思明在旗下为评定物价的"市平",有如秦汉的驵侩,故名牙郎。⑥

的确,三国和唐朝的不少注家已经注解牙旗为"将军之旗"或"军前大旗",

---

① 如《唐会要》卷九五《泉货》"宪宗元和四年闰三月"条记事有"自今以后,有因交关用欠陌钱者,宜但令本行头及居停主人、牙人等检察送官"之句。

② 《旧唐书》卷一二五《卢杞传》记述"除陌法"的内容,称:"除陌法,天下公私给与、贸易,一贯旧算二十,益加算为五十;给与他物或两换者,约钱为率算之。市主人、牙子各给印纸,人有买卖者,随到署记,望日合算之。有自贸易不用市牙子者,验其私簿……法既行,主人市牙得专其柄,率多隐盗,公家所入,百不得半。"

③ 《新唐书》卷一七五《张又新传》记载,张又新"尝买婢迁约,为牙侩搜索陵突"。

④ (宋)李昉等编:《太平广记》卷八六"赵燕奴"条引《录异记》称赵燕奴"市肆交易,必为牙保"。

⑤ 小林高四郎:《唐宋牙人考》,原载《史学》1929年第8期;傅衣凌中译文载《经济资料译丛》1987年第3期。

⑥ 金宝国:《中国经济问题之研究》,中华书局1935年版,第65~79页。

竿上以象牙饰之;"军前立旗为门",称为牙门。^① 同时,唐人封演在《封氏闻见录》中指出,唐人所谓衙门是因尚武的社会风俗而从"牙门"一词讹变的。该书卷五"记公牙"条曰:"近俗尚武,是以通呼公府为公牙,府门为牙门,字稍讹变,转而为衙也。"此外,唐代长安宫城太极宫(又称西内)以太极殿为正牙,大明宫(又称东内)以含元殿为正牙。^② 所以可以确定,"牙"字到唐代已经具有代表官方的一层涵义。而且,唐代的一部分交易中介人也的确与官府发生了某种联系,如下所述即负有协助管理市场和征收"除陌钱"这一特定商品交易税的责任。

不过,如果如稻叶君山那样据此进而推论:或是因为"驵侩"的营业到唐代已是"官府所经营"的,或驵侩已"由民间自然发展而来的经纪商,而由政府公认,予以独占权",所以其称谓便转而与"牙"字联系在一起,则失之武断。因为,事实上,唐代政府并没有给"市牙"们以从事交易中介的"独占权",交易中介也并非是"官府所经营"的业务,这只要看看唐德宗颁行的"除陌法"中规定"除陌钱"要由市肆上的"牙人"在中介交易时一并征税,特别是还明文规定:"有自贸易不用市牙者,验其私簿,无私簿者,投状自集",^③就知道当时政府自己并不经营交易中介业务,而且允许甚至在官方划定的市场上买卖也可以不经过"市牙"之手。所以稻叶君山的思路并不是完满解释"牙人"称谓在唐代开始出现原因的最佳途径。

第二种解释是采用文字学的校勘之法,认为唐代牙人的"牙"字乃"互"字的转讹。最先记述这一解释的是北宋人刘攽,他撰写的《中山诗话》说:"古称驵侩,今谓牙,非也。刘道源云:本称互郎,主互市,唐人书互为㸦,因讹为牙。理或信然。"此后,南宋吴曾《能改斋漫录》卷四、元人陶宗仪《南村辍耕录》卷十一在解释"牙郎"一词时都有类似的说法。今人的有关论述也多采此说。

中国古籍在传抄、刊刻时,容易因字形相似而出现错讹。成语"鲁鱼亥豕"概括的就是此类"鲁成鱼,虚成虎""己亥成三豕"的传写之误。同样的,据北宋真宗大中祥符四年(1011 年)重修的《广韵》"互"字条说:"互,差互,俗作㸦。"

---

① 参见《辞源》第三册,商务印书馆 1979 年修订版第一版,第 1977 页"牙旗"条,第 1976 页"牙门"条。

② 按,《资治通鉴》卷二三六,"德宗贞元十八年七月辛未"条记事胡三省注曰:"唐东内以含元殿为正牙,西内以太极殿为正牙。唐制:天子居曰衙,行曰驾。牙,与衙同。"

③ 《旧唐书》卷四九,《食货志下》。

而在汉唐隶书中"牙"与"互"的字形也仿佛。① 所以汉唐之间,人们有把"互"字误抄为"牙"的。如《三国志》卷四四《姜维传》裴松之注引《汉晋春秋》有"不可以事有差牙"之句,"差牙"其实是"差互"之误。② 我们发现《册府元龟》卷四九四《邦计部·山泽第二》记载唐武宗开成五年(840年)盐铁使的一份奏疏,其中说江南地区发生的走私专卖品茶叶的非法活动,"皆是主人、互郎,中里诱引,又被贩茶奸党,分外勾牵"。这似是目前仅见的一条关于唐代文献有"互郎"之称的直接的珍贵证据。我们认为它或可支持"牙郎"可能是"互郎"之误的说法。当然,出于同样的原因,也有把"互"字的俗写形式误抄为"牙"的可能。

不过,即使"牙郎"真的是"互郎"之讹,毕竟只是一个名词,难道流传至今的唐人所谓牙人、市牙、牙子、牙侩等,都是互人、市互、互子、互侩之讹? 这方面恐怕没有如"互郎"那样的资料佐证。所以,对唐代为何产生把交易中介人的称谓与"牙"字联系起来的习俗,我们尚存疑窦。

第三种解释是民间俗说,认为干交易中介人这一行,"全凭一张能说会道的嘴,靠巧舌伶齿,游说买卖双方成交,因此被称为牙人"。③ 虽然这种说法缺乏文献佐证,有望文生义之嫌,然而它却抓住了交易中介人的行业特点,勾画出了这一社会群体的典型特征,很容易被一般人当作对"牙人"的正解而接受。

且不论原因究竟如何,唐代以后交易中介人的称谓便与"牙"字结下不解之缘。随着城乡商品交换关系在唐五代的进一步发展,商品流通之处几乎都可以看到牙人在其中穿针引线的忙碌身影。例如,后唐时期,"在京市肆,凡是丝绢、斛斗、柴炭,一物已上,皆有牙人"。④ "乡村杂货斗斛及卖薪炭等物,多被牙人于城外接贱籴买,到房店增价邀求。"⑤由此产生有关牙人称谓变化的另一点值得注意的现象,即此期出现了不少专业性牙人的名称。如中介马牛

---

① 汪仁寿:《金石大字典》卷十九,《牙部》,"牙"条。

② 周一良:《魏晋南北朝史札记》,中华书局1985年版,第41页。

③ 王受朋:《漫谈牙行牙税》,《天津文史资料选辑》第20辑,天津人民出版社1982年版,第189～193页。

④ (宋)王溥:《五代会要》卷二六,《市》,"天成元年"条。

⑤ (清)董诰等编:《全唐文》卷一○五,后唐庄宗:《南郊赦文》。

等牲畜交易者称马牙①；中介奴婢买卖者，唐代称女侩②，宋代称牙嫂或引至牙人③；中介粮食买卖者称米牙④；中介田地房屋买卖者称庄宅牙人⑤；中介绢丝买卖者称卖绢牙郎⑥；中介进口香料买卖者称贩香牙人⑦。在宋代海外贸易中还有专门替海外客商寻找主顾的"引领牙人"，兼负有为客商提供信用担保的"保舶牙人""保识牙人"等等。这些称谓蕴含着相当丰富的社会经济史的内涵，如牙人行业内部分工发展与社会商品交换关系变化的关系，不同专业的牙人的中介方式及习俗的异同等，都值得深入探讨。

唐宋之际，交易中介人除常被称为牙人外，在官方文书上还常冠以"牙保"之称。例如，唐穆宗长庆二年（822 年）八月十五日的敕文指出："或有祖父分析多时，田园产业各别，疏远子弟行义无良，妄举官钱，指为旧业。及征纳之际，无物可还，即通状请收，称未曾分析"，从而引起诸多诉讼纠纷。敕文接着规定：今后若遇到这类情形，"即请散征牙保代纳官钱"。⑧ 再如后唐天成元年（929 年）十一月，明宗下令禁断洛阳城内市场上的牙人活动，但又说："如是产业、人口、畜乘，须凭牙保，此外并不得辄置"。⑨宋代"牙保"一词屡屡见诸法律条文。如《宋刑统》卷十三《户婚律·典卖指当论竞物业》规定："如是卑幼骨肉蒙昧尊长，专擅典卖、质举、倚当，或伪署尊长姓名，其卑幼及牙保、引致人等，并当重罪，钱、业各归两主。"《名公书判清明集》所载田产诉讼案例及主审官员的判词所引法律条文中，都有不少"牙保"的称谓。

"牙保"之所以连缀成为唐宋以后交易中介人的又一种官方习称，我们认为主要是反映了唐宋政府对牙人行业的进一步干预与控制，强调了牙人在商业活动中不仅在商业信用方面要提供保证，而且在不少地方要负有法律责任。

---

①　（宋）李昉等编：《太平广记》卷三二八，《阎庚》。

②　（宋）李昉等编：《太平广记》卷二六一，《柳氏婢》；（宋）孙光宪：《北梦琐言》卷四，《柳婢讥盖巨源》。

③　（宋）吴自牧：《梦粱录》卷十九，《雇觅人力》；（宋）孟元老：《东京梦华录》卷三，《雇觅人力》。

④　（宋）朱熹：《晦庵别集》卷六，《施行专栏牙人不许妄收力胜等钱》（四库全书本）；（宋）吴自牧：《梦粱录》卷十六，《米铺》。

⑤　（宋）王溥：《五代会要》卷二六，《市》。

⑥　（宋）孙光宪：《北梦琐言》卷四，《柳婢讥盖巨源》。

⑦　（宋）朱熹：《晦庵集》卷十八，《按唐仲友第三状》。

⑧　（宋）窦仪等撰：《宋刑统》卷二六，《受寄财物辄费用》。

⑨　（宋）王溥：《五代会要》卷二六，《市》。

例如,按照宋朝法律的要求,牙人在中介田宅之类的物业交易时,必须在买卖契约上署名,表示他对卖主确实拥有物业的所有权及出卖的合法性负责,一旦发现有违背之处,必须受到法律制裁。

三、经 纪

就我们看到的资料而言,中国历史上以"经纪"称呼交易中介人可能是到明代才形成的习惯称谓。

"经纪"一词在中国古代文献上出现甚早,本意是纲常、法度。如《管子·版法解》曰:"天地之位,有前有后,有左有右,圣人法之,以建经纪。""经纪"在官私文献中具有"善于经营钱物"或"经营买卖"的新意义,始见于唐朝。南宋吴曾指出:"江西人以能干运者为经纪,唐已有此语。滕王元婴与蒋王皆好聚敛,太宗尝赐诸王帛,敕曰:'滕叔蒋兄,自能经纪,不须赐物。'"①唐太宗所谓的"经纪"显然有经营财利之意。再如,《册府元龟》卷四八八《邦计部·赋税第二》记载宪宗元和十五年(820 年)二月诏文称:"自今以后,宜准例,三年一定两税。非论土著客居,但据资产率。皆应属诸军诸使诸司人等在乡村及坊市居铺经纪者,宜与百姓一律差科。""居铺经纪者"就是开店做买卖的人。敦煌发现的唐人王梵志诗有:"经纪须平直,心中莫侧斜。些些征取利,可可苦他家。"②据诗意判断,"经纪"也是经商谋利之意。

宋元时期,"经纪"一词无论是在官方文书还是民间俗语中,其常见之义多指经营生意。如南宋朱熹在《审实粜济约束》规定中,将赈济对象分为上中下三等,其下等为"贫乏小经纪人及虽有些小店业买卖不多并极贫者"。③ 显然这种"小经纪人"是指没有开店的零散经营、本小利薄的小生意人。南宋洪迈在《夷坚志》记载不少流传民间的因果报应故事,如"吴民放鳝"一则,说吴中某人作卖鳝的小本生意,因将鳝放生,当夜梦见有人相告:"汝欲图钱作经纪,盍往某路二十里间,当可得。"明日,他果然在那里找到唐开元通宝钱二万文,"用为本业,家遂小康"。④ 另一则"王七六僧伽",讲屠夫姜某一日得到来路不正

---

① (宋)吴曾:《能改斋漫录》卷二,《事始》,"经纪语"。
② 张锡厚校辑:《王梵志诗校辑》,中华书局 1983 年版,第 139 页。
③ (宋)朱熹:《晦庵别集》卷七,四库全书本。
④ (宋)洪迈:《夷坚志丁》卷十六,四库全书本。

的钱财,其妻疑而诘之:"汝不作经纪,何缘得有钱?"①到了明代,"经纪"一词在官私文献中仍然有做生意赚钱之义。如吕坤在《去伪斋集》卷二《辨洪主事参疏公本》中写道:

> 且天下苍生,富者千无一二,贫者十常八九,饥肠瘦面,破帽烂衣,或给贴充斗秤牙行,或纳谷作枲枲经纪,皆投身市井,旬日求升合之利,以养妻孥。

他将"充斗秤牙行"与"作枲枲经纪"相提并论,显然此处的"经纪"不是牙人。又如冯梦龙《醒世恒言》卷三《卖油郎独占花魁》有"这十两银子,你做经纪的人,积攒不易"之句。再如,凌濛初《拍案惊奇》卷一《转运汉遇巧洞庭红》写道:"开船一走,不数日又到了一个去处……才住定了船,就有一伙惯伺候海客的小经纪牙人,攒得拢来。"这里的"小经纪"是用来修饰"牙人"一词的,形容他们经济实力有限,与后来的"牙行经纪"的含义仍有差别。

由于牙人通过中介交易而获取佣钱也是一种做生意赚钱的方式,也是一种"经纪",所以,在明人私人著述中,"经纪"一词在不少场合被用来代指"牙人"。如《金瓶梅词话》第五十六回讲到:"韩道国道:老爷叫俺每(们)马头上投经纪王伯儒店下……他店内房屋宽广,下的客商多,放财物不耽心。"从内容判断,那个开店接纳客商及其财物的经纪王伯儒就是牙人。特别值得提出的是明人李晋德写的《客商一览醒迷》一书,书中一方面对牙人的职责作出定义,称:"所谓牙者,权贵贱,别精粗,衡重轻,革伪妄也。"一方面经常把"经纪"作为"牙人"的同义词加以使用。例如,"远接岂是良牙"条的解说为:"经纪度无客投,必雇人远接,其素行不良可知。""好歹莫瞒牙侩,交易要自酌量"条的解说为:"货之精粗好歹,实告经纪,使好裁夺售卖。若昧之不言,希为侥幸出脱,恐自误也。"②这部书是关于客商如何选择及对待牙人的经验之谈,可见以"经纪"称呼牙人已经成为明代商人的习俗。

到了清朝,官方文书也常将牙人称作"经纪""经纪人"。如康熙二十一年(1684年),广东巡抚李士祯在题为"禁奸漏税"的告示中宣称:"仰往来客商店牙经纪人等知悉:……本处店牙经纪,俱要先验明税票,方许下载转售。"③此

① (宋)洪迈:《夷坚志丁》卷八,四库全书本。
② (明)李晋德:《客商一览醒迷》,山西人民出版社1992年版,第276～278页。
③ 李士祯:《抚粤政略》卷六,《文告》,文海出版社1988年版。

处经纪人、经纪即为牙人无疑。再如,清朝流通着银两与铜制钱两类货币,二者的比价时有波动,钱商即可通过贷放或囤积不同的货币获取厚利。雍正、乾隆年间,北京钱市上活跃着大批经纪,他们的职能在于评定银钱兑换比价,中介钱商与商民的货币贷放或买卖。雍正九年(1731年),户部提出处理京城钱价昂贵问题的措施,其中一条说:"京城向有奸民,勾通经纪,预发本银于大小铺户,收买制钱,多藏堆积,候钱贵始行发卖,名为'长短钱',应严行查禁。"①乾隆三年(1738年),清廷在御史陶正靖建议下取缔了钱市经纪。四年之后,不少官员主张予以恢复,理由是:"京城钱文一项,向设官牙经纪,领帖评价,嗣经御史陶正靖等条奏裁革,以致囤钱铺户无人说合,转致居奇。"于是京城仍设钱市经纪十二名,若逢钱商高抬钱价,"责成经纪严谕平减,不许垄断。……应令经纪等聚集一处,每日上市,招集买卖铺户商人,遵照官定市价公平交易"。② 从上述职能来看,钱市"经纪"就是牙人,亦即现代意义的货币经纪人。在有些地方,"经纪"一词是对官方认可的牙人的专称。如乾隆年间编纂的《直隶通州志》卷十七《风土》载:"凡田宅买卖集杂之事,多任牙侩,官给帖,谓之经纪。非其关说,则不得行。"总之,经纪作为对牙人的别称或专称,已经成为清朝官方的正式用语。

与此同时,从现存的清朝房屋买卖契约上可以看到,中介交易的经纪必须署名盖章,其称谓有如"顺天府房行经纪李纯一""顺天府房牙行经纪陶玉板""天津评房地官经纪深义兴"等等。③ 在清代后期的各种商业行规中,以"经纪"称呼牙人的习俗极为普遍。④ 清人梁章钜于道光二十八年(1848年)撰成的《称谓录》在"牙人"目下收有"经纪"一词,虽然他的解释引用的是《南村辍耕录》的"今人以善能营生者为经纪",⑤但说明在清代"经纪"作为"牙人"的另一种称谓,已经普遍使用到必须收入相关的工具书的程度。由此可见,"经纪"作为牙人的别称,在清代民众以及商人阶层内部也是通用的,并且一直沿用下来,如据本世纪20年代的调查,绥远、绥县二地,"买卖动产不动产,凡经牙保(俗名经纪)说合者,须按照卖价额给予报酬"。⑥

---

① 《清世宗实录》卷一〇八,雍正九年七月戊辰。

② 《清高宗实录》卷一六五,乾隆七年四月乙巳。

③ 张传玺主编:《中国历代契约会编考释》(下册),北京大学出版社1995年版。

④ 彭泽益主编:《中国工商行会史料集》(上下册),中华书局1995年版。

⑤ (清)梁章钜:《称谓录》,岳麓书社1991年版,第354页。

⑥ 施沛生等编:《中国民事习惯大全》,广益书局1924年版,第27页。

四、掮客

在现代汉语词汇中,掮客也是对牙人的一种别称。但是,在梁章钜的《称谓录》的"牙人"目中却没有收入这一词条。这或许表明起码在道光二十年之前,"掮客"一词还未与"牙人"联系起来。不过,到清人徐珂写的《清稗类钞·农商类》就有"上海掮客"条,说:

> 上海商业有所谓掮客者,处于供给与需用者之间,古曰牙郎,亦曰互郎,主互市贸易,日本称之为仲买人者也。不设肆,惟恃口舌腰脚,沟通于买者卖者之间,果有成议,即得酬,俗称用钱,亦作佣钱……而以地皮、房产之掮客,为尤易获利也。

他在同书《棍骗类》的"串通地皮掮客以行骗"条,也讲到上海地价甚贵,狡猾商人预先得知信息,购买地皮若干,他日转手,获利至有十倍、二十倍者,"然此等狡谋,非有地皮掮客为之画策,亦不能办。地皮掮客者,买卖屋地之媒介人黠者行骗,恒倚赖之"。可知"掮客"一词是鸦片战争后上海开埠以来人们对从事交易中介者的俗称,带有鄙视的口吻,或即出于上海方言。

本世纪30年代出版的《中国经济年鉴(下)》第四章第二节介绍各种"居间商",其中说:"牙行系内地仲买业,在上海、天津、汉口等通商大埠,尚有一种介于外国商人与本国商人之间仲买职务者,是为经纪,亦称掮客,或称跑客。"[①]据今人介绍,1900年以来老北京底层市民经营的各种行业中,有一种当地人称为"跑合的","也叫掮客,即旧社会替人介绍买卖,从中赚取佣金的人,交易所里叫经纪人"。[②]

根据有关资料,我们推测以"掮客"鄙称牙人,可能是鸦片战争后开埠通商才出现的习俗。

最后还要指出,中国历史上的交易中介人的称谓,除了上述主要的几种之外,在民间生活中,还有一些词义有交叉的称谓。例如"中人"之称,有的就是指说合本笔交易的中介人,上文对此已有所说明。再如"媒人"一词,本来在宋

---

① 商务印书馆1935年版。

② 王隐菊等编:《旧都三百六十行》,北京旅游出版社1986年版,第196~197页。

代,"媒婆"与"牙婆"是俗称为"三姑六婆"中的两种人,是有区分的。如《水浒传》第二十四回王婆自称:"老身为头是做媒,又会做牙婆。"但是,到了明清时期,由于政府对庶民蓄养奴婢有所限制,民间渐渐形成把买卖良人为奴婢的契约讳称为"婚书",从而把这种人口买卖中介人称为"媒人"、"官媒"的习俗。由此可见中国历史上交易中介人的种种称谓的确有着丰富的社会经济内容,值得仔细研究。

[注:本文第二作者毛蕾]

试论汉宋时期农村"计赀定课"的
制度性缺陷及其影响

一、汉宋时期农村"计赀定课"的
主要表现形式及其演变

汉宋时期的"计赀定课",①指国家根据纳税人拥有田地及家庭资产的多少(在很多场合表现为户等高低),具体确定其应交纳的赋税量或者应承担的力役。汉宋时期,"计赀定课"在农村成为越来越重要的赋役征派方式。限于篇幅,本文集中论述"计赀定课"中的课税,但对其制度性缺陷的探讨,同样适用于课役,故间或引证有关课役的资料。

"计赀定课"在汉宋时期成为农村越来越重要的税收计征方式,主要表现如下:

1.田赋的"计赀定课"

春秋时期井田制逐渐瓦解,自鲁宣公十五年(前594年)改行"履亩而税"以来,以纳税人拥有田地多少为依据的田赋征收,历代延绵不断。这无疑是汉宋时期最重要的一种"计赀定课"形式。唐朝后期实行两税法之后,更是"据地出税,天下皆同"。此可不赘。

2.征收人头税时的"计赀定课"

人头税曾经是汉宋时期农村主要的或者重要的税制,不过,在唐朝两税法改革之前,人头税在实际征收中也采取不少"计赀定课"的形式。例如,汉代的口钱、算赋是人头税,但起码在东汉时,政府在实际配税中实行了"计赀定课"的办法。如东汉在小乡设置一名啬夫,其职在于"主知民善恶,为役先后;知民

---

① (宋)王溥:《唐会要》卷八四,《租税下》,"大中六年"条。

贫富,为赋多少,平其差品"。① 《后汉书》卷九六《刘平传》载:刘平任"全椒长,政有恩惠,百姓感怀,人或增赀就赋,或减年从役"。可知东汉各户交纳的赋钱实际上与其家赀多少(贫富)相关。再如,汉魏的"调"制规定是以户为单位计征统一税额的纺织品,不过,正如唐长孺先生《魏晋户调制及其演变》一文所指出的:"调查户赀乃是汉代成法,汉魏间新行税目户调是据户赀决定差等的,以后自晋至南北朝都沿袭此制。"② 确实,两晋南北朝的"九品混通",或者称"九品相通",主要就是针对户调征收而采取的一种"计赀定课"方式。唐朝前期的租庸调是按丁男计征定额税,通常与纳税人的家庭资产即评定的户等无关,不过,在江南折租纳布、减免田租、岭南税米等三种情况下,还是与户等高低有所关联。③

3.按家庭总资产或者主要资产价值计税的"计赀定课"

就目前的资料来看,汉景帝时的"赀算",当是最早明确规定按家庭总资产价值计征的税项,家庭总资产价值达 1 万钱,要征税 127 钱。④ 此后,这种税制不时可见。如北凉的"赀马"是按户赀多少配养马匹。⑤ 北魏世祖拓跋焘曾"隐括贫富,以为三级,其富者租赋如常,中者复二年,下穷者复三年"。⑥ 南朝萧齐有"围桑品屋,以准赀课"⑦之制。北齐文宣帝"始立九等之户,富者税其钱,贫者役其力"。⑧ 唐朝前期户税是按户等高低分配的,正如武则天仪凤三年(678 年)的诏文所说的,户税"既依户次,贫富有殊"。⑨

4.唐朝两税法以来"计赀定课"的演变

上述三类农村"计赀定课"的不同情形,到唐朝建中元年(780 年)推行两税法时归于一途。两税法实行"户无主客,以见居为簿;人无丁中,以贫富为

① 《后汉书》卷一一八,《百官志》。
② 唐长孺:《魏晋南北朝史论丛》,三联书店 1955 年版,第 72 页。
③ 张泽咸:《唐五代赋役史草》,中华书局 1986 年版,第 12~14 页。
④ 《汉书》卷五《景帝纪》载:景帝二年(前 155 年)五月下诏规定:"今赀算十以上乃得官,廉士算不必众。有市籍不得官,无赀又不得官,朕甚愍之。赀算四得官,亡令廉士久失职,贪夫长利。"服虔注曰:"赀万钱,算百二十七也。"
⑤ 朱雷:《敦煌吐鲁番文书论丛》,甘肃人民出版社 2000 年版,第 25~30 页。
⑥ 《魏书》卷四上,《世祖纪上》。
⑦ 《南齐书》卷四○,《萧子良传》。
⑧ 《隋书》卷二四,《食货志》。
⑨ (宋)王溥:《唐会要》卷九一,《内外官料钱上》。

差"①的原则,各州的田赋总额即"两税斛斗"以现垦田为依据摊征,各州的"两税钱"总额则按户等高低摊征。这就是唐德宗要求中央使者与地方官员共同完成的"计百姓及客户,约丁产,定等第,均率作年支两税"②的任务。至此,农村的赋税全部是"计赀定课"。不过,两税法的计赀依据仍然分为两类:一类是计亩,一类是计家庭资产价值多少(最终形式表现为户等高低)。

从五代到宋朝,"推排"民户"物力"即评估家庭资产仍然是征派赋役(包括赋税化的"和买""和籴"等)的主要依据。据研究,宋朝在乡村摊派各种赋役主要有四种方式:一是按田地的多寡肥瘠;二是按人丁的多少;三是按五等主户的户等;四是按家业钱、夏税钱等。这几种方式经常交错重叠。两税虽然是土地税,却与户等即家资有相当密切的关系。宋朝对"推排"物力有明确的制度规定。③

总之,汉宋时期,"计赀定课"一直是农村重要乃至主要的赋役计征方式,对国家财政、农村经济都有重大影响。

二、汉宋时期农村"计赀定课"的制度性缺陷及其消极经济影响

宋人曾经针对两税法之前人头税性质的田赋计征方式(如北朝按一夫一妇或一床计征的租调、唐代按丁男计征的租庸调),批评说:"历代田赋,皆视丁中,以为厚薄。然人之贫富不齐,由来久矣。今有幼未成丁,而承袭世资,家累千金者,乃薄赋之;又有年齿已壮,而身居穷约,家无置锥者,乃厚赋之,岂不背谬!"④所以,从税负公平来看,"计赀定课"无疑要远比人头税合理。这当是汉宋时期王朝选择上述农村税制改革方向的基本考虑。迄今论者通常认为,就制度变迁而言,汉宋时期农村的赋税由人头税向资产税转化是一种进步,它有利于调节农村的贫富不均,减轻贫穷人口的赋税负担,有利于保持农村社会的稳定。同时,论者也揭示当时"计赀定课"实际上存在着严重的"放富役贫"的不公平现象,并且往往归咎于吏治腐败。这些都是正确的见解,不过尚不全

---

① 《旧唐书》卷一一八,《杨炎传》。

② (宋)王钦若等编:《册府元龟》卷四八七,《邦计部·赋税第一》。

③ 《宋史》卷一七八,《食货志六》。

④ (元)马端临:《文献通考》卷三,《历代田赋之制》引"沙随程氏曰"。

面。事实上,汉宋时期农村"计赀定课"在制度层面上还存在着若干严重缺陷,由此不可避免地要在实践中造成诸多弊端,并对农村经济发展产生不小的消极影响。下面就其三个方面的主要缺陷试做分析。

1.资产评估对象的法定界定长期不明晰

从传世文献和考古出土资料来看,汉宋时期国家对"资产"的评估对象有一定的界定,但在法令上长期却不明晰。例如,汉代有人口与家庭财产的登录制度,即八月案比。《后汉书·安帝纪》注引《东观汉记》说:"方今八月案比之时,谓案验户口,次比之也。"案验户口的同时也评估家庭资产,汉儒郑玄注《周礼·地官·小司徒》"及三年大比"一句,说:"大比,谓使天下更简阅民数及财物也。"那么,汉代官方"简阅"民户的"财物"是些什么东西呢?从出土文献来看是有一定的对象的。著名的居延汉简"礼忠"简有如下记录:

候长觻得广昌里　公乘礼忠年卅　小奴二人直三万　大婢一人二万
辎车二乘直万　用马五匹直二万　牛车二两直四千　服牛二六千　宅
一区万　田五顷五万　凡赀直十五万①

据此看来,汉代户籍登录的资产对象,不动产部分是田、宅,动产部分是奴婢、马、牛、辎车、牛车等,都属于价值比较大的财产。但是,迄今的资料也显示,汉代国家从来没有在法令上对资产评估对象作出明确的规定。永元五年(93年)二月丁未,和帝下诏说:"往者郡国上贫民,以衣履釜鬵为赀,而豪右得其饶利。"所说的情况是:"贫人既计釜甑以为资财,惧于役重,多即卖之,以避科税。"②衣履釜甑等日常生活用品都可以被算为资财,这说明当时国家对"资产"对象的法定界定是不明晰的。

此后至赵宋,情况大致相似。例如,从吐鲁番出土的北凉赀簿来看,北凉计赀对象有两大类,一大类是田,有常田、卤田、潢田、石田、无他田、沙车田等几种;另一大类是经营多年生的种植园,包括葡萄园、枣园、桑园之类。③ 不过,牛、马等大牲畜是北凉前后的王朝都曾规定要计入的资产对象,为什么北凉赀簿不列入?这是个疑问,但文献不足征。《晋书》卷三三《石苞传附子崇传》载,石崇被杀后,"有司簿阅崇水碓三十余区,苍头八百余人,他珍宝、货贿、

---

① 谢桂华等:《居延汉简释文合校》,简37、简35,文物出版社1987年版。
② 《后汉书》卷四,《和帝纪》。
③ 朱雷:《敦煌吐鲁番文书论丛》,甘肃人民出版社2000年版,第10~13页。

田宅称是"。有学者认为"簿"是指"赀簿",说明"在赀簿上登记的有水碓、田宅、珍宝、财货、奴隶(苍头)等"。① 此说对推测西晋"赀簿"的登记对象可备参考。东晋初,刘超出任句容县县令,史载:"常年赋税,主者常自四出结评百姓家赀。至超,但作大函,村别付之,使各自书家产,投函中讫,送还县。百姓依实投上,课输所入,有逾常年。"② 无论派官吏"四出结评百姓家赀",还是让百姓"各自书家产",两种做法先后可行,说明该县官民对"家赀"的评估对象是有共识的。不过,其"家赀"范围的限定究竟是句容一县的规定,或是东晋中央的统一规定,不得而知。南朝宋人称:"取税之法……乃令桑长一尺,围以为价,田进一亩,度以为钱,屋不得瓦,皆责赀实。"③齐帝诏称:"所在结课屋宅、田桑,可详减旧价。"④梁初,罗研鉴于"故事置观农谒者,围桑度田,劳扰百姓",建议梁武帝"除其弊"。⑤ 这些都说明南朝计税的资产对象是田地、房屋和桑树。不过,南朝列入"赀簿"的"家赀"是否只限这三项呢?也有疑问。如刘宋大明七年(463年)制定品官与"百姓"的占山之令,就规定"皆依品格,条上赀簿"。⑥ 说明山泽陂湖等也要列入赀产。刘宋元嘉二十七年(450年)为筹措大举北伐的军费,对扬、南徐、兖、江等四州"富有之民,家资满五千万,僧尼满二千万者,并四分换一,过此率计,事息即还"。⑦ 南齐顾宪之曾对武帝说:"山阴一县,课户二万,其民赀不满三千者,殆将居半,刻又刻之,犹且三分余一。凡有赀者,多是(土)[士]人复除。其贫极者,悉皆露户役民。"⑧这些富有的僧尼、士人的资产究竟有哪些?史籍均语焉不详。

唐初"量其赀产"而定的户等制,由三等改为九等,贫富的区分更加细致。不过,定户等时究竟是估量哪些资财,我们从现存的唐朝法令也未见明确规定。揆之情理,田地是农村的主要资产,而且不容易逃避官方的核实与统计,所以有学者认为唐朝的"资产"应包括动产与不动产两大类。然而,从吐鲁番出土的《唐开元廿一年十二月西州蒲昌县定户等案卷》来看,登记在户等簿上

---

① 朱雷:《敦煌吐鲁番文书论丛》,甘肃人民出版社2000年版,第10～13页。

② 《晋书》卷七〇,《刘超传》。

③ 《宋书》卷八二,《周朗传》。

④ 《南齐书》卷六,《明帝纪》。

⑤ 《南史》卷五五,《邓元起传附罗研传》。

⑥ 《宋书》卷一四,《羊玄保传附羊希传》。

⑦ 《宋书》卷九五,《索房传》。

⑧ 《南齐书》卷四六,《顾宪之传》。

的资产计有宅、菜园、牛车、牡牛、现有粮食(青小麦、廪粟)等几类,却未列入田地。① 这是为什么? 论者解释不一。两税法实行之后,陆贽曾向德宗建议:"每至定户时期,但据杂产校量,田既自有恒租,不宜更入两税。"②据此,当时评定户等的资产有田地和杂产两大类,但"杂产"的法定对象是些什么,仍不得而知。宪宗元和元年(806 年),独孤郁在《对才识兼茂明于体用策》中写道:"昔尝有人有良田千亩、柔桑千本、居室百堵、牛羊千蹄、奴婢千指,其税不下七万钱矣。然不下三四年,桑田为墟,居室崩坏,羊犬奴婢,十不余一,而公家之税,曾不稍蠲。"③据此似乎可以判定计征两税钱的资产应该只限于价值较大的田、室、大牲畜及奴婢等。可是,文宗大和年间(827—835 年),湖州刺史庾威"自立条制,应田地、奴婢,下及竹树鹅鸭等,并估计出税,差军人一千一百五十人散入乡村,检责剩征税钱四千九百余贯"。④ 他后来被贬,朝廷定的罪名是"扰人均税",⑤而并非"估计出税"的资产对象定得不对。这些资料都反映唐朝对资产评估的法定对象的界定其实并不明晰。

尽管入宋之后资产越来越被作为计税派役的依据,宋朝有"人户家产物业,每三岁一推排升降等第"⑥的制度规定,然而"家产物业"的法定对象仍然不明晰。一方面,我们看到宋朝中央时或有所规定。例如,仁宗时曾规定河北、河东不得将桑树折算为家业钱,以定户等。⑦ 当时吕公绰出知郑州,"尝问民疾苦,父老曰:'官籍民产,第赋役重轻,至不敢多畜牛,田畴久芜秽。'公绰为奏之,自是牛不入籍"。⑧ 这是针对一个地区的"牛不入籍"的特别规定。南宋初,高宗曾下令:"今年州县不得将牛、船、水车、应干农具增为家力。"⑨这也只是一时的豁除。由此可知宋朝的计资对象通常包括桑树、牛、船、水车、农具等。另一方面,我们又看到宋人不断地批评地方官吏评估资产时的随意性。例如,神宗熙宁元年(1068 年),知谏院吴充言:"乡役之中,衙前为重,被差之

---

① 唐长孺主编:《吐鲁番出土文书》第 9 册,文物出版社 1990 年版,第 97~100 页。

② (唐)陆贽:《陆贽集》卷二二,《均节赋税恤百姓六条》第三,中华书局 2006 年点校本。

③ (宋)李昉等编:《文苑英华》卷四八八,《体用》。

④ (宋)王钦若等编:《册府元龟》卷六九八,《牧守部·专恣》。

⑤ (宋)王钦若等编:《册府元龟》卷四七四,《台省部·奏议第五》。

⑥ (清)徐松辑:《宋会要辑稿》食货六九之二五。

⑦ (清)徐松辑:《宋会要辑稿》职官四二之三。

⑧ 《宋史》卷三一一,《吕夷简传附吕公绰传》。

⑨ (清)徐松辑:《宋会要辑稿》食货六九之二五。

日,官吏临门籍记杯杅、匕箸,皆计资产,定为分数,以应须求。"①熙宁中,郑獬上书称:"伏见安州衙前差役,最为困弊,其合差役之家,类多贫苦,每至差作衙前,则州县差人依条估计家活,直二百贯已上定差。应是在家之物,以至鸡犬、箕帚匕箸已来,一钱之直,苟可以充二百贯,即定差作衙前。"②熙宁九年(1076年)七月,大臣张方平针对征收免役钱上书说:"向闻役法初行,其间刻薄吏点阅民田庐舍、牛具畜产、桑枣杂木,以定户等,乃至寒瘁小家农器、舂磨、铲釜、犬豕,莫不估价,使之输钱。"③孝宗淳熙十一年(1184年)七月,朝臣言:江东江西风俗不同,从宋初立法,"元不用乡村物力推排,专以田地亩头计税,凡差科,只用亩头为额,其事甚简"。可是,当时"所在长吏,多不究法意,唯凭胥吏差保正副根括。凡田间小民粗有米粟、耕耨之器,纤微细琐,务在无遗,指为等第"。④ 宁宗庆元四年(1198年)十一月,朝臣言:"推排物力时期,弊出百端,升降增减,初无定数,富室输财,必欲销减;乡民揎役,互相隐藏。乃若深山穷谷之民,一器用之资,一豚彘之蓄,则必籍其直,以为物力。至于农民耕具、水车,皆所不免。"⑤可见宋朝中央对"计资"对象的法定界限实际上并没有明晰的限定。

总而言之,汉宋时期"计赀定课"的资产对象,包括田地和其他家财,但后者的法定对象究竟应包括哪些财物,国家一直缺乏明晰的法令界定。

2."计赀定课"没有设置免征基数

汉宋时期农村的"计赀定课",国家没有设置适用于各个户等的免税基数,只要有资产,无论总价值是多少,统统作为计税的依据。国家的优免政策,只是针对特定人户的身份性优免,通常是对贵族、官僚,如上述南齐"凡有赀者,多是士人复除";唐代后期进士及第的"衣冠户","广置资产,输税全轻,便免诸色差役";⑥宋朝"政和中,品官限田,一品百顷,以差降杀,至九品为十亩;限外之数,并同编户差科"。⑦

---

① (元)马端临:《文献通考》卷一二,《职役考一》。

② (宋)郑獬:《郧溪集》卷一二,《论安州差役状》,文渊阁四库全书本。

③ (宋)李焘:《续资治通鉴长编》卷二七七。

④ (清)徐松辑:《宋会要辑稿》食货六六之二三。

⑤ (清)徐松辑:《宋会要辑稿》食货七〇之八九。

⑥ (清)董诰等编:《全唐文》卷七八,武宗:《加尊号后郊天敕文》,上海古籍出版社1990年影印清嘉庆本。

⑦ 《宋史》卷一七三,《食货志上一·农田之制》。

3.资产价值评估办法不完善

首先,汉宋时期政府对不同资产的计价办法缺乏应有的规范。例如,汉代的田赋计征方法,是"田虽三十而以顷亩出税",①即名义上是分成税,实际上是定额税。但是对于肥瘠不同的田亩如何计征,官方却长期未加区分。直到东汉章帝建初年间(76—83年),山阳太守秦彭"兴起稻田数千顷,每于农月,亲度顷亩,分别肥瘠,差为三品,各立文簿,藏之乡县,于是奸吏局踏,无所容诈。彭乃上言,宜令天下齐同其制"。②中央才要求各州制定适用于当地的三等之分。再如,同样是对桑树这一项资产的计价,北凉和刘宋就不一样。出土的北凉赀簿说明,北凉对桑园采取每亩折赀三斛,即按种植面积折算固定价值的办法。③而刘宋则是"桑长一尺,围以为价",是每株计价。到了唐朝,陆贽指出:两税"唯以资产为宗,不以丁身为本,资产少者则其税少,资产多者则其税多。曾不悟资产之中,事情不一,有藏于襟怀囊匣,物虽贵而人莫能窥,有积于场圃囷仓,值虽轻而人以为富;有流通蕃息之货,数虽寡而计日收赢,有庐舍器用之资,价虽高而终岁无利。如此之比,其流实繁,一概计估算缗,宜其失平长伪"。④他说的是"计资"时遇到的两个实际难题,一是轻便小巧的贵重资产,不易被外人发现而列入估价对象;二是如何根据资产能否增值采取不同的计价办法。而唐朝对此束手无策。北宋王安石变法中,熙宁七年(1074年)七月,吕惠卿建议实行手实法,"其法:官为定立田产中价,使民各以田亩多少高下,随价自占;仍并屋宅分有无蕃息立等,凡居钱五当蕃息之钱一。非用器、田谷而辄隐落者许告,有实,以三分之一充赏。将造簿,预具式示民,令依式为状,县受而籍之。以其价列定高下,分为五等。既该见一县之民物产钱数,乃参会通县役钱本额而定所当输,明书其数,示众两月,使悉知之"。⑤此似为中国古代国家第一次欲区别田地质量以及动产、不动产、货币是否能增值等,制定统一的计价标准,立意是可取的。但是,宋人说:"手实之祸,下及鸡豚";"尺椽寸土,检括无遗,鸡豚狗彘,抄札殆遍"。⑥手实法对资产评估对象的限定形同具文,更遑论政府要制定和执行统一的计价标准了。不久手实法即被罢除。

① (汉)桓宽:《盐铁论·末通篇》。
② 《后汉书》卷七六,《秦彭传》。
③ 朱雷:《敦煌吐鲁番文书论丛》,甘肃人民出版社2000年版,第14页。
④ (唐)陆贽:《陆贽集》卷二二,《均节赋税恤百姓六条》第一。
⑤ 《宋史》卷一七七,《食货志上五·役法上》。
⑥ (唐)魏泰:《东轩笔录》卷一四,中华书局1983年校点本。

南宋初,范浚指出:"税赋之法,民因资产而有两税,因两税而有科率。军兴以来,敛取岁增,常产之民,日以雕瘵。州县索一丝缕,市一筋角,悉按户等高下差第敷入,无常产者秋毫不输。盖有囊金珠束缣素,时其低昂取赢赀以自肥者;盖有困藏廪积,乘农人之惟悴,贱收贵出,坐待谷直之翔踊者;盖有拥高赀行子贷息取倍称以朘剥贫民者,是等皆饮醲啗肥,朝歌夜弦,笑视编氓之困顾有得色。"①可见对"常产"和非"常产"如何区分评估征税才是合理、公平,直到宋朝还是悬而未解的难题。

其次,评估资产应由哪些人参与才能使评估结果比较公平、公正?汉宋时期国家也一直苦无良策。

汉宋时期,王朝出于"普天之下,莫非王土;率土之滨,莫非王臣"的王权观念,一直强调国家征税的强制性,因此对农村"计赀定课"最为注重的是运用官方势力,包括地方官员和乡官,并且形成一定的制度规定。如汉代的"八月算民",县令是要亲自参与的,所以荡阴县县令张迁的德政是:"八月算民,不烦于乡,随就虚落,存属高年。"②前述汉代的乡官要负"知人贫富,为赋少多"之责。汉末司空曹操的家赀多少是由其家乡谯县的县令评定的。③ 北周苏绰拟定的治国六条大政方针之一称:"租税之时,虽有大式,至于斟酌贫富,差次先后,皆事起于正长,而系之于守令。"④唐朝《唐六典》卷三〇规定县令应对"所管之户,量其资产,类其强弱,定为九等,其户皆三年一定,以入籍帐……及丁中多少,贫富强弱,虫霜旱涝、年实丰耗、过貌形状及差科簿等,皆亲自注定,务均齐焉"。宋朝也有类似的规定。

但是,要在广大农村挨家挨户一一评估其资产,事务琐细繁多,要求人数极为有限的县级官员亲自参与,他们必然力所不能及,只能笼统或敷衍从事;加上法定资产评估对象不明晰、计价办法不完善等,都给予地方官员上下其手的很大空间,经常要激化农村的社会矛盾。例如,东汉建武十五年(39 年)的"度田","刺史太守多不平均,或优饶豪右,侵刻羸弱,百姓嗟怨,遮道号呼"。⑤南齐时,"守宰相继,务在哀克,围桑品屋,以准赀课。致令斩树发瓦,以充重

---

① (宋)范浚:《香溪集》卷一一,《更化》,中华书局 1985 年校点本。

② (清)沈铭彝:《后汉书注又补·荡阴令张迁碑》,中华书局 1985 年校点本。

③ 《三国志》卷九《曹洪传》注引《魏略》:"初,太祖为司空时,以己率下,每岁发调,使本县平赀。于时谯令平洪赀财与公家等,太祖曰:'我家赀那得如子廉邪!'"

④ 《周书》卷二三,《苏绰传》。

⑤ 《后汉书》卷二二,《刘隆传》。

赋,破民财产,要利一时"。① 如下所述,直到宋朝,官吏在"计赀定课"时上下其手的现象同样严重。可见单纯依靠地方官员在农村"计赀定课",难于做到公平合理。

汉宋时期,国家有时也规定地方官员在"计赀定课"时,要有乡官或乡邻代表人物参与。如北魏世祖拓跋焘太延元年(435年)十二月诏:"若有发调,县宰集乡邑三老计赀定课,衰多益寡,九品混通,不得纵富督贫,避强侵弱。"②"乡邑三老"就是纳税人的乡邻代表人物。前述东晋句容县令刘超采取以村为单位,让纳税人自己申报家产和应纳税额的办法,这实际上是让乡邻发挥相互监督评议的作用。唐朝开元天宝年间,"县令与村乡对定,审于众议,察以资财"成为中央规定的"定户"程序之一。从上引《唐开元廿一年十二月西州蒲昌县九等簿案卷》看到,蒲昌县在胥吏送上来的定户等文书上申明:"当县定户,右奉处分,今年定户,进降须平,乡父老等通状过者。但蒲昌小县,百姓不多,明府对乡城父老等定户,并无屈滞,人无怨词,皆得均平,谨录状上。"③可知该县政府在评定户等时,有"乡城父老"参与并认可。天宝四载(745年)三月五日,玄宗下敕重申:"自今已后,每至定户之时,宜委县令与村乡对定,审于众议,察以资财,不得容有爱憎,以为高下,徇其虚妄,令不均平,使每等之中,皆称允者。仍委太守详覆。如有不平,县令录奏,量事贬降。其村乡对定之人,便与节级科罪。"④两税法时期,有些地方官员在"计赀定课"时也注意让乡官、父老参与。如唐德宗时,庐州刺史罗炯的做法是:"每里置里胥一人而已,余悉罢之。至定赋时期,集人正坐,众议其重轻,里胥书于籍,而无得措一辞焉。"⑤宪宗时,崔倰出任宣州南陵县令,"一旦,命负担者三四人,悉以米盐醯酱之具置于担,从十数辈,直抵里中佛舍下。因召集老艾十余人与之坐,遍谓:'里赋输之粗等者,吾不复问,贫富高下之大不相当,亟言之。不言,罪且死。不实,罪亦死。'既言之,皆笔于书,然后取所负米盐醯酱,饱所从而去。又一里亦如之。不十数日,尽得诸里所传书。因为户输之籍,有自十万钱而降于千百者,有自千百钱而登于十万者,卒事悬于门,莫敢隐匿者"。⑥穆宗长庆四年(824

① 《南齐书》卷四〇,《竟陵文宣王子良传》。
② 《魏书》卷四上,《世祖纪上》。
③ 唐长孺主编:《吐鲁番出土文书》第9册,文物出版社1990年版,第97～100页。
④ (宋)王钦若等编:《册府元龟》卷四八六,《邦计部·户籍》。
⑤ (清)董诰等:《全唐文》卷四七八,杨凭:《唐庐州刺史本州团练使罗炯德政碑》。
⑥ (唐)元稹:《元稹集》卷五四,《有唐赠太子少保崔公墓志铭》,中华书局1982年点校本。

年），同州刺史元稹上书朝廷说明自己的计地均税做法，称："臣自到州，便欲差官检量，又虑疲人烦扰。昨因农务稍暇，臣遂设法各令百姓自通手实状，又令里正、书手等旁为稳审，并不遣官吏擅到村乡。百姓等皆知臣欲一例均平，所通田地略无欺隐。"可知他不是直接使用州县官府的行政权力，而是让纳税人自己申报，同时依靠乡官进行监督，从而掌握田地数量，然后，"便据所通，悉与除去逃户荒地及河侵沙掩等地，其余见定顷亩。然取两税元额地数，通计七县沃瘠，一例作分抽税。自此贫富强弱，一切均平"。①　入宋之后，不少官员也强调计赀定课时应该采取官民结合的方式，让官吏、乡官、纳税人及其邻里一起评议，才会公正。例如，神宗熙宁四年（1071 年）五月，御史中丞杨绘言："臣窃谓凡等第升降，盖视人家产高下，须凭本县，本县须凭户长、里正，户长、里正须凭邻里，自下而上，乃得其实。"如果让中央司农寺自上而下地"画数，令本县依数定簿，岂得民心甘服哉？"②熙宁七年七月，吕惠卿建议实行让户主自报资产的手实法，理由是："按户令，手实者，令人户具其丁口田宅之实也。嘉祐敕：造簿委令佐责户长三大户录人户丁口税产物力为五等。且田野居民，耆户长岂能尽知其贫富之详？"③绍兴二十二年（1152 年）二月壬申，大理评事王洪对高宗说："申令所载，三年一造簿书，于农隙之时，令人户自相推排，盖欲别贫富，从均平也。"④这就更明确地要求纳税人要互相监督，纠举不实。

但是，让乡邻代表人物甚至纳税者本人参与"计赀定课"，仍然要求县级官员同时参与，这并没有减轻地方官员的工作量，反而使操作过程更加繁琐复杂，费时费力。因此，地方官吏迫于考课、征税期限等压力，最为便捷的还是借助乡官胥吏去完成。特别是在宋朝，县令实际任期只有二年左右，甚至更短，又有避籍规定，正如乾道七年（1171 年）周必大对孝宗说的："到官半年始知风俗，去替半年已怀归志，其间留心政事，仅有一岁。若又不待满而迁易，则弊何由不生乎？"⑤显然，他们对农村的"计赀定课"根本无法躬亲。而土生土长的"乡司"胥吏，"虽至微至贱，而关乎民事有最切。故凡乡司，知广狭之地、人户之虚实、赋役之重轻，皆所以熟讲而精究。往往民间之事，官司所不能知者，惟

---

① （唐）元稹：《元稹集》卷三八，《同州奏均田状》。

② （宋）李焘：《续资治通鉴长编》卷二二三。

③ （元）马端临：《文献通考》卷一二，《职役考一》。

④ （宋）李心传：《建炎以来系年要录》卷一七一，中华书局 1956 年版。

⑤ （明）杨士奇、黄淮等编：《历代名臣奏议》卷四九，《治道》，文渊阁四库全书本。

以所供为是；官司之事，人户所不能名者，惟以乡司所陈为实"。① 地方政府不得不倚重"乡司"进行编制五等版籍和"推排"民户物力的工作。虽然宋朝中央针对"乡司"也规定了不少条法，旨在防止弊端，②但实际上防不胜防，乡司胥吏营私舞弊现象非常严重。如南宋绍兴二十六年（1152 年）二月，行大理正杨揆指出："在法，人户家产物业，每三岁一行推排，升降等第，立为定籍，凡有差科，令佐躬亲按籍均定。比年尽付吏手，豪右计嘱，良民受毙。"③嘉定八年（1215 年）七月十九日，臣僚向宋光宗指出赈济时胥吏的"括责之弊"，称："夫户之贫富、口之多寡，虽有藉而不足凭。故欲行赈恤，必先括其户口……然乡耆、保正习为胥吏巧取之弊，每遇抄箚，肆为欺罔。略遗所至，则资身之有策者可以为无业，丁口之稀少者可以为众多。"④地方官员李元弼为了防止乡司胥吏在造五等簿时作弊，"将乡书手、耆户长隔在三处，不得相见，各给印由子，逐户开坐家业，却一处比照，如有大段不同，便是情弊"。⑤ 如此煞费苦心，说明"乡司"胥吏在定户以计税派役中的"情弊"相当严重和常见。

可见，汉宋时期农村的"计赀定课"，从制度层面上看，强调的是官方权威，但无论是地方官员，还是乡官胥吏，在具体执行中都存在着资产评估不实、税负不公等弊病。

三、"计赀定课"制度性缺陷的消极经济影响

上述"计赀定课"存在三个方面的制度性严重缺陷，对汉宋时期农村经济发展的消极影响相当明显。这可从贫、富两个阶层分别略做分析。

第一，对广大资产较少或极少的下户、贫户而言，"计赀定课"的税负相当不公平。前引资料已经说明，资产评估的法定对象不明晰，受害最大的是贫穷农民。而没有设置适用各个户等的免征基数，对于贫穷农民同样不公平。东汉时，荀悦针对汉王朝在土地占有严重不均状况下一律实行"轻田租"政策，批评说："古者什一而税，以为天下之中正。今汉民或百一而税，可谓鲜矣。然豪

---

①　佚名：《群书会元截江网》卷二八，《役法》，文渊阁四库全书本。

②　王棣：《从乡司地位看宋代乡村管理体制的转变》，《中国史研究》2000 年第 1 期。

③　（宋）李心传：《建炎以来系年要录》卷一七一。

④　（清）徐松辑：《宋会要辑稿》食货六八之一〇六、一〇七。

⑤　（宋）李元弼：《作邑自箴》卷四，《处事》，四部丛刊续编本。

强富人占田逾侈,输其赋大半。官收百一之税,民输大半之赋。官家之惠优于三代,豪强之暴酷于亡秦。是上惠不通,威福分于豪强也。"①

同样道理,由于汉宋时期农村存在严重的贫富不均,不设置免征基数的"计赀定课",贫穷人户的税负即使不多,相对于富人仍是很不公平的,不利于他们维持最低水平的生产和生活。同时,"计赀定课"的方法缺陷,让富豪人家通过与官员、胥吏、乡官勾结而逃税避役,国家的赋役负担更多地落在贫穷农民身上,使他们的贫困生活如雪上加霜。

第二,对资产较多的富裕农民乃至地主而言,"计赀定课"不设置免征基数,也有不利影响。史称,汉武帝实行算缗钱和告缗令时,"商贾中家以上大氐破,民媮甘食好衣,不事畜藏之业"。② 算缗、告缗是由征收资产税蜕变而成的对"中家"即中等人家的财富剥夺,其施之过度所引发的"不事蓄藏之业"即不愿意进行财富积累的社会风气,显然不利于社会经济的发展。同样道理,从农村经济发展需要资本积累和扩大生产规模等客观需要来看,计赀定课时不设置免征基数,资产越多纳税越重,这在一定程度影响了资产较多的富裕农民乃至地主增殖财富的积极性,这对于农村社会经济发展也有明显的消极影响。这在一定场合曾引起汉宋时期君臣的关注。例如,汉昭帝时,贤良文学在盐铁会议上说:"往者,军阵数起,用度不足,以赀征赋,常取给见民,田家又被其劳,故不齐出于南亩也。"③南朝刘宋时,周朗针对当时以田、宅、桑三项资产为计征户调依据的状况,上书朝廷说:"桑长一尺,围以为价,田进一亩,度以为钱,屋不得瓦,皆责赀实。民以此,树不敢种,土畏妄垦,栋焚橑露,不敢加泥。"④唐朝开元二十五年(737 年)五月,玄宗有诏称:"州县造籍之年,因团定户,皆据资产以为升降。其有小葺园庐,粗致储蓄,多相纠讦,便被加等。"⑤宋英宗治平四年(1067 年)九月,司马光上书说:"臣尝行于村落,见农民生具之微而问其故,皆言不敢为也。今欲多种一桑,多置一牛,蓄二年之粮,藏十匹之锦,邻里已目为富室,指抉以为衙前矣,况敢益田畴葺庐舍乎?"⑥应该说,汉宋时期农村富有阶层在"计赀定课"中之所以要千方百计逃税避役,与国家没有设

---

① (汉)荀悦:《汉纪》卷八,四部丛刊初编本。

② 《汉书》卷二四,《食货志下》。

③ (汉)桓宽:《盐铁论·未通篇》。

④ 《宋书》卷八二,《周朗传》。

⑤ (宋)宋敏求编:《唐大诏令集》卷一一三,《玄元皇帝临降制》,学林出版社 1992 年版。

⑥ (宋)司马光:《傅家集》卷四一,《论衙前札子》,文渊阁四库全书本。

置免税基数有一定的关系。

四、汉宋时期农村"计赀定课"制度性
缺陷产生的主要经济原因

汉宋时期,王朝对农村"计赀定课"的上述制度性严重缺陷虽然有一定的关注,却长期未能改正,究其原因,我们认为在很大程度上当是受制于客观经济条件。

首先,是因为当时农村各地区经济发展不平衡,物价水平不一,国家无法制定统一的资产评估标准。例如,汉代的地价在不同地区就有不同的价格,据研究,京都洛阳附近的地价在每亩 3000 钱左右,内郡的每亩在 400 钱到 1000钱左右,边郡的每亩在 20 多钱到 100 钱之间。[①] 房屋、牲畜等当亦是如此。所以国家就不可能对评定户等高低作出全国统一的资产价值标准规定。正如唐人元稹所感叹的:"税输之户,天地相远,不可等度。"[②] 宋神宗熙宁四年(1071 年)六月,刘挚上书说:"天下户籍,均为五等,然十七路、三百余州军、千二百余县,凡户之虚实,役之重轻,类皆不同。今欲敛钱用等以为率,则所谓不同者非一法之所能齐;若随其田业腴瘠,因其所宜,一州一县,一乡一家各自立法,则纷错散殊,何所总统,非所谓画一者。"[③]

其次,是受当时农村商品货币关系一直不发达的影响。以理揆之,在物价水平相近的同一地区,地方政府如果要制定适用当地的资产价值评估标准,似乎并非全然不可能。但是,由于汉宋时期农村商品经济和市场一直不够发达,除了田地之外,不少资产没有形成相对一致的市场价格;官府对部分常见商品的价格掌握都发生在县、州一级官府所在地的市场,这种商品价格不能等同于农户自有资产的价值,因此,地方官府如果想制定适用本地的资产计价标准,其实也有很大的客观困难。同样道理,对乡村的借贷资本数量及其利润,不管是乡邻还是官府都难于真实掌握,遑论计其资而纳其税。

最后,到宋代,虽然田亩更多地成为计赀定课的主要资产,但由于土地买卖空间活跃,地权变动非常频繁,以致政府的相关管理跟不上,难于及时、真实

①　李振宏:《居延汉简与汉代社会》,中华书局 2003 年版,第 254～259 页。
②　(唐)元稹:《元稹集》卷五四,《有唐赠太子少保崔公墓志铭》。
③　(宋)李焘:《续资治通鉴长编》卷二二四。

地掌握农村人户的土地财富增减状况,从而相应调整税负。宋代"诡名挟佃""有产无税""产去税存"等都是其典型表现。

[补注:本文写成时尚未见秦代"计赀定课"的资料面世。2013年,上海辞书出版社出版朱汉民、陈松长编《岳麓书社藏秦简(叁)》,首见秦代"訾税"史料,则中国古代农村"计赀定课"制度可溯源至秦代。请参见朱德贵、庄小霞《岳麓秦简所见"訾税"问题新证》(《中国经济史研究》2016年第4期,第80~96页)。]

"修耕植,畜军资"

——曹魏财政基本建设方针述论

一、曹魏确立财政建设基本方针的原因

曹魏财政在发展过程中,以什么作为指导财政收支活动的基本方针? 或者说曹魏财政运行中要处理的核心问题是什么? 对此史无明文。不过,分析有关资料之后,我们认为,初平三年(192 年)十二月,毛玠向曹操提出的"修耕植,畜(蓄)军资",后来成为曹魏财政建设的基本方针。也就是说,曹魏财政运行要处理的核心问题,是发展农业种植经济,保障军粮供给。这是曹魏财政不同于孙吴财政、蜀汉财政的特色之一。

这一财政建设基本方针的确定,有其经济背景和军事背景。从经济背景来看,曹魏逐鹿中原,以黄河中下游为其基本经济区。而这一基本经济区又是以农业种植经济为主,也就是说,立足于黄河中下游基本经济区的曹魏政权,其财源主要依赖农业经济,"修耕植"即是培养财源。当然,曹魏财源也包括部分盐利,但在财政收入中不占重要地位。而吴、蜀除了以农业经济为财源之外,孙吴"铸山为铜,煮海为盐,境内富饶"。① 蜀汉也可"煮盐兴冶,为军农要用"。② 因此,曹魏确立以"修耕植,畜军资"为财政建设的基本方针,其实是黄河中下游经济区的农业经济特色的反映。再就当时的现实财政需要而言,则是军粮极度匮乏,事关曹魏政权的存亡。汉末战祸严重破坏了黄河中下游地区的社会经济,战乱所及之处,民众或死或逃,田地荒芜,加上自然灾害肆虐,粮价飞涨,粮食来源发生危机。汉献帝与一批朝臣被董卓的部将挟持至洛阳,

---

① 《三国志》卷五四,《吴书·周瑜传》注引《江表传》。
② 《三国志》卷二八,《魏书·邓艾传》。

陷入饥荒,狼狈不堪。史载:"是时,蝗虫起,岁旱无谷,从官食枣菜。……天子入洛阳,宫室烧尽,街陌荒芜,百官披荆棘,依丘墙间。州郡各拥兵自为,莫有至者。饥穷稍甚,尚书郎以下,自出樵采,或饥死墙壁间。"①而各路军阀依仗武力立身,能否有比较稳定、持续的军粮来源,就成为决定其兴败的基本财政问题。如勃海(治在今河北南皮县东北)太守袁绍起兵讨伐董卓之初,逢纪对他说:"将军举大事而仰人资给,不据一州,无以自全。"而冀州刺史韩馥迫于占有幽州的公孙瓒的军事威胁,欲把冀州让给袁绍,治中李历谏曰:"冀州虽鄙,带甲百万,谷支十年。袁绍孤客穷军,仰我鼻息,譬如婴儿在股掌之上,绝其哺乳,立可饿杀。奈何乃欲以州与之?"②可见袁、韩双方谋士都把军粮视为生死存亡的关键所在。史称:"自遭荒乱,率乏粮谷,诸军并起,无终岁之计,饥则寇略,饱则弃余,瓦解流离,无敌自破者不可胜数。袁绍之在河北,军人仰食桑椹。袁术在江、淮,取给蒲、蠃。民人相食,州里萧条。"③

曹操之军初起,如何筹措军粮同样是生死攸关。所以,还在初平三年(192年)十二月,曹操入据兖州(治在今山东金乡县西北),毛玠就建言:

> 今天下分崩,国主迁移,生民废业,饥馑流亡,公家无经岁之储,百姓无安固之志,难以持久。今袁绍、刘表,虽士民众强,皆无经远之虑,未有树基建本者也。夫兵,义者胜,守位以财,宜奉天子以令不臣,修耕植,畜军资,如此则霸王之业可成也。

毛玠根据当时的社会经济状况和军事形势,为曹操建立"霸王之业"制定"奉天子以令不臣"的政治方针,"修耕植,畜军资"的财政建设基本方针,的确有过人的见识。史称曹操"敬纳其言",④不过由于缺乏必要的条件,并未立即付诸行动。

兴平元年(194年),曹操与多数军阀一样,面临军粮极其匮乏的严峻局面,甚至几乎为此付出重大的政治代价。当年夏天,曹操与吕布争战兖州大败,中称:"于是,袁绍使人说太祖连和,欲使太祖遣家居邺。太祖新失兖州,军

---

① 《三国志》卷六,《魏书·董卓传》。
② 《三国志》卷六,《魏书·袁绍传》。
③ 《三国志》卷一,《魏书·武帝纪》注引《魏书》。
④ 《三国志》卷一二,《魏书·毛玠传》。

食尽,将许之。"后听从程昱劝说,才放弃送家属为人质以联合袁绍的打算。①
史载:"是岁谷一斛五十余万钱,人相食,(曹操)乃罢吏兵新募者。"②可见军粮
匮乏大大削弱了曹操的实力。《三国志·魏书·荀彧传》载:"兴平二年,夏,太
祖军乘氏(治在今山东巨野县西南),大饥,人相食。陶谦死,太祖欲遂取徐州,
还乃定布。"荀彧则认为:"河、济,天下之要地也,今虽残坏,犹易以自保,是亦
将军之关中、河内也,不可以不先定。今以破李封、薛兰,若分兵东击陈宫,宫
必不敢西顾,以其间勒兵收熟麦,约食畜谷,一举而布可破也。"曹操采纳他的
建议,"大收麦,复与布战,分兵平诸县。布败走,兖州遂平"。可见军粮几成影
响曹操此次战略决策的关键。军粮匮乏还加重了曹操"奸诈"的性格色彩,据
《曹瞒传》载:"尝讨贼,廪谷不足,私谓主者曰:'如何?'主者曰:'可以小斛以足
之。'太祖曰:'善。'后军中言太祖欺众,太祖谓主者曰:'特当借君死以厌众,不
然事不解。'乃斩之,取首题徇曰:'行小斛,盗官谷,斩之军门。'"③这种传说事
出有因。

建安元年(196年)七月,曹操亲自带兵至残破的洛阳迎接汉献帝定都许
昌,途中不免"仰食桑椹"。④不过,就在当年,曹操在取得"奉天子以令不臣"
的政治优势,并且获得青州黄巾军数十万降众的人力物力之后,便着手实施毛
玠建言的"修耕植,畜军资"这一财政建设基本方针,逐步建立以屯田收获和田
租户调为基本财源,以军费特别是军粮为支出重点的财政收支结构。

我们认为,自建安元年起,"修耕植,畜军资"就作为曹魏财政建设的基本
方针,对此曹魏统治集团形成基本共识,不断围绕这一方针作出言辞稍异而主
旨相同的阐述。

例如,建安元年,曹操发布屯田令时明确指出:"夫定国之术,在于强兵足
食。秦人以急农兼天下,孝武以屯田定西域,此先代之良式也。"⑤他宣布以
"强兵足食"作为立国方略,其中包括"修耕植,畜军资"这一财政建设基本方
针。建安十八年(213年),曹操称魏王,史载:"(司马懿)言于魏武曰:'今天下

---

① 《三国志》卷一,《魏书·武帝纪》;卷一四,《魏书·程昱传》。

② 《三国志》卷一,《魏书·武帝纪》。

③ 《三国志》卷一,《魏书·武帝纪》裴松之注引《曹瞒传》。

④ 《三国志》卷一五注引《魏略·列传》载:"兴平末,人多饥穷,(新郑长杨)沛课民益
畜干椹,收蓄豆,阅其有余以补不足,如此积得千余斛,藏在小仓。"曹操"西迎天子,所将千
余人皆无粮。过新郑,沛谒见,乃皆进干椹"。

⑤ 《三国志》卷一,《魏书·武帝纪》注引《魏书》。

不耕者盖二十余万……自宜且耕且战。'魏武纳之。于是，务农积谷，国用丰赡。"①这说的是广泛开展军屯，进一步贯彻"修耕植，畜军资"的财政建设基本方针。建安二十三年（218年）秋，曹操至长安，欲亲征蜀，刘廙上疏曰："天下有重得，有重失：势可得而我勤之，此重得也；势不可得而我勤之，此重失也。于今之计，莫若料四方之险，择要害之处而守之，选天下之甲卒，随方面而岁更焉。殿下可高枕于广夏，潜思于治国；广农桑，事从节约，修之旬年，则国富民安矣。"②刘廙的"广农桑"主张，显然也是对"修耕植，畜军资"方针的一种解读。

三国鼎立局势确立之后，曹魏一方面面临着蜀汉、孙吴的军事威胁，即蜀汉"以攻为守"，频繁发动军事进攻，孙吴虽企图"限江自保"，但也不时出兵侵扰江北；另一方面自曹操以来曹魏即以统一中国为政治目标，这就要求曹魏必须长期保持强大的军事力量，其常备军起码达二十万，军粮供给始终占据财政运行的核心地位。这种持续的军事和财政的压力，使得曹魏必须继续奉行"修耕植，畜军资"的财政建设基本方针。如曹丕称帝后，司空王朗上《节省奏》曰："当今诸夏已安，而巴、蜀在画外。虽未得偃武而弢甲，放马而戢兵，宜因年之大丰，遂寄军政于农事。吏士小大，并勤稼穑，止则成井里于广野，动则成校队于六军，省其暴徭，赡其衣食。"黄初三年（222年）魏文帝曹丕欲率大军东征孙吴，王朗上疏劝阻说："臣愚以为，宜敕别征诸将，各明奉禁令，以慎守所部。外曜烈威，内广耕稼。"③不难看出，王朗的申说仍是围绕着"修耕植，畜军资"这一主旨的。当时，侍中辛毗也劝谏说："方今天下新定，土广民稀……今日之计，莫若修范蠡之养民，法管仲之寄政，则充国之屯田，明仲尼之怀远；十年之中，强壮未老，童龀胜战，兆民知义，将士思奋，然后用之，则役不再举矣。"④魏明帝曹叡在太和、青龙年间（227—236年）曾调役农民，大兴宫殿，不少大臣纷纷围绕应坚持"修耕植，畜军资"这一财政建设基本方针，对其滥兴力役加以劝谏。例如，司空王朗建议宫殿建造应适可而止，"其余一切，且须丰年。一以勤耕农为务，习戎备为事，则国无怨旷，户口滋息，民充兵强"。⑤太子舍人张茂说："且军师在外数千万人，一日之费非徒千金，举天下之赋以奉此役，犹将不

① 《晋书》卷一，《宣帝纪》。
② 《三国志》卷二一，《魏书·刘廙传》。
③ 《三国志》卷一三，《魏书·王朗传》。
④ 《三国志》卷二五，《魏书·辛毗传》。
⑤ 《三国志》卷一三，《魏书·王朗传》。

给，况复有宫庭非员无录之女，椒房母后之家，赏赐横兴，内外交引，其费半军。……愿陛下沛然下诏，万机之事有无益而有损者，悉除去之！以所除无益之费，厚赐将士父母妻子之饥寒者，问民所疾而除其所恶，实仓廪，缮甲兵。"①司空陈群说："丧乱之后，人民至少，比汉文、景之时，不过一大郡。加边境有事，将士劳苦，若有水旱之患，国家之深忧也。且吴、蜀未灭，社稷不安。宜及其未动，讲武劝农，有以待之。"②光禄勋和洽认为："民稀耕少，浮食者多。国以民为本，民以谷为命。故废一时之农，则失育命之本。是以先王务蠲烦费，以专耕农。自春夏已来，民穷于役，农业有废，百姓嚣然，时风不至，未必不由此也。……方今之要，固在息省劳烦之役，损除他余之务，以为军戎之储。三边守御，宜在备豫。料贼虚实，蓄士养众。"③廷尉高柔说："二虏狡猾，潜自讲肆，谋动干戈，未图束手，宜畜养将士，缮治甲兵，以逸待之。……讫罢作者，使得就农。二方平定，复可徐兴。"④护军将军蒋济疏称："今虽有十二州，至于民数，不过汉时一大郡。二贼未诛，宿兵边陲，且耕且战，怨旷积年。宗庙宫室，百事草创，农桑者少，衣食者多，今其所急，唯当息耗百姓，不至甚弊。弊边之民，倘有水旱，百万之众，不为国用。凡使民必须农隙，不夺其时。"⑤少府杨阜指出："致治在于任贤，兴国在于务农。若舍贤而任所私，此忘治之甚者也。广开宫馆，高为台榭，以妨民务，此害农之甚者也。百工不敦其器，而竞作奇巧，以合上欲，此伤本之甚者也。"他又说："方今二虏合从，谋危宗庙，十万之军，东西奔赴，边境无一日之娱；农夫废业，民有饥色。陛下不以是为忧，而营作宫室，无有已时。"⑥光禄勋高堂隆谏曰："今天下凋敝，民无儋石之储，国无终年之畜，外有强敌，六军暴边，内兴土功，州郡骚动，若有寇警，则臣惧版筑之士不能投命虏庭矣。"⑦司马懿也劝谏说："自河以北，百姓困穷，外内有役，势不并兴，宜假绝内务，以救时急。"⑧当时还出现"诸典农各部吏民，未作治生，以要利入"的情况，为此司马芝上奏说："王者之治，崇本抑末，务农重谷。……方今

---

① 《三国志》卷三，《魏书·明帝纪》注引《魏书》。
② 《三国志》卷二二，《魏书·陈群传》。
③ 《三国志》卷二三，《魏书·和洽传》。
④ 《三国志》卷二四，《魏书·高柔传》。
⑤ 《三国志》卷一四，《魏书·蒋济传》。
⑥ 《三国志》卷二五，《魏书·杨阜传》。
⑦ 《三国志》卷二五，《魏书·高堂隆传》。
⑧ 《晋书》卷一，《宣帝纪》。

二虏未灭,师旅不息,国家之事,惟在谷帛。"①直到曹魏后期的嘉平年间,兖州刺史、加振威将军邓艾仍建言:"国之所急,惟农与战,国富则兵强,兵强则战胜。然农者,胜之本也。孔子曰'足食足兵',食在兵前也。上无设爵之劝,则下无财畜之功。今使考绩之赏,在于积粟富民,则交游之路绝,浮华之原塞矣。"②

总之,曹魏之所以确立并长期奉行"修耕植,畜军资"这一财政建设的基本方针,是因为它适应了曹魏谋求以武力统一中国的政治、军事需求,适应了当时黄河中下游地区的农业种植经济凋敝亟待恢复的客观经济要求。当然,也因为它在实践过程中不断取得明显的财政经济效益。

二、曹魏"修耕植,畜军资"的主要措施及其效益

(一)屯田的"修耕植,畜军资"效益

曹操于建安元年在许县(治今河北许昌县东)始行屯田。关于屯田的财政效益,《三国志·武帝纪一》载:"是岁,用枣祗、韩浩等议,始兴屯田。"裴松之注引《魏书》称:"是岁,乃募民屯田许下,得谷百万斛。于是州郡例置田官,所在积谷,征伐四方,无运粮之劳,遂兼灭群贼,克平天下。"《三国志》卷一六《魏书·任峻传》载:"是时,岁饥旱,军食不足,羽林监颍川枣祗建置屯田,太祖以峻为典农中郎将,数年中所在积粟,仓廪皆满。"该传裴松之注引《魏武故事》所载曹操《令》曰:

> 故陈留太守枣祗,天性忠能……及破黄巾定许,得贼资业,当兴立屯田,时议者皆言当计牛输谷,佃科以定。施行后,祗白以为傪牛输谷,大收不增谷,有水旱灾除,大不便。反覆来说,孤犹以为当如故,大收不可复改易……祗犹自信,据计画还白,执分田之术。孤乃然之,使为屯田都尉,施设田业。其时岁则大收,后遂因此大田,丰足军用,摧灭群逆,克定天下,以隆王室。

上述史文都认为曹魏的屯田自建安元年以来就取得巨大的财政效益,对

① 《三国志》卷一二,《魏书·司马芝传》。
② 《三国志》卷二八,《魏书·邓艾传》。

曹操统一北方战争的军粮供给发挥了决定性的作用。不过,这种评价过于笼统,且有夸大之处。

例如,建安五年(200年)曹操抵御袁绍南侵的官渡之战,曹军"谷少而资储不如北",①军粮供给很困难。当时任峻是一名重要的财政官员,他先任骑都尉,曹操"每征伐,峻常居守以给军";后任典农中郎将,组织屯田甚有成效,以致有"军国之饶,起于枣祗而成于峻"之说。官渡之战,曹操令任峻负责军器和粮食的运输。由于敌军多次袭击抄截粮道,任峻"乃使千乘为一部,十道方行",并且派兵结阵营卫。② 从任峻的职掌判断,官渡曹军的军粮有相当一部分是取自屯田的收益。但是,在长达半年多的相持战中,曹操却几次有断粮之虞,几欲退军。同时,官渡之战期间,颍川郡(治在今河南禹县)的编户也是供给曹军军粮的一个重要来源;③离狐(治在今河南濮阳县东南)太守李典也"率宗族及部曲输谷帛供军"。④ 这二处的粮食来源显然不属于屯田收益。官渡之战胜利后,建安六年三月,曹操又"就谷东平之安民,⑤粮少,不足与河北相支,欲因绍新破,以其间击讨刘表"。终因荀彧劝阻而止。⑥ 另据《三国志·夏侯渊传》载:"及与袁绍战于官渡,行督军校尉。绍破,使督兖、豫、徐州军粮。时军食少,渊传馈相继,军以复振。"可见在官渡之战前后,曹魏的屯田效益并未达到"所在积谷,征伐四方,无运粮之劳"的程度。⑦ 又如,建安十六年(211年)曹操西征平定关中马超之叛,军粮主要依靠河东郡(治在今山西夏县西北禹王城)太守杜畿的税粮供给(详下),同时也在关中就地大量取粮。⑧ 可见,曹魏的屯田制度由于有一个发展过程,在曹操统一北方战争中所发挥的财政

---

① 《后汉书》卷七四,《袁绍传》。

② 《三国志》卷一六,《魏书·任峻传》。

③ 《三国志》卷二《魏书·文帝纪》载:"(黄初二年春正月)壬午,复颍州郡一年田租。"裴注引《魏书》载文帝《诏》曰:"颍川,先帝所由起兵征伐也。官渡之役,四方瓦解,远近顾望,而此郡守义,丁壮荷戈,老弱负粮。"

④ 《三国志》卷一八,《魏书·李典传》。

⑤ 《资治通鉴》卷六四,胡三省注曰:"据《水经》,东平寿张县西界,有安民亭。"在今山东东平县西南。

⑥ 《三国志》卷一,《魏书·武帝纪》。

⑦ 黎虎:《略论曹魏屯田的历史作用与地位》,《四川师院学报》1985年第1期。

⑧ 《三国志》卷九《魏书·夏侯渊传》载:"使张郃督步骑五千在前,从陈仓狭道入,渊自督粮在后。郃至渭水上,超将氏、羌数千逆郃。未战,超走,郃进收超军器械,渊到,诸县皆已降。韩遂在显亲,渊欲袭取之,遂走,渊收遂军粮……转击高平屠各,皆散走,收其粮谷牛马。"

效益，既有阶段性，也有地区性，不宜笼统而论。

当然，从总体上看，经过逐步推广，曹魏的屯田特别是民屯相当普遍。从有关资料来看，在许县、洛阳、汝南、淮南、淮北、合肥、荆州、关中、并州、河东、扶风、凉州、魏郡、颍川、宜阳、新野、小平、曲沃、蕲春、汲郡、睢阳、梁郡、谯郡、河内、弘农、列人、钜鹿、南皮、邺、原武、蓟、襄城、上邽、昌平、潞、槐里、陈仓、寿春、广陵、武威、酒泉等地，先后有过规模不等的民屯或军屯，[1]因而获得很大的财政效益。

不过，曹魏财政从民屯和军屯所取得的收益，由于存在财政投入的差异，其效益有所不同。

先说民屯。建安元年曹操在许县利用荒田、公田等土地资源组织的屯田，属于民屯。上引曹操表彰枣祗《令》言及"及破黄巾，定许，得贼资业，当兴立屯田"。后来邓艾也说："昔破黄巾，因为屯田。"[2]都指出许县屯田与曹操镇压黄巾军之间有一定的关系。对曹操的令文所指，韩国磐先生解释说：

> 所谓资业，当即指黄巾军的人力、物力。初平三年(192年)大破黄巾军于济北，"收降卒三十余万，男女百余万口，收其精锐者，号为青州兵"。[3] 降卒精锐者改编为青州兵，弱者数量还很大，未必都遣散，正好可安置于农业生产上，从事耕作。抑且农民军所用武器，正如贾谊《过秦论》中所说的"锄耰棘矜"，在平时是农具，起义时就作为武器。曹操镇压黄巾起义后，获得了大量的人力器械，即用此进行屯田。[4]

总之，曹魏在许县进行民屯时，利用了黄巾军降众的人力和物力，从而节省了大笔财政投入。不过，如上引《魏书》所说，"是岁，乃募民屯田许下"；"州郡例置田官，所在积谷"。《三国志》卷一一《魏书·袁涣传》载："是时新募民开屯田，民不乐，多逃亡。涣白太祖曰：'夫民安土重迁，不可卒变，易以顺行，难以逆动，宜顺其意，乐者乃取，不欲者勿强。'太祖从之，百姓大悦。"可见民屯

---

① 王仲荦：《魏晋南北朝史》上册，上海人民出版社1979年版，第138～140页。韩国磐：《曹魏的屯田》，《中国社会经济史研究》1982年第1期。郑欣：《曹魏屯田制度研究》，收入氏著《魏晋南北朝史探索》，山东大学出版社1989年版，第91～92页。

② 《三国志》卷二八，《魏书·邓艾传》。

③ 《三国志》卷一，《魏书·武帝纪》。

④ 韩国磐：《曹魏的屯田》，《中国社会经济史研究》1982年第1期。

的劳动力也有一部分是招募来的。

募民屯田,曹魏的财政投入如何呢?从屯田的收入分配办法来看,曹操最终采用枣祗所谓"分田之术",一般认为就是西晋时傅玄所说的:"旧,兵持官牛者,官得六分,士得四分;自持私牛者,与官中分。"①十六国时期前燕的封裕也说:"魏、晋虽道消之世,犹削百姓不至于七八,持官牛田者官得六分,百姓得四分,私牛而官田者与官中分。"②既然确定屯田收益在官与民或田兵之间分成的高低只是根据畜力来源一项,可见曹魏对民屯和部分军屯除有时租借予耕牛(但通过提高分成率获得报酬)之外,无需口粮、种子、生产工具等其他投入,而后即可获得亩产量的50%或60%作为财政收入,其纯收益率在50%以上。另外,东晋初,后军将军应詹建议利用江西良田屯田时说:"宜简流人,兴复农官,功劳报赏,皆如魏氏故事,一年中与百姓,二年分税,三年计赋税以使之,公私兼济,则仓盈庾亿,可计日而待也。"③陈连庆先生解释其分配方法是:"第一年不收租税。第二年开始按四六、五五分成收。第三年就既要负担田租,又要负担户调(绢二匹、绵二斤)了。"④由于曹魏对民屯不做直接的财政投入,若采用第一年免租税的办法以鼓励耕种者的生产积极性,当也是顺理成章的。陈氏的解释可备一说。在这种情况下,第一年的免租税实际上就是财政投入。不过,从曹魏前期对军粮需求急迫的财政状况考虑,我们认为如果曹魏实行过这种民屯收益分配办法的话,也应该是后起的,并且很可能只是在部分以鼓励垦荒为主要目的的地区实行。

再说军屯。曹魏的军屯最早见诸夏侯渊的事迹,约在建安十二年(207年)稍前,似属个别将领开展的临时屯田。前已指出,建安十八年,司马懿向曹操建议说:"今天下不耕者盖二十余万……自宜且耕且战。"史称"魏武纳之,务农积谷,国用丰赡"。这说的从此曹魏的军屯才逐步推广,⑤并获得巨大的财政效益。曹魏如何从军屯获取财政收益呢?有关正始年间(240—248年)邓艾在淮水开展军屯的记载是一段可供分析的典型资料。据《三国志·邓艾传》载,邓艾对淮水军屯的规划是:

① 《晋书》卷四七,《傅玄传》。
② 《晋书》卷一〇九,《慕容皝载记》。
③ 《晋书》卷二六,《食货志》。
④ 陈连庆:《〈晋书·食货志〉校注》,东北师范大学出版社1999年版,第56~57页。
⑤ 黄惠贤:《试论曹魏西晋时期军屯的两种类型》,《武汉大学学报》1980年第4期。

淮北屯二万人，淮南三万人，十二分休，常有四万人，且田且守。水丰常收三倍于西，计除众费，岁完五百万斛以为军资。六七年间，可积三千万斛于淮上，此则十万之众五年食也。

《晋书·食货志》记载邓艾实施屯田的情况是：

北临淮水，自钟离而南横石以西，尽沘水四百余里，五里置一营，营六十人，且佃且守。兼修广淮阳、百尺二渠，上引河流，下通淮颍，大治诸陂于颍南、颍北，穿渠三百余里，溉田二万顷，淮南、淮北皆相连接。自寿春到京师，农官兵田，鸡犬之声，阡陌相属。每东南有事，大军出征，泛舟而下，达于江淮，资食有储，而无水害。

黄惠贤指出，据此估算，邓艾主持的淮水军屯，4万名士兵耕作2万顷，每名佃兵耕种50亩地，每年要上缴125斛粮食，才可望达到"计除众费，岁完五百万斛以为军资"的财政目标。邓艾在淮水屯田是使用"带甲之士"的军屯，他们不带家属，"且耕且战"，其生产资料和生活资料都由政府供给。所谓"计除众费"，就是包括军屯士兵的生活资料和生产资料。因此，"这种军屯的收获物全部由政府占有，不存在定额租或分成租问题"。[1] 那么，"计除众费"要占总产量的多大比重？也就是说，如何估算曹魏对军屯的财政投入？仲长统指出建安时期的平均亩产量为3斛，[2]而邓艾说淮水屯田"水丰常收三倍于西"，其亩产量高于3斛应是肯定的。若以亩收4斛计，50亩共收200斛，上交125斛，则生产成本与士兵个人生活资源共费75斛，占总产量的37.5%。若亩收5斛，则"计除众费"要占去50%。不过，由于士兵的供给即"廪赐"标准是相对固定的，而曹魏的军屯生产工具往往是简陋的耒耜，[3]收获在很大程度依靠土地的自然肥力，生产成本投入也相对固定，因此，上述亩产量越高而"众费"所占比重却越大的推算不能成立。也就是说，若对淮水屯田的亩产量的估计过

① 黄惠贤：《试论曹魏西晋时期军屯的两种类型》，《武汉大学学报》1980年第4期。

② 《后汉书》卷四九《仲长统传》载，仲长统在《昌言·损益篇》称："今通肥饶之率，计稼穑之入，令亩收三斛，斛取一斗，未为甚多。"

③ 黄惠贤：《试论曹魏西晋时期军屯的两种类型》，《武汉大学学报》1980年第4期。

高,则从投入产出的关系来看会遇到无法解释的问题。所以我们倾向于估计邓艾在淮水屯田的亩产量为4斛左右,其财政纯收益率应在六成以上,高于民屯的纯收益率。

曹魏的军屯还有一种类型为"士家屯田",约开端于魏文帝时期。"士家"亦称"兵家",是指当时世代当兵、身份卑贱化的兵户,具有兵家和屯田民的双重身份,有一定家资,甚至拥有耕牛,收获物与官府分成。① 分成办法当即上引晋人傅玄所说的:"兵持官牛者,官得六分,士得四分;自持私牛者,与官中分。"

不管是"计除众费"的"且田且守"的军屯,还是采用分成制的其他屯田,曹魏为了从中获得更多的粮食收益,都要设法提高亩产量,为此采取了严密劳动组织管理、努力提高亩产量、兴修水利、减轻屯田民的徭役负担等措施。

在屯田的组织管理方面,曹魏设置专门的屯田职官,独立于郡县行政系统之外,自成一体,以管理屯田。屯田事务的规划,在中央由大农(后改称大司农)负责。大农下辖典农中郎将、典农校尉、司农度支校尉、典农都尉(或屯田都尉)、校尉丞、②典农功曹、典农纲纪等各种官员,分别承担具体管理职责。曹魏对民屯建立了一套管理办法,如《三国志》卷一一《魏书·国渊传》载,曹操"欲广置屯田",令司空掾属国渊负责其事。"渊屡陈损益,相土处民,计民置吏,明功课之法,五年中仓廪丰实,百姓竞劝乐业。""相土处民,计民置吏,明功课之法"显然就是生产的组织及管理等办法。至于军屯的生产单位,有的按一营60人组织,如上述邓艾在淮水,"北临淮水,自钟离(今安徽凤阳县东北)而南横石以西,尽沘水四百余里,五里置一营,营六十人,且佃且守"。更多的当是按一屯50人组织。因晋武帝咸宁元年(275年)十二月有诏称,以官奴婢"代田兵种稻,奴婢各五十人为一屯,屯置司马,使皆如《屯田法》"。③ 既然一屯50人是依照《屯田法》,则应是魏晋之际比较普遍的军屯生产单位的组织形式。

为提高屯田的亩产量,曹魏一方面对屯田的人均耕地面积加以控制,避免广种薄收,所以,晋泰始四年(268年),傅玄上疏指出:"魏初课田,不务多其顷

---

① 黄惠贤:《试论曹魏西晋时期军屯的两种类型》,《武汉大学学报》1980年第4期。

② 《后汉书》卷三六注引《魏志》曰:"曹公置典农中郎将,秩二千石。典农都尉,秩六百石,或四百石。典农校尉,秩比二千石。所主如中郎。部分别少,为校尉丞。"

③ 《晋书》卷二六,《食货志》。

亩，但务修其功力，故白田收至十余斛，水田收数十斛。"①一方面因地制宜推广比较先进的种植技术，典型事例为邓艾在上邽（今甘肃天水市），史称："艾修治备守，积谷强兵。值岁凶旱，艾为区种，身被乌衣，手执耒耜，以率将士。"②区种法是汉代开始在关中地区推行的一种防旱保墒的种植方法，"其中既包括农业耕作园田化的趋向，又包括深耕细作，增肥灌水，等距全苗，合理密植，种子处理，加强管理等一整套的农田丰产技术"。③晋人嵇康说："夫田种者，一亩十斛，谓之良田，此天下之通称也。不知区种可百余斛。田种一也，至于树养不同，则功收相悬。"④韩国磐先生慎重地指出："这里亩收有数十斛乃至百斛，恐因亩制与量具大小差别悬殊所致。"⑤不过，区种法具有增产之效则是无疑的。

在兴修水利方面，著名的如扬州刺史刘馥在合肥，"广屯田，兴治芍陂及茹陂、七门、吴塘诸堨以溉稻田，官民有畜"。⑥荆州刺史、征东将军胡质"广农积谷，有兼年之储，置东征台，且佃且守。又通渠诸郡，利舟楫"。⑦邓艾在淮水屯田时，"兼修广淮阳、百尺二渠，上引河流，下通淮颍，大治诸陂于颍南、颍北，穿渠三百余里，溉田二万顷"。⑧司马懿在"青龙元年（233年），穿成国渠，筑临晋陂，溉田数千顷，国以充实焉"。⑨同时，有不少将领以身作则，如建武将军夏侯惇任陈留、济阴太守时，"时大旱，蝗虫起，惇乃断太寿水作陂，身自负土，率将士劝种稻，民赖其利"。⑩又如上述邓艾在上邽的"为区种，身被乌衣，手执耒耜，以率将士"。

为了让典农官管理的屯田民能专心从事农业生产，曹魏减轻他们的徭役

---

① 《晋书》卷四七，《傅玄传》。
② 《三国志》卷二八，《魏书·邓艾传》。
③ 郭文明编著：《中国古代的农作制和耕作法》，农业出版社1981年版，第188～193页。
④ （清）严可均辑：《全三国文》卷四八，嵇康：《养生论》。
⑤ 韩国磐：《魏晋南北朝史纲》，人民出版社1983年版，第53页注3。
⑥ 《三国志》卷一五，《魏书·刘馥传》。
⑦ 《三国志》卷二七，《魏书·胡质传》。
⑧ 《晋书》卷二六，《食货志》。
⑨ 《晋书》卷一，《宣帝纪》。
⑩ 《三国志》卷九，《魏书·夏侯惇传》。

负担,他们不必像自耕农一样承担兵役和徭役。[①] 魏明帝时,司马芝上疏说:"武皇帝(曹操)特开屯田之官,专以农桑为业。建安中,天下仓廪充实,百姓殷足。"[②]指出这种减轻屯田客的力役负担的政策,对于激励民屯提高财政效益是有效的。

最后要强调一点,即评价曹魏屯田的财政效益,不能只看收贮了多少军粮,还必须将因此而节省的军粮转运费用计算在内。如邓艾在规划淮水屯田时就指出:"昔破黄巾,因为屯田,积谷许都,以制四方。今三隅已定,事在淮南。每大军征举,运兵过半,功费巨亿,以为大役。"而淮水屯田之后,"自寿春到京师,农官兵田,鸡犬之声,阡陌相属。每东南有事,大军出征,泛舟而下,达于江淮,资食有储,而无水害"。[③] 曹魏后期,朝廷在讨论攻吴策略时,尚书傅嘏认为:"惟进军大佃,最差完牢。隐兵出民表,寇钞不犯;坐食积谷,不烦运士;乘衅讨袭,无远劳费:此军之急务也。"[④]他也十分强调就地屯田积谷可大大节省军粮长途转运的费用。

总之,曹魏通过开展屯田而贯彻"修耕植,畜军资"的财政建设基本方针,确实获得巨大的财政效益。

(二)州郡"修耕植"与租调收入的增长

不过,屯田只是曹魏实施"修耕植,畜军资"这一财政建设基本方针的重要措施之一,而恢复自耕农经济,并向自耕农课取田租户调,则是实施"修耕植,畜军资"的另一项重要措施。正如黎虎所指出的:"屯田对于支援战争无疑起过巨大的作用,特别是在曹操初起军食极度匮乏之时,以及后来如淮南屯田对于东南方的战争的支持等,但是支持曹操克服群雄并最后统一北方的,更重要的还是州郡编户。"[⑤]

建安初期,曹魏就沿用汉制,向编户征收田租、户调。如建安五年(200

---

① 郑欣:《曹魏屯田制度研究·曹魏屯田客的兵役徭役负担问题》,收入氏著《魏晋南北朝史探索》,山东大学出版社 1989 年,第 74～80 页。

② 《三国志》卷一二,《魏书·司马芝传》。

③ 《晋书》卷二六,《食货志》。

④ 《三国志》卷二一,《魏书·傅嘏传》。

⑤ 黎虎:《略论曹魏屯田的历史作用与地位》,《四川师院学报》1985 年第 1 期。

年)七月,阳安郡都尉李通"急录户调"。① 及至建安九年(204 年)九月,曹操平定河北之后,颁布《收田租令》,规定:"收田租亩四升,户出绢二匹、绵二斤而已,他不得擅兴发。"②这一新租调制的特点在于计亩征租,计户课调,因此其收入增长须取决于耕地加辟和户口增长。而当时田地大片荒芜,户口逃死流散,因此,恢复地方农业经济,自然成为贯彻"修耕值,畜军资"这一财政建设基本方针的必要措施。

建安以来,有不少州郡长官注意恢复和发展农业生产,并取得较好的效果。建安时期,杜袭为西鄂(治在今河北南阳市北)长,"县滨南境,寇贼纵横。时长吏皆敛民保城郭,不得农业。野荒民困,仓庾空虚。袭自知恩结于民,乃遣老弱各分散就田业,留丁强备守,吏民欢悦"。③ 刘馥为扬州刺史,"数年中恩化大行,百姓乐其政,流民越江山而归者以万数。于是聚诸生,立学校,广屯田,兴治芍陂及茹陂、七门、吴塘诸堨以溉稻田,官民有畜"。④ 卫觊看到关中"四方大有还民,关中诸将多引为部曲",写信向荀彧建议:"关中膏腴之地,顷遭荒乱,人民流入荆州者十万余家,闻本土安宁,皆企望思归。而归者无以自业,诸将各竞招怀,以为部曲。郡县贫弱,不能与争,兵家遂强。一旦变动,必有后忧。夫盐,国之大宝也,自乱来放散,宜如旧置使者监卖,以其直益市犁牛。若有归民,以供给之。勤耕积粟,以丰殖关中。远民闻之,必日夜竞还。"⑤为曹操所采纳。关中的农业经济因此逐渐恢复。杜畿为河东太守,"是时,天下郡县皆残破,河东最先定,少耗减。畿治之,崇宽惠,与民无为……渐课民畜牸牛、草马,下逮鸡、豚、犬、豕,皆有章程。百姓勤农,家家丰实"。建安

---

① 《三国志》卷二三《魏书·赵俨传》载:"时袁绍举兵南侵,遣使招诱豫州诸郡,诸郡多受其命。惟阳安郡不动,而都尉李通急录户调。俨见通曰:'方今天下未集,诸郡并叛,怀附者复收其绵绢,小人乐乱,能无遗恨。且远近多虞,不可不详也。'通曰:'绍与大将军相持甚急,左右郡县背叛乃尔。若绵绢不调送,观听者必谓我顾望,有所须待也。'俨曰:'诚亦如君虑,然当权其轻重,小缓调,当为君释此患。'乃书与荀彧曰:'今阳安郡当送绵绢,道路艰阻,必致寇害。百姓困穷,邻城并叛,易用倾荡,乃一方安危之机也。且此郡人执守忠节,在险不贰。微善必赏,则为义者劝。善为国者,藏之于民。以为国家宜垂慰抚,所敛绵绢,皆俾还之。'或报曰:'辄白曹公,公文下郡,绵绢悉以还民。'上下欢喜,郡内遂安。"

② 《三国志》卷一,《魏书·武帝纪一》注引《魏书》。

③ 《三国志》卷二三,《魏书·杜袭传》。

④ 《三国志》卷一五,《魏书·刘馥传》。

⑤ 《三国志》卷二一,《魏书·卫觊传》。

十八年曹操西征关中马超之叛,"军食一仰河东。及贼破,余畜二十余万斛"。因此,曹操视河东为"股肱郡,充实之所,足以制天下"。① 建安时期郑浑先后任下蔡(今安徽凤台县)长、邵陵(颍川郡属县)令,时"天下未定,民皆剽轻,不念产殖;其生子无以相活,率皆不举。浑所在夺其渔猎之具,课使耕桑,又兼开稻田,重去子之法。民初畏罪,后稍丰给,无不举赡"。文帝黄初年间,郑浑任阳平(治在今河北大名县东北)、沛郡(治在今江苏沛县)二郡太守。"郡界下湿,患水涝,百姓饥乏。浑于萧、相二县界,兴陂遏,开稻田。郡人皆以为不便,浑曰:'地势洿下,宜溉灌,终有鱼稻经久之利,此丰民之本也。'遂躬率吏民,兴立功夫,一冬间皆成。比年大收,顷亩岁增,租入倍常,民赖其利,刻石颂之,号曰郑陂。"后转为魏郡(治在今河北临漳县西南邺镇)太守,"以郡下百姓,苦乏材木,乃课树榆为篱,并益树五果;榆皆成藩,五果丰实。入魏郡界,村落齐整如一,民得财足用饶"。② 当时,颜斐出任京兆(治在今长安市)太守,史载:

> 始,京兆从马超破后,民人多不专于农殖,又历数四二千石,取解目前,亦不为民作久远计。斐到官,乃令属县整阡陌,树桑果。是时民多无车牛。斐又课民以闲月取车材,使转相教匠作车。又课民无牛者,令畜猪狗,卖以买牛。始者民以为烦,一二年间,家家有丁车、大牛。又起文学,听吏民欲读书者,复其小徭。又于府下起菜园,使吏役闲锄治。又课民当输租时,车牛各因便致薪两束,为冬寒冰炙笔砚。于是风化大行,吏不烦民,民不求吏。京兆与冯翊、扶风接界,二郡道路既秽塞,田畴又荒莱,人民饥冻,而京兆皆整顿开明,丰富常为雍州十郡最。③

明帝时,徐邈为凉州(治在今甘肃武威)刺史,使持节领护羌校尉。"河右少雨,常苦乏谷,邈上修武威、酒泉盐池以收虏谷,又广开水田,募贫民佃之,家家丰足,仓库盈溢。乃支度州界军用之余,以市金帛犬马,通供中国之费。"④ 嘉平(249—253年)中,皇甫隆为敦煌太守。初,"敦煌不甚晓田,常灌溉滀水,使极濡洽,然后乃耕。又不晓作耧犁、用水,及种,人牛功力既费,而收谷更少。

---

① 《三国志》卷一六,《魏书·杜畿传》。

② 《三国志》卷一六,《魏书·郑浑传》。

③ 《三国志》卷一六,注引《魏书》。

④ 《三国志》卷二七,《魏书·徐邈传》。

隆到,教作楼犁,又教衍溉,岁终率计,其所省庸力过半,得谷加五"。①

以上资料说明曹魏时期确实有不少地方长官努力恢复和发展地方农业经济,从而收到较好的"顷亩岁增,租入倍常"的财政效益。值得指出的是,建安二十三年,刘廙上书强调"广农桑"以求"国富民安"的同时,建议对地方长吏的考课,"皆以户口率其垦田之多少,及盗贼发兴,民之亡叛者,为得负之计"。受到曹操的称赞。② 尽管,此后曹魏对地方长官是否增加了户口和垦田的考课内容史无明文,但此事仍可说明曹魏后期对地方长官"修耕植"政绩的重视程度在进一步提高。史称:"当黄初(220—226年)中,四方郡守垦田又加,以故国用不匮。"③肯定了地方官贯彻"修耕植,畜军资"的财政建设基本方针,恢复和发展地方农业经济颇有成效。明帝时期,除河东、关中等地区经济恢复发展较好之外,"冀州户口最多,田多垦辟,又有桑枣之饶,国家征求之府"④。

当然,对于曹魏时期州郡长官恢复和发展地区农业经济、增加财政收入的成绩,也不宜笼统而论,而要做阶段性和地区性的具体分析。首先,当时有许多州郡的太守、郡守是兼任军民之政,而以军政为主,所以杜畿任河东太守却被称为"郡将"⑤。魏明帝太和(227—232年)年间,杜恕批评说:"州郡典兵,则专心军功,不勤民事",认为这种体制大大分散了州郡长官关注恢复和发展地方经济的精力。他建言:"古之刺史,奉宣六条,以清静为名,威风著称,今可勿令领兵,以专民事。"不久,朝廷又以镇北将军吕昭领冀州(治在今河北冀县)刺史,杜恕又上疏说:

> 安民之术,在于丰财。丰财者,务本而节用也。方今二贼未灭,戎车亟驾,此自熊虎之士展力之秋也。然……州郡牧守,咸共忽恤民之术,修将率之事;农桑之民,竞干戈之业,不可谓务本。帑藏岁虚而制度岁广,民力岁衰而赋役岁兴,不可谓节用。……以武皇帝之节俭,府藏充实,犹不

---

① 《三国志》卷一六,《魏书·仓慈传》注引《魏书》。
② 《三国志》卷二一,《魏书·刘廙传》注引《廙别传》。
③ 《晋书》卷二六,《食货志》。
④ 《三国志》卷一六,《魏书·杜恕传》。
⑤ 《三国志》卷一六《魏书·杜畿传》注引《魏略》曰:"初,畿与卫固少相狎侮,固尝轻畿。畿尝与固博而争道,畿尝谓固曰:'仲坚,我今作河东也。'固褰衣骂之。及畿之官,而固为郡功曹。张时故任京兆。畿迎司隶,与时会华阴,时、畿相见,于仪当各持版。时叹曰:'昨日功曹,今为郡将也!'"

能十州拥兵;郡且二十也。今荆、扬、青、徐、幽、并、雍、凉缘边诸州皆有兵矣。①

后来曹囧又说:"今之州牧、郡守,古之方伯、诸侯,皆跨有千里之土,兼军武之任。"②可见"州郡典兵"之制在曹魏后期还在发展。③ 因此,对曹魏州郡长官恢复和发展地区经济的努力及其政绩不宜估计过高。

其次,曹魏时期户口的恢复和增殖需要较长的时间。建安时期户口耗散极为严重,史籍或称:"是时,天下户口减耗,十裁一在。"④或称:"建安以来,野战死亡,或门殚户尽,虽有存者,遗孤老弱。"⑤"乱弊之后,百姓凋尽,士之存者盖亦无几。"⑥文帝黄初年间(220—226 年),辛毗说:"方今天下新定,土广民稀。"⑦孟达称:"今涿郡领户三千,孤寡之家,参居其半。"⑧王朗认为,如果能多方加以休养生息,"十年之后,既笄者必盈巷;二十年之后,胜兵者必满野矣"。⑨ 不过,他的估计过于乐观。明帝太和年间(227—232 年),杜恕说:"今大魏奄有十州之地,而承丧乱之弊,计其户口不如往昔一州之民。"⑩青龙年间(233—236 年),陈群上疏称:"今丧乱之后,人民至少,比汉文、景之时,不过一大郡。"⑪景初年间(237—239 年),蒋济上疏说:"今虽有十二州,至于民数,不过汉时一大郡。"⑫

当然,曹魏后期户口比起建安时期已有较明显的增长。所以,裴松之对陈群之说颇不以为然,他认为:"《汉书·地理志》云:元始二年(2 年),天下户口最盛,汝南郡为大郡,有三十余万户。则文、景之时不能如是多也。案《晋太康

---

① 《三国志》卷一六,《魏书·杜恕传》。

② 《三国志》卷二〇,《魏书·武文世王公传》注引《魏氏春秋》。

③ 唐长孺:《魏晋州郡兵的设置和废罢》,载氏著《魏晋南北朝史论拾遗》,中华书局1983 年版。高敏:《三国兵制杂考》,载氏著《魏晋南北朝兵制研究》,大象出版社 1998 年版。

④ 《三国志》卷八,《魏书·张绣传》。

⑤ 《三国志》卷三,《魏书·明帝纪》注引《魏略》。

⑥ 《三国志》卷二一,《魏书·刘廙传》注引《廙别传》。

⑦ 《三国志》卷二五,《魏书·辛毗传》。

⑧ 《三国志》卷二四,《魏书·崔林传》注引《魏名臣奏》。

⑨ 《三国志》卷一三,《魏书·王朗传》。

⑩ 《三国志》卷一六,《魏书·杜恕传》。

⑪ 《三国志》卷二二,《魏书·陈群传》。

⑫ 《三国志》卷一四,《魏书·蒋济传》。

三年地记》，晋户有三百七十七万，吴、蜀户不能居半。以此言之，魏虽始承丧乱，方晋亦当无乃大殊。"①他估计曹魏后期户口肯定达到一百多万，所谓"民数不过汉时一大郡"之说属过甚之言。因此，曹魏后期随着户口的缓慢增长和耕地的加辟，以户口、耕地为计税对象的租调收入也逐渐增长，当可以肯定。

综上所述，曹魏政权贯彻实施其"修耕植，畜军资"的财政建设基本方针的主要措施，就是大力恢复和发展官营与民营的农业种植经济，通过屯田分成制或租调制获取稳定的粮食收入，有效地保障军粮供给，逐渐改善了财政状况。

三、曹魏决策集团提倡的节俭之风 与"修耕植，畜军资"

必须指出，曹魏决策集团在财政困难时提倡节俭之风，对于"修耕植，畜军资"这一财政建设基本方针能较长期地获得贯彻执行，也起了重要作用。

面对汉末北方社会经济极其凋敝、军国之用严重匮乏，曹操本人大力提倡节俭，以集中有限的财力供给军资。史称他"雅性节俭，不好华丽，后宫衣不锦绣，侍御履不二采，帷帐屏风，坏则补纳，茵蓐取温，无有缘饰。攻城拔邑，得靡丽之物，则悉以赐有功。勋劳宜赏，不吝千金，无功望施，分毫不与。四方献御，与群下共之"。② 其卞夫人同样"性约俭，不尚华丽，无文绣珠玉，器皆黑漆"。"以国用不足，减损御食，诸金银器物皆去之。"③曹操夫妇的节俭对克服财政困难起了较好的表率作用。所以，魏明帝时，卫凯上疏指出："武皇帝之时，后宫食不过一肉，衣不用锦绣，茵蓐不缘饰，器物无丹漆，用能平定天下，遗福子孙。此皆陛下之所亲览也。"④

与此同时，负责选举的毛玠的价值取向也起了一定的作用，史载："其所举用，皆清正之士，虽于时有盛名而行不由本者，终莫得进。务以俭率人，由是天下之士莫不以廉节自励，虽贵宠之臣，舆服不敢过度。"毛玠自己"居显位，常布衣蔬食，抚育孤兄子甚笃，赏赐以振施贫族，家无所余"。⑤ 这种选官取向进一

① 《三国志》卷二二，《魏书·陈群传》。
② 《三国志》卷一，《魏书·武帝纪》注引《魏书》。
③ 《三国志》卷五，《魏书·后妃传》注引《魏书》。
④ 《三国志》卷二一，《魏书·卫凯传》。
⑤ 《三国志》卷一二，《魏书·毛玠传》。

步增强了统治集团的节俭风气,甚至出现矫枉过正之态,《三国志·和洽传》载:

> 时毛玠、崔琰并以忠清干事,其选用先尚俭节。洽言曰:"天下大器,在位与人,不可以一节俭也。俭素过中,自以处身则可,以此节格物,所失或多。今朝廷之议,吏有着新衣、乘好车者,谓之不清;长吏过营,形容不饰,衣裳敝坏者,谓之廉洁。至令士大夫故污辱其衣,藏其舆服;朝府大吏,或自挈壶飧以入官寺。夫立教观俗,贵处中庸,为可继也。今崇一概难堪之行以检殊涂,勉而为之,必有疲瘁。古之大教,务在通人情而已。凡激诡之行,则容隐伪矣。"

然而,后来和洽也充分肯定曹操决策集团大力提倡节俭之风对于保障建安时期军资供给的益处,太和年间,他上疏明帝说:

> 国以民为本,民以谷为命。故废一时之农,则失育命之本。是以先王务蠲烦费,以专耕农。自春夏已来,民穷于役,农业有废,百姓嚣然,时风不至,未必不由此也。消复之术,莫大于节俭。太祖建立洪业,奉师徒之费,供军赏之用,吏士丰于资食,仓府衍于谷帛,由不饰无用之宫,绝浮华之费。方今之要,固在息省劳烦之役,损除他余之务,以为军戎之储。[①]

高柔也上疏明帝,强调节俭对于缓解财政压力的好处,指出:"圣王之御世,莫不以广农为务,俭用为资。夫农广则谷积,用俭则财畜,畜财积谷而有忧患之虞者,未之有也。"[②]

正因为自曹操至魏文帝的决策集团节俭成风,所以魏明帝在太和末年开始大兴洛阳宫殿,就遭到诸多大臣的劝谏。他们纷纷强调皇帝"奢靡是务"对于财政特别是"畜军资"的危害。如太子舍人张茂"以吴、蜀数动,诸将出征,而帝盛兴宫室,留意于玩饰,赐与无度,帑藏空竭",上疏劝谏说:"且军师在外数千万人,一日之费非徒千金,举天下之赋以奉此役,犹将不给,况复有宫庭非员无录之女,椒房母后之家,赏赐横兴,内外交引,其费半军。……陛下不兢兢业业,念崇节约,思所以安天下者,而及奢靡是务,中尚方纯作玩弄之物,炫耀后

---

① 《三国志》卷二三,《魏书·和洽传》。
② 《三国志》卷二四,《魏书·高柔传》。

园,建承露之盘,斯诚快耳目之观,然亦足以骋寇仇之心矣。"①毌丘俭为洛阳典农,"时取农民以治宫室,俭上疏曰:'臣愚以为天下所急除者二贼,所急务者衣食。诚使二贼不灭,士民饥冻,虽崇美宫室,犹无益也。'"②高堂隆上疏切谏曰:

> 今天下凋敝,民无儋石之储,国无终年之畜,外有强敌,六军暴边,内兴土功,州郡骚动,若有寇警,则臣惧版筑之士不能投命虏庭矣。又,将吏奉禄,稍见折减,方之于昔,五分居一;诸受休者又绝廪赐,不应输者今皆出半:此为官入兼多于旧,其所出与参少于昔。而度支经用,更每不足,牛肉小赋,前后相继。反而推之,凡此诸费,必有所在。且夫禄赐谷帛,人主所以惠养吏民而为之司命者也,若今有废,是夺其命矣。既得之而又失之,此生怨之府也。③

他明确指出明帝的奢靡与兴役,已经对财政造成危害,特别是"将吏俸禄"已被"折减"。但明帝固执己见,兴役不止。不过,虽然他"崇饰宫室,妨害农战",④但由于兴役毕竟限于洛阳一地,且历时不太长,尚未对"修耕植,畜军资"这一财政建设基本方针的全面实施造成太大的破坏。景初三年(239年)正月,齐王曹芳即位后下诏罢"诸所兴作宫室之役"。正始元年(240年)七月,他又下诏:"《易》称'损上益下',节以制度,不伤财,不害民。方今百姓不足而御府多作金银杂物,将奚以为? 今出黄金银物百五十种,千八百余斤,销冶以供军用。"⑤《晋书》卷一《宣帝纪》把齐王曹芳的这一举动归功于司马懿,称:"初,魏明帝好修宫室,制度靡丽,百姓苦之。帝自辽东还,役者犹万余人,雕玩之物,动以千计。至是,皆奏罢之,节用务农。天下欣赖焉。"这说明此时曹魏决策集团要让财政重新围绕"畜军资"这一核心问题运行。

不过,正始年间(240—248年)大将军曹爽和尚书何晏等掌权,生活奢侈,史称:"晏等专政,共分割洛阳、野王典农部桑田数百顷,及坏汤沐地以为产业,承势窃取官物,因缘求欲州郡,有司望风,莫敢忤旨……爽饮食车服,凝于乘

① 《三国志》卷三,《魏书·明帝纪》注引《魏略》。
② 《三国志》卷二八,《魏书·毌丘俭传》。
③ 《三国志》卷二五,《魏书·高堂隆传》。
④ 《晋书》卷二七,《五行志上》。
⑤ 《三国志》卷四,《魏书·三少帝纪》。

舆,尚方珍玩,充牣其家。"①经嘉平元年(249 年)高平陵之变,曹爽、何晏集团为司马懿集团所消灭,曹魏政权实际已落入司马懿父子掌中。但是,"修耕植,畜军资"的财政建设基本方针仍为司马氏集团所奉行,晋武帝因此得以灭吴而统一中国。此为后话,暂且不论。

---

① 《三国志》卷九,《魏书·曹爽传》。

论曹魏财政管理的专职化演变

曹魏政权从建安时期奠基,到正式代汉,再到为晋室所取代,历时共 65 年,虽然不算长,但其在汉唐制度变迁的承上启下地位却不容忽视。关于魏晋南北朝时期或汉唐之间的财政管理制度演变趋势,学界已有较重要的研究成果,其中或多或少论及曹魏,[①]所论对于研究曹魏时期财政管理的演变趋势颇有启发。不过,由于有关研究所选取的时间跨度或为秦汉至初唐,或为魏晋南北朝时期,而曹魏在其间毕竟只是较短的一段时间,所以有关论述对于曹魏的财政管理制度演变还有未及细察之处,也有一些问题有待进一步辨析。本文拟论述的是曹魏财政管理的专职化演变趋势。

一、建安时期战时财政的非专职化管理

建安年间(196—219 年)是曹魏代汉的政治过渡时期,在职官设置和权力分配上都有自己的特点,财政管理也不例外。加上这一时期曹魏财政属于战时财政,是为曹魏政权依靠军事力量生存发展,并进而兼并北方群雄,与蜀、吴抗衡这一军事立国方略服务的,因此从机构、职官设置及其权限的分配来看,财政管理的主要特点在于采取非专职化管理,即中央没有设立专门的财政主管机构和主管财政的职官,曹操自己控制着财政决策大权,指派他官负责重大财政事务的管理;部分的专职化管理则带有浓重的军事色彩。其具体表现如下:

---

① 王三北:《论秦汉至初唐间的中央财政管理机构》(《西北师范学院学报》1984 年第 4 期),黄惠贤:《魏晋南北朝时期财政管理制度的变革》(《武汉大学学报》1995 年第 5 期)、《中国政治制度通史》第四卷(人民出版社 1996 年版),何汝泉:《汉唐财政职官体制的三次变革》(《西南师范大学学报》1997 年第 1 期)等。

第一,曹操作为汉司空或丞相控制着财政决策权。

建安元年起,曹操就"挟天子以令诸侯",以汉朝司空的职官行使权力。至建安十三年(208年)正月,汉献帝废三公,置丞相、御史大夫,曹操遂以丞相之官号令天下。建安时期,曹操始终自己控制着财政收支的重大决策权。例如,建安元年关于屯田收益分配这一重大政策的调整。据曹操表彰枣祗《令》说:

> 故陈留太守枣祗,天性忠能……及破黄巾定许,得贼资业,当兴立屯田,时议者皆言当计牛输谷,佃科以定。施行后,祗白以为徙牛输谷,大收不增谷,有水旱灾除,大不便。反覆来说,孤犹以为当如故,大收不可复改易。祗犹执之,孤不知所从,使与荀令君议之。时故军祭酒侯声云:"科取官牛,为官田计。如祗议,于官便,于客不便。"声怀此云云,以疑令君。祗犹自信,据计画还白,执分田之术。孤乃然之,使为屯田都尉,施设田业。①

从中可以看出曹操是在反复听取枣祗建议的同时,又先后征求了守尚书令荀彧、军祭酒侯声等人的意见,最终由他自己对屯田收益分配政策的调整作出抉择。

再如,建安九年(204年)九月平定河北袁绍势力之后,曹操下令:"河北罹袁氏之难,其令无出今年租赋。"又颁《令》改行租调制,"其收田租亩四升,户出绢二匹、绵二斤而已,他不得擅兴发"。② 这是对汉代赋税制度的重大变革,而如此重大的财政收入制度改革也是由曹操决定的。

第二,司空府或丞相府内没有设置主管财政的专门职官。

曹操以司空或丞相的名义控制着财政决策权,那么司空府或丞相府内是否设有主管财政的专门机构或专职职官呢?据《三国志·魏书》记载,建安十三年(198年)之前,司空曹操辟署的司空属官,有些有具体的职衔,如司空长史、司空司直、司空军祭酒、东阁祭酒、东曹掾、西曹掾、户曹掾、仓曹掾等;有的则泛称司空掾属。其中,被辟署为带有财政职衔的司空户曹掾(如田畴、卫臻)、司空仓曹掾(如扬州名士刘晔、陈留名士阮禹)者,从史传看来他们都没有负责具体的财政管理事务。同样,据《三国志·魏书》所载,曹操任丞相后,所辟署的丞相府属官有长史、征事、参军事、军议掾、东曹掾、西曹掾、理曹掾、士

---

① 《三国志》卷一六,《魏书·任峻传》注引《魏武故事》。
② 《三国志》卷一,《魏书·武帝纪》注引《魏书》。

曹掾、文学掾、仓曹掾、门下督、主簿、军谋掾、军祭酒等。其中担任过仓曹掾属的有傅幹、[①]高柔、[②]杨修、刘廙等。不过,史传对傅、高二人均未言及财务管理事务。史称,杨修"建安中,举孝廉,除郎中,丞相请署仓曹属主簿。是时,军国多事,修总知外内,事皆称意"。[③] 因主簿之官职在文秘,据此仍难于断定仓曹就负有相应的具体财务管理职责。而刘廙受其弟参与魏讽反叛一事的牵连,由黄门侍郎徙署丞相仓曹属,[④]这一职官迁转说明仓曹属不可能是重要的财政事务官。由此我们推测,建安时期户曹掾、仓曹掾无论是作为司空掾属或是丞相掾属,都名不副实,不是主管相应财政事务的专职财政官。

而有的被泛称为"司空掾属"者,则负责重要的财政规划事务。如司空掾属国渊曾主持民屯的规划。史称,建安初期曹操"欲广置屯田,使渊典其事。渊屡陈损益,相土处民,计民置吏,明功课之法,五年中仓廪丰实,百姓竞劝乐业"。[⑤] 国渊之任属于临时差遣,这种现象也证明在司空府或丞相府没有设置主管财政的专门机构及专职官员。

第三,军费筹措与供给等重大财政事务,临时指派将领或官员负责。

前已指出,"畜军资"特别是战费的供给是建安时期曹魏财政的首要之务,但资料显示这一时期对此要务也没有设置专门的财政职官主管,而是指派其他将领或官员负责。例如,据《三国志·任峻传》载,曹操起兵到中牟县时,任峻即来归附,"太祖大悦,表峻为骑都尉,妻以从妹,甚见亲信。太祖每征伐,峻常居守以给军。是时,岁饥旱,军食不足,羽林监颍川枣祗建置屯田,太祖以峻为典农中郎将……官渡之战,太祖使峻典军器粮运。贼数寇钞绝粮道,乃使千乘为一部,十道方行,为复陈以营卫之,贼不敢近"。任峻死于建安九年(204年)。可见从建安元年到建安九年,任峻先是任骑都尉,后任典农中郎将,主管战费的调度、供给。建安九年之后的重大战役,曹操为就近调集军粮,或指派将领负责,或派遣地方长官负责。如建安九年官渡之战胜利后,曹操以骑都尉夏侯渊行督军校尉,"使督兖、豫、徐州军粮。时军食少,渊传馈相继,军以复振"。[⑥] 建安十六年,曹操率大军平定关中韩遂、马超之叛,"西征至蒲阪(即蒲

① 《三国志》卷一,《魏书·魏武帝纪》。

② 《三国志》卷二四,《魏书·高柔传》。

③ 《三国志》卷一九,《魏书·陈思王植传》注引《典略》。

④ 《三国志》卷二二《魏书·刘廙传》。

⑤ 《三国志》卷一一,《魏书·国渊传》。

⑥ 《三国志》卷九,《魏书·夏侯渊传》。

津,在今陕西大荔县朝邑镇东黄河上),与贼夹渭为军,军食一仰河东。及贼破,余畜二十余万斛"。① 这是倚重河东太守杜畿负责军粮供给。建安二十年,曹操在西征汉中之前,先将上党太守郑浑调任京兆尹。郑浑"以百姓新集,为制移居之法,使兼复者与单轻者相伍,温信者与孤老为比,勤稼穑,明禁令,以发奸者,由是民安于农,而盗贼止息。及大军入汉中,运转军粮为最。又遣民田汉中,无逃亡者"。② 此时,河东太守杜畿派出五千人参与军资的运送。③ 可见汉中之役的军资,曹操主要是倚重京兆尹郑浑和河东太守杜畿的就近供给。

第四,盐利派他官兼管。主管盐铁之利的中央机构,在汉代几经变化,先是少府,后为大司农或太尉属官金曹。④ 建安时期则不然。建安四年(199年),留镇关中的治书侍御史卫觊建议:"夫盐,国之大宝也,自乱来放散,宜如旧置使者监卖,以其直益市犁牛。若有归民,以供给之。勤耕积粟,以丰殖关中。"曹操"始遣谒者仆射监盐官"。⑤ 胡三省指出:"河东安邑盐池,旧有盐官,盐之利厚矣。"⑥谒者仆射监督的就是安邑盐官。据《晋书》卷二四《职官志》载:"谒者仆射,秦官也,自汉至魏因之。魏置仆射,掌大拜授及百官班次,统谒者十人。"可见曹操让文官性质的谒者仆射监管安邑池盐事务属于他官兼管。不过,这只是临时措施。

第五,专职化的管理具有浓重的军事化色彩。曹魏建安时期的财政管理也有一部分是专职管理,但是同时又带有浓重的军事化色彩,主要表现在:

一,新设"司金"之官,专掌冶铁之利。史称,司空掾王脩"行司金中郎将","行"就是兼任,前后任职七年。曹操后来写信给王脩说:"察观先贤之论,多以盐铁之利,足赡军国之用。昔孤初立司金之官,念非屈君,余无可者。……以军师之职,闲于司金,至于建功,重于军师。"⑦可见曹操十分看重司金之官肩负的专项财政收入的管理职责。又如韩暨,担任"监冶谒者。旧时冶作马排,每一熟石用马百匹;更作人排,又费功力;暨乃因长流为水排,计其利益,三倍于前。在职七年,器用充实。制书褒叹,就加司金都尉,班亚九卿"。⑧ 从"班

---

① 《三国志》卷一六,《魏书·杜畿传》。

② 《三国志》卷一六,《魏书·郑浑传》。

③ 《三国志》卷一一,《魏书·杜畿传》。

④ 《后汉书》卷一一四,《百官志一》。

⑤ 《三国志》卷二一,《魏书·卫觊传》。

⑥ (宋)司马光:《资治通鉴》卷六三,建安四年十一月记事。

⑦ 《三国志》卷一一,《魏书·王脩传》注引《魏略》。

⑧ 《三国志》卷二四,《魏书·韩暨传》。

亚九卿"的官序来看,司金都尉的品秩应高于司金中郎将和监冶谒者。专职"司金之官"的设置,是建安时期曹魏为恢复官营冶铁业,以保证"统治者从事战争的武器与屯田农民、从事生产的工具获得供应"而采取的特别措施,是直属中央的财政管理机构。① 值得注意的是,司金中郎将、司金都尉也都带有戎号,不是文职。

二,设置司盐都尉、司盐监丞②等,专职管理盐利,其职官也带有戎号,表现出军事化管理的性质。③

三,新建直属中央的"田官"系统,专职掌管屯田。专典农事的职官,汉代就见设置,如农都尉④、典农都尉⑤,但为数极少。建安时期曹操在特定的社会经济背景下,为了实施"修耕植、畜军资"的财政基本建设方针,从建安元年起把主管农事的"田官"发展为一个直属中央的新的职官系统。建安时期的田官名称都带有戎号,如典农中郎将、典农校尉、典农都尉、校尉丞等,其品秩序列据《后汉书》卷三六注引《魏志》载:"曹公置典农中郎将,秩二千石。典农都尉,秩六百石,或四百石。典农校尉,秩比二千石。所主如中郎。部分别而少,为校尉丞。"下属官吏有典农功曹、典农纲纪、典农司马等,⑥是比较完整的职官体系。此外,"田官"还有屯田都尉和绥集都尉二种。如建安元年始行屯田之际,曹操采纳枣祗的"分田之术"即屯田收益分配办法,任命他为屯田都尉,"施设田业。其岁则大收",获得良好的财政效益。"后遂因此大田,丰足军用。"⑦又如建安十八年,西部都督从事梁习"表置屯田都尉二人,领客六百夫,于道次耕种菽粟,以给人牛之费"。⑧《三国志》卷一六《魏书·仓慈传》载:"建安中,太祖开募屯田于淮南,以慈为绥集都尉。"

"田官"专职之所在,据司马芝对魏明帝所言,是"武皇帝特开屯田之官,专以农桑为业",就是专门组织和管理屯田生产,包括军屯和民屯。还在建安元年,"田官"就卓有成效地开展民屯。《三国志·魏书·武帝纪一》载:"是岁,用

---

① 唐长孺:《魏、晋至唐官府作场及官府工程的工匠》,《魏晋南北朝史论丛续编》,三联书店 1959 年版。

② (唐)杜佑:《通典》卷三六,《职官十八》,"魏官置九品"条。

③ 郭正忠主编:《中国盐业史(古代编)》,人民出版社 1997 年版,第 64~65 页。

④ 《汉书》卷一〇〇上,《列传第七〇上·叙传》。

⑤ 《后汉书》卷三四,《梁统传》。

⑥ 《三国志》卷二八,《魏书·邓艾传》。

⑦ 《三国志》卷一六,《魏书·任峻传》注引《魏武故事》。

⑧ 《三国志》卷一五,《魏书·梁习传》。

枣祗、韩浩等议,始兴屯田。"裴松之注引《魏书》称:"是岁,乃募民屯田许下,得谷百万斛。于是州郡例置田官,所在积谷,征伐四方,无运粮之劳,遂兼灭群贼,克平天下。"因此,建安时期田官的基本性质是专职财政官,其长官与郡县官互不隶属。如《三国志》卷一五《贾逵传》载,弘农(治在今河南灵宝县东北)太守贾逵征调兵役时,"疑屯田都尉藏亡民。都尉自以不属郡,言语不顺。逵怒,收之,数以罪,挝折脚,坐免"。不管是对民屯还是军屯,"田官"都采取军事化管理,这与其戎号是相对应的。

不过,"田官"由于所统领的屯田部民或田兵带有众多的家属,因此也兼有管理民政的部分职责,有些则兼有军政职责,所以他们还不算纯粹的财政职官。加上,当时的屯田还有不少是由将领或地方官主持的,[①]因此对建安时期田官的专职化管理在国家财政管理全局中的地位不宜估计过高。

总之,建安时期曹魏财政以非专职化管理以及部分军事色彩浓重的专职管理为主要特点,财政管理的最高权力掌握在曹操手中。这是当时政治权力集中地掌控于曹操手中在财政管理上的必然反映。从国家财政管理的规范化和专业化的要求来看,建安时期的这种情况是对汉制的明显倒退。

二、曹魏代汉之后财政的专职化管理变革

黄初元年(220 年)十月,魏文帝曹丕以魏代汉,十一月即进行中央职官名称和地方行政机构的改易,如"改相国为司徒,御史大夫为司空,奉常为太常,郎中令为光禄勋,大理为廷尉,大农为大司农。郡国县邑,多所改易"。[②] 这是曹魏政权对国家机关及其管理制度重新作出规范的开始,其中包括对财政管理机构及其职责进行专职化变革。

1.度支尚书寺的建立及其职掌辨析

曹魏代汉之后,以五曹尚书为政务管理中枢。据《晋书·职官志》载:"及魏,改选部为吏部,主选部事,又有左民、客曹、五兵、度支,凡五曹尚书、二仆射、一令为八座。"杜佑在《通典》卷二三"户部尚书"条称:"汉置尚书郎四人,其一人主财帛委输。至魏文帝,置度支尚书寺,专掌军国支计。"指出置度支尚书寺"专掌军国支计"是曹魏代汉后财政管理专职化的突出表现。

---

① 《三国志》卷九《魏书·夏侯惇传》及卷一五《魏书·刘馥传》。
② 《三国志》卷二,《魏书·文帝纪》。

　　以"度支"冠名的财政职官在曹魏代汉前夕就出现了,如《三国志》卷二《魏书·文帝纪》注引《魏略》载,汉献帝延康元年(220 年)霍性为度支中郎将。设置度支尚书之后,度支中郎将位居其下,如文帝时赵俨从度支中郎将迁为尚书。① 度支中郎将之下有度支郎中,丁谧担任过此职。② 因此,新设度支尚书一职的确是魏文帝代汉后对于中央财政管理机构的重要改易。

　　不过,所谓度支尚书"专掌军国支计"之说容易引起误解,以为度支尚书是曹魏管理国家财政的最高长官,其实其职责只在于专管军费。《晋书·安平献王孚传》称:"初,魏文帝置度支尚书,专掌军国支计。"而《北堂书钞》卷六〇"诸曹尚书"引朱凤《晋书》则言:"魏文帝立,以司马孚为度支尚书,军粮计校,一皆由之。"后者明确说明度支尚书专管的只是军费特别是军粮的调度安排。《晋书·安平献王孚传》又载,明帝时,司马孚任度支尚书,"以为擒敌制胜,宜有备预。每诸葛亮入寇关中,边兵不能制敌,中军奔赴,辄不及事机,宜预选步骑二万,以为二部,为讨贼之备。又以关中连遭贼寇,谷帛不足,遣冀州农丁五千屯于上邽,秋冬习战阵,春夏修田桑。由是关中军国有余,待贼有备矣"。可见度支尚书司马孚使"关中军国有余"的政绩是解决了军粮的筹备。另据《晋书》卷四〇《贾充传》载:贾充为贾逵之子,"袭父爵为侯。拜尚书郎,典定科令,兼度支考课。辩章节度,事皆施用"。"度支考课"的重点是什么?据《宋书》卷四〇《职官志》载:"魏置御史八人,有持书曹,掌度支;课第曹,掌考课。不知余复何曹。"所谓度支运,指度支调运军粮。可见御史对度支职责的监督重点在于军粮的调运,文帝时甚至出现"督军粮御史"③这种专职御史官。上述资料从考课、监察的角度说明曹魏度支尚书的重要职责包括军粮的调运。

　　值得指出的还有,《太平御览》卷二四二引《魏略》载:"司农度支校尉,黄初四年(223 年)置。秩比二千石,掌诸军屯田。"而《北堂书钞》卷六一"城门校尉"引《魏略》载:"司农校尉,黄初四年置。秩比二千石,掌诸军兵田。"《通典》卷三六"魏官置九品"载:"第六品:水衡、典虞、牧官都尉、司盐都尉、度支中郎将、校尉、司竹都尉、材官校尉。"第七品官有度支都尉、典农都尉等。有的学者据此认为曹魏设有(度支)校尉、度支都尉之类掌管军屯的职官。不过,上述三条材料涉及管理军屯的职官名称各不一样,互为孤证,因此曹魏究竟是设"司

---

① 《三国志》卷二三,《魏书·赵俨传》。

② 《三国志》卷九载:"明帝收(丁)谧,系邺狱,以其功臣子,原出。后帝闻其有父风,召拜度支郎中。"

③ 《三国志》卷二三,《魏书·杜袭传》。

农度支校尉"还是"司农校尉"或是度支校尉等掌管军屯,据此难于断定。若结合度支尚书负有筹集、调运军粮的职责考虑,我们认为不排除其下设有"度支校尉"之类的军事性质的属官负责管理军屯生产的可能。

以上辨析旨在说明,很可能是由于自建安时期以来军粮的筹措一直是曹魏财政运行的核心问题,所以《晋书·安平献王孚传》《通典》才把度支尚书或度支尚书寺的职责径称为"专掌军国支计"。其实,曹魏的度支尚书只是主管军费而已。

这一看法还可从五曹尚书下的其他尚书郎也管理若干财政事务获得佐证。《晋书·职官志》载:

> 至魏,尚书郎有殿中、吏部、驾部、金部、虞曹、比部、南主客、祠部、度支、库部、农部、水部、仪曹、三公、仓部、民曹、二千石、中兵、外兵、都兵、别兵、考功、定课,凡二十三郎。青龙二年(234 年),尚书陈矫奏置都官、骑兵,合凡二十五郎。每一郎缺,白试诸孝廉能结文案者五人,谨封奏其姓名以补之。

可知担任尚书郎必须"能结文案"。其中,除度支郎之外,还有几种尚书郎与财政政务管理有关。据杜佑《通典》卷二三的记载,一是"主户口、垦田"的民曹郎;二是"掌金玉、锡石、丹青之戒令"的金部郎;三是"主藏九谷之数,赒赐稍食"的仓部郎;四是"掌戈、盾、弓、矢之长,各辨其物,以待军事"的库部郎。

尚书郎规划财政事务的著名事例是,邓艾任尚书郎时奉命规划淮水屯田。史载:

> 迁尚书郎。时欲广田畜谷,为灭贼资,使艾行陈、项已东至寿春。艾以为"田良水少,不足以尽地利,宜开河渠,因以引水浇溉,大积军粮,又通运漕之道"。乃著《济河论》以喻其指。又以为"昔破黄巾,因为屯田,积谷于许都以制四方。今三隅已定,事在淮南,每大军征举,运兵过半,功费巨亿,以为大役。陈、蔡之间,土下田良,可省许昌左右诸稻田,并水东下。令淮北屯二万人,淮南三万人,十二分休,常有四万人,且田且守。水丰常收三倍于西,计除众费,岁完五百万斛以为军资。六七年间,可积三千万斛于淮上,此则十万之众五年食也。以此乘吴,无往而不克矣"。宣王善之,事皆施行。正始二年,乃开广漕渠,每东南有事,大军兴众,泛舟而下,

达于江、淮,资食有储而无水害,艾所建也。①

邓艾担任的是哪一曹尚书的尚书郎呢?史无明文。但从其职责来看,有可能是"主户口、垦田"的民曹郎。

此外,左民尚书"主缮修功作、盐池苑囿",②也是分工明确的专职财政事务主管机构。

更为重要的是"录尚书事"的职掌。《晋书·职官志》记载:"录尚书"始置于汉武帝时,当时"左右曹诸吏分平尚书奏事,知枢要者始领尚书事"。"自魏晋以后,亦公卿权重者为之。"不过,事实上,建安时期只有曹操本人担任过"录尚书事"。及至魏文帝代汉,才于黄初五年(224 年)以司马懿首任"录尚书事"。据《晋书》卷一《宣帝纪》载,黄初五年,魏文帝率军欲攻吴,命司马懿"留镇许昌,改封向乡侯,转抚军、假节,领兵五千,加给事中、录尚书事"。次年,魏文帝再次率军南下,命司马懿居守洛阳,"内镇百姓,外供军资"。从"内镇百姓,外供军资"之任,可以肯定录尚书事司马懿的财权是在度支尚书之上。

根据上述情况,如果说曹魏的度支尚书"总摄财计大政",③恐有欠细察。

2. 大司农的专职管理职能

汉代的"大司农"与秦朝的"治粟内史"一脉相承,都是管理国家财政的重要职官,名列九卿之一。曹魏沿袭东汉之制,在建安时期设有"大农"一官,但史籍上对这一时期"大农"与财政事务有关的记载几乎空白。曹魏代汉之后改称"大司农",名列九卿。④ 其属官有大司农郎中令、⑤大司农卫尉;⑥丞、部

---

① 《三国志》卷二八,《魏书·邓艾传》。

② (唐)杜佑《通典》卷二三"户部尚书郎中"条载:"后汉光武改民曹主缮修功作、盐池苑囿。魏置左民尚书。"

③ 王三北:《论秦汉至初唐间的中央财政管理机构》,《西北师范学院学报》1984 年第 4 期。

④ (唐)杜佑:《通典》卷二五载:"汉以太常、光禄勋、卫尉、太仆、廷尉、大鸿胪、宗正、大司农、少府谓之九寺大卿……魏九卿与汉同,九卿名数与汉同。"

⑤ 《三国志》卷一一,《魏书·王脩传》。

⑥ 《三国志》卷一五,《魏书·刘馥传附子靖传》。

丞①、太仓令②等,有关他们与财政事务相关的记载多了一些。

大司农作为管理一定财政事务的实体,有自己的官舍即"府",③有一批属吏。《三国志》卷一五《梁习传》裴松之注引《魏略·苛吏传》载:

> 正始中,王思为大司农,年老目瞑,瞋怒无度,下吏啾然不知何据。性少信,时有吏父病笃,近在外舍,自白求假。思疑其不实,发怒曰:"世有思妇病母者,岂此谓乎!"遂不与假。吏父明日死,思无恨意。其为刻薄类如此。

但是,资料显示,曹魏大司农的财政专职管理范围比东汉进一步缩小,主要限于以下方面:

第一,负责供给宫廷的部分费用如皇帝婚丧礼仪之费。例如,建安十八年(213年)七月,汉献帝聘魏公曹操的三女为贵人,"使使持节行太常、大司农(应为'大农')安阳亭侯王邑赍璧、帛、玄纁、绢五万匹之邺纳聘"。④青龙二年(234年)三月山阳公(即汉献帝)死,四月葬以汉礼。魏明帝令"使持节行大司空、大司农崔林监护丧事",诏曰:"命司徒、司空持节吊祭护丧,光禄、大鸿胪为副,将作大匠、复土将军营成陵墓,及置百官群吏,车旗服章丧葬礼仪一如汉氏故事。丧葬所供群官之费,皆仰大司农。"⑤据后来晋人王彪之所说,一共给了绢二百匹。⑥大司农供给国家"凶礼"费用的职责,乃沿袭东汉之制。⑦

第二,掌管国家粮仓的出纳政令。著名的例证是,嘉平元年(249年)正月,司马懿乘大将军曹爽离开洛阳拜谒高平陵之机发动政变,大司农桓范出城投奔曹爽,建议曹爽等组织对抗,并说:"所忧当在谷食,而大司农印章在我

---

① (唐)杜佑:《通典》卷二六《职官八·司农卿》载:"后汉司农丞一人,部丞一人。(注:部丞,主帑藏)魏晋因之,铜印黄绶。"

② 《三国志》卷一一《魏书·袁涣传》载,袁涣卒,曹操赐谷二千斛,一教"以太仓谷千斛赐郎中令之家",一教"以垣下谷千斛与曜卿家",外不解其意。教曰:"以太仓谷者,官法也;以垣下谷者,亲旧也。"既有太仓,按理应沿承汉制设有太仓令。

③ 《三国志》卷一一《魏书·王脩传》载钟繇之语曰:"旧,京城有变,九卿各居其府。"

④ 《三国志》卷一,《魏书·武帝纪》注引《献帝起居注》。

⑤ 《三国志》卷三,《魏书·明帝纪》。

⑥ (唐)杜佑:《通典》卷七四,《礼·总叙》,"孝武帝太元十二年"条杜佑自注。

⑦ (唐)杜佑:《通典》卷七九,《礼三九·沿革三九·凶礼一》。

身。"①由于曹魏开展民屯、军屯卓有成效,"所在积谷",各地设有粮仓,桓范才说"大司农印在吾手,所在得开仓而食",②这足证曹魏代汉之后大司农负有掌管全国粮仓出纳政令的职责。职此之故,大司农也掌管量制,故当时的量制以"大司农斛"为标准。③ 大司农掌管仓粮出纳之政,也是汉代大司农的主要职责之一。

不过,在发生重大自然灾害时的开仓赈济,中央派他官负责开仓赈济,而不在大司农的专职管理之列。如魏文帝黄初三年(222年)七月,"冀州大蝗,民饥,使尚书杜畿持节开仓廪以振之"。④ 明帝景初元年(237年)九月,"冀、兖、徐、豫四州民遇水,遣侍御史循行没溺死亡及失财产者,在所开仓振救之"。⑤ 这种由中央派使者到地方开仓的赈济方式,其实也是沿用汉制。

第三,管理与兴修水利有关的力役派遣。据《水经注》卷九《沁水注》引《魏土地记》记载,河内郡野王县(治在今河南沁阳县)沁水的石门,是魏野王典农中郎将司马孚修造的。当时司马孚上表说明建造石门的益处之后,说:"愿陛下特出臣表,敕大司农府给人工,勿使稽延,以赞时要。"他的要求获得魏文帝的批准。此事说明大司农负有调遣兴修水利所需力役之职。

关于曹魏大司农的管理权限,有的学者认为其属官增置了掌管民屯的典农诸官,因此"其职权似有较大扩展",具体的史实依据即为上引桓范之言。⑥此说可商。查史文,桓范对曹羲是这样说的:"卿别营近在阙南,洛阳典农治在城外,呼召如意。今诣许昌,不过中宿,许昌别库,足相被假,所忧当在谷食,而大司农印章在我身。"⑦不难看出,桓范所言涉及若起兵对抗所需要的兵力、兵器和兵粮三项,他认为兵力可从洛阳城外的典农征调,武器可到许昌别库取用,所要忧虑的只是兵粮,而他手中有大司农印章可以解决。这种说法显然只是在强调"我身"掌握着取用粮仓的权限,同时也说明洛阳典农、"许昌别库"的

---

① 《三国志》卷九,《魏书·曹爽传》注引《魏略》。

② (宋)李昉等编:《太平御览》卷二三二,《职官·司农卿》引孙盛《晋阳秋》。

③ 《晋书》卷一六《律历志上》载:"魏陈留王景元四年,刘徽注《九章商功》曰:'当今大司农斛,圆径一尺三寸五分五厘,深一尺,积一千四百四十一寸十分寸之三。王莽铜斛,于今尺为深九寸五分五厘,径一尺三寸六分八厘七毫,以徽术计之,于今斛为容九斗七升四合有奇。'魏斛大而尺长,王莽斛小而尺短也。"

④ 《三国志》卷二,《魏书·文帝纪》。

⑤ 《三国志》卷三,《魏书·明帝纪》。

⑥ 黄惠贤:《中国政治制度通史》第四卷,人民出版社1996年版,第200页。

⑦ 《三国志》卷九,《魏书·曹爽传》注引《魏略》。

调用权限均不在"我身"。所以,我们认为这一条资料不能说明大司农管辖典农官。此外,上引杜佑《通典》卷二六《职官八·司农卿》将典农中郎将等列为其属官,但没有说明依据,不足为凭。

当然,比较而言,曹魏代汉之后,大司农的财政管理权限虽然比东汉进一步缩小,但比起建安时期其专职化管理职能还是明显加强了。

3.军事化管理色彩浓重的典农系统最终消亡

曹魏代汉之后,军事化管理色彩浓重的典农官继续掌管部分屯田事务。典农管理民屯之例,如睢阳(治在今河南商丘县南)典农校尉卢毓。史载,魏文帝"以谯(今安徽亳县)旧乡,故大徙民充之,以为屯田"。而梁、谯二郡太守卢毓认为谯县土地硗瘠,百姓穷困,上表建议"徙民于梁国就沃衍"。魏文帝遂让卢毓任睢阳典农校尉,带领徙民组织屯田。卢毓"心在利民,躬自临视,择居美田,百姓赖之"。①典农官负责军屯之例,如《三国志》卷五四《吴书·吕蒙传》载:"魏使庐江谢奇为蕲春(治在今湖北蕲春县西南)典农,屯皖田乡,数为边寇。"吴国称为"数为边寇",则谢奇主持的是军屯。所以曹魏代汉之后,典农官仍然保持着专职财政职官的基本性质。典农官有转为度支官或升迁为大司农的,如赵俨,黄初三年由典农中郎将转为度支中郎将,迁尚书。明帝时,入为大司农。②裴潜,文帝时为魏郡、颍川典农中郎将,明帝即位后为大司农。③ 这或也可说明典农官与度支官、大司农同属财政职官性质。此时典农官仍然与郡国官并立,直属中央。如景初二年(238年),司马懿率军从洛阳出征,魏明帝"赐以谷帛牛酒,敕郡守、典农以下皆往会焉"。④ 正元二年(255年)正月,毌丘俭、文钦等举兵讨伐司马师时,据《三国志》卷二八《魏书·毌丘俭传》裴松之注文所引,他们上表称:"臣恐兵起,天下扰乱,臣辄上事,移三征及州郡国、典农,各安慰所部吏民,不得妄动,谨具以状闻。"同年十月,魏军在洮西为蜀军所败,伤亡颇重,魏帝高贵乡公下诏:"其令所在郡、典农及安抚夷二护军各部大吏,慰恤其门户,无差赋役一年。其力战死事者,皆如旧科,勿有所漏。"⑤这些资料都说明典农与郡国仍是各有所管,互不统属,直接听命于中央。

不过,如同建安时期一样,曹魏代汉之后屯田事务并非全部由典农官负

① 《三国志》卷二二,《魏书·卢毓传》。
② 《三国志》卷二三,《魏书·赵俨传》。
③ 《三国志》卷二三,《魏书·裴潜传》。
④ 《晋书》卷一,《宣帝纪》。
⑤ 《三国志》卷四,《魏书·高贵乡公》。

责,有相当一部分军屯是由将领负责的。如征西将军邓艾"修治备守,积谷强兵"。"值岁凶旱,艾为区种,身被乌衣,手执耒耜,以率将士。上下相感,莫不尽力。"①有些州郡太守也继续组织和管理屯田,如明帝时期的凉州刺史徐邈②等。因此,对于曹魏代汉之后典农的专职财政管理职能在国家财政全局中的地位同样应有恰当的估计。

特别要指出的是,从魏文帝开始,典农官的民政管理职能有所加强。其突出表现是黄初年间典农一度须"各为部下计"。据《三国志》卷一二《魏书·司马芝传》载:

> 先是诸典农各部吏民,未作治生,以要利入。芝奏曰:"王者之治,崇本抑末,务农重谷……方今二虏未灭,师旅不息,国家之事,惟在谷帛。武皇帝特开屯田之官,专以农桑为业。建安中,天下仓廪充实,百姓殷足。自黄初以来,听诸典农治生,各为部下之计,诚非国家大体所宜也。……今商旅所求,虽有加倍之显利,然于一统之计,已有不资之损,不如垦田益一亩之收也。……今诸典农,各言'留者为行者宗田计,课其力,势不得不尔。不有所废,则当素有余力'。臣愚以为不宜复以商事杂乱,专以农桑为务,于国计为便。"明帝从之。

从典农之所以要在经营屯田的同时派人经商,是为部下吏民"治生"来看,其担负的民政管理压力不小。

同时,我们注意到,从曹魏代汉前夕开始,出现了一人兼任典农官与州郡长官的现象。如赵俨,文帝即王位,"领河东太守,典农中郎将"。③正始中,孟康"出为弘农,领典农校尉"。④傅玄也曾"再迁弘农太守,领典农校尉"。⑤值得特别指出的是,史载:

> (孟)康到官,清己奉职,嘉善而矜不能,省息狱讼,缘民所欲,因而利之。郡领吏二百余人,涉春遣休,常四分遣一。事无宿诺,时出案行,皆豫

① 《三国志》卷二八,《魏书·邓艾传》。
② 《三国志》卷二七,《魏书·徐邈传》。
③ 《三国志》卷二三,《魏书·赵俨传》。
④ 《三国志》卷一六,《魏书·杜恕传》注引《魏略·孟康传》。
⑤ 《晋书》卷四七,《傅玄传》。

救督邮平水,不得令属官遣人探候,修设曲敬。又不欲烦损吏民,常豫敕吏卒,行各持镰,所在自刈马草,不止亭传,露宿树下,又所从常不过十余人。郡带道路,其诸过宾客,自非公法无所出给;若知旧造之,自出于家。康之始拜,众人虽知其有志量,以其未尝宰牧,不保其能也;而康恩泽治能乃尔,吏民称歌焉。①

从史籍称颂的政绩来看,兼任典农官的弘农太守孟康更多的是在履行郡太守的民政管理职责。这种典农官与郡守互相兼任的现象,说明典农官的专职化财政管理职能有所削弱。

此外,典农的进仕途径也与郡县官员趋同。此即《三国志》卷二三《魏书·裴潜传》所载,"文帝践阼,(裴潜)出为魏郡、颍川典农中郎将,奏通贡举,比之郡国,由是农官进仕路泰"。

魏末,控制政权的司马炎于咸熙元年(264 年)下令"罢屯田官以均政役,诸典农皆为太守,都尉皆为令长"。② 军事化色彩浓重的田官系统终于归并入郡县行政职官系统。引起田官这一专职化财政管理职官系统最终消亡的原因,学者已着重从"以均政役"即调均屯田客与郡县编户齐民的赋役负担方面做了各种解释。③ 而上述曹魏代汉以来典农官专职化职能的微妙变化,当是预示这一转化的端倪。

4.少府的专职管理职能

已有学者指出:"东汉少府已不具备帝室财政的完整职能,其所执掌的仅是帝室经费的支出。因此不再有自成系统的帝室财政。"④建安时期,汉献帝作为羁居许昌的傀儡皇帝,皇宫财政更是当时国家财政的一个开支单位而已。少府的财政管理能力被虚化,少府长官往往以文士名声取任。当时担任过少府的,如名士孔融,"每朝会访对,辄为议主,诸卿大夫寄名而已"。⑤ 耿纪也"少有美名"。⑥ 他们显然都不是专职管理帝室财政事务的长官。曹魏代汉之后,帝室财政重新形成一定的规模,其管理仍归少府,少府的专职化管理职能

---

① 《三国志》卷一六,《魏书·杜恕传》注引《魏略·孟康传》。
② 《三国志》卷四,《陈留王传》。
③ 叶振鹏主编:《20 世纪中国财政史研究概要》第三章"三国屯田制",湖南人民出版社 2005 年版。
④ 何汝泉:《汉唐财政职官体制的三次变革》,《西南师范大学学报》1997 年第 1 期。
⑤ 《三国志》卷一二,《魏书·崔琰传》注引《续汉书》。
⑥ 《三国志》卷一,《魏书·武帝纪》注引《三辅决录注》。

有所加强。

少府下辖的专门事务机构中有御府,其职能在于保管"金银杂物",特别是"玩弄之物"以及皇帝的"私谷"等。故明帝太和年间(227—232年)杜恕上疏有"陛下感帑藏之不充实,而军事未息,至乃断四时之赋衣,薄御府之私谷"之语。① 正始元年(240年)七月,齐王曹芳诏称:"方今百姓不足而御府多作金银杂物,将奚以为? 今出黄金银物百五十种,千八百余斤,销冶以供军用。"②于此可见御府的专职之所在。

少府下辖的重要专门机构还有中、左、右三尚方,是为宫廷制造奢侈玩物的官手工业机构。如明帝青龙三年(235年)三月,"大治洛阳宫,起昭阳、太极殿,筑总章观。百姓失农时"。太子舍人张茂谏曰:"陛下不兢兢业业,念崇节约,思所以安天下者,而乃奢靡是务,中尚方纯作玩弄之物,炫耀后园。"③卫觊也上疏说:"当今之务,宜君臣上下,并用筹策,计校府库,量入为出。深思句践滋民之术,由恐不及,而尚方所造金银之物,渐更增广,工役不辍,侈靡日崇,帑藏日竭。"④

尚方只能为皇帝制作器物。明帝青龙三年,任城威王曹彰之子曹楷"坐私遣官属诣中尚方作禁物,削县二千户"。⑤ 景初元年(237),彭城王曹据"坐私遣人诣中尚方作禁物,削县二千户"。明帝的玺书曰:"制诏彭城王:有司奏,王遣司马董和,赍珠玉来到京师中尚方,多作禁物,交通工官,出入近署,逾侈非度,慢令违制,绳王以法。"⑥王观在正始年间担任少府,"大将军曹爽使材官张达斫家屋材,及诸私用之物,观闻知,皆录夺以没官。少府统三尚方、御府内藏玩弄之宝,爽等奢放,多有干求,惮观守法,乃徙为太仆"。⑦ 从上述对宗王违制行为的纠惩,以及王观的"守法"政绩,可以看出少府作为帝室财政管理机构的专职职能确实明显加强了。

概括而言,曹魏代汉之后,中央的财政管理机构出现专职化的变革趋势,主要表现为国家财政事务由作为政务管理中枢的五曹尚书及尚书郎分管,其中,度支尚书主管军费支计,左民尚书以及民曹、仓曹也负有相当重要的财政

① 《三国志》卷一六,《魏书·杜恕传》。
② 《三国志》卷四,《魏书·三少帝纪·齐王芳》。
③ 《三国志》卷三,《魏书·明帝纪》注引《魏略》。
④ 《三国志》卷二一,《魏书·卫觊传》。
⑤ 《三国志》卷一九,《魏书·任城威王彰传》。
⑥ 《三国志》卷二〇,《魏书·彭城王据传》。
⑦ 《三国志》卷二四,《魏书·王观传》。

管理职责;大司农以管理全国粮仓的出纳政务为主要职责;少府主管帝室消费事务的职责明显加强。兼具财政与民政双重管理职责的典农职官系统最终消亡。这种演变趋势与曹魏代汉之后财政管理体制逐渐脱离战时财政状况是相适应的。

曹魏代汉之后财政的专职化管理变革,既有对汉制的部分回归,如大司农、少府;也有对东汉以来职官变革的延续和创新,如财政政务归入尚书台,特别是新设度支尚书,并强化其专职财政管理职能,成为汉唐财政中枢管理机构演变过程中的关键一步。财政管理由非专职化趋于专职化,体现了曹魏财政管理体制在汉唐财政制度变迁中承上启下的历史地位。

曹魏的封爵制度与食封支出

　　封爵是中国古代皇帝经常采用的政治手段,其封赏依据与对象或可分为两类,一是依据与皇帝的亲缘关系即对皇亲国戚的封爵,二是对文武官员的论功行赏。同时,封爵制度下的食封也是一种财政管理体制,通过"分土分民""衣食租税"而实现统治集团之间财政利益的再分配。

　　关于曹魏的封爵与食封制度,清人钱仪吉著《三国会要》卷二〇、卷二一《封建》辑录不少以《三国志》和裴松之注为主的资料,但是详于魏文帝之后而略于建安时期。今人研究秦汉封爵制度的论著不少,特别是柳春藩《秦汉封国食邑赐爵制》、①朱绍侯《军功爵研究》、②杨光辉《汉唐封爵制度》③等书着力疏理秦汉乃至魏晋隋唐封爵制度的演变,多有发明,但其中对曹魏的封爵与食封或未予置论或着墨不多。下面拟着重从财政的角度,论述曹魏封爵制度与食封支出管理制度的演变。

一、建安时期曹魏封爵制度的沿革

　　建安元年,曹操本人首先得到汉献帝的封爵。当年六月,汉献帝任命曹操为镇东将军,封费亭侯。④ 费亭侯是东汉桓帝给曹腾的封爵,⑤食邑在鄼县。⑥

---

　① 柳春藩:《秦汉封国食邑赐爵制》,辽宁人民出版社1984年版。

　② 朱绍侯:《军功爵研究》,上海人民出版社1990年版。

　③ 杨光辉:《汉唐封爵制度》,学苑出版社1999年版。

　④ 《三国志》卷一,《魏书·武帝纪》。

　⑤ 《后汉书》卷七八,《宦者传·曹腾传》。

　⑥ 《后汉书》卷一一〇《郡国志》载,沛国下属鄼县,李贤注引《帝王世记》曰:"曹腾封费亭侯,县有费亭是也。"

可知曹操起初只是承袭祖父之爵。① 同年九月,献帝启程往许下依附曹操,并以曹操为大将军,封武平侯。② 武平侯曾是汉末宗室刘璜的封爵。③ 献帝赐予曹操这种用于王子侯的爵号,无疑是寄寓他藩屏刘氏汉室的厚望,意在提高曹操在汉末群雄中的政治名望,故史称"操固让",而献帝不许。④ 费亭侯与武平侯都属列侯。直至建安十八年(213年)五月受封为魏公之前,曹操的爵级一直为列侯,这与当时他"挟天子以令诸侯"的政治地位是相适应的。建安十九年(214年)三月,汉献帝"使魏公位在诸侯王上,改授金玺、赤绂、远游冠"。⑤ 至此,曹操的官、爵都到达"一人之下,万人之上"的地位。

建安时期,曹操以汉丞相的名义行使封爵的权力,其封爵制度基本沿用汉制。

首先,从封爵依据及其对象来看。建安时期的封爵对象可分为四种。

一是曹操的儿子。建安十五年,曹操在《让县自明本志令》中说:"前朝恩封三子为侯,固辞不受。"⑥次年,由于曹操坚持让封三县,献帝遂封其子"植为平原侯,据为范阳侯,豹为饶阳侯,食邑各五千户"。⑦ 曹植于建安十九年徙封临菑侯。⑧ 建安二十一年任城威王曹彰封鄢陵侯。⑨ 曹操诸子受封实际上类似于汉代的同姓王子侯。这虽是建安时期因曹操的特殊政治地位而产生的分封现象,但与汉室同姓分封无异。

二是封赏归降者。如建安三年(198年)曹操破吕布于下邳,收降张辽,"拜中郎将,赐爵关内侯"。⑩ 建安四年四月,睦固部将薛洪、缪尚率众来降,被封为列侯。十一月,张绣率众归降,被封列侯。十二月,庐江太守刘勋率众投降,被封为列侯。建安八年,袁尚部将吕旷、吕详率其众降,被封为列侯。建安九年,袁尚的易阳令韩范、涉长梁岐举县降,赐爵关内侯。建安十年,正月,袁熙大将焦触、张南等举其县降,受封列侯。四月,"黑山贼"张燕率其众十余万

---

① 《三国志》卷一四《魏书·董昭传》载,建安元年,董昭与杨奉"共表太祖为镇东将军,袭父爵费亭侯"。并参见(唐)欧阳询等编《艺文类聚》卷五一《封爵部》"功臣封""逊让封"。

② 《三国志》卷一,《魏书·武帝纪》。

③ 《汉书》卷一五下,《王子侯表第三下》。

④ (晋)袁宏:《后汉纪》卷二九,《孝献皇帝纪》。

⑤ 《三国志》卷一,《魏书·武帝纪》。

⑥ (汉)曹操:《曹操集》卷二,中华书局1959年版。

⑦ 《三国志》卷一,《魏书·武帝纪一》注引《魏书》。

⑧ 《三国志》卷一九,《魏书·陈思王植传》。

⑨ 《三国志》卷一九,《魏书·任城威王彰传》。

⑩ 《三国志》卷一七,《魏书·张辽传》。

归降，被封为列侯。建安十三年九月，曹操占领荆州，"乃论荆州服从之功，侯者十五人"。① 如王粲、傅巽，他们都是因说服刘琮一起投降曹操而被赐爵关内侯的文人。② 其中包括归降将领，如大将蒯越。③ 此外，建安二十年九月，"巴七姓夷王朴胡、賨邑侯杜濩举巴、夷、賨民来附。于是分巴郡，以胡为巴东太守，濩为巴西太守，皆封列侯"。十一月，张鲁自巴中率其余众降，与五子皆被封为列侯。④ 从现存资料来看，曹操为了安抚归降而给予封爵的为数不少。

三是立有军功的将领。这是曹操封爵的主体。《三国志》卷一八《魏书·许褚传》载："初，褚所将为虎士者从征伐，太祖以为皆壮士也，同日拜为将，其后以功为将军封侯者数十人，都尉、校尉百余人，皆剑客也。"由此可见建安时期曹魏封爵的主要对象在于军将。此期曹魏较大规模的"定功行封"有三次。第一次在彻底打败袁绍之后，曹操于建安十二年二月下令："吾起义兵诛暴乱，于今十九年，所征必克，岂吾功哉？乃贤士大夫之力也。天下虽未悉定，吾当要与贤士大夫共定之，而专飨其劳，吾何以安焉！其促定功行封。"于是，"大封功臣二十余人，皆为列侯，其余各以次受封"。⑤ 第二次是在建安十三年九月，曹操占领荆州，"乃论荆州服从之功，侯者十五人"。第三次在建安十五年，平定陇右之后，曹操"封讨马超之功，侯者十一人"。⑥ 这三次"大封功臣"都是在取得重大战争胜利之后，足以说明曹魏封爵的主要对象是军将。史载曹魏不少将领因某次战功而受封、进封、增邑。如建安十三年，曹操在荆州之役后"论诸将功，曰：'登天山，履峻险，以取(陈)兰、(梅)成，荡寇功也。'"为荡寇将军张辽"增邑、假节"。⑦ 乐进"从击吕布于濮阳，张超于雍丘，桥蕤于苦，皆先登有功，封广昌亭侯"。"东州扰攘，(臧)霸等执义征暴，清定海岱，功莫大焉，皆封列侯。霸为都亭侯，加威虏将军。……与乐进讨关羽于寻口，有功，进封延寿亭侯，加讨逆将军。"⑧ 此外，还有李典、李通、许褚等。

四是少数有功的谋臣文士。如建安八年(203年)，曹操上表献帝封荀彧为万岁亭侯，曰：

① 《三国志》卷一，《魏书·武帝纪》。
② 《三国志》卷二一，《魏书·王粲传》；卷六，《刘表传》注引《傅子》。
③ 《三国志》卷六《刘表传》载："太祖以琮为青州刺史，封列侯，蒯越等侯者十五人。"
④ 《三国志》卷一，《魏书·武帝纪一》。
⑤ 《三国志》卷一，《魏书·武帝纪》。
⑥ 《三国志》卷二五，《魏书·杨阜传》。
⑦ 《三国志》卷一七，《魏书·张辽传》。
⑧ 《三国志》卷一七，《魏书·臧霸传》。

　　臣闻虑为功首,谋为赏本,野绩不越庙堂,战多不逾国勋。是故,典阜之锡,不后营丘,萧何之土,先于平阳。珍策重计,古今所尚。侍中守尚书令或,积德累行,少长无悔,遭世纷扰,怀忠念治。臣自始举义兵,周游征伐,与或戮力同心,左右王略,发言授策,无施不效。或之功业,臣由以济,用披浮云,显光日月。陛下幸许,或左右机近,忠恪祗顺,如履薄冰,研精极锐,以抚庶事。天下之定,或之功也。宜享高爵,以彰元勋。

　　荀或"固辞无野战之劳",曹操则强调:"与君共事已来,立朝廷,君之相为匡弼,君之相为举人,君之相为建计,君之相为密谋,亦以多矣。夫功未必皆野战也。"[1]同年,曹操称:"军师荀攸,自初佐臣,无征不从,前后克敌,皆攸之谋也。"封荀攸陵树亭侯。郭嘉也以"谋功为高"受封洧阳亭侯。[2] 有的学者认为曹操强调"虑为功首,谋为赏本";"功未必皆野战"的封爵原则,具有招徕世族名士的用意。可备一说。[3]

　　不过,我们认为对建安时期谋臣文士受封爵的人数及其社会影响不宜估计过高。因为,直到建安十二年,曹操为了给荀或、荀攸增邑还要特别加以申说。如为荀或增邑表称:

　　昔袁绍侵入郊甸,战于官渡。时兵少粮尽,图欲还许,书与或议,或不听臣。建宜住之便,恢进讨之规,更起臣心,易其愚虑,遂摧大逆,覆取其众。此或睹胜败之机,略不世出也。及绍破败,臣粮亦尽,以为河北未易图也,欲南讨刘表。或复止臣,陈其得失,臣用反旆,遂吞凶族,克平四州。向使臣退于官渡,绍必鼓行而前,有倾覆之形,无克捷之势。后若南征,委弃兖、豫,利既难要,将失本据。或之二策,以亡为存,以祸致福,谋殊功异,臣所不及也。是以先帝贵指纵之功,薄搏获之赏;古人尚帷幄之规,下攻拔之捷。前所赏录,未副或巍巍之勋,乞重平议,畴其户邑。[4]

---

① 《三国志》卷一〇,《魏书·荀或传》注引《或别传》。
② 《三国志》卷一四《魏书·郭嘉传》载,曹操在郭嘉死后为之增邑,称:"军祭酒郭嘉,自从征伐,十有一年。每有大议,临敌制变。臣策未决,嘉辄成之。平定天下,谋功为高。不幸短命,事业未终。追思嘉勋,实不可忘。可增邑八百户,并前千户。"
③ 杨光辉:《汉唐封爵制度》,学苑出版社1999年版,第129页。
④ 《三国志》卷一〇,《魏书·荀或传》注引《或别传》。

他在为荀攸加封时指出:"忠正密谋,抚宁内外,文若(荀彧)是也。公达(荀攸)其次也。"①这种情况一方面说明曹操强调的"贵指纵之功,薄搏获之赏""尚帷幄之规,下攻拔之捷""忠正密谋"之类的封爵原则,尚未成为时尚,因此需要特意申明。另一方面,也说明有能力获得"指纵之功"的谋臣本来就是极少数,因而其社会影响有限。

关于建安时期封爵对象的分类,或可以建安十八年五月中军师王凌等 31 名大臣联名劝曹操接受魏公之封为例再做分析。当时劝进者为中军师王凌、谢亭侯荀攸、前军师东武亭侯钟繇、左军师凉茂、右军师毛玠、平虏将军华乡侯刘勋、建武将军清苑亭侯刘若、伏波将军高安侯夏侯惇②、扬武将军都亭侯王忠、奋威将军乐乡侯刘展、建忠将军昌乡亭侯鲜于辅、奋武将军安国亭侯程昱、太中大夫都乡侯贾诩、军师祭酒千秋亭侯董昭、都亭侯薛洪、南乡亭侯董蒙、关内侯王粲、傅巽、祭酒王选、袁涣、王朗、张承、任藩、杜袭、中护军国明亭侯曹洪、中领军万岁亭侯韩浩、行骁骑将军安平亭侯曹仁、领护军将军王图、长史万潜、谢奂、袁霸。③ 在有封爵者的 18 人当中,以谋功受封者,除荀攸之外,还有军师祭酒千秋亭侯董昭。史称:"袁尚依乌丸蹋顿,太祖将征之。患军粮难致,凿平虏、泉州二渠入海通运,昭所建也。太祖表封千秋亭侯。"④至于东武亭侯钟繇、都乡侯贾诩、关内侯王粲和傅巽虽也属谋略或以文士身份受封,但他们与荀攸、董昭却有不同。如钟繇,据《三国志》卷一三《钟繇传》注引《先贤行状》,其父钟皓,"温良笃慎,博学诗律,教授门生千有余人,为郡功曹"。可知钟繇出自文士家庭。而且钟繇也以谋略见长,故荀彧临终,曹操问彧:"谁能代卿为我谋者?"彧言:"荀攸、钟繇。"⑤不过,史称:"天子得出长安,繇有力焉。拜御史中丞,迁侍中、尚书仆射,并录前功,封东武亭侯。"⑥这说明钟繇的受封还在为曹操谋略之前。至于都乡侯贾诩,他是因在官渡之战中说服张绣率众归降曹操而受封的。史载:"太祖见之,喜,执诩手曰:'使我信重于天下者,子也。'表诩为执金吾,封都亭侯……诩自以非太祖旧臣,而策谋深长,惧见猜嫌,阖门自守,退无私交,男女嫁娶,不结高门,天下之论智计者归之。"⑦可见贾诩

---

① 《三国志》卷一〇,《魏书·荀攸传》。

② 按,应为高安乡侯。参见《三国志》卷八《魏书·夏侯惇传》。

③ 《三国志》卷一,《魏书·武帝纪一》注引《魏书》。

④ 《三国志》卷一四,《魏书·董昭传》。

⑤ 《三国志》卷一〇,《魏书·荀彧传》。

⑥ 《三国志》卷一一,《魏书·钟繇传》。

⑦ 《三国志》卷一〇,《魏书·贾诩传》。

和关内侯王粲、关内侯傅巽同属归降受封一类,与曹操表彰荀彧、荀攸、郭嘉等人的"谋功为高"的性质有所不同。因此,若对上述 18 位有封爵的劝进者进行归类,除董蒙受封原因不详和钟繇之外,在剩下的 16 人中,属于归降受封者 4人,即薛洪、贾诩、王粲、傅巽,约占 25％。属于"谋功为高"者 2 人,即荀攸、董昭,约占 12.5％。属于以军功受封者 10 人,即平虏将军华乡侯刘勋、建武将军清苑亭侯刘若、伏波将军高安(乡)侯夏侯惇、扬武将军都亭侯王忠、奋威将军乐乡侯刘展、建忠将军昌乡亭侯鲜于辅、奋武将军安国亭侯程昱、中护军国明亭侯曹洪、中领军万岁亭侯韩浩、行骁骑将军安平亭侯曹仁,约占 62.5％。这也可印证建安时期曹操"定功行封"的主要依据仍是军功,其封爵仍与汉代一样属于军功爵性质。

其次,从建安时期曹魏的爵称、爵级、爵序来看。在建安二十年之前,爵称多数是列侯,少量是关内侯。杨光辉指出:"曹魏代汉后,才设县侯爵。"[1]此说就建安时期的功臣侯爵级而言是正确的,即当时功臣的列侯爵级只有乡侯、亭侯二种,再有是低于亭侯的关内侯。如文聘先为江夏太守,"使典北兵,委以边事,赐爵关内侯"。后"与乐进讨关羽于寻口,有功,进封延寿亭侯"。[2] 满宠为汝南太守,赐爵关内侯。"关羽围襄阳……宠力战有功,羽遂退。进封安昌亭侯。"魏明帝即位,进封昌邑侯[3]。 由此可见,建安时期功臣封爵的爵级高低次序与汉制相似。

再次,在袭爵推恩方面。建安时期沿用汉代嫡长子袭爵之制,如洧阳亭侯郭嘉病卒,子弈嗣[4]。 万岁亭侯荀彧病卒,子恽嗣侯[5]。至于无嫡长子国除之例,史籍存留甚少,如任峻死后,"子先嗣。先薨,无子,国除"。此时任峻另有儿子任览,到魏文帝时才被封为关内侯[6]。 也有以养子嗣爵之例,如万岁亭侯韩浩,"及薨,太祖愍惜之。无子,以养子荣嗣"。[7] 养子嗣爵在东汉也有先例。[8] 或引田畴为无子国除之例,[9]有误。因田畴前后两次坚辞亭侯之封,曹

---

① 杨光辉:《汉唐封爵制度》,学苑出版社 1999 年版,第 44 页。

② 《三国志》卷一八,《魏书·文聘传》。

③ 《三国志》卷二六,《魏书·满宠传》。

④ 《三国志》卷一〇,《魏书·郭嘉传》。

⑤ 《三国志》卷一〇,《魏书·荀彧传》。

⑥ 《三国志》卷一六,《魏书·任峻传》。

⑦ 《三国志》卷九,《魏书·韩浩传》。

⑧ 《后汉书》卷七八,《郑众传》。

⑨ 杨光辉:《汉唐封爵制度》,学苑出版社 1999 年版,第 143 页。

操只得听遂其志,故史传称田畴"年四十六卒。子又早死。文帝践阼,高畴德义,赐畴从孙续爵关内侯,以奉其嗣"。① 史文不用"国除"之语,是因为田畴生前其实并没有受封,用语相当严谨。由于有关资料只有两例,且不能互证,目前我们大体上只能说建安时期封爵制度执行"无子国除"的规定仍没有超出东汉的成例。

建安时期的封爵制度比起东汉较明显的差异表现在三个方面,一是很少实行推恩分封。史籍留存推恩封子的少数事例都发生在战功显赫的将领身上。一种情形是受封将领生前就分其邑户分封其子的,如曹洪②、乐进③、于禁④等,另一种情形是将领死后,追思其功而封其子的,如庞德"为羽所杀。太祖闻而悲之,为之流涕,封其二子为列侯"。⑤ 二是食封户数比东汉大为减少。三是极少采用进封的方式表彰功臣。后两方面的差异与财政状况直接相关。

二、建安时期曹魏食封制度的沿革

按东汉之制,县侯、乡侯、亭侯、王子侯都属列侯,皆可食邑。⑥ 而"关内侯无国邑,特恩者乃得国邑,寄食在所县;至东汉,其食邑者改领月俸谷"。⑦ 建安时期曹魏对列侯仍然实行食封制度,但有所变化。

建安元年曹操先后受封费亭侯、武平侯。汉献帝当时自身难保,加上天下分裂战乱,给予曹操封爵意在政治笼络,是否同时也给予食邑若干户的财政实惠,值得怀疑。不过,《艺文类聚》卷五一《封爵部》"逊让封"记载曹操上书让增封武平侯及费亭侯,有"食旧为幸"之句,说明曹操封费亭侯就有食邑。及至建安十二年(207年),曹操说自己"户邑三万",⑧而建安十五年他在《让县自明本志令》中更明白地说:"封兼四县,食户三万,何德堪之! 江湖未静,不可让位,

① 《三国志》卷一一,《魏书·田畴传》。
② 《三国志》卷九,《魏书·曹洪传》。
③ 《三国志》卷一七,《魏书·乐进传》。
④ 《三国志》卷一七,《魏书·于禁传》。
⑤ 《三国志》卷一八,《魏书·庞德传》。
⑥ (唐)杜佑:《通典》卷三一,《职官十三·历代王侯封爵》。
⑦ 杨光辉:《汉唐封爵制度》,学苑出版社1999年版,第40页。
⑧ 《三国志》卷一,《魏书·武帝纪一》注引《魏书》。

至于邑土,可得而辞。今上还阳夏、柘、苦三县户二万,但食武平万户。"①可见曹操作为县侯至迟在建安十二年就享有陈郡的武平、阳夏、柘、苦四县的食邑户三万,其中武平一县计为一万户,这当是曹操始封武平侯的食邑户数。至建安十六年正月,针对曹操的让封,献帝决定用来分封曹操的三个儿子,即"减户五千,分所让三县万五千封三子,植为平原侯,据为范阳侯,豹为饶阳侯,食邑各五千户"。②这就出现了另外三位食邑户各五千的县侯。建安二十一年,曹彰封鄢陵侯,食邑也为五千户。③建安时期县侯食邑户达一万之例,还有张鲁。《三国志》卷八《张鲁传》载:建安二十年(215年),张鲁举汉中降,曹操"逆拜鲁镇南将军,待以客礼,封阆中侯,邑万户"。东汉列侯的食邑方式为"功大者食县,小者食乡亭",同时又有具体的食邑户数。④可见建安时期曹魏县侯的食封也依照汉制。

建安十八年,献帝封曹操为魏公,"以冀州之河东、河内、魏郡、赵国、中山、常山、巨鹿、安平、甘陵、平原凡十郡"为封邑。⑤曹操故作姿态,前后三让。经荀攸等30多名大臣劝进,曹操又表示"但受魏郡"。荀攸等又说:"今魏国虽有十郡之名,犹减于曲阜,计其户数,不能参半。"曹操乃受命。⑥可知曹操受封王侯,其封国十郡的户口数虽然比汉代王侯的要少得多,却是享受"全食",即没有限定具体户数。王侯"全食"封国属于汉制。魏公曹操"全食"十郡,成为建安时期独一无二的王侯食封,自然也是曹操特殊政治地位的反映。

建安时乡侯、亭侯的食封情况比东汉有较大变化,主要表现为食封户数大为减少。就现存资料来看,建安十二年之前受封亭侯的始封食邑户数,有二百户的,如建功侯李通、⑦都亭侯李典、⑧洧阳亭侯郭嘉⑨等;有三百户的,如陵

---

①　《三国志》卷一,《魏书·武帝纪一》注引《魏武故事》。

②　《三国志》卷一,《魏书·武帝纪一》注引《魏书》。

③　《三国志》卷二〇,《任城威王彰传》。

④　杨光辉:《汉唐封爵制度》,学苑出版社1999年版,第68页。

⑤　《三国志》卷一,《魏书·武帝纪一》。

⑥　《三国志》卷一,《魏书·武帝纪一》注引《魏书》。

⑦　《三国志》卷一八,《魏书·李通传》。

⑧　《三国志》卷一八,《魏书·李典传》。

⑨　《三国志》卷一〇《魏书·郭嘉传》载,郭嘉始封洧阳亭侯,病卒后,曹操表彰其功,"增邑八百户,并前千户"。可知郭嘉始封亭侯,食邑二百户。

树亭侯荀攸、①都亭侯任峻、②关门亭侯庞德③等；有五百户的，如张燕、④贾诩、程昱⑤等；有七百户的，如乐进；⑥也有千户的，如万岁亭侯荀彧⑦和张绣、于禁。从增邑来看，同一位亭侯有从食二百户增为三百户的，如李典；有从食二百户增为四百户的，如李通；有从食三百户增为七百户的，如荀攸。由此大体可知建安时期亭侯的食邑户数量有二百、三百、四百、五百、七百、一千等六个等级。我们认为，在同一级列侯中，食邑数量的增多不一定表示其爵序提高，而只是表示赏功，如对郭嘉死后的追增食邑。又如建安十二年，曹操为万岁亭侯荀彧增邑千户时，就说："前所赏录，未副彧巍巍之勋，乞重平议，畴其户邑。"⑧所以，东晋时王导说："昔魏武，达政之主也；荀文若，功臣之最也，封不过亭侯。"⑨

值得指出的是，《三国志》卷九《魏书·夏侯惇》明载夏侯惇的封爵为高安乡侯，但始封食邑只有七百户。按东汉之制，乡侯的食邑肯定要多于亭侯，在建安时期，乡侯的爵级同样高于列侯，但为何夏侯惇始封食邑数却等于亭侯乐进，而少于亭侯荀彧？我们认为这是因为夏侯惇始封是在建安三年、四年之间，当时曹魏控制的地区有限，户口不多，诸将食封户数不得不大为减少。当时亭侯始封食邑户数多只有二三百户，只有极个别达七百户甚至千户。如《三国志》卷八《魏书·张绣传》载，建安四年，张绣投降曹操，被封为列侯。⑩ 建安

---

① 《三国志》卷一〇，《魏书·荀攸传》。

② 《三国志》卷一六，《魏书·任峻传》。

③ 《三国志》卷一八，《魏书·庞德传》。

④ 《三国志》卷八《魏书·张燕传》载，"黑山"帅张燕归降曹操，"封安国亭侯，邑五百户"。

⑤ 《三国志》卷一〇《魏书·贾诩传》载，贾诩劝张绣归降曹操，封都亭侯。"文帝即位，以诩为太尉，晋爵魏寿乡侯，增邑三百，并前八百户。"同书卷十四《程昱传》载，程昱在建安年间封安国亭侯，文帝即位，"进封安乡侯，增邑三百户，并前八百户"。可知贾诩、程昱始封亭侯的食邑均为五百户。另外，同书卷一一《魏书·田畴传》载，曹操欲封田畴亭侯，"食邑五百"，田畴坚辞不受。

⑥ 《三国志》卷一七《魏书·乐进传》载：乐进始封广昌亭侯，"后从征孙权，假进节。太祖还。留进与张辽、李典屯合肥，增邑五百，并前凡千二百户"。可知始封食邑为七百户。

⑦ 《三国志》卷一〇《魏书·荀彧传》载："八年，太祖录彧前后功，表封彧为万岁亭侯……十二年，复增彧邑千户，合二千户。"可知始封食千户。

⑧ 《三国志》卷一〇，《荀彧传》注引《彧别传》。

⑨ 《晋书》卷六五，《王导传》。

⑩ 按，是亭侯还是乡侯，史无明文。

十年,张绣"从破袁谭于南皮,复增封邑至二千户"。史称:"是时天下户口减耗,十裁一在,诸将封未有满千户者,而绣特多。"不过,"诸将封未有满千户者"一说其实不确,当时始封食邑达千户的亭侯还有于禁。于禁在建安二年(197)就以战功受封益寿亭侯。① 至建安十四年,因参与讨伐梅成、陈兰之功,"增邑二百户,并前千二百户"。可见他始封食千户。但他也是特例,史称:"是时,禁与张辽、乐进、张郃、徐晃俱为名将,太祖每征伐,咸递行为军锋,还为后拒;而禁持军严整,得贼财物,无所私入,由是赏赐特重。"② 所以,除去两个特例,在将领中,夏侯惇作为乡侯始封食邑七百户,③仍是高于绝大多数的亭侯。至建安十二年,曹操"录夏侯惇前后功,增封邑千八百户,并前二千五百户"。④ 而同年荀彧增邑至二千户。这两个人食邑户数的差别,就与他们爵级的高低一致了。

建安十一年,曹操彻底打败袁绍残部,统治区域扩大为兖、豫、冀、青、幽、并六州,基本统一中国北方。前已指出,建安时期曹魏较大规模的三次封爵,分别是建安十二年、建安十三年和建安十八年,显然与统治区域的扩大有关。但是,此时曹魏对乡亭侯食封仍继续严加控制,例如,亭侯始封的食邑户数并没有明显增加,如曹纯在建安十二年从征乌桓立功,"以前后功封高陵亭侯,邑三百户"。⑤ 建安十六年,曹操平定汉中,庞德随众降,曹操"素闻其骁勇,拜立义将军,封关门亭侯,邑三百户"。⑥ 当时增邑数量也不算多。建安二十二年,增曹植"邑五千,并前万户"。⑦ 此属王子侯性质,另当别论。至于乡亭侯,如建安末年曹仁的封邑为1 500户,⑧张辽于建安十年封都亭侯,中经增邑,建安末晋爵都乡侯,封邑达1 600户。⑨ 曹洪在建安前期封国明亭侯,至建安后期

① (宋)司马光:《资治通鉴》卷六二,建安二年正月记事。
② 《三国志》卷一七,《魏书·于禁传》。
③ 按,建安时期的乡侯不止夏侯惇一人,如建安十八年联名向曹操劝进的大臣中还有华乡侯刘勋、乐乡侯刘展、昌乡亭侯鲜于辅等,但他们的食邑户数,史籍缺略未载。
④ 《三国志》卷九,《魏书·夏侯惇传》。
⑤ 《三国志》卷九,《魏书·曹纯传》。
⑥ 《三国志》卷一八,《魏书·庞德传》。
⑦ 《三国志》卷一九,《魏书·陈思王植传》。
⑧ 《三国志》卷九《魏书·曹仁传》载:"及(文帝)即王位,拜曹仁车骑将军,都督荆、扬、益州诸军事,进封陈侯,增邑二千,并前三千五百户。"
⑨ 《三国志》卷一七《魏书·张辽传》载:"文帝即王位,转前将军。分封兄泛及一子列侯……文帝践阼,封晋阳侯,增邑千户,并前二千六百户。"

食邑达 1 100 户。^① 这三个人增邑后的食邑户数仍远低于此前的夏侯惇和荀彧。总之,建安时期曹魏对乡亭侯食封的户数多控制在数百户之间。

建安时期乡亭侯食封户数之所以大大减少,显然是受到财政状况的限制。建安时期曹魏的财政收入有两大来源,一是屯田收益,二是田租户调收入。对屯田,曹魏采取独立于郡县行政系统之外的管理制度,故与食封无涉,只有与户口数量相关的田租户调才是列侯食封的财源。建安时期,列侯食封的内容在建安九年之前是什么?史无明文。不过,当时已有"租赋"^②和"户调"^③的赋税名目,应是列侯食封的基本内容。及至建安九年,曹操颁布租调令,规定:"其收田租亩四升,户出绢二匹、绵二斤而已,他不得擅兴发。"^④这就明确限定了列侯食封的内容为田租、户调。不过,自西汉中叶以来,诸侯食封的方式已经演变为财政拨付,食邑户数只是名义计算单位,而非专供诸侯食封的特定户口。^⑤ 因此食封方式对于诸侯而言类似俸禄收入,故东汉人已有将食邑收入称为"租秩"^⑥"租奉"^⑦的。建安时期也是如此。食封的田租或称"租谷""租奉",如建安十二年二月,曹操下令说:

> 昔赵奢、窦婴之为将也,受赐千金,一朝散之,故能济成大功,永世流声。吾读其文,未尝不慕其为人也。与诸将士大夫共从戎事,幸赖贤人不爱其谋。群士不遗其力,是以夷险平乱,而吾得窃大赏,户邑三万。追思窦婴散金之义,今分所受租与诸将、掾属及故戍于陈、蔡者,庶以畴答众劳,不擅大惠也。宜差死事之孤,以租谷及之。若年殷用足,租奉毕入,将

---

① 《三国志》卷九《魏书·曹洪传》载:"文帝即位,为卫将军,迁骠骑将军,进封野王侯,益邑千户,并前二千一百户。"

② 《三国志》卷一二,《崔琰传》注引司马彪《九州春秋》。

③ 如《三国志》卷二三《魏书·赵俨》载:"时袁绍举兵南侵,遣使招诱豫州诸郡,诸郡多受其命。惟阳安郡不动,而都尉李通急录户调。"

④ 《三国志》卷一,《魏书·武帝纪一》注引《魏书》。

⑤ 杨光辉:《汉唐封爵制度》,学苑出版社 1999 年版,第 78~80 页。

⑥ 如《后汉书》卷三三《冯鲂传》有"自永初兵荒,王侯租秩多不充"之说。

⑦ 《后汉书》卷三五《张纯传附子奋传》载,张奋袭父爵,"常分损租奉,赡恤宗亲,虽至倾匮,而施与不怠"。

大与众人悉共飨之。①

又,《资治通鉴》卷六七在建安二十一年五月记载:

初,南匈奴久居塞内,与编户大同而不输贡赋。议者恐其户口滋蔓,
浸难禁制,宜豫为之防。秋,七月,南单于呼厨泉入朝于魏,魏王操因留之
于邺,使右贤王去卑监其国。单于岁给绵、绢、钱、谷如列侯,子孙传袭其
号。

这说明当时列侯的食封收入包括户调(绵、绢)、田租(谷)。至于钱币,可
能是指有的列侯得到的钱币赏赐,但非定制。同时,"岁给绵、绢、钱、谷如列
侯"一句,揭示建安时期列侯食封是采用财政拨给方式。不过,食邑户数如何
作为列侯食封收益的计算单位,还有疑问,因为按建安九年颁布的租调制规
定,以户计征的户调是定额税率,即每户交绢二匹、绵二斤;而田租虽然以亩计
征定额税四升,但各户实际拥有的耕地面积不一,因此财政在拨付"租奉"时,
应该要对名义上的食邑户的田亩数量有统一规定,才可计算出其田赋收益总
数。可惜史籍于此缺略未载,只能存疑。但是,建安时期的列侯食封其实是一
项财政支出管理制度,应是无疑的。

经过汉末的长年战祸,建安时期黄河中下游地区经济残破,户口减耗极其
严重,以致时人有"十才一在"的估计。前已述及,建安后期魏公曹操全食十
郡,其食邑户数也不当汉时的一半。到魏文帝黄初五年(224 年),还有大臣
称:"方今天下新定,土广民稀。"②可见当时曹魏通过向编户齐民征收租调而
获得的财政收入仍相当有限。加上当时曹魏处于战时财政阶段,军费是财政
优先要满足的开支项目,因此,建安时期曹魏食封制度所出现的乡侯、亭侯食
封户数大为减少,极少用进封爵级的办法奖励军功等若干变化,都是出于减少
财政支出的考虑。

也正是在财政不宽裕的情况下,建安二十年十月,曹操"始置名号侯至五
大夫,与旧列侯、关内侯凡六等,以赏军功"。裴松之注引《魏书》曰:

---

① 《三国志》卷一,《魏书·武帝纪一》注引《魏书》。另据同书卷二〇《乐陵王茂传》,
正始五年,"诏以茂租奉少,诸子多,复所削户,又增户七百"。其"租奉"之说当也是沿承汉
末、建安时期而来。

② 《三国志》卷二五,《魏书·辛毗传》。

置名号侯爵十八级,关中侯爵十七级,皆金印紫绶;又置关内外侯十六级,铜印龟纽墨绶;五大夫十五级,铜印环纽,亦墨绶,皆不食租,与旧列侯、关内侯凡六等。①

《魏书》明白指出新置的名号侯、关中侯、关内外侯和五大夫这四个等级的封爵"皆不食租",即不给予财政实惠,只是作为提高其政治地位和社会声望的标志。② 曹操对封爵制度作出这一项不同于东汉之制的新规定,无疑也是囿于财力有限的无奈之举。

三、曹魏代汉后食封支出的增长

魏文帝曹丕代汉之后的黄初年间(220—226年),由于州郡经济进一步恢复,财政状况有较大好转。史称:"当黄初中,四方郡守垦田又加,以故国用不匮。"③但是,文帝对封爵仍持较慎重的态度。《三国志·魏书·苏则传》载,苏则为金城太守,颇有政绩。"文帝以其功,加则护羌校尉,赐爵关内侯。进封都亭侯,邑三百户。"裴松之注引《魏名臣奏》记载,文帝为了是否应该给予苏则封爵食邑,特地询问雍州刺史张既,说:"试守金城太守苏则,既有绥民平夷之功,闻又出军西定湟中,为河西作声势,吾甚嘉之。则之功效,为可加爵邑未邪?封爵重事,故以问卿。密白意,且勿宣露也。"于此可见魏文帝对"封爵重事"加以一定控制的意图。

文帝、明帝两朝,对亭侯、乡侯的食邑标准一般沿用建安之制,多给予百户至数百户而已,给予进封增邑的也不多。这可以不少的名臣为例。如镇守河东十六年,治绩"常为天下最"的杜畿,曹丕称魏王,入朝为尚书,曹丕称帝时"进封丰乐亭侯,邑百户"。④ 同样的,"政治常为天下最"的并州刺史梁习,文

① 《三国志》卷一,《魏书·武帝纪》。

② 按,《三国志》卷二一《卫觊传》注引《魏书》曰:"是时关西诸将,外虽怀附,内未可信。司隶校尉钟繇求以三千兵入关,外托讨张鲁,内以胁取质任。太祖使荀彧问觊,觊以为'西方诸将,皆竖夫屈起,无雄天下意,苟安乐目前而已。今国家厚加爵号,得其所志,非有大故,不忧为变也。宜为后图……'"可见当时将领以受封爵为荣。

③ 《晋书》卷二六,《食货志》。

④ 《三国志》卷一六,《魏书·杜畿传》。

帝时封申门亭侯,邑百户。① 而被文帝称赞为"真刺史"的豫州刺史贾逵,受封阳里亭侯,食封二百户。② 此外,亭侯食封有三百户的,如成阳亭侯何夔。③ 有四百户的,益寿亭侯吕虔。④ 乡侯的食封也在六七百户左右,如许褚在明帝即位后由亭侯进牟乡侯,邑七百户。⑤ 桓阶在文帝称帝后"迁尚书令,封高乡亭侯……徙封安乐乡侯,邑六百户"。⑥ 另外,明帝以来,即使是三公封列侯,食邑户数稍多,也不过百户或数百户。如《三国志》卷二四《崔林传》载:"明帝即位,赐爵关内侯,……后年遂为司空,封安阳亭侯,邑六百户。三公封列侯,自林始也。"魏末,孙礼"迁司空,封大利亭侯,邑一百户"。⑦ 总之,若从列侯的一般食封标准来看,曹魏代汉后仍是沿用建安之制。

不过,从总体上看,出于下列几方面的原因,曹魏代汉之后食封支出明显增多。

第一,授予封爵和进封的标准放宽了。在以"立功立事"⑧为封爵或进封依据的同时,食封明显地被当作曹魏新君即位之际赏赐臣下的政治和财政手段。

我们据《三国志·魏书》的资料约略统计,文帝在践阼之际授封或进封的有22人次,明帝在即位之际进封或授封的有32人次。这足见文帝、明帝意在以封爵食邑笼络大臣、将领,而不再像建安时期那样唯以军功、谋功授封行赏。封爵标准放宽,自然使食封人数和食封支出增加不少。此后,曹魏三少帝即位之际,同样以加封晋爵为赏赐。特别是嘉平年间之后,司马氏集团控制了曹魏政权,新帝的加封晋爵其实是司马氏集团笼络人心,加紧做改朝换代准备的政治的和财政的手段,致使食封支出进一步增多。

第二,增设不少食邑千户以上的县侯。曹丕即魏王位,始设县侯爵,称帝

---

① 《三国志》卷一六,《魏书·梁习传》。

② 《三国志》卷一五《魏书·贾逵传》载:"明帝即位,增邑二百户,并前四百户。"可知封亭侯时只有二百邑户。

③ 《三国志》卷一二,《魏书·何夔传》

④ 《三国志》卷一八《魏书·吕虔传》载:"明帝即位,徙封万年亭侯,增邑二百,并前六百户。"可知此前食封四百户。

⑤ 《三国志》卷一八,《魏书·许褚传》。

⑥ 《三国志》卷二二,《魏书·桓阶传》。

⑦ 《三国志》卷二四,《魏书·孙礼传》。

⑧ 《三国志》卷二二《陈群传附子泰传》载:文王问陔曰:"玄伯何如其父司空也?"陔曰:"通雅博畅,能以天下声教为己任者,不如也;明统简至,立功立事,过之。"

后增多县侯。文帝有诏称:"朕受天命,帝有海内,元功之将,社稷之臣,皆朕所与同福共庆,传之无穷者也。"①"元功之将,社稷之臣"当为他授封县侯的主要对象。明帝时受封县侯者更多。县侯食邑多数达千户甚至数千户。兹将文、明帝时期分封县侯的部分资料示如表1。

表1　魏文帝、明帝分封县侯表

姓名	县侯名	最高食邑户数	资料出处
曹仁	陈侯	3 500	《三国志》卷九《魏书·曹仁传》
卞秉	开阳侯	1 200	《三国志》卷五《魏书·后妃传》
曹洪	野王侯	2 100	《三国志》卷九《魏书·曹洪传》
张郃	鄚侯	4 300	《三国志》卷一七《魏书·张郃传》
文聘	新野侯	1 900	《三国志》卷一八《魏书·文聘传》
徐晃	杨侯、阳平侯	3 100	《三国志》卷一七《魏书·徐晃传》
臧霸	开阳侯、良成侯	3 500	《三国志》卷一八《魏书·臧霸传》
曹休	长平侯	2 500	《三国志》卷九《魏书·曹休传》
曹真	邵陵侯	2 900	《三国志》卷九《魏书·曹真传》
钟繇	定陵侯	1 800	《三国志》卷一三《魏书·钟繇传》
华歆	博平侯	1 300	《三国志》卷一三《魏书·华歆传》
王朗	兰陵侯	1 200	《三国志》卷一三《魏书·王朗传》
满宠	昌邑侯	9 600	《三国志》卷二六《魏书·满宠传》
陈群	颍阴侯	1 300	《三国志》卷二二《魏书·陈群传》
陈泰	颍阴侯	2 600	《三国志》卷二二《魏书·陈群传附子泰传》
朱灵	鄃侯、高唐侯	未详	《三国志》卷一七《魏书·徐晃传》注引《九州春秋》
司马懿	舞阳侯	食舞阳、昆阳二县	《晋书》卷一《宣帝纪》
刘放	方城侯	800	《三国志》卷一四《魏书·刘放传》
孙资	中都侯	700	《三国志》卷一四《魏书·孙资传》

---

① 《三国志》卷一七,《魏书·徐晃传》注引《九州春秋》。

明帝之后,又有卢毓进封容城侯,邑二千三百户。① 王观进封阳乡侯,"增邑千户,并前二千五百户"。② 卫臻晋爵长垣侯,邑千户。③ 郭淮进封阳曲侯,"邑凡二千七百八十户"。④ 邓艾以军功进封邓侯,"前后增邑凡六千六百户"。⑤ 曹爽封武安侯,邑万二千户。⑥ 王昶进封京陵侯,"增邑千户,并前四千七百户";⑦毌丘俭进封安邑侯,食邑三千九百户;诸葛诞进封高平侯,邑三千五百户。⑧ 司马懿封舞阳侯,累增邑至食八县,邑二万户。⑨

第三,食封千户以上的王子侯增多。据《三国志》卷一九《任城陈萧王传》、卷二〇《武文世王公传》所载,魏武帝曹操和文帝曹丕的子嗣,除去无子而国除的,至魏后期尚有 21 位保持王侯或公侯,其食邑高者 9 900 户,少者也有 1 800 户。

总之,由于授封标准放宽,加上增加了县侯、王侯两类享受大量食邑户的封爵对象,曹魏代汉之后的食封支出比建安时期明显增多。曹魏后期,逐步控制了朝权的司马氏集团,为加强改朝换代的政治准备,更是有意将封爵食封作为笼络人心的制度化的政治手段和财政手段加以运用,于咸熙元年(264 年)三月重建五等封爵制度,⑩"自骑督已上六百余人皆封",⑪食封支出激增。

曹魏代汉之后食封支出得以持续增长,是以在籍户口及租调收入逐渐增多为财政基础的。明帝青龙年间(233—236 年),陈群上疏称:"今丧乱之后,人民至少,比汉文、景之时,不过一大郡。"裴松之对陈群之说颇不以为然,认为:《汉书·地理志》云:元始二年,天下户口最盛,汝南郡为大郡,有三十余万户。则文、景之时不能如是多也。案《晋太康三年地记》,晋户有三百七十七万,吴、蜀户不能居半。以此言之,魏虽始承丧乱,方晋亦当无乃大殊。"⑫即估

---

① 《三国志》卷二二,《魏书·卢毓传》。
② 《三国志》卷二四,《魏书·王观传》。
③ 《三国志》卷二二,《魏书·卫臻传》。
④ 《三国志》卷二六,《魏书·郭淮传》。
⑤ 《三国志》卷二八,《魏书·邓艾传》。
⑥ 《三国志》卷九,《魏书·曹爽传》。
⑦ 《三国志》卷二七,《魏书·王昶传》。
⑧ 均见《三国志》卷二八,《魏书·毌丘俭传》、《魏书·诸葛诞传》。
⑨ 《晋书》卷一,《宣帝纪》。
⑩ 《三国志》卷四,《魏书·三少帝纪》。
⑪ 《晋书》卷三五,《裴秀传》。
⑫ 《三国志》卷二二,《魏书·陈群传》。

计曹魏后期户数肯定达到一百二三十万,认为陈群"民数不过汉时一大郡"之说属过甚之言。据柳春藩的估计,曹魏代汉之后王侯食封数约九万三千户,列侯食封数约十四万七千户,二者合计共约二十四万户。[①] 相对于一百二三十万户的在籍户口及其租调收入,食封支出占五分之一左右,数量虽然不少,但仍是财政可以应付的。

① 柳春藩:《曹魏西晋的封国食邑制》,原载《史学集刊》1993 年第 1 期;收入氏著《秦汉魏晋南北朝经济制度研究》,黑龙江人民出版社 1993 年版,第 287～297 页。

走马楼吴简所见孙吴官府仓库
账簿体系试探

  关于中国古代的官厅会计制度,传世文献往往语焉不详,所幸 20 世纪以来考古发现的古代简牍和纸质文书不断增多,使我们得以对不少王朝的官厅会计制度开展实证研究,不断丰富对中国古代官厅会计实务的认识。例如,居延汉简的发现,提供了研究汉代官厅会计制度的实证材料,学界据此已取得不少重要成果。[①] 1996 年 10 月在长沙走马楼发现了十万多枚的三国孙吴简牍(以下简称走马楼吴简),除发掘报告披露的部分简文之外,迄今已整理出版四种图版和释文,分别是《长沙走马楼三国吴简·嘉禾吏民田家莂》(以下简称《田家莂》)、《长沙走马楼三国吴简·竹简(壹)》[以下简称《竹简(壹)》]、《长沙走马楼三国吴简·竹简(贰)》[以下简称《竹简(贰)》],《长沙走马楼三国吴简·竹简(叁)》[以下简称《竹简(叁)》]。[②] 已公布的这三万多枚走马楼吴简以长沙郡治临湘县(治在今湖南长沙市)的官文书为主,大量内容涉及孙吴黄武、黄龙和嘉禾年间当地官府仓库的会计实务。虽然这批资料是一个地方的,且多有残缺,留有很多疑问尚待解释,学界的有关研究起步不久,不少问题未有定论,但它们仍然是研究孙吴官厅会计制度的珍贵实证资料,已有学者开始

---

  ① 例如,较早的论著有郭道扬编著《中国会计史稿》(上)第三章第三节《西汉时代的会计》(中国财政经济出版社 1982 年版);李孝林等《从旧居延汉简看汉朝会计》(《北京商学院学报》1992 年第 5 期)等。新近的论著有朱德贵《汉简与财政管理新证》第八章《两汉会计文书制度及其相关问题研究》(中国财政经济出版社 2006 年版);黄今言《居延汉简所见西北边塞的财物“拘校”》(《史学月刊》2006 年第 10 期)等。
  ② 长沙市文物考古研究所等编著:《长沙走马楼三国吴简·嘉禾吏民田家莂》,文物出版社 1999 年版;《长沙走马楼三国吴简·竹简(壹)》,文物出版社 2003 年版;《长沙走马楼三国吴简·竹简(贰)》,文物出版社 2007 年版;《长沙走马楼三国吴简·竹简(叁)》,文物出版社 2008 年版。

这方面的探讨。① 本文拟据以对孙吴官府仓库的账簿体系试做探讨。

一般而言,会计账簿体系是由若干彼此独立、作用互补、具有内在联系的账簿组成的,以提供系统的财务信息。走马楼吴简显示孙吴官府仓库设置了多种会计账簿,它们通称为"簿",在"簿"字前加限定词作出不同的标引。这些不同名目的"簿"的会计用途是什么？它们之间有什么关联？探讨这些问题,或许有助于进一步解读和归纳这一大批散乱残缺的吴简所反映的孙吴官厅会计内容。

经初步分析与归纳走马楼吴简有关资料,本文认为孙吴官府仓库账簿体系包括了收支分类账簿、作为会计凭证的账簿、与常规会计结算有关的账簿这三大部分。

一、收支分类账簿结构试析

收支分类账簿是关于钱物收支的分类记录,按其记录的详简程度不同,可分为总分类账簿和明细分类账簿。总分类账簿的内容按大类分别设置,明细分类账簿是在总分类账簿统驭之下的若干账簿。在分类账簿结构中,总分类账簿与明细分类账簿之间、各级明细分类账簿之间既彼此独立又相互关联。走马楼吴简显示,孙吴临湘官府仓库收支的物品主要为米、钱、布、皮四大类。② 每一大类物品之下又有具体名目。如米类,有粢租米、税帛米、税中白米、税连年米、杂限米、火种田租米、复田税米、张复田税米、余力田租米、旧米、孰米、临米、渍米、盐米、贾米、种贾米、池贾米、禾准米、临呙米、临居米、酱贳米、酱贾米、加臧米、颐贤米、折咸米、收指米、通价米、新咸米、陈张米等数十种名目。钱类也有税钱、口筭(算)钱、鋘贾钱、官鋘钱、莋钱、寿钱、枪钱、租钱、杂米钱、财用钱、赀钱、地僦钱、皮贾钱、入贾钱、贾具钱、市具钱、柚租钱、米租钱、酒租钱、市租钱、租廪钱、何黑钱、复民租钱、八亿钱、租蔣钱、绚租钱等数十种

① 如李均明:《走马楼吴简会计用语丛考》,载中国文物研究所编:《出土文献研究》(第七辑),上海古籍出版社 2005 年版,第 134～145 页;侯旭东:《长沙三国吴简三州仓吏"入米簿"复原的初步研究》,《吴简研究》第二辑,崇文书局 2006 年版,第 1～13 页。

② 按,米类的会计记录还包括少量的麦、大豆,如《竹简(壹)》之简 2302"集凡承余新入吴平斛大麦一万一千七百廿六斛三斗五合",《竹简(叁)》之简 4561"定领租、税、杂米一万七千四百二斛七斗九升,麦五斛八斗,大豆二斛九斗"。入库的还有器具,如《竹简(壹)》之简 1384 是有关大樯、上刚、钉石、下刚等的入库记录。

名目。布类、皮类的具体名目较少,但也有数种。^① 从租税的角度来说,米类、钱类、布类、皮类之下的不同名目究竟代表什么意义还有待探讨。不过,就仓库收支分类账簿而言,这个问题可暂且不论。孙吴官府仓库对这些不同名目的米、钱、布、皮都分别设置了总分类账簿和明细分类账簿,有条不紊地进行出纳管理和会计核算。

(一)收支总分类账簿

走马楼吴简显示,孙吴官府仓库收支总分类账簿,是按物品大类设置的,主要为米、钱、布、皮四种。

如上所述,走马楼吴简所见孙吴官仓收支的"米"名目繁多,但从孙吴官府仓库总分类账簿的设置来看,它们被统称为"米"。例如,《竹简(壹)》之简3410"·右米四千五百五十七斛一斗□升四合";简2158"右五月出吴平斛米四千一百卅一斛七斗七升□合";简2341"·右八月入吴平斛米□合七百二斛一斗二升";简2126"定领米二万一千廿□斛五斗八升六合"。《竹简(贰)》之简4133"·右九月新入吴平斛米二万四千一百六□□/";简3905"·集凡承余、新入吴平斛米三万八千二百九十六斛□斗□/";简7479"/□七十九斛五斗二升,凡出米二万四千三百六斛五斗一升五合,运□/"。此类未标明具体米名而统称"米"或"吴平斛米"^②的总汇简,可证"米"是一类收支总分类账。再如《竹简(壹)》之简1641"右仓田曹吏烝白:嘉禾二年领租、税、杂、限吴平斛米合八万一千"、简4538"/□□受嘉禾二年租、税、杂米一万八千二百七十一斛五斗"、简6246"右租、税□□□米七千九百七十二斛二斗二升",《竹简(贰)》之简505"·右黄龙元二年租、税、杂米合二千二百廿二斛四斗七升□/",将"米"的几大类分项汇总在一起,也证明"米"是独立的一类收支总分类账。

同样的,孙吴官库所入钱的名目繁多,但可统称为"钱"。如《竹简(壹)》之简5254"今余钱二万四千二百九十 已";《竹简(贰)》之简2159"出钱四万五

① 王素等:《长沙走马楼简牍整理的新收获》,《文物》1999年第5期。
② 按,"吴平斛"是一种官定量具,常与"廪斛"对举。有关探讨参见于振波:《走马楼吴简初探》,文津出版社2004年版,第228~233页;罗新:《也说吴平斛》,《吴简研究》第二辑,崇文书局2006年版,第192~200页。

千市□四百五十斤……☐/☐"。可见"钱"是一个物品大类,有独立的收支总分类账。孙吴官库入布有调布、税布、冬赐布、终肠布等不同名目,可统称为"布"。如《竹简(壹)》之简2614"☐/☐□领布得四千三百☐/☐";《竹简(贰)》之简5952"☐/☐□八月一日讫卅日□吏入嘉禾二年布,合一千八十六匹□☐/☐";《竹简(叁)》之简244"右都乡入布合卅五匹一丈四尺 中"。可见"布"是一个物品大类,有独立的收支总分类账。皮的入库有水牛皮、鹿皮、麂(枫)皮、羊皮等名目,可统称为"皮"或"杂皮"。如《竹简(贰)》之简8899为:"·集凡起八月一日讫卅日☐所☐入皮一百八十五枚,其五十九枚鹿皮,其一百廿六枚麂皮";《竹简(壹)》之简8259为"·集凡诸乡起十二月一日讫卅日入杂皮二百卅六枚□□☐/☐"。可见"皮"或称"杂皮"是一个物品大类,有自己的收支总分类账。

特别值得指出的是,《竹简(贰)》之简6468"·集凡万廿八枚钱二万六千布十七匹三丈四尺皮☐/☐"。整理者指出:"细玩简文,似应读为'集凡万廿八枚皮,钱二万六千、布十七匹三丈四尺'。"甚是。这一枚总汇简可证孙吴官库有按钱、布、皮三个物品大类分别设置收支总分类账。再加上米类,共有四种收支总分类账。

(二)明细分类账簿

走马楼吴简所见官府仓库的收支总分类账簿之下,依次统驭着若干层级的明细分类账簿。由于走马楼吴简有关米类明细分类账簿的资料较多,下面主要以"米"类为例,试做举证分析。

首先要指出,从分类明细账的设置来看,孙吴官仓所入具体名目繁多的"米"被归纳为租米、税米、限米、杂米四大类,如《竹简(壹)》之简1641"右仓田曹吏蒸白:嘉禾二年领租、税、杂、限吴☐平☐斛米合八万一千",即为显证。另外,《竹简(贰)》之简7605"☐/☐……租、税、杂、限田百廿顷卅七亩二百☐/☐",既说明租米、税米、杂米和限米都有以田计征的,也可印证它们是官仓入米的四大分类。这四大分类各归并了众多"米"名。如"税米"的入仓记录有"(嘉禾)二年税米""(嘉禾)三年税米""(嘉禾)五年税米""复田税米"等。"限米"有"子弟限米""佃卒限米""邮卒限米""吏帅客限米"等。

上述孙吴官仓对"米"的分类,可图标如下:

$$
米 \begin{cases}
租米 —— 火种田租米、余力田租米、粲租米…… \\
税米 —— 二年税米、三年税米、复田税米…… \\
限米 —— 子弟限米、佃卒限米、邮卒限米、吏帅客限米…… \\
杂米 —— 旧米、孰米、临米、渍米……
\end{cases}
$$

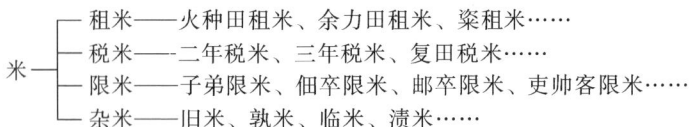

孙吴官府仓库"米"类分类明细账的设置,就是与"米"的上述分类与归纳相适应的。

1."米"类收入明细分类账簿

走马楼吴简所见三州仓、中仓都有接受吏民纳米的职能,它们设置的一种入"米"明细账簿,是反映接受吏民纳米原始记录的序时分类明细账簿,本文称之为第三级明细分类账。

侯旭东以三州仓"入米簿"为拟名,排列了《竹简(壹)》之简 3442、简 3918、简 7289 等 15 枚同为嘉禾二年十月廿五日入仓的"税米"记录,[1]尝试复原三州仓吏郑黑"嘉禾二年十月廿五日入(税)米簿"的形式与内容。他指出,这种"入米簿"应是分"乡",按照"米"的类型,逐日统计编制而成的"日账"。要逐日以乡为单位汇总,形成诸如"右广平乡入税米××斛××斗"之类的记录,再逐日对诸乡所入汇总,形成"右诸乡入税米××斛××斗"的记录。这样的账册应当是从每个月的一日开始列起,一直排到月末。最末一枚简则书"集凡三州仓起十月一日讫卅日受民嘉禾二年税米××斛××斗"。他还指出类似的还应当有"入子弟限米簿""入帅客限米簿""入郡卒限米簿"等。[2]

我认为侯旭东对三州仓"入米簿"的复原颇具典型意义,基本上可用于复原孙吴官府仓库在接纳乡里吏民缴纳钱、米、布、皮等时,反映原始收入记录的序时分类明细账簿中的一类。[3] 所谓序时,即逐日逐笔记录,并进行日结和月结。所谓分类,是按乡、诸乡及收入的具体物名加以区分。不过,我觉得,侯旭东所述此类"入米簿"的月结之末简,应该要有以"诸乡"为统计对象的,这样在统计对象上才与"右某乡入……""右诸乡入……"的日结总汇一致。即应该有类似于《竹简(壹)》之简 8259"·集凡诸乡起十二月一日讫卅日入杂皮二百卌六枚□□╱"、《竹简(贰)》之简 7666"·集凡诸乡起十一月一日╱"之简。不

---

① 单笔的完整记录,如《竹简(壹)》之简 7386"入广成乡嘉禾二年税米六斛七斗五升,胄毕　嘉禾二年十月廿五日,复丘大男邓尽,关邸阁董基付,三州仓吏郑黑受"。

② 《吴简研究》第二辑,崇文书局 2006 年版,第 1～13 页。

③ 由于当时官府仓库收入之物品也有通过购买而得的,其入仓入库的原始记录形式必然与上述"入米簿"有所不同。

过,目前公布的吴简资料中未见米类的这种实证。

中仓的入仓米有接受吏民交纳的,故也应有"入米簿",如《竹简(贰)》之简8905"·右中仓起闰月一日讫卅日 受 杂米十一斛三斗",当属这种簿的月结汇总简。中仓另外还接受三州仓转运来的粮食,为此设有"领运××米数簿",作为与"入米簿"平行的也是反映其原始收入记录的第三级分类明细账簿。如《竹简(贰)》之简485"□仓谨列起嘉禾元年八月讫三年□月卅日领运黄龙元年杂米数簿"。这种簿的具体内容,如《竹简(贰)》之简1423" 入 三 州 仓运新吏周生卑等还连道县黄武六年七十五斛四斗四升□嘉禾二年闰月五日"。又如《竹简(壹)》所载:

简9522:
入三州仓运黄武七年吏帅客限米二斛　元年二月运　中。
简9527:
入三州仓运黄龙二年粢租米二百卌一斛六斗
其百卌九斛五斗元年十一月运
九十二斛一斗二年六月入　　　　　　 中 。
简9548:
入三州仓运黄龙元年私学限米四百七十七斛六斗八升
其二百六十五斛二斗四升□□先入
二百一十二斛四斗四升后入合运　　　　　中。
简9574:
入三州仓运黄龙二年吏帅客限米一百五十二斛五斗
其先入所受米八十九斛……合运
其六十三斛九斗一升后入……。

可见"领运××米数簿"的记录内容包括三州仓运来的米名、入运数量及入库的先后、合计数等。

三州仓、中仓还设有另一类入"米"分类明细账簿,是按所入米的具体名目分类的。例如,《竹简(壹)》之简280"右入二年粢租米九斗 / ",简3695" / 右入新吏限吴平斛米二千五百卅斛五斗二升 / ",简5288"·集凡三州仓起九月一日讫卅日受嘉禾二年民所贷二三年□ / ",简5217"集凡三州仓起十二月一日讫卅日受嘉禾二年民所贷元二年 ☐ "。它们分别是按"粢租米""新吏限米" "嘉禾二年民所贷××米"等分类的明细账总汇简。而《竹简（壹）》之简6522 "仓吏郑黑谨列故仓吏谷汉所度民还贷食连年杂米 簿 ☐ "，简6400"·右连年 杂米三百九十九斛三升四合 ☐ "，①简5189"集凡三州仓起☐月一日讫卅日受 嘉禾二年民所 贷 ☐ "，也可证实有"连年杂米"这一分类明细账的存在。对此， 还可从对应的支出记录获得证明。例如，《竹简（壹）》之简1828"出仓吏黄玮、 潘虑所领嘉禾元年官所贷酱贾吴平斛米 六 斛 九斗，被督军粮都尉"，《竹简 （贰）》之简7518"出仓吏黄玮、潘虑所领嘉禾二年税吴平斛米十三斛四斗四 升，为廪斛米十四斛，被督军"、简8215"出民还黄龙元年叛士吴平斛米四斛， 被县，嘉"。可见当时有以"酱贾米""税米""叛士米"等分类的收入明细账，才 可能有这种对应的支出记录。这种分类明细账是经对原始入仓记录归类整理 之后编制的，故本文称之为第二级明细账。

再来分析见诸《竹简（壹）》的三枚中仓的"要簿"。简文如下：

简9590：中仓谨列起嘉禾元年四月一日讫二年三月卅日☐三州 仓 ☐ 黄 龙 元年☐、税、杂、限米要簿。

简9547：中仓谨列起嘉禾元年正月一日讫三年三月卅日受三州仓运 黄龙二年租、税米要簿。

简9617：☐☐谨列起嘉禾元年正月一日讫三年三月卅日受三州仓运 黄武五六七年杂米要簿。

"要"字的意义本来就有"会计簿书"一项。如《周礼·天官·小宰》："听出 入以要会。"注："要会，谓计之簿书。月计曰要，岁计为会。"孙诒让《正义》称： "一月之计少，举其凡要而已，故谓之要。一岁之计多，则总聚考校，故谓之会 也。"②上引三例中仓"要簿"，显然属于岁计之要会，举要总聚的对象是一年内 （嘉禾元年四月一日讫二年三月卅日）或二年三个月（嘉禾元年正月一日讫三

---

① "连年杂米"应是指"黄龙五六七年杂米"，是入仓米的一项名称。如《竹简（壹）》之 简9617"☐☐谨列起嘉禾元年正月一日讫三年三月卅日受三州仓运黄龙五六七年杂米要 簿"，简9533"右五六七年杂米四百七十九斛一升"。

② 参见《辞源（修订本）》（四），"要会"条，商务印书馆1983年版，第2849页。

年三月卅日）内接收的三州仓入运米。最值得注意的是其对具体米项的说明，一称"黄龙元年□（可补'租'字）、税、杂、限米"，二称"黄龙二年租、税米"，三称"黄武五六七年杂米"即连年杂米。由此可发现两点。第一，这三例中仓"要簿"，其实是"领运要簿"，是对前述"领运米数簿"的举要总聚之簿，故本文称之为第二级分类明细账。第二，三州仓和中仓既有按具体米名分类（如"黄武五六七年杂米"即连年杂米）的明细账，也有归纳为租米、税米、限米、杂米四类而分设的明细账，后者显然是前者的上一层级分类账，本文称之为第一级分类明细账。诸如《竹简（壹）》之简 4644"右入税米一百卅六斛二斗"、简 1634"·右黄武六年民入杂米八千八百□／"、简 2430"·右杂米三千九百九十九斛七斗／"，《竹简（贰）》之简 438"·右民入租米八十五斛五升　中"；简 1132"·右九月入杂吴平斛米□七斛一斗四升八合□□□"，《竹简（叁）》之简 4669"·右二月杂吴平斛米□千六十三斛九斗六升三合六勺"等，应属第一级分类明细账的总汇简。

以上分析的三州仓、中仓入"米"分类明细账簿结构，可图标如下：

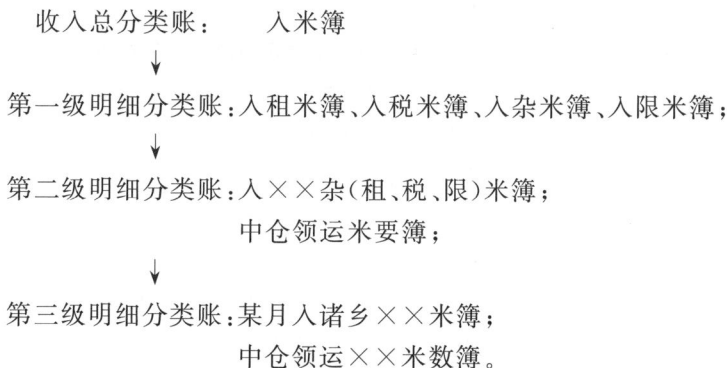

收入总分类账：　　　入米簿

↓

第一级明细分类账：入租米簿、入税米簿、入杂米簿、入限米簿；

↓

第二级明细分类账：入××杂（租、税、限）米簿；
　　　　　　　　　　中仓领运米要簿；

↓

第三级明细分类账：某月入诸乡××米簿；
　　　　　　　　　　中仓领运××米数簿。

2."米"类支出明细分类账

要分析走马楼吴简所见孙吴官仓"米"类支出的明细分类账簿，须先谈领簿。

走马楼吴简中有不少标示"领"的简文，它们使用的场合及其意义有好几种。其中"领"字若作为"受取"之意，有用于仓库内部钱物管理移交的场合。即钱物从收入管理状态转为支出管理状态时，负责收、支管理的仓吏或库吏双方要办理"付"与"领"的交接手续。如《竹简（壹）》之简 5732"入钱五万六千八百，其二万三千□百，付库□／"、简 1152"／□五钱，定合二百廿一万一千七百六十五钱，付库吏殷连领□／"，可以为证。接管钱物的一方要书写"领"的会计记录。有"领"钱的，如《竹简（壹）》之简 4379"二月领酒租钱一万四千七百"，简 4351"领四月地俶钱二万三千五百"，简 4374"□□□□今矜书言：起正月一日讫六月卅日，合领具钱□□□四千一百收除□／"，简 5325"右领承余、新入财用钱八万八千八百"。有"领"布的，如《竹简（壹）》之简 2614"／□领布得四千三百／"，《竹简（贰）》之简 6471"／□日讫卅日，领 诸 乡嘉禾二年调布／"。有"领"各种米的，如《竹简（壹）》之简 1699"领佃卒黄龙二年限米一斗七合"，简 939"领私学限米八十斛"，简 4356"领正月租米卅斛"以及《竹简（贰）》之简 4807"／领余逋粢租米一千四百九十四斛四斗四升八合三勺"。

为此设置有"领簿"。如《竹简（壹）》之简 9575"中仓谨列起嘉禾元年□月一日讫嘉禾三年四月卅日入黄龙元年二年杂米种领簿"，《竹简（贰）》之简 889"／领黄龙三年贷食杂米斛数簿／"，《竹简（叁）》之简 4581"□嘉禾元年正月 簿 领 杂米二万六千五百三十三斛四合□……"。

值得探讨的是，领簿是属于什么性质的分类明细账？它看起来像是某项收入的总汇账，但却用"领"标引该簿，并用"领"字标引每条会计记录，如《竹简（叁）》之简 491"领中州仓起十一月一日讫卅日龙元年限米……"，简 4591"定领吴平斛米五千八百九十一斛三斗三升一合，麦种五斛八斗，大豆二斛六斗"，简 7343"右领钱三百六十□万六千六百五十"，而不像上述收入分类明细账那样单纯用"入"或"受"字加以标引。我认为，这种"领簿"是一种比较特殊的账簿，是记录钱物由收入状态转为支出状态的账簿。其总汇的数量就是下述"出用付授要簿"的可支配总数，如《竹简（壹）》之简 1641"右仓田曹吏爍白：嘉禾二年领租、税、杂、限 吴 平 斛米合八万一千"，这 8 100 斛米既是嘉禾二年入"米"的一笔总数，也是此后可用于支出的米的一笔总数。再如，《竹简（壹）》之简 2218"仓吏黄讳、潘虑谨列所领杂米□□七月旦簿□"，《竹简（叁）》之简 4559"三州仓谨列所领税米出用余见正月旦簿"、简 4573"三州仓谨列所领 税 米出用余见二月旦簿"，这是对所领钱物支用结余的月结（参见下述"旦簿"）。《竹简（壹）》之简 1121"钱九万一千四百五十付库吏殷连领，与前所入合八十七万 八 千 "，这是对新领与旧领之钱的合计。从这层意义上说，我觉得可将"领簿"视为支出分类明细账的第一个层级。

其次是"出用付授要簿"。此簿见诸《竹简（壹）》之简 9612"三州仓吏谷汉□□□□杂米出用付授要簿"。相应于上述租米、税米、限米、杂米四种入米分类账,应该也有按租米、税米、限米、杂米四种分类"出用付授要簿"。"出用付授要簿"也是举要总聚性质的账簿,如《竹简(贰)》之简 8254"右五月出杂吴平斛米□万五千四百廿五斛一斗二合三勺 $\boxed{/}$ ",可能是其记录内容。

"出用付授要簿"之下应是孙吴官仓按所"领"各种名目的米分别设置的支出明细账,应类似于《竹简(贰)》之简 721"所赐兵物人名簿",是作为支出原始记录的序时分类明细账。其记录内容,如《竹简(壹)》之简 1828"出仓吏黄玮、潘虑所领嘉禾元年官所贷酱贾吴平斛米六斛九斗,被督军粮都尉"、简 1901"出仓吏黄玮、潘虑所领黄龙三年税吴平斛米六十三斛三斗六升,为廪斛米"、简 2095"五斛一斗五升,被督军粮都尉嘉禾元年六月廿九日癸亥书,给右郎中何宗所督武猛司马陈阳所领吏□□"、简 1760"$\boxed{其}$ 三千八百斛□合□□$\boxed{七}$ 千六十斛,被督军粮都尉□嘉禾元年三月四日庚午书付"、简 6037"出三年酒租钱四万三千,雇桓(王)$\boxed{/}$ ",《竹简(贰)》之简 7357"$\boxed{/}$ 嘉禾元年稟,其一人七月,二人□月,用□讫十月 $\boxed{卅}$ 日,一人月三斛,二人月二斛,嘉禾"、简 7520"元年八月直,人月二斛,嘉禾元年八月九日付周亥"。而简 4103"右七月出嘉禾 $\boxed{/}$ ",可能是七月某项名目米的支出总汇简。

三州仓对出运到中仓的米也有专门的分类明细账,属于第三级支出明细分类账,我们姑且为之拟名为"三州仓出运××米簿"。例如,《竹简(壹)》之简 7871"出付船师谢道、潘宜运诣中仓,关邸阁李嵩付,仓吏黄玮、潘虑受"、简 3080"其一百二斛九斗民先入付,三州仓吏谷汉出,付船师张瞻运诣中仓□",《竹简(贰)》之简 548"出黄龙元年盐贾吴□斛米卅三斛六斗四升,嘉禾元年 $\boxed{八}$ 月十 $\boxed{五}$ 日付大男萌(?)平运诣州"、简 8601"运诣州中仓□以其年五月五日关邸阁李□$\boxed{/}$ ",《竹简(叁)》之简 1324"出黄龙三年税米九十四斛五斗,被吏黄阶敕,付大男烝成运诣州中仓,成以嘉禾元年十月"、简 1363"出嘉禾元年吏客限米二百六斛,被县嘉禾二年四月五日乙未书,付大男□□$\boxed{运}$ $\boxed{诣}$ $\boxed{/}$ "等,均属这种出运分类明细账的记录,内容包括支出米的名目与数量、支出凭据、付予人、支出用途、接受人等。

以上所析孙吴官仓"米"类支出分类账簿结构,可图标如下:

支出总分类账: 出米簿

↓

第一级明细分类账:杂(租、税、限)米领簿;

↓

第二级明细分类账：出用付授杂（租、税、限）米要簿

↓

第三级明细分类账：出××米簿；

三州仓出运××米簿

如果以上关于米类收支分类明细账簿结构的分析或有一得，随着走马楼吴简的继续整理公布，我们或许有望对孙吴官府仓库的钱类、布类、皮类收支分类账簿结构逐一作出说明。

二、作为会计凭证的账簿

会计凭证是记录收支业务发生和完成情况，以明确经济责任并据以登记账簿的合法的书面证明文书，有原始凭证和记账凭证两类。走马楼吴简可见到不少作为原始汇总凭证和记账凭证而编制的账簿。

(一)作为原始汇总凭证的账簿

会计原始凭证是指在收支活动中所取得或填制的、载明收支执行和完成情况的书面证明，是进行会计核算的原始资料和重要依据。原始凭证按其来源不同，有自制原始凭证和外来原始凭证之分；按其反映收支的方法和填制手续的不同，有一次凭证、累计凭证和汇总凭证之分。走马楼吴简所见的会计原始凭证，集中在收入方面，并主要是自制的一次凭证和汇总凭证两类。

一次原始凭证只是反映一项收支业务或者同时反映若干项同类收支业务。以《竹简(壹)》为例，前者如简7282"入西乡嘉禾二年税米五斛三斗，胄毕嘉禾二年十月卅日，上俗丘男子马德、关邸阁董基付，三州仓郑黑受"；简7894"入都乡新唐男子王日嘉禾二年布一匹三丈九尺 嘉禾二年十月五日烝弁付，库吏殷连受"；简2169"出仓吏黄讳潘虑所领嘉禾元年税吴平斛米廿三斛四升，为稟禾米廿四斛，被督军粮"。后者如简4387"大男王钱偲钱月五百 大男周德偲钱月五百 大男丁终偲钱月五百"。

走马楼吴简显示，孙吴官府仓库的收入一次原始凭证称为"莂"。从已公布的吴简资料来看，这种"莂"有一式两份是肯定的，即仓吏或库吏持有一份，另一份"别莂"交给来纳人。但是，来纳人并不能自己保有"别莂"，而要交给县署或者乡吏保管。从走马楼吴简所见大量的"依户出钱"的"别莂"来看，如《竹

简(壹)》之简 173 的正面为"都乡县吏郑郎故户上品出钱一万二千侯相/",背面为"入钱毕民自送牒还县不得持还□/",《竹简(贰)》之简 3320 背面为"/入钱毕民自送牒还县,不得持还乡典田吏及帅",说明这类"别莂"是仓库出具的"依户出钱"完纳凭证,但是规定纳钱者要将它送交县署保存。这一规定同时也说明在其他场合此类"别莂"是要交给乡典田吏保管的。《田家莂》之简四·二"环乐二乡谨列嘉禾四年吏民田家别莂如牒";简四·三"东乡谨列嘉禾四年吏民田家别莂",就证明乡吏持有这种"别莂",所以才能按乡汇总造册。

为了及时提供收支总量,简化核算手续,就需要有汇总原始凭证。汇总原始凭证是根据许多相同原始凭证或会计核算资料汇总起来而填制的凭证。走马楼吴简所见作为汇总原始凭证而编制的账簿,有以下几种。

1.《田家莂》

这是孙吴官府仓库为汇总原始凭证而编制账簿的典型例证。《长沙走马楼三国吴简·嘉禾吏民田家莂》整理组在《嘉禾四年吏民田家莂解题》中对该批文书性质已作出基本结论,指出:"结合已经清理出来的竹简看,当时百姓缴纳米、布、钱应当各有一份券书,大木简则是将当年缴纳米、钱、布等租税汇总后的总券书,因此称为'都莂'。"从会计凭证的角度而论,《田家莂》则是为汇总原始凭证而编制的账簿。因为每一支简都是以每名缴纳租税者为单位,逐一记录其计征依据,每一次完纳原始凭证的内容(缴纳物品、缴纳时间与地点、仓库的经手人),最后为核校时间与官方核校人,全部内容写在一支大木简上。例如,简四·五八七为:

> □丘男子邓承,佃田廿五处,合九十二亩。其卅四亩二年常限。其卅二亩旱田,亩收布六寸六分。定收二亩,亩收米一斛二斗,合二斛四斗。亩收布二尺。其五十八亩余力火种田。其十二亩旱,亩收布六寸六分。定收卌五亩,亩收米四斗五升六合,斛加五升,合廿一斛七斗二升六合。亩收布二尺。凡为米廿四斛一斗二升六合。其二斛四斗税米,四年十一月十一日付仓吏郑黑毕。其廿一斛七斗二升六合租米,四年十一月九日付仓吏郑黑毕。凡为布二匹三丈三寸,准入米五斛五斗一升,四年十一月一日付仓吏郑黑毕。其旱田亩收钱卅七,其熟田亩收钱七十。凡为钱四千六百廿五。准入米四斛七斗,四年十一月一日付仓吏郑黑毕。嘉禾五年三月六日,主者史赵野、张惕、陈通校

邓承四次完纳租税虽然同是纳仓,并且有两次是在同一天,但四次完纳记录是分开的,即租米纳仓,税米纳仓,布"准入米"即折纳纳仓,钱"准入米"纳仓。

再如简四·四二三:

> 仆丘郡吏廖祚,佃田四町,凡卅亩,皆二年常限。其卅亩旱田,亩收布六寸六分。定收十亩,亩收米一斛二斗,为米十二斛。亩收布二尺。其米十二斛,四年十月九日付仓吏李金。凡为布三丈九尺八寸,五年三月一日付库吏番有。其旱田亩收钱卅七,其熟田亩收钱七十。凡为钱一千八百一十。五年二月十日付库吏番有。嘉禾五年三月十日,田户曹史赵野、张惕、陈通校

廖祚缴纳了米、布、钱三种,没有折纳,共分三次缴纳,即米于嘉禾四年十月九日纳仓;钱于嘉禾五年二月十日纳库,布于嘉禾五年三月一日纳库。校核发生在嘉禾五年三月十日。

显然,这两支木简分别是对邓承以前的四次原始完纳凭证、廖祚以前的三次原始完纳凭证的校核、汇总,无疑是两份汇总原始凭证。最后按乡汇总编制成的《田家莂》,便是汇总原始凭证账簿。

2. 布莂簿

走马楼吴简所见入库布匹有不少是购买来的,如《竹简(壹)》之简6386"已入四万三千一百□龙□庙所市绢绛布賈|/",《竹简(贰)》之简4212"入市吏潘狞所市布一百六十四匹(?)",《竹简(叁)》之简462"入市租钱市所调布一百五十匹 嘉禾元年八月廿日□□□□付库吏殷 |/"。相应就有"市得布(匹数簿)"之类的入库明细账,如《竹简(壹)》之简4405"|/□□□市得布一百四匹五尺五寸,布匹直三千六百文钱,为米百廿斛,悉毕,谨列市得布匹"。另有大量的入库布匹是乡里吏民交纳的,其单笔入库记录,如《竹简(壹)》之简7555"入广成乡孙丘唐陆二年布二匹 嘉禾二年九月廿四日烝弁付,库吏殷连领"。其按乡汇总记录,如简7930"右西乡入布二匹"、简7947"右乐乡入布七匹三丈四尺"。与此类入库记录相应的一次原始凭证被称为"布莂"。每枚莂记录的入库布匹数量可能不同,所以要据"莂"合计。例如,《竹简(壹)》之简6512"右西乡入嘉禾二年布莂合五十二枚□|/"、简8256"右桑乡入嘉禾二年

布荷五十四枚,合六十九匹一丈七尺"。

经过一段时间,库吏要对经手的"荷"及其记录的布匹数量进行汇总,形成汇总原始凭证,"布荷簿"就是作为汇总原始凭证而编制的账簿。如《竹简(壹)》之简 3686"⧄ 吏李珠到沤口市嘉禾元年布簿荷,列出□⧄",简 6228 "⧄ □潘有谨列起五月□日讫卅日所受杂米、布荷如右⧄"。"布荷簿"的内容,当如《竹简(壹)》之简 6331"嘉禾二年布荷十四枚,合卅七匹⧄",简 5708"右荷廿九枚,布……⧄",简 5710"⧄枚,布合七十九匹二丈八尺⧄",简 6494"右荷卅一枚,布合卅五匹一丈五尺⧄";《竹简(贰)》之简 5349"右荷廿一枚,布合卅六匹二丈二尺",简 5616"□右荷廿九枚,布合卅三匹二丈九尺",简 5462"□ •□入嘉禾二布荷廿二枚,合□匹三丈四尺⧄";《竹简(叁)》之简 5837"右荷卅二枚,布合五十五匹二丈三尺⧄"。

3."承余、新入杂钱荷簿"

此即如《竹简(壹)》之简 5555"⧄□□承余、新入杂钱荷簿"所示。如上所述,"承余、新入簿"是一种与会计结算有关的收入账簿,包括承余与新入两部分。"杂钱"则是对各种名目钱的一种归类,因此"杂钱荷"作为一次原始凭证,其内容应是多样的一次性原始凭证。"承余、新入杂钱荷簿"显然属于汇总原始凭证账簿,不过其具体内容从已公布的走马楼吴简中似未找到例证。

(二)作为记账凭证的账簿

记账凭证是根据原始凭证或汇总原始凭证加以归类、整理、编制的直接作为记账依据的凭证。如《竹简(壹)》之简 4353"⧄……布付库吏殷连领。谨列人名如牒,羿有代",此牒即是根据入布的原始凭证而按交纳人姓名汇总的文书。走马楼吴简所见作为记账凭证的账簿主要也集中在收入方面。

1."收地僦钱人名钱数簿"

地僦钱或称僦钱,其纳税人似乎仅限于临湘的"邑下居民",[①]为此相关部门编造专门的簿册作为记账凭证,如《竹简(壹)》之简 4357"临湘谨列邑下居

---

① 目前相关的研究,可参见宋超《吴简所见"何黑钱"、"僦钱"与"地僦钱"考》(《吴简研究》第一辑,崇文书局 2004 年版);王子今《长沙走马楼竹简"地僦钱"的市场史考察》(《吴简研究》第二辑,崇文书局 2006 年版)。

民收地僦钱人名为簿",简 4431"☐地僦钱人名钱数☐☐",简 4352"临湘谨列起四月一日讫六月卅日地僦钱☐簿"。"地僦钱"按月征收,单位税额为 500 钱。其计征方式,有写为按人计征的,如《竹简(壹)》之简 4390"郡士马伯僦钱月五百 郡士朱士僦钱月五百 王彻僦钱月五百"、简 4461"大男张用僦钱月五百 大男赵马僦钱月五百 部司郑陵僦钱月五百"、简 4465"☐马僦钱月五百 大女黄石僦钱月五百 大女尹汝僦钱月五百"。这些人的身份标示虽然不同,但每人月额均为 500 钱。有按户计征汇总记录,如《竹简(壹)》之简 4462 "右卌五户月收僦钱合二万二千五百",简 4491"·右七户户月收僦钱五百,合三千五百,右前复被☐☐",每户月额也是 500 钱。此类简文无疑应是"收地僦钱人名钱数簿"的内容。

2."户出钱上中下品人名簿"

从走马楼吴简看到孙吴户籍有上中下三品之分,不同的户品要缴纳不同定额的税钱。为此,孙吴官府编制了专门的"户品数簿",即如《竹简(贰)》之简 215"☐上中下品户数簿"所示。"户品数簿"的内容,如《竹简(壹)》之简 5324"其二户上品",简 5433"其九户中品",简 1241"右十三户下品☐"。而《竹简(贰)》之简 2897:

$$四\ 户\ 上品$$
$$☐\ \ 其七户\ 中品\quad\quad\quad ☐$$
$$十一户下品$$

当为"户品数簿"的一枚汇总简。

在"户品数簿"的基础上,编制有专门的"户出钱上中下品人名簿"作为记账凭证,即如《竹简(贰)》之所示。其具体内容可从完纳凭证记录推知。上中下三品户出钱的完纳凭证,如《竹简(壹)》之简 171 正面为"都乡男子修 故户上品,出钱一万二千 侯相☐",简 224 正面为"☐故户中品,出钱八千 侯相☐";简 381 正面为"☐☐真故户下品出钱☐千☐百九十四 侯相☐";《竹简(贰)》之简 3299 正面为"☐户上品出钱☐万三千 侯相……",简 2911 正面为"都乡大田郑☐新户中品出钱五千 侯相☐嘉禾六年正月十二日典田

……",简 2938 正面为"｜都乡男□□□新户下品出钱五千五百九十四
……"。由此推测"户出钱上中下品人名簿"的具体内容,当包括乡里、户主姓名、户品及应出钱数。

3."已入未毕簿"

孙吴官府自上而下对应收钱物的已入、未毕状况有督责制度,以《竹简(壹)》所见为例,如简 1159"□□□余县得入多少今已毕未杷县丘□治下遣各所言｜",此当是上级官府要求属县上报已入未毕情况的文书;简 4399"□租钱米布毕,县已……金曹",此当与县署汇报应收钱物的已入未毕有关;简 7899"｜□□谨列乡领四年田亩钱已入｜",此应是某乡汇报嘉禾四年已入田亩钱的上行文书。

在仓库会计管理方面,就是要编制"已入未毕簿"。如《竹简(壹)》之简 6371"千八百,谨列人名钱数(?)已入未毕为簿□□｜",简 9732"□□已入未毕钱数为簿｜";《竹简(贰)》之简 7873"｜田亩钱布已入未毕｜",简 4633"……言(?)部吏石彭随月收责市租钱米有入未毕如牒□"。

"已入未毕簿"作为记录各项应收进展的专簿,由仓吏库吏根据对原始完纳凭证的阶段性汇总或者全部汇总,并与应收数核对,按钱、布、米、皮四大类及其明细分类,汇总已入、未毕数。如《竹简(壹)》之简 6028"已入一百一十七斛五斗五升 ｜",简 6254"已入米四百九斛二斗四｜",简 6386"已入四万三千一百□龙□庙所市绢绛布贾｜",简 50"｜·未毕三年吏帅客限米□斛□□｜",简 6368"·未毕一万三千八百",简 6375"·未毕二万三千八百",简 3114"未毕一千二百八十六斛六斗二升八合三勺";《竹简(叁)》之简 1968"凡合八十六万五千四百余未毕｜"。

4."诡课者簿"

从走马楼吴简所见,孙吴官方文书把对逋欠的追征称为"诡课"或"诡责"。《说文》曰:"诡,责也。"即责成之意。孙吴官府对逋欠采取如下两种处理办法。

一是向当事人追征。从走马楼吴简看到,逋欠的当事人被称为"负者"。对欠负追征,孙吴官府专门设置了一种"诡课者簿"。如《竹简(壹)》之简 4355"斛,诡课者簿,入钱卅三万八千一百、米八十斛,钱付县吏"。"诡课者簿"是与"已入未毕簿"配套的作为记账凭证的簿书。其记录内容,如《竹简(壹)》之简

5993"已列言,诡责负者,未有入 ⬚ ",《竹简(贰)》之简 7770"课负者已入杂米一万四百卅四…… ⬚ "。

二是逋欠的当事人如果不在当地或身亡,官府则向其家属追征。如《竹简(贰)》之简 139"□民无有家属可诡责者,已列言,依癸卯书原除",简 178"其百五斛,负者□还宫,无有家属 可诡责者 , 已列言,依癸 ";《竹简(叁)》之简 6329" ⬚ 宫,无有家□□所诡责, 前 已 列 言 ,依癸卯书原除"。可见逋欠的"负者"如果有家属,其家属必须代纳逋欠。这种办法之所以可行,是因为官府自下而上地编制和掌握着里、乡的户籍资料。如《竹简(壹)》之简 10153" ⬚ 小武陵乡□嘉禾四年吏民人名妻子年纪簿";《竹简(贰)》之简 1797" 广 成 里谨列 领 任吏民人名年纪口食为簿",简 1798"广成乡谨列嘉禾六年吏民人名年纪口食为簿",简 7957"县乡谨列嘉禾四年人名年纪为簿 ⬚ "。甚至针对"郡县吏"专门编制了"郡县吏兄弟叛走人名簿",即《竹简(壹)》之简 7849" 诸 乡 谨 列 郡县吏兄弟叛走人名簿"。其单条记录,如《竹简(壹)》之简 7975"郡吏监训兄帛年卅八 嘉禾四年四月十五日叛走 ⬚ ",简 7980"县吏五训兄 瞻 年卅 嘉禾三年十一月九日叛走 ⬚ "。其汇总记录如简 7454"右□乡郡县吏兄弟合十五人,前后各叛走,□趣刘阳、吴昌、醴陵 ⬚ "。

5."应捐除名簿"

从《竹简(贰)》所见,孙吴政府曾下令对两种"负者"免除逋负。一是负者本人实在贫穷无税负能力的。如简 186"其六十八斛九斗七升,负者见诡课,贫穷无有钱入,已列言,依"。二是负者本人逃离、死亡且无家属。如简 720"物故,无所诡责,已列言,依癸卯书原除 中",简 891" ⬚ ……物故,无有家属可诡责……",皆属这种情形。对此类情况官府要求作出统计,如简 1403" ⬚ 诡 负者若死、叛□、身……",当与这种统计有关。而后对于符合条件可免除的逋欠,官府要编制专门的"捐除名簿"。例如,简 7610"责应捐除钱租名起 今 ⬚ ",简 7607" ⬚ 正月讫十二月卅日□数应捐除名簿",简 7601" ⬚ □今年正月一日讫十二月卅日为钱六 千 应捐除名",简 7606" ⬚ ……所收责,乞捐除,起□年正月讫十二月卅日合钱一万二";再如《竹简(壹)》之简 4341"□□及禁绝□租具钱一万五千八百,无所诡课,应",简4342"合为租具钱九千,无所收责"。据此归纳,"捐除名簿"的内容包括两部分,一是负者姓名及逋欠名目与数量,二是就各项捐除的起止时间及总数进行汇总。申请捐除的法令依据是"癸卯书",指的是孙吴朝廷发布的一道法令。获得上级批准之后,这种"应捐除名簿"就成为一种记账凭证。

上述走马楼吴简中所见这五种收入记账凭证专簿具有代表性,它们分别反映的是应征数量("收地僦钱人名钱数簿""户出钱上中下品人名簿");应征进展("已入未毕簿")、逋欠处理("诡课者簿""应捐除名簿"),涉及组织收入的各个环节。设置此类收入记账凭证专簿,可以提供相当完整的关于收入方面的会计信息。

三、与常规会计结算有关的账簿

(一)走马楼吴简所见孙吴仓库会计常规结算的形式

据《周礼》记载并结合出土秦汉简牍的实证,中国古代在三国以前官厅会计结算的常规形式主要为月结("月要")、季结("四时簿")、年结("岁会")三种。汉简还有少量是以半年为会计结算期的例证。至于《周礼》所说的"日成"即旬结,则尚未见实证。从走马楼吴简所见,孙吴仓库会计结算的常规方式有月结、季结和年结三种,并且有相应的账簿。此外有半月结和不定期的结算,目前的资料尚未见旬结和半年结。

1.月结

走马楼吴简所见仓库会计结算的月结资料最多,其内容包括三种。

其一,仓库对单项或同类收入的月结。例如,《竹简(壹)》之简9771"／一日讫□月卅日市嘉禾元年□租米十四斛一斗",简5217"集凡三州仓起十二月一日讫卅日受嘉禾二年民所贷元二年／";《竹简(叁)》之简92"／一日讫卅日民入布合一百／",简335"／一日讫卅日入杂皮／",简491"·领州中仓起十一月一日讫卅日龙元年限米……／";《竹简(贰)》之简5293"·集凡中仓起十月一日止卅日／",简5952"／□八月一日讫卅日□吏入嘉禾二年布,合一千八十六匹□／",简8899"·集凡起八月一日讫卅日所入皮一百八十

五枚　其五十九枚鹿皮，其一百廿六枚麂皮"。

其二，经手人对所经收物品的月结。如《竹简（贰）》之简6228"☐☐潘有谨列起五月☐日讫卅日所受杂米、布菊如右☐"。

其三，支出的月结。如《竹简（贰）》之简8254"·右五月出杂吴平斛米☐万五千四百廿五斛一斗二合三勺☐"；《竹简（叁）》之简1472"右嘉禾元年九月出米☐百廿九斛六斗四升"，简1499"右嘉禾元年十月出米九十八斛九斗八升"，简1495"右嘉禾元年十二月出米三百五十八斛五斗一升"。

2.季结

走马楼吴简所见季结，以《竹简（壹）》为例，有以一、二、三月为期的，如简1773"正月一日讫三月卅日旦簿"，简4367"☐列收责，起正月一日讫三月卅日，合领钱四万四千"，简4382"卅七☐☐☐。今羿书言：起正月一日讫三月卅日，月收钱十万☐千七百、米卅斛，钱合卅五万八千"，简4345"临湘言：部吏潘羿收责食地傔钱，起正月一日讫三月卅日，☐有人悉毕"。有以四、五、六月为期编制的，如简4352"临湘谨列起四月一日讫六月卅日傔地钱☐簿"，简4389"☐☐今羿书言：起四月一日讫六月卅日，领具钱七万五百，收除☐钱一万二千四百卅一钱，合为行"，简4407"临湘谨列起四月[一日]讫六月卅日，收市租米二斛"。① 有以七、八、九三月为期编制的，如简4336"临湘谨列起七月[一日]讫九月卅日收米租钱如牒"，简4366"临湘谨列起七月一日讫九月卅日……收钱亩如牒"，简4608"右六十人傔钱月三千……钱起七月一日讫九月卅日"。

值得指出的是，《竹简（贰）》之简257有"（前略）嘉禾三年五月十三日付三州仓领杂米，起嘉禾元年七月一日讫九月卅日一时簿"之句。这是将"领杂米"的季结簿称为"一时簿"的例子。但是，《竹简（壹）》之简5742"☐嘉禾二年十二月一日讫卅日一时簿☐"，则是月结之簿。而《竹简（叁）》之简5566为"☐三州仓领余米起　☐月卅日一时簿"。该简有残缺，其起讫的确切时间不详。因此，从目前公布的走马楼吴简所见这三例"一时簿"，因它们不能互证，我们目前仍难于断定这种"一时簿"的内容及与月结、季结的关系，但从其统计期的设定来看，它们无疑与会计结算有关。

---

① 整理者注："'四月'下疑脱'一日'二字。"甚是。下引简4336同。

3.年结

走马楼吴简所见年结,如《竹简(壹)》之简 5518"库吏潘有谨列:正月旦起□月一日迄十二□/",应是库吏潘有编制的上一年度正月一日至十二月卅日的收入或支出的年结。再如,《竹简(贰)》之简 7601"/□今年正月一日迄十二月卅日为钱六千应捐除名"、简 7606"/……所收责,乞捐除,起正月迄十二月卅日钱合一万二"、简 7607"/正月迄十二月卅日□数应捐除名簿",这三枚简有关捐除的起止时间也证明了年结的存在。还可指出,如下所述,编制旦簿属于常规会计报告形式之一,而每年正月旦簿之"承余"反映的其实就是上一年度的结余,所以正月旦簿的编制也与年结有关。

走马楼吴简还可见到半月结的资料,如《竹简(壹)》之简 3477"/右五月旦起一日迄十五日承余□/",简 5664"/起二月一日迄十五日受嘉禾二年所贷元二□/",简 8197"集凡起五月一日迄十五日民入嘉禾二年布,合廿四三丈六尺"。另外,简 6804"·右起十月迄十二月十五日吏黄龙三年米二百卅一斛",简 5641"湘簿起嘉禾三年四月一日,承三月簿余钱,迄五月十□□/",其统计的截止日期都是某月十五日,说明某月的十五日也可以作为会计结算期的截止点之一。不过,由于此类吴简甚少,半月结是否孙吴官厅会计结算的常规形式之一,难以遽定。

走马楼吴简关于不定期的会计结算也有数例。如《竹简(壹)》之简 9547"中仓谨列起嘉禾元年正月一日迄三年三月卅日受三州仓运黄龙二年租税米要簿",简 9575"中仓谨列起嘉禾元年□月一日迄嘉禾三年四月卅日入黄龙二年杂米种领簿",简 9590"中仓谨列起嘉禾元年四月一日迄二年三月卅日□三州仓□黄龙元年□、税、杂、限米要簿",简 9617"□□谨列起嘉禾元年正月一日迄三年三月卅日受三州仓运黄龙五六七年杂米要簿";《竹简(贰)》之简 485"□仓谨列起嘉禾元年八月迄三年□月□卅日领运黄龙元年杂米数簿"。这五枚简文都属中仓的跨年度会计结算账簿,但结算时间起止不一。它们都属上行文书,或许可推测这种不定期的跨年度会计结算账簿是应上级的临时要求而编报的。

(二)与常规会计结算相关的账簿

目前,走马楼吴简所见孙吴仓库与常规会计结算有关的账簿,主要有两种。

1.旦簿

西汉将库存钱物的分类月结账簿叫作"月言簿"，而走马楼吴简所见某月1日—30日的库存月结账簿通常称"旦簿"。"旦簿"系因仓吏或库吏须于每月初一即旦日提交而得名，反映的是上一个月份的收支结算，所以前面要冠以所结算的月份，表示为"×月旦簿"，有时也省略为"×月簿"，如《竹简（壹）》之简4432"⎪□三月簿领地僦钱合七万五百"、简5641"湘簿起嘉禾三年四月一日，承三月簿余，讫五月十□⎪"，《竹简（贰）》之简160"入嘉禾二年六月簿，领余杂吴平斛米一万二千一百八十七斛□斗五升⎪"、简6103"承七月簿，余嘉禾二年布二百廿八匹三丈九尺"。

旦簿应有当月收入和当月支出两大部分，如《竹简（贰）》之简4133"·右五月新入吴平斛米二万四千一百六□"、简8254"·右五月出杂吴平斛米□万五千四百廿五斛一斗二合三勺⎪"，应是五月旦簿的收支结算总汇内容之一。而简5252、简5253等均为"出用　无"，所言"出用"当是支出结算栏目的名称。旦簿对单项结算对象若收支相抵无余，则用"今余×无"的格式加以记录。如《竹简（叁）》之简7346为"今余钱　无"，简7347为"今余钱　无　⎪"。若收支相抵有余，则以"今余××"的格式加以记录，如《竹简（壹）》之简5254"·今余钱二万四千二百九十　已"，简7462"今余吴平斛米麦豆合一万九百九十四斛一斗四升□合"，简8277"今余吴平斛米三□三百六十三斛斗七升"。对同类钱物结算的最终结余以"凡×月旦簿余"的格式表示，如《竹简（贰）》之简7038"凡一月簿，余嘉禾二年□钱一万　⎪"，简7043"凡四月旦簿，余吏潘谢所还三年锞贾钱九千三百五十⎪"。

上月旦簿是仓吏或库吏在本月"承余、新入簿"中将上月各项结余承转为本期收入的记账凭据，其单项或单笔记录格式通常为"承××月旦簿，余……"。以《竹简（壹）》为例，钱类有"复民租钱"的承余，如简5625"承正月旦簿，余嘉禾二年复民租钱一千"、简5630"承二月旦簿，余嘉禾二年复民租钱四千"、简5639"承三月旦簿，余嘉禾二年复民租钱四千"、简5647"承四月旦簿余嘉禾二年复民租钱六千"；有口算钱的承余，如简5261"承二月旦簿，余嘉禾二年口算钱四千。已"、简5269"承三月旦簿，余嘉禾二年[口]算钱九千九百一十"、简5305"承四月旦簿，余嘉禾二年口算钱七万二百五十"；有市租钱的承余，如简5242"承十二月旦簿，余嘉禾二年市租钱十万七千二百"；有租苽钱的承余,如简 5251"承三月旦簿,余嘉禾二年租莡钱三万四千七百九十";有酒租钱的承余,如简 5346"承正月旦簿,余嘉禾二年酒租钱一千八百";有鋘贾钱的承余,如《竹简(贰)》之简 7043"凡四月旦簿,余吏潘谢所还三年鋘贾钱九千三百五十 ／ "。米类有吴平斛米的承余,如简 1228" ／ 月旦簿,领余吴平斛米 ／ "、简 2183"承六月旦簿,余吴平斛米一万三千八百七十三斛五合"、简 2128"承七月旦簿余,领吴 平 斛米 □□ ,定合一万九百九十四斛一斗八升五合";有逋粢租米的承余,如《竹简(贰)》之简 4807" ／ 领余逋粢租米一千四百九十四斛四斗四升八合三勺"。

2."承余、新入簿"

这是与上期旦簿衔接的各种收入分类账簿,仓吏或库吏是编制"承余、新入簿"的责任人,他们要按所结算的钱物类别逐一逐月编制,如《竹简(壹)》之简 375"□库吏殷连谨列九月旦簿□余、新入嘉禾二年布匹 ／ "、简 5567" ／ 五 日承余、新入财用钱簿",《竹简(贰)》之简 6233"主库吏殷连谨列十月旦承余、新入嘉禾二年布匹数簿"。

"承余、新入簿"包括承余和新入两部分。如《竹简(壹)》之简 5365"右新入杂钱五万九千四百",简 5302"右承余钱三千二百";《竹简(贰)》之简 7223"·右承余钱一万 ／ ",简 6963"·右新入钱□ ／ ";《竹简(叁)》之简 4564"·右新入杂米四千八百九十七斛四斗"。可见"承余"与"新入"是分开记录的。因此,"承余"钱米的支出要单独记录,如《竹简(贰)》之简 6862"出三月旦簿余嘉禾二年三 州 仓贾 钱 二千二百一十……／ "。

"承余、新入簿"最后要对承余、新入分类作出总汇,如《竹简(壹)》之简 5216"·右□月旦承余、新入 财 用钱七万□千三百",简 5210"·右二月旦承余、新入杂钱四万三千七百九十",简 1822"·集凡承余、新入吴平斛米□合一万□千七百九十二斛七斗五升",简 5357"右正月旦簿承余、新入杂钱卅九万五千三百廿";《竹简(贰)》之简 7211"集凡承余及新入杂吴平斛米三万三千八斛一斗五升二合八勺二撮",简 8274"集凡承余、新入杂吴平斛米九千六百五十五斛九斗六升 ／ ";《竹简(叁)》之简 4426"集凡承余新入吴平斛米五万一千五百六十二斛□升八合三勺,麦五斛八斗火",简 6738"集凡承余凡新入杂米□万 二 千 四 百九斛七斗二升 ／ "。

综上所述，走马楼吴简所见孙吴官府仓库的账簿，可归纳为收支分类账簿、作为会计凭证的账簿、与常规会计结算有关的账簿三大部分。收支分类账簿以各种钱物的入仓入库为起点，设置了米、钱、布、皮四种收入总分类账，其下统驭若干级内容详略不同的明细分类账。仓库通过"领簿"，将钱物由收入管理状态转为支出管理状态，并与收入分类账对应地设置各种支出明细分类账。作为会计凭证的账簿，主要是作为汇总原始凭证和记账凭证而编制的，已知有"收地僦钱人名钱数簿"、"户出钱上中下品人名簿"、"已入未毕簿"、"诡课者簿"、"应捐除名簿"等，它们分别反映应征数量、应征进展、逋欠处理，涉及组织收入的各个环节，可提供相当完整的关于收入方面的会计信息。孙吴官府仓库的会计常规结算形式为月结、季结和年结三种，目前所见与此有关的账簿有旦簿和承余、新入簿两种。

由于走马楼吴简尚在整理公布之中，已公布的因出土原因编次多有散乱，加上简文残缺，我们现在想要比较完整准确地复原有关账簿，困难很大。故以上所述不免猜测、推论，必有不当乃至错误之处，抛砖引玉，盼识者正之。

读走马楼吴简札记三则

迄今整理出版的长沙走马楼三国孙吴简牍（以下简称走马楼吴简）四种，分别是《长沙走马楼三国吴简·嘉禾吏民田家莂》、《长沙走马楼三国吴简·竹简（壹）》[以下简称《竹简（壹）》]、《长沙走马楼三国吴简·竹简（贰）》[以下简称《竹简（贰）》]、《长沙走马楼三国吴简·竹简（叁）》[以下简称《竹简（叁）》]①，共公布了三万多枚简文。这些简文以长沙郡治临湘县（治在今湖南长沙市）的官文书为主，有大量内容未见诸传世文献，是研究汉末三国江南地区史的珍贵资料。学者们正努力加以探讨，笔者也有所关注，或献芹一二。②兹作札记三则，记录披阅简文时的心得和疑问，以求教于时贤后进。

一、"地僦钱"献疑

走马楼吴简显示孙吴有"地僦钱"或"僦钱"之征，此为传世文献所未见的税种。已有学者根据《竹简（壹）》的资料做了有益的探讨。如宋超指出：吴简中的"僦钱"应是"地僦钱"的简称。"地僦钱"的征收与"市"有极大的关联。交纳"僦钱"者，可能都是居住于临湘"邑下"，即临湘侯国与临湘县治所的居民。以所谓"地僦钱"或"僦钱"租赁之"地"，应是用于某种商业经营活动之"地"。

---

① 长沙市文物考古研究所等编著：《长沙走马楼三国吴简·嘉禾吏民田家莂》，文物出版社 1999 年版；《长沙走马楼三国吴简·竹简（壹）》，文物出版社 2003 年版；《长沙走马楼三国吴简·竹简（贰）》，文物出版社 2007 年版；《长沙走马楼三国吴简·竹简（叁）》，文物出版社 2008 年版。

② 陈明光：《走马楼吴简所见孙吴官府仓库账簿体系试探》，《中华文史论丛》2009 年第 1 期。

这一基本观点获得王子今的赞同,他同时指出"傃钱"、"地傃钱"也有写为"就钱"、"地就钱"的。①

随着走马楼吴简的继续整理公布,对"地傃钱"的计征依据及其性质有了再做探讨的可能。

首先,列举《竹简(贰)》的六支简文如下:

简 7410: ☐依(?)都吏蔡☐居止故居,地上无人居止,应☐☐。

简 7589: 地上无人居止,钱无所收☐☐。

简 7590: ☐……地上无人居止应☐。

简 7613: ☐……地上无人居止,钱无所收。

简 7619: ☐   病,屋坏败,他[地]上无人居止,钱无所收责,乞捐除汝,起今。

简 7632: •右二人地傃钱月……屋……坏败,地上无人居止。

尽管这六支简文有残缺,但仍可以看出它们都是关于收不到地傃钱的说明,而共同的理由是房屋"无人居止",具体原因可知的则有二种,一是都吏蔡某"居止故居",以致"地上无人居止";二是房屋"坏败",以致"地上无人居止"。可见"地傃钱"的征收与房屋是否有人居住有关。《竹简(壹)》简 4345"临湘言部吏潘苧收责食地傃钱起正月一日讫三月卅日☐有人悉毕☐",也可作为佐证。

其次,《竹简(贰)》有这样两支简:

简 7611: ☐右一人地傃钱月五百,☐过年九(?)月☐被病☐。

简 7612: ☐……地傃钱月五百,簿以过年☐一月十[日]被病物故,妻汝单身☐。

对这两枚简文,须与走马楼吴简反映的孙吴租税逋欠的追征或免除制度

①　宋超:《吴简所见"何黑钱"、"傃钱"与"地傃钱"考》,北京吴简研究班编:《吴简研究》第一辑,崇文书局 2004 年版。王子今《长沙走马楼竹简"地傃钱"的市场史考察》,北京吴简研究班编:《吴简研究》第二辑,崇文书局 2006 年版。

联系起来解读。

从走马楼吴简所见,孙吴官方文书把对逋欠的追征称为"诡课"或"诡责",①把督责下级官吏征收税收和逋欠称为"绞促"。孙吴对地僦钱的征收与逋欠追征同样实行自上而下的"绞促"。如《竹简(壹)》简 4397"府前言绞促市吏□收责地僦钱,有人言,靖叩头死罪死罪,案文书辄绞促□"、简 4486"□前言绞促临湘□□所领地僦钱三月一日",《竹简(贰)》简 2693"□□者重绞促有书,地僦当领,负者近在郭邑不劝",当都属此类文书。

走马楼吴简显示,孙吴官府追征逋欠有两种做法。

一是"诡责负者",即向逋欠的当事人追讨。为此孙吴官府专门设置一种"诡课者簿",记录追征情况。如《竹简(壹)》之简 4355"斛,诡课者簿,入钱卅三万八千一百、米八十斛,钱付县吏",简 5993"已列言,诡责负者,未有入 $\boxed{/}$";《竹简(贰)》简 7770"课负者已入杂米一万四百卌四…… $\boxed{/}$"。

二是逋欠的当事人如果不在当地或身亡,则向其家属追征。如《竹简(贰)》简 139"□民无有家属可诡责者,已列言,依癸卯书原除";简 178"其百五斛,负者□还宫,无有家属 $\boxed{可诡责者}$,$\boxed{已列言}$,$\boxed{依癸}$";简 841"$\boxed{/}$$\boxed{□}$$\boxed{□}$$\boxed{□}$$\boxed{□}$无有家属可诡责负者,已列言,依癸卯书原除"。可见,逋欠的"负者"如果有家属,其家属必须代纳逋欠。

《三国志》卷六五《吴书二〇·华覈传》载,孙皓时,"仓廪无储,世务滋侈"。华覈上疏曰:

> 今寇虏充斥,征伐未已,居无积年之储,出无应敌之畜,此乃有国者所宜深忧也。夫财谷所生,当出于民,趋时务农,国之上急。而都下诸官,所掌别异,各自下调,不计民力,辄与近期。长吏畏罪,昼夜催民,委舍佃事,遑赴会日,定送到都,或蕴积不用,而徒使百姓消力失时。到秋收月,督其限入,夺其播殖之时,而责其今年之税,如有逋悬,则籍没财物,故家户贫困,衣食不足。宜暂息众役,专心农桑。

可知终孙吴一代,地方官府一直实行向逋欠人的家属追征逋欠的做法,甚至采取籍没财物的手段。

不过,在一定的条件下,孙吴官府也对逋欠有所减免。据走马楼吴简所

---

① (汉)许慎《说文解字》曰:"诡,责也。"即责成之意。

见,孙吴初期政府曾下令对两种"负者"免除逋负。一是"负者"本人实在贫穷无交税能力的。如《竹简(贰)》简186"其六十八斛九斗七升,负者见诡课,贫穷无有钱入,已列言,依",《竹简(叁)》简6337"☐☐斛七斗负者 见 诡责, 贫 穷未有人"。二是负者本人逃离或死亡,且无家属,即完全没有课责对象的。如《竹简(贰)》简720"物故,无所诡责,已列言,依癸卯书原除 中",简891" / ……物故,无有家属可诡责……",简2697"其八十三斛一斗二升,负者及家属☐☐☐时 染 病物故,无所";《竹简(叁)》之简6329" 宫 ,无 有 家☐☐所诡责, 前已 列 言,依癸卯书原除"。

与"诡课"或"原除"逋欠有关的,是地方官府要对"负者"的情况作出统计。如《竹简(贰)》简1403" / 诡 负者若死、叛☐、身……",当与这种统计有关。对于符合条件可免除税收或逋欠的,官府要编制专门的"捐除名簿"。例如,《竹简(壹)》之简4331"☐☐及禁绝☐租具钱一万五千八百,无所诡课,应",简4342"合为租具钱九千,无所收责";《竹简(贰)》之简7610"责应捐除钱租名起 今 / ",简7607" / 正月讫十二月卅日☐数应捐除名簿",简7601" / ☐今年正月一日讫十二月卅日为钱六 千 应捐除名",简7406" / ……所收责,乞捐除,起☐年正月讫十二月卅日合钱一万二"。可见"捐除名簿"包括三方面的内容,一是负者姓名及其逋欠名目与数量,二是就各项捐除的起止时间及总数进行汇总,三是申请捐除的依据。

揭示了走马楼吴简所反映的"捐除"制度之后,我们便可以理解上引《竹简(贰)》的简7611、简7612应与捐除地僦钱有关,说的是应纳税人身死,但有家属的情况。简7612的文意,应该是因"妻汝单身"而提出"捐除"其地僦钱。这就是说,该户本来由于房屋不是"无人居止",是要交纳地僦钱的,但因户主死亡,妻子单身贫穷而提出免税。这同样说明了地僦钱征免的依据是房屋是否有人居住。

"地僦钱"逐月征收,如《竹简(壹)》简4491"·右七户户月收僦钱五百,合三千五百,前复被☐☐"。以每一名户主为一个纳税单位,征收等额税500钱。例如,《竹简(壹)》简4387"大男王钱僦钱月五百 大男周德僦钱月五百 大男丁终僦钱月五百";简4461"大男张用僦钱月五百 大男赵马僦钱月五百 ☐部司马郑陵僦钱月五百";简4465" / ☐马僦钱月五百 大女黄石僦钱月五百 大女尹汝僦钱月五百";简4490" / ☐谷僦钱月五百 大男张☐僦钱月五百 郡士杜黑僦钱月五百";简4549"郡士刘岑僦钱月五百 郡士韩主僦钱月

五百　大女黄汝傲钱月";简 4601"郡士张□傲钱月五百　大女王汝傲钱月五百　大女郑汝傲钱月五百";简 4603"大男张士傲钱月五百　大男李自傲钱月五百　大男卫朱傲钱月五百"。

为什么可以判断这些人是户主？我们看到官吏在对地傲钱收入进行会计月结时是以户为单位的，如《竹简（壹）》简 4462"右卅五户月收傲钱合二万二千五百"，简 4491"·右七户户月收傲钱五百合三千五百右前复被□□"。月结之后要做季结簿，如《竹简（壹）》简 4352"临湘谨列起四月一日讫六月卅日地傲钱□簿"。季结簿以"人"为单位，如简 4608"右六十人傲钱月三千……钱起七月一日讫九月卅日"。季结既是以月结为基础的，数据应相符，这说明地傲钱月结簿的"户"与季结簿的"人"是相同的纳税单位，即每一名纳税人实为户主。另外，《竹简（贰）》简 7600"·右一人 地 傲 钱 月五百□□ / "，简 7611" / 右一人地傲钱月五百，□过年九（?）月被病□"，简 7632"·右二人地傲钱月……屋……坏败地上无人居止"，也可证其中的"人"即户主。因此，地傲钱是以户为计税单位的。

学者已据《竹简（壹）》简 4357" 临 湘谨列邑下居民收地傲钱人名为簿"，指出地傲钱的征收对象是邑下居民。正因为如此，地傲钱的纳税人身份才有大男、大女、复民、郡士、部司马等各种称呼，不是特指经商者。

总之，走马楼吴简所见的"地傲钱"（或写作"傲钱""就钱""地傲钱"）应该是向临湘邑下居民的房屋征收的一种税收，类似于后世向城镇居民征收的宅基地税。它以户为单位，逐月征收 500 钱定额。如果房屋败坏无人居住则可免交。如果户主病亡，在特定情况下（如妻子单身贫穷）也可以免交。

二、走马楼吴简所见"领"字的会计意义试说

关于走马楼吴简中的常用会计用语，学者已有所研究。如李均明分七组就"出、出……给……付""入、入……受""右……合、凡、集凡""承余、今余""校、校料、拘校""被书、依书""原除、捐除"等用语逐一做了考述。[①] 汪力工则

---

① 李均明：《走马楼吴简会计用语丛考》，《出土文献研究》（第七辑），上海古籍出版社 2005 年版。

专门论述了"中"字。① 长沙走马楼吴简中还有别的常用会计用语,"领"即其一。对此侯旭东有所述及,指出简文中的"领"字之意,或是"管辖、统率",或是"记录"。② 不过,吴简中使用的"领"字的会计意义,还有待细说。

关于"领"字的义项,《辞源》列举了九种,即颈领、衣领、治理、统率、领略、兼任较低的职务、领受、量词和山岭。③ 走马楼吴简中的"领"字,在多数场合是作为会计用语使用的,其义项可归入《辞源》所说的"领受",不过,在不同的会计场合,它表示的意义有所不同,我们可区分为在原始凭证中使用与在会计结算中使用两类场合,作出具体分析。

1.原始凭证中的"领"字

会计原始凭证是指在收支活动中所取得或填制的、载明收支执行和完成情况的书面证明,是进行会计核算的原始资料和重要依据。走马楼吴简所见原始凭证按其反映收支的方法和填制手续的不同,有一次凭证、累计凭证和汇总凭证之分,其中使用的"领"字的意义有不同。

其一,"领出"之意。这类"领"简相当于今天的领条、收据,可作为支付方记账的支出原始凭证。

"领"字用于支出一次原始凭证的场合,如仓库领出稟米。单笔的"领"稟米的完整书写格式可据若干残简推知。如《竹简(壹)》简1810"领 市 士十四人嘉禾元年 直 , 起 九月迄十一月,其 二 人人月 二 斛五斗,十二人人月二斛",简2251"领吏士五十五人嘉禾元年八月直,其卅九人人二斛,五人皷史人一斛五斗,一人□四斛";《竹简(贰)》简7357" / 嘉禾元年稟,其一人七月,二人□月,用□迄十月 卅 日,一人月三斛,二人月二斛,嘉禾",简7520"元年八月直,人月二斛,嘉禾元年八月九日付周亥"。由此可推知单笔的"领"稟米的完整书写格式,应包括用途、领取物资及其标准、合计数、出付人、领受人、时间。

再如,"领"字用于领出中州仓米运入中仓的原始凭证。走马楼吴简有两种从三州仓出米而运入中仓的原始凭证。一种是仓管人员书写的,常见以"出……运诣"的格式记录,如《竹简(贰)》简548"出黄龙元年盐贾吴□斛米卅三斛六斗四升,嘉禾元年 八 月十 五 日付大男薥(?)平,运诣州",《竹简(叁)》简

① 汪力工:《关于吴简注记中的"中"字》,《故宫博物院院刊》2004 年第 5 期。

② 侯旭东:《走马楼竹简的限米与田亩纪录》,北京吴简研究班编:《吴简研究》第二辑,崇文书局 2006 年版,第 165~166 页。

③ 《辞源》第四册,商务印书馆 1983 年修订第 1 版,第 3389~3390 页。

1324"出黄龙三年税米九十四斛五斗,被吏黄阶敕,付大男烝成运诣州中仓,成以嘉禾元年十月"。也有以"领"字表示的,如《竹简(叁)》简 4769"☐□吴平斛米九斛□斗九升八合四勺随本领米运集州中仓"。这一"领"字表示的意义,与《竹简(叁)》简 4862"☐廿九斛三斗,嘉禾元年正月十八日付大男番宜,运集州中"相同,意在标示领米者为何人。另一种是领运人书写的,以"领……运……付"的格式书写,如《竹简(贰)》简 717"领黄龙三年贷食黄武五年税米九斛八斗,运集中仓,付吏李☐"。

"领"字用于累计原始凭证或汇总原始凭证表示"领出"之义,常与表示累计或汇总的会计用语"右""凡"字配合使用,如《竹简(壹)》简 5256"右领所贷钱三万七千四百……"、简 6365"·凡四家一岁领酒租具钱十万二千☐",《竹简(叁)》简 8119"·右三月八日领□□□□卌五斛……☐"。

其二,"收到"之意。"领"字用于仓库人员书写的原始收入凭证中,表示"收到"之意。例如,《竹简(贰)》简 5489"入乐乡嘉禾二年新调布二匹嘉禾二年八月十八日领,山丘谢羽付,库吏殷☐",简 5495"入乐乡嘉禾二年新调布三丈九尺 嘉禾二年七月廿九日领,山丘大男谢惊付,库吏殷连受";《竹简(叁)》简 2777"☐武陵乡三年税米二斛胄毕 嘉禾元年十一月十二日领,山丘男子烝□付,三州仓吏谷汉受 中",简 2825"入东乡三年邮卒限米一斛胄米毕亥嘉禾元年十月廿七日领,丘番合付,仓吏谷汉受 中"。

用于累计收入凭证中表示"收到"之意,有单独用"领"字的。如《竹简(叁)》简 6748"·右领桑绵四斤一两四铢",简 3476"☐领正月钱一千四百,前故市吏唐胫以收责",简 7340"右领钱一万六千八百廿四钱"。有用"定领""合领"表示的。如《竹简(壹)》之简 2126"定领米二万一千廿□斛五斗八升六合";《竹简(贰)》简 3863"定领吴平斛米合五万三千卌斛九斗";《竹简(叁)》简 4561"定领租税襦米一万七千四百二斛七斗九升,麦五斛八斗,大豆二斛九斗",简 7189"定领二年皮贾行钱四百八十八万",简 864"☐起正月一日讫三月卅日合领钱四万四",简 7276"☐合领及收除数钱三千八百 ☐"。

其三,"经管"之意。用于原始收支凭证之例,如《竹简(贰)》简 3845"出仓吏黄讳、潘虑所领嘉禾元年税吴平斛米八十六斛四斗,为稟斛米九十斛,邸阁右郎中"。这里的"领"字用于指明所支付的仓米原是谁经管的。类似的用法,如《竹简（壹）》简 1071"付库吏番有领布簿 料 列 □□□ / "，《竹简（叁）》简 4164" / 种见在,库吏潘有领"。

2.与会计结算相关的"领"字

其一,"经管"之意。有用于月结的。例如,《竹简（壹）》简 2218"仓吏黄讳、潘虑谨列所领襦米□□七月旦簿□",简 4379"二月领酒租钱一万四千七百";《竹简（贰）》简 4518" 一 月 领 市租钱九万九千六百、米四百八十斛 / ",简 6471" / □日讫卅日领 诸 乡嘉禾二年调布 / ";《竹简（叁）》简 491" ·领州中仓起十一月一日讫卅日〔黄〕龙元年限米…… / ",简 4559"三州仓谨列所领税米出用余见正月旦簿",简 7305" / 禾 五 年 十月所领襦钱 簿 领出用余见簿"。有用于季结的。如《竹简（壹）》简 4367" / 列收责,起正月一日讫三月卅日,合领钱四万四千";《竹简（贰）》简 257"（前略）嘉禾三年五月十三日付三州仓领杂米,起嘉禾元年七月一日讫九月卅日一时簿"。有用于半年结的。如《竹简（壹）》简 4374"□□□□今狩书言:起正月一日讫六月卅日,合领具钱□□□四千一百,收除□ / "。有用于年结的。如《竹简（壹）》简 1641"右仓田曹吏烝白:嘉禾二年领租税襦限 吴 平 斛米合八万一千"。有用于跨年结的。如《竹简（贰）》简 485"口仓谨列起嘉禾元年八月讫三年□月卅日领运黄龙元年杂米数簿"。

其二,"承余"之意,用于"承余、新入簿"。"承余、新入簿"是与上期旦簿衔接的各种收入分类账簿。对"承余",走马楼吴简所见用"领"字有两种表达形式。一种是与旦簿配合使用。例如,《竹简（壹）》简 2128"承七月旦簿余,领吴 平 斛米□□,定合一万九百九十四斛一斗八升五合";《竹简（贰）》简 160"入嘉禾元年六月簿,领余杂吴平斛米一万二千一百八十七斛□斗五升 / ";《竹简（叁）》简 4586"□嘉禾元年四月簿,领襦米二万七千四百廿五斛二斗五升二合,大豆二斛九斗"。一种是与"（新）收"配合使用。如《竹简（叁）》简 6317" 右 领及收财 用 钱十五万九千四百一十一钱",简 7174"右领及收 酒 租 钱二万",简 7385" / 右领及收除数钱十九万四千三百卅九钱"。显然,这里的"领"表示承余,"收"表示"新收"。

《竹简（叁）》中尚有若干作为会计用语的"领"字的意义不能确定。一是

"别领",如简 4514"·右襟米四千二百八□斛九斗二升四合七勺别领"。二是"收领",如简 3514"□□□谨列□人姓名收领钱米已入未毕□"。三是"正领",如简 6979"·右三月入正领及□……"。

三、"下品之下"存疑

传世文献记载中国古代的户等制起源于北齐,北齐文宣帝"始立九等之户,富者税其钱,贫者役其力"。[①] 而走马楼吴简显示孙吴初期即有户等制,称为户品。这无疑是研究中国古代户等制的宝贵新资料,颇值得关注。

孙吴划分户品,是依据户赀多少。《竹简(壹)》的户口简中有许多按户登记的"訾(赀)"数,如简 4139"右廉家口食□人 訾 五十",简 9094"右熙家口食八人 訾 三百",简 10151"凡口七事五筭四事二 訾 一千",简 10378"凡口五事四 筭一事 訾 五千"。而以"五十"訾者为多见。赀数多少当是划分不同户品的依据,只是具体标准未能考定。

目前有歧义的一个问题,是孙吴划分户品究竟有几个等级。走马楼吴简显示有上品、中品、下品三等之分,这是肯定的。孙吴向这三等户品分别征收定额不同的税钱,叫作"户出钱"。如《竹简(贰)》之简 8256"□□□谨以所领户出钱上中下品人名为簿"。该簿写明是"上中下品"三品。具体来看,"故户"有三品。如《竹简(壹)》之简 171 正面为"都乡男子修故,故户上品,出钱一万二千,侯相",简 224 正面为"□故户中品,出钱八千,侯相□";《竹简(贰)》之简 6753 正面为"都乡郡卒张仲,故户下品,出钱四千四百,侯相□",简 6754 正面为"都乡郡吏黄璘(?),故户下品,出钱四千四百□"。尽管"故户"的户主身份不同,他们"依户出钱"的数额却基本相同,即上品为 12000 钱,中品多为 8000 钱,下品绝大多数为 4400 钱。"新户"也依三品出钱,如《竹简(贰)》之简 2911 正面"都乡大男郑□,新户中品,出钱五千,侯相□ 嘉禾六年正月十二日典田",简 2938 正面"□都乡男□□□新户下品,出钱五千五百九十四……",简 2943 正面为"都乡男子许靖,新户中品,出钱九千,侯相……年五月

---

① 《隋书》卷二四,《食货志》。

十二日典田□□"。

不过,走马楼吴简还见有"下品之下"的记录。对此,学者见解不一。有的认为这说明孙吴的户等是三等九级制,即上、中、下三品又各被划分出上、中、下三级,并承担不同的赋税力役。[1] 有的认为孙吴的户品只分上、中、下三品,所谓"下品之下"是说财产最少,或者说最贫穷的那种人,并不是说下品之中又分为三等。[2] 有的认为"下品之下"不是九品户的名称,而是三品之外的贫困户,或者说是比"下品"还要贫困的民户。吴简中的户品分为三个等级,外加一个品外等级,由高到低依次是:上品、中品、下品和下品之下。[3]

以上诸说都有所缺陷。例如,据《竹简(壹)》简4233"╱□女户下品之下,不任调 ╱",《竹简(叁)》简4301"其七户□□女户不任调下品之下"、简6327"其卅四户各穷、老及刑、踵、女户,下品之下,不任调役"、简6375"其卌户各穷、老及刑、踵、女户,下品之下不任调役"推断,《竹简(贰)》简634"其十六户老顿穷独女户下品"、简781"其二户老□女户下品"、简799"□老顿穷独女户八户下品"、简828"╱其四户穷独女户下□"等枚简文中的"下品"之后很可能有阙文,当为"下品之下,不任调役"。而由《竹简(壹)》简5319"╱ 其八十四户下品之下"、简5435"其一户给三州仓父,下品之下"、简5490"╱ 其一户给度卒,下品之下"、简5429"其一户给锻佐,下品之下"可见同为"下品之下",有承担徭役的,有"不任调役"的。因此,是否承担徭役并非划分"下品之下"的依据。

特别是《竹简(贰)》简2897是一枚户品簿的总汇简,记为:

四户上品

╱□ 其七户中品 ╱

十一户下品

---

[1] 王素等:《长沙走马楼简牍整理的新收获》,《文物》1999年第5期;高敏:《吴简中所见孙权时期户等制度的探讨》,《史学月刊》2006年第5期。

[2] 张荣强:《吴简中的"户品"问题》,北京吴简研究班编:《吴简研究(第一辑)》,崇文书局2004年版,第195~198页。

[3] 于振波:《略论走马楼吴简中的户品》,《史学月刊》2006年第6期。

　　它统计的只有三品，却没有将如《竹简（壹）》简 5319"☐其八十四户下品之下"、简 5445"五十户下品之下"之类的统计结果另行列入，这说明"下品之下"不是一个正式的户品等级。所以，孙吴的户品应该只分为上、中、下三品，不存在三品九级。

　　至于标示"下品之下"的依据是什么，贫困说也难成立。因为，从《竹简（叁）》简 6327"其卅四户各穷老及刑、踵、女户，下品之下，不任调役"可知，"穷"者不是被列为"下品之下"的唯一对象，同时还有"老、刑、踵、女户"四类。老即老者为户。"刑"，在吴简中有不同年龄的人刑足、刑手的记录，对此论者也有歧解，有受刑说、战争致残说、残疾说、自残避役说等。① 至于踵，即"踵足"或"肿足"，目前论者多认为是指疾病，但对具体病名说法不一，有血丝虫病、麻风病、严重冻疮等。② 尽管见解不一，但若只把"下品之下"界定为"最贫穷"的贫困户，显然还不能解释与之并列的"老、刑、踵、女户"四类为什么也被列为"下品之下"。总之，何谓"下品之下"还得存疑。

---

　　① 曹旅宁：《长沙走马楼三国吴简"刑手"、"刑足"考释》，《广东社会科学》2006 年第 1 期。

　　② 侯旭东：《长沙走马楼吴简"肿足"别解》，北京吴简研究班编：《吴简研究》第二辑，崇文书局 2006 年版。

关于东晋南朝铸币的二个问题

一、"私铸"辨析

秦汉以来,国家通常禁止私人铸币,立有"盗铸钱令"。史载汉代曾二次开放钱币"私铸"。一是高祖建立汉朝之初,因"秦钱重难用,更令民铸钱",对私铸钱的形制、质量没有任何规定。这是在改朝换代之际来不及建立新的货币制度的特殊政策,对后代不具影响。二是汉文帝"孝文五年(前 175 年),为钱益多而轻,乃更铸四铢钱,其文为'半两'。除盗铸钱令,使民放铸。……是时,故吴以诸侯即山铸钱,富埒天子……邓通,大夫也,以铸钱财过王者。故吴、邓钱布天下"。① 所谓"放铸",师古注为:"恣其私铸。"似不尽达意。"放铸"即仿铸,还包含私人所铸之钱币必须与国家法钱(时为四铢钱)在形制与质量上都相似之意。正如《西京杂记》所述:"文帝时,邓通得赐蜀铜山,听得铸钱文字肉好皆与天子钱同,故富侔人主。时吴王亦有铜山铸钱,故有吴钱微重,文字肉好与汉钱不异。"正因为如此,吴、邓之钱才能"布天下",即为市场所广泛接受。至于别的私铸钱是否也具有这种品格和质量,史无明文,不得而知,但是推测应该也与法钱相差不大,才可能流通。可见汉文帝开放私铸,只是官铸钱的一种补充形式,政府转移部分铸钱成本与利润予民间,以收增加通货供应的效果,兼具财政与经济的双重意义。这次"听民放铸"政策对南朝货币对策有借鉴意义。

史籍也记载东晋南朝有过几次"私铸",不过,所谓私铸的内涵各不相同。

在东晋,由于长期官方没有铸币,为弥补通货不足,出现民间自发的私铸,

---

① 《汉书》卷二四下,《食货志下》。

此即《晋书·食货志》所说的："晋自中原丧乱,元帝过江,用孙氏旧钱,轻重杂行,大者谓之比轮,中者谓之四文。吴兴沈充又铸小钱,谓之沈郎钱。钱既不多,由是稍贵。"可见"沈郎钱"的私铸没有任何一点官方色彩,虽然未获得法律的合法性,却符合社会经济的客观要求,加上当时政府不铸造法钱,也乐观其成。总之,沈充的"私铸"与汉文帝的"恣民私铸",在性质、目的、财政经济作用等方面都有不同。正因为东晋"私铸"纯粹是交换经济的客观需要使然,所以当时还可能有人仿制沈郎钱,也不足为怪。

刘宋孝武帝时,朝廷就是否开放私铸展开一场争论,对此《宋书》卷七五《颜竣传》、《南史》卷三四《颜竣传》记叙详细。当时,沈庆之针对民间盗铸孝建四铢钱现象严重,建议:"宜听人铸钱,置署,乐铸之家,皆居署内。去春所禁新品,一时施用,今铸悉依此格。万税三千,严检盗铸,并禁翦凿。"他所建议的"私铸",其实是变相的官铸,因为私铸者要在官方指定的专门机构内进行,要按照统一的钱式("品格"),同时要征税30%。

沈庆之建议开放"私铸"的原因,有与汉文帝相似之处,即要把"私铸"作为官铸的补充,但细究起来,其财政经济原因及货币政策等背景多有差异。史载,宋文帝元嘉七年(430年)十月,"戊午,立钱署,铸四铢钱"[①]。这是一种"轮郭形制与五铢同"[②]的良币,需要大量财政资金的投入。当时社会经济与国家财政都处于较好的时期,故有可能实行这种铸币政策。由于后来铜料难得与铜器价格上涨,到孝武帝时,朝廷若要继续铸造良币四铢钱则需有更多的财力投入。而自文帝末年至孝武帝即位,先是元嘉二十七年(450年)耗资巨大的北伐之役惨败,后是孝武帝奢靡耗财,财政每况愈下,史称:"暨元嘉二十七年,北狄南侵,戎役大起,倾资扫蓄,犹有未供,于是深赋厚敛,天下骚动。自兹至于孝建,兵连不息,以区区之江东,地方不至数千里,户不盈百万,荐之以师旅,因之以凶荒,宋氏之盛,自此衰矣……及世祖(即孝武帝)承统,制度奢广,犬马余菽粟,土木衣绨绣,追陋前规,更造正光、玉烛、紫极诸殿,离楼绮节,珠窗网户,嬖女幸臣,赐倾府藏,竭四海不供其欲,殚民命未快其心。"[③]在这种财政状况不良及孝武帝个人恣意靡费之下,朝廷采取了降低法钱质量的货币对策。"孝建元年(454年)春正月,壬戌,更铸四铢钱。"[④]更铸的"四铢钱"名义价值虽

---

① 《宋书》卷五,《文帝本纪》。

② 《宋书》卷七五,《颜竣传》。

③ 《宋书》卷九二,《良吏传序》。

④ 《宋书》卷六,《孝武帝本纪》。

然不变,实际却是减重钱,"铸钱形式薄小,轮郭不成,于是民间盗铸者云起"①。总之,沈庆之关于设署"私铸"钱币的建议,是在铜价上涨,加上孝武帝的财政支出政策取向在于满足个人的奢欲,以致朝廷采取官铸劣币以减少财政投入的背景之下提出的,财政考虑是其主要原因。

不过,沈庆之的建议遭到江夏王义恭、颜竣等的反对。颜竣反对的理由是担心铜料难得,这些私铸者无利可图,"虽令不行"。太宰江夏王义恭也认为:"百姓不乐与官相关,由来甚久,又多是人士,盖不愿入署。凡盗铸为利,利在伪杂,伪杂既禁,乐入必寡。"加上征税过高等原因,沈氏的建议只能是空谈。②

结果沈庆之的建议被搁置下来。直到前废帝景和元年(公元465年),沈庆之才"启通私铸"。但是,这时开放私铸,是在官铸钱质量更差,引起更严重的盗铸的情况下发生的。史称:"前废帝即位,铸二铢钱,形式转细,官钱每出,民间即模效之,而大小厚薄,皆不及也。"所以,此时开放"私铸",等于是将"盗铸"合法化,结果,"钱货乱败……斗米一万,商货不行"。③

可见刘宋时期关于开放"私铸"的争论与实施,与汉代、东晋的"私铸"又不同,是在铜价上涨、官铸劣币引起盗铸严重的情况下发生的,是政府企图转移铸币支出的一种办法,实施的结果使盗铸合法化,私铸钱币质量更加低劣,严重扰乱社会经济。明帝即位后不久,禁止私铸,也停止官铸二铢钱。

顺便要说到前废帝时允许私铸的"鹅眼钱""綖环钱"的质量问题。《宋书》卷七五《颜竣传》称:"一千钱长不盈三寸,大小称此,谓之'鹅眼钱'。劣于此者谓之'綖环钱',贯之以缕,入水不沉,随手破碎。市井不复料数,十万钱不盈一掬。"史文极言私铸钱之薄劣,论者多引以为证。但是,对此我们有所怀疑。一是从钱币的铸造工艺考虑,所谓"一千钱长不盈三寸""十万钱不盈一掬",恐怕只是夸张之语,实际上不可能铸造出如此薄小的钱币④。因为,据研究,到南朝时,中国传统铸钱的工艺共三种,一是平板范竖式浇铸,二是叠铸,三是母钱翻砂法。其中,叠铸是自王莽之后成为正统的官炉铸钱的主要手段,一直使用到南北朝。而母钱翻砂法则是萧梁才应用的新工艺⑤。叠铸法固然省工省

---

① 《宋书》卷七五,《颜竣传》。
② 《宋书》卷七五,《颜竣传》。
③ 《宋书》卷七五,《颜竣传》。
④ 按,此说是厦门大学历史系杨际平教授首先在一次硕士论文答辩会议上提出的。
⑤ 周卫荣:《中国传统铸钱工艺初探》,载氏著《钱币学与冶铸史论丛》,中华书局2002年版。

时,在王莽时已有一次能铸"大泉五十"184枚的叠铸范①。但是,"大泉五十"毕竟是"径寸二分,重十二铢"的大钱,便于制范叠铸。若果真是"一千钱长不盈三寸""十万钱不盈一掬"的钱币,必然极薄,在古代铸造工艺水平之下能制作出相应的钱范吗?二是所谓"随手破碎"。盗铸之钱虽然是"杂以铅、锡,并不牢固"②,但是盗铸要有所赢利,必须使盗铸之钱能够为市场接受,哪怕是短暂的。如果鹅眼钱、綖环钱果真"随手破碎",从出范伊始恐怕就要破碎大半,不具备流通支付的起码品质,而既然有"市井不复料数"之说,就证明它们还是能流通的。事实上,直到梁末陈初,还有"鹅眼钱"在流通③。这种鹅眼钱或许是新铸的,但它们仍然能保持一定的流通功能,品质不可能太坏。总之,鹅眼钱、綖环钱尽管轻薄易碎,但史文的形容当也过于夸张。

梁武帝普通年间(520—526年),又有"私铸"发生。《晋书·食货志》载:"至普通中,乃议尽罢铜钱,更铸铁钱。人以铁贱易得,并皆私铸。及大同(535—545年)已后,所在铁钱,遂如丘山,物价腾贵。交易者以车载钱,不复计数,而唯论贯。"不过,这里所谓私铸,其实就是"盗铸"。

二、"剪凿取铜"探析

剪凿良币的现象,在秦汉似未见。这当是因为剪凿钱币的目的主要在于取铜为料另作他用。而秦汉时代的铜料尚易得,铜器的价格且不太贵,据陈直先生研究,东汉安帝延光(122—125年)的铜价每斤60钱,若铸造为铜壶,其价每斤约109钱,包括工本、利润,每斤铜器比原铜多49钱④;若扣除工本,纯利润恐怕是铜价的一半左右。

铜材在魏晋时期逐渐成为供不应求的稀缺物资,价格上扬。剪凿钱币以取铜的现象开始发生,在东晋出土钱币中发现有剪边汉五铢钱可证⑤。但是,迄今似未见将这种剪凿钱币的活动与盗铸钱币联系起来的记载。

史文将剪凿钱币与"盗铸"联系在一起,是在刘宋时期。如上所述,刘宋元

---

① 陕西博物馆:《西安北郊新莽钱范窑址清理简报》,《文物》1959年第11期。
② 《宋书》卷七五,《颜竣传》。
③ 《隋书》卷二四,《食货志》。
④ 陈直:《两汉经济史料论丛》,陕西人民出版社1958年版,第128页。
⑤ 刘和惠:《江苏丹徒东晋窖藏铜钱》,《考古》1978年第2期。

嘉年间民间剪凿古钱以取铜的情况相当严重,以致引起宋文帝的忧虑,即《宋书》卷六六《何尚之传》载:"先是,患货重,铸四铢钱,民间颇盗铸,多剪凿古钱以取铜,上患之。二十四年(公元 447 年),录尚书江夏王义恭建议,以一大钱当两,以防剪凿,议者多同。"对于史文所谓"民颇盗铸,多剪凿古钱以取铜"之语,以及孝建三年(456 年),尚书右丞徐爰在廷议时又有"又剪凿古钱,以取其铜,钱转薄小,稍违官式"①之语。今人通行的理解是"盗铸"钱币。

对此我们也持有疑问。首先,《宋书》卷七五《颜竣传》已经明言:元嘉年间官铸四铢钱,"轮郭形制与五铢同,用费损,无利,故百姓不盗铸"。如果元嘉末年的"盗铸"是盗铸元嘉四铢钱,那么,盗铸者采用"剪凿古钱以取铜"的办法获得铜料,无异于集腋成裘,聚沙成丘,费工甚钜,然后再去铸造工本与铸五铢钱相近的四铢钱,肯定也是"用费损"的赔本生意。谁人会冒险干这种蠢事?

其次,暂且撇开是否盗铸元嘉四铢钱不说,就孝建三年(456 年)徐爰之说而论,如果把"剪凿古钱,以取其铜"理解为是用来"盗铸"减重的孝建四铢钱,这在理论上可以认为是有利可图。但是,果真如此,却未见朝廷加以禁止,特别是江夏王义恭的驳议,也只是针对古钱被剪凿的现象而已,甚至认为:"致顷所患,患于形式不均,加以剪凿,又铅锡众诉越耳。若止于盗铸铜者,亦无须苦禁。"②何尚之在驳议中也全然未涉及钱币的盗铸,而是说:"命旨兼虑剪凿日多,以至消尽,鄙意复谓殆无此嫌。民巧虽密,要有踪迹,且用钱货铜,事可寻检,直由属所怠纵,纠察不精,使立制以来,发觉者寡。今虽有悬金之名,竟无酬与之实,若申明旧科,禽获即报,畏法希赏,不日自定矣。"③可见宋文帝"患之",是担心"古钱"(甚至包括四铢钱)会因"剪凿日多,以致消尽",而何尚之也不过是建议要官吏严格监督执行以钱购买铜料的规定而已。所以,徐爰所说"又剪凿古钱,以取其铜,钱转薄小,稍违官式",按文意应是指古钱因剪凿转薄小,而非指取铜之后盗铸薄小的钱币。

最后,进一步说,我们认为不仅是在刘宋,恐怕整个南朝民间用剪凿钱币取铜以盗造钱币的可能性都不大。这有两方面的考虑。

一方面,南朝可供民间剪凿的良币数量在逐渐减少,使剪凿钱币取铜以铸币牟利的可能性越来越小。前已指出,剪凿钱币的现象从东晋以来就愈益严重,剪凿的对象主要是前代铸造流传下来的"古钱"良币,后来还包括元嘉四铢

---

① 《宋书》卷七五,《颜竣传》。

② 《宋书》卷七五,《颜竣传》。引文参据中华书局标点本的《校勘记》校补。

③ 《宋书》卷六六,《何尚之传》。

钱。众所周知,钱币流通存在劣币驱逐良币的规律,加上官方征税强制要收取良币,国库和达官显贵都贮藏着巨量的良币①,民间流通的总体数量不断减少。还在刘宋孝建三年,尚书右丞徐爰就指出:历代的官铸法钱因"年历既远,丧乱屡经,埋焚剪毁,日月销减,货薄民贫,公私俱困,不有革造,将至大乏"。沈庆之所谓"公私所乏,唯钱而已",也是指缺乏良币②。南齐时,竟陵王萧子良说:"泉铸岁远,类多翦凿,江东大钱,十不一在。公家所受,必须轮郭完全,遂买本一千,加子七百,犹求请无地。"③不难想见,一个民间盗铸者想通过剪凿钱币取铜以铸造钱币获利,必须积贮极其大量的良币,这从南朝的普通官宦之家和豪强之家似乎找不到例证。若有人拥有如此大量的良币,出于收藏良币、抛出劣币的一般心理,也舍不得将它们剪凿为劣币,正如孝建年间江夏王义恭反驳沈庆之的建议时所说的:"官敛轮郭,轮郭之价百倍,大小对易,谁肯为之。"④在劣币泛滥之际,贮藏、保护手中持有的良币是持币人正常的心理。

另一方面,从盗铸者的身份来看。孝建年间,朝廷严禁盗铸减重四铢钱,"虽重制严刑,民吏官长坐死免者相系,而盗铸弥甚"。⑤ 大明年间(457—464年),刘子亮担任武康令,"时境内多盗铸钱,亮掩讨无不禽,所杀以千数"。⑥大明四年(460年),顾琛为吴兴太守时,也因"郡民多翦钱及盗铸"而被免官。⑦可见刘宋孝建至大明年间卷入盗铸活动者相当多。如此众多的盗铸者显然多是普通民庶,不具有积贮大批良币以供剪凿取铜的经济力量。

梁朝天监年间(503—519年),皇族萧正则"恒于第内私械百姓令养马,又盗铸钱"。⑧ 这可能是盗铸"除其肉郭"的"女钱",而非"肉好周郭,文曰五铢,重如其文"⑨的良币。但史文未言及"剪凿取铜",以萧正则特殊的身份地位与财力,他的取铜材盗铸似乎不必靠剪凿良币取铜这种事倍功半的手段。其后,

① 例如,据(唐)杜佑《通典》卷十二《食货十二·轻重》载,南齐武帝永明年间,国库曾一次性地拨出一亿钱供各地官府和籴米、谷、绢、布、丝、棉等。

② 《宋书》卷七五,《颜竣传》。

③ 《南齐书》卷四〇,《竟陵王萧子良传》。

④ 《宋书》卷七五,《颜竣传》。

⑤ 《宋书》卷七五,《颜竣传》。

⑥ 《宋书》卷四五,《刘怀慎传》。

⑦ 《宋书》卷八一,《顾琛传》。

⑧ 《南史》卷五一,《临川王宏传附子正则传》。

⑨ 《隋书》卷二四,《食货志》。

又有萧昱,"普通五年(524年),坐于宅内铸钱,为有司所奏"①。但他盗铸的是铁钱,与剪凿取铜无涉。

　　既然"剪凿(钱币)取铜"与盗铸钱币关系不大,那么,东晋南朝民间剪凿钱币取铜的用途主要在哪里呢? 从当时铜器因铜材价格上涨及佛事需求增多而售价倍增推测,当是用于铸造铜器。

---

　　① 《南史》卷五一,《临川王宏传附子正则传》。

"短陌"与"省陌"管见

关于中国古代钱币史上"短陌"与"省陌"的含义,自宋代至今都有人论说,并提出不少重要的见解,但也还存在歧见或含混未清之处。[①] 兹拟就三个问题试述管见,以助讨论。

第一,"短陌"有三种性质。

"短陌"指钱币支付时百内欠钱,不足法定的百文之数,但实际上有三种不同的性质,须视场合而定。

"短陌"一语首见东晋葛洪著《抱朴子·内篇》卷之六:

> 或曰:"敢问欲修长生之道,何所禁忌?"抱朴子曰:"……坏人佳事,夺人所爱,离人骨肉,辱人求胜,取人长钱,还人短陌,决放水火,以术害人……凡有一事,辄是一罪,随事轻重,司命夺其算纪,算尽则死。"

对此,顾炎武在《日知录》卷十一"短陌"条已有引用,不过,他把此条与后代其他"短陌"资料并列,未予区别。其实,"取人长钱,还人短陌",只是少数人占人便宜的做法,既不合理也不合法。这种"短陌"为常人所不齿,《抱朴子》甚至视为会折寿的罪行之一。

铜币因为实际购买力超过其面值,导致以十百成贯的钱币在支付时可以少于法定钱数若干文,这也叫"短陌",是相对于"足陌"而言的。这种"短陌"是

---

① 谢维新编:《古今合璧事类备要·外集》卷六五,文渊阁四库全书本;彭信威:《中国货币史》,上海人民出版社 1965 年版;汪圣铎:《"省陌"辨误》,《文史》第十四辑,中华书局 1982 年 7 月版;陈明光:《唐代"除陌"释论》,《中国史研究》1984 年第 4 期;程民生等:《论宋代钱陌制》,《中国史研究》1996 年第 3 期;宫泽知之:《唐宋时期的短陌和货币经济的特点》,见氏著《宋代的国家与经济》第二部第一章,创文社 1998 年版。

钱币的客观流通规律使然,民间交易可以有约定俗成的不同短少数量,却被官府多次禁止。这种"短陌"合理不合法,与《抱朴子》所指摘的"短陌"显然性质不同。

从目前的史料看来,合理不合法的"短陌"现象曾突出地发生在南朝萧梁后期。《隋书·食货志》载:

> 及大同已后,所在铁钱,遂如丘山,物价腾贵。交易者以车载钱,不复计数,而唯论贯。商旅奸诈,因之以求利。自破岭以东,八十为百,名曰东钱。江、郢已上,七十为百,名曰西钱。京师以九十为百,名曰长钱。中大同元年,天子乃诏通用足陌。诏下而人不从,钱陌益少。至于末年,遂以三十五为百云。

"天子乃诏通用足陌",指的是中大同元年(546年)七月梁武帝下达的诏书,该诏称:

> 顷闻外间多用九陌钱,陌减则物贵,陌足则物贱,非物有贵贱,是心有颠倒。至于远方,日更滋甚,岂直国有异政,乃至家有殊俗,徒乱王制,无益民财。自今可通用足陌钱。令书行后,百日为期,若犹有犯,男子谪运,女子质作,并同三年。[①]

对于东钱、西钱、长钱以及梁武帝诏书规定的"足陌钱",指的究竟是铜钱还是铁钱,因史文没有明言,至今论者见解不一,有些学者认为是指铁钱。我认为应是指铜钱而不是铁钱。

迄今为止,论者的共识之处是,梁武帝时铁钱因滥铸而严重贬值,即《隋书·食货志》所说的:"及大同已后,所在铁钱,遂如丘山,物价腾贵。"那么,在铁钱严重贬值,引起物价腾贵的情况下,"短陌"的有可能是铁钱吗?我认为是不可能的。首先,不管是"短陌"还是"足陌",交易双方都是要计算钱数才能确定价值的。而史文明言"交易者以车载钱,不复计数,而唯论贯"。所谓东钱、西钱、长钱,都以若干钱为陌,十陌才为一贯,如果"不复计数",显然不能"论贯"。其次,大家知道,金属货币,不管是贱金属货币(如铜钱、铁钱),还是贵金属(如金、银),其交易价值归根结底取决于特定的金属含量,因此直观地

---

① 《梁书》卷三,《梁武帝纪下》。

看总是钱的文数越多,其价值越高。当时既然"所在铁钱,遂如丘山,物价腾贵",铁钱因过多而严重贬值,如果还采取"短陌"形式,甚至后来竟以三十五文为一陌,岂非使其每陌的交易价值因金属含量降低而更低了吗?人们如何能接受?再说,最重要的是,诚如马克思所阐述的:"为商品界的流通过程所必要的流通手段的量,已经由商品的价格总额规定。事实上,货币不过是把已经观念地在商品价格总额中表现出来的金总额,现实地表现出来。这两个总额的相等,是不说自明的。……如果商品的价格总额因此提高了或跌落了,流通中的货币总额就必须要按相同的程度增加或减少。"①反之,流通的货币量如果超过商品价格总额,币值必然要下跌。梁武帝时,铁钱在因多如丘山而贬值(即物价腾贵)的情况下,如果再采取"短陌"形式流通,等于使流通的铁钱总量继续增加,若是以三十五文成陌,等于使其总量增加三倍,币值只会成倍地降得更低。总之,铁钱在贬值的情况下根本不能够通过"短陌"而升值。因此,如果把梁武帝时钱币的短陌现象解释成是铁钱的短陌,与铁钱的严重贬值状况扦格难通。

在劣币驱逐良币的情况下,唯有作为良币的铜钱能够升值,九十为百的长钱、八十为百的东钱、七十为百的西钱,都是铜钱通过"短陌"形式而升值的表现。有论者以梁武帝诏书中说的"陌减则物贵,陌足则物贱"一句,作为"短陌"的东钱、西钱、长钱都是铁钱的证据。但是,根据以上分析,传世的梁武帝这句诏文若指贬值的钱铁则完全说不通,既不符合货币流通理论,也不符合当时的实际。《隋书·食货志》明确指出:"所在铁钱,遂如丘山,物价腾贵",说明铁钱即使"足陌",因为大大贬值,物价还是很高,因此根本不可能是"陌减则物贵,陌足则物贱"。我认为通篇来看,梁武帝之诏指的只能是铜钱,原句应该是"陌减则物贱,陌足则物贵",很可能是在传抄过程中造成的错讹。

总之,萧梁后期虽然没有出现"短陌"一语,不过,事实上存在由于铁钱过多严重贬值,引起流通中的良币铜钱以"短陌"的形式升值的现象,但这种"短陌"为官府所禁止,合理而不合法。

同样道理,到唐代后期,由于钱重货轻,与钱币实际交易价值提高相关的这种"短陌"现象又一次出现,只是当时人仍然没有使用"短陌"一语,而是用"陌内欠钱""欠陌钱"加以表达。在德宗、宪宗两朝,敕令称:"陌内欠钱,法当禁断",②使用"欠陌钱"仍是合理不合法。到长庆元年(821年)九月,穆宗敕:"泉货之义,所贵流通。如闻比来用钱,所在除陌不一。与其禁人之必犯,未若

---

① 马克思:《资本论》第一卷,人民出版社1953年版,第97页。
② (宋)王溥:《唐会要》卷八九,《泉货》,"(元和)四年闰三月"条。

从俗之所宜，交易往来，务令可守。其内外公私给用钱，从今以后宜每贯一例除垫八十，以九百二十文成贯，不得更有加除及陌内少欠。"①这标志着唐中央不得不承认这一因货币流通客观规律所致的"陌内欠钱"现象，并作出统一的"除陌"规定。② 经唐朝中央认可并统一规定"除垫"的"除陌钱"，实际上是既合理又合法的"短陌"钱。

"短陌"一语首次见诸官方文献，是在五代的后唐。《五代会要》卷二七《泉货》③载：

> （后唐明宗天成）二年七月十二日，度支奏："三京、邺都并诸道州府，市肆买卖所使见钱等，每有条章，每陌八十文。近访闻在京及诸道街坊市肆人户不顾条章，皆将短陌转换长钱，但恣欺罔，殊无畏忌。若不条约，转启侥门。请更严降指挥，及榜示管界州府县镇军人、百姓、商旅等，凡有买卖，并须使八十陌钱。兼令巡司、厢界节级、所由点检觉察。如有无知之辈，依前故违，辄将短钱兴贩，便仰收捉，委逐州府枷项收禁勘责。所犯人准条奏处断讫申奏，其钱尽底没纳入官。"奉敕："宜依度支所奏。"

不过，这段史文有令人不解之处。一是"短陌转换长钱"是什么含义？如果"短陌"和"长钱"指的是同一种货币，即"短陌"是"短钱"，"长钱"是"足陌"钱，显然"短陌转换长钱"的现象不可能存在，更不可能作为牟利的手段。二是官方重申"凡有买卖，并须使八十陌钱"，这是沿用唐后期八十文成陌的规定，让"短陌"钱有统一的"垫除"比例，即要求使用法定的"短钱"。但后面又严禁"辄将短钱兴贩"，如果文中的"短钱"指的是"短陌"钱，则与前文规定矛盾。如果"短钱兴贩"指的是"皆将短陌转换长钱"的"欺罔"行为，则文意尚可通，但法定的八十成陌的"短陌"钱也是"短钱"，如何区别？可见单纯使用"短陌""短钱"的词语，在实际生活中会出现指示不明、含混不清的情况。

入宋之后，"短陌"一词极少被使用。南宋人谢维新编《古今合璧事类备要》，在《外集》卷六五分列"钱用短陌""钱用省陌"两条，但从所引的资料看不出他对二者有什么区分。南宋人楼钥在《攻媿集》卷一一二《北行日录上》记

---

① （宋）王溥：《唐会要》卷八九，《泉货》。

② 陈明光：《唐代"除陌"释论》，《中国史研究》1984 年第 4 期。

③ （宋）王钦若等编《册府元龟》卷五〇一《邦计部·钱币第三》所载文字略有不同，可参阅。

道:"有旧亲事官自言,月得粟二斗钱二贯短陌,日供重役不堪其劳。"他所说的"短陌"当即"省陌"钱。尽管"短陌"和"省陌"都可以描述钱币流通中的"陌内欠钱"现象,不过就我所见,唐宋官方法令似未见直接用"短陌"指代"省陌"的,其原因当在于"短陌"一语的内涵及其性质的不确定性:一是宋代以前的"短陌"一语可能代表不同性质的三种"陌内欠钱"的支付形式,须视场合而定;二是如有的学者已指出的,宋代的"短陌"包括省陌、行陌、市陌三种类型,①也须视场合而定。

第二,"省陌"的由来与"省"的含义。

古今人都有"省陌"始出现于五代的说法。我认为这种说法有含混之处。确切的说法应该是:"省陌"一语始见于宋人笔下,他们所指的是五代后汉的史事,但五代尚未见使用"省陌"一语。

司马光在《资治通鉴》卷二八九《后汉纪四》载,乾祐三年(950年),三司使、同平章事王章"聚敛刻急。……旧钱出入皆以八十为陌,章始令入者八十,出者七十七,谓之'省陌'"。欧阳修在《归田录》卷二写道:"用钱之法,自五代以来,以七十七为百,谓之'省陌'。今市井交易,又克其五,谓之'依除'。"这是宋人较早使用"省陌"一语的两部著作。他们叙述的史事,则见诸《旧五代史》卷一〇七《汉书·王章传》,该传称:

> 是时,契丹犯阙之后,国家新造,物力未充,章与周太祖、史弘肇、杨邠等尽心王室,知无不为,罢不急之务,惜无用之费,收聚财赋,专事西征,军旅所资,供馈无乏。及三叛平,赐与之外,国有余积。然以专于权利,剥下过当,敛怨归上,物论非之。旧制秋夏苗租,民税一斛,别输二升,谓之"雀鼠耗"。乾祐中,输一斛者,别令输二斗,目之谓"省耗"。百姓苦之。又,官库出纳缗钱,皆以八十为陌,至是民输者如旧,官给者以七十七为陌,遂为常式。

这一段史文并没有使用"省陌"一词。可见用"省陌"一词指官方规定的铜币"短陌"形式,并非始于五代,应该是宋人始用,并且成为官方用语。我们如果根据宋人著作在叙述后汉官定短陌制度时用了"省陌"一语,就判定"省陌"始于五代,这在逻辑上是不严密的。因为,前述唐穆宗长庆元年的官定"除陌",作为官方规定的铜币"短陌"形式,其实就是欧阳修、司马光所说的"省

---

① 程民生等:《论北宋钱陌制》,《中国史研究》1996年第3期。

陌"。所以,就史实而言,应该说"省陌"最早是出现在唐穆宗时期。

不过,宋人以"省陌"表示中央规定的短陌制度并非全是独创,而是采用了唐朝的某种用语习惯。有学者已指出,"省陌"之"省"是指"朝省",不是"减省"之意;"省陌"应释为"朝廷所定的钱陌"。① 我赞同这一意见,并且要进一步指出,"省陌"之"省"字的指代对象原为"尚书省",这一用法可追源到汉朝,只是当时的尚书省是内廷机构,后来才演变为行政中枢。所以,"省陌"之"省"强调的是皇权或者中央行政部门的权威,不是一般意义的"官"。特别是唐朝自实行两税法改革之后,中央财政与地方财政的收支有了明确的划分,出现的"省估""送省轻货""属省钱"等财政方面的官方用语,强调的都是中央的法令权威和财政权益。例如,《册府元龟》卷五〇七《邦计部·俸禄三》载,文宗太和三年(829年)七月,"诏沧德二州州县官吏等,刺史每月料钱八十贯,录事参军三十五贯;判司各置二人,各二十五贯;县令三十贯,尉二十贯。其令俸禄且以度支物充,仍半支省估匹段,半与实钱"。所谓"省估",是"送省轻货中估"的简称②。因此,胡三省把"省估"解释为"都省所立价也",③不无道理。

《旧唐书》卷一九《懿宗纪上》载:

> 咸通八年十月,丙寅,兵部侍郎、判度支崔彦昭奏:"当司应收管江、淮诸道州府咸通八年已前两税榷酒及支米价,并二十文除陌诸色属省钱,准旧例逐年商人投状便换。"

《旧唐书》卷一六四《王播传》载:

> 王播时扬州城内官河水浅,遇旱即滞漕船,乃奏自城南阊门西七里港开河向东,屈曲取禅智寺桥通旧官河,开凿稍深,舟航易济,所开长一十九里,其工役料度,不破省钱,当使方圆自备,而漕运不阻。后政赖之。

---

① 汪圣铎:《"省陌"辨误》,《文史》第十四辑,中华书局1982年7月版。

② (宋)王钦若等编《册府元龟》卷四八八《邦计部·赋税二》载:宪宗元和四年二月,度支奏:"诸州府应上供受税匹段及留使、留州钱物等,每年匹段估价稍贵,其留使、留州钱即闻多是征纳见钱及贱价折纳匹段,既非齐一,有损疲人。伏望起元和四年已后,据州县官正料钱数内一半,任依京官例征纳见钱支给……其余留使州杂给用钱,即请各委州府并依送省轻货中估折纳匹段充。"

③ (宋)司马光:《资治通鉴》卷二三七,"元和三年九月"条胡三省注。

史官在这里用的"省钱"一词,当是"属省钱"的简称。

五代沿用唐制,以"省"字指代中央的场合更为多见。例如,《旧五代史》卷三五《唐书·明宗纪》载:同光四年(926年)四月,丙申,下敕:"今年夏苗,委人户自供通顷亩,五家为保,本州具帐送省,州县不得差人检括。如人户隐欺,许人陈告,其田倍征。"同月,甲寅,制改同光四年为天成元年,大赦天下。"秋夏税子,每斗先有省耗一升,今后只纳正数,其省耗宜停。……租庸使先将系省钱物与人回图,宜令尽底收纳,以塞倖门云。"《旧五代史》卷一一二《周书·太祖本纪》载:"后周广顺三年,正月,乙丑,诏曰:'诸道州府系属户部营田及租税课利等,除京兆府庄宅务、赡国军榷盐务、两京行从庄外,其余并割属州县,所征租税课利,官中只管旧额,其职员节级一切停废。应有客户元佃系省庄田、桑土、舍宇,便赐逐户,充为永业,仍仰县司给与凭由。'"此外,还有"系省店宅庄园"①"系省钱帛"②等用语。可见五代这些冠以"省"字的用语是沿用唐朝指尚书省特别是唐后期指中央财政部门的意义而来。

第三,"省钱"与"省陌"。

南宋人洪迈在《容斋三笔》"省钱百陌"条说:"唐之盛际,纯用足钱,天祐中,以兵乱窘乏,始令以八十五为百。后唐天成,又减其五。汉乾祐中,王章为三司使,复减三。皇朝因汉制,其输官者,亦用八十,或八十五,然诸州私用,犹有随俗至于四十八钱。太平兴国二年,始诏民间缗钱,定以七十七为百。自是以来,天下承用,公私出纳皆然,故名'省钱'。"可以看出,洪迈解释"省钱"的由来也是强调中央赋予"省陌"钱的合法性,"省钱"之"省"仍是指代中央。据此,不少论者认为宋代的"省陌"也叫"省钱"。

不过,"省陌钱"被简称为"省钱",是否宋代"天下皆然"的通称呢?我觉得值得怀疑。我们看到,宋代文献的确有不少使用"省钱"的场合,但正如有学者所指出的,宋代的"省钱"有多种含义,包括指系省钱、官铸标准钱币、朝省支赐的钱等。③ 所以,如果把"省陌钱"简称为"省钱",在实际生活中必然要引起误解,是行不通的。不难看到,在宋代官私文献中"省陌"钱经常被简写为"省",如若干"文省",例子俯拾皆是,不待枚举,反之,用"省钱"称"省陌钱"的旁证难寻。南宋人罗大经《鹤林玉露》卷一《甲编》"官省钱"条称:"五代史:汉王章为三司使,征利剥下。缗钱出入,元以八十为陌,章每出钱陌,必减其三,至今七

---

① 《旧五代史》卷四二,《唐书·明宗本纪》,长兴二年六月记事。

② 《旧五代史》卷一一二,《周书·太祖本纪》,广顺元年十月记事。

③ 程民生等:《论北宋钱陌制》,《中国史研究》1996年第3期。

十七,为官省钱者,自章始。然今官府于七十七之中,又除头子钱五文有奇,则愈削于章矣。"可见他标题所说的"官省钱"即王章"为官省钱",指摘的是朝廷的刻削行为,而不是把七十七文为百称为"官省钱",与洪迈所说的"省钱"不是一个概念。洪迈所说的"省钱"究竟在多大的范围被宋人作为"省陌钱"的简称而应用,恐怕还得考虑。

还要指出,沈括《梦溪笔谈》卷二十三《讥谑》载:

> 尝有一名公,初任县尉,有举人投书索米,戏为一诗答之曰:"五贯七百五十俸,省钱请作足钱用。妻儿尚未厌糟糠,僮仆岂免遭饥冻?赎典赎解不曾休,吃酒吃肉何曾梦?为报江南痴秀才,更来谒索觅甚瓮。"熙宁中,例增选人俸钱,不复有五贯九百俸者,此实养廉隅之本也。

诗中把五贯七百五十文的俸钱称为"省钱",且与"足钱"对称,应该是把领取的"省陌"钱视为被"减省"了的钱。这不失为宋代民间有把"省陌"钱之"省"作为"减省"之意的例证。不过,我认为,正如该诗题目所示,它只是民间对"省陌钱"的一种通假式的"讥谑"之说,不能把它作为解释"省陌"之"省"的正义项的例证。

六朝"民田"的产权及交易方式

经过春秋战国土地制度的变革,根据产权的私有或公有,秦汉以来耕地明确地分为"民田"和"公田"两大类。例如,初元元年(前 48 年)正月,汉元帝诏"以三辅、太常、郡国公田及苑可省者振业贫民,赀不满千钱者赋贷种、食"。①其后,元帝又有诏称:"民田有灾害,吏不肯除,收趣其租,以故重困。"②六朝同样也有"民田""公田"之分。

关于产权的概念,学术界有几种侧重点不同的表述。或称:"产权即财产权,是法权的一种,即生产关系的法律表现,是包括所有权、占有权、使用权、收益权、索取权、继承权等在内的权利束,这些权利既可以统一,又可以分离;同时,产权又是一种社会激励的约束机制,具有优化资源配置的功能。"③以下即据以论述六朝时期有关"民田"产权的若干问题。

一、六朝"民田"产权的基本内容

六朝的"民田"是官方承认的或者说是受国家法律保护的私人占有的耕地和废田。

走马楼吴简记录的耕地有"民田"一类。例如,《长沙走马楼三国吴简·竹简(壹)》简 1637"领二年民田三百七十六顷六十五亩二百卅八步(下略)",简 1671"(前略)其三百七十二顷卅九亩九十四步收米四万四千六百八十七斛二

---

① 《汉书》卷九,《元帝纪》。
② 《汉书》卷七一,《于定国传》。
③ 张红凤:《产权定义的诠释——马克思产权理论与新制度经济学的比较》,《理论学刊》2003 年第 2 期。

斗七升民税田先所□(下略)";①《长沙走马楼三国吴简·竹简(叁)》简 6724
"其波九所田合五……顷唐儿民自垦□";简 7205"京口塘一所……长一百五
十丈沃田十顷溏儿民陈散李□等岁自垦食";简 7206"□六千夫民大男毛市
陈丈陈建等自垦食"。② 所谓"民自垦食",说明这些田地属于民田。

田主对"民田"拥有所有权。西晋颁行占田制,规定:"男子一人占田七十
亩,女子三十亩。其外丁男课田五十亩,丁女二十亩,次丁男半之,女则不课。"
又制定品官占田制,规定:"其官品第一至于第九,各以贵贱占田,品第一者占
五十顷,第二品四十五顷,第三品四十顷,第四品三十五顷,第五品三十顷,第
六品二十五顷,第七品二十顷,第八品十五顷,第九品十顷。"③所谓占田,就是
允许庶民和官员占有不同数量的田地为己所有。占田在汉代又称"名田"。汉
武帝时,董仲舒建议"限民名田,以澹不足"。唐人颜师古注曰:"名田,占田也。
各为立限,不使富者过制,则贫弱之家可足也。"④可见"占田""名田"就是经国
家法律允许的私人占有田地,这些田地便成为"民田"。西晋的占田制是中国
古代王朝对土地私有产权的又一次法律承认,对东晋和南朝的私有产权制度
有直接的影响。

南朝仍然有"民田"之说。如《宋书》卷二九《符瑞志下》载:刘宋"孝武帝孝
建三年(456 年)四月丁亥,临川宜黄县民田中得铜钟七口,内史傅徽以献"。
《梁书》卷二二《安成康王秀传》载,天监七年(508 年),萧秀任荆州刺史,"及沮
水暴长,颇败民田,秀以谷二万斛赡之"。

六朝民田的所有权归属特定的田主个人,因此民间会有产权争讼。如孙
吴零陵太守徐陵死后,"僮客土田,或见侵夺。骆统为陵家讼之"。⑤ 南齐时,
王志任宣城内史,"清谨有恩惠。郡民张倪、吴庆争田,经年不决,志到官,父老
乃相谓曰:'王府君有德政,吾曹乡里乃有此争。'倪、庆因相携请罪,所讼地遂
为闲田"。⑥《南齐书》卷五五《孝义传·韩系伯传》载:"襄阳土俗,邻居种桑树

① 长沙市文物考古研究所等编著:《长沙走马楼三国吴简·竹简(壹)》下册,文物出版社 2003 年版,第 927、928 页。
② 长沙市文物考古研究所等编著:《长沙走马楼三国吴简·竹简(叁)》下册,文物出版社 2008 年版,第 868、878 页。
③《晋书》卷二六,《食货志》。
④《汉书》卷二四,《食货志》。
⑤《三国志》卷五七,《吴书·虞翻传》注引《会稽典录》。
⑥《梁书》卷二一,《王志传》。

于界上为志,系伯以桑枝荫妨他地,迁界上开数尺,邻畔随复侵之,系伯辄更种。久之,邻人惭愧,还所侵地,躬往谢之。"

民田的收益权归"田主"所有。《梁书》卷二〇《陈伯之传》载:"陈伯之,济阴睢陵人也。幼有膂力。年十三四,好著獭皮冠,带刺刀,候伺邻里稻熟,辄偷刈。尝为田主所见,呵之云:'楚子莫动!'伯之谓田主曰:'君稻幸多,一担何苦?'田主将执之,伯之因杖刀而进,将刺之,曰:'楚子定何如!'田主皆反走,伯之徐担稻而归。"这是他人恃仗武力侵夺民田"田主"收益权之例。

在一定的条件下,六朝民间有将私有田地的经营权委托他人的。史载,孙吴初,陆逊"少孤,随从祖庐江太守康在官。袁术与康有隙,将攻康,康遣逊及亲戚还吴。逊年长于康子绩数岁,为之纲纪门户"。[①] 所谓"纲纪门户",即管家理财,当包括经营田地。《晋书》卷七〇《应詹传》载:"詹幼孤,为祖母所养。年十余岁,祖母又终,居丧毁顿,杖而后起,遂以孝闻。家富于财,年又稚弱,乃请族人共居,委以资产,情若至亲,世以此异焉。"这是以私有土地所有权不变为前提,将土地经营权委托宗亲代理的两个事例。在这种情况下,就可能发生经营收益在产权所有者和产权经营者之间的分配问题。史籍记载了一个比较详细的事例:

东晋义熙八年(412年),谢混"以刘毅党见诛,妻晋陵公主改适琅邪王练,公主虽执意不行,而诏其与谢氏离绝,公主以混家事委之(谢)弘微。混仍世宰辅,一门两封,田业十余处,僮仆千人,唯有二女,年数岁。弘微经纪生业,事若在公,一钱尺帛出入,皆有文簿。……(宋)高祖受命,晋陵公主降为东乡君,以混得罪前代,东乡君节义可嘉,听还谢氏。自混亡,至是九载,而室宇修整,仓廪充盈,门徒业使,不异平日,田畴垦辟,有加于旧"。至元嘉九年(432年),"东乡君薨,资财钜万,园宅十余所,又会稽、吴兴、琅邪诸处,太傅、司空琰时事业,奴僮犹有数百人。公私咸谓室内资财,宜归二女,田宅僮仆,应属弘微。弘微一无所取,自以私禄营葬"。[②] 所谓"公私咸谓室内资财,宜归二女,田宅僮仆,应属弘微",指的是当时的舆论都认为经过谢弘微多年的代理经营,谢混家的田宅增值了,他应该获得一定的回报。这说明在当时人们心目中,土地经营权与收益权是有关联的,即土地收益应该在经营者与所有者之间进行一定的分配。

如同前代一样,六朝民田的产权可以世代继承。如上述东晋谢混"仍世宰

---

① 《三国志》卷五八,《吴书·陆逊传》。
② 《宋书》卷五八,《谢弘微传》。

辅,一门两封,田业十余处,僮仆千人"。至宋元嘉九年谢混妻子死时,其家"资财钜万,园宅十余所,又会稽、吴兴、琅邪诸处,太傅、司空(谢)琰时事业,奴僮犹有数百人"。刘宋时,谢灵运"因父祖之资,生业甚厚"。① 这些都属官贵族官僚之家通过世代继承拥有大批田宅之例。南齐建元三年(481年),朝廷表彰义兴人吴达之"让世业旧田与族弟,弟亦不受,田遂闲废"的行为。吴达之曾卖掉原有的田地十亩,赎回被略为奴的堂弟夫妇,②可见他是个自耕农。他与族弟互让"世业旧田"是普通农民家庭的土地世代相传之例。

二、六朝"废田"的产权处置

民田抛荒而成的"废田"被他人开垦时,因为此前已有私有产权记录,其产权分配稍显复杂,须视不同的情况而定。

一种是私人开垦"荒田""废田"的产权处置。《三国志》卷六〇《吴书·钟离牧传》载,钟离牧其人,原籍贯会稽山阴,"少爱居永兴,躬自垦田。种稻二十余亩,临熟,县民有识认之。牧曰:'本以田荒,故垦之耳。'遂以稻与县人。县长闻之,召民系狱,欲绳以法。牧为之请,长曰:'君慕承宫,自行义事。③ 仆为民主,当以法率下,何得寝公宪而从君邪?'牧曰:'此是郡界,缘君意顾,故来暂住。今以少稻而杀此民,何心复留?'遂出装,还山阴。长自往止之,为释系民。民惭惧,率妻子春所取稻,得六十斛米,送还牧,牧闭门不受,民输置道旁,莫有取者。牧由此发名"。从永兴县长说钟离牧还稻之举是仿效汉人承宫所为可知,从汉代以来,民田抛荒之后土地私有权虽然没有变更,但他人可以在未经田主同意的情况下自行垦殖,并享有收益权。永兴县长称自己的处理是"以法率下",不得"寝公宪",说明荒废民田的耕垦者拥有收益权,是受汉代官方保护的"废田"产权的一项分配内容。虽然钟离牧坚持要将垦荒收益归还原主,说明他认为土地收益权应从属于土地所有权,但是,从"民惭惧,率妻子春所取稻,得六十斛米,送还牧,牧闭门不受,民输置道旁,莫有取者。牧由此发名"这

---

① 《宋书》卷六七,《谢灵运传》。

② 《南齐书》卷五五,《孝义传·吴达之》。

③ 裴松之注引《续汉书》曰:"宫,字少子,琅邪人。尝在蒙阴山中耕种禾黍。临熟,人就认之,宫便推与而去,由是发名,位至左中郎将、侍中。"

种结果来看,当时的社会舆论也赞同保护开垦废田者的收益权。① 无独有偶,东晋人郭翻家于临川,"居贫无业,欲垦荒田,先立表题,经年无主,然后乃作。稻将熟,有认之者,悉推与之。县令闻而诘之,以稻还翻,翻遂不受"。② 可见汉代以来保护开垦荒废民田者的收益权这一产权政策为六朝官方所沿袭。

一种是六朝官方明令或组织百姓垦种荒废民田的产权处置。史称寿春为"淮南一都之会,地方千余里,有陂田之饶"。东晋时,"荆州刺史庾翼领州,在武昌。诸郡失土荒民数千无佃业,翼表移西阳、新蔡二郡荒民就陂田于寻阳"。③ "陂"是筑坝拦水,兼有蓄水灌溉和泄洪功能的水利设施。"陂田"指受益于"陂"的灌溉功能的田地,其中既有未开垦的荒地,也有荒废的民田。经过官方组织,这数千户"失土荒民"在寻阳开垦"陂田",其收益无疑是归属他们所有。南齐初,刘怀慰为辅国将军、齐郡太守(时治瓜步),"至郡,修治城郭,安集居民,垦废田二百顷,决沈湖灌溉"。④ 陈太建二年(570 年)八月甲申,宣帝为了安置北土归民,诏曰:"顷年江介襁负相随,崎岖归化,亭候不绝,宜加恤养,答其诚心。……若克平旧土,反我侵地,皆许还乡,一无拘限。州郡县长明加甄别,良田废村,随便安处。若辄有课订,即以扰民论。"太建六年四月,宣帝诏曰:"青、齐旧隶,胶、光部落,久患凶戎,争归有道,弃彼农桑,忘其衣食。而大军未接,中途止憩,朐山、黄郭,车营布满,扶老携幼,蓬流草跋,既丧其本业,咸事游手,饥馑疾疫,不免流离。可遣大使精加慰抚,仍出阳平仓谷,拯其悬罄,并充粮种。劝课士女,随近耕种。石鳖等屯,适意修垦。"⑤后两句说的是允许这些滞留途中的归民就近垦种公私废田。太建十四年三月,陈后主诏曰:"今阳和在节,膏泽润下,宜展春耨,以望秋坻。其有新辟塍畎,进垦蒿莱,广袤勿得度量,征租悉皆停免。私业久废,咸许占作,公田荒纵,亦随肆勤。"⑥总之,六朝的"废田"、"私业"经过官方组织或明令允许,被他人"占作"、"随近耕种"之后,其使用权和收益权便暂时地或长期地归属开垦者所有。六朝政府对"废田"实行这种产权政策,有利于鼓励开垦废田,较快地恢复农业生产,为国家提

---

① 黎虎:《三国时期的自耕农经济》,又见氏著《魏晋南北朝史论》,学苑出版社 1999年版,第 189 页。

② 《晋书》卷九四,《隐逸传·郭翻》。

③ 《南齐书》卷一四,《州郡志上》,"豫州"条。

④ 《南齐书》卷五三,《良政传·刘怀慰》。

⑤ 《陈书》卷五,《宣帝纪》。按,石鳖城位于今江苏宝应县西南,石鳖等屯大致分布在今江苏盱眙、洪泽、金湖之间的一片宽广的淤积平原上。

⑥ 《陈书》卷六,《后主本纪》。

供赋税。

不过,从传世文献尚未见六朝官方就"废田"被他人开垦后的所有权归属作出明文规定。上引陈朝皇帝的有关诏令只是允许"安处""占作",强调的都是开垦者可暂时地或长期地获得对废田的使用权和收益权,未涉及所有权的变更。中国古代首次对荒废民田的产权作出明确法律规定的,是唐朝的《田令》,其中规定:

> 诸公、私[田]荒废三年以上,有能借[佃]者,经官司申牒借之,虽隔越亦听。注:易田于易限之内,不在备(倍)限。私田三年还主,公田九年还官。其私田虽废三年,主欲自佃,先尽其主。限满之日,所借人口分未足者,官田即听充口分,注:若当县受田悉足者,年限虽满,亦不在追限。应得永业田者,听充永业。私田不合。[令]其借而不耕,经二年者,任有力者借之。则(即)不自加功转分与人者,其地即回借见佃之人。若佃人虽经熟讫,三年[之]外不能耕种,依式追收,改给。①

唐朝《田令》明确规定对荒废民田的产权处置只是让人"借佃",开垦者经过官府允许,可获得荒废民田的使用权和收益权,但不能获得所有权。唐朝前期还针对逃田作出经六年或十年逃户不归籍即充公的规定。② 直到广德二年(763年)四月,唐代宗才下敕:"如有浮客情愿编附,请射逃人物业者,便准式据丁口给授。如二年以上种植家业成者,虽本主到,不在却还限,任别给授。"③这是唐朝也是中国古代政府首次规定经营逃田者若种植有成,二年之后即可获得土地所有权。④ 瞻前顾后,我们推测六朝官方在鼓励开垦荒废民田的同时并未对其所有权加以变更。梁大同七年(541年)正月,武帝诏:"其有流移及失桑梓者,各还田宅,蠲课五年。"⑤"各还田宅"之举,可证梁朝流民对抛弃的田宅仍保有所有权,并为官方所承认。

---

① 天一阁博物馆等:《天一阁藏明钞本天圣令校证》下册,《田令卷第二十一》,中华书局2006年版,第258~259页。

② 陈国灿:《武周时期的勘田检籍活动》,《敦煌吐鲁番文书初探二编》,武汉大学出版社1990年版。

③ (宋)王溥:《唐会要》卷八五,《逃户》。

④ 陈明光:《论唐五代逃田产权制度变迁》,《厦门大学学报》2004年第4期。

⑤ 《梁书》卷三,《武帝纪下》。

三、六朝"民田"的产权交易

从法理上看,六朝"民田"作为私有土地,其产权让渡要获得所有者本人的同意。《梁书》卷七《太宗王皇后传》载:

> 时高祖于钟山造大爱敬寺,(王)骞旧墅在寺侧,有良田八十余顷,即晋丞相王导赐田也。高祖遣主书宣旨,就骞求市,欲以施寺。骞答旨云:"此田不卖,若是敕取,所不敢言。"酬对又脱略。高祖怒,遂付市评田价,以直逼还之。由是忤旨,出为吴兴太守。

当时王骞的女儿王灵宝为梁武帝的皇太子妃,因此这是发生在皇帝与外戚之间的一桩土地产权纠葛。王骞继承了先祖王导留下的八百顷土地的私有权,凭借土地私有权他竟然敢不应允梁武帝的购买要求。武帝最终也只能通过市场价格加以购买(虽然是强买),才获得这批田地用来建造大爱敬寺。

买卖是六朝民田产权让渡的常见形式。有自耕农的买卖。如刘宋人原平,"性闲木功,佣赁以给供养。性谦虚,每为人作匠,取散夫价。主人设食,原平自以家贫,父母不办有肴味,唯餐盐饭而已。若家或无食,则虚中竟日,义不独饱,要须日暮作毕,受直归家,于里中买粜,然后举爨。……及母终,毁瘠弥甚,仅乃免丧。墓前有数十亩田,不属原平,每至农月,耕者恒裸袒,原平不欲使人慢其坟墓,乃贩质家赀,贵买此田。三农之月,辄束带垂泣,躬自耕垦"。[1]南齐初,义兴人吴达之,"从祖弟敬伯夫妻荒年被略卖江北,达之有田十亩,货以赎之"。[2]《南齐书》卷五五《孝义传》载:"建武三年(496 年),吴兴乘公济妻姚氏生二男,而公济及兄公愿、乾伯并卒,各有一子欣之、天保,姚养育之,卖田宅为娶妇,自与二男寄止邻家。明帝诏为其二子婚,表门闾,复徭役。"显然吴达之、姚氏都属财力菲薄的自耕农出卖田地。有皇帝的购买,如南齐明帝即位"诏省新林苑,先是民地,悉以还主,原责本直"。[3]可知此前孝武帝曾购买民地为皇家林苑。

---

① 《宋书》卷九一,《孝义传·郭世道附子原平》。
② 《南齐书》卷五五,《孝义传·吴达之》。
③ 《南齐书》卷六,《明帝纪》。

六朝民田的产权交易须立文券。《隋书》卷二四《食货志》:"晋自过江,凡货卖奴婢马牛田宅,有文券,率钱一万,输估四百入官,卖者三百,买者一百。无文券者,随物所堪,亦百分收四,名为散估。历宋齐梁陈,如此以为常。"至今尚未发现六朝私人买卖田地的文券实物或文本。不过,我们可从六朝虚拟的冥世土地买卖契约即买地券(又称"地券""墓莂")推知一二。

鲁西奇先生《六朝买地券丛考》[①]一文考述了六朝"买地券"25 种,包括了今见大部分六朝买地券。关于六朝"买地券"反映的产权观念变化,他指出,今见六朝买地券所记卖地人,主要有四种:一是天(天帝)、地(土伯),所谓"从天买地,从地买宅";二是土主、土公、主县、土神等地下主吏;三是东王公、西王母(仅一例);四是有具体卖地人姓名(仅一例)。其余 12 例中,无卖地人者八例,卖地人不详者四例。要之,"今见大部分东汉买地券中,卖地人都是有具体姓名的亡人鬼魂;而今见六朝买地券所记卖地人,则除个别有具体姓名之外,主要是没有具体姓名的天帝、土伯、土主、土公乃至东王公、西王母之类神祇"。他认为:"买地券所记卖地人由有具体姓名的亡人鬼魂向没有具体姓名的天地神祇的演变,曲折地反映出地下土地所有权观念的变化——在东汉买地券所反映的地下土地所有权观念中,是具体的亡人鬼魂拥有地下土地所有权;到六朝时期,天、地以及地下土神才逐步代替了那些有具体姓名的亡人鬼魂而成为地下土地的所有者。"

我们还可以从鲁西奇先生考述的六朝"买地券",[②]推知当时民间真实的民田交易文券中有关产权交易的基本内容,或者说六朝私有土地交易时买卖双方对产权认识的完整观念。

从鲁西奇先生考述孙吴的 9 份买地券来看,与产权有关的内容表述有两种情况。一种如吴黄武四年(225 年)浩宗买地券:

> 黄武四年十一月癸卯朔廿八日庚午,九江男子浩宗以□月客死豫章。从东王公、西王母买南昌东郭一丘,贾□□五千。东邸甲乙,西邸庚辛,南邸丙丁,北邸壬癸。以日□月副。时任知券者,雒阳金僮子,鹊与鱼。鹊飞上□,鱼入渊。郭师、吴□。券书为明。如律令。[③]

---

① 鲁西奇:《六朝买地券丛考》,《文史》2006 年第 2 期。

② 按,下引"买地券"原文及其出处,均引自《六朝买地券丛考》一文。

③ 北京图书馆金石组:《北京图书馆藏中国历代石刻拓本汇编》第二册,中州古籍出版社 1989 年版,第 33 页。

黄武六年(227年)郑丑买地券:

> 黄武六年十月[壬戌](戊戌)朔十日辛未,吴郡男子郑丑,年七十五,以[六](元)年六月□□□江夏沙羡县物故。今从主县买地立冢,□□比:东比,西比,南比,北比,合四畞半地,直钱三万,钱即日交毕,立此证。知者东王公、西王母。若后有安□□者,盘□[所勒田记]□埋穴□□□。①

这种买地券有关产权交易的表述,包括交易双方的姓名,产权载体的坐落、面积及其四至,交易总价和兑付情况,交易见证人,交易时间等内容。

另一种如永安二年(259年)陈重买地券:

> 立武都尉吴郡陈重,今于莫府山下立起冢宅,从天买地,从地买宅,雇钱五百。东至甲乙,南至丙丁,北至壬癸,西至庚辛。若有争地,当诣天帝;若有争宅,当诣土伯。如天帝律令。永安二年十一月五日券。②

永安四年(261年)大女买地券:

> 永安四年太岁在辛巳乙卯上朔十一月十二日乙卯,大女□□□□,今□□兼东北白石莫府山前,茆立冢宅。从天买地,从地买宅,雇钱三百。东至甲乙,南至丙丁,西至庚辛,北至壬癸。如有争地,当诣天帝;若有争宅,当诣丘伯。如律令。

神凤元年(252年)会稽亭侯并领钱塘水军绥远将军买地莂:

> 会稽亭侯并领钱塘水军、绥远将军,从土公买冢城一丘,东、南极凤凰山巅,西极湖,北极山尽,直钱八百万,即日交毕,日月为证,四时为信。有私约者,当律令。□□。大吴神凤元年壬申三月破莂。大吉。③

---

① 武汉市文物管理委员会:《武昌任家湾六朝初期墓葬清理演示文稿》,《文物参考资料》1955年第12期;程欣人:《武汉出土的两块东吴铅券释文》,《考古》1965年第10期。
② 南京市博物馆:《江苏南京市北郊郭家山东吴纪年墓》,《考古》1998年第8期。
③ (日)仁井田陞:《中国法制史研究(土地法·取引法)》(东京大学东洋文化研究所1960年版)第422页附有拓本图影与释文,兹据仁井田陞释文。

这种买地券关于产权交易的表述,在前一种券书诸项内容的基础上,增加了日后如果发生产权纠纷如何处理的内容,显然更为完整和必要。

从鲁西奇先生考释的东晋买地券 2 份、南朝买地券 10 份来看,在产权说明方面比孙吴的有所增加的,是刘宋泰始六年(470)欧阳景熙买地券:

> 宋泰始六年十一月九日,始安郡始安县都乡都唐里没故道民欧阳景熙,今归蒿里。亡人以钱万万九千九百九文,买此冢地。东至龙,南至朱雀,西至白虎,北至玄武,上至黄天,下至黄泉。四域之物,悉属死人。即日毕了。时王侨、赤松子、李定、张故。分券为明,如律令。①

齐永明五年(487 年)秦僧猛买地券:

> 齐永明五年太岁丁卯十二月壬子朔九日庚申,湘州始安郡始安县都乡都唐里男民秦僧猛,薄命终没归蒿里。今买得本郡县乡里福乐坑□□,纵广五亩,立冢一丘,雇钱万万九千九百九十文。四域之内,生根之物,尽属死人。即日毕了。时证知李定度、张坚固,以钱半百,分券分明。如律令。②

梁天监十八年(519 年)单华买地券:

> 太岁己亥十二月四日,齐熙郡单中县都乡治下里单华,薄命终没归蒿里。今买宅在本[乡](郡)骑店里,纵广五亩地,立冢一丘自葬,雇钱万万九千九百九十九文。四域之内,生根之物,尽属死人。即日毕了。时任知李定度、张坚固,以钱半百,分券为明。如律令。③

这 3 份买地券新增的产权交易表述内容是:田地交易之后,该田地范围内的地下藏物即附属产权全部归属新的产权所有人。

总之,从六朝"买地券"可以推知,六朝现实生活中民田产权交易文券的完

---

① 张传玺《中国历代契约会编考释》(北京大学出版社 1995 年版)第 120 页录有释文。
② 黄增庆、周安民:《桂林发现南齐墓》,《考古》1964 年第 6 期。
③ 广西壮族自治区文物考古队:《广西壮族自治区融安县南朝墓》,《考古》1983 年第 9 期。

整内容,当包括产权交易双方姓名;产权载体的坐落、面积及其四至;日后发生产权纠纷的处理;交易总价及其兑付情况;附属产权的归属;交易见证人;交易时间等。换言之,它们体现了六朝私有土地交易时买卖双方对产权认识的完整观念。不过,具体到每一份交易文券,其书写内容可能不会都如此完整。

四、"民田"产权交易的主要购买者

六朝的自耕农由于生产力水平不高,赋役负担沉重,即使不破产逃亡,多只能维持简单的再生产,能购买土地的只是少数。如上述刘宋原平其人是通过匠作积累购田资金的。六朝"求田问舍"的更多是富有资财的官僚、士族和庶族。

特别是六朝的官僚和贵族,他们凭借政治特权从各方面获得优厚的财力,最具"求田问舍"的经济实力。然而,历仕萧梁北齐的颜之推说道:

> 古人欲知稼穑之艰难,斯盖贵谷务本之道也。夫食为民天,民非食不生矣,三日不粒,父子不能相存。耕种之,茠锄之,刈获之,载积之,打拂之,簸扬之,凡几涉手,而入仓廪,安可轻农事而贵末业哉? 江南朝士,因晋中兴,南渡江,卒为羁旅,至今八九世,未有力田,悉资俸禄而食耳。假令有者,皆信僮仆为之,未尝目观起一墢土,耘一株苗;不知几月当下,几月当收,安识世间余务乎? 故治官则不了,营家则不办,皆优闲之过也。[①]

按他的说法,东晋南朝朝官购买田地从事农业生产以获利的只是少数。史载,刘宋初,吏部尚书王惠之兄王鉴,"颇好聚敛,广营田业"。王惠对他说:"何用田为?"王鉴怒曰:"无田何由得食!"史载:"王惠又曰:'亦复何用食为。'其标寄如此。"[②]国子祭酒、司徒左长史颜延之"坐启买人田,不肯还直",尚书左丞荀赤松弹奏他说:"求田问舍,前贤所鄙。延之唯利是视。"[③]梁朝中书令

---

① (北齐)颜之推撰、王利器集解:《颜氏家训集解》卷四,《涉务》,上海古籍出版社1980年版,第297页。

② 《宋书》卷五八,《王惠传》。

③ 《宋书》卷七三,《颜延之传》。

徐勉自称:"显贵以来,将三十载,门人故旧,亟荐便宜,或使创辟田园,或劝兴立邸店,又欲舳舻运致,亦令货殖聚敛。若此众事,皆距而不纳。非谓拔葵去织,且欲省息纷纭。中年聊于东田间营小园者,非在播艺,以要利入,正欲穿池种树,少寄情赏。又以郊际闲旷,终可为宅,傥获悬车致事,实欲歌哭于斯。"① 这些事例似乎都可佐证颜之推之说。

不过,颜之推之说只是一面之辞。事实上,像王鉴那样"广营田业"以及徐勉的门人故旧劝他"创辟田园",才是六朝官僚以及贵族、庶族富室的常态经济行为。如东晋中期,寿阳"外有江湖之阻,内保淮肥之固。龙泉之陂,良畴万顷……豪右并兼之门,十室而七"。② 刘宋人王素"隐居不仕,颇营田园之资,得以自立"。③ 宋文帝时,外戚徐湛之作为"贵戚豪家","产业甚厚,室宇园池,贵游莫及"。④ 担任江夏王义恭太尉参军的周朗自称有"近春田三顷,秋园五畦"。⑤《宋书》卷七七《柳元景传》载,宋孝武帝"时在朝勋要,多事产业,惟元景独无所营",又说柳元景"南岸有数十亩菜园"。六朝人说的"产业"通常包括田地,柳元景不像朝中勋要那样"多事产业",却已有菜地数十亩,可见当时勋要包括田地在内的"产业"要多得多。宋明帝时,出身寒微而执掌朝中权柄的阮佃夫不但享有高官厚禄,且食封千户,"宅舍园池,诸王邸第莫及"。⑥ 齐武帝时,征虏将军萧景先临终交代家人,称有"三处田,勤作自足供衣食。力少更随宜买粗猥奴婢充使,不须余营生"。⑦ 梁朝人庾诜"性托夷简,特爱林泉。十亩之宅,山池居半。蔬食弊衣,不治产业。尝乘舟从田舍还,载米一百五十石,有人寄载三十石,既至宅,寄载者曰:'君三十斛,我百五十石。'诜默然不言,恣其取足"。⑧ 庾诜一次就从"田舍"载回150石的米,又有"十亩之宅",可见其"产业"甚丰。史传说他"不治产业",只是说他不再扩大田产而已。同样的,梁武帝时,王骞历任黄门郎、司徒右长史,史称他"不事产业,有旧墅在钟山,八十余顷,与诸宅及故旧共佃之。常谓人曰:'我不如郑公业,有田四百顷,而食

---

① 《梁书》卷二五,《徐勉传》。
② 《晋书》卷九二,《文苑传·伏滔》。
③ 《宋书》卷九三,《隐逸传·王素》。
④ 《宋书》卷七一,《徐湛之传》。
⑤ 《宋书》卷八二,《周朗传》。
⑥ 《宋书》卷九四,《恩幸传·阮佃夫》。
⑦ 《南齐书》卷三八,《萧景先传》。
⑧ 《梁书》卷五一,《处士传·庾诜》。

常不周。'以此为愧"。① 可见他的"不事产业"只是不在 80 余顷田的基础上再增加而已。梁武帝时,贺琛上书称:"今天下宰守所以皆尚贪残罕有廉白者,良由风俗侈靡使之然也。"梁武帝下书反驳说:"卿又云:守宰贪残,皆由滋味过度。……其勤力营产,则无不富饶;惰游缓事,则家业贫窭。勤修产业,以营盘案,自己营之,自己食之,何损于天下? 无赖子弟,惰营产业,致于贫窭,无可施设,此何益于天下?"②他这是公然鼓励地方官员聚敛钱财以购买田地的"勤修产业"行为。可见梁朝官员购买田地者不在少数。陈初的中书令沈众"内治产业,财帛以亿计"。③ 天嘉元年(560 年),轻车将军、加散骑常侍、太子右卫率韦载"以疾去官,有田十余顷,在江乘县之白山,至是遂筑室而居,屏绝人事,吉凶庆吊,无所往来,不入篱门者几十载"。④

六朝的官僚、贵族一旦投入土地购买,尽管人数可能不是太多,却对土地产权集中的影响很大。如刘宋孔灵符"家本丰,产业甚广,又于永兴立墅,周回三十三里,水陆地二百六十五顷,含带二山。又有果园九处"。⑤ 沈庆之"身享大国,家素富厚,产业累万金,奴僮千计","广开田园之业,每指地示人曰:'钱尽在此中。'"⑥梁武帝之弟萧宏在"都下有数十邸出悬钱立券,每以田宅邸店悬上文券,期讫便驱券主,夺其宅。都下东土百姓,失业非一"。⑦

最后还要指出,尽管六朝民田的私有产权受到法律的承认,其让渡必须经田主本人同意,买卖是让渡的主要形式。但是,如同前代一样,六朝的民田产权经常被皇帝、官僚贵族和豪强巧取豪夺。如东晋初期王敦占据长江上游的荆州,在武昌飞扬跋扈。当时,将领缪坦"请武昌城西地为营",太守乐凯对王敦说:"百姓久买此地,种菜自赡,不宜夺之。"王敦起初不听。继而郭舒说:"缪坦可谓小人,疑误视听,夺人私地,以强陵弱。"王敦才下令"还地"。⑧ 可是他自己仍然"大起营府,侵人田宅"。⑨ 史称:"晋自中兴以来,治纲大弛,权门并

① 《南史》卷二二,《王骞传》。

② 《梁书》卷三八,《贺琛传》。

③ 《陈书》卷一八,《沈众传》。

④ 《陈书》卷一八,《韦载传》。

⑤ 《宋书》卷五四,《孔灵符传》。

⑥ 《宋书》卷七七,《沈庆之传》。

⑦ 《南史》卷五一,《梁宗室传上·临川靖惠王宏》。

⑧ 《晋书》卷四三,《郭舒传》。

⑨ 《晋书》卷四三,《王戎传附郭舒传》。

兼,强弱相凌,百姓流离,不得保其产业。"①这可视为是对东晋乃至南朝民田产权得不到法律保障的历史事实的概括说明。

---

① 《宋书》卷二,《武帝纪中》。

论六朝时期江南生产力
积极因素的积淀

这里谈论六朝生产力积极因素的积淀,与讨论六朝南方经济的空前发展和中国古代经济重心转移的关系问题有关。

六朝南方经济的空前发展对中国古代经济重心转移的影响,是不少学者关注的问题。其中,罗宗真先生《六朝时期全国经济重心的南移》一文①是旗帜鲜明的一种学术观点。牟发松先生针对六朝时期南方稻作农业方兴未艾的发展和南方经济社会的不断开发,评论道:"经济重心由北而南的移动已在酝酿、发轫,但这种移动看得见的变化和最终完成尚须时日。"②这是一种审慎的提法。郑学檬先生等则详加论证后指出:"六朝时期的江南还处于开发阶段,当时全国的经济重心尚未转移到这一地区"。③蒋福亚先生认为:"六朝时期……长江下游特别是三吴地区成为我国封建社会新生的经济重心之一。"④"(六朝)长江下游三吴一带已经成为我国一个新生的经济重心,可以和黄河中下游相媲美。"⑤这是仅就长江以南地区而言的新生的经济重心,因而是可以成立的论断。蒋先生所论是一种新的提法,不妨称之为"南北两个经济重心并存"说。也就是说,他并不是主张全国的经济重心在六朝已经南移了。显然,继续开展学术讨论有益于深化对这一历史问题的认识。

---

① 《江海学刊》1984 年第 3 期。

② 牟发松:《火耕水耨与南方稻作农业的发展》,见《古代长江中游的经济开发》,武汉出版社 1988 年版,第 249 页。

③ 郑学檬、陈衍德:《中国古代经济重心南移的若干问题》,《农业考古》1991 年第 3 期。

④ 蒋福亚:《六朝时期南方经济开发估价》,《南京师范专科学校学报》1999 年第 1 期。

⑤ 蒋福亚:《魏晋南北朝社会经济史》第一章第五节《新经济重心的形成》,天津古籍出版社 2005 年版,第 99~100 页。

我们知道,物理学意义的"重心",指的是作用于某一点上的一个与所有重力的合力等效的一个力的作用点。借喻的中国古代"经济重心",应该指某一地区的经济总量长期持续地超过其他地区的经济总量(而非其他地区的经济总量之和)。其中,"长期持续"是一个极其重要的观察指标。同时,就全国经济结构而言,经济重心所在地只能有一个。总之,对中国古代经济重心的转移问题要做长时段的历史考察,"瞻前顾后"极为必要。

就"瞻前"而言,秦汉时期 400 余年,全国的经济重心长期位于黄河中下游地区。东汉末到北朝,黄河中下游经济多次因遭受战乱、灾荒的严重破坏而明显衰退,其经济进程呈现破坏、恢复、发展的曲折变化。六朝南方经济的发展进程则相对平坦顺利得多,因此比起秦汉取得空前的长足的进步,生产力在广度和深度都有历史性的突破,特别是长江中下游地区经济有了质的飞跃。以上诸点是学界的共识。

从理想的研究方法说,要判断六朝时期全国的经济重心是否南移,须将六朝南方地区经济与黄河中下游地区经济做一番比较,必须获得两个地区同一历史时段的更多经济数据,对它们进行量化的对比分析。例如,论南北农业经济,要比较诸如现垦田面积、平均亩产量、粮食年收获总量(包括复种)、经济作物种植状况等。论南北手工业经济,要比较诸如官私手工业的门类、生产工艺、产品数量和质量等。论南北商品经济,要比较诸如商业资本、商品构成、商业利润、商业中介、货币流通量等。然而,囿于相关历史资料的严重匮乏,这种量化分析的企求注定是纸上谈兵,无法付诸实践。所以当代论者只能根据古代文人的若干描写做定性的说明,所引用的零碎数据不足以生成令人信服的量化结论。这就是迄今为止对六朝时期中国古代经济重心是否南移问题莫衷一是的客观原因。

不过,就"顾后"而言,从"长期持续"的角度来看,如果说六朝时期全国经济重心已经南移到江南,则无法解释为何唐朝前期全国经济重心依然在黄河中下游地区这一历史事实。

唐人多次明确指出唐朝前期财赋重心在黄河中下游地区。如开元二十五年(741)九月,唐玄宗诏称:"大河南北,人户殷繁,衣食之原,租赋尤广。"[①]安史之乱爆发之初,清河郡的使者李华前去向河北道采访处置使颜真卿请援时说:"国家旧制,江淮郡租布贮于清河,以备北军费用,为日久矣,相传为天下北库。今所贮者,有江东布三百余万匹,河北租调绢七十余万。当郡采绫十余

---

① (宋)王钦若等编:《册府元龟》卷四八七,《邦计部·赋税第一》。

万,累年税钱三十余万,仓粮三十万。"①李华另有"河北贡篚,征税半乎九州"
之说。②

经过安史之乱的巨变,唐人又明确地提出唐后期财赋重心在"江淮"。③
例如,宪宗元和元年(806年),罗让在科举对策中写道:

> 今国家内王畿外诸夏,水陆绵地,四面而远,而输明该之大贵,根本实
> 在于江淮矣。何者?陇右、黔中、山南已还,境瘠裔薄,货殖所入,力不多
> 也;岭南、闽蛮之中,风俗越异,珍好继至,无大赡也;河南、河北、河东已
> 降,甲兵长积,农厚自任,又不及也。在最急者,江淮之表里天下耳。④

元和二年(808年)十二月,宰相李吉甫撰成《元和国计簿》,"总计天下方
镇凡四十八,管州府二百九十五,县一千四百五十三,户二百四十四万二千五
十四,其凤翔、鄜坊、邠宁、振武、泾原、银夏、灵盐、河东、易定、魏博、镇冀、范
阳、沧景、淮西、淄青十五道,凡七十一州,不申户口。每岁赋入倚办,止于浙江
东西、宣歙、淮南、江西、鄂岳、福建、湖南等八道,合四十九州,一百四十四万
户"。⑤ 当然,唐后期中央财政的收入来源实际上不止于江南八道,⑥李吉甫要
强调的是唐朝的财赋重心在江淮。此外,如《册府元龟》卷一六九《帝王部·纳
贡献》"德宗贞元十二年"条,史臣注曰:"天下贡赋根本既出江淮,时江淮人甚
困而聚敛不息。"《新唐书》卷八〇《嗣曹王皋传》有"朝廷仰食江淮"之说。总
之,正如清人王夫之所概括的,唐朝后期"立国于西北,而植根本于东南"。⑦
所谓根本即指财赋重心。

财赋重心无疑不是经济重心的同义词,但二者在很大的程度上可以重合。
以天宝十四载(755年)安史之乱爆发为界划分的唐前期(618—755年)和唐后
期(756—907年),前期约140年财赋重心在黄河中下游地区,后期约150年
财赋重心在江淮地区。从财赋重心"长期持续"所在,足以揭示有唐一代全国

① (清)董诰等编:《全唐文》卷五一四,殷亮:《颜鲁公行状》。
② (清)董诰等编:《全唐文》卷三一六,李华:《安阳县令厅壁记》。
③ 按,唐人所谓的"江淮"地区,通常指长江下游三角洲与浙东一带。
④ (清)董诰等编:《全唐文》卷五二五,罗让:《对才识兼茂明于体用》。
⑤ 《旧唐书》卷一五上,《宪宗纪上》。
⑥ 对此,岑仲勉《隋唐史》下册有辨析,认为此外的一百七十五州的收入,"除用于供
给政费及皇宫开支外,直无他途"(中华书局1960年版,第378页)。
⑦ (清)王夫之:《读通鉴论》卷二六,《宣宗》。

经济重心开始了明显的南移变化。

所以,我们认为,若判断六朝时期中国古代经济重心已经实现了南移,有悖于唐朝前期经济重心仍然在黄河中下游地区这一历史事实。

那么,为何六朝时期江南经济的空前发展,仍不足以取代在同一历史时期屡受战乱破坏的黄河中下游地区而成为全国的经济重心? 郑学檬先生指出:"六朝时期(包括西晋)江南作为一个新兴的经济区,还处于逐步开发、逐步形成自身的经济技术基础的时期";经济开发与经济重心转移是有区别的,"如果说经济开发是一个量的积累过程,那么经济重心的转移则是一个质的变化过程。虽然质变是以量变为基础的,但二者毕竟不能混为一谈"。① 他指出对六朝江南经济的发展要注意区分量变与质变,这是一个值得重视的意见。

下面,拟从两个地区生产力积极因素积淀程度的不同试做解释。

中国古代生产力在广度和深度的发展进程,虽然不时为战乱和苛政所干扰和阻碍,但是它的每一个前进步伐都会留下深刻的印记。以农业为例,熟田虽然荒废了,但复垦过程比纯粹开荒要快,生产效益要高;原有的水利设施虽然失修崩塌,但容易在原来规划的基础上修复。农作物新品种推广之后,其应用范围虽然会因一时一地的环境动乱而缩小,但仍可以流传下来。特别是我国传统农业生产技术,即流传至近现代的耕作制度、耕作方法、栽培技术、农业工具以及主要农作物种类和布局。陈文华先生指出,由于它们是古代农民在实践中较好地认识和适应"天时"(主要是气候条件)、"地利"(主要是对地力的利用和改良)而形成的生产技术,在客观自然条件没有发生重大改变的环境之中,与之相适应的农业生产技术便具有顽强的生命力,得以世代相传。② 凡此均属我们所说的"生产力积极因素的积淀"。这种生产力积极因素的积淀是以小农经济为经济土壤的。在中国古代,只要有相对长一些的比较安定的社会环境,小农经济就像野草一样具有顽强的生命力,"野火烧不尽,春风吹又生",很快就会恢复和发展,积淀的生产力积极因素便得到发掘和应用,农业经济便会较快地得到恢复、发展和繁荣。

因此,若要论生产力积极因素的积淀程度,六朝时期以黄河中下游地区为重心的北方经济,与以长江下游地区为重心的南方经济无疑存在着明显差别。

---

① 郑学檬、陈衍德:《中国古代经济重心南移的若干问题》,《农业考古》1991 年第 3 期。

② 陈文华、王星光:《试论我国传统农业生产技术的生命力》,《农业考古》1985 年第 2 期。

　　黄河中下游地区的生产力积极因素的积淀自春秋战国到秦汉由来已久，耕地的普遍开发、水利的大量兴修、铁农具的普及、牛耕的广泛推广、代田法和区种法等先进农作制度因地制宜的运用，各种作物栽培技术的成熟应用，等等，其精耕细作的农业生产方式积极因素积淀之多，积淀地区之广，都是同一时期"地广人稀"的江南经济所无法比拟的。北魏贾思勰所著《齐民要术》总结的主要是黄河流域长期积累并流传下来的农业、手工业的技术成就，是其生产力积极因素积淀的表现。

　　六朝时期，黄河中下游地区经济遭受严重破坏，总体上比汉代明显，但主要是由于战乱造成劳动力减耗、耕地荒废、水利失修等所引起的生产总量下降，并没有毁坏生产力积极因素的深厚积淀。一旦社会环境相对安定一段时期，广泛积淀的生产力积极因素便能迅速发挥恢复经济的作用。建安年间，杜畿为河东太守，"是时，天下郡县皆残破，河东最先定，少耗减。畿治之，崇宽惠，与民无为……渐课民畜牸牛、草马，下逮鸡、豚、犬、豕，皆有章程。百姓勤农，家家丰实"。建安十八年（213 年），曹操西征关中马超之叛，"军食一仰河东。及贼破，余畜二十余万斛"。因此，曹操视河东为"股肱郡，充实之所，足以制天下"。① 肥水战前，前秦苻坚在关中地区"以境内旱，课百姓区种。惧岁不登，省节谷帛之费，太官、后宫减常度二等，百僚之秩以次降之。……王猛整齐风俗，政理称举，学校渐兴。关陇清晏，百姓丰乐，自长安至于诸州，皆夹路树槐柳，二十里一亭，四十里一驿，旅行者取给于途，工商贸贩于道"。② 这种局部的事例说明了有着生产力积极因素深厚积淀的黄河中下游地区只要有适宜的社会环境，其经济的恢复和发展是可以相当快的。

　　相比之下，六朝时期江南经济仍处于渐进发展的过程，以精耕细作为表现形式的农业先进生产力缓慢地由长江中下游地区向南推进，诸如铁农具和牛耕的普及，耕地的垦熟，特别是山地的开发，以及旱作作物的推广、经济作物的开发等生产力的积极因素尚处于扩展渗透之中，有的地区才开始形成积淀（如长江下游地区的种麦）。即使在"三吴"这一六朝经济最为发展的地区，生产力积极因素的积淀程度也不够深厚，如姑熟，在遭受侯景之乱破坏 20 年之后，陈朝太建四年（572 年）宣帝诏称："自梁末兵灾，凋残略尽，比虽务优宽，犹未克复。"③至于今江西、福建、广东、广西等广袤之地基本上处于经济开发的初步

---

① 《三国志》卷一六，《魏书·杜畿传》。
② 《晋书》卷一一三，《苻坚载记上》。
③ 《陈书》卷五，《宣帝纪》。

阶段。因此,如果同样处于比较和平安定的社会环境之下,黄河中下游地区经济能较快地恢复和发展,所形成的经济总量仍然要超过生产力积极因素积淀不足的长江中下游地区。这当是直到唐朝前期全国经济重心仍然维系在黄河中下游地区的一个重要原因。

生产力积极因素的积淀需要较长的时间和广泛的空间。江南经济经过六朝的空前发展,到隋朝统一南北之后,又获得隋炀帝开通大运河沟通南北经济的有利条件。复经隋末唐初战乱的数年影响,到了唐朝前期,江南远离战祸,社会环境长期安定,生产力的积极因素(包括人口、耕地、水利、耕作技术等)不断扩展渗透,逐渐积淀下来,增强了与黄河流域中下游地区经济争衡的潜力。安史之乱的爆发以及随后北方藩镇的持续动乱,使黄河中下游经济再次遭受长期的破坏,再次进入衰退期。与此同时,江南经济持续地在安定的社会环境中向前发展,生产力积极因素在得到比较充分的发挥的同时不断积淀下来,如水利工程的兴修明显增多,牛耕技术的发展出现了因地制宜的"江东犁",旱作作物的进一步推广扩大了江南复种制的应用范围;经济作物出现了影响深远的茶叶种植,并由此带动了南方制茶业、制瓷业和商业的发展;丝织技术在江东推广等。南北经济在唐朝后期如此一进一退,已经不同于六朝时期,即南方经济的继续进步是以生产力积极因素已有相当程度的积淀并且不断在加深、扩展为基础的,从而使黄河中下游经济在这方面不再独具优势。全国的经济重心便在唐后期开始了逐渐地向南转移的进程。这一进程的完成尚需时日以及其他条件的配合(如政治中心的南移,北方频繁的战乱、北方自然环境的变化等)。大体上说,江南经济经过唐后期、北宋的持续发展,到南宋随着政治中心的南移而最终确立了全国经济重心的地位,①历元、明、清到近现代而未改。

---

① 张家驹:《两宋经济重心的南移》,湖北人民出版社 1957 年版。郑学檬:《中国古代经济重心南移和唐宋江南经济研究》,岳麓书社 2003 年版。

隋唐王朝赋税的来源与用途述论

　　经济学家指出,赋税是"国家凭借政治权力参与国民收入分配取得财政收入的活动,体现国家同社会集团、社会成员之间的分配关系"。[①] 古今中外国家的赋税来源及其用途,既要受国家权力状况的影响,也要受客观社会经济的制约。隋唐王朝的政局和社会经济发生过若干重要变化,其赋税来源和用途遂各具时代特点。

一、隋朝赋税的来源与主要用途

　　北周末,杨坚入宫辅政,宣布废除周宣帝实行的"每人一钱"的"入市之税",[②]取消杂税收入。此后,隋朝基本上没有征收工商杂税,其赋税来源是向以农村丁口为主要对象课征的租调。

　　开皇二年(582 年),隋文帝杨坚在颁布田令的同时颁布了新的租调令,对租调的计税对象及税额、税物的规定为:"男女三岁已下为黄,十岁已下为小,十七已下为中,十八已上为丁。丁从课役,六十为老,乃免……丁男一床,租粟三石。桑土调以绢绝,麻土以布绢。绝以疋,加绵三两。布以端,加麻三斤。单丁及仆隶各半之。"[③]次年正月,文帝又下令将成丁年龄由 18 岁提高为 21

---

　　① 于光远主编:《经济学大辞典》,上海辞书出版社 1992 年版,第 2318 页。

　　② (唐)杜佑:《通典》卷一一《食货一一·杂税》载:"宣帝即位,复兴入市之税,每人一钱。隋文帝登庸,又除入市之税。"(中华书局 1984 年版,第 63 页)

　　③ 《隋书》卷二四,《食货志》。

岁,调绢额由 1 匹(4 丈)减为 2 丈。① 因此,隋朝租调的计税基本单位是 21 岁至 59 岁的丁男及其妻子(一床),是沿承北朝租调制而来的人头税性质的税种。租调征收的税物是粮食和家庭手工纺织品及原料。隋朝规定:"其丁男、中男永业、露田,皆遵后齐之制,并课树以桑榆及枣";"未受地者皆不课"。② 可见租调是以农村丁口为主要课征对象的。换言之,隋朝是以男耕女织的小农经济为税源基础的。

隋朝租调既是丁口税,以户籍资料为计征依据,其每年的实际来源便与官府控制的在籍户口数量直接相关。为增加税源,大约在开皇三年到开皇五年之间,隋文帝针对"避役惰游者十六七,四方疲人,或诈老诈小,规免租赋"的现象,令各州县"大索貌阅",整顿户籍,"于是计帐进四十四万三千丁,新附一百六十四万一千五百口"。③ 大业五年(609 年),炀帝杨广根据民部尚书裴蕴的提议,又下令进行一次大规模的户籍整顿工作,使纳税对象再次大有增加。④

还要指出,开皇初期,为了增加租调来源,尚书左仆射高颎提议推行"输籍定样"(又称"输籍法"),规定了各户应交租调的定额("定分")、可合法减免("除注")的条件等。⑤ 这有利于纠正官吏舞弊所造成的漏税和税负不均等现

---

① 《隋书》卷二四《食货志》载:"开皇三年正月,帝入新宫。初令军人以二十一成丁。减十二番每岁为二十日役,减调绢一疋为二丈。"据考证,其中的"军"字为衍,参见气贺泽保规《北朝隋的"军人"与隋朝开皇三年的课役规定》,载《唐研究》第六卷,北京大学出版社2000 年版,第 139~154 页。

② 《隋书》卷二四,《食货志》。

③ 《隋书》卷二四,《食货志》。

④ 《隋书》卷六七《裴蕴传》载:"于时犹承高祖和平之后,禁网疏阔,户口多漏。或年及成丁,犹诈为小,未至于老,已免租赋。蕴历为刺史,素知其情,因是条奏,皆令貌阅。若一人不实,则官司解职,乡正里长皆远流配。又许民相告,若纠得一丁者,令被纠之家代输赋役。是岁大业五年也。诸郡计帐,进丁二十四万三千,新附口六十四万一千五百。"按,由于该段史文的表述及所记进丁与附口数在十万单位以下的数字与《隋书·食货志》所述很相似,学者对此或有疑问,认为隋朝的"大索貌阅"其实只有大业五年一次。不过,开皇年间隋朝州县整顿户籍的活动是有其他佐证的。参见冻国栋《中国人口史》第二卷《隋唐五代时期》,复旦大学出版社 2002 年版,第 39~40 页。

⑤ 《隋书》卷二四《食货志》载:"高颎又以人间课输,虽有定分,年常征纳,除注恒多,长吏肆情,文帐出没,复无定簿,难以推校,乃为输籍定样,请遍下诸州。每年正月五日,县令巡人,各随便近,五党三党,共为一团,依样定户上下。帝从之,自是奸无所容矣。"

象,减轻一部分民户的纳税负担,①客观上发挥了扩大租调来源的重要作用。对此,唐人杜佑在《通典·食货典·丁中》写道:"其时承西魏丧乱,周齐分据,暴君慢吏,赋重役勤,人不堪命,多依豪室,禁纲隳紊,奸伪尤滋。高颎睹流冗之病,建输籍之法,于是定其名,轻其数,使人知为浮客,被强家收大半之赋;为编甿奉公上,蒙轻减之征。"他评论说:"浮客谓避公税,依豪强作佃家也……高颎设轻税之法,浮客悉自归于编户。隋代之盛,实由于斯。"②他说的是,在西魏、北齐、北周三朝,为逃避官府苛重的赋役,大批编户投入豪强地主的私门,受其荫庇和剥削,成为不承担国家赋税的"浮客"。高颎制定的"输籍定样"具有"轻征"的优越性,因而把大量"浮客"从豪强之家招诱出来,重新成为国家编户而纳税应役。照此说来,"输籍法"作为一种"轻税之法",是隋朝与豪强争夺劳动力资源亦即租调税源的一种有效手段,发挥了增加纳税对象、扩充税源的作用。

当然,杜佑说"输籍定样"使"浮客悉自归于编户,隋代之盛,实在于斯",不免有片面之处。因为,如上所述,隋朝官方同时也采取强制性的大规模的户口检括措施即"大索貌阅"。所以,应该说"输籍之法"与"大索貌阅"相辅而行,是隋朝在籍户数激增不可偏废的两个重要原因。随着在籍户口的激增,租调来源也显著增加。《隋书·食货志》记述隋朝开皇年间仓库盈溢之状,说:"户口岁增,诸州调物,每岁河南自潼关,河北自蒲坂,达于京师,相属于路,昼夜不绝者数月。"又说大业初年炀帝即位之际,"是时户口益多,府库盈溢,乃除妇人及奴婢部曲之课。男子以二十二成丁",即因财政充实而免除了相当多的租调征收对象。可见户口大量增长确实是隋朝租调来源激增的重要原因。

隋朝在开皇年间新增义仓税。义仓又称社仓,始创于开皇五年(585年),本是官方倡导之下民间建立的救灾公共储备,即"令诸州百姓及军人,劝课当社,共立义仓。收获之日,随其所得,劝课出粟及麦,于当社造仓窖贮之。即委社司,执帐检校,每年收积,勿使损败。若时或不熟,当社有饥馑者,即以此谷

① 关于"输籍定样"的内容,论者有不同的理解,但在"输籍定样"具有减轻纳税负担的作用这一点上,仍有共识。参见翁俊雄《试论"输籍之法"(兼论隋代社会经济发展迅速的原因)》(《北京师范学院学报》1992年第2期),李燕捷《隋代的输籍定样法》(《历史研究》1995年第2期),郑欣《租调征收方法和"输籍定样"》(《历史研究》1996年第1期)等。
② (唐)杜佑:《通典》卷七《食货七·丁中》,中华书局1984年版,第42页。

赈给"。① 可见义仓初建之时,仓址设在"当社";仓粮来源采取"劝课"的方式,"收获之日,随其所得",不限多少;管理由"社司执帐检校",赈给对象只限于当社人口,因此是官府督促百姓自愿筹集的民间救灾专项粮食储备,不是具有强制性的税收。但是,到了开皇十五年,隋文帝下令各州将义仓粮全部集中交纳到当州治所或当县治所,成为新的一种官仓。次年二月,他又下令:"社仓,准上中下三等税,上户不过一石,中户不过七斗,下户不过四斗。"②这是强制规定各户必须按户等高低缴纳不同定额的义仓税粮。至此,义仓税粮正式成为所有民户都要承担的一种赋税。直到隋末,"天下义仓,又皆充满",③可见其税源颇有保障。

开皇十年(590 年),隋朝灭陈统一中国,文帝"以宇内无事,益宽徭赋,百姓年五十者,输庸停防"。④ 或称:"人年五十,免役收庸。"⑤就是 50 岁以上的丁男在交纳一定数量的纺织品作为代役金之后,就不用承担兵役或力役的现役。在缺乏劳动力市场的中国古代社会,劳力一直是国家财政分配的重要对象之一,经常采取现役形式,当代学者或称之为力役税。自汉代以来,在适当的条件下,古代政府有时也把征调现役转为征收实物或货币作为代役金,甚至演变为一项新的赋税。隋文帝针对 50 岁以上丁男实行"免役收庸",一方面可使这些丁男的徭役负担有所减轻,因为服役者交纳代役物品不仅可免除亲身赴役时路途往返的费用,而且可以节省不少时间,用于其他生产劳动,提高私人经济的收益;另一方面大大增加隋朝的实物税来源,于公于私都有利。后来,输庸代役在唐朝前期被制度化,普遍推行,成为"租庸调"制中的"庸",其赋税形式表现得更为明显。

总之,隋朝赋税可称为农业税,包括租调、免役收庸和义仓三个税项,以农业丁口为主要课征对象,以农副业生产物为税物。

隋朝赋税主要用于五个方面:一是官员俸禄,二是皇帝赏赐,三是战费,四是宫廷消费,五是国家财政储备。其他如赈济、文化教育等方面的开支甚少。

---

① 《隋书》卷四六,《长孙平传》。按,据长孙平奏文所称"去年亢阳,关右饥馁,陛下运山东之粟,置常平之官,开发仓廪,普加赈赐"的史实,可考定本传将长孙平奏置义仓置于开皇三年为误,应以开皇五年为是。

② 《隋书》卷二四,《食货志》。

③ (唐)杜佑:《通典》卷七,《丁中》,中华书局 1984 年版,第 42 页。

④ 《隋书》卷二四,《食货志》。

⑤ 《隋书》卷二,《高祖纪下》。

隋初规定,京官一年春秋两次领取年禄,年禄数量从正一品的900石到从八品的50石不等,"食封及官不判事者,并九品,皆不给禄"。[①] 州、郡、县只限于"刺史二佐及郡守、县令"可领年禄,按其管辖户口数的多少分为九等,最多620石,最少60石。[②]

《隋书·高祖纪》在称述文帝个人生活比较节俭之后,说他"虽啬于财,至于赏赐有功,亦无所爱吝"。可见文帝深谙通过赏赐有功之臣来激励他们为杨氏政权服务之道。根据《隋书》的有关记载归纳,文帝"赏赐有功"主要有五种情况:一是赏给他所选派的若干重要官员外任之际,二是奖励战功,三是奖励文官的政绩,四是奖励言事,五是奖励出使称旨。总体上看,文帝的赏赐以酬赏文武官员的政绩功劳为主。炀帝的大笔赏赐则用于他四处游幸的场合,出于他个人的一时之兴。隋朝皇帝赏赐给臣下的物品,多者达绢布上万匹段、粟万石,[③]显然是取自租调收入。

隋朝战费开支具有明显的阶段性。文帝在位24年,战费开支不多,特别是平陈统一南北之后,因改革兵制,日常养兵费用明显减少。炀帝则从大业五年(609年)开始,三兴"辽东之役",导致战费激增,不仅直接耗费大量的租调收入,还额外加税。如大业六年,炀帝准备再次攻打高丽,因战马已多损耗,下诏"课天下富人,量其赀产,出钱市武马,填元数。限令取足。复点兵具器仗,皆令精新,滥恶则使人便斩。于是马匹至十万"。[④] "会兴辽东之役,征税百端。"[⑤]

隋炀帝好大喜功,在位的短短十余年间不断苛役民力,大兴土木,大动干戈,兴师动众,四处巡幸,每项工程、战事和出巡都极尽排场奢费,每次都耗费了惊人的钱财,除取自租调收入之外,还多方向百姓加税,从而迅速激化了社会矛盾。史称,大业中,"军国多务,用度不足,于是急令暴赋,责成守宰,百姓不聊生矣"。[⑥] 隋末,李密在《讨隋氏十罪檄》中揭露炀帝"科税繁猥,不知纪

---

① 《隋书》卷二八,《百官志下》。

② 黄惠贤、陈锋主编:《中国俸禄制度史》,武汉大学出版社1996年版,第160~172页。

③ 《隋书》卷四一,《高颎传》;卷五二,《韩擒虎传》、《贺若弼传》;卷四八,《杨素传》;卷五五,《和洪传》等。

④ 《隋书》卷二四,《食货志》。

⑤ 《隋书》卷七三,《循吏传·魏德深传》。

⑥ 《隋书》卷二二,《五行志上》。

极","头会箕敛,逆折(指预征)十年之租"。①

隋朝二世而亡,历时 37 年不可谓长,但是来自赋税收入的国家财政贮备之多却十分惊人。对此唐人多有提及,如贞观二年(628 年)唐太宗对臣下说,隋朝"计天下储积,得供五六十年"。② 贞观十一年,侍御史马周对唐太宗说,隋氏"西京府库亦为国家之用,至今未尽"。③ 杜佑在《通典》卷七《食货典·丁中》写道:"隋氏西京太仓,东京含嘉仓、洛口仓,华州永丰仓,陕州太原仓,储米粟多者千万石,少者不减数百万石。天下义仓又皆充满。京都及并州库布帛各数千万,而锡赉勋庸,并出丰厚,亦魏晋以降之未有。"然而,隋朝的赈济支出甚少。据《隋书》"五行志""高祖纪"和"炀帝纪"的资料统计,隋代 37 年间共发生较大自然灾害 17 次,而文帝时赈灾只有 7 次,炀帝则几无赈灾行动。

总之,隋朝的赋税主要用于皇帝、官僚等上层统治集团的各种消费(包括俸禄、赏赐、皇帝行幸等)以及战费和财政储备,生产性用途(如赈灾、兴修水利工程等)极其有限。

隋朝赋税的上述来源和用途,体现了隋朝实行的是"国富民穷"的财税政策,虽国富而速亡。这为唐初统治者留下深刻的前车之鉴。唐朝史臣在《隋书·炀帝纪》评说炀帝,说他在"赤仄之泉,流溢于都内,红腐之众,委积于塞下",即在财政极其富足的情况下,"负其富强之资,思逞无厌之欲……骄怒之兵屡动,土木之功不息,频出朔方,三驾辽左,旌旗万里,征税百端,猾吏侵渔,人不堪命。乃急令暴条以扰之,严刑峻法以临之,甲兵威武以董之,自是海内骚然,无聊生矣。……加之以师旅,因之以饥馑,流离道路,转死沟壑,十八九焉"。④ 魏征对唐太宗说:"昔在有隋,统一寰宇,甲兵强盛,四十余年,风行万里,威动殊俗,一旦举而弃之,尽为他人之有。彼炀帝……恃其富强,不虞后患。驱天下以从欲,罄万物以自奉,采域中之子女,求远方之奇异。宫宇是饰,台榭是崇,徭役无时,干戈不戢……人不堪命,率土分崩。"⑤

---

① 《旧唐书》卷五三,《李密传》。

② (唐)吴兢:《贞观政要·辨兴亡》,上海古籍出版社 1978 年版,第 256 页。

③ (唐)吴兢:《贞观政要·奢纵》,上海古籍出版社 1978 年版,第 209 页。

④ 《隋书》卷四,《炀帝纪下》。

⑤ 《旧唐书》卷七一,《魏征传》。

二、唐朝前期的赋税来源与主要用途

唐朝前期(618—755 年)和隋朝一样,基本上没有"关市之征"之类的工商杂税。[①] 其赋税来源于租庸调、地税和户税,前者为人头税,后两项为资产税,是赋税结构不同于隋朝的重要变化之处。

1.租庸调

唐朝前期租庸调征收以《赋役令》为法令依据。据《唐六典》卷三"户部郎中员外郎"条记载,《赋役令》有关租庸调的规定为:

> 课户每丁租粟二石;其调随乡土所产绫、绢、纯各二丈,布加五分之一,输绫、绢、纯者绵三两,输布者麻三斤,皆书印焉(注:若当户不成匹、端、屯、纯者,皆随近合。其调麻每年支料有余,折一斤纳粟一斗)。凡丁岁役二旬(注:有闰之年加二日),无事则收其庸,每日三尺(注:布加五分之一);有事而加役者,旬有五日免其调,三旬则租、调俱免(注:通正役并不得过五十日)。

租庸调既以丁男为计税依据,其实际来源也与官府通过籍帐制度掌握的应税对象即"课口"直接相关。唐朝前期籍帐的种类包括手实、户籍、计帐等多种文书。籍帐的编制采取自下而上的程序,即《唐六典》卷三所规定的:"县以籍成于州,州成于省,户部总而领焉。"根据传世文献记载以及敦煌、吐鲁番出土的唐代文书,学术界已经对唐朝前期籍帐的基本编制程序和基本内容作出相当详细的揭示。[②] 唐朝前期户口呈增长之势,到天宝十三载(754 年),户部统计当年现管52 880 488口,其中45 218 480为不课口,7 662 800为课口,[③]课口占总人口的 14.5%。天宝十四载,户部见管人口5 299 309人,[④]其中课口

---

① 陈明光:《唐五代"关市之征"试探》,《中国经济史研究》1992 年第 4 期,收入氏著《唐代财政史新编》附录四,中国财政经济出版社 1991 年版,1999 年第 2 次印刷。

② 胡戟、张弓等主编:《二十世纪唐研究·经济卷》,中国社会科学出版社 2002 年版,第 353～360 页。

③ 《旧唐书》卷九,《玄宗纪下》。

④ (唐)杜佑:《通典》卷七,《历代盛衰户口》,中华书局 1984 年版,第 41 页。按,原记为52 919 309,据所载不课口、课口数字合计校订。

8 280 321人,占总人口的15.5％。这二年课口平均占总人口的15％。正如宋人所评论的,唐朝前期户口增长与租庸调收入之间的关系是"户口既增,租调自广",①唐朝前期租庸调来源随着著籍户口总量的不断增加而增长是无疑的。加上开元年间唐朝全面推行输庸代役制度,租庸调收入总量在天宝年间达到顶点。据杜佑在《通典》卷七《赋税下》记载:

> 按天宝中天下计帐……课丁八百二十余万,其庸调租等,约出丝绵郡县计三百七十余万丁,庸调输绢约七百四十余万疋,绵则百八十五万余屯,租粟则七百四十余万石。约出布郡县计四百五十余万丁,庸调输布约千三十五万余端。其租:约百九十余万丁江南郡县,折纳布约五百七十余万端。二百六十余万丁江北郡县,纳粟约五百二十余万石。②

2.地税

贞观二年(628年)四月,唐太宗采纳臣属的建议,厘革隋朝的义仓制度,规定:"王公已下,垦田亩纳二升,其粟、麦、粳、稻之属,各依土地,贮之州县,以备凶年。"③这是以救济灾荒专项储备为名开征的一个税种,称为地税,所贮之仓称为义仓。据此,地税的计税依据是"垦田"即耕地,每亩的税额固定,征收粮食,属于资产税性质。④ 玄宗开元年间,地税"据地征税"的征收办法进一步细化,计征对象除"已受田"(指各户登记在户籍的田地),还包括"借荒"。⑤"借荒"是指以各种名义向政府借种的荒地,故未登入本户籍。开元天宝年间,

---

① (元)马端临:《文献通考》卷三,《田赋考三·历代田赋之制》引"沙随程氏曰"。

② 按,上述数字漏记了庸调交纳布匹的那450万余丁按规定每人还应该交纳麻三斤即一绫,总共450万余绫。

③ (宋)王溥:《唐会要》卷八八,《仓及常平仓》。

④ (唐)杜佑:《通典》卷一一《轻重》载,高宗永徽二年(651年)诏称:"义仓据地取税,实是劳烦,宜令(率)户出粟,上上户五石,余各有差。"这是按户等高低交纳级差的地税,说是为了简化征税手续,但这并没有改变地税的资产税性质。

⑤ (唐)李林甫等:《唐六典》卷三《仓部郎中员外郎》载:"凡王公已下,每年户别据已受田及借荒等,具所种苗顷亩,造青苗薄。诸州以七月已前申尚书省,至征收时,亩别纳粟二升,以为义仓。(注:宽乡据见营田,狭乡据籍征。若遭损四已上,免半;七已上,全免。其商贾户无田及不足者,上上户税五石,上中已下递减一石,中中户一石五斗,中下户一石,上下七斗,下中五斗,下下户及全户逃并夷獠薄税并不在取限,半输者准下户之半。乡土无粟,听纳杂种充。)"

能"借荒"得大片土地的多是"王公、百官及富豪之家",①因此规定"借荒"的耕地也要交纳地税,与地税的资产税性质是契合的。

官府据以征收地税的资料是每年官府据各户上报"所种苗顷亩"编造的青苗簿。② 显然,地税来源与耕地开垦状况直接相关。唐朝前期,农业经济由凋敝逐渐恢复和发展,到开元天宝时期达到高度繁荣,以致有唐人不无夸张地说:"开元天宝之中,耕者益力,四海之内,高山绝壑,耒耜亦满。"③杜佑在《通典·赋税下》中写道:"按天宝中……其地税约得千二百四十余万石(自注:西汉每户所垦田不过七十亩,今亦准此约计数)。"虽然这只是他根据西汉户均垦田数的一种估算数,不过,天宝年间全国垦田数量达500万顷左右应是可能的,④估计当时地税的年收入应在1 000万石左右。

3.户税

唐朝前期何时开征户税,据现有资料尚难确定。玄宗开元年间,户税的税制见诸《唐六典》卷三《户部郎中员外郎》,规定为:

> 凡天下诸州税钱,各有准常。三年一大税,其率一百五十万贯;每年一小税,其率四十万贯,以供军国传驿及邮递之用。每年又别税八十万贯,以供外官之月料及公廨之用。

可知户税每年的征收总额是由中央财政主管部门根据"以支定收"的原则确定的,并采取以三年为一个周期的定额循环制,即以230万贯(大税加别税)、110万贯、110万贯(均为小税加别税)这三个定额循环,平均每年约150万贯。由于户税年度征收总额有两个数字,加上是按纳税人的户等高低配征级差税,所以,纳税人交纳的税钱不仅在不同户等之间有不同,即使同一户在大、小税年交纳的户税钱也或多或少。杜佑在《通典·赋税下》记载:"天宝中,

① (宋)王钦若等编:《册府元龟》卷四九五《田制》载,天宝十一载(725年)十一月,玄宗诏曰:"如闻王公、百官及富豪之家,比置庄田,恣行吞并,莫惧章程,借荒者皆有熟田,因之侵夺;置牧者唯指山谷,不限多少。"

② (唐)李林甫等《唐六典》卷三,《仓部郎中员外郎》,中华书局1992年点校本,第84页。

③ (清)董诰等编:《全唐文》卷三八〇,元结:《问进士》,上海古籍出版社1990年版,第1708页。

④ 赵德馨主编:《中国经济通史》第四卷,湖南人民出版社2002年版,第393~394页。

天下计帐户约有八百九十余万,其税钱约得二百余万贯",并自注其估算方法是:"大约高等少,下等多,今一例为八等以下户计之,其八等户所税百五十二(文),九等户则二百二十二(文),今通以二百五十为率。"据此似可认为天宝年间的八等户、九等户交纳的户税钱分别是 452 文、222 文上下,大税年高之,小税年低之。

户等高低是按资产多少评定的,所以户税是资产税。户等高低既与纳税人的户税和力役负担有关,唐中央对如何评定户等颇为关注。史载:"武德六年(623 年)三月,令天下户量其赀产,定为三等。至九年三月二十四日诏,天下户三等,未尽升降,依为九等。"永徽五年(654 年)二月八日,高宗下敕规定"天下二年一定户"。① 将户等由三等细化为九等,并且要求每两年重新评定一次,这是要让户等评定能及时根据当事人的贫富变化状况加以调整,从而让纳税人合理负担赋税和力役。

对上述唐朝前期赋税来源,可归纳两点:第一,从税物来看,租庸调、地税均取自农民的自然生产物,户税则征收钱币(但可折纳实物)。这说明比起隋朝,唐朝前期赋税的经济基础仍然是以耕织结合的小农经济为主,但商品货币经济有明显的发展。第二,从计税对象来看,呈现丁口税(租庸调)与资产税(地税、户税)并重的结构。

再说唐朝前期赋税的主要用途。户税如上所述有法定的用途,即大小税"供军国传驿及邮递之用",别税"供外官之月料及公廨之用"。唐朝规定:"凡义仓之粟唯荒年给粮,不得杂用。"②就是说,地税原则上只能作为救灾专项储备的义仓粮,平时不得他用。不过,史载:"高宗、则天,数十年间,义仓不许杂用。其后公私窘迫,渐贷义仓支用。自中宗神龙之后,天下义仓费用向尽。"③开元四年(716 年)五月,玄宗诏称:"州县义仓,本备饥年赈给。近年以来,每三年一度以百姓义仓糙米,远送京纳,仍勒百姓私出脚钱。自今以后,更不得以义仓变造。"④可知当时江南地税每三年一次被调入长安使用。其客观原因应是江南属于"下湿之地",按规定官仓的稻粟贮藏不能超过三年。但这种"贷

---

① (宋)王溥:《唐会要》卷八五,《定户等第》。
② (唐)李林甫等:《唐六典》卷三,《仓部郎中员外郎》。
③ 《旧唐书》卷四九,《食货志下》。
④ (宋)王溥:《唐会要》卷八八,《仓及常平仓》。

义仓支用""义仓糙米"以及天宝年间义仓被折纳为布帛输往京师①的财政调度,都使地税在唐朝前期的财政用途扩大了,地税实际上与租庸调一样成为唐朝前期国家财政统收统支的税项。

按供给对象划分,唐朝前期赋税用途可分为"供御"和"供国"两大部分。"供御"指供皇帝及宫廷开支。《唐六典》卷三《度支郎中员外郎》规定"凡物之精者与地之近者以供御",并注明:"谓支纳司农、太府、将作、少府等物"。"供国"的大宗支出为军费、官员俸禄、行政费用、官方交通费用以及财政储备。杜佑在《通典·赋税下》对天宝年间赋税的大宗用途有清楚的记载,他写道:

> 按天宝中天下计帐……其度支岁计,粟则二千五百余万石,(注:三百万折充绢布,添入两京库。三百万回充米豆,供尚食及诸司官厨等料,并入京仓。四百万江淮回造米转入京,充官禄及诸司粮料。五百万留当州官禄及递粮。一千万诸道节度军粮及贮备当州仓。)布绢绵则二千七百余万端屯疋(注:千三百万入西京,一百万入东京,千三百万诸道兵赐及和籴,并远小州使充官料邮驿等费)。钱则二百余万贯。(注:百四十万诸道州官课料及市驿马,六十余万添充诸军州和籴军粮。)

在上述税物调配计划中,"入京""供尚食及诸司官厨""充官禄及诸司粮料"等是供皇室消费、官员俸禄与行政费用;"军粮""兵赐""和籴军粮"等属军费开支;"递粮""邮驿""市驿马"等为官方交通费用,这五类支出占了年度赋税收入的绝大部分,只有"贮备当州仓"的税粮才有一部分可用于赈济支出。

唐朝前期赋税还有一项天宝计帐没有罗列的重要用途,就是供皇帝赏赐之用。如"恩蠲"赋税,指皇帝因登基、改元、郊祀、加尊号、庆诞辰、进谒祖宗陵寝、册立太子、公主和亲、太子纳妃之类的吉庆大事,临时下令蠲免某些地区甚至全国的若干赋税收入。再如皇帝出于一时之兴的赏赐,特别是处于天元天宝盛世的唐玄宗,史称他"以国用丰衍,故视金帛如粪壤,赏赐贵宠之家,无有限极"。②

在天宝年间,唐朝国家财政从赋税留存的财政储备十分丰足。据《通典》卷一二《轻重》记载,到天宝八载(749 年),全国官仓包括中央六大粮仓、三大

---

① 《新唐书》卷二〇六《外戚传·杨国忠传》载,天宝七载,杨国忠专判度支,"悉天下义仓及丁租、地课易布帛,以充天子禁藏"。

② (宋)司马光:《资治通鉴》卷二一六,天宝八载二月记事。

转运仓、九个道的正仓和义仓,八个道的常平仓,加上和籴所得,贮粮在一亿石左右。《资治通鉴》卷二一六载,天宝八载二月,戊申,玄宗"引百官观左藏,赐帛有差"。因为,"是时州县殷富,仓库积粟帛,动以万计。杨钊奏请所在粜变为轻货,及征丁租、地税皆变布帛输京师;屡奏帑藏充牣,古今罕俦,故上帅群臣观之"。唐朝如此巨量的粮食、布帛储备绝大部分来源于赋税。

三、唐朝后期的赋税来源与主要用途

唐朝后期(756—917年)赋税的来源发生了两个重要变化:一是农业税结构由人头税与资产税并重演变为单一的资产税;二是以商品交易税和商品通过税("关市之征")为主的商税逐渐兴起。

唐玄宗天宝十四载(755年)十月爆发的安史之乱,历时八年,至代宗广德元年(763年)初方告平息。这场内乱对唐朝的政治、经济、财政、军事等都造成巨大影响,也引起赋税来源发生重大变化。战乱期间,户籍混乱,官方对人口管理不力,以户籍为征收依据的租庸调来源锐减。加上因土地兼并引起的农村贫富分化进一步加剧,按丁男计征等额税的租庸调这一人头税种固有的不公平性更加突显。正如大历十四年(779年)新任宰相杨炎对德宗说的:"丁口转死,非旧名矣;田亩移换,非旧额矣;贫富升降,非旧第矣。户部徒以空文总其故书,盖得非当时之实。"[1]又如宋人所批评的:"历代田赋,皆视丁中,以为厚薄。然人之贫富不齐,由来久矣。今有幼未成丁,而承袭世资,家累千金者,乃薄赋之;又有年齿已壮,而身居穷约,家无置锥者,乃厚赋之,岂不背谬!"[2]所以,无论是从应对唐朝国家财政的需求,还是从缓和社会矛盾来说,租庸调制都亟待改革。因此,大历年间(766—779年)代宗下令大幅度提高地税的税额,[3]大幅度提高户税的税额,大大增加户税的纳税对象,[4]新开征计亩的青苗地头钱,资产税在农业税结构中的比重显著上升。同时开征以商税为

---

① 《旧唐书》卷一一八,《杨炎传》。

② (元)马端临:《文献通考》卷三,《历代田赋之制》引"沙随程氏曰",中华书局1986年版,第46页。

③ (宋)王钦若等编:《册府元龟》卷四八七,《邦计部·赋税一》,"大历四年十月""大历五年三月"条。

④ (宋)王溥:《唐会要》卷八三,《租税上》,"大历四年正月"条。

主的"杂税",以应付战费的急需。代宗朝赋税来源结构的调整,成为后来德宗、杨炎君臣推行两税法改革的财政前提之一。

建中元年(780年)年初,德宗采纳杨炎的建议,正式推行两税法,取代此前的租庸调、地税、户税和各种杂税(只保留作为中央直接税的青苗地头钱一项)。特别是针对安史乱中地方政府滥征赋税的弊病,唐中央强调"两税"作为单一税源的合法性,规定:"比来新旧征科色目,一切停罢。两税外辄别率一钱,四等官准擅兴赋以枉法论。"①"两税法"的"两税"一语,其税项涵义指的是计田亩配征的"两税斛斗"和根据户等高低配征的"两税钱"。② 确定各州两税征收总额的方法,是中央派出的14位黜陟使"搜摘郡邑,劾验簿书,每州各取大历中一年科率钱谷数最多者,便为两税定额"。③ 将各州税额配征到各纳税户的方法则是:"两税斛斗"按前一年即大历十四年各户的见垦田地数分配,征收粮食实物;"两税钱"按户等高低分配。④ 这就是杨炎概括的两税计税原则,即"户无主客,以见居为簿;人无丁中,以贫富为差"。⑤ 两税"斛斗"的配征依据是耕地,评定户等高低以配征"两税钱"的资产包括田地和杂产。德宗时,陆贽上书说:"(两税)唯以资产为宗,不以丁身为本,资产少者则其税少,资产多者则其税多,曾不悟资产之中,事情不一:有藏于襟怀、囊匣,物虽贵而人莫能窥;有积于场圃、囷仓,值虽轻而众以为富;有流通蓄息之货,数虽寡而计日收赢;有庐舍器用之资,价虽高而终岁无利。如此之比,其流实繁,一概计估筭缗,宜其失平长伪。"⑥他从"资产"中又分出"藏于襟怀囊匣"的宝石金玉之类,"积于场圃囷仓"的粟麦稻米之类,可用于放贷收息的铜钱绢帛之类,以及庐舍、器用等,并把它们统称为"杂产",建议说:"每至定户之际,但据杂产校量,

① (宋)王钦若等编:《册府元龟》卷八九,《帝王部·赦宥第八》。

② 陈明光:《从"两税钱"、"两税斛斗"到"桑田正税"——唐五代两税法演变补论》,《文史》2010年第1辑,中华书局2010年版。

③ (唐)陆贽:《陆贽集》卷二二,《均节赋税恤百姓六条·论两税之弊须有厘革》,中华书局2006年点校本,第724页。

④ (宋)王溥:《唐会要》卷八三《租税上》载,建中元年二月十一日,中央有关部门拟定《起请条》,作为推行两税法的实施方案,有关规定为:"令黜陟、观察使及州县长官,据旧征税数,及人户土客,定等第钱数多少,为夏秋两税。……其应科斛斗,请据大历十四年见佃青苗地额均税。夏税六月内纳毕,秋税十一月内纳毕。"

⑤ 《旧唐书》卷一一八,《杨炎传》。

⑥ (唐)陆贽:《陆贽集》卷二二,《均节赋税恤百姓六条·论两税之弊须有厘革》,中华书局2006年点校本,第722～723页。

田既自有恒租,不宜更入两税。"①总之,"两税"以田地和"杂产"作为计税依据,无疑是资产税。两税法还规定:"不居处而行商者,在所郡县税三十之一,度所与居者均,使无侥利。"②就是说,商人即使是行商,也要在当地按其资产交纳两税。同时,安史乱中兴起的杂税也和租庸调、地税、户税一齐被并入"两税"之内。

安史之乱以来,唐朝陆续实行盐铁、茶、酒等"禁榷"即专卖,作为中央财政的收入。"禁榷"有时采取征税的形式,有茶税、榷酒钱等名称,榷酒钱有时甚至随两税钱摊征,成为两税的附加税。德宗时,唐中央曾因战费急需而临时开征若干项商税,如建中三年九月,判度支赵赞以筹措常平仓本钱的名义,"于诸道津要置吏税商货,每贯税二十文,竹、木、茶、漆皆什一税之"。③ 这是开征特种商品通过税,税率为 10%。建中四年六月,开征房屋税,名为"税间架",税法为:"屋二架为间,上间钱二千,中间一千,下间五百;匿一间,杖六十,告者赏钱五万。"④经过长安发生泾原兵叛乱的冲击,德宗于兴元元年(784 年)正月下诏停罢"垫陌、税间架、竹、木、茶、漆、榷酒等诸色名目"。⑤ 贞元末,朝廷曾以"今欲废关市之征,轻什一之税……"为题策问进士,杜元颖对曰:"臣以征关市、税什一者,古今通典,苟不逾辙,无害于人,诚宜取之,以资国用。"⑥这说明德宗时期以"关市之征"为主的商税在中央财政的赋税收入中具有合法地位,但比重很小。

总之,两税法推行之后,唐朝法定赋税的来源在两方面发生了重大变化。第一,在农业税中,实行单一税源,以"两税"归并了此前的租庸调、地税、户税和各种杂税,同时以资产税性质的税种完全取代了人头税。这是自秦汉以来中国古代农业税制结构的一次根本性变革,从此资产税在农业税制中占据主导地位。第二,在"寓税于价"的专卖收入之外,以"关市之征"为主的商税有所增加。唐后期赋税来源的上述变化是社会贫富分化加剧、商品货币关系进一步发展等社会经济重要变化情况的反映。

① (唐)陆贽:《陆贽集》卷二二,《均节赋税恤百姓六条·论长吏以增户加税辟田为课绩》,中华书局 2006 年点校本,第 758 页。

② 《旧唐书》卷一一八,《杨炎传》。

③ 《旧唐书》卷一二,《德宗纪上》。

④ 《新唐书》卷五二,《食货志二》。

⑤ (唐)陆贽:《陆贽集》卷一,《制诰·奉天改元大赦制》,中华书局 2006 年点校本,第 12 页。

⑥ (清)董诰等编:《全唐文》卷七二四。

　　经过安史之乱的冲击,唐朝前期高度中央集权的政局,演变为中央集权对以藩镇为代表的地方分权势力既让步又限制的格局,反映在对赋税来源及用途的管理方面,就是建立两税定额管理体制,各州两税征收定额被划分为供中央财政之用和供地方财政之用,即"上供"与"留使""留州"三个份额,或者说被划分为"供京师"与"供外费"两大部分。建中元年二月中央有关部门制定的《起请条》规定:"其黜陟使每道定税讫,具当州府应税都数,及征纳期限,并支留、合送等钱物斛斗,分析闻奏,并报度支、金部、仓部、比部。"①后来元稹上书宪宗说:"自国家置两税已来,天下之财,限为三品,一曰上供,二曰留使,三曰留州,皆量出以为入,定额以给资。"②据《通典·赋税下》所载,建中元年中央财政和地方财政划分两税收入的数量如下表所示:

税项	供外费	供京师	合计
两税钱	2 050 万贯	950 余万贯	3 000 余万贯
两税米麦	1 400 万石	200 万石	1 600 万石

　　唐朝后期,无论是中央财政还是地方财政,其赋税用途都以官员俸禄和军费为大宗。正如德宗时陆贽上疏所说的:"经费之大,其流有三,军食一也,军衣二也,内外官月俸及诸色资课三也。"③他强调的是军费(军衣、军食)和官员俸禄(月俸和资课)两大宗支出。稍后,沈既济上疏也说:"天下财赋耗斁之大者,唯二事焉,最多者兵资,次多者官俸,其余杂费,十不当二事之一。"④

　　元和元年(809 年),宪宗下令重建常平仓及义仓之制,规定:"应天下州府每年税地子数内,宜十分取二分,均充常平仓及义仓,仍各逐稳便收贮,以时粜籴,务在救乏赈贷。"⑤这一规定使常平仓的仓粮与义仓一样都取自两税斛斗,并且"务在救乏赈贷",即职能类似于义仓的单纯赈济。按当时的"两税斛斗"征收总量估计,每年的留贮量约 300 万石,与官员禄米、军粮等支出相比,绝对数量相差甚远。

---

①　(宋)王溥:《唐会要》卷八三,《租税上》。

②　(唐)元稹:《元稹集》卷三四,《钱货议状》。

③　(唐)陆贽:《陆贽集》卷二二,《均节赋税恤百姓六条·论两税以布帛为额不计钱数》,中华书局 2006 年点校本,第 739 页。

④　《旧唐书》卷一四九,《沈传师传》。

⑤　(宋)王溥:《唐会要》卷八八,《仓及常平仓》,"元和元年"条,中华书局 1955 年版,第 1615 页。

最后要指出,隋唐社会经济结构是男耕女织的小农经济占主导地位,商品货币经济不发达,王朝的赋税来源以一家一户的农村家庭为主,主要征收生产物,因而具有高度分散性。从赋税用途的空间上看,隋唐长期实行高度中央集权,赋税用途集中于政治中心长安、洛阳两地,以满足皇室消费、中央百司的行政开支、中央禁军费用、国家仓库储备等。再加上隋唐边境军事形势多次发生重大变化,边境军镇也是赋税用途高度集中之地。如上引杜佑《通典》所载天宝计帐,十道然节度使的军粮、兵赐占用了年度收入粮食、布帛绢等总量的一半左右。唐后期也是如此。如德宗时,宰相陆贽说:"以编户倾家破产之资,兼有司榷盐税酒之利,总其所人,半以事边。"[1]宪宗时,礼部尚书李绛说:"我三分天下赋,以一事边。"[2]因此构成赋税来源的高度分散性与赋税用途的高度集中性的矛盾,亦即隋唐王朝财政运行的基本矛盾。为处理这一矛盾,隋唐王朝采取相应的财税对策。对此笔者已有另文述及,兹不赘。[3]

总而言之,隋唐王朝受中央集权体制、社会经济结构以及军事形势等方面变化的影响,农业税是最主要的赋税来源,经历了由人头税(租庸调)为主向单一资产税(两税法)的重大变化,具有高度的分散性。由于商品货币经济趋于发展,唐朝后期在专卖收入显著增加的同时,商税有所增加。这对五代、宋朝以"过税""住税"为名的商税成为重要的赋税来源之一有直接影响。隋唐王朝赋税的用途,主要用于维持国家机器的运转,即用作官俸、军费,满足上层统治集团的奢侈花费以及国家财政储备,呈现高度集中性;用于赈济、兴修水利和交通设施等方面的开支甚少。隋末、唐末的政权危机乃至覆灭,和赋税来源的高度分散性与赋税用途的高度集中性这一矛盾激化,统治集团却一味采取税外加征而不恤民生的做法密切相关。

---

① (唐)陆贽:《陆贽集》卷一九,《论缘边守备事宜状》,中华书局 2006 年点校本,第 618 页。

② 《新唐书》卷二一七上,《回鹘传上》。

③ 陈明光:《略论唐朝的州县行纲》,《庆祝宁可先生八十华诞论文集》,中国社会科学出版社 2008 年版。

唐朝财政国库制度述略

一、唐朝财政国库的设置及其管理体制的变化

唐代官方用语虽然没有"国库"这一专门的名称,但有"邦国库藏"之说,如唐朝行政法典《唐六典》的卷二〇《太府寺》载:"左藏令掌邦国库藏。"明确把太府寺左藏署掌管的左藏库称为"邦国库藏",其缩略语就是"国库"。唐人杜佑撰写的《通典》称:司农寺卿、少卿"掌东耕供进耒耜及邦国仓储之事,领上林、太仓、钩盾、导官四署"。也把太仓视为"国仓"。如下所述,太仓和左藏库集中了唐朝大部分的财政收入,既是唐朝中央一级财政的命脉之所系,也牵动着唐朝国家财政的全局面貌,因此称它们为"国库"应是名实相副。①

唐朝历经 21 帝,立国近 300 年。其间虽有高宗、武则天和唐玄宗多次举朝迁居东都洛阳,但为时不长,政治中心长期是在西京长安。所以本文所述唐朝财政国库,指设在长安的太仓和左藏库、右藏库,并述及设在长安的几个具有国库性质的专库。

唐制,太仓收贮粮食,主要是供给皇宫膳食、百司粮料、官员禄米、禁军军

---

① （唐）长孙无忌等:《唐律疏议·厩库律》又有"国家库藏"一语,泛称所有的官方库藏,与上引《唐六典》称"左藏令掌邦国库藏"的特指对象显然不同。有学者认为:"唐代的正库即国库,包括京城的中央国库和州县正库。"并且把供皇室消费的内库、维城库等也列入"国库"系统。葛承雍:《唐代国库制度》,三秦出版社 1990 年版,第 86 页,第 108～159页。

粮等,有时有大宗救荒支出。① 长安的太仓有两处,一是设在宫城西北角的太仓,二是从高宗时开始设在万年县北 50 里灞、渭二水交会处的东渭桥仓太仓(又称东渭桥北仓)。从仓粮来源的角度看,太仓系统还应该包括作为长安太仓江南粮源集中地的洛阳含嘉仓,以及为转运江南税粮入含嘉仓而设置的河阴仓(在黄河与汴河交会处),为转运含嘉仓仓粮北上的太原仓(在陕县西南黄河边)、永丰仓(在华阴县东北渭河口)等转运仓,它们直属中央管理,有别于由州县管理的州仓、县仓,或者军事机构管理的军仓。其中,长安的太仓是太仓系统的主体。

左藏库收贮钱币和绢帛之类的"轻货",以满足中央一级的除粮食之外的财政支出需求。左藏库由东库、西库、朝堂库、东都左藏库等 4 个分库组成。右藏库负责"宝货"的收支,主要用来供给宫廷对奢侈品和稀缺消费品的需求,分设内库、外库和东都右藏库等 3 个分库。

学界通常以爆发于公元 755 年(天宝十四载)的"安史之乱"为标志,把唐朝分为前期(618—755 年)和后期(756—907 年)。唐朝前期和后期的社会经济、政治制度、军事制度、财政制度等都有明显的变化。太仓和左藏库、右藏库的管理体制也有显著不同。

唐朝前期实行统收统支的高度中央集权的财政管理体制,财政政务的管理中枢是尚书省中的户部四司,即度支司、户部司、仓部司和金部司;以供给京都的中央军政机构(时称"百司")和供给皇室消费(时称"供御")为主要任务的中央一级财政收支事务,则由司农寺、太府寺等机构主管。因此,有关太仓和左藏库、右藏库的财政政令由户部四司分管,太仓和左藏库、右藏库的出纳庶务由司农寺、太府寺分管。

唐朝前期国库的收支预算计划由度支司负责制定。唐朝前期实施的《唐六典》卷三规定:度支司"掌支度国用、租赋少多之数,物产丰约之宜,水陆道路之利,每岁计其所出而支其所用。凡物之精者与地之近者以供御(注:谓支纳司农、太府、将作、少府等物),物之固者与地之远者以供军(注:谓支纳边军及诸都督、都护府),皆料其远近、时月、众寡、好恶,而统其务焉"。这说的是度支司要制定包括太仓、左藏库的预算收支在内的国家年度收支计划。天宝年间(742—755 年),全国每年总收入粟二千五百余万石,度支调拨"三百万折充绢

---

① 张弓将唐朝太仓税谷的支出归纳为供皇室、供京官禄及职田租、供诸寺官厨和诸司公粮、供军饷、出粜赈贷等五大类。张弓:《唐朝仓廪制度初探》,中华书局 1986 年版,第 64～68 页。

布,添入两京库。三百万回充米豆,供尚食及诸司官厨等料,并入京仓。四百万江淮回造米转入京,充官禄及诸司粮料"。总收入布绢绵二千七百余万端屯疋,度支调拨"千三百万入西京,一百万入东京"。这是度支为国库制定的年度收支大账。

《唐六典》卷三又规定:金部司"掌库藏出纳之节,金宝财货之用,权衡度量之制,皆总其文籍而颁其节制"。仓部司"掌国之仓庾,受纳租税,出给禄廪之事"。这说的是金部司负责制定包括左、右藏在内的全国库藏的收支标准和管理制度(如《金部格》),仓部司负责制定包括太仓在内的全国仓庾的收支标准和管理制度(如官员禄制、《仓库令》等)。

《唐六典》卷一九《司农寺》规定:司农寺的长官是司农卿。他的职责在于"掌邦国仓储委积之政令"。这里所谓"政令",是指有关仓储的具体管理制度,与仓部司制定的政令属于不同级别的政令。司农寺设有4个署,主管太仓的太仓署即其一。

司农寺的出纳事务由司农丞主管,"凡天下租税及折造转运于京、都,皆阅而纳之"。就是说司农寺丞要负责对转运入西京、东都的税粮进行验收。太仓的出纳庶务则由太仓署的正副长官(令、丞)经管。

《唐六典》卷二〇《太府寺》规定,太府寺的长官为太府卿。他的职责在于"掌邦国财货之政令"。这里所谓"政令",也是指有关库藏收支的某些管理制度,如制定与收支事务相关的度量衡标准和计量名称。[1] 这也与金部司制定的政令属于不同级别的政令。太府寺设8个署,左藏署、右藏署即其中的两个署。

"安史之乱"后,唐朝中央财政的管理权更多地集中在度支使(或称"判度支")手中。例如,史称代宗时任度支使、盐铁转运使的刘晏,"自天宝末掌出纳,监岁运,知左右藏,主财谷三十余年矣"。代宗大历年间(766—779年)第五琦为度支使,由于无力节制飞扬跋扈的军事将领向左藏库索取财物,把本来应该收贮于左藏库的赋税入藏于供给皇帝费用的宫廷内库——大盈库。这样一来,左藏库因没有财赋来源而形同虚设。入藏于大盈库的国家财政收入由宦官集团掌控之后,国家财政部门无法知道收入的真实数量,便无从安排支出

---

① (唐)李林甫等:《唐六典》卷二〇《太府寺》载:司农寺卿的职责包括"以二法平物:一曰度量(度谓分、寸、尺、丈,量谓合、升、斗、斛),二曰权衡(权,重也,衡,平也)。金银之属谓之宝,钱帛之属谓之货。绢曰疋,布曰端,绵曰屯,丝曰绚,麻曰緶;金银曰铤,钱曰贯"。

计划。直到大历十四年(779 年)七月德宗任命杨炎为宰相时,德宗下诏:"凡财赋皆归左藏库,一用旧式,每岁于数中量进三五十万入大盈,而度支先以其全数闻。"左藏库重新恢复了国库的实体,其收支预算和收支管理权分属度支使和太府寺。正如后来陆贽对德宗所说的:"总制邦用,度支是司;出纳货财,太府攸职。凡是太府出纳,皆禀度支文符,太府依符以奉行,度支凭按以勘覆,互相关键,用绝奸欺。"

德宗建中元年(780 年)实行"两税法"改革,实行中央财政与地方财政划分收支的新管理体制,中央财政的管理中枢由户部四司体制变为度支使(司)、盐铁转运使(司)和户部司(使)的财政三司体制。唐朝后期还设有作为专项财政贮备的国库性质的专库。

一是代宗时期的"青苗钱库"。史载,自肃宗乾元元年(758 年)以来,因军费浩大,财政困难,不足以支付京官俸钱,乃"于天下地亩青苗上量配税钱,令御史府差使征之,以充百官俸料。每年据数均给之,岁以为常式"。为此设有青苗钱库。大历二年(767 年)五月,诸道税地钱使、殿中侍御史韦光裔等人出使返京,运回青苗钱 490 万贯。《新唐书·食货志》说:"大历元年,敛天下青苗钱,得钱四百九十万缗,输大盈库,封太府左、右藏,镭而不发者累岁。"可见青苗钱库是太府寺左、右藏库之外的专库。后来,青苗钱的征收由御史府改归度支司管辖,这时是否仍设立青苗钱库,史无明言。两税法实行之后,青苗钱作为新开征的中央财政直属收入仍然单独征收,成为唐朝后期左藏库的一项收入来源。

二是德宗时期设立的收藏"户部别贮钱"的"户部别库"。贞元四年(788 年)二月,德宗采纳宰相李泌的建议,在户部司设立"户部别贮钱",来源一是"中外给用,每贯垫二十,号'户部除陌钱'";二是缺官名下的俸料、职田钱。用途在于支付京官俸钱,但"岁费不及五十五万缗。京兆和籴,度支给诸军冬衣,亦往往取之"。可见"户部别贮钱"作为支付京官俸钱的专项资金和中央财政的贮备资金,由户部司设立别库收贮。"户部别库"是独立于左藏库之外的国库性质的专库。

三是延资库。会昌五年(845 年)九月,武宗"敕置'备边库',收纳度支、户部、盐铁三司钱物"。至大中三年(849 年)十月,宣宗敕改名"延资库","其钱三司率送。初年,户部每年二十万贯定,度支、盐铁每年三十万贯定。次年以军用足,三分减其一"。可知延资库是以边军军费专项贮备的名义设立的国库性质的专库,由延资库使(通常是宰相兼任)管理。延资库的管理体制直至懿宗时期还在运行。

总之,唐朝的国库一直是以长安与国家财政特别是中央一级的财政集中支付密切相关的太仓、左藏库为主。

二、唐朝财政国库钱物的收缴

(一)太仓收缴的仓粮来源

唐朝长安太仓收缴的仓粮主要有三种来源。

第一,长安附近地区税粮的解缴。由于长安附近地区人多地少,税粮收入不多,为避免上缴下拨的劳烦,一般是优先满足地方军政部门的粮食需求,因此未成为太仓仓粮的主要来源。

第二,和籴。就是以财政资金到市场上购买粮食,并解纳太仓。例如,唐玄宗"天宝中,岁以钱六十万缗赋诸道和籴,斗增三钱,每岁短递输京仓者百余万斛"。德宗贞元二年(786 年)九月,度支奏:"京兆府兼给钱收籴,每斗于时估外更加钱,纳于太仓。"不过,和籴既要受限于国家财政的资金状况,更要受制于因年成丰歉而波动的粮食市场状况,具有不稳定性,也只能是太仓仓粮来源的一种补充。

第三,从东都洛阳解运来的税粮。这是唐朝太仓最主要的仓粮收缴来源。唐朝前期解运入京的税粮主要是"丁租",就是每个应课税的丁男每人每年交纳粟 2 石或者稻 3 石。开元时期增加了一种来源,即把原来规定要留贮当地的江南地区救灾贮备"地税"(又称"义仓")粮,[1]"变造取米",[2]解运入长安太仓。唐朝后期解运的则是各州两税米的上供部分,即属于中央财政收入的那一部分税粮。据《通典·赋税下》记载,建中元年全国两税米麦收入总量为

---

① (宋)王溥:《唐会要》卷八八《仓及常平仓》载:贞观二年(628 年)四月,唐朝规定:"王公已下,垦田亩纳二升,其粟、麦、粳、稻之属,各依土地,贮之州县,以备凶年。"《唐六典》卷三《仓部郎中员外郎》规定:"凡王公已下,每年户别据已受田及借荒等,具所种苗顷亩,造青苗簿。诸州以七月已前申尚书省,至征收时,亩别纳粟二升,以为义仓。"

② (宋)王溥:《唐会要》卷八八《仓及常平仓》载:开元四年五月,玄宗诏称:"州县义仓,本备饥年赈给。近年以来,每三年一度以百姓义仓糙米,远送京纳,仍勒百姓私出脚钱。自今以后,更不得以义仓变造。"

1 600 万石，其中，中央财政所得为 200 万石。① 但这 200 万石还要分拨往其他中央财政需要支付的地方，不是全部解缴太仓。

唐朝财政对从东都洛阳解运税粮入长安太仓有明确的制度规定。如《唐六典》卷三《尚书户部》有关"仓部郎中、员外郎"的职掌规定："凡都之东租纳于都之含嘉仓，自含嘉仓转运以实京之太仓。"这是说，洛阳以东地区的各州要把上供税粮先运交含嘉仓，再从含嘉仓解运北上入长安太仓。

为提高从东都洛阳解运税粮入长安太仓的到米率，唐朝不断改革漕运制度。唐太宗、高宗的贞观、永徽时期（627—655 年），由于中央官员有限，宫廷消费比较节制，"每年转运不过一二十万石，所用便足"。玄宗开元初，岁运米 80 万～100 万石。天宝年间（742—755 年），每岁水陆运米 250 万石入关。"安史之乱"后，漕运制度受到很大的破坏，长安太仓粮源极为紧缺。代宗时，著名理财家刘晏进行改革，放弃由州县组织漕运的旧制，改由盐铁转运使直接组建专业漕运队伍，根据不同水路的情况分段组织漕运，结果"每岁运米数十万石，以济关中"。甚至有"岁转粟百一十万石"的记录。唐朝后期每年从洛阳转运两税上供米入长安的总量，德宗时定为米 100 万石。

（二）左藏库收缴的钱物构成

关于唐朝前期左藏库收缴的钱物构成，《唐六典》卷二〇《太府寺》规定："诸州庸、调及折租等物应送京者，并贮左藏。"唐朝从武德元年（618 年）至大历十四年（779 年）的 160 多年间，法定的主要税制是"租庸调"制。唐朝的《赋役令》规定：

> 课户每丁租粟二石；其调随乡土所产绫、绢、絁各二丈，布加五分之一，输绫、绢、絁者绵三两，输布者麻三斤，皆书印焉（注：若当户不成匹、端、屯、綟者，皆随近合。② 其调麻每年支料有余，折一斤纳粟一斗）。凡丁岁役二旬（注：有闰之年加二日），无事则收其庸，每日三尺（注：布加五分之一）；有事而加役者，旬有五日免其调，三旬则租、调俱免（注：通正役

---

① 按，关于建中元年的两税收入数据，史籍记载不一。据岑仲勉先生考校，当以《通典·赋税下》较为可靠。参见岑仲勉《隋唐纪比事质疑》，中华书局 1964 年版，第 246 页。

② 按，对此，开元年间的规定为："诸税户并随乡土所出，绸、絁、布等若当户不成匹端者，皆随近合成。并于布帛两头各令户人具注州县乡里、户主姓名及某年月、某色税物。"（《天一阁藏明钞本天圣令校证·赋役令》，中华书局 2006 年版，第 391 页）

并不得过五十日）。

《唐六典》规定左藏库收缴的"庸"就是丁庸,是丁男每年 20 天正役的代役金(每日绢 3 尺,交布则要多交 1/5),收缴的"调"就是丁调,每丁须交纳纺织品和原料若干。至于所谓"折租",是指把每丁每年交纳的 2 石粟折纳纺织品。唐朝更大规模的"折租"发生在天宝年间,当时杨国忠担任财政长官,"奏请所在粜变为轻货,及征丁租、地税皆变布帛输京师"。这里说到三种"折租",一是把州县官仓积贮的税粮变卖,获取"轻货";二是"丁租"折纳布帛;三是地税折纳布帛。这就极大地增加了左藏库收缴的"轻货"数量。

因此,左藏库收缴的"诸州庸、调及折租等物"主要是纺织品。唐朝前期的通货形式为"钱帛兼行",除了"开元通宝"之类的铜钱是法币,绢、布等纺织品既有使用价值,也有一定的货币职能即支付功能。唐人把绫、绢等丝织品叫作"轻货",强调的就是其货币功能。

同时,左藏库还收缴钱币。这是因为唐朝前期每年还征收数以百万贯计的户税钱,[①]以及数十万贯的"资课"钱。

唐朝后期实行两税法之后,左藏库收缴的钱物有很大一部分是诸州的两税上供钱。据《通典·赋税下》记载,建中元年全国两税钱收入总量为 3000 余万贯,其中,中央财政所得为 950 余万贯。这主要属左藏库收入。诸州上供的两税钱也可以是"送省轻货"。这是因为两税钱"定税之际,皆计缗钱;纳税之时,多配绫绢"。所以,两税上供钱既有现钱,也有绫、绢等"轻货"。

唐朝后期左藏库收纳的钱物另有一大部分来自度支使、盐铁转运使分管的专卖收入,如盐钱、榷酒钱、茶税钱等,也可以折收绫绢等"轻货"。这由度支使、盐铁转运使下属的各地巡院组织行纲输纳。

总之,唐朝左藏库收缴的主要是具有货币支付职能的铜钱和绢、帛之类的纺织品,从而承担着唐朝财政最主要的集中支付功能。

(三)右藏库收缴的财物

《唐六典》规定:右藏署令"掌邦国宝货之事","其杂送物并贮右藏"。所谓宝货,"金银之属谓之宝,钱帛之属谓之货"。包括"四方所献金玉、珠贝、玩好

---

① 据(唐)李林甫等《唐六典》卷三《户部郎中员外郎》规定:"凡天下诸州税钱,各有准常。三年一大税,其率一百五十万贯;每年一小税,其率四十万贯,以供军国传驿邮递之用。每年又别税八十万贯,以供外官之月料及公廨之用。"

之物"。"杂送物"是指地方出产的土特产,主要是供皇帝和宫廷使用的奢侈品和比较稀缺的消费品。[①]

"安史之乱"后,右藏库的收缴活动未见文献记载。据研究,右藏库应该是被撤销了,原来收藏"宝货"的职能被分散到宫廷"内库"和左藏库里去了。五代和宋代的国库都只有左藏库,没有右藏库,当即沿继唐后期之制。[②]

(四)州县行纲——唐朝国库最主要的集中缴库方式

唐朝规定,地方政府要以州为单位组成"行纲",州县官吏轮流充任纲、典,将当州上供税物解运到长安或洛阳,缴交国库。开元六年(718年)五月,玄宗下令:

> 诸州每年应输庸、调、资课、租,及诸色钱物等,令尚书省本司预印纸送部,每年通为一处,每州作一簿,预皆呈留空纸,有色、数,并于脚下具书纲、典姓名,郎官印置。如替代,其簿递相分付。

这里规定的就是以州为单位的"行纲"集中缴纳国库的制度。例如,"(玄宗)时有敕令上佐、县令送租",临朐(今山东临朐县)县令刘童遂"自送租"至司农寺仓场输纳。这种行纲叫作"租纲"。开元中,开封(今河南开封)县尉刘某,"谒州将,请充纲使。州将遣部其州租税至京……纳州赋于左藏库"。"开元末,金坛(今江苏金坛县)县尉王甲,以充纲领户税在京,于左藏库输纳。"输纳

---

① 据(唐)李林甫等《唐六典》卷二〇《太府寺》的规定是:"安西于阗之玉,饶、道、宣、永、安南、邕等州之银,杨、广等州之苏木、象牙,永州之零陵香,广府之沉香、霍香,薰陆、鸡舌等香;京兆之艾纳香、紫草,宣、简、润、郴、鄂、衡等州之空青、石碌,辰、溪州之朱砂,相州之白粉,岩州之雌(黄)、雄黄,绛、易等州之墨,金州之栀子、黄檗,西州之高昌矾石,益府之大小黄(纸)、白麻纸、弓弩弦麻,杭、婺、衢、越等州之上细黄(纸)、白状纸,均安西于阗之玉,饶、道、宣、永、安南、邕等州之银,杨、广等州之苏木、象牙,永州之零陵香,广府之沉香、霍香,薰陆、鸡舌等香;京兆之艾纳香、紫草,宣、简、润、郴、鄂、衡等州之空青、石碌,辰、溪州之朱砂,相州之白粉,岩州之雌(黄)、雄黄,绛、易等州之墨,金州之栀子、黄檗,西州之高昌矾石,益府之大小黄(纸)、白麻纸、弓弩弦麻,杭、婺、衢、越等州之上细黄(纸)、白状纸,均州之大模纸,宣、衢等州之案纸、次纸,蒲州之百日油细薄白纸,河南府、许、卫、怀、汝、泽、潞等州之兔皮,鄜、宁、同、华、号、晋、蒲、绛、汾等州之狸皮,越州之竹管,泾、宁、邠、龙、蓬等州之蜡,蒲、绛、郑、贝等州之毡,河南府、同、邓、许等州之胶,蒲、同、号等州之席,泾、丹、鄜、坊等州之麻,京兆、岐、华等州之木烛。"

② 葛承雍:《唐代国库制度》,三秦出版社1990年版,第91页。

纺织品的行纲叫作"轻货纲典"。① 唐朝后期有上供任务之州仍然要组织"行纲"到左藏库输纳。如唐文宗大和四年(829年)二月,御史台上奏提到江淮州县"每年须部送两税左藏库"。开成四年(839年)十月,中书门下上奏提到:"诸道有上供两税钱物者,大小计百余处。旧例差州县官充纲。"《新唐书·食货志》称:"故事,州县官充纲,送轻货四万,书上考。开成初,为长定纲,州择清强官送两税,至十万迁一官,往来十年者授县令。"

三、唐朝财政国库的收支事务管理

(一)太仓的收支事务管理

1.受纳管理

首先是仓粮入仓前的验收。太仓受纳的是诸州"租纲"解缴的税米,或者转运使组织入京解缴的漕米。唐制:司农丞的职责之一是:"凡受租,皆于输场对仓官、租纲吏人执筹数函,其函大五斛,次三斛,小一斛。"这是说司农丞要到受纳地点,与负责收纳的仓官、押送"租纲"的州县官吏一齐盘量每纲的米数,是否符合租纲带来的起解公文上标明的数量。

司农寺也要验收纲米的质量。开元初,唐朝规定司农寺要采取"扬掷"的办法验收运抵的漕米。史载:"先是,米至京师,或砂砾糠粃,杂乎其间。开元初,诏使扬掷而较其虚实,'扬掷'之名,自此始也。"这是为了纠正交纳太仓的税米质量不好之弊。

唐朝之所以要对水运米经"扬掷"之后的合理欠折作出限量,是因为唐律

---

① (宋)王钦若等编《册府元龟》卷五〇六《邦计部·俸禄第二》载,永泰二年(766年)十一月,为了接济长安京官的禄料,代宗下令:"其诸州府县官及折冲府官职田,据苗子多少,三分每年宜取一分,依当处时价回市轻货,数内破脚,差纲部领送上都,纳青苗钱库……其送物纲典计数,准轻货纲典例处分。"

规定,州县官员充纲、典对所部领之物如数量或质量有问题,须负"陪填"之责。[1] 而税米经过长途水运,有一定的欠损是必然的,若全由纲典官员赔填是不合理的。

接着是入藏仓屋、粮窖之后的管理。唐制:"凡凿窖、置屋,皆铭砖为庾斛之数,与其年月日,受领粟官吏姓名。又立牌如其铭焉。"唐《仓库令》的具体规定为:"凿砖铭,记斛数、年月及同受人姓名,置于粟上,以苫覆之……筑土高五尺,并竖木牌,长三尺,方四寸,书记如砖铭。"这是规定仓屋、粮窖的仓粮标识要有两种,一是刻上铭文的砖,铭文应包括数量、日期以及经手官吏的姓名;二是与砖铭内容一致的木牌。

唐《仓库令》对仓粮贮藏的次序先后、时间长短、防火防盗等都有详细的规定,这同样适用于太仓。

2.拨付程序管理

太仓出给仓米,要先经太仓署与司农寺主簿勘合特制的木契。司农寺的主簿"掌印,署抄目,勾检稽失。凡置木契二十只,应须出纳,与署合之"。其中,"十只与太仓署合,十只与导官署合,皆九雄、一雌。雄,主簿掌;雌,留署,勘然后出给"。太仓署所管的一只"雌"木契相当于今天的正联凭证,司农寺主簿所近的九只"雄"木契相当于今天的副联凭证,可循环使用,领粮者所出示的"雄"木契必须与"雌"木契勘合,太仓署才会予以支付。[2]

发放京官禄米是太仓大宗集中支付之一,发放标准按中央制定的《禄令》执行,每年在春季、秋季的第二个月向官员发放。为避免拥挤,发放当月又把

---

① (唐)长孙无忌等:《唐律疏议》卷一五《厩库律》规定:"诸应输课税及入官之物,而回避诈匿不输,或巧伪湿恶者,计所阙,准盗论。主司知情,与同罪;不知情,减四等。"《疏议》的解释是:"'应输课税',谓租、调、地税之类,及应入官之物,而回避诈匿,假作逗留,遂致废阙及巧伪湿恶,欺妄官司,皆总计所阙入官物数,准盗科罪,依法陪填。主司知其回避诈匿、巧伪湿恶之情而许行者,各与同罪。不知情者,减罪四等。县官应连坐者,亦节级科之。州官不觉,各递减县官罪一等。州县纲、典不觉,各同本司下从科罪。若州县发遣依法,而纲、典在路,或至输纳之所事有欺妄者,州县无罪。"

② 葛承雍:《唐代国库制度》,三秦出版社1990年版,第78页。

京司划分为三批,分别在上旬、中旬和下旬领取。[①]

出给的仓米顺序也有限定。若按收藏时间分,须"先尽远年"。若以贮藏场所分,"诸仓至及窖出给者,每出一屋一窖尽,然后更用以次者"。

(二)左藏库的收支事务管理

1.受纳管理

首先,是税物入库前的验收。唐制:"凡天下赋调,先于输场简其合尺度斤两者,(太府寺)卿及御史监阅,然后纳于库藏,皆题以州县、年月,所以别粗良,辨新旧也。"就是说,太府寺卿和左藏署令等官员要率领属吏,在御史官员的监督下,到受纳地点("输场")对税物进行数量核对和质量检验。其程序与太仓对"租纲"的验收类似。

为了验收诸州送交左藏库的纺织品质量,唐朝一方面规定州县长官必须亲自选定当地税物上、中、下三种样品,送到长安、洛阳,供中央财计部门认定,这叫作"样输京、都"。另一方面中央也下达样品,叫作"作样颁州"。

玄宗开元年间,杨崇礼、杨慎矜父子在太府寺任职,以严格入库税物的检验著名。开元初,杨崇礼为太府少卿,"虽钱帛充牣,丈尺间皆躬自省阅,时议以为前后为太府者无与为比。……时太平且久,御府财物山积,以为经杨卿者无不精好,每岁勾剥省便出钱数百万贯"。开元二十六年,杨慎矜知太府出纳,"于诸州纳物者有水渍伤破及色下者,皆令本州征折估钱,转市轻货,州县征调,不绝于岁月矣"。

唐朝规定各州"诸庸调物,每年八月上旬起输,三十日内毕。九月上旬各发本州"。诸州行纲到达左藏库的时间为秋冬之间。届时,太府卿要每旬向尚书省上报一次入库数量。[②]

2.拨付管理

左藏库的集中拨付形式分为两类。第一类可称为一次性的集中拨付。如前述德宗时,确定每年从左藏库拨给宫廷内库"大盈库"三五十万(贯匹)作为

---

① (唐)李林甫等《唐六典》卷一九《司农寺》载:"凡京官之禄,发京仓以给(注:中书、门下、御史台、尚书省、殿中省、内侍省、九寺、三监、左右春坊、詹事府、京兆、河南府并第一般,上旬给;十八卫、诸王府、率更、家令、仆寺、京、都总监、内坊并第二般,中旬给;诸公主府邑司、东宫十率府、九成宫总监、两京畿府官并第三般,下旬给。余司无额,准下旬)。"

② (唐)李林甫等《唐六典》卷二〇《太府寺》载,太府寺卿的职责之一是:"庸、调初至京日,录状奏闻。每旬一奏纳数。"

宫廷经费。后来拨付定额提高到 100 万贯钱。① 第二类是多次性的集中拨付,即由领用部门或个人多次地到左藏库领取。这是左藏库拨付的普遍形式,因而成为日常管理的重点。

左藏库的拨付也要经过逐级勘合拨付凭证的程序。唐制:"百司应请月俸,则符、牒到,所由皆递覆而行之。乃置木契,与应出物之司相合,以次行用,随符牒而合之,以明出纳之吝。"这里规定京官要到左藏库领取月俸钱或绢帛,左藏库要验证两种拨付凭证,一是领文,即有关部门书写的"符牒",二是木契,即允许领取的凭证。为此,金部置有木契 110 只,其中 20 只"与太府寺合"。太府寺的主簿另置木契 95 只,其中的 70 只"与库官合"。这 70 只木契中,10只与左藏东库合,10 与左藏西库合,10 与右藏内库合,10 只与右藏外库合,又10 只与东都左藏库合,10 只与东都右藏库合,"各九雄、一雌。九雄,太府主簿掌;一雌,库官掌"。5 只与左藏朝堂库合,5 只与东都左藏朝堂库合,"各四雄、一雌"。左藏令、丞之职责之一是:"凡出给,先勘木契,然后录其名数及请人姓名,署印送监门,乃听出。"木契的使用方式与太仓相同。

左藏库的拨付标准须执行金部的有关规定。例如,出给纺织品和原料时如何搭配不同的品种,金部规定:

> 凡赐物十段,则约率而给之:绢三匹,布三端,绵四屯(赀布、纻布、𦂀布各一端。春、夏以丝代绵)。若杂彩十段,则丝布二匹、绸二匹、绫二匹、缦四匹。若赐蕃客锦彩,率十段则锦一张、绫二匹、缦三匹、绵四屯。

再如,按金部的规定,发给出使地方的官员"时服"时,"凡时服称一具者,全给之;一副者,减给之(一具者,春、秋给袍一、绢汗衫一、头巾一、白练绔一、绢禅一、靴一量并毡;夏则以衫代袍,以单绔代夹绔,余依春、秋;冬则袍加绵一十两,袄子八两,绔六两。一副者,除袄子、汗衫、禅、头巾、绔,余同上)"。

关于拨付账务的管理,唐制:"凡库藏出纳,皆行文傍,季终而会之。若承命出给,则于中书省覆而行之。"所谓"承命",指根据皇帝的诏敕支付。左藏库设有库帐,"若请受、输纳,人名、物数皆着于簿书。每月以大摹印纸四张为之簿,而丞、众官同署。月终,留一本于署。每季录奏,兼申所司"。太府寺则以丞"一人主左、右藏署帐,凡在署为簿,在寺为帐,三月一报金部"。可见左藏库

支付账务的登记与复核,涉及的部门从太府寺、金部上至负责拟写诏敕的中书省。

四、唐朝政府对国库的监督

唐朝对国库的监督由两个机构负责,一是设置在尚书省刑部之内的比部,一是独立的中央监察机构御史台。

比部是唐朝的最高审计机构,对国库的监督采取在尚书省有关主管部门的内部审计之外进行财务审计(唐朝称为"勾""勾覆")的形式。《唐六典》卷六"比部郎中"条规定:"比部郎中、员外郎掌勾诸司百寮俸料、公廨、赃赎、调敛、徒役课程、逋悬数物,以周知内外之经费而总勾之。"又规定:"凡仓库出内,营造佣市,丁匠功程,赃赎、赋敛,勋赏、赐与,军资、器仗,和籴、屯收,亦勾覆之。"显然比部的审计包括国库。所以《旧唐书·杨炎传》称:"初,国家旧制,天下财赋皆纳于左藏库,而太府四时以数闻,尚书比部覆其出入,上下相辖,无失遗。"

比部对国库的审计按季度进行,此即《新唐书》卷四六《百官志一》在"比部郎中、员外郎"条记载的:"京师仓库,三月一比,诸司、诸使、京都,四时勾会于尚书省,以后季勾前季;诸州,则岁终总勾焉。"

唐朝后期,比部在财务审计中的功能和地位下降,对国库的审计职能也大为削弱。长庆元年(821年)正月,穆宗诏称:"比部令勾诸司钱粮谷,载在格令,其事讹谬,岁月已深。宜令中书门下精择比部郎官,修举典制,诸司钱谷,仍立时限,具条疏闻奏。"[①]可见此前比部已经不再履行对包括国库在内的中央财政收支的审计功能。穆宗之诏似乎归咎于比部郎官不能胜任其职,要求"精择比部郎官,修举典制"。实际上是由于唐后期财政三司对于中央财政的收支各有所司,三足鼎立,比部郎官不可能具有对包括财政三司在内的"诸司钱谷"进行财务审计的权威。

唐朝御史台对国库的监督则一直在进行,主要形式是派专员莅临仓库监知出纳。考古发现东都洛阳含嘉仓第19窖的一块"刻铭砖",刻录武则天圣历二年(699年)经手收纳苏州纲粮的相关人员姓名,其中有"监仓御史陆庆"。这证明唐朝较早就在国库设置"监仓御史"。唐玄宗时这一制度进一步明确。

---

① (宋)李昉等编:《文苑英华》卷四二六,《赦书七·禋祀赦书三·南郊改元赦文》。

开元十九年(731年)正月,玄宗敕"左右藏、太仓署,差御史监知出纳"。开元二十一年三月,玄宗敕:"监仓库各定御史一人,一年一替。"《唐六典·司农寺》称:"凡天下赋调,先于输场简其合尺度斤两者,(司农)卿及御史监阅,然后纳于库藏。"这里说的"御史"都是指监察御史。

后来,御史台监临国库的职责转给殿中侍御史,即从察院移入殿院,排位第一的殿中侍御史监仓,排位第二的监库。

由于"监仓库"只是殿中侍御史的职责之一,他日常的履职重点必须放在处理刑事案件即"制狱推事"方面,以致对国库的监督缺乏实效。为此,到文宗大和元年(827年),建立了殿中侍御史分配"制狱推事"与"监临出纳"的时间分配制度,有助于提高对国库的财政监督的实际效果。

文宗开成元年(836年)正月,监临太仓、左藏库的职责又从殿院移回监察院。当时,中书门下奏:"监察太仓、左藏库御史,请于新入庶台察中择精强干用两人分监仓库,全放朝谒。每月除本官俸钱外,别给见钱三十千,隔日早入。"另有记载为:"开成元年正月,御史中丞李珏奏:御史台旧制,大藏(仓)、左藏库以殿中侍御史两人分监。今珏请以监察二人代之,仍放朝参,本俸外依旧加给三十千,出纳小差,委以弹举。"结合两条记载来看,不管是由谁提议的,经文宗批准,从这一年开始由两名监察御史分别监阅太仓、左藏库的出纳,他们每月可依旧获得加俸30贯钱,不必参加朝参,但须每隔一天入仓库监察出纳。这比原来的殿中侍御史三五天甚至更久才入仓一次,大大提高了财政监督的实效。文宗曾经召见监仓御史崔虞,询问太仓现有的数量,崔虞回答说:"有粟二百五十万石。"这说明监仓御史还是管事的。

五、唐朝财政国库运行与政局

如上所述,太仓和左藏库收缴的钱物在很大程度上依靠地方政府依照中央的指令解缴的上供赋税,其拨付对象主要是军事经费、官员俸禄、皇室费用等财政支出,因此国库的运行状况与政局变化密切关联。

唐初武德(618—626年)年间,国家财政收支制度尚不健全。李渊攻占长安之后,倚赖隋朝的国库积贮应付赏赐、军费等急需的开支。史称他"既平京城,先封府库,赏赐给用,皆有节制"。直到贞观十一年(637年),唐臣说,长安的隋代国库为唐朝所用,"至今未尽"。

贞观年间(627—649年),太宗李世民励精图治,兴利除弊,取得"贞观之治"。当时唐太宗确定了"去奢省费,轻徭薄赋,选用廉吏,使民衣食有余"的施政方针,并认真付诸实践。"去奢省费",大大减少了国库的拨付。如当时京司官员文武京官只有640员,大大减省了国库的俸禄支出。太宗本人能够自制或者纳谏而"去奢省费",从而减少了大量的皇室消费支出。因此,贞观到高宗初期,长安国库的支出数量不大。玄宗开元中,裴耀卿对玄宗说:"往者贞观(627—649年)、永徽(650—655年)之际,禄廪数少,每年转运,不过一二十万石,所用便足。"永徽以来,高宗和武则天经常把政治中心从长安移往洛阳。高宗幸洛7次,合计留居9年。武则天则长期留居神都洛阳。他们举朝迁都洛阳,固然有政治、经济乃至娱乐等方面的原因,同时也有财政目的,就是让政治中心靠近黄河中下游流域及江淮地区等财赋调取中心,减轻长途解运税物缴入长安国库的压力。在这种情况下,东都的含嘉仓和东都左藏库、东都右藏库就是国库所在。

中宗、睿宗(705—712年)沿承武则天统治以来的弊病,继续滥置官员,滥行赏赐,滥予食封,崇饰寺观,国库为之虚耗。左拾遗辛替否对中宗说:"陛下百倍行赏,十倍增官,金银不供其印,束帛无充于锡……伏计仓廪,度库府,百僚供给,百事用度,臣恐卒岁不充。"神龙元年(705年)七月,右卫骑曹宋务光上疏曰:"自数年已来,公私俱竭,户口减耗。家无接新之储,国无候荒之蓄。"史称:"中宗崇饰寺观,又滥食封邑者众,国用虚耗。"揭示了长安国库入不敷出的状况。

玄宗统治的开元(713—741年)、天宝时期(742—755年),出现了所谓"开天盛世"。这是中国古代社会自汉武帝之后出现的第二个盛世。当时各州赋税源源不断地解缴上供,长安国库空前富足。

第一,太仓粮贮从开元后期至天宝末年都相当充裕。这可以太仓承担的京城救灾活动为证。开元二十一年,因关中久雨害稼,京师饥,玄宗下诏"出太仓粟二百万石赈给之"。天宝十三年秋,因雨成灾,玄宗"诏出太仓米一百万石,于京城分十场贱粜与贫人"。天宝十四年正月,因岁饥,玄宗"诏太仓出粟一百万,每斗减时价十文出粜"。太仓能承担如此大规模的赈灾活动,显然是以丰裕的贮粮为背景的。同年,在正月太仓为赈灾出卖100万石粟米之后,到八月,玄宗诏称:"所运粮储,本资国用,太仓今既余羡,江淮转输艰劳,务在从宜,何必旧数?其来载水运入京宜并停。"可以停运上百万石米入京,再次证实太仓贮米之多。

第二,左藏库钱帛充牣。《旧唐书·玄宗纪》记载,天宝八载二月,玄宗"引百官于左藏库纵观钱币,赐绢而归"。对此,《资治通鉴》卷二一六记载:"是时州县殷富,仓库积粟帛,动以万计。杨钊奏请所在粜变为轻货,及征丁租、地税皆变布帛输京师。屡奏帑藏充牣,古今罕俦,故上帅群臣观之。"足见当时左库藏钱帛确实惊人。

对"开天盛世"国库的富足状况,唐人多有描述,如郑綮在《开天传信记》写道:"入河湟之赋税,左右藏库,财物山积,不可胜校。"唐玄宗自己更是"以国用丰衍,故视金帛如粪壤"。天宝十四载八月,他在庆贺自己 70 岁生日时,下诏说:"圣人积不涸之仓,王者用无穷之府,支计苟足,多赋何为? 天下百姓今载租庸并宜放免。"玄宗如此轻易地下令放免整个年度的数以千万计的赋税收入,是因为他眼中的国库仿佛"不涸之仓""无穷之府"。

不料,天宝十四载十月爆发安禄山、史思明的军事叛乱,洛阳、长安很快就被叛军攻占,唐朝的国库贮备落入叛军手中,被洗劫一空。

历经 8 年,唐朝于代宗广德元年(763 年)消弭了安史叛乱的余波。然而,由于战乱破坏和藩镇割据的影响,江南漕运不顺,长安国库极为空虚,太仓尤其缺粮,史载:"自丧乱以来,汴水湮废,漕运者自江、汉抵梁、洋,迂险劳费。……时兵火之后,中外艰食,关中米斗千钱,百姓挼穗以给禁军,宫厨无兼时之积。""及吐蕃逼京师,近甸屯兵数万,百官进俸钱,又率户以给军粮。"国库的运行陷入危机。

经过刘晏改革漕运和盐专卖法,代宗才得以渡过财政危机。不过,当时左藏库制度却因第五琦的软弱而名存实亡,直到德宗即位后听从宰相杨炎之言,才得以恢复。

此后,唐朝国库运行出现两个突出问题:

第一,因战费需求过于集中且巨大,以致国库无力承担。最典型的事例,一是唐中央在建中二年(781 年)二月开始与叛藩交战,战事到建中四年六月仍拖延未决,国库无力承担浩大的军费开支。唐廷只得多方加税,甚至在长安城内"借京城富商钱"。史载:"太常博士韦都宾、陈京以军兴庸调不给,请借京城富商钱,大率每商留万贯,余并入官,不一二十大商,则国用济矣。判度支杜佑曰:'今诸道用兵,月费度支钱一百余万贯,若获五百万贯,才可支给数月。'"德宗遂"诏京兆尹、长安万年令大索京畿富商,刑法严峻,长安令薛苹荷校乘车,于坊市搜索,人不胜鞭笞,乃至自缢。京师嚣然,如被盗贼"。可见美其名为"借富商钱"者,其实是对商户的公开掠夺。结果仅搜括到 200 万贯钱,却激化了社会矛盾。二是贞元元年(785 年),唐中央又与叛藩李怀光交战。当时度支提出的军费主要开支预算是:"京师经费及关内外征讨士马,月须米盐五十三万石、钱六十万贯、草三百八十三万围。春冬衣赐,元日、冬至立仗赐物,不在其中。"可是,"有司计度支钱谷,才可支七旬"。这是根据长安国库的钱物状况计算出来的。

第二,随着中央集权的逐步衰弱,藩镇割据势力的逐渐强大,江南漕运及由地方政府上供的赋税来源具有明显的不稳定性,直接制约着长安中央财政国库的运行。例如,德宗贞元二年四月,太仓严重缺粮,禁军已露哗变之态,幸有转运使韩滉努力从江南运米三万石抵达陕州,德宗得知这一消息,赶紧去东宫对太子说:"米已至陕,吾父子得生矣!"史载:"时禁中不酿,命于坊市取酒为乐。又遣中使谕神策六军,军士皆呼万岁。"及至僖宗光启元年(885年)之后,藩镇"皆自擅兵赋,迭相吞噬,朝廷不能制。江淮转运路绝,两河、江淮赋不上供,但岁时献奉而已。国命所能制者,河西.山南、剑南、岭南西道数十州。大约郡将自擅,常赋殆绝"。中央国库基本丧失了收支功能。史称:"时军旅既众,南衙北司官属万余,三司转运无调发之所,度支惟以关畿税赋,支给不充,赏劳不时,军情咨怨。"随后不久,唐朝就灭亡了。

综上所述,唐朝财政国库以长安的太仓和左藏库最为重要,它们按照中央的预算计划规定,主要通过各州"行纲"这一集中缴库方式,每年集中收缴了大部分的财政收入,用以集中拨付中央一级(包括皇宫)的财政支出,所以其运行状况直接关系到唐朝中央政权的存亡,影响及于国家财政的全局。因此,唐朝中央高度重视国库的收支事务管理和监督,建立不少曾行之有效的制度。有唐一代国库的盈虚状况,既取决于中央集权的政治体制的运行状况,也与中央一级的财政支出需求变化密切相关。

论唐代广州的
海外交易、市舶制度与财政

在中国古代海外贸易史上,唐朝是一个重要的发展时期。20世纪以来的研究已经指明,唐朝以广州为中心的海外交易的发展大大超过前代,特别是在广州设置市舶使、押蕃舶使之类的官员管理海外交易,是意义重大的历史事件,因而近年来对唐朝市舶制度的研究继续深入。①

那么,广州的"市舶之利"②与唐朝财政的关系如何呢?这在20世纪以来的唐代财政史的研究论著中一直未见论述。而研究唐代海外贸易史的学者则较予关注,不少论著均有论及,并且多认为是唐朝国家财政收入的一种重要来源。例如,有的认为:"朝廷之所以特设市舶使专官,以经营此项交易,其目的之一是为了给皇帝后妃搜求珍宝,以满足其奢侈需要;其目的之二是为了抽取'舶脚'——商税,以裕财政收入。由于是公私两利,故最初市舶使多以宦官充任,搜括所得,多入皇帝私库,同时又获得一大笔税收。"③有的认为:"(唐朝)市舶贸易是在广州市舶使主持下的另一种官方贸易形式,以禁榷(即专卖制度)为核心,征抽'舶脚',收取'上供',以充内庭,以裕财政。唐中后期,这一形式在官方贸易中居主导地位,为国家带来越来越多的财政收入";广州的对外交易的作用在于"为国家提供重要的财政来源"。④有的认为:"广州的海外贸

---

① 最近的新作,如宁志新《试论唐代市舶使的职能及其任职特点》(《中国社会经济史研究》1996年第1期)、《唐代市舶制度若干问题研究》(《中国经济史研究》1997年第1期);黎虎《唐代市舶使与市舶管理》(《历史研究》1998年第3期);王川《论市舶太监在唐代岭南之产生》(《中山大学学报》2000年第2期)。

② (宋)司马光:《资治通鉴》卷二二三广德元年十一月记载广州市舶使吕太一作乱,胡三省注:"唐置市舶使于广州以收市舶之利。"

③ 傅筑夫:《中国封建社会经济史》第四卷,人民出版社1986年版,第454页。

④ 李庆新:《论唐代广州的对外交易》,《中国史研究》1992年第4期。

易,对于唐朝的财政收入影响极大。"①有的认为:"随着对市舶贸易进行管理的内容的增多,特别是征收重税和进奉聚敛,使得市舶收入在唐国家财政中的地位日趋重要",甚至是处于"举足轻重的地位"。②

然而,现有研究也已指明,在宋代,特别是南宋,海外交易的繁荣程度远远超过唐朝,宋朝国家财政收入从海外交易中的获益也明显增多,但这种收益在国家财政收入全局中仍然处于很次要的地位③。这就令人怀疑,唐朝广州的"市舶之利"有什么可能会成为国家财政收入的"重要来源"呢?所以,从唐宋制度变迁的角度来看,有必要对上引论断重加检讨。我认为上引论断在很大程度上是出于对有关史料的误解。要正确认识唐代广州"市舶之利"与财政的关系,必须根据唐朝财政管理体制的各个层面及其变化,同时结合其他财政制度,才可望对有关史实作出比较正确的阐释。

下面拟区分帝室财政、国家财政和地方财政三个层面,对有关史料详加辨析,以助讨论。

一、广州"市舶之利"与帝室财政的关系

唐朝帝室财政与国家财政的关系,从总体上看,没有像西汉前期那样采取二者划分收支的相对独立的管理体制,而是作为国家财政计划的一个财政支出单位,其钱财物品由度支优先安排供给(对度支而言此称"供御"),其消费由少府监、内库等专门机构负责安排和管理,由此形成帝室财政的收支管理体制。正因为如此,在唐朝国家财政计划以及时人的眼中,"供御"与"供国"不是可以截然分开的二个部分,唐人因此时或把供给帝室财政也称为"军国所须",这既是对帝室财政的奢侈消费的委婉指代,也与上述财政管理体制有关。认识唐朝的帝室财政与国家财政之间的这种关系,是研究广州"市舶之利"与唐朝财政的关系的一个前提。

从史料看来,有唐一代,广州"市舶之利"与财政的最主要或者说最基本的关系,是与帝室财政的关系,即经由国家财政拨款采购以及地方政府购买"贡

---

① 李金明、廖大珂:《中国古代海外贸易史》,广西人民出版社 1995 年版,第 35 页。

② 刘玉峰:《试论唐代海外贸易的管理》,《山东大学学报》2000 年第 6 期。

③ 最新的相关论著,可参见黄纯艳:《宋代海外贸易》第三章第一节《海外贸易与财政》,社会科学文献出版社 2003 年版。

献"两种合法途径,为帝室财政提供进口的珍宝奇货,以满足皇帝妃嫔等的奢侈性消费。对此,可以从几个方面加以论证。

1.从广州进口商品的构成来看

历来谈论唐朝广州海外贸易即所谓"海舶之利""蕃舶之利"或"市舶之利"与财政之关系者,实际上主要是指唐朝财政如何从进口商品获利。而唐朝广州海外贸易的进口商品几乎都是奢侈品,对此唐人已经说得很清楚,如称:"广州地际南海,每岁有昆仑乘船,以珍货与中国交市"①;"南海有蛮舶之利,珍货辐凑"②;"广州有海舶之利,货贝狎至"③;"瑰宝山积"④。至于"珍货"为何物,稍具体的说法,有"香药、珍宝,积载如山"⑤;"外国之货日至,珠、香、象、犀、玳瑁,稀世之珍,溢于中国"⑥;"外蕃岁以珠、玳瑁、异香、文犀浮海至"⑦;等等。显然,这些"珍货"的输入,针对的正是帝室财政的奢侈性需求,而非军国的日常财政需求。如此的海外进口商品构成,从物资方面决定了广州"市舶之利"必然是主要与唐朝的帝室财政有关。

2.从对蕃舶的"收市"制度来看

唐朝度支安排财政支出的原则之一是:"凡物之精者,与地之近者以供御。""供御"包括"支纳司农、太府、将作、少府等物"⑧。度支的"供御"形式,除了从赋税收入调拨,也采用采购的手段。对广州蕃舶进口商品的"收市"即其中的一项内容。高宗显庆六年(661年)二月十六日敕曰:"南中有诸国舶,宜令所司,每年四月以前,预支应须市物,委本道长史,舶至十日内,依数交付价值,市了任百姓交易。其官市物送少府监,简择进内。"⑨这就是"收市"制度的基本内容。敕文所谓所司,指国家财政有关管理部门,如负责"支度国用""支纳"少府物品的度支,"掌库藏出纳之节、金宝财货之用"的金部⑩,"凡四方贡

---

① 《旧唐书》卷八九,《王方庆传》。
② 《旧唐书》卷一七七,《卢钧传》。
③ 《旧唐书》卷一六三,《胡证传》。
④ 《旧唐书》卷九八,《卢怀慎传附子奂传》。
⑤ (日)真人元开:《唐大和尚东征传》。
⑥ (宋)韩愈:《昌黎先生集》卷二一,《送郑尚书序》。
⑦ 《新唐书》卷一四三,《徐申传》。
⑧ (唐)李林甫等:《唐六典》卷三,《度支郎中员外郎》。
⑨ (宋)王溥:《唐会要》卷六六,《少府监》。
⑩ (唐)李林甫等:《唐六典》卷三。

赋,百官之俸秩,谨其出纳而为之节制"的太府寺①等。按该份敕文规定,这些财政管理部门必须制订采购计划,调拨所需资金,交给岭南道长史(后来或为市舶使)向外国商船购买,然后把所购商品送交少府监收管,再由少府监根据需要挑选供给宫廷消费。显然,这一针对广州海外进口商品制度的"收市"制度,完全是为帝室财政服务的。

高宗、武则天时期,桂州都督府法曹参军杨志本充任"岭南市阁□珠玉使","握水衡之钱,权御府之产……散国财,市蛮宝"②。开元年间,韦某因"典御府之藏,列内官之秩……事因绩着,官以课迁,录充市舶使,至于广府,睬照纳贡,宝贝委积,上甚嘉之"。③ 这二人出使广府虽然在身份上有外官、内官之分,但都是在履行用国家财政资金为帝室财政采购进口珍宝的职责。

"收市"制度在唐后期仍在实行。如德宗时,市舶使王虔休在《进岭南王馆市舶使院图表》中有"御府珍贡,归臣所司";"除供进备物之外,并任蕃商列肆而市"④等语,说的也是属于国家财政计划之内的为帝室消费而在广州对蕃舶珍货的"收市"。再如下面要引述的陆贽奏书、文宗《大和八年疾愈德音》及阿拉伯商人苏烈曼(Suleiman)游记等资料,都明确提到"收市"制度,仍继续由市舶使或岭南地方长官负责执行。

不过,"收市"制度是否一直像高宗敕令所规定的那样有严格的预算计划,值得怀疑。这主要是因为广州海外进口交易的盛衰在很大程度上要受吏治状况的影响。如代宗大历年间,李勉任广州刺史,兼岭南节度观察使,"前后西域舶泛海至者,岁才四五,勉性廉洁,舶来都不检阅,故末年至者四十余"。⑤ 类似记载不少。显然,当外国商船大大减少时,"收市"就会相应减少。另外,起码到德宗时,市舶使还是"拱手监临大略而已,素无簿书,不恒其所"⑥,说明他负责监管的"收市"具有一定的随意性。同时,帝室财政对外国珍奇的消费需求也具有可伸缩性,"收市"的或多或少不会造成太大影响。

不管具体如何执行,"收市"制度说明广州的"市舶之利"主要与唐朝的帝室财政有关,当是无疑的。

① (唐)李林甫等:《唐六典》卷二十,《太府寺》。
② (清)董诰等编:《全唐文》卷二六七,严识元:《潭州都督杨志本碑》。
③ (清)董诰等编:《全唐文》卷三七一,于肃:《内给事谏议大夫韦公神道碑》。
④ (清)董诰等编:《全唐文》卷五一五。
⑤ 《旧唐书》卷一三一,《李勉传》。
⑥ (清)董诰等编:《全唐文》卷五一五,王虔休:《进岭南王馆市舶使院图》。

3."进奉"辨析

不少论著提到唐朝广州市舶使的职责之一是"进奉",依据的典型史料是文宗《大和八年疾愈德音》中的这样一段话:"其岭南、福建、扬州蕃客,宜委节度观察使,除舶脚、收市、进奉外,任其来往,自为交易,不得重加率税。"①对文中"进奉"之意,现有二种不同的解释。

一种解释为"蕃商向皇帝进贡珍奇物品"②。我认为这是错误的。众所周知,唐朝经海路的外国朝贡是以某国而非商人的名义上达长安朝廷,而且唐朝设有专门的管理制度,即《新唐书》卷四八《百官志三·鸿胪寺》所述的:"海外诸蕃朝贺进贡使有下从,留其半于境;由海路朝者,广州择首领一人、左右二人入朝;所献之物,先上其数于鸿胪。"唐朝极少有海外商人以私人名义向皇帝进贡。《旧唐书》卷一七《敬宗纪》载:长庆四年(824年)九月,"丁未,波斯大商李苏沙进沉香亭子材,拾遗李汉谏云:'沉香为亭子,不异瑶台、琼室。'上怒,优容之"。③可见接纳外商的个人进奉被视为昏君之政。文宗继位,颇改敬宗荒侈之弊,不可能公然在敕诏中要求外商个人进奉。而且,揆之情理,远在天涯海角的蕃商也没有必要以个人名义却又是假手市舶官员或岭南地方长官去向长安的皇帝进贡珍宝。

另一种是笼统地解释为"向皇帝进贡"。④ 较多人认同这一种解释。但是,这一解释其实还不明确,没有能回答"向皇帝进贡"是市舶使或岭南地方长官的个人行为,或者仍是代表国家财政的官方采购供进这样的问题。之所以要提出这一疑问,是因为在唐朝,"进奉"对于国家财政而言有两种不同性质的内容。

一种是指经由国家财政制度安排的向帝室财政调拨、奉送或进贡财物,我们可称之为合法进奉。如《唐会要》卷六六《少府监》记载少府监的属官,"开元已来,别置中尚使,以检校进奉杂作。多以少府监及诸司高品为之"。《新唐书》卷四七《百官志二》载,尚服局的属官有"司衣、典衣、掌衣各二人,掌宫内御服、首饰整比,以时进奉"。德宗时,江南漕运税粮的船纲有时也被称为"进奉船"⑤。

---

① (宋)宋敏求编:《唐大诏令集》卷一〇。

② 黎虎:《唐代的市舶使与市舶管理》,《历史研究》1998年第3期。

③ 《旧唐书》卷一七一《李汉传》载:"长庆末,为左拾遗。敬宗好治宫室,波斯贾人李苏沙献沈香亭子材,汉上疏论之曰:'若以沈香为亭子,即与瑶台琼室事同。'"

④ 韩振华:《唐代南海贸易志》,原载《福建文化》二卷三期,1947年;收入韩振华《航海交通贸易研究》,香港大学亚洲研究中心2002年版。

⑤ 《旧唐书》卷一五二,《张万福传》;(宋)韩愈《顺宗实录》卷四。

另一种是指中央或地方的官员以个人名义向皇帝进贡钱财物品。这是在国家财政管理之外的行为，本属非法的进奉。所以在当时就受到不少朝臣的批评，①有些皇帝也曾多次下令禁止，如中宗神龙三年（706 年）四月二十七日制："自今应是诸节日及生日，并不得辄有进奉。"②德宗贞元二十一年（805 年）二月赦文称："诸道除正敕率税外，诸色榷税并宜禁断；除上供外，不得别有进奉。"③不过，自玄宗天宝年间以来，特别是安史乱后，唐朝有些皇帝（特别是德宗、宪宗）出于各种原因，热衷于接受中央的财政长官或地方的军政长官向"内库"进奉，使原本非法的进奉禁而不止。④

那么，唐朝来自广州市舶使或地方长官的"进奉"是属于何种类型呢？安史之乱爆发之前，唐朝帝室财政得自岭南地方政府的合法进奉，是通过"贡献"制度实现的。唐朝国家财政制度规定以州郡为单位的地方政府须每年向帝室财政"贡献"土特产，即："诸郡贡献，皆尽当土所出，准绢为价，不得过五十匹，并以官物充市。"⑤贡献之物有相当一部分成为少府监属下制造宫廷消费品的原材料，如中尚署职在"岁时乘舆器玩、中宫服饰、雕文错彩珍丽之制，皆供给焉"。"其所用金木齿革羽毛之属，任所出州土，以时而供送焉。"⑥在"贡献"制度下，度支下达给岭南、安南地方政府的贡品品种，包括海外进口商品。如《唐六典·中尚署》规定："其紫檀桐、檀香、象牙、翡翠毛、黄婴毛、青虫真珠、紫矿、水银，出广州及安南。"天宝元年（742 年），韦坚在长安广运潭向玄宗展示各州郡的土贡，"南海郡船，即玳瑁、真珠、象牙、沉香"⑦，也是海外进口商品。⑧ 可见，从合法进奉即"贡献"来看，无论是长安朝廷，还是岭南长吏，对广州海外交易的关注点，主要集中在如何为宫廷提供进口珍宝。

当时似未见岭南市舶使或地方官员以个人名义非法进奉进口珍货的事

① 《旧唐书》卷一五九，《崔群传》；卷一六六，《白居易传》等。

② （宋）王溥：《唐会要》卷二九，《节日》。

③ 《旧唐书》卷一四，《顺宗本纪》。

④ 陈明光：《论唐代方镇"进奉"》，原载《中国社会经济史研究》1985 年第 1 期，收入氏著《唐代财政史新编》附录三，中国财政经济出版社 1991 年版。

⑤ （唐）杜佑：《通典》卷六，《食货六·赋税下》。

⑥ （唐）李林甫等：《唐六典》卷二二，《少府监》。

⑦ 《旧唐书》卷一〇五，《韦坚传》。

⑧ 当然，唐朝规定岭南地区的土贡品种也有土特产，如《新唐书》卷四三上《地理志七上》载："广州南海郡，中都督府。土贡：银、藤簟、竹席、荔支、鼊皮、鳖甲、蚺蛇胆、石斛、沈香、甲香、詹糖香。"

例。史载，开元二年(714年)十二月，"岭南市舶司右威卫中郎将周庆立、波斯僧及烈等，广造奇器异巧以进"。但即遭到监选司、殿中侍御史柳泽上书阻谏，认为："雕镂诡物，置造奇器，用浮巧为真玩，以诡怪为异宝，乃理国之所巨蠹，明王之所严罚。"①史称"书奏，玄宗称善"。② 看来，周庆之、波斯僧所制造的"诡物奇器"的原材料，或者他们试图取悦玄宗的"进奉"思路，与当地进口珍奇有关，但是他们并非直接以进口珍宝进奉。

安史之乱爆发之后，由于国家财政状况恶化，帝室财政也时呈捉襟见肘之窘态，不少皇帝热衷于接受中央与地方军政官员以各种名目"进奉"钱财，这些"进奉"有些直接进入国库(左藏库)③，更多的是进入内库，但在后来也有从内库拨出支持国家财政的，如据《旧唐书》卷一五《宪宗纪下》的记载统计，宪宗在元和七年到元和十三年(815—821年)曾先后8次从内库调拨大量钱财给度支使用，共计钱123万贯，绢163万匹、银5 000两。所以，我认为唐后期皇帝通过接纳进奉而贮存于"内库"的钱物，在一定意义上可以视为国家财政的变相贮备资金。④ 正因为如此，唐后期官员"进奉"的多是便于国家财政支用的钱、绢和物品。而岭南道由于经济落后，地方财力有限，地方行政官员或市舶官员很难有此类钱物进奉。德、宪二朝官员以法定财政收入或加征钱物的进奉，来自岭南道的仅有一例，即《旧唐书·王锷传》称王锷在担任广州刺史时，在当地征收的商税数量不菲，却只"以两税钱上供、时进及供奉外，余皆自入"。所谓时进就是官员私人在节日之际向皇帝"进奉"。王锷用于"时进"的是两税钱，即与别的地方长官一样称为"羡余"。⑤

因此，安史之乱爆发之后，岭南军政官员或者市舶官员如果要以个人名义向皇帝"进奉"的话，只能是用珍奇宝货之类与帝室的奢侈消费有关的物品。⑥

① (宋)王溥：《唐会要》卷六二，《谏诤》。

② 《新唐书》卷一一二，《柳泽传》。

③ (宋)王钦若等编：《册府元龟》卷一六九《帝王部·纳贡献》载，德宗贞元十七年，衢州刺史郑式瞻进绢五千匹，银二千两，诏付左藏库。

④ 陈明光：《唐代财政史新编》，中国财政经济出版社1991年版，第286~288页。

⑤ 陈明光：《论唐代方镇"进奉"》，《中国社会经济史研究》1985年第1期；又见氏著《唐代财政史新编》附录三，中国财政经济出版社1991年版。

⑥ 《旧唐书》卷一五三《薛存诚传附子廷老传》载："宝历中，任右拾遗，加史馆撰修，时李逢吉秉权，恶廷老言太切直。郑权因郑注得广州节度，权至镇，尽以公家珍宝赴京师以酬恩地。廷老上疏请按权罪，中人由是切齿。"此虽为私人之间的馈赠，但郑权所用为"公家珍宝"，也可为上说的旁证。

出土的唐宦官李敬实的墓志铭称，李氏在宣宗大中四年（850 年）出任广州都监兼市舶使，"才及下车，得三军畏威，夷人安泰。不愈旬月，蕃商大至，宝货盈衢，贡献不愆，颇尽臣节，秩满朝觐，献奉之礼，光绝前后"。① 文中"贡献不愆"指的是"收市"的珍宝，而"献奉之礼"则是李氏个人进奉珍宝。不过，这方面的资料迄今极其罕见。相反的，唐朝后期诸帝多次下令禁止中央或地方长官以个人名义的"进奉"，②而没有公然在诏敕中要求官员个人进奉。当时皇帝如果下令要官员进奉物品，那叫"宣索"，是不能昭示天下的。所以，如果把文宗《疾愈德音》中的"进奉"解释成是要市舶使或岭南地方长官个人进贡，则与此扞格难通。

因此，我认为，文宗《疾愈德音》所说的"进奉"，只能是指官方采购之后的供进。这还可举其他证据。德宗时，陆贽上《论岭南请于安南置市舶中使状》称："岭南节度经略使奏：'近日舶船多往安南市易，进奉事大，实惧阙供。臣今欲差判官就安南收市，望定一中使与臣使司同勾当。'"他摘引的岭南节度经略使的这段奏文说明：第一，岭南对蕃舶的"收市"是为了"进奉"，二者实是供给帝室财政的前后衔接的二个步骤，即先采购，后送往长安。换言之，在这里，"收市"与"进奉"并非不相干的两件事，而是同一件事的两个步骤。第二，正因为"收市进奉"是为帝室财政服务的，为分担责任，岭南节度经略使才要求朝廷派出宦官一起前往安南。也正因为不管是岭南节度经略使，还是朝廷派出的宦官，都须按照国家财政的例行制度为帝室财政进行采购，所以陆贽才说："岭南、安南，莫非王土；中使、外使，悉是王臣。若缘军国所须，皆有令式恒制，人思奉职，敦敢阙供？"③他用"军国所须"指代帝室消费需求，既是一种委婉的用语，也是唐朝帝室财政只是国家财政的一个支出单位这一事实的反映。此外，如德宗贞元十八年（802）徐申任岭南节度使时，"蕃国岁来互市，奇珠、玳瑁、异香、文犀，皆浮海而来，常贡是供，不敢有加，舶人安焉，商贾以饶"。④ 这说明"收市"也可以称为列入国家财政计划的"常贡"。

因此，我认为对文宗《疾愈德音》中的"除舶脚收市进奉"，应断句为"除舶

---

① 关双喜：《西安东郊出土唐李敬实墓志》，《考古与文物》1985 年第 6 期。

② 李锦绣：《唐代财政史稿》（下卷）第二分册，北京大学出版社 2001 年版，第 1014～1016 页。

③ （唐）陆贽：《陆宣公集》卷一八。

④ （清）董诰等编：《全唐文》卷六三九，李翱：《唐故金紫大夫检校礼部尚书使持节都督广州诸军事兼广州刺史兼御史大夫充岭南节度营田观察制置本管经略等使东海郡开国公食邑二千户徐公行状》。

脚、收市进奉",前者属于国家财政收入,后者属于为帝室财政采购并供进。

4.从市舶使人选来看

正因为广州海外进口商品交易与唐朝财政的关系主要是为了满足帝室财政的奢侈性消费需求,所以,唐朝对广州市舶官员的选任才会以宦官为主,偶有朝官。[①] 对市舶使选任者的特殊性,早在 20 世纪 40 年代,韩振华先生就指出:"有唐市舶之设,殆亦势使其然耶?! 帝王之家,喜聚珍奇异宝,舶来之品,正合皇上所欢,故以中官主领舶务,以利采购,以迎上意。"[②]

二、广州"市舶之利"与国家财政

唐朝国家财政与广州"市舶之利"之间既有支出关系,也有收入关系。以往论者对此失于详察。

在财政支出方面,如上所述,有唐一代,国家财政一直要花费资金,为帝室收购进口珍奇,此即"散国财,市蛮宝"。在"收市"中时或存在着压价抑买的现象,但是压价过甚,会使来广州入口的蕃舶大为减少,或者转往安南入口,从而影响有关官员完成为帝室财政的"收市"任务。正如德宗时岭南节度经略使上奏所说的:"近日舶船多往安南市易,进奉事大,实惧阙供。"[③]又如宣宗大中年间,韦正贯任岭南节度使时,"先是,海外蕃贾赢象犀、贝珠而至者,帅与监舶使必搂其伟异,而以比弊抑偿之。至者见欺,来者殆绝。公悉变故态,一无取求,问其所安,交易其物,海客大到"。[④] 可见通过压价进行的"收市"不可能长期维持。据亲历广州的阿拉伯商人苏烈曼记述,当时官员为取悦皇帝,不惜花费重金购买进口珍宝。这是符合"收市进奉"的情理的。总之,"收市"制度往往要使国家财政花费高昂的支出。

现有资料显示,唐后期国家财政从"收市"海外珍奇的得益,是宪宗曾出卖内库的一些珍奇让度支受益,即元和十二年(817 年)九月,"出内库罗绮、犀

---

① 黎虎:《唐代的市舶使与市舶制度》,《历史研究》1998 年第 3 期。

② 韩振华:《唐代南海贸易志》,原载《福建文化》二卷,1947 年第 3 期;收入韩振华《航海交通贸易研究》,香港大学亚洲研究中心 2002 年版。

③ (唐)陆贽:《陆宣公集》卷一八,《论岭南请于安南置市舶中使状》。

④ (清)董诰等编:《全唐文》卷七六四,萧邺:《岭南节度使韦公神道碑》。

玉、金带之具,送度支估计供军"。① 次年二月,宪宗"内出玳瑁琉四百只,犀带具五百副,令度支出卖进直。"这次出卖珍宝所得价钱虽然交给内库,但考虑到当年六月宪宗又以内库绢30万匹、钱30万贯付度支补充军费②,我们不妨也将这次出卖结果视为国家财政受益。除此之外,没有类似记载。可见"收市"制度对于唐朝国家财政而言最主要是支出,几无收入可言。

若要论财政收入,需要考察两个方面,一是通常意义的商税,二是特定的商税即舶脚。

先说通常意义的商税。广州海外交易除了官方的"收市"之外,无疑存在着大量的民间交易。如德宗时,王虔休《进岭南王馆市舶使院图表》称:"臣奉宣皇化,临而存之,除供进备物之外,并任蕃商列肆而市。"③又如文宗《大和八年疾愈德音》称:"其岭南、福建、扬州蕃客,宜委节度观察使,除舶脚、收市进奉外,任其来往,自为交易,不得重加率税。"都可说明在广州海外交易中民间交易是主体。

对这种民间商业交易,唐朝政府是否征收商税呢? 我在《唐五代"关市之征"试探》一文④中曾指出,目前看不到唐朝前期有开征通行于全国的商税的资料。此外,开元四年(716)二月,"有胡人上言海南多珠翠奇宝,可往营致,因言市舶之利",玄宗拟派监察御史杨范臣与胡人前往,杨范臣劝谏说:"彼市舶与商贾争利,殊非王者之体。"玄宗纳谏而止。⑤ 此事可以作为唐前期政府没有对"市舶之利"征收商税的旁证。建中元年(780年)实行两税法改革,规定:"其不居处而行商者,在所郡县税三十之一,度所与居者均,使无侥利。"⑥这是对"行商"征收的商税。同时,唐后期可能还征收税率为2%的交易税性质的"除陌"钱。⑦ 不过,唐朝政府是否对广州海外交易征收上述两项商税,殊可怀疑。据《旧唐书》卷一五一《王锷传》载,德宗时,王锷迁广州刺史、御史大夫、岭南节度使,"广人与夷人杂处,地征薄而丛求于川市。锷能计居人之业而榷其

---

① 《旧唐书》卷一五,《宪宗纪下》。

② (宋)王钦若等编:《册府元龟》卷四八四,《邦计部·经费》。

③ (清)董诰等编:《全唐文》卷五一五。

④ 原载《中国经济史研究》1992年第4期;又见陈明光著《唐代财政史新编》附录四,中国财政经济出版社1991年版,1999年第2次印刷。

⑤ (宋)司马光《资治通鉴》卷二一一。

⑥ 《旧唐书》卷一一八,《杨炎传》。

⑦ 陈明光:《唐代"除陌"释论》,《中国史研究》1984年第4期;又见氏著《唐代财政史新编》附录二,中国财政经济出版社1991年版。

利,所得与两税相埒。锷以两税钱上供、时进及供奉外,余皆自入"。王锷所为说明在两税"上供、送使、留州"三分制下,岭南之州的上供任务只体现为两税钱的上供定额,所以王锷才可以一方面在广州擅自广征商税,另一方面却悉数截留入己。由此可推测对广州海外交易征收商税并没有列入唐朝国家财政收入计划。再者,上引文宗《德音》宣布:"除舶脚、收市进奉外,任其来往,自为交易,不得重加率税。"明确规定不能在"舶脚"之外再加征税。因此,我认为,就通常意义的商税而言,唐代广州"市舶之利"与国家财政收入几无关系。

再说"舶脚"。据上引文宗德音及李肇《唐国史补》卷下的记载,唐朝国家财政从广州海外交易获得的特定商税收入项目是"舶脚"。但是,舶脚如何征收?税率是多少?唐人没有进一步的说明。而迄今不少论著关于征收舶脚的说法,多根据较早由张星烺编注、朱杰勤校订的《苏烈曼游记》的一段译文:

> 外国商船抵埠,官吏取其货物而收藏之,一季之船既全入口,官吏征百分之三十关税后,乃将货交还原主发卖。国王有悦意之货,则以现金及最高购价,付之商人也。[1]

这一段译文把征税与为帝室采购当成两件事情,并说舶脚的税率高达30%。且不论此说别无唐人的其他资料为佐证。更重要的是,后来中华书局又出版穆根来等人的新译本,却是这样翻译的:

> 海员从海上来到他们的国土,中国人便把商品存入货栈,保管六个月,直到最后一艘海商到达为止。他们提取十分之三的货物,把其余的十分之七交还商人。这是政府所需的物品,用最高的价格现钱购买,这一点是没有差错的。每一曼那(mana)的樟脑卖五十个"法库"(fakkou),一法库合一千个铜钱。这种樟脑,如果不是政府去购买,而是自由买卖,便只有这个价格的一半。[2]

若依新的译文,则官方所"提取十分之三的货物",就是要付最高的价格予以收购的商品。这属于国家财政支出的"收市"制度,根本不是税收性质的"纳舶脚"。因此目前不少论著关于舶脚税率为30%的说法并没有可靠的史料依据。

---

[1] 张星烺:《中西交通史料汇编》第二册,中华书局1977年版,第201页。
[2] 穆根来等译:《中国印度见闻录》,中华书局1983年版,第15页。

再进一步考虑,如果官方(免费)"提取的十分之三的货物"要构成国家财政收入,如上所述,由于这些进口货物绝大多数是珍奇异物,官方必须再加出卖,就像后来的宋朝一样,才能变成可供国家财政统一支配的钱财,否则仍只能封存在国库,不可能形成"一大笔税收"。而迄今也似乎看不到唐朝官方营销"纳舶脚"所得的记载。所以,若依据《苏烈曼游记》的这一记述去说明唐朝国家财政从"纳舶脚"获得大量收益,其实并不成立。唐朝国家财政究竟从"纳舶脚"中获得多少利益,尚待发现新的资料才能说明。

三、广州"市舶之利"与地方财政

广州"市舶之利"与唐朝地方财政的关系,在唐代前后期有所不同。

唐朝前期实行统收统支的财政管理体制,地方财政的收支均列入国家财政计划,由中央财政部门统一规划和调拨。当时,唐朝对岭南道诸州实行"轻税"制度。"轻税"仍然是国家税而非地方税,对此李锦绣做了很好的阐述。[①]在度支安排的财政调度计划中,岭南"轻税"诸州的租庸调除一部分上供之外,有一部分就地支用。如军费,杜佑在《通典》卷一七二《州郡典二·大唐》"岭南五府经略使"条下注明:"理南海郡,管兵万五千四百人,轻税当道自给。"[②]又如《通典》卷六《赋税下》记载天宝年间度支安排全国租庸调的支出计划,其中有 1300 万(端匹屯)布绵绢的用途,包括"远小州便充官料、邮驿等费"。目前尚找不到唐前期有用广州的"市舶之利"充当岭南地方军政开支的资料。

唐后期的两税"上供、送使、留州"的定额管理体制下,出现了以收支定额包干为特征的道、州两级地方财政。但是,地方财政的法定收入仍然限定在"两税"之内,唐朝皇帝三令五申:"今后除两税外辄率一钱,以枉法论。"[③]地方长官若进行包括商税在内的"法外加征",是国家法令所不允许的。[④] 因此,在这种地方财政管理体制之下,广州的"市舶之利"不可能是岭南地方财政的合

---

① 李锦绣:《唐代财政史稿》(上卷)第二分册,北京大学出版社 1995 年版,第 612～620 页。

② 《旧唐书》卷四一《地理志四》也称:"其衣粮,轻税当道自给。"

③ 《旧唐书》卷一二,《德宗纪》。

④ 陈明光:《论唐朝两税预算的定额管理体制》,《中国史研究》1989 年第 1 期;《唐五代"关市之征"试探》,《中国经济史研究》1992 年第 4 期。

法收入。

但是,唐朝后期中央集权趋于衰落,地方政府在两税之外的"法外加征"禁而不止。因此,岭南与其他地方一样,也存在着地方长官擅自征率的事实,包括对广州的海外交易。例如,开征"下淀之税"。以往论者把"下淀之税"列入唐朝的国家财政收入,有的甚至把"下淀之税"等同于"舶脚"①,这都是误解。下淀之税的记载见于孔戣的事迹中。韩愈在《唐朝散大夫赠司勋员外郎孔君墓志铭》写道:孔戣在元和十二年(817 年)出任岭南节度等使,"蕃舶之至,泊步有下淀之税,始至,有阅货之燕,犀珠磊落,贿及仆隶,公皆罢之"。② 孔戣有权取消"下淀之税",足见这一税项不是国家财政的收入,而是前任地方长官的擅征之税。正因为岭南长吏存在擅自对广州海外交易征税的现象,文宗《大和八年疾愈德音》才说:"南海蕃舶,本以慕化而来,固在接以恩仁,使其感悦。如闻比年长吏,多务征求,怨嗟之声,达于殊俗",并下令今后除规定的"舶脚、收市进奉"之外,"不得重加率税"。

可见唐朝后期广州"市舶之利"与地方财政的关系,主要表现为地方长吏的擅自"率税",其"率税"所得,可能有一部分转为地方财政收入。但是,率税的主要所得落入了地方长吏的私囊,如德宗时,王锷任岭南节度使时,"西南大海中诸国舶至,则尽没其利,由是锷家财富于公藏。日发十余艇,重以犀象珠贝,称商货而出诸境。周以岁时,循环不绝,凡八年,京师权门多富锷之财。拜刑部尚书"。③ 足见唐后期的"市舶之利"在多数场合既非国家财政所得,亦非地方财政所得,故而地方长吏可恣意贪赃,公行贿赂,而不受法律制裁,反可继续升官。有关岭南地方长吏及市舶官员贪赃聚敛的记载,史不绝书,兹不一一列举。总之,对于地方长吏擅自率税与增加地方财政收入的可能性,不可高估。

综括全篇,唐朝广州的"市舶之利"与财政的关系,主要发生在与帝室财政之间,就是国家财政要花费大笔资金,购买外国珍奇,以满足帝室财政的奢侈性消费需求,从而构成国家财政的一种支出。根据目前的资料,国家财政几乎没有向海外交易征收一般意义的商税以获取财政收入,至于如何征收特定的"舶脚",收入数量有多大,史籍语焉不详,尚须探讨。唐后期地方财政无论从法定财政制度上或是在实际中,从"市舶之利"的获益均微乎其微。

---

① 黎虎:《唐代的市舶使与市舶管理》,《历史研究》1998 年第 3 期。
② (唐)韩愈:《昌黎文集》卷二六。
③ 《旧唐书》卷一五一,《王锷传》。

上述"市舶之利"在唐代财政中的不同地位并非偶然。概括其原因,一是受唐代广州海外进口商品构成的制约。二是受传统的帝室财政对珍奇异物的奢侈性消费需求的影响。三是由于唐朝商品经济水平仍有待提高,皇帝、官僚利用商品经济手段理财的意识尚不强。

作者附识:本文写成后曾请教上海师范大学历史系黄纯艳博士,他回复的意见指出:"我赞同您的基本观点,应该说唐代海外贸易的财政意义还微乎其微。不论以前对唐代海外贸易中的一些概念如何理解,有一个事实是客观存在的,那就是国家不是海外贸易行业(包括输出入贸易和进口品营销)的经营者,而只是进口品的消费者,这或许可以说是宋代海外贸易与唐代海外贸易发展的显著区别。有了这个前提,对海外贸易的财政意义就难以做过高的评价。"我觉得他对唐宋国家在海外贸易的角色差异的评论颇为中肯。

[注:本文第二作者靳小龙]

略论唐朝的州县行纲

一

　　州县行纲是唐朝针对财政运行基本矛盾采取的制度性措施之一。唐朝财政运行的基本矛盾是什么呢？我认为可概括为财源的高度分散性与支出的高度集中性的矛盾。兹以唐朝前期为例略做说明。

　　唐朝前期国家财政收入的主要来源是租庸调、地税和户税,这三项财源都具有高度的分散性。

　　租庸调是人头税,其计征对象是达到法定年龄的全体丁男,即应课口。不过,每年实际计征时要扣除一部分政府允许的免征对象(如对官僚、贵族等的无偿蠲免,对正在服役的府兵、工匠等的折免),因此"应课口"又区分为"课口现输"和"课口现不输"二大类。显然,租庸调作为特指人头税,其税源与政府掌握的户口数特别是其中的"课口现输"数量直接相关。唐朝前期的户口数量由隋末唐初的严重减耗,逐渐繁衍增长,到天宝年间,国家掌握的户口数与课口数都达到峰值。据《通典·历代盛衰户口》记载,天宝十四载(755),唐朝共有8 914 709户,52 919 309口,其中"应课户"5 349 280户,"课口"8 208 300人。[①]

　　《通典·赋税中》记载:"按天宝中天下计帐,户约有八百九十余万……课丁八百二十余万,其庸调租等约出丝绵郡县计三百七十余万丁,庸调输绢约七百四十余万疋,绵则百八十五万余屯,租粟则七百四十余万石。约出布郡县计

---

　　① 原文记载的分项数字如此。若将所记"应不课户"与"应课户"、"不课口"与"应课口"的具体数字相加,与总户数、总口数略有不符。

四百五十余万丁,庸调输布约千三十五万余端。其租:约百九十余万丁江南郡县,折纳布约五百七十余万端。二百六十余万丁江北郡县,纳粟约五百二十余万石。"可知唐朝天宝年间租庸调是向数以千万计的"应课口"挨家挨户征收而来的。这一财源无疑具有高度的分散性。

唐朝前期户税每年征收的总量是先由中央财政部门根据专项支出需求而定,①然后分摊到各州县,再区别纳税户的户等高低计征不同数额的税钱。因此户税的来源也与政府掌握的户口数量密切相关,杜佑在《通典·赋税下》称:"天宝中,天下计帐户约有八百九十余万,其税钱约得二百余万贯。"可见户税的收取同样具有高度分散性。

唐朝前期地税是"履亩而税",基本征收办法为:"凡王公已下,每年户别据已受田及借荒等,具所种苗顷亩,造青苗簿,诸州以七月已前申尚书省;至征收时,亩别纳粟二升。"②可知地税的计征依据是各户当年的实际种植面积。唐朝前期的耕地有多少?未见官方公布的统计数字,唯有杜佑在《通典·赋税下》对所记载的天宝年间"其地税约得千二百四十万石"一句,注解说:"西汉每户所垦田不过七十亩,今亦准此约计数。"汪篯先生据此分析,认为:"杜佑的意思是说,天宝末年,户给八百九十余万,每户垦田约七十亩,则全国垦田约为六百二十余万顷……这里的垦田指的是政府掌握的全国耕地面积。"③此说可供参考。我们大体可以认为,天宝年间唐朝政府要向 6 亿多亩的现耕地征收地税。如此巨量的计税对象足证该项财源是何等分散!

唐朝前期财源的分散性,不仅表现为计税对象数量巨大,而且表现为单位税额少。租庸调的法定税率为:"课户每丁租粟二石;其调随乡土所产绫、绢、𫄸各二丈,布加五分之一,输绫、绢、𫄸者绵三两,输布者麻三斤。"④天宝年间户税的平均税率,杜佑估计为每户 452 文钱。⑤ 地税的税率为每亩 2 升,只约占当时平均亩产量的 1/50。由于单位税额少,加上租庸调、地税征收的是粟稻、纺织品等实物,这就使税物的征收、汇集、调运等都极为琐细繁重、耗时费力,

① (唐)李林甫等:《唐六典》卷三"户部郎中员外郎"条载:"凡天下诸州税钱各有准常、三年一大税,其率一百五十万贯;每年一小税,共率四十万贯,以供军国传驿及邮递之用。每年又别税八十万贯,以供外官之月料及公廨之用。"

② (唐)李林甫等:《唐六典》卷三,"户部郎中员外郎"条。

③ 汪篯:《唐代实际耕地面积》,《汪篯隋唐史论稿》,中国社会科学出版社 1981 年版,第 56~69 页。

④ (唐)李林甫等:《唐六典》卷三,"户部郎中员外郎"条。

⑤ (唐)杜佑:《通典》卷六,《赋税下》。

从而加剧了财源高度分散性给财政运行造成的困难。

上述唐朝前期财源的高度分散性不是偶然的,其经济根源在于当时的社会经济结构,即以一家一户为生产单位、男耕女织的小农经济占主导地位,商品货币经济不发达。

唐朝前期财政支出的高度集中性有两方面的典型表现。

其一,支出需求高度集中于京、都。唐朝以长安为西京,以洛阳为东都,京都作为政治中心,其财政支出以皇室消费、中央百司的行政开支、中央禁军费用为主,此不待细说可知。再加上必要的财政储备,就使唐朝前期的西京、东都作为政治中心,必然是财政支出需求高度集中之处。这从度支对年度财政收入的调度去向及其数量安排可获证明。天宝计帐资料显示,当时全国一年收入税粟共 2 500 余万石,其中,“三百万折充绢布,添入两京库。三百万回充米豆,供尚食及诸司官厨等料,并入京仓。四百万江淮回造米转入京,充官禄及诸司粮料”。此三项合计 1 000 万,占税粟总量的 40%;收入布绵绢等共 2 700 余万端屯匹,其中,“千三百万入西京,一百万入东京”,占布绵绢收入总量的 52%。[①]

其二,军费需求高度集中于边镇。唐朝前期为适应边境军事形势和主要兵制的演变,到开元天宝年间建立了十道边军节度使制度,以统领召募的兵健。到天宝元年,“大凡镇兵四十九万人,戎马八万匹”。[②] 对其军费开支,杜佑在《通典·赋税下》指出:“自开元中及于天宝,开拓边境,多立功勋,每岁军用日增。其费籴米粟则三百六十万匹段,给衣则五百二十万,别支计则二百一十万,馈军食则百九十万石。大凡一千二百六十万,而锡赉之费此不与焉。”可见十道节度使管辖的边镇是除京畿之外的军费需求高度集中之地。

《唐六典》卷三规定户部度支司在财政调度中,必须执行“凡物之精者与地之近者以供御,物之固者与地之远者以供军”。对“供御”(即京都的皇室消费)、“供军”的这种强调,其实就是唐朝财政支出高度集中性的反映。因此,如何将各地征收的大量实物形态的税物有计划地及时地转运到需求之地特别是京都和边镇,即税物的财政性运输,[③]成为唐朝处理财政运行基本矛盾的一种

---

① (唐)杜佑:《通典》卷六,《赋税下》。

② (唐)杜佑:《通典》卷一七二,《州镇二·序目下》。

③ 按,唐朝纳税人自己将税物就近运抵官方仓场,属于税物的征纳运输,而后由官方组织将相对集中的税物,按尚书省户部度支司的调度运抵指定地点,本文谓之为税物的财政性运输。

重要手段。纲运即其具体组织形式。以交通路线划分,纲运有陆运和漕运之分,如《唐六典》卷三《仓部郎中员外郎》规定:"凡都之东租纳于都之含嘉仓,自含嘉仓转运以实京之太仓。自洛至陕运于陆、自陕至京运于水,量其递运节制,置使以监统之。"以物资形态划分,纲运有粮食(租米、两税米)、钱、轻货(绢帛之类)三类,故当时有"庸调租船纲典"①"租纲"②"轻货纲典"③等之称。以官方组织形式划分,有州县行纲与中央财政部门直接经营的纲运二大类,后者如唐朝前期东都洛阳运粮入西京长安的陆运北运"八递场",④唐朝后期的财政"三司纲运"。⑤ 本文以下专论州县行纲制度。

二

唐朝前期中央规定以州为单位,州县官吏负有轮流充任纲、典,督运当州的行纲,将上供税物解运入缴京都国库的责任。这虽未见诸《唐六典》,但其他资料足以证明是一项财政运行制度。例如,吐鲁番出土的唐《仪凤三年度支奏抄、四年金部旨符》规定:"每年伊州贮物叁万段,瓜州贮物壹万段,剑南诸州庸调送至凉府日,请委府司,各准数差官典部领,并给传递往瓜、伊二州。"⑥敦煌出土的《开元水部式残卷》载:"桂、广二府铸钱及岭南诸州庸调并和市、折租等物,递至扬州讫,令扬州差纲送都。"所谓"差官典部领""差纲送"即指州县行纲。开元六年(718年)五月,玄宗敕:

---

① 如(宋)李昉等编《太平广记》卷二六三《李宏》引《朝野佥载》称:"唐李宏,汴州浚仪人也,凶悖无赖,狠戾不仁。每高鞍壮马,巡坊历店,吓庸调租船纲典,动盈数百贯。强贷商人巨万,竟无一还。商旅惊波,行纲侧胆。"

② (宋)李昉等编:《太平广记》卷一〇一,《马子云》。

③ (宋)王钦若等编:《册府元龟》卷五〇六,《邦计部·俸禄第二》,"永泰二年"条。

④ (唐)杜佑:《通典·漕运》载:"旧于河南路运至陕郡太原仓,又运至永丰仓及京太仓。开元初,河南尹李杰始为陆运使,从含嘉仓至太原仓,置八递场,相去每长四十里。每岁冬初起,运八十万石,后至一百万石。每递用车八百乘,分为前后,交两月而毕。其后渐加,至天宝七载,满二百五十万石。每递用车千八百乘,自九月至正月毕。"

⑤ (宋)王钦若等编《册府元龟》卷九二二《总录部·妖妄第二》载,唐末,淮南强藩高骈的宠臣吕用之在扬州,"肆留三司纲运,半归其家"。

⑥ 大津透:《唐律令国家的预算——仪凤三年度支奏抄、四年金部旨符试释》,载《史学杂志》第95编第12号。

诸州每年应输庸、调、资课、租,及诸色钱物等,令尚书省本司预印纸送部,每年通为一处,每州作一簿,预皆量留空纸,有色、数,并于脚下具书纲、典姓名,郎官印置。如替代,其簿递相分付。①

可见唐朝前期中央对于州县行纲所运送的税物、计划安排和管理方式有一定之制。归纳有关资料,唐朝前期的州县行纲制度有以下几方面的主要内容。

第一,关于役力及其经费的来源。唐朝税物的财政性运输由官方雇佣人力和交通工具加以实施,其费用多是向纳税人征收来的,故时人有"价值非率户征科,其物尽官库酬给"之说。② 如庸调的运脚,唐令规定:"诸庸调物,每年八月上旬起输,三十日内毕。九月上旬各发本州……其运脚出庸调之家,任和雇送达。"③吐鲁番出土的唐代庸调布有一块题为婺州兰溪县归德乡吴姓两人"共入一端作脚布",④是执行该项唐令的实物证明。州县行纲支付的运输费必须遵照中央的规定。尚书省户部度支司对州县行纲雇用人力运输税物的不同费用标准具体规定为:

河南、河北、河东、关内等四道诸州,运租、庸、杂物等脚,每驮一百斤,一百里一百文,山阪处一百二十文;车载一千斤九百文。黄河及洛水河,并从幽州运至平州,上水十六文,下水六文。余水,上十五文;下五文。从澧,荆等州至扬州,四文。其山陵险难、驴少处不得过一百五十文;平易处,不得下八十文。其有人负处,两人分一驮。其用小舡处,并运向播、黔等州及涉海,各任本州量定。⑤

第二,关于州县行纲负责人的选派。唐朝州县行纲的负责人在法律上被

<hr>

① (宋)王溥:《唐会要》卷五八,《户部尚书》。

② 长安四年(704 年)武则天打算再度自洛阳返回长安,洛阳县尉杨齐哲上疏劝谏曰:"陛下今幸长安也,乃是背逸就劳破益为损……长安府库及仓,庶事空缺,皆藉洛京转输,价值非率户征科,其物尽官库酬给,公私靡耗,盖亦滋多。"(《全唐文》卷二六〇,杨齐哲:《谏幸西京疏》)

③ (唐)杜佑:《通典》卷六,《赋税下》。

④ 王炳华:《吐鲁番出土唐代庸调布研究》,见《唐史研究论文集》,陕西人民出版社1983 年版,第 11 页。

⑤ (唐)李林甫等:《唐六典》卷三,中华书局 1992 年点校本,第 80～81 页。

称为"纲"或"典"。州县官员应由谁充任纲、典呢？洛阳出土的含嘉仓铭砖，留有高宗武则天时期"录事"充纲、"县承"充副纲的记录。① 其中的"录事"当指州录事参军。唐人张鷟在《朝野佥载》卷二记载："杭州参军独孤守忠领租船赴都，夜半急追集船人，更无他语，乃曰：'逆风必不得张帆。'众大哂焉。"说的就是州佐充纲典的笑话。据说，虔州（治在今江西赣州市）参军崔进思，"充纲入都，送五千贯，每贯取三百文裹头，百姓怨叹，号天哭地"。② 开元二十八年（740年）三月，玄宗发布一道有关官员考满待替的诏令，对"县令知仓库、供奉、伎术及充纲领等"有所优待，③显然是鼓励县令亲自出任纲领。《大唐新语》卷七《宽恕》记载，玄宗时期，"时有敕令上佐、县令送租"，临朐（今山东临朐县）县令刘童遂"自送租"至司农寺仓场输纳的故事。《太平广记》收录了若干县佐充纲、典的事例。例如，泾县（今安徽泾县）尉马子云"……在官日，充本郡租纲赴京"。④ 开元中，开封（今河南开封）县尉刘某，"谒州将，请充纲使。州将遣部其州租税至京……纳州赋于左藏库"。⑤ "开元末，金坛（今江苏金坛县）县尉王甲，以充纲领户税在京，于左藏库输纳。"⑥天宝初年，东平（今山东东平县）县尉李麾在"充租纲入京"途中发生了婆狐仙为妇的奇遇。⑦ 又如《广异志》载，天宝初，长沙尉成珪"部送河南桥木，始至扬州，累遭风水，遗失差众。扬州所司谓珪盗卖其木，拷掠行夫。不胜楚痛，妄云破用"。天宝十四载（755）安史之乱爆发后，玄宗逃至扶风郡，分发蒙阳（今四川彭县东蒙阳）尉刘景温为纲使送来的益州春采十万匹安抚随扈将士。⑧ 根据这些资料归纳，州县行纲的纲、典应是以州录事参军、县尉为主，唐玄宗曾鼓励县令亲自充任纲、典。

第三，关于州县行纲纲、典应负的责任。

按唐律，州县官员被派充纲、典，都必须亲自出行，不能出钱请别人替代，或者私下轮流，也不能把自己名下的行纲托别的行纲纳典代领，违者要受刑法处置。此即《唐律疏议》卷一一所规定的："诸奉使有所部送，而雇人寄人者，杖一百；阙事者，徒一年。受寄雇者，减一等。即纲、典自相放代者，笞五十；取财

---

① 《洛阳隋唐含嘉仓的发掘》，《文物》1972年第3期。

② （宋）李昉等编：《太平广记》卷一二六，《崔进思》。

③ （宋）王溥：《唐会要》卷八一，《考上》。

④ （宋）李昉等编：《太平广记》卷一〇一，《马子云》。

⑤ （宋）李昉等编：《太平广记》卷二一六，《李老》。

⑥ （宋）李昉等编：《太平广记》卷三八〇，《金坛王丞》。

⑦ （宋）李昉等编：《太平广记》卷四五一，《李麾》。

⑧ 《旧唐书》卷一〇六，《韦见素传》。

者,坐赃论;阙事者,依寄雇阙事法。仍以纲为首,典为从。"对此条律文,《疏议》解释说:

> "奉使有所部送",谓差为纲、典,部送官物及囚徒、畜产之属。而使者不行,乃雇人、寄人而领送者,使人合杖一百。"阙事者",谓于前事有所废阙,合徒一年。其受寄及受雇者,不阙事杖九十,阙事杖一百,故云"减一等"。

> 或纲独部送而放典不行,或典自领行而留纲不去,此为"自相放代",答五十。受财者,坐赃论。其阙事及不阙事,并受财输财者,皆以纲为首,典为从。假有两纲、两典,一纲、一典取财代行,一纲、一典与财得住,与财者坐赃论减五等,纵典发意,亦以纲为首,典为从;取财者坐赃论。其赃既是"彼此俱罪",仍合没官。其受雇者,已减使罪一等,不合计赃科罪,其赃不征。若监临官司将所部典行放取物者,并同监临受财之法,不同纲、典之罪。即虽监临,元止一典,放住代行者,亦同纲、典之例。

唐朝对州县纲典转运来的税物数量和质量有验收制度。如对漕米,司农丞的职责之一在于:"凡受租皆于输场对仓官、租纲吏人执筹数函,其函大五斛,次三斛,小一斛。"①开元初,唐朝还规定司农寺要采取"扬掷"的办法验收运抵的租米。《旧唐书》卷四九《食货志下》载:

> 先是,米至京师,或砂砾糠粃,杂乎其间。开元初,诏使扬掷而较其虚实,"扬掷"之名,自此始也。开元九年(721)五月二十五日,玄宗敕:"水运米扬掷。四、五、六、七月,米一斗欠五合;三、八月,米一斗欠四合;二、九月米,一斗欠三合;正、十、十一月、十二月,米一斗欠二合,并与纳。"②

唐朝之所以要对"扬掷"之后的水运米的合理欠折限量作出规定,是因为按唐律规定,州县官员充纲、典对所部领之物如数量或质量有问题须负"陪填"之责。唐《仓库令》规定:"诸庸调等应送京者,皆依[见]送物数色目,各造解一道,函盛封印,付纲典送尚书省,验印封全,然后开付所司,下寺领纳旋具申。

---

① (唐)李林甫等:《唐六典》卷一九,《司农寺》。
② (宋)王溥:《唐会要》卷八七,《漕运》。

若有欠(及)损,随即理(征)填。其(有)滥恶短狭不依式者,具状申省,随事推决。"①《唐律疏议》卷一五《厩库律》规定:"诸应输课税及入官之物,而回避诈匿不输,或巧伪湿恶者,计所阙,准盗论。主司知情,与同罪;不知情,减四等。"《疏议》的解释是:

> "应输课税",谓租、调、地税之类,及应入官之物,而回避诈匿,假作逗留,遂致废阙及巧伪湿恶,欺妄官司,皆总计所阙入官物数,准盗科罪,依法陪填。主司知其回避诈匿、巧伪湿恶之情而许行者,各与同罪。不知情者,减罪四等。县官应连坐者,亦节级科之。州官不觉,各递减县官罪一等。州县纲、典不觉,各同本司下从科罪。若州县发遣依法,而纲、典在路,或至输纳之所事有欺妄者,州县无罪。

事实上,州县行纲在路途中因交通事故造成的物资亏损,也要充纲典者赔填。例如,前述的径县尉马子云充本郡租纲,"途由淮水,遇风船溺,凡沉官米万斛,由是大被拘系",五年之后才遇赦出狱。拘系长达五年,显然是因他无财力赔填。不过,也有不少纲、典假借"陪填"之名牟取私利。开元九年十月,玄宗敕曰:

> 如闻天下诸州送租庸,行纲发州之日依数收领,至京都不合有欠。或自为停滞,因此耗损,兼擅将货易,交折遂多,妄称举债陪填,至州重征百姓;或假托贵要,肆行逼迫。江淮之间,此事尤甚。所由既下文牒,州县递相禀承,户口艰辛,莫不由此。自今以后,所有损欠应须陪填,一事以上,并勒行纲及元受领所由人知。其受纳司不须为行下文牒,州县亦不得征打。仍委按察司采访,如有此色,所由官停却,具状奏。②

这道敕文指出"陪填"出现一些弊端,主要是州县纲、典或者自己在途中滞留过长,造成税物损耗,或者私下将部领的税物拿去贸易,做了蚀本生意,却把"陪填"之责转嫁给纳税人,要他们补纳赋税,甚至有假借"陪填"之名肆意向纳税人逼税的。所以该敕文重申"陪填"的经济损失必须全部由充纲典者个人承

---

① 天一阁博物馆等:《天一阁藏明钞本天圣令校证》下册,中华书局2006年版,第285页。

② (宋)王钦若等编:《册府元龟》卷四八七,《邦计部·赋税》。

担。因此,州县纲典被列为御史台的地方监察对象。《唐六典》卷十三《御史台》规定,殿中侍御史"各察其所巡之内有不法之事",包括"诸州纲典贸易隐盗"。

总之,州县行纲是唐朝前期税物的财政性调度的主要组织方式。行纲制度是唐朝前期地方政府应承担的财政管理职责的一个重要内容。以州郡录事参军和县尉为主的地方官员是该项制度的主要执行者和责任人,若有违法行为,要受御史台的纠弹和刑律处分。

三

以安史之乱为枢纽,唐朝由前期转入后期。就行纲制度而言,唐朝后期的重大变化在于度支、盐铁转运和户部三司的纲运成为中央财政调运税物的主要组织形式,州县行纲则退居次要地位。

安史乱起,州县纲典制度仍在运行。肃宗即位着手组织平叛战争之际,因东都洛阳及河南已为叛军所占,此前唐朝把江淮财赋运集洛阳,再经黄河、渭水转运西上的漕运体系无法继续运行,州县行纲也同样难于照常运行。江淮地方政府往玄宗所在地成都及肃宗所在地灵武(今宁夏灵武西南)运送财赋,不得不绕路辗转西行,即"江淮奏请贡献之蜀、之灵武者,皆自襄阳取上津路抵扶风"。① "贡献"虽然不同于常规的税物上供,但其中应也包括部分的州县行纲。

代宗时随着战事的逐步平息,州县行纲也逐渐恢复。如永泰二年(766年)十一月,为了接济长安京官的禄料,代宗下令:"其诸州府县官及折冲府官职田,据苗子多少,三分每年宜取一分,依当处时价回市轻货,数内破脚,差纲部领送上都,纳青苗钱库……其送物纲典计数,准轻货纲典例处分。"② 这是要求地方军政部门把职田租粮收入的三分之一购置绢帛之类的"轻货",扣除所需的运费之后派纲典送到东都洛阳青苗钱库交纳。大历初,张万福任舒庐寿三州都团练使,"州送租赋诣京师,至颍州界为盗所夺,万福领轻兵驰入颍州界讨之",悉数追回。③ 大历六年(771年)韩滉任户部侍郎判度支,史称:"自至

---

① (宋)司马光:《资治通鉴》卷二一八,至德元载八月记事。
② (宋)王钦若等编:《册府元龟》卷五〇六,《邦计部·俸禄第二》。
③ 《旧唐书》卷一五二,《张万福传》。

德、乾元已后,所在军兴,赋税无度,帑藏给纳,多务因循。混既常司计,清勤检辖,不容奸妄,下吏及四方行纲过犯者,必痛绳之。"①这说明中央财计部门对州县行纲的考核奖惩也有所恢复。不过,肃代时期,方镇各据一方、自擅财赋的态势严重,唐中央财政所需税物更多的是依靠度支使和盐铁转运使的调运,这就是后来杨炎所说的:"军国之用,仰给于度支、转运二使;四方征镇,又自给于节度、都团练使。"②在这种情况下,州县行纲的实际运转相当有限。

建中元年建立两税三分制之后,有上供定额的州郡主要是江南诸州县仍然要以"纲"的形式向长安、洛阳输送两税钱物。贞元二年(786年)正月,宰相崔造甚至宣布以州县行纲全面取代财政三司行纲,③不过很快就恢复两类行纲并行不悖的旧制。④为此,唐中央对州县行纲的选任及其考核、经济责任等或有重申或有新举。如贞元三年(787年)德宗下诏:"其州县诸色部送,准旧例以当州官及本土寄客有资产干了者差遣。"⑤这里规定纲典人选除了当地官员,还可用非本籍人但有资产的能干者。提出资产条件显然是出于他们应有经济能力"陪填"行纲损失的考虑。

唐朝后期中央对充纲典的地方官员的奖励,仍然以升官为主要手段。如贞元十三年(797年)判度支苏弁奏:"岭南行纲,送钱物数满二万贯无损折者,即依旧敕,例与改官。"⑥文宗大和四年(830年)二月,御史台上奏论"内外六品以下官有不之任、诸色事故勾留等"之弊,其中谈到江淮州县"每年须部送两税左藏库,行纲不知处差常务,例置以官,糜费因缘,所害甚广"。⑦

州县官充当纲典押解当地上供税物赴京,使众多的州县官脱离了行政管理岗位,影响日常的地方行政事务管理。为此,宝历元年(825年)十二月,江西观察使殷侑奏:"管内州县官,大半勾当留在京师,职掌当道两税外,又度支米谷见在官为送纳者。今请下有司,留放五员。"史载敬宗"从之,仍敕诸道准此"。⑧这是试图对州县官因充当纲典而羁留京城的人数有所限制。但是,此

---

① 《旧唐书》卷一二九,《韩混传》。

② 《旧唐书》卷一一八,《杨炎传》。

③ (宋)王溥《唐会要》卷八三《租税上》:"贞元二年正月诏:天下两税钱,委本州拣择官典送上都。其应定色目、程限、脚价钱物,委度支条流闻奏。"就是崔造改制的反映。

④ 《旧唐书》卷一三〇,《崔造传》。

⑤ 《旧唐书》卷一二九,《张延赏传》。

⑥ (宋)王钦若等编:《册府元龟》卷四九八,《邦计部·漕运》。

⑦ (宋)王钦若等编:《册府元龟》卷五一六,《宪官部·振举》。

⑧ (宋)王溥:《唐会要》卷七八,《诸使中·诸使杂录上》。

举只是一时的措施,实际上唐朝中央颇为鼓励州县官员充纲。为鼓励州县官员充纲的积极性,提高州县行纲的财政效益,开成元年(836 年)三月十日,文宗下令建立长定纲制度,诏称:

> 宜令两税州府,各于见任官中拣择清强长定纲往来送。五万至十万为一纲。纲官考满,本州便与依资奏改。通计十年,往来优成,与依资选,迁当处令(录)长(马)。① 如本州官资望无相当者,许优成奏他处官。②

可知所谓长定纲,就是让一部分州县官佐固定地充任两税纲典,以十年为考核周期,业绩优秀者可提升为县令。不过,到了开成四年十月,中书门下上奏论说长定纲之弊,认为:

> 诸道有上供两税钱物者,大小计百余处。旧例差州县官充纲,亦不闻过有败阙。若依敕以长定纲为名,则命官不以才能,赋禄难凭傤运。况江淮财赋大州,每年差纲十余辈,若令长定,则官员长占于此流。若只取数人,纲运当亏其大半。臣等商量,长定纲起来年已后勒停。

并提出州县官员充纲的业绩考核与奖励改进方案,建议说:

> 准开成元年已前旨条:州县官充纲,送轻货四万已上,无欠少、不逾程限者书上考,十万减选一。其余优奖,犹以稍轻。送二万至五万,依旧书上考。五万至七万,与减一选。七万至十万,减两选。十万至十五万,减三选。如一度充纲,优劳未足,考秩之内,情愿再差者,旨条先有约绝,此后望令开许。如年少及材质不当,但令准旧例以课料资陪,不必一例依次差遣。③

对上述厘革方案,《新唐书·食货志三》有简明扼要的概括,称:"宰相亦以

---

① 按,《新唐书·食货志》称:"故事,州县官充纲,送轻货四万,书上考。开成初,为长定纲,州择清强官送两税,至十万迁一官,往来十年者授县令。"故知"录""马"二字为衍。
② (宋)王溥:《唐会要》卷八四,《租税下》
③ (宋)王溥:《唐会要》卷八四,《租税下》。

长定纲命官不以材,江淮大州,岁授官者十余人,乃罢长定纲,送五万者书上考,七万者减一选,五十万减三选而已。"从开成年间唐中央围绕长定纲置废的议论中可以看出,当时州县行纲还是相当活跃的。

为惩治治州县行纲的贪赃行为,会昌元年(841 年)正月,根据盐铁使柳公绰的建议,武宗下诏恢复对财政三司官吏以及行纲等贪赃一律要处以死刑的规定,诏称:

> 朝廷典刑,理当画一。官吏赃坐,不宜有殊。内外文武官犯入已赃绢三十疋,尽处极法。惟盐铁、度支、户部等司官吏,破使物数虽多,只遣填纳,盗使之罪,一切不论。所以天下官钱,悉为应在;奸吏赃污,多则转安。此弊最深,切要杜塞。自今以后。度支、盐铁、户部等司官吏及行纲、脚家等,如隐使官钱,计赃至三十疋,并处极法,除估纳家产外,并不使征纳。其取受赃亦准此。①

尽管有刑罚的威慑,唐朝后期州县行纲制度要正常运行,主要依靠中央集权制作为政治保障。因此,随着唐末方镇割据与自擅财赋状况的加剧,州县行纲便难以为继,唐朝中央财政运行的困境也在加剧。史载,僖宗光启元年(885年),长安"军旅既众,南衙北司官属万余,三司转运无调发之所,度支惟以关畿税赋,支给不充,赏劳不时,军情咨怨……时李昌符据凤翔,王重荣据蒲、陕,诸葛爽据河阳、洛阳,孟方立据邢、洺,李克用据太原、上党,朱全忠据汴、滑,秦宗权据许、蔡,时溥据徐、泗,朱瑄据郓、齐、曹、濮,王敬武据淄、青,高骈据淮南八州,秦彦据宣、歙,刘汉宏据浙东,皆自擅兵赋,迭相吞噬,朝廷不能制。江淮转运路绝,两河、江淮赋不上供,但岁时献奉而已。国命所能制者,河西、山南、剑南、岭南西道数十州。大约郡将自擅,常赋殆绝,藩侯废置,不自朝廷,王业于是荡然"。② 乾宁三年(896 年)七月,昭宗被逼逃离长安,还任命韩建为"催促诸道纲运使"③,但是随着李唐王朝行将被推翻,州县纲运制度已是名存实亡。

---

① (宋)王钦若等编:《册府元龟》卷六一三,《刑法部·定律令第五》。
② 《旧唐书》卷一九下,《僖宗纪》。
③ 《旧唐书》卷二〇上,《昭宗纪》。

唐朝中央对地方政府的
财政监督述论

众所周知,有唐一代三百余年可以安史之乱为界标,划分为唐前期和唐后期两大阶段。唐朝的前期和后期在政治、经济、财政、军事等方面均有重大的制度变迁。以财政而言,唐朝前后期的财政管理体制迥然不同,从而引起中央对地方政府的财政监督制度及其实施状况都发生明显变化。本文拟对此略做述论。

一

唐代前期(618—755 年)建立并较好地维持着中央集权的统收统支的财政管理体制。户部尚书、户部侍郎领导下的户部、度支、金部、仓部四司,掌管制定唐朝国家财政的收入、支出、保管、调度等各个方面的主要政令,是名副其实的财政管理中枢。各级地方政府必须严格按照中央的法令规定和财政计划组织收入、完成上供和执行支出安排,他们完全没有财政收支自主权,其财政管理行为受到中央严格的监督。

唐前期中央对地方政府的财政监督,可从法令依据、监督主体和监督方式三方面加以说明。

1.法令依据

唐朝前期对地方政府的财政监督的法令依据比前代更为完善。唐朝规定由殿中侍御史监察地方官员"赋敛不如法式"的行为。"法式"就是法制规定。史载:"唐兴,高祖入京师,约法十二条,惟杀人、劫盗、背军、叛逆者死。及受禅,命纳言刘文静等损益律令。武德二年,颁新格五十三条,唯吏受赇、犯盗、诈冒府库物,赦不原。"①可知唐朝建立之初在简约法律的情况下,仍严格规定了财政监督的法令。随着唐朝法律体系的建立,财政监督的法令依据也逐步完善。

《新唐书·刑法志》指出:"唐之刑书有四,曰:律、令、格、式。令者,尊卑贵贱之等数,国家之制度也;格者,百官有司之所常行之事也;式者,其所常守之法地。凡邦国之政,必从事于此三者。其有所违及人之为恶而入于罪戾者,一断以律。"律、令、格、式的相关内容至今可知篇目的,如《赋役令》《仓库令》《禄令》,《户部格》《金部格》《仓部格》,《户部式》《度支式》《计帐式》等,它们或是汇总的同类法令,或是单篇法令,都是财政监督的法律依据。可惜其内容今残存不一。近年天一阁藏明钞本北宋《天圣令》所附唐《开元令》的发现,使我们得以认识唐《令》中诸多财政法令的原貌。② 而《唐律疏议》长期流传于世,则使后人对唐朝如何援引律文进行财政监督并惩治违法行为有较清晰的了解。《唐律疏议》通过律文、注文和《疏议》相结合的形式,进一步明确对财政违法行为的认定及其量刑依据。例如,作为监督地方政府组织财政收入是否违法的法令依据,《唐律疏议》卷十三《户婚律》的律文规定:

> 诸差科赋役违法及不均平,杖六十。若非法而擅赋敛,及以法赋敛而擅加益,赃重入官,计所擅坐赃论;入私者,以枉法论;至死者加役流。

《疏议》解释说:

> 依《赋役令》:"每丁,租二石;调绝、绢二丈,绵三两,布输二丈五尺,麻三斤;丁役二十日。"此是每年以法赋敛,皆行公文,依数输纳。若临时别差科者,自依临时处分。如有不依此法而擅有所征敛,或虽依格、令、式而擅加益,入官者,总计赃至六疋,即是重于杖六十,皆从"坐赃"科之……称"入私",不必入己,但不入官者,即为入私。③

又如,作为监督地方政府是否如期如数征缴赋税收入的法令依据,《户婚律》的律文及解释为:

---

① 《新唐书》卷五六,《刑法志》。

② 戴建国:《唐〈开元二十五年令·田令〉研究》,《历史研究》2000 年第 2 期;天一阁博物馆:《天一阁藏明钞天圣令校证(附唐令复原研究)》,中华书局 2006 年版。

③ (唐)长孙无忌等:《唐律疏议》,中华书局 1983 年点校本,第 252 页。

诸部内输课税之物，违期不充者，以十分论，一分笞四十，一分加一等。（注：州、县皆以长官为首，佐职以下节级连坐。）

《疏议》曰：

"输课税之物"，谓租、调及庸、地租、杂税之类。物有头数，输有期限，而违不充者，以十分论，一分笞四十。假有当里之内，征百石物，十斛不充笞四十，每十斛加一等，全违期不入者徒二年。州、县各以部内分数，不充科罪准此。

刺史、县令，宣导之首，课税违限，责在长官。"佐职以下节级连坐"，既以长官为首，通判官为第二从，判官为第三从，主典及检勾之官为第四从。以劝导之首属在长官，故不同判事差等。①

又如，作为监督地方政府运输和保管税物有否违法的法令依据，《厩库律》的律文规定："诸应输课税及入官之物，而回避诈匿不输，或巧伪湿恶者，计所阙，准盗论。主司知情，与同罪；不知情，减四等。"《疏议》解释说：

"应输课税"，谓租、调、地税之类，及应入官之物，而回避诈匿，假作逗留，遂致废阙及巧伪湿恶，欺妄官司，皆总计所阙入官物数，准盗科罪，依法陪填。主司知其回避诈匿、巧伪湿恶之情而许行者，各与同罪。不知情者，减罪四等。县官应连坐者，亦节级科之。州官不觉，各递减县官罪一等。州县纲、典不觉，各同本司下从科罪。若州县发遣依法，而纲、典在路，或至输纳之所事有欺妄者，州县无罪。

《唐六典》规定殿中侍御史负有纠弹"诸州纲典贸易隐盗"之责，显然上述律文就是其法律依据。

要言之，唐律采取律、注、疏三种形式，明确了对地方官员各种财务违法行为的认定与量刑尺度，使对地方政府的财政监督的法律依据更具可操作性。

2.执行主体和监督形式

唐朝前期中央对地方政府的财政监督的执行主体是御史台。御史台作为唐朝的常设监察机构，职责广泛，其中包括财政监督。察院、殿院是御史台行

---

① （唐）长孙无忌等：《唐律疏议》，中华书局1983年点校本，第252～253页。

使常规财政监察职能的主体部门。按分工,监察御史"掌分察百僚,巡按郡县,糺视刑狱,肃整朝仪"。"若在京都,则分察尚书六司,糺其过失,及知太府、司农出纳";若巡按郡县,要对"诸道屯田及铸钱""审功糺过"。殿中侍御史"各察其所巡之内有不法之事",包括"诸州纲典贸易隐盗、赋敛不如法式"。可见察院、殿院的财政监察对象包括中央和地方官员执行财政法令的情况,以及专项财务两类,且各有重点。

唐朝前期要维护统收统支的高度中央集权财政管理体制,严格规范地方官员的财政收支行为是关键之所在。按《唐六典》规定,监察御史监察地方是采取"巡按郡县"的方式。唐《仓库令》规定:"在外凡有仓库之处,覆囚使及御史出日,即令案行。其贮掌盖覆不如法者,还日闻奏。"①不过,监察御史员额不多,从最初的四员增加到十员,后又增设监察御史里行五员,而唐朝前期州府却有三百多个,尽管史籍缺乏武则天之前的相关具体记载,揆之常理,为数不多的监察御史要出巡四方,必然是"才有限而力不及"。为了增强御史台监察地方的能力,武则天曾采取扩充御史台的正式机构及其员额的办法。光宅元年(684年),她下令把御史台改称肃政台,"凡置左、右肃政二台,别置大夫、中丞各一人,侍御史、殿中、监察各二十人,左以察朝廷,右以澄郡县"。即右肃政台二十名御史专门负责监察地方吏治包括财政监督。关于右肃政台的监察方式,杜佑指出:"初置两台,每年春秋发使,春曰风俗,秋曰廉察。令地官尚书韦方质为条例,删定为四十八条,以察州县。载初元年(689年)以后,奉饬乃巡,不每年出使也。"可知右肃政台派遣御史每年出巡地方的监察形式只实行了十五年左右。而"奉饬乃巡,不每年出使",才是唐前期御史台监察地方的常规形式。②可见唐朝前期如果仅仅依靠御史台官员对地方政府进行财政监督,力度有限。

再说,即使是每年出巡,右肃政台每年轮流派出的御史只有八个人,③他们往返时限迫促,巡行地域广泛,监察内容繁多,所到之处犹如蜻蜓点水,实效也不大。正如万岁通天元年(696年),凤阁舍人李峤上疏武则天所说的:

陛下创置左右台,分巡天下,察吏人善否,观风俗得失。斯政途之纲纪,礼法之准绳,无以加也。然犹有未折衷者,臣请试论之。夫禁网尚疏,法令宜简,简则事易行而不烦杂,疏则所罗广而无苛碎。窃见垂拱二年(686年)诸道巡察使科目凡四十四件,至于别作格敕令访察者,又有三十余条。而巡察使率是三月之后出都,十一月终奏事,时限迫促,簿书委积,昼夜奔逐,以赴限期。而每道所察文武官,多至二千余人,少尚一千已下,皆须品量才行,褒贬得失,欲令曲尽行能,皆所不暇。此非敢惰于职而慢于官也,实才有限而力不及耳。①

可见唐朝前期不管是每年出巡还是奉敕乃行,要想依靠御史台少量官员对地方政府进行常规的财政监督,实效相当有限。因此,监察御史巡按州县,通常是处理已经暴露的需要中央直接干预的案件,②属于事后监督,而不是去寻访发现潜在的违法行为,进行事前监督。

为了弥补御史台监察地方功能的不足,唐朝前期时有派遣监察使臣的举动。贞观八年(634年),唐太宗选派十二名他官,加上御史大夫,共十三人充使分巡地方,责成他们去发现和处理违法官员。③《资治通鉴》卷一九四称为"诸道黜陟大使"。当时只划分十道,这十三人如何分巡诸道史无明文,但肯定不是一人管一道。此后这种做法时见实行,使臣人数多少不一,都不是每道指派一人出巡。④

唐中宗正式按道分设巡察使,作为监察地方政府的新组织形式。史载,中宗神龙二年(706年)二月,分天下为十道,置巡察使二十人,每道二人。"以左右台及内外官五品以下(应为'上')坚明清劲者为之。兼(应为'廉')按郡县,

---

① (宋)王溥:《唐会要》卷七七,《巡察按察巡抚等使》。

② 何汝泉:《唐代前期地方监察制度》,《中国史研究》1989年第2期。

③ 《旧唐书》卷三《太宗本纪》载:贞观八年正月壬寅,"命尚书右仆射李靖,特进萧瑀、杨恭仁,礼部尚书王珪,御史大夫韦挺,鄜州大都督府长史皇甫无逸,扬州大都督府长史李袭誉,幽州大都督府长史张亮,凉州大都督李大亮,右领军大将军窦诞,太子左庶子杜正伦,绵州刺史刘德威,黄门侍郎赵弘智使于四方,观省风俗"。

④ 如(宋)司马光《资治通鉴》卷一九八贞观二十年正月记事称:"丁丑,遣大理卿孙伏伽等二十二人以六条巡察四方,刺史、县令以下多所贬黜,其人诣阙称冤者,前后相属。"《旧唐书》卷四《高宗本纪》载,龙朔三年八月,"命司元太常伯窦德玄、司刑太常伯刘祥道等九人为持节大使,分行天下"。

再期而代。"①这批巡察使有些人具有御史职衔,如御史中丞姜师度、殿中侍御史源乾曜、监察御史卢怀慎,这说明御史台官员通过出任巡察使而使其监察地方的职责有所发挥。②

睿宗景云二年(711年),改置按察使,每道各一人,任期改为"不限年月"。开元年间先实行按察使制度,开元二十二年(734年)起改为采访处置使。③ 分道巡察按察的内容包括财政监督。《新唐书》卷四八《百官志三》载:

> 凡十道巡按,以判官二人为佐,务繁则有支使。其一,察官人善恶;其二,察户口流散,籍帐隐没,赋役不均;其三,察农桑不勤,仓库减耗;其四,察妖猾盗贼,不事生业,为私蠹害;其五,察德行孝悌,茂才异等,藏器晦迹,应时用者;其六,察黠吏豪宗兼并纵暴,贫弱冤苦不能自申者。

所察"籍帐隐没,赋役不均";"仓库减耗",即属财政监督内容。监察使臣的巡按内容包括财政违法行为,如开元二十九年(741年)五月,玄宗派大理卿崔翘、尚书右丞席豫、工部侍郎郭虚己、御史中丞张倚、中书舍人孙逖等分行天下,诏曰:"其官吏中有贪冒赃私,其犯名教,或衰老疾病,无政理者,刺史已下宜停,务奏闻。"④"贪冒赃私"就属于财政监督的内容。"六条"之外,皇帝临时发布的有关诏敕也是采访使进行财政监督的法令依据。如天宝九载(750年)十二月,玄宗敕:"自今已后,天下两税,其诸色输纳,官典受一钱已上,并同枉法赃论,官人先解见任,典正等先决四十。委采访使巡察。若不能举按者,采访使别有处分。"⑤

开元年间,玄宗还采取以他官摄御史出巡,对地方进行专项财政监督的措施。如开元九年(721年),刘彤上表论盐铁之利宜加以利用,朝臣颇为赞同,玄宗遂令将作大匠姜师度、户部侍郎强循俱摄御史中丞,"与诸道按察使检校海内盐铁之课"。这是就盐铁税收管理的专项监督。不过为时很短,次年八月十日,玄宗下敕:"诸州所造盐铁,每年合有官课。比令使人勾当,除此更无别

① (唐)杜佑:《通典》卷三二,《职官十四》。参据《册府元龟》一六二《帝王部·命使第二》、《唐会要》卷七七《巡察按察巡抚等使》校对文字。
② 何汝泉:《唐代前期地方监察制度》,《中国史研究》1989年第2期。
③ (宋)王溥:《唐会要》卷七七,《巡察按察巡抚等使》,"开元元年条"。
④ (宋)王钦若等编:《册府元龟》卷一六二,《帝王部·命使第二》。
⑤ (宋)王溥:《唐会要》卷八三,《租税上》。

求。在外不细委知,如闻稍有侵克。宜令本州刺史上佐一人检校,依令式收税。如有落帐欺没,仍委按察纠觉奏闻。其姜师度除蒲州盐池以外,自余处更不须巡检。"①影响最大的,是从开元九年到十二年,玄宗信用监察御史宇文融,让他主持在各地检括"籍外剩田"和客户。为此委任二十九名劝农判官,"并摄御史分往天下"。② 开元十一年(723 年)五月,玄宗任命左拾遗徐楚璧、大理丞王琇等摄监察御史分巡诸道,诏曰:"顷因水旱,货食不足,或徭税征逸,多不折衷;或租调蠲除,事涉欺隐,皆吏之不称,政之不修。是用命兹使臣,委其详覆……并可摄监察御史,勾当租庸、地税,兼覆囚。"③可见这些官员摄监察御史出巡地方的使命是以财政监督为主,刑狱其次。数年之间宇文融及其属官以摄御史身份出巡,在财政上收效很大。史称:"开元中,有御史宇文融献策,括籍外剩田、色役伪滥,及逃户许归首,免五年征赋。每丁量税一千五百钱,置摄御史,分路检括隐审,得户八十余万,田亦称是,得钱数百万贯。"④

以他官摄御史出巡地方进行专项财政监督,是不同于以他官出巡或另设按察使的做法,可视为是对御史台原有监察职能的一种延伸。所以宇文融利用御史乃"天子耳目"的特殊身份,甚至直接利用皇权的权威,以致权倾一时,超越了尚书省。史称:"融乃驰传巡历天下,事无大小,先牒上劝农使而后申中书,省司亦待融指挥而后决断。融之所至,必招集老幼宣上恩命,百姓感其心,至有流泪称父母者。""州县希融旨意,务于获多,皆虚张其数,亦有以实户为客者。"⑤

总之,唐朝前期实行统收统支的中央集权的财政管理体制,地方政府没有财政收支主自权,中央对地方政府的财政监督形式,主要采取派遣御史台官员、监察使臣、以他官摄御史等出巡,后来分道设置巡按使。由于对地方政府的财政监督的法制依据比较健全,地方官员的财政违法行为较为少见。

---

① (宋)王溥:《唐会要》卷八八,《盐铁》。
② (唐)杜佑:《通典》卷七,《历代盛衰户口》。
③ 《册府元龟》卷一六二,《帝王部·命使第二》。
④ 《旧唐书》卷四八,《食货志上》。
⑤ 《旧唐书》卷一〇五,《宇文融传》。

二

安史之乱爆发于天宝十四载(755 年)十月,经肃宗一朝,至代宗广德元年(763 年)初方告平息。肃、代时期,唐朝统收统支的高度中央集权的管理体制因安史之乱影响而崩坏的主要表现之一是财权下移,即军政合一的节度使、观察使在一定程度上获得合法的财政收支自主权,不仅强藩自擅财赋,州郡长官实际上也有了制税自主权。即如后来陆贽对德宗所言:"大历中,纪纲废弛,百事从权,至于率税少多,皆在牧守裁制。邦赋既无定限,官私俱有阙供,每至征配之初,例必广张名数,以备不时之命,且为施惠之资,应用有余,则遂减放。"①而杨炎则对德宗说:"四方征镇,又自给于节度、都团练使。赋敛之司数四,而莫相统摄,于是纲目大坏,朝廷不能覆诸使,诸使不能覆诸州,四方贡献,悉入内库。权臣猾吏,因缘为奸,或公托进献,私为赃盗者动万万计。河南、山东、荆襄、剑南有重兵处,皆厚自奉养,王赋所入无几。吏职之名,随人署置;俸给厚薄,由其增损。"②《资治通鉴》卷二二六建中元年(780 年)九月记事称:"大历以前,赋敛出纳俸给皆无法,长吏得专之;重以元(载)、王(缙)秉政,货赂公行,天下不按赃吏者殆二十年。"可见肃、代二朝中央对地方政府的常规财政监督陷于瘫痪,但出于平定叛乱的现实考虑,不得不暂时加以容忍。

与此同时,为了适应保障中央财政收入的要求,唐中央采取御史兼任特定财政使职的形式,派他们出巡对地方政府实行专项的财政监督。

一是以御史出任租庸使。此由第五琦缘起。史载,至德元载(756 年)八月,北海郡录事参军第五琦到蜀中向玄宗毛遂自荐,说:"方今之急在兵,兵之强弱在赋,赋之所出,江淮居多。若假臣职任,使济军须,臣能使赏给之资,不劳圣虑。"玄宗大喜,"即日拜监察御史,勾当江淮租庸使。寻拜殿中侍御史。寻加山南等五道度支使,促办应卒,事无违阙,迁司金郎中、兼御史中丞,使如故"。③ 同年十月,第五琦来到彭原,向新君肃宗献策转运江淮"轻货",说:"请

---

① (唐)陆贽:《陆宣公奏议集》卷一三,《均节赋税恤百姓六条·论两税之弊须有厘革》。

② 《旧唐书》卷一一八,《杨炎传》。

③ 《旧唐书》卷一二三,《第五琦传》。

以江淮租庸市轻货,溯江、汉而上至洋川,令汉中王瑀陆运至扶风以助军。"①
遂被肃宗任命为监察御史,充江淮租庸使。② 当时租庸调的征收与转运事务
仍然倚仗州县办理,所以第五琦是以监察御史、江淮租庸使之职先督责地方官
员课输税物,然后再组织转运,所谓租庸使实际上以转运上供为主要职责。他
对地方政府的财政监督不同于此前的御史出巡,仅仅是出于组织上供税物的
目的,财政监督的范围相当有限。

二是以御史台官员出任税地青苗使。《旧唐书·代宗纪》载:"自乾元(758
年)以来,天下用兵,百官俸钱折,乃议于天下地亩青苗上量配税钱,令御史府
差使征之,以充百官俸料。每年据数均给之,岁以为常式。"永泰元年(765 年)
四月,代宗以御史大夫王翊充诸道税钱使。③ 大历二年(767 年)五月,诸道税
地钱使、殿中侍御史韦光裔等人出使返京,运回青苗钱 490 万贯。对此,《旧唐
书·食货志》称:"乾元以来,属天下用兵,京师百僚俸钱减耗。上即位,推恩庶
僚,下议公卿。或以税亩有苗者,公私咸济。乃分遣宪官,税天下地青苗钱,以
充百司课料。至是,仍以御史大夫为税地钱物使,岁以为常,均给百官。"可见
青苗钱是直属中央财政收益的一种税收。指派御史府官员一人或数人充当
"税地钱使",肯定不能参与地方征税的具体事务,而是要加强对州县政府征收
青苗钱的监管。这是代宗朝廷针对不少方镇截留赋税而采取的临时的专项财
政监督措施。后来,青苗钱的征收由御史府割归度支司管辖。

总之,肃、代时期,财权严重下移,中央对地方政府的常规财政监督陷于瘫
痪。为了保障中央财政的直接收益,唐中央采取御史兼任特定财政使职出使
地方的形式,但对地方政府财政监督的范围只限于与组织中央财政专项收入
有关的特定范围。

三

建中元年(780 年),唐朝通过实施两税法改革建立新的财政管理体制,中
央对地方政府的财政监督在主体、依据、对象和方式等方面都发生了明显变
化。

---

① (宋)司马光:《资治通鉴》卷二一九。
② (宋)王溥:《唐会要》卷八四,《租庸使》
③ (宋)司马光:《资治通鉴》卷二二三。

1.法令依据

两税法实行之后,唐中央对地方财政进行监督的法令依据有了新的变化。

在收入监督方面,两税法实行定额管理,即各州的征收总量有定额,然后再划分为上供、留使、留州三个份额,也各有定额。同时把使、州两级地方财政的合法收入限定为两税的留使定额和留州定额。除此之外,凡是未经中央批准的收入都属违法行为。对此,唐中央颁布新的法令作为财政监督的依据。这就是建中元年二月德宗宣布的:"比来新旧征科色目,一切停罢。两税外辄别率一钱,四等官准擅兴赋以枉法论。"[①]此后唐中央一再加以重申。例如,宪宗元和四年(809年),元稹上奏说:"准前后制敕及每岁旨条:两税留州、留使钱外,加率一钱一物,州府长吏并同枉法计赃,仍令出使御史访察闻奏。"[②]元和十三年正月,宪宗大赦文曰:"天下诸州府,百姓两税之外,辄不得更有差率,已频申敕,尚恐因循,宜委御史加纠察。"穆宗即位后宣布:"两税外加率一钱者,以枉法赃论。"[③]文宗大和三年(829年)十一月十八日赦文称:"天下除二税外,不得辄有科配。其擅加杂榷率。一切宜停。仍令御史台及出使郎官、御史并所在巡院严加访察。"[④]大中四年(850年)正月宣宗大赦文称:"天下诸州府百姓,两税之外,辄不许更有差率,已频申敕,尚恐因循,宜委御史台切加纠察。"[⑤]可见这是唐中央在实行两税法之后,对《唐律》"若非法而擅赋敛,及以法赋敛而擅加益"一款的新诠释,从而形成监督地方财政收入的新的法令依据。

以此作为法令依据对地方官员进行财政收入监督的著名案例,如元和四年监察御史元稹出使东蜀,弹劾已故剑南东川节度使严砺在任日擅自没收管内将士、官吏、百姓等财产,以及"于两税外加配钱米及草等"事。[⑥]

唐中央关于监督地方财政支出的法令依据,在相当长的一段时期内并不明晰,以致实际执行中遇到困难或产生争议。

唐朝中央确定两税留使额、两税留州额时,"皆量出以为入,定额以给资",[⑦]即采用现代财政预算的"以支定收"方法。据此,州、使两级地方财政的支出项目及其数额都有明确的数量限制,这些定额可以作为财政监督的财务

---

① （宋）王钦若等编:《册府元龟》卷八九,《帝王部·赦宥第八》。

② （唐）元稹:《元稹集》卷三七,《弹奏剑南东川节度使状》,中华书局1982年点校本。

③ 《新唐书》卷五二,《食货志》。

④ （宋）李昉等编:《文苑英华》卷四二八,《大和三年十一月十八日赦文》。

⑤ （宋）王钦若等编:《册府元龟》卷四八八,《邦计部·赋税第二》。

⑥ （唐）元稹:《元稹集》卷三七,《弹奏剑南东川节度使状》,中华书局1982年点校本。

⑦ （唐）元稹:《元稹集》卷三四,《钱货议状》。

依据。不过,在两税定额管理体制之下,使、州两级地方财政实际上有了一定的支出自主权,特别是在经费有节余的情况下。自建中元年两税法实施之后,唐人称述节度、观察等使和刺史自筹财力解决当地经济事务的政绩的文献愈加多见。所谓自筹财力,指地方官员不是向中央财政要钱,而是在本级财政之内,或者节省财政支出,或者行使两税留使、留州钱物支出自主权,动用财政结余(时称余羡),或者另辟合法财源,甚至拿出私财,以解决处理当地经济事务所需的财力。这反映出这些地方长官在行使财政自主权。①

但是,在相当长的一段时间内,唐中央对此并没有在法令明确加以承认。相反地,中央对监督地方长官的财政支出有所强调。如元和二年(807年)正月,宪宗下令:"如刺史于留州数内妄有减削,及非理破使,委观察使风闻按举,必当科加量贬,以诫列城。"②有的地方长官因自行动用本级财政资金而受到御史的弹劾。例如,元和十二年(817年),监察御史韦楚材弹劾"河中观察使赵宗儒擅用贮备凶荒羡余钱及赃罚钱米,数至八万"。宪宗派监察御史崔郜复查,崔郜认为:"宗儒以行营军用,且有诏命,三州分数不同,敕赵宗儒取晋、绛等州钱物,事皆有由。水旱钱减,亦为明据。"结果,赵宗儒被无罪释放,韦楚材因弹劾不实遭贬官。③ 这一案件处理虽有反复,但证明所谓"妄有减削,及非理破使"过于空泛,不便于财政监督。文宗大和三年(829年),监督地方财政支出的立法建制一事开始有实质性进展。当年十一月十八日,文宗在《南郊赦文》指出:

> 天下州府两税占留钱,每年支用,各有定额,其回钱(残)羡余,准前后赦文,许允诸色公用。长庆四年二月三日制亦具言。缘无分明条件,可使执守,刺史每被举按,即以坐赃论。须为立程,俾无甚弊。其州府应合公用羡余物,并因循旧例与格令不同者,并令尚书省御史台明立条件,散下州府,使知所守,永可遵行。④

① 陈明光:《唐代后期地方财政支出定额包干制与南方经济建设》,《中国史研究》2004年第4期。

② (宋)王溥:《唐会要》卷六八,《刺史上》。

③ (宋)王钦若等编:《册府元龟》卷五二二,《宪官部·诬罔》。

④ (宋)李昉等编:《文苑英华》卷四二八,《禋祀赦书五·太和三年十一月十八日赦文》。

不过,御史台"立程"之事又拖延下来,至次年九月,才由比部制定出具体方案。比部奏称:"准大和三年十一月十八日赦文,天下州府两税,占留、支用有定额,其残欠、羡余钱物,并合明立条件,散下诸州府者。伏以德泽宏深,优裕郡国,申明旧敕,晓示新规,使其政有准绳,法无差缪,实天下幸甚。"而后提出有下列情况,"并任用当州所有诸色正额数内回残、羡余钱物等",即:

> 诸州应有城郭,及公廨屋宇、器械、舟车、什物等合建立、修理,须创制添换。
> 当州或属将校所由,有巡检非违、追捕盗贼,须行赏劝,合给程粮者。
> 当州或百姓贫穷,纳税不逮,须矜放要添填元额者。
> 当州遇年谷丰熟,要收籴贮,备以防灾歉者。

并规定:"如不依此色,即同赃犯。其所费用者,并须立文案,以凭勘验。"[①]

比部的这一方案获得文宗批准,成为唐后期监督地方财政支出的新的法令依据。

上述表明,两税法时期由于中央对州、使两级地方财政采取两税留州定额和留使定额的收支包干管理体制,中央对地方财政的监督范围已经大大缩小,重点在于监督两税加征以及支出节余开支两方面。

2.监督主体

唐后期中央对地方财政的监督主体也有重大变化。除了御史台的常规监察及御史官员的出巡之外,增加了"出使郎官"和财政"三司监院"两类官员。这在有关皇帝诏敕中常见表达为"令御史台及出使郎官、御史专加察访";"委出使郎官、御史及度支、盐铁巡院察访";"出使郎官、御史并所在巡院切加觉察"之类。

大和七年(833年)闰七月文宗敕称:

> 前后制敕,应诸道违法征科,及刑政冤滥,皆委出使郎官、御史访察闻奏。虽有此文,未尝举职。外地生人劳弊,朝廷莫得尽知。自今已后,应出使郎官、御史所历州县,其长吏政绩,闾阎疾苦及水旱灾伤,并一一条录闻奏。郎官宜委左右丞勾当,法官委大理卿勾当,限朝见后五日内闻奏,

---

① (宋)王溥:《唐会要》卷五九,《比部员外郎》。

并申中书门下。如访知所奏事不实,必加惩责。其奏举称职者,则议优奖。①

由此可清楚地看出二点,第一,唐后期中央要求出使郎官承担的地方监察使命是带强制性的,出使回朝须限时向皇帝和中书门下报告。其履职情况则由尚书都省左右丞负责检查。第二,赋予出使郎官的地方监察使命,重点是"违法征科及刑政冤滥",即司法监察与财政监督两方面。可见唐后期中央已经在制度上把出使郎官纳入地方系统,要求他们与出使御史一样承担特定的地方监察的使命。

与上述地方财政监督法令依据的变化相一致,唐朝后期中央赋予出使郎官的地方财政监督使命,以两税法外加征为监督重点。例如,德宗贞元六年(790 年)二月制曰:"朕嗣守丕图,于兹七稔。每念万方所奉惟在一人,百姓未康,岂安终食? 故所以赈赡优贷,思致乂安。方镇牧守诚宜遵奉,如有违越,委御史台及出使郎官、御史访察以闻。"②元和四年(809 年)三月三日,宪宗《亢旱抚恤百姓德音》称:"诸道两税外据榷率,比来创制敕处分,非不丁宁,如闻或未遵行,尚有此弊,永言奉法,事岂当然? 申敕长吏,明加禁断。如刺史承使牒擅于界内榷率者。先加惩责。仍委御史台及出使郎官、御史察访闻奏。"③大和三年(820 年)十一月十八日,文宗大赦文称:"天下除二税外,不得辄有科配,其擅加杂榷率一切宜停,仍令御史台及出使郎官、御史并所在巡院严加访察。"④大和七年四月,御史台奏:"臣昨因岭南道擅置竹练场,税法至重,害人颇深,博访诸道,委知自太和三年准敕文两税外停废等事。旬月之内,或以督察不严,或以长吏更改,依前即置,重困齐民。伏望起今后应诸道自太和三年准敕文所停税外科配杂榷率等,复已却置者,仰敕到十日内具却置事由闻奏,仍申报台司。每有出使郎官、御史,令严加察访。苟有此色,本判官重加惩责,长吏奏听进止。"⑤大和七年八月七日,文宗在《册皇太子德音》中宣布:"天下诸州府应纳义仓及诸色斛斗,除准式每斗二合耗外,切宜禁断。仍委度支盐铁

① (宋)王钦若等编:《册府元龟》卷六五,《帝王部·发号令第四》。

② (宋)王钦若等编:《册府元龟》卷一五五,《帝王部·督吏》。

③ (宋)李昉等编:《文苑英华》卷四三五,《德音二》。

④ (宋)李昉等编:《文苑英华》卷四二八。

⑤ (宋)王溥:《唐会要》卷八四,《租税下》。

分巡院及出使郎官、御史切加访察。"①

唐后期财政三司下属巡院（主要是度支巡院、盐铁转运使巡院）负有地方行政监察职责，学者已有较好的揭示。② 唐朝中央之所以让财政三司下属巡院兼任地方行政与地方财政监督职责，一是因唐后期御史台仍然因人手少以致监察地方的能力不足，需要另加弥补。③ 二是财政三司下属巡院的地域分布较广，让各地监院官就近监察，比临时派遣监察使臣出巡既节省费用，监察范围又比较广泛。对此，宪宗元和四年六月敕有所说明。敕称：

> 两税法总悉诸税，初极是便民，但缘约法之初不定物估，粟帛转贱，赋税自加，民力不堪，国用斯切，须务通济，令其便安。欲遣使臣巡行国邑，邮驿所届，岂免烦劳？辎车遽驰，曾未周悉。度支盐铁，泉货是司，各有分巡，置于都会，爰命帖职，周视四力，鲠而易从，庶协权便，政有所弊，事有所宜，皆得举闻，副我忧寄。④

对这两方面的原因，胡三省对《资治通鉴》卷二三四贞元八年八月记事的注文也有揭示，他的注文为：

> 元和四年十二月十二日，敕："远处州使，率情违法，台司无由尽知。转运使、度支悉有巡院，委以访察当道使司及州县，有两税外榷率及违格敕文法等事，状报台司。"盖刘晏始置巡院，自江、淮以来达于河、渭，其后遂及缘边诸道亦置之。

不过，财政三司巡院毕竟是中央财政的派出机构，知院官是隶属财政三司使管辖的财政官员，完成中央财政指派的征收财政收入及转运上供是其本职工作，地方行政与地方财政监督只是其兼职而已，容易被他们忽略。为了强化财政三司巡院的地方监察职能，唐朝中央采取两项措施。一是让财政三司巡

---

① （宋）李昉等编：《文苑英华》卷四三二，《敕书十三》。

② 原载《星博士退官纪念中国史论集》，1978 年。中译本见《日本中青年学者论中国史·六朝隋唐卷》，上海古籍出版社 1995 年版。

③ 宁欣：《唐朝巡院及其在唐后期监察体系中的作用和地位》，《北京师范大学学报》1989 年第 6 期。

④ （宋）王溥：《唐会要》卷八四，《两税使》。

院官尽量带有御史官衔,以增加他们作为监察官员的意识,从而提高履行地方监察职责的自觉性。穆宗长庆初,"西北边院官,皆御史、员外郎为之"。^① 文宗开成元年(836 年)十月,"敕盐铁、户部、度支三使下监院官,皆郎官、御史为之,使虽更改,院官不得移替,如显有旷败,即具事以闻"。^② 这是旨在稳定巡院官队伍的措施。二是由御史台作为巡院官履行监察地方职责的上级主管。元和四年(809 年)十二月,御名中丞李夷简奏:"诸州、使有两税外杂榷率,及违敕不法事,请诸道盐铁转运度支巡院察访,状报台司,以凭闻奏。"获得宪宗批准。^③ 这是要求财政三司巡院官把地方监察所得直接向御史台报告。鉴于收效不大,开成四年(839 年)四月,御史中丞高元裕奏:

> 伏以天下三司监院官带御史者,从前谓之外台,得以察访所在风俗,按举不法。元和四年御史中丞李夷简亦曾奏"知监院官多是台中寮属,伏请委以各访察本道使司及州县有违格敕不公等事",罕能遵行。岁月既久,事须振起。伏请自今以后,三司知监院官带御史者并属台司,凡有纪纲公事,得以指使。

文宗加以批准。^④ 对此变化,《新唐书》卷一七七《高元裕传》称:"故事,三司监院官带御史者,号'外台',得察风俗,举不法。元和中,李夷简因请按察本道州县。后益不职。元裕请监院御史隶本台,得专督察,诏可。"这就把带有御史官衔的财政三司巡院官直接纳入御史台的统一管理和指挥。因此,就唐朝后期地方财政监督执行主体的变化而言,出使郎官无疑是御史监察系统之外新增的一个主体,而财政三司巡院逐渐被纳入御史系统,实际上成为御史监察系统的扩充或延伸。

但是,即使唐朝中央努力把财政三司巡院的地方职能纳入御史系统管理,财政三司巡院仍然是中央财政派出机构,因繁忙的财政本职工作的压力及人手的限制,唐后期财政三司巡院对于地方的监察成效仍是相当有限的。大和四年(830 年)八月,刑部侍郎、御史中丞魏谟奏:

① 《新唐书》卷二〇三,《吴武陵传》。
② 《旧唐书》卷一七下,《文宗纪下》。
③ (宋)王溥:《唐会要》卷六八,《盐铁》。
④ (宋)王钦若等编:《册府元龟》卷五一六,《宪官部·振举》。

诸道州府百姓诣台诉事,多差御史推劾,臣恐烦劳州县,先请差度支、户部、盐铁院官带宪衔者推劾。又各得三司使申称,院官人数不多,例专掌院务,课绩不办。今诸道观察使幕中判官,少不下五六人,请于其中带宪衔者委令推劾。如累推有劳,能雪冤滞,御史台阙官,便令奏用。①

此奏获得宣宗批准,可见宣宗君臣认为财政三司使所谓"院官人数不多,例专掌院务,课绩不办",并非推诿之辞,而是实情。

唐后期中央集权趋于衰弱、方镇割据势力日益强大。在这种政治趋势之下,中央对地方财政的监督成效不大。从唐后期皇帝不断给出使郎官、出使御史、度支盐铁巡院官下达监督地方财政的特定使命,可知当时地方官员的财政违法违规行为屡禁而不止。到了唐末懿宗时期,方镇割据各地,史称"国命所能制者,河西、山南、剑南、岭南西道数十州。大约郡将自擅,常赋殆绝,藩侯废置,不自朝廷"。② 李唐王朝的政权和财权丧失殆尽,对地方财政的监督亦名存实亡。

---

① 《旧唐书》卷一八下,《宣宗纪下》。
② 《旧唐书》卷一九下,《僖宗纪》。

唐代后期地方财政支出定额
包干制与南方经济建设

一、唐朝后期地方财政支出定额包干制的建立

在中国古代财政管理体制演变史上,唐朝后期的地方财政管理体制具有特定意义。当时,为了整顿因安史之乱而引起的中央与地方财权关系的混乱局势,唐中央以建中元年(780年)实施两税法改革为契机,以两税三分制(上供、留使、留州)为制度依据,对以节度观察等地方使职长官为首的使级财政和以刺史为首的州级财政,在限定收入范围及其数量的同时,实行"定额以给资"的财政支出定额包干管理体制。

唐中央首先对地方财政的合法收入加以限定。建中元年(780年)正月,德宗下令实行两税法改革时,称:"委黜陟使与诸道观察使、刺史,计资产作两税法。比来新旧征科色目,一切停罢。两税外辄别配率,以枉法论。"①同时,朝廷又规定:"其黜陟使每道定税讫,具当州府应税都数,及征纳期限,并支留、合送等钱物斛斗,分析闻奏。并报度支、金部、仓部、比部。"②所谓支留、合送,若从州级财政的角度,叫作上供(上交中央财政)、送使(送交使级财政)、留州(留州级财政);若从使级财政的角度,叫作上供、留使、留州。所以,宪宗时元稹奏称:"自国家置两税以来,天下之财,限为三品,一曰上供,二曰留使,三曰留州,皆量出以为入,定额以给资。"③其所称"天下之财",其实只是指两税收

---

① (宋)王溥:《唐会要》卷七八,《诸使中·黜陟使》。
② (宋)王溥:《唐会要》卷八三,《租税上》,"建中元年二月"条。
③ (唐)元稹:《元稹集》卷三四,《钱货议状》。

入,此前本属于中央财政专项收入的青苗地头钱①,以及盐铁酒茶等禁榷收入,地方财政仍然不能分享。这就从制度上把地方财政的合法收入范围限定在两税留使额与两税留州额之内。所谓定额以给资,说的是唐朝中央委托黜陟使采取"以支定收"的办法,确定了使级、州级财政的开支范围及其数量,并以此作为确定两税的留使、留州定额的依据。可见上述德宗关于地方官员若在"两税外辄别配率,以枉法论"的禁令,不仅仅是一项税收政策,还包含着建立和维护新的地方财政管理体制的用意。职此之故,这一规定为后来不少皇帝所一再重申,例如,宪宗元和四年(809年)十二月,御史中丞李夷简奏:"诸州、使有两税外杂权率及违敕不法事,请诸道盐铁转运、度支巡院察访,状报台司,以凭闻奏。"获得宪宗批准。② 元稹上奏宪宗也说:"准前后制敕及每岁旨条:两税留州、留使钱外,加率一钱一物,州府长吏并同枉法计赃,仍令出使御史访察闻奏。"③穆宗即位后宣布:"两税外加率一钱者,以枉法赃论。"④文宗大和三年(829年)十二月赦文称:"天下除两税外,不得妄有科配。其擅加杂权率,一切宜停。"⑤凡此都带有重申限定地方财政收入范围的用意。

唐中央借实行两税三分制之机,对地方财政实行支出定额包干制,贯彻的是"超支不补,结余留用"的基本原则。反映这一基本原则的典型史料不少。如关于"超支不补",敬宗时,浙西观察使李德裕奏称,他"唯有留使钱五十万贯,每年支用,犹欠十万贯不足,常须是事节俭,百计填补,经费之中,未免悬欠"。⑥ 关于"结余留用",武宗《加尊号赦文》称:"州府两税(钱)物斛斗,每年各有定额,征科之日,皆申省司,除上供之外,留后、留州,任于额内方圆给用,纵有余羡,亦许州、使留备水旱。"⑦当然,如下所述,这一"超支不补,结余留用"的基本原则形成地方财务管理的明文规定,仍有一个较长的过程。

在这种地方财政管理体制下,唐后期的地方长官手中有了一定的财政自

---

① 我认为"青苗地头钱"作为新开征的中央直接税,不属于"两税"的归并范围。参见拙文《唐人所谓"量出制入"释论》,《第三届中国唐代文化学术研讨会论文集》,台北乐学书局1997年版。收入拙著《唐代财政史新编》附录七,中国财政经济出版社1991年版,1999年第2次印刷。

② (宋)王溥:《唐会要》卷八八,《盐铁》。

③ (唐)元稹:《元稹集》卷三七,《弹奏剑南东川节度使状》。

④ 《新唐书》卷五二,《食货志》。

⑤ (宋)王溥:《唐会要》卷八四,《杂税》,"太和七年"条。

⑥ 《旧唐书》卷一七四,《李德裕传》。

⑦ (清)董诰等编:《全唐文》卷七八,武宗:《加尊号赦文》。

主权,他们行使这一财权的情况,对唐后期的财政、经济、军事等方面均有利弊兼备的影响。例如,唐中央对地方财政的军费支出实行定额包干,有利于限制方镇的兵力,一度遏止了方镇割据势力的发展势头。但是,唐中央若调动方镇军队出境协助中央禁军打击骄藩叛乱,则必须供给他们"出界粮"。一些方镇利用"食出界粮"制度,不仅给中央财政带来沉重的负担,而且多次直接导致朝廷平叛战争的失利。因此,对唐后期地方财政支出的定额包干制所造成的复杂影响,有必要做深入细致的研究。

我们注意到,唐后期公私文献表彰了一些地方长官特别是南方地区的地方长官自筹财力处理当地经济事务,发展当地经济建设的突出宦绩。这类在唐前期未曾看到的宦绩,其出现也与地方财政支出包干制有直接关联。

二、地方长官自筹财力处理当地经济事务的史实

史料显示,自德宗建中年间两税法实施之后,称述使一级财政的掌管人(即节度观察等使)和州一级财政的掌管人(即刺史)自筹财力处理当地经济事务,发展当经济建设的政绩愈加多见。本文所谓自筹财力,指他们不是向中央财政要钱,而是在本级财政之内,或者节省财政支出,或者动用财政结余(时称余羡),或者另辟合法的财源,甚至拿出自己的俸钱或私财,以解决处理当地经济事务所需的财力。下面略做归纳说明。

第一,自筹财力,投入地方经济基本建设。

必须指出,两税的留使定额与留州定额并没有包含用于地方经济基本建设的经费。理由很简单,前已说明,建中元年唐中央确定各地的两税留使额与留州额时,采取的是"量出以制入,定额以给资"的方法,以中央限定的支出项目与数量为根据,主要内容是维持性的军政基本开支[①],并且采取定额基本不变的管理方式。而各地的基本建设如城镇、道路、水利等在安史乱中遭受破坏程度不一,且未见地方政府在两税法实施之际提出修建规划,因而不可能在建中元年确定两税三分制时就列入地方财政支出预算。正因为因此,我们才看到唐后期各地的基本建设,个别项目经过申请或得到中央拨款资助,如武宗时,李子烈为钱唐令,上书丞相,请求加固钱唐江堤。"诏与钱二千万,筑长堤,

---

① 陈明光:《唐朝两税三分制的财政内涵试析》,《中国社会经济史研究》1988 年第 4 期。

以为数十年计。"①多数项目则是地方政府自筹资金投入的,尽管有些工程的兴建在事先仍须上报朝廷批准。这方面的史实不少,涉及城镇建设,兴修水利,改善交通,救灾,改建民居,等等。以下依照时间顺序引证史实,请特别注意其资金来源。

(1)自筹财力,进行军营、城镇、民居等土木建设。

德宗建中二年(781年)十一月至兴元元年(784年),韩洄任蜀州(治在今四川崇庆)刺史②,领四县。"蜀多火灾……乃省经用之费,给大半之庸,俾其埏埴,以易蓬荜。"③大约在建中年间,崔翠为郑州荥阳县(治在今河南荥阳东北)县令,"县在古城,垣墉缺坏,吏胥告劳。乃请于州使,伺以闲隙,搜聚稍羡,兼备糗□,因其□□,□偿塘直,板筑乐就,程功倍多,云蠹石坚,旬日而毕"。④《全唐文》卷四五五赵憬《鄂州新厅记》云:"初,刺史有小大之厅,其度甚卑,或门屏迫近,或廊庑狭隘,将吏参集,回旋逼侧,绵历年代,未遑革之。厅之左二曰府舍,摧坏空旷,公[李兼]乃划阔其地,作为新厅。大厦既立,长廊以二,则俭而规法,结构殊精。因士卒忘劳之力,出货财足用之羡,经营有成,井邑莫知。时建中三年十有一月也。"德宗贞元五年(789年)十二月杜佑出任淮南节度使(治在今江苏扬州)之后,大规模地兴建军营。权德舆在《杜公淮南遗爱碑铭并序》写道:"先是,营部未葺,囷仓未完,介夫半寓于仁祠,公聚或委于支郡。公乃虑材用,量事期,辑中权,规大壮,百堵皆作,三军宁宇……巨廪崇构……连营三十二,积谷五十万。"⑤从所谓虑材用云云,可知他是自筹资金。徐申约于德宗兴元元年至贞元四年(784—788年)担任韶州(治在今广东韶关西)刺史。到任后他发现"四十余年,刺史相循居于县城,州城与公田三百顷皆为墟,县令、丞尉杂处民屋"。"乃募百姓能以力耕公田者,假之牛、犁、粟种与食,所收其半与之;不假牛犁者,叁分与贰。田久不理,草根腐地增肥,又连遇宜岁,得粟比余田亩盈若干,凡积粟三万斛。"通过租佃经营公田获得大笔财政积蓄之后,徐申"将复筑室于州故城,令百工之伎以其艺来者,与粟有差"。他亲自"临视给与,吏无所行其私,以故人皆便信,应募者数千人。陶人不知堁而涂有

---

① (清)董诰等编:《全唐文》卷七五三,杜牧:《杭州新造南亭子记》。

② 郁贤皓:《唐刺史考全编》卷二二五,蜀州,安徽大学出版社2000年版,第2983页。

③ (清)董诰等编:《全唐文》卷五〇七,权德舆:《太中大夫守国子祭酒颍川县开国男赐紫金鱼袋赠户部尚书韩公行状》。

④ 崔幹:《□□□□□使持节曹州诸军事曹州刺史赐紫金鱼袋清河崔府君墓志铭并序》,周绍良主编:《唐代墓志铭汇编》下册,上海古籍出版社1992年版,第2318页。

⑤ (清)董诰等编:《全唐文》卷四九六。

余,圬人不板筑而墙有余,筑人不操斤斧而工有余。陶者、圬者、筑者、工者各以其所能相易,未十旬而城郭室屋建立如初。刺史以官属迁于新城,县令之下各返其室。创六驿,新大市,二道四馆,器用皆具"。① 贞元二十年到永贞元年(804—805 年),荆南节度使兼江陵尹裴均修复荆门县(治在今湖北荆门),"戴大其门,戴高其墉,径述脉,分阓闬,架空然后析便地以肥之,建具官以司之,廪羡财以偿其力役,汰冗官以资其秩稍,田里不闻于征令,县官无减于岁入"。② 宪宗元和二年(807 年)春,韦丹为江南西道观察使(治在今江西南昌),"既至,则计口受俸钱,委其余于官,罢八州无事之食者,以聚其材"。通过节省财政支出积累了一定的资金之后,他看到当地百姓住的是草茨竹椽,易发生火灾,便"教人为瓦屋","取材于山,召陶工教人陶,聚材瓦于场,度其费以为估,不取赢利。凡取材瓦于官,业定而受其偿,从令者免其赋之半;逃未复者,官与为之;贫不能者,畀之财,载食与浆,亲往劝之。为瓦屋凡三千七百,为重屋四千七百,民无火忧,暑湿则乘其高"。同时,韦丹还"置南北市,营诸军⋯⋯为长衢,南北夹两营,东西七里,人去渫污气益苏"。又改建南昌县,"徙厩于高地,因其废仓大屋,马以不连死"。③ 文宗开成三年(838 年),鄂岳观察使高锴出镇鄂州(治在今湖北武昌),经过一年的治理,"知民心安,军心雄,乃次视闾井、城隍有陋狭不快人心者,皆开张治本",对鄂城市政进行大规模改建。唐人称述道:

> 鄂城置在岛渚间,土势大凹凸,凸者颇险,凹者潴浸,不可久宅息,不可议制度。公命削凸埋凹,廓恢闾巷,修通衢,种嘉树,南北绳直,拔潴浸者,升高明,湖泽瘅疠,勿药有愈。郡城旧制,陋屋骈联,自十二戟南直,土地隘塞,若人胸次不开,将佐序宇,次第甚牢落,州佐掾署亦牢落。公正立戟间,指吏徒拆去陋屋,南抵城墉下,南面北向立射侯军容佐,西翼东向,立牙门料将院,东翼西向立州佐六掾院,长廊联轩,万门呀呀⋯⋯鄂之军实三万,先时营宇皆曲陋低下,岁有垫溺,师徒患之,公心亦患之⋯⋯创新

① (清)董诰等编:《全唐文》卷六三九,李翱:《唐故金紫光禄大夫检校礼部尚书使持节都督广州诸军事兼广州刺史兼御史大夫充岭南节度营田观察制置本管经略等使东海郡开国公食邑二千户徐公行状》。

② (清)董诰等编:《全唐文》卷六〇二,刘禹锡:《复荆门县记》。

③ (清)董诰等编:《全唐文》卷五六六,韩愈:《江西观察使韦公墓志铭》。杜牧:《樊川文集》卷七,《唐故江西观察使武阳公韦公遗爱碑》。

营凡一十五所,合三千间。①

从该文看来,高锴改建鄂城的经费是自筹的。宣宗大中十年至懿宗咸通元年(856—860 年),徐商为山南东道节度使(治在今湖北襄樊),李鹗《徐襄州碑》列举他的八大政绩,包括"创造捕盗将营四百间,分为左右,中间开报点集,列垛置标,别置一亭,以为教试之所"之类的军营建设。② 郑吉《楚州修城南门记》记述懿宗咸通元年(860 年)楚州(治在今江苏淮安)刺史李荀改建内城南门的政绩,称李荀赴任后,"始下朱辖,遽视城洫,简兵甲,阅卒伍,若不适于意者"。为了筹划建设资金,李荀采取多种有效的增收节支措施。"楚人再无岁,负租逋谷甚多。乃去乡胥之啄害良民,敛赋与之缓期,人戴其惠,征租力人入矣。得善用筹者勾稽公物之出入,抉负财且二百万;俾军吏之敏察者觇公田之稼,得将隐漫之谷不翅万斛";又裁减圉牧的冗员及费用,"月省费三万"。经此筹措,"藏有蹲财矣,乃完补卒伍,乃犀利甲兵,乃饫饱吏士,乃恢崇规制",包括扩建了南门。③ 僖宗中和年间,河中节度使(治在今山西永济西)王重荣修建解县新城,"五使虽优于兼俸,一毫不润于私家,用给工徒,遂兴版筑","自中和二年十月奏请兴役,至明年夏六月,凡计工五十万,城高三丈,周绕九里一百六十步,隍刳浚洫,堞冠层楼,外翊犒军之营,内修御敌之具"。④ 中和五年(885 年),泗州(治在今江苏盱眙西北)防御使刘氏重修鼓角楼,以及"此楼门左右臂出廊及都厢等院凡二百余间……又修孔子庙、佛祠、道宫观、文武吏舍、灵山神宇凡数百间",并为武器库增添大量兵器,"凡营制悉以家私财佐用"。⑤

(2)自筹资金,兴修水利。

贞元五年(789 年)十二月杜佑出任淮南节度使,"潴雷陂以溉稉地酾,引新渠汇于河流,皆省工费而宏利泽"。⑥ 贞元七年(791 年),高平县(治在今山西高平县)县令明济因居民凿井饮水困难,决定引丹水入城,经郡守、节度使批准之后,"乘井税之暇,候农桑之隙,先储乎薪刍之物,次具乎锹锸之器,然后量

① (清)董诰等编:《全唐文》卷七二七,舒元舆:《鄂政记》。

② (清)董诰等编:《全唐文》卷七二四。

③ (清)董诰等编:《全唐文》卷七六三,郑吉:《楚州修城南门记》。

④ (清)董诰等编:《全唐文》卷八〇九,司空图:《解县新城碑》。

⑤ (清)董诰等编:《全唐文》卷八〇三,李□:《泗州重修鼓角楼记》。

⑥ (清)董诰等编:《全唐文》卷四九六,权德舆:《大唐银青光禄大夫检校司徒同中书门下平章事太清宫及度支诸道盐铁转运等使崇文馆大学士上柱国岐国公杜公淮南遗爱碑铭并序》。

功命日,使里人乐助"。① 元和年间,江南西道节度使韦丹曾"筑堤扞江,长十二里,疏为斗门以走潦水……灌陂塘五百九十八,得田万二千顷"。② 宪宗《与韦丹诏》称:"敕韦丹:窦从直至,省所陈贺……奏权减俸及修造陂堰并劝课种蓺粟麦等事宜……皆合其宜,并依所奏。"③可见韦丹兴修水利的资金是自筹,而且是先办后奏的。与韦丹同时,李素为苏州郡守,由于常熟塘自贞元以来因大旱而填淤,经本道廉使韩皋同意,决定加于疏浚,"于是参井邑之役,则经费其力,而长洲当三之一焉。县宰李暎复善供命,乃计功量日"。④ 开成四年(839年),郑复任剑南东川(治在今四川三台)节度使,使用士卒开辟新江以引导涪水,"长步一千五百,阔十分其长之二,深其阔之一,盘堤既隆,旧江遂墟,凡得田五百亩"。新江成,上报朝廷,"有司劾其不先白,诏夺俸钱一月之半"⑤。既然郑复因兴役未事先报请到朝廷批准而受到罚俸,他兴修这一水利工程的经费当是自筹的。咸通元年(860年),祁门县(治在今安徽祁门)县令陈甘节因阊门溪水路湍险不利于茶商往来,上报太守崔氏,要求加以整治,提出"以俸钱及茶羡利充市木石之用,因召土客商人、船户接助夫使,咸适其愿,无差役之患,无箕敛之弊"。获得批准后,自咸通元年夏六月修,至三年春二月毕。⑥ 咸通五年(864年)王凝出任同州(治在今陕西大荔)刺史。同州"南堰坏久不能复,比岁旱蝗,关畿尤困"。王凝"思所以利人者无易于此,乃省公用,节私费,儆徒赋役,躬亲率属",修复此堰。⑦ 鱼孟威于咸通九年(868年)出任桂州(今广西桂林)刺史,看到灵渠年久失修,"堤防尽坏,江流且溃,渠道遂浅",船行不便,"虽仰索挽肩排,以图寸进,或王命急宣,军储速赴,必征十数户,乃能济一艘"。他问左右:"向时何不疏凿版筑,而使艰阻如是耶?"回答说近年来因军费开支增加,"帑藏且殚,闾井亦蠹,故无以兴疏凿版筑也"。鱼孟威便"约公费,积丁布,召丁壮,导壅塞……凡用五万三千余工,费钱五百三十余万,固不敢侵征赋,必竭其府库也;不敢役穷人,必伤其和气也,皆招求羡财,标

① (清)董诰等编:《全唐文》卷六一三,武少仪:《移丹河记》。

② (清)董诰等编:《全唐文》卷五六六,韩愈:《江西观察使韦公墓志铭》。杜牧:《樊川文集》卷七,《唐故江西观察使武阳公韦公遗爱碑》。

③ (清)董诰等编:《全唐文》卷六六四。

④ (清)董诰等编:《全唐文》卷七一三,刘允文:《苏州新开常熟塘碑铭》。

⑤ (清)董诰等编:《全唐文》卷七九四,孙樵:《梓潼移江记》。

⑥ (清)董诰等编:《全唐文》卷八〇二,张途:《祁门县新修阊门溪记》。

⑦ (清)董诰等编:《全唐文》卷八〇七,司空图:《太原王公同州修堰记》。

求善价,以庸愿者"。①

(3)自筹财力,投入驿路、驿站建设。

两税留使额与留州额包含供给辖境驿站的维持经费,②但是所给经费往往入不敷出。至于维修、开拓、改造驿路的费用更不可能预算在内。因此有些地方长官自筹财力投入这方面的建设。

例如,贞元二年至贞元五年(786—789 年),尚书金部郎中王某任邓州(治在今河南邓县)刺史期间,政绩突出,户口增长,储粮增加,"其余饰传遽之舍,作栖旅之馆,储什器之用,盖余力也"。③ 贞元年间,山南西道节度使严砺自兴州长举县(治在今陕西长峰县)以西疏嘉陵江二百里,"通漕以馈成州戍兵"。④ 柳宗元在《兴州江运记》称严砺"乃出军府之币,以备器用,即山僦功"。⑤ 可见此次工程浩大的开山导江之费是出自当使的经费。荆门的"观风驿,三十里涓滴不流,硗确而嶙,长亭短亭,三百余家"饮水十分困难,元和九年(814 年),荆南节度使严绶决定在此凿井,并说:"苟利于人,不计藏锢。"⑥显然也是自筹资金。文宗大和二年(828 年)闰三月,郑州(治在管城,今河南郑州)刺史杨归厚上奏:"当州郭下管城,不置在州城内,使命往来,出入非便。伏请准汝州例,驿路于城西。"⑦得到敕旨许可之后,"无征命,无夺时,縻羡财,募游手,逮八月既望,新驿成"⑧。大和四年到大和六年(830—832 年),崔郾任陕虢观察使,陕州(治在今河南三门峡市西)地处交通要道,"万国西走,陕实其冲",加上有江、淮、梁、徐、许、蔡之戍兵轮防往来,"民之供亿,吏须必应,生活之具,至于瓶缶匕匙,常碎于四方之手",崔郾认为:"此犹束炬以焚民也。""于是节宴赏,截浮费,凡金漆陶木丝枲之用,悉为具之,可飨数千人"。⑨ 开成四年(839 年),归融出任山南西道节度使之后,鉴于驿路"欹危临束",便"因年有秋,因府无事,军

① (清)董诰等编:《全唐文》卷八〇四,鱼孟威:《桂州重修灵渠记》。
② (宋)王溥:《唐会要》卷六一,《馆驿》,"会昌元年"条。
③ (清)董诰等编:《全唐文》卷六八九,符载:《邓州刺史厅壁记》。
④ 《新唐书》卷四〇,《地理志四》。
⑤ (清)董诰等编:《全唐文》卷五八〇。
⑥ (清)董诰等编:《全唐文》卷七一三,崔黄中:《观风驿新井记》。
⑦ (宋)王溥:《唐会要》卷八六,《道路》。
⑧ (清)董诰等编:《全唐文》卷六〇六,刘禹锡:《管城新驿记》。
⑨ (清)董诰等编:《全唐文》卷七五六,杜牧:《唐故银青光禄大夫检校礼部尚书御史大夫充浙江西道都团练观察处置等使上柱国清河郡开国公食邑二千户赠吏部尚书崔公行状》。

逸农隙,人思贾余,乃悬垦山刊木之佣募其力,搂攒凿撞必之用庀其工,具异辇畚插之器膺其要,鼙鼓以程之,糇醪以犒之,说使之。令既下,奋行之徒坌集我之提封,踞右扶风,触剑阁,千一百里,自散关抵褒城,次舍十有五……自褒而西逾利州至于剑阁,次舍十有七"。^① 可见新修千余里的驿路这一浩大工程所需要的雇工、工具、粮食、赏酒等各项费用,都是当使自筹解决的。大中十年至咸通元年(856—860年),徐商为山南东道节度使,其政绩包括在襄阳修建多处驿路,以地方财政充实驿路供给,李骘《徐襄州碑》称:"襄阳,荆鄂十道之要路,公私来往,充给实繁,是必率配,行供假借,办贿求利,岁月不堪。公乃悉用官储,创置什器,富供给费,不扰齐人。"^②咸通十年(869年),彭州刺史吴行曾赴任后,了解到"唐昌县(治在今四川郫县西北)中界接导江郫城,东西绵远,不啻两舍,虽有村落,僻在荒塘。昔置邮亭,废毁将久,遂使行役者野食而泉饮,贸易者星往而烛归……况输役责限,征敛有程,而欲罪其稽逋者乎? 于是"置草市,因其乡名,便以建德为号。自此四来者旋踵而迩近,中望者举目而知归。老幼携挈,倏忽而至,万家欢笑,共事修营,不旬日而告就。今则百货咸集,蠡类莫遗,旗亭旅舍,翼张鳞次,榆杨相接,桑麻渐繁"。吴行曾又"以俸钱建长亭,崇轩邃室,外厩内厨,帷簿精新,器物充足。则往来者非止昼食而卜夜可矣"。^③ 咸通十二年(871年),王凝任商州(治在今陕西商县)刺史时,"治赋羡银,例皆推估以优俸,公即命赍月市驿驷"。^④

第二,自筹财力,减轻民户的赋税负担。

(1)代纳两税上供额。

对使级、州级地方财政而言,两税上供额是上缴中央财政的税收任务,必须努力完成。但是,建中元年实施两税三分制时又留下若干制度性缺陷,其中之一是没有规定由于各种原因(如发生严重自然灾害、纳税户贫穷或逃亡)而形成的欠税,由哪一级财政的收入中抵除。唐中央财政当然要求不能减少上供额,如开成二年(837年)二月唐廷规定:"诸州府或遇水旱,有欠税额,合供钱物斛斗","委州县长官,设法招携,及召户承佃,其钱陆续填纳。年终后,具

---

① (清)董诰等编:《全唐文》卷六〇六,刘禹锡:《山南西道新修驿路记》。

② (清)董诰等编:《全唐文》卷七二四。

③ (清)董诰等编:《全唐文》卷八〇四,陈翱:《彭州新置唐昌县建德草市歇马亭镇并天王院等记》。

④ (清)董诰等编:《全唐文》卷八一〇,司空图:《故宣州观察使检校礼部王公行状》。

归复、填补钱物数闻奏,并报度支"。① 地方官员有三种处理欠税的办法:

一是摊征于其他纳税户,此称摊逃。

二是要求中央财政加以减免,特别是当水旱之灾造成农业歉收的时候,所以僖宗曾抱怨州府长官"小有水旱,即竟有论请,致朝廷事力转困"。②

三是动用地方财力甚至个人俸禄代纳欠税,完成上供额。如据权德舆所述,贞元八年至十三年(792—797 年)李巽任湖南观察使(治在今湖南长沙),"长沙九疑,泽国回远,征令颇繁,物力或屈,岁秒逋负,夫家病之,人未安于里落,程不给于公上,公乃啬其经用,代其赋输,厚施已责,过于万数,得以赡助,使之均安"。③ 贞元十四年至十八年(798—802 年),陈皆任台州(治在今浙江临海)刺史,"郡居海裔,作牧者率非意中,苟简相循,取资而不躬细务,民亦劳止而财用不充。公赋均其征,用量其入,啬费储羡,偿其宿负"。④ 贞元十九年(803 年),穆赞接替崔衍任宣歙观察使(治在今安徽宣城),利用崔衍在任的财政结余,"以钱四十二万贯代百姓税"。⑤ 元和四年至元和五年(809—810 年),卢坦任宣歙池等州都团练使(治在今安徽宣城),"以羡钱四十万代税户之贫者"。⑥ 高承简约于元和十三年至长庆元年(约 818—821 年)任邢州(治在今河北邢台)刺史⑦,"值观察使责时赋急,承简代数百户出其租"。⑧ 穆宗元和十五年(820 年)四月,王仲舒出任江南西道观察使,在任期间,因发生水旱之灾,"出官钱二万贯,代贫户输税"。⑨ 韩愈写道:"人遭水旱,赋窘,公曰:'我且减燕乐,绝他用,钱可足乎?'遂以代之。"⑩可知这笔资金是王仲舒通过节省使级

---

① (宋)王溥:《唐会要》卷八四,《租税下》。

② (宋)宋敏求编:《唐大诏令集》卷七二,《乾符二年南郊赦》。

③ (清)董诰等编:《全唐文》卷四九六,权德舆:《大唐湖南都团练观察处置等使朝散大夫检校左散骑常侍持节都督潭州诸军事潭州刺史御史中丞云骑都尉赐紫金鱼袋李公遗爱碑铭并序》。

④ 崔芃:《唐故中散大夫使持节台州诸军事台州刺史上柱国赐紫金鱼袋颍川陈公墓志铭并序》,周绍良主编:《唐代墓志铭汇编》下册,上海古籍出版社 1992 年版,第 1933 页。

⑤ 《旧唐书》卷一八八,《崔衍传》。

⑥ (清)董诰等编:《全唐文》卷六四〇,李翱:《故东川节度使卢公传》。

⑦ 郁贤皓:《唐刺史考全编》第三册,卷一〇三,安徽大学出版社 2000 年版,第 1415 页。

⑧ 《旧唐书》卷一五一,《高崇文传附子承简传》。

⑨ 《旧唐书》卷一九〇下,《王仲舒传》。

⑩ (清)董诰等编:《全唐文》卷五六二,韩愈:《唐故江南西道观察使中大夫洪州刺史兼御史中丞上柱国赐紫金鱼袋赠左散骑常侍太原王公神道碑铭》。

财政开支筹集到的。穆宗长庆三年至敬宗宝历元年(823—825 年),湖州(治在今浙江湖州)刺史崔玄亮"以聚羡财而代逋租,则人不困"。① 大和三年(829年),陆亘为浙东观察使(治在今浙江绍兴),"越之永嘉郡,城于海壖,常陷寇境,集官吏廪禄之半,以代常赋,因循相踵,吏返为幸。亘按举赃罪,表请郡守以降增给其俸,人皆赖之"。② 大和四年(828 年)正月,崔郾出任陕州观察使。"先是,陕之官人人必月剋俸钱五千助输贡于京师者,岁至八十万。"崔郾说:"官人不能赡私,安能恤民?吾不能独治,安可自封?""即以常给廉使杂费,下至于盐、酪膏薪之品,十去其九,可得八十万,岁为代之。"③可见崔郾任使前后,陕州地方长官必须设法筹集资金弥补两税上供欠税额。大和九年(835年)七月,崔郾改任浙江西道观察使(治在润州,今江苏省镇江市),"于是料民等第,籍地沃瘠,均其征赋,一其徭役,经费、宴赏,约事裁节。民有宿逋不可减于上供者,必代而输之"。④ 武宗会昌四年(844 年),李正卿为淄州(治在今山东淄博市淄川)刺史,"遭螟蝗,设糜粥以食饿者,以清白俸代贫人入租"。⑤

(2)蠲免赋税。

唐后期还出现不少地方长官自行蠲免两税的事例,也属唐前期未有的地方官政绩。如德宗贞元年间,韦皋任剑南西川节度使(治在今四川成都),治蜀二十一年,"务私其民,列州互除租,凡三岁一复"。⑥ 权德舆称述贞元年间湖南观察使李巽的政绩之一在于:"大凡都府岁秒,使刻深吏周行支郡,钩摭泉货,二千石不相聊生……公至……至有经用之羡,使郡自为理,得以蠲乏用,补庸亡,府无私焉。"⑦就是说,李巽让属州的刺史留有一定的财政结余,得以蠲

---

① (清)董诰等编:《全唐文》六七九,白居易:《唐故虢州刺史赠礼部尚书崔公墓志铭并序》。

② 《旧唐书》卷一六二,《陆亘传》。

③ (清)董诰等编:《全唐文》卷七五六,杜牧:《浙江西道都团练观察处置等使上柱国清河郡开国公食邑二千户赠吏部尚书崔公行状》。

④ (清)董诰等编:《全唐文》卷七五六,杜牧:《唐故银青光禄大夫检校礼部尚书御史大夫充浙江西道都团练观察处置等使上柱国清河郡开国公食邑二千户赠吏部尚书崔公行状》。

⑤ 李褒:《唐故绵州刺史江夏李公墓志铭并序》,周绍良主编:《唐代墓志铭汇编》下册,上海古籍出版社 1992 年版,第 2240 页。

⑥ 《新唐书》卷一五八,《韦皋传》。

⑦ (清)董诰等编:《全唐文》卷五〇五,权德舆:《唐故银青光禄大夫守吏部尚书兼御史大夫充诸道盐铁转运等使上柱国赵郡开国公赠尚书右仆射李公墓志铭并序》。

免两税户逃亡而形成的欠税。元和六年至元和七年(811—812年),李素为河南府少尹(治在今河南洛阳),减民赋钱岁五千万①。元和十二年(817年),孔戣为岭南节度使(治在今广州),"约以取足,境内诸州负钱至二百万,悉放不收"。② 宝历元年至大和三年(825—829年),李听任义成节度使(治在今河南滑县东),"蠲免逋欠"。③ 显然,地方长官之所以能自行蠲免两税,必须具有两个财政前提,一是完成了上供额,二是地方财政支出可以维持。

此外,地方官员自筹财力还见用于其他地方财政支出项目。有用于修复官府食堂的,如盩厔县(治在今陕西周至县)的官府食堂因安史之乱的破坏长期停办,贞元十八年(802年),县主簿某"病之,于是且掌工役之任,俾复其邑居,廪库既成,学校既修,取其余材,以构斯堂……得羡财可以为食本,月权其赢,羞膳以充"。④ 咸通元年(860年),楚州刺史李荀自筹财力复办了能供给370名官吏的官府食堂。⑤ 有用于兴办学校的,如宪宗时,韩愈《潮州(治在今广东潮安)请置乡校牒》称:"刺史出己俸百千,以为举本,收其赢余,以给学生厨馔。"⑥有补充地方军费的,如《唐国史补》卷上载:贞元年间,"汴州(治在今河南开封)相国寺,言佛有流汗。节帅刘玄佐遽命驾,自持金帛以施之,日中,其妻子亦至。明日,复起输斋梵。由是将吏商贾,奔走道路,惟恐输货不及。乃令官为簿书,籍其所入。十日乃闭寺门,曰:'佛汗止矣!'所入盖巨万计,悉以赡军"。大和年间,李听为义成节度使,"日者水旱无备,帑藏不充,兵食有菽麦之杂,军装乏缯纩之制",李听"省溢员之职,罢冗贸之徒,收散坠之羡财,减浮靡之甚费,用此惠济,沛然有余"。⑦ 大中二年(848年),护军大夫梁承乂镇

---

① (清)董诰等编:《全唐文》卷五六五,韩愈:《河南少尹李公墓志铭》。

② (清)董诰等编:《全唐文》卷五六三,韩愈:《正议大夫尚书左丞孔公墓志铭》。又,《新唐书》卷一六三《孔巢父传附孔戣传》载,孔戣任岭南节度使,"既至,免属州逋负十八万缗、米八万斛、黄金税岁八百两"。

③ (清)董诰等编:《全唐文》卷六二三,宋申锡:《义成军节度滑颍等州观察处置等使光禄大夫检校司徒使持节滑州诸军事兼滑州刺史御史大夫上柱国陇西县开国公食邑一千八百户李公德政碑并序》。

④ (清)董诰等编:《全唐文》卷五八〇,柳宗元:《盩厔县新食堂记》。

⑤ (清)董诰等编:《全唐文》卷七六三,郑吉:《楚州修城南门记》。

⑥ (清)董诰等编:《全唐文》卷五五五。

⑦ (清)董诰等编:《全唐文》卷六二三,宋申锡:《义成军节度郑滑颍等州观察处置等使金紫光禄大夫检校司徒使持节滑州诸军事兼滑州刺史御史大夫上柱国陇西县开国公食邑一千八百户李公德政碑铭并序》。

寿州(治在今安徽寿春),出卖废寺之材,"得钱六十万,置楼邸于旗亭之冲,岁收其利以助用。摭拾其余货,以创军营二所……量其有无,节费就省,减私储而足食,添月俸而酬工,率己俭身,乃著成绩"。① 有用于军费、赈灾等支出的,如唐人称述高承简于长庆三年至宝历元年(821—825年)任义成军节度使,"字疲人,抚三军若治身疾,如理家事,公用不足,则舍私财以继之;饥人无告则散清俸以赈之"。②

三、唐中央制定的相关财务制度及其意义

从上引资料可以看出,地方长官自筹财力用于处理地方经济事务的现象,在德宗、宪宗两朝40年间颇为多见,并且受到私家撰著的碑铭、文章的交口称赞。不过,唐朝中央对此却长期未从考课制度或财政制度等方面作出规范。从唐后期官员考课内容来看,地方官员的此类行为很难列入表彰范围,因为据陆贽所说:"廉使奏课,会府考功,但守常规不稽时变,其所以为长吏之能者,大约在于四科,一曰户口增加,二曰田野垦辟,三曰税钱长数,四曰征办先期。"③上述以地方财力投入经济建设或减轻赋税的事迹,显然不在"四科"之列。从财务管理制度上看,元和二年(807年)正月,宪宗下令:"如刺史于留州数内妄有减削,及非理破使,委观察使风闻按举,必当料加量贬,以诚列城。"④这说明朝廷试图对刺史的财政支出自主权加以限制。然而,何谓"妄有减削,非理破使"? 朝廷却未作出规定。有些地方长官因动用地方财政资金而受到监察官员的弹劾。如元和十二年(817年),监察御史韦楚材弹劾"河中观察使赵宗儒擅用贮备凶荒羡余钱及赃罚钱米,数至八万"。宪宗派监察御史崔郾复查,崔郾认为:"宗儒以行营军用,且有诏命,三州分数不同,敕赵宗儒取晋、绛等州钱物,事皆有由。水旱钱减,亦为明据。"结果,赵宗儒被无罪释放,韦楚材因弹劾

---

① (清)董诰等编:《全唐文》卷七九三,刘恭伯:《寿州护军大夫梁公创制功绩记》。

② (清)董诰等编:《全唐文》卷七二四,崔郾:《唐义成军节度郑滑颍等州观察处置等使金紫光禄大夫检校尚书右仆射使持节滑州诸军事兼滑州刺史御史大夫上柱国袭封密国公食邑三千户高公德政碑并序》。

③ (唐)陆贽:《陆宣公集》卷二二,《均节赋税恤百姓六条·论长吏以增户加税辟田为课绩》。

④ (宋)王溥:《唐会要》卷六八,《刺史上》。

不实遭贬官。① 当时,皇甫湜上书宪宗,反对中央通过接纳方镇进奉的形式调取地方财政结余,并主张对节度观察等使动用使级财政结余的权限作出明文规定。他建议:"凡诸州府必有羡余,不归之王廷,必没于私室。伏请每使当罢,必上其数而谨其收,水旱之不虞,疾疫之不期,以振罢赢,以代蠲免;军旅之事,工役之用,以给其费,以供其需。居常之岁,闭藏送待,无敢散泄而干刑司。"②但未被采纳。可见直到宪宗时,地方长官自筹财力投入当地经济建设的行为,虽然是两税三分制赋予他们一定的财政支出自主权的反映,但尚未得到中央的正式认可。

到穆宗时,朝廷开始考虑制定相关的财务制度。长庆元年(821)六月,负责财务审计的比部上奏称:

> 准制:诸道年终句帐,宜依承前敕例。如闻近日刺史留州数内妄有减削、非理破使者,委观察使风闻按举,必重加科贬,以诫削减者。其诸州府仍请各委录事参军,每年据留州定额钱物数,破使去处,及支使外余剩见在钱物,各具色目,分明造帐。依格限申比部。准常限,每限五月三十日都结奏。旨下之后,更送户部。若违限及隐漏不申,录事参军及本判官并牒吏部使阙。

这份奏书得到穆宗的批准。③ 此后,穆宗长庆四年二月的一份制书又加重申。不过,此时比部也只是要求州刺史"各具色目,分明造帐",至于哪些开支"色目"是合法的,仍未言明,不具备可操作性。直到文宗大和三年(829年),此事才有实质性的进展。当年正月,文宗君相极力表彰韦丹在江西的政绩,誉之为"元和中兴第一人",文宗甚至令杜牧撰写《唐故江西观察使武阳公韦公遗爱碑》。杜牧的碑文详细记述了韦丹自筹财力改建民居、兴修水利等政绩④。这似是唐后期中央首次公开而隆重地表彰地方长官的此类财政作为。同年十一月十八日,文宗在《南郊赦文》指出:"天下州府两税占留钱,每年支用,各有定额,其回残羡余,准前后赦文,许允诸色公用。长庆四年二月三日制亦具言。缘无分明条件,可使执守,刺史每被举按,即以坐赃论。须为立程,俾

---

① (宋)王钦若等编:《册府元龟》卷五二二,《宪官部·诬罔》。
② (唐)皇甫湜:《皇甫持正集》卷四,《论进奉书》,文渊阁四库全书本。
③ (宋)王溥:《唐会要》卷五九,《比部员外郎》。
④ (唐)杜牧:《樊川文集》卷七。

无其弊。"①不过,又拖延至次年九月,比部终于制定出具体方案,经文宗批准后执行。比部奏称:

> 准大和三年十一月十八日敕文,天下州府两税,占留、支用有定额,其残欠、羡余钱物,并合明立条件,散下诸州府者。伏以德泽宏深,优裕郡国,申明旧敕,晓示新规,使其政有准绳,法无差缪,实天下幸甚。又诸州应有城郭,及公廨屋宇、器械、舟车、什物等合建立修理,须创制添换。又当州或属将校所由,有巡检非违、追捕盗贼,须行赏劝,合给程粮者。又当州或百姓贫穷,纳税不逮,须矜放要添贷额者。又当州遇年谷丰熟,要收籴余贮,备以防灾歉者。②

从上引资料来看,地方长官动用财政结余用于地方经济建设的范围,实际上比比部规定的要略宽一些,如驿路、水利、官府食堂等,均为合法开支项目。

大和四年九月比部的这份方案在唐后期地方财政管理体制上具有重要意义,它首次明确规定了地方财政支出定额包干结余的合法使用范围,这些开支范围的规定其实是对以往既成事实的归纳,与皇甫湜的建议要旨相似。这一方案赋予地方长官动用财政支出定额包干结余的合法权利,是唐后期地方财政管理体制进一步发展的标志。

四、对引用资料的统计分析

由于史籍传载的缺漏或表述不明显,以及本人所见有限,本文第二部分引证的资料肯定是不完备的。例如,史籍有关唐后期地方长官在任内修建水利、开通驿路等的其他记载还有一些,因未言及建设资金来源,本文暂不引为佐证,但是可以推断其中仍有地方官员自筹资金的。如上述高平县令明济自筹财力引水入城的事迹,《新唐书》卷三九《地理志三》记载为:"高平(注云:有泫水,一曰丹水),贞元元年,令明济引入城,号甘泉。"上述韦丹自筹财力兴修水利的事迹,《新唐书》卷四一《地理志五》记载为:"洪州豫章郡,南昌,元和三年,

---

① (清)董诰等编:《全唐文》卷七五。
② (宋)王溥:《唐会要》卷五九,《比部员外郎》。

刺史韦丹开南塘斗门以节江水,开陂塘以溉田。"这些都省略了自筹资金的事迹。同样,上引严砺辟江"通漕以馈成州戍兵"之事,《新唐书》卷四〇《地理志四》的记载也未述及其自筹资金。因此,根据《新唐书·地理志》的这种笔法,该志还有其他一些记载很可能也属地方官员自筹财力之例,如《新唐书》卷四一《地理志五》载:"湖州吴兴郡,东南二十五里有陵波塘,宝历中刺史崔玄亮开。"联系上述崔玄亮任湖州刺史自筹财力代民纳税的政绩,完全可以推断这一水利工程的资金也是他自筹解决的。类似的记载还有一些。不过,为了避免争议,本文暂不引证此类带有推测性的例子。

尽管如此,我认为本文第二部分直接引证的共 41 个地方官员(以所任职官为据)自筹财力投入当地经济建设的事例,仍然具有两点统计分析的价值。

第一,关于自筹财力进行当地经济建设的地方长官级别的区分及其意义。

经统计,这 41 个事例中,县一级官员有 4 例,约占 9.8%;州刺史有 14 例,约占 34%;使级官员有 23 例,占 56%。这种职官级别的分布状况,与唐后期两税三分制是相一致的,即地方财政建制为州、使两级,且使级财政下辖州级财政是一致的。同时也与唐后期实行的道、州、县三级地方行政建制相适应。这就是说,唐后期地方财政支出定额包干的自主支配权掌握在使一级长官及州刺史手中,使级长官的权限最大。

因此,使、州两级地方官员的政治品质与行政能力如何,直接决定着地方财政结余的使用状况与经济效益。我曾撰文指出,唐后期的德、宪二朝,皇帝通过鼓励甚至索取地方官员(主要是使级长官)"进奉"钱物的形式,调取地方财政资金以补充中央财力。[①] 在这种政治形势之下,有些地方官员就把地方财政结余更多地用于进奉,以谋求个人仕途的通达。此时如果地方官员能用地方财政结余或者另筹合法财力处理当地经济问题,就更难能可贵了。正如《新唐书》卷一六四《崔衍传》所称:"先是,天下以进奉结主恩,州藏耗竭,韦皋、刘赞、裴肃为之倡。赞死,衍代之。旧贡金锡凡十八品,皆倍直市于州,民匮,多逃去,至,蠲革之。居十年,啬用度,府库充衍。及穆赞代州,以钱四十万缗假民赋,故虽旱,人不流捐,由衍蓄积有素也。"穆赞的恤民政绩是建立在前任崔衍的廉政基础之上的。所以,本文所能征引的资料有限,当也受限于唐后期吏治的客观事实,即尽管唐后期地方财政实行支出定额包干制,穆宗时还制定了面向全国的合法使用地方财政结余的财务管理制度,但是,能够利用这一财政制度造福地方经济的勤政、廉洁的地方官员毕竟不多。这与唐后期吏治状

---

① 陈明光:《论唐代方镇"进奉"》,《中国社会经济史研究》1985 年第 1 期。

况趋于败坏的政治形势也是相对应的。

第二,关于地方长官自筹财力处理当地经济事务的地区性与阶段性差异及其原因。

经统计,这 41 个事例中,从地区来看,有 16 个事例发生在北方,多数发生在南方地区,涉及剑南东川、山南东道、淮南、荆南、江西、鄂岳、湖南、宣歙、浙东、浙西、岭南等道或藩镇。从时间来看,只有 7 例发生在晚唐懿宗、僖宗时期,大多数发生在中唐的德宗到宣宗时期。造成这种地区性与阶段性差异的原因,主要在于中唐南方地区使、州两级地方政权所处的特定政治环境和军事地位。还在 20 世纪 60 年代,王寿南在《唐代藩镇与中央关系之研究》就把藩镇与中央的关系分为叛逆、跋扈、恭顺三类列表加以统计,指出:"在僖宗朝以前,剑南、淮南、江南、岭南诸道甚少跋扈、叛逆藩镇,可见南方地区之藩镇对中央最为服从。"[1]此后也有别的学者把唐后期南方地区的方镇称为"财源型"[2]。从地方财政支出的角度看,由于中唐时期南方地区的方镇通常是既不想增强兵力以与中央对抗,一般也无须承担防御或对抗强藩的军事任务,因此养兵之费和战费不成其为地方财政支出的沉重负担,这就使地方长官有可能把财政结余更多地用于当地经济建设。加上,南方长期安定的社会环境,也使一些廉政、勤政的地方长官有较多的精力用于处理当地经济事务,关注地方经济建设。

由上可见,唐后期地方财政支出定额包干制在实施过程中,客观上调动了部分地方长官利用财政支出自主权发展当地经济的积极性,特别是对中晚唐南方经济的发展有所促进。

不过,应当看到,唐后期地方财政支出定额包干制只是特定历史条件下的产物。它是唐中央出于对安史乱后发展起来的地方军事割据势力既想遏制却又不得不有所让步的政治意图,在中央集权削弱之际采取的一种带有权宜性质的财政管理体制,也是唐后期中央财政自顾不暇,无力顾及地方财政需求的反映。所以不宜把它视为是唐中央出于发展地方经济的愿望而有意识地赋予地方长官以较多的财政自主权的结果。

因此,这一制度虽然在一定的吏治状况和社会环境下对南方经济发展有所促进,但它必须以中央集权与地方割据势力的矛盾斗争处于相对稳定阶段

---

① 台湾嘉新水泥公司文化基金会 1969 年版,第 41~51、54 页。

② 胡戟、张弓主编:《二十世纪唐研究·政治卷》第一章"藩镇的分类",中国社会科学出版社 2002 年版,第 55 页。

为必要条件。到晚唐,随着中央集权的严重削弱,这一制度必然蜕变为方镇专擅财赋。北宋建立之后,宋太祖为了重建中央集权,实行统收统支的财政管理体制,彻底废止了地方财政支出定额包干制。

两把双刃剑

——唐朝后期地方日常军费的定额包干制与"食出界粮"制

中国古代王朝的财政制度兴废及其实施效果,往往与时局有互动关系,如果只就财政制度论财政制度,或不免僵硬、片面之嫌。例如唐朝后期中央制定的与地方财政划分军费支出范围的两个制度,即地方日常军费定额包干制和"食出界粮"制,在实施中就与时局有着错综复杂的关系,我们须得结合时局演变,做综合的观察和具体分析,才可望比较全面地认识这两个财政支出制度对于唐朝后期中央集权与地方割据势力的矛盾斗争所产生的正反两面影响,从而作出客观的正确的评价。

一、地方日常军费定额包干制

唐人郑吉曰:"凡兵、赋、食,三者相通也。"[1]指出兵制、税制和军费三者之间有密切关联。经过安史之乱,唐朝的地方制由州军与藩镇军两部分组成,分别受刺史和节度观察使的指挥。史称:"至德之后,中原用兵,刺史皆治军戎,遂有防御、团练、制置之名。要冲大郡,皆有节度之额;寇盗稍息,则易观察之号。"[2]当时,"诸州并设军额",[3]州军有"州兵""团练""镇兵"等不同名称。诸道节度、观察、处置、经略等使所辖,"大者连州十余,小者犹兼三四",[4]更是以

---

[1] (清)董诰等编:《全唐文》卷七六三,郑吉:《楚州修城南门记》,上海古籍出版社1990年影印清嘉庆本。

[2] 《旧唐书》卷三八,《地理志一》。

[3] (清)董诰等编:《全唐文》卷五三六,王栩:《请停执刃资粮奏》,上海古籍出版社1990年影印清嘉庆本。

[4] 《新唐书》卷五○,《兵志》。

军事力量为支柱的一级地方政权,常被称为"军府"。

安史乱中,财权严重下移地方,特别是下移到军政合一的藩镇手中。不少强藩自擅军费收支,如成德节度使李宝臣以恒、定、易、赵、深、冀、沧"七州自给,军用殷积"。① 魏博节度使田承嗣"重加税率,修缮兵甲,计户口之众寡,而老弱事耕稼,丁壮从征役,故数年之间,其众十万"。② 正如大历十四年(799年)八月杨炎上奏德宗建议实施两税法改革时所说的:"河南、山东、荆襄、剑南有重兵处,皆厚自奉养,王赋所入无几。"③ 如何裁抑藩镇的自擅军费,成为唐德宗借实施两税法改革重建财政管理体制时面临的一个严重的时局问题。

建中元年(780年)正月,德宗下制称:"自艰难已来,征赋名目繁杂。委黜陟使与诸道观察使、刺史作年支两税征纳。比来新旧征科色目,一切停罢。两税外辄别率一钱,四等官准擅兴赋以枉法论。其军府支计等数,准大历十四年八月七日敕处分。"④后一句专门针对地方军费而言。可惜的是,所谓"大历十四年八月七日敕"今已不存。⑤ 不过,宪宗时,元稹奏称:"自国家置两税已来,天下之财,限为三品,一曰上供,二曰留使,三曰留州,皆量出以为入,定额以给资。"⑥据此可知两税法改革之际,唐中央确定"军府支计等数"的原则,就是今天我们说的"以支定收"。

唐朝后期地方军费以日常养兵费用为大宗,唐人称之为"供军钱""供军粮""军资钱米""供军钱米"等。建中元年,中央派遣的14名黜陟使到各地核定地方军费的"军资钱米"数量,并计入两税留州、留使额之中,黜陟使的核算有两项法定依据。

第一,中央限定的藩镇兵、州军人数。安史乱前,唐中央对各节度使乃至军、镇的兵额都有限定。⑦ 安史乱起,中央对新增的藩镇,也有兵额规定。如

①　《旧唐书》卷一四二,《李宝臣传》。

②　《旧唐书》卷一四一《田承嗣传》。

③　《旧唐书》卷一一八,《杨炎传》。

④　(宋)王钦若等编:《册府元龟》卷八九,《帝王部·赦宥第八》。

⑤　有学者推测它指的是杨炎于大历十四年八月七日上奏建议实行两税法,德宗敕批"依",颁行天下[李锦绣:《唐代财政史稿》(下卷)第二分册,北京大学出版社,2001年,第633页]。不过,《旧唐书·杨炎传》或《唐会要·租税上》所载杨炎奏书并没有述及地方军费收支的管理方案,而只提出"凡百役之费,一钱之敛,先度其数而赋于人,量出以制入"的预算总原则。

⑥　(唐)元稹:《元稹集》卷三四,《钱货议状》,中华书局1982年点校本。

⑦　《唐会要》卷七八,《节度使》;《唐六典》卷五,《尚书兵部》。

大历九年(774 年)郭子仪说:"河南、河北、山南、江淮,小镇数千,大镇数万。"①
清人吴廷燮在《唐方镇年表·旧序》指出:"唐之藩镇……用人重轻,不以地广,
而以兵多。河东、宣武,号称大镇,究厥地形,如今一道。江西,福建,即今一
省,而置观察,号为小镇。并、汴戎士,皆诩十万,洪、福、潭、越,不过万人,盖以
此也。实则大镇厥军五万,此外节度率皆三万。"我们若以史籍的零散记载对
证,吴氏的归纳不无根据。② 至于观察使、经略使名下的法定兵额就少得多
了。如桂管观察使,"敕额兵数,只一千五百人"。③ 因此,尽管存在着藩镇擅
自扩召兵马的情况,但是黜陟使在核算地方日常军费时,只以法定兵额作为人
数依据。例如,黜陟使洪经纶"访闻魏州田悦食粮兵凡七万人",即"以符停其
兵四万人,令归农亩"。强藩田悦也只能伪承其命,先"依符罢之",然后再出
"家财"把超编兵员保留下来。④ 这表明魏博节度使的法定"食粮兵"限为三万
人,乃是黜陟使洪经纶与节度使田悦双方都明了的,所以田悦没有讨价还价的
余地。至于州兵,代宗大历十二年(777 年)五月,唐中央"定诸州兵,皆有常
数"。⑤

第二,中央制定的"健儿""团练"等不同的衣食供给定额。唐制,1 名兵士
1 年的基本供给标准为绢布 12 匹、粟 12 石;马的供料标准是 1 匹日给粟 5
升,年耗 18 石。⑥ 安史乱后,唐朝又规定:"兵士量险隘召募,谓之健儿,给春
冬衣,并家口粮;当上百姓,名曰团练,春秋归,冬夏追集,日给一身粮及酱
菜。"⑦

总之,建中元年,唐中央以法定的州军、藩镇军人数及其衣食供给标准为
依据,核算地方日常军费定额,作为两税留州、留使额中收支对应的一项内容,

---

① 《旧唐书》卷一二〇,《郭子仪传》。

② 如凤翔节度使王承元称:"当军应管兵三万人。"(见《册府元龟》卷四一三
《将帅部·召募》所载文宗大和年间王承元之奏)河东节度使"全军"为五万(见《资治通鉴》
卷二二八"元和五年"记述王锷的政绩)。

③ (清)董诰等编:《全唐文》卷七七二,李商隐:《为荥阳公论安南行营将土月粮状》,
上海古籍出版社 1990 年影印清嘉庆本。

④ 《旧唐书》卷一二七,《洪经纶传》。

⑤ (宋)司马光:《资治通鉴》卷二二五。

⑥ 《夏侯阳算经》卷中,《计给粮》。

⑦ (宋)王溥:《唐会要》卷七八,《请使杂录上》。按《资治通鉴》卷二二五的表述更加
明白,称:"其召募给家粮、春冬衣者,谓之'官健';差点土人,春夏归农,秋冬追集,给身粮
酱菜者,谓之'团结'。"

让地方财政包干使用。相对于安史乱中藩镇的自擅军费收支,地方日常军费定额包干制的创立与运行,无疑具有阻遏地方军事割据势力发展的一定作用,反映了经历安史之乱的唐中央对以军队为支柱的地方割据势力既有所让步又予以限制的时局特点。

此后,地方日常军费定额包干制成为唐中央抵制强藩索取额外财力的制度依据。例如,穆宗长庆元年(821年)七月,中央将魏博镇(治在魏州,今河北大名县东北)节度使田弘正调往成德镇(治在镇州,今河北正定县)任职。田弘正要求带2 000名魏州士兵随往镇州,"其粮赐请度支岁给"。穆宗让朝臣讨论,户部侍郎、判度支崔倰坚决反对,说:"魏(州)、镇(州)各有镇兵,朝廷无例支给,恐为事例,不可听从。"他强调的是田弘正要求再带兵往镇州,会超过成德镇原定的士兵供给限额。结果,田弘正只好"遣魏卒还藩"。[①] 敬宗宝应二年(826年),范阳(治在幽州,今北京市城区西南)骄藩朱克融"奏三军春衣不足,拟于度支请给一季春衣,约三十万端匹"。对朱克融的额外索取,敬宗接受宰相裴度的建议,不软不硬地回复说:"所言三军春衣,自是本道常事。比来朝廷或有事赐与,皆缘征发,须是优恩,若寻常则无此例。我固不惜三二十万端匹,只是事体不可独与范阳。"[②]意思是说:范阳道士兵的"春衣"供给,已经依他镇之例包括在地方日常军费定额之中了,朝廷不能破例多给。崔倰所言"事例"、敬宗所言"事体",指的都是地方日常军费定额包干制。对于北方的强藩尚可如此约束,对于东南地区军事力量较弱的藩镇,地方日常军费定额包干制的约束力就更大了。因此,从这方面看,唐朝后期地方日常军费定额包干制的实施,对于限制地方军事割据势力的扩张也不无作用。

但是,随着唐朝后期政局的演变,即中央集权趋于衰弱,藩镇割据势力增强,地方日常军费定额包干制在客观上又具有放纵藩镇割据势力乃至尾大不掉的消极一面。这是因为,在实施地方日常军费定额包干制的情况下,藩镇只要不公开向中央财政要求增加日常军费定额,而是以"家财""私财"募兵养军,其兵力的扩张便可瞒过唐中央。如建中元年,魏博镇节度使田悦召集被黜陟使洪经纶遣散的4万名超编士兵,"激怒之曰:'尔等久在军戎,各有父母妻子,既为黜陟使所罢,如何得衣食自资?'众遂大哭。悦乃尽出其家财帛衣服以给之,各令还其部伍,自此魏博感悦而怨朝廷"。[③] 同时,唐中央给予地方的日常

①　《旧唐书》卷一一九,《崔倰传》。

②　《旧唐书》卷一七〇,《裴度传》。

③　《旧唐书》卷一四一,《田承嗣传附田悦传》。

军费只是维持性的士兵衣食供给,这给藩镇留下施私恩结私党的空间。不少藩镇以在境内聚敛的"私财""家财"厚待亲信将士,培植支持割据一方的军事力量。如河北魏博镇"之牙中军者,自至德中,田承嗣盗据相、魏、澶、博、卫、贝等六州,召募军中子弟置之部下,遂以为号。皆丰给厚赐,不胜骄宠。年代浸远,父子相袭,亲党胶固"。① 这种情况在中唐的河北、山东等地藩镇割据势力比较强大,以及晚唐东南地区藩镇割据势力兴起之后表现得相当明显。

概言之,唐朝后期,在中央集权与以藩镇为主的地方割据势力的矛盾斗争中,地方日常军费定额包干制犹如一把双刃剑。在中央集权比较强势的阶段,或者中央集权权威较高的地区,它都能发挥限制地方军事割据势力发展的作用;反之,则有放任地方军事割据势力发展的作用。因此,要评说唐朝后期地方日常军费定额包干制的实施效果,须根据中央集权的强弱状况以及不同地区藩镇的情况,进行动态的具体区分,不宜笼统而论。

二、"食出界粮"制

在唐朝后期,与地方日常军费定额包干制配套实行的,则是藩镇兵的"食出界粮"制,即"凡诸道之军出境,仰给于度支"。② 就是说,节度使、观察使管辖的军队若在本道辖境内活动,其费用属于地方日常军费的开支范围;一旦受中央调动越过本境参加作战,就由中央财政供给。就两税法实行之后唐朝中央财政与地方财政划分收支范围的管理体制而言,这是合理合法的,既有利于藩镇兵服从唐中央的统一调动,与中央军协同作战,也有利维护中央集权的权威。然而,这一制度也犹如一把双刃剑,初次使用就暴露出严重弊病。

"食出界粮"初次付诸实行,是在德宗建中二年(781年)六月,唐中央发动大规模的平定叛藩战争之时。

此前,唐代宗为尽快消弭安史之乱的余波,对河北、山东的强藩采取姑息政策,以致成德节度使李宝臣与平卢(治在青州,今山东益都县)节度使李正己、魏博节度使田承嗣、山南东道(治在襄州,今湖北襄樊市)节度使梁崇义互

---

① 《旧唐书》卷一八一,《罗弘信传》。
② 《旧唐书》卷一二,《德宗纪上》。

相勾结,"期以土地传之子孙"①。建中二年春,李宝臣死后,其子李惟岳擅立,德宗不予批准,这四镇骄藩便联手反叛。六月间,为了围攻叛藩,德宗下令"内自关中,西暨蜀,汉,南尽江,淮,闽,越,北至太原,所在出兵"。②所出之兵除中央的神策军之外,还有诸道之军。建中三年十二月又发生淮宁(治在蔡州,今河南汝南县)节度使李希烈的叛乱。中央的平叛战事迁延不决,历时2年之后,到建中四年六月,唐廷与叛藩的战争仍处于胶着状态。史称:

> 时(河东节度使)马燧、(邠宁节度使)李怀光、(昭义节度使)李抱真、(河阳节度使)李芃屯魏县,(神策先锋都知兵马使)李晟屯易定,(淮西招讨使)李勉、(淮南节度使)陈少游、(淮西招讨副使)哥舒曜屯怀汝间,神策诸军皆临贼境。凡诸道之军出境,仰给于度支,谓之食出界粮,月费钱一百三十万贯,判度支赵赞巧法聚敛,终不能给。③

为何"食出界粮"让中央财政如此不堪重负?《新唐书·食货志二》载:

> 是时,诸道讨贼,兵在外者,度支给出界粮,每军以台省官一人为粮料使,主供亿。士卒出境,则给酒肉。一卒出境,兼三人之费。将士利之,逾境而屯。

《资治通鉴》载:

> 时河东、泽潞、河阳、朔方四军屯魏县,神策、永平、宣武、淮南、浙西、荆南、江泗、沔鄂、湖南、黔中、剑南、岭南诸军环淮宁之境。旧制,诸道军出境,则仰给度支。上优恤士卒,每出境,加给酒肉,本道粮仍给其家。一人兼三人之给,故将士利之。各出军才逾境而止,月费钱百三十余万缗,常赋不能供。④

---

① 《旧唐书》卷一四四,《阳惠元传》;《资治通鉴》卷二二六,德宗建中二年正月记事。
② (宋)司马光:《资治通鉴》卷二二七,建中二年六月记事。
③ 《旧唐书》卷一二,《德宗纪上》。
④ (宋)司马光:《资治通鉴》卷二二八,建中四年六月记事。

可见德宗提高"食出界粮"的供给标准至于 3 倍,本意在鼓励藩镇军积极协同作战,殊不料适得其反,成为藩镇军贪财玩寇、贻误战事的财政诱因。

若以每月费 130 余万贯钱估计,当时战事已绵延 2 年多,中央支付的军费当不下 3 000 万贯。这相当于建中元年中央财政收入的两税上供钱(950 余万贯)与盐利(以 600 余万贯计)之和的两倍,这就是所谓的"常赋不能供"。

为了筹集巨额战费,唐中央不惜破坏两税法改革的初步成果,采取增收两税钱,开征新税,扩大专卖,直至"括率商户"等各种挹注手段。建中二年(781年)五月,"以军兴,增商税为什一"。① 而原来两税法规定的只是"行商者在所州县税三十之一"。② 建中三年(782 年)四月,太常博士韦都宾、陈京建议"借京城富商钱",认为"大率每商留万贯,余并入官,不一二十大商,则国用济矣"。判度支杜佑提出需要"借钱"五百万贯。德宗"诏京兆尹、长安、万年令大索京畿富商"。史载:"刑法严峻,长安令薛苹荷校乘车,于坊市搜索,人不胜鞭笞,乃至自缢。京师嚣然,如被盗贼。搜括既毕,计其所得才八十万贯。少尹韦祯又取僦柜质库法拷索之,才及二百万。"③可见所谓"借富商钱",其实是对长安商人财富的公开掠夺。所以史籍或称为"括率商户"。④ 此举仍不敷军费急需。五月,唐中央下令"两税每贯增二百,盐每斗增一百"。⑤ 九月,判度支赵赞请"于诸道津要置吏税商货,每贯税二十文,竹、木、茶、漆皆什一税之,以充常平之本"。⑥ 其实这是巧立名目以充填中央财政的军费亏空,所以史称:"属军用迫蹙,亦随而耗竭,不能备常平之积。"⑦同年,唐朝恢复酒专卖,"禁人酤酒,官司置店收利,以助军费"。⑧ 建中四年(783 年)六月,判度支赵赞请行"除陌法",规定:"天下公私给与货易,率一贯旧算二十,益加算为五十给与他物或两换者,约钱为率算之。"⑨其中一项内容为把商品交易税的税率由 2% 提高到5%。又"税屋间架","其法,屋二架为间,上间钱二千,中间一千,下间五百;匿

---

① (宋)司马光:《资治通鉴》卷二二六。
② 《唐会要》卷八三《租税上》所载杨炎奏疏。
③ 《旧唐书》卷一二,《德宗纪上》。
④ 《旧唐书》卷一三四,《马燧传附马畅传》。
⑤ 《旧唐书》卷一二,《德宗纪上》。
⑥ 《旧唐书》卷四九,《食货志下》。
⑦ 《新唐书》卷五四,《食货志四》。
⑧ (唐)杜佑:《通典》卷一一,《食货一一·榷酤》。
⑨ 《旧唐书》卷四九,《食货志下》。

一间,杖六十,告者赏钱五万"。①

如此多方抠注,势必激化社会矛盾。建中四年十月,德宗又调遣泾原(治在径州,今甘肃泾川县北)镇兵参战。泾原镇兵途经长安,不满供应低劣,发生哗变。哗变兵士高呼"不夺汝商货僦质质矣!不税汝间架、陌钱矣!"的口号,以争取长安市民的支持,并取得预期效果,"小民聚观者以万计"。②

德宗仓皇逃往奉天(治在今陕西乾县)之后,不得不于兴元元年(784年)正月在大赦诏中"罪己"而姑息叛藩,诏称:"李希烈、田悦、王武俊、李纳等,咸以勋旧,各守藩维,朕抚御乖方,致其疑惧;皆由上失其道而下罹其灾,朕实不君,人则何罪!宜并所管将吏等一切待之如初。"③唐中央这场打击叛藩的战争失败了,究其由来,德宗对调动藩镇军参战给予过分的"食出界粮",无疑是一条导火线。

兴元元年六月,唐中央还未从与称王称帝的朱滔、朱泚等叛藩的争战中喘息过来,又爆发河中(治在蒲州,今山东永济县西)尹李怀光的反叛。平叛战费极大地加重了中央财政的开支负担,度支奏称:"京师经费及关内外征讨士马,月须米盐五十三万石,钱六十万贯,草三百八十三万围。春冬衣赐,元日、冬至立仗赐物,不在其中。"中央财力不堪重负,仅仅过了一个月,"有司计度支钱谷,才可支七旬"。④ 史载:"时度支用度不给,议者多请赦怀光";"时连年旱、蝗,度支资粮匮竭,言事者多请赦李怀光"。⑤ 眼看德宗又要重蹈因财力不支而赦宥叛藩的覆辙了,幸好行营元帅李晟、马燧二人反对并自筹军粮坚持战斗,加上河中叛军发生内乱,斩杀李怀光出降,德宗才侥幸取胜。

元和四年(809年)十月,成德节度使王承宗抗命中央,宪宗调集左右神策军及河中、河阳(治在孟州,今河南孟县南)、浙西(治在今江苏苏州)、宣歙(治在宣州,今安徽宣城县)等诸道共20万兵进行讨伐,包括"食出界粮"在内的战费高达700余万贯。⑥ 次年,迫于师老无功,财力短绌,宪宗不得不下令"赦

① 《新唐书》卷五二,《食货志二》。

② (宋)司马光:《资治通鉴》卷二二六。

③ (宋)司马光:《资治通鉴》卷二二九。

④ 《旧唐书》卷一二,《德宗纪上》。

⑤ (宋)司马光:《资治通鉴》卷二三一。

⑥ (宋)司马光:《资治通鉴》卷二三九,元和六年记事。按,当时,平卢节度使李师道也奉命出军,他派人上奏朝廷:"兵马出界后,请自供一月粮料。"宪宗回答说:"卿……昨献帛助军,极盈数于万匹,今又赍粮出界,减经费于三旬。"(白居易:《白氏长庆集》卷五六,《与师道诏》)可见李师道自供出界粮料属于制度外的特例,故受到宪宗表彰。

宥"王承宗,姑息了事。①

穆宗即位不久,因赏赐过当,中央府库空虚。长庆元年(821 年)七月,卢龙(治在幽州)军乱,拥立朱克融为留后,不得朝命认可。朱克融遂派兵侵扰河北一带,唐廷疲于应对。成德镇将王庭凑杀害节度使田弘正,也自称留后,八月,唐廷任命田弘正之子田布为魏博节度使,并调动魏博、横海(治在沧州,今河北沧县东南)、昭义(治在潞州,今山西长治市)、河东(治在今太原市)、义武诸军出兵进讨王庭凑。

此时唐中央对朱克融、王庭凑两面作战,本已空虚的中央财力不堪支持。史载:

> 自宪宗征伐四方,国用已虚,上即位,赏赐左右及宿卫诸军无节,及幽、镇用兵久无功,府藏空竭,势不能支。执政乃议:"王庭凑杀田弘正,而朱克融全张弘靖,罪有重轻,请赦克融,专讨庭凑。"②

穆宗只得正式任命朱克融为卢龙节度使,以停息一方战事。可是,唐军即使单独对王庭凑作战,包括"食出界粮"在内的行营军费仍然是中央财政的沉重负担。史称:

> 当是时,帝赐赉无艺,府帑空,既集诸道兵,调发火驰,民不堪其劳。仰度支者大抵兵十五万,有司惧不给,置南北供军院。既薄贼鄙,饷道梗棘,樵苏不继,兵番休取刍蒸。庭凑乘间夺转运车六百乘,食愈困,至所须衣帛,未半道,诸军强取之,有司弗能制。其悬师深入者,不得衣食。③

长庆二年正月,中书舍人白居易上书指出:"自幽、镇逆命,朝廷征诸道兵,计十七八万,四面攻围,已逾半年,王师无功,贼势犹盛。"他主张让魏博等四道兵马退守本界,以节省战费,说道:

> 朝廷本用田布,令报父仇,今领全师出界,供给度支,数月已来,都不进讨,非田布固欲如此,抑有其由。闻魏博一军,屡经优赏,兵骄将富,莫

---

① (宋)王钦若等编:《册府元龟》卷一七七,《帝王部·姑息第二》。
② (宋)司马光:《资治通鉴》卷二四二。
③ 《新唐书》卷二一一,《藩镇传·王廷凑传》。

肯为用。况其军一月之费,计实钱二十八万缗,若更迁延,将何供给? 此尤宜早令退军者也。若两道止共留兵六万,所费无多,既易支持,自然丰足。今事宜日急,其间变故远不可知。苟兵数不抽,军费不减,食既不足,众何以安! 不安之中,何事不有! 况有司迫于供军,百端敛率,不许即用度交阙,尽许则人心无慭。自古安危皆系于此,伏乞圣虑察而念之。①

穆宗未予采纳。

可是,随后王庭凑进围深州(治在今河北深县西南),唐军三面来救,以河东军临城西,李光颜率横海军扎营城东,陈楚率易定军逼城北,然而"皆以乏粮不能进,虽李光颜亦闭壁自守而已。军士自采薪刍,日给不过陈米一勺"。深州危在旦夕。穆宗朝廷不得不于二月同意任命王庭凑为成德节度使,"军中将士官爵皆复其旧"。② 唐中央打击地方割据势力的斗争再次以朝廷妥协而告终。

文宗大和元年(827年)八月,李同捷擅立为横海节度使,抗拒朝令。中央调动天平(治在郓州,今山东东平县西北)、魏博、义成(治在滑州,今河南滑县东)、义武(治在定州,今河北定县)、卢龙、平卢等六道节度使各帅本军讨之。战事延至十一月,唐军犹未胜,究其原因,史称:"时诸军在野,朝廷特置供军粮料使,日费浸多。两河诸帅每有小捷,虚张俘级,以邀赏赉,实欲困朝廷而缓贼也,缯帛征马,赐之无算。"③以致"朝廷竭力奉之,江、淮为之耗弊"。④ 直到大和三年二月,唐军几费周折才擒斩李同捷。

会昌三年(843年),李德裕曾对武宗说:"贞元、大和之间,朝廷伐叛,诏诸道会兵,才出界便费度支供饷,迟留逗挠,以困国力,或密与贼商量,取一县一栅以为胜捷,所以师出无功。"⑤可见唐朝后期的"食出界粮"制也是一把双刃剑,在实施中虽然有鼓励地方军服从中央调动,为维护中央集权而战的作用,但也会让一部分具有割据倾向的藩镇贪财玩寇,多次直接导致唐中央打击地方割据势力的战争归于失败。

① (唐)白居易:《白氏长庆集》卷六〇,《论行营状》。
② (宋)司马光:《资治通鉴》卷二四二。
③ 《旧唐书》卷一四三,《李全略传附子同捷传》。
④ 《资治通鉴》卷二四三,文宗大和二年十一月记事。
⑤ 《旧唐书》卷一七四,《李德裕传》。

从"两税钱""两税斛斗"
到"桑田正税"
——唐五代两税法演变补论

　　《册府元龟》卷四八八《邦计部·赋税第二》称:"梁太祖开平元年既受唐禅,两税之法,咸因唐制。"此说有欠准确。因为自后梁起,五代的"两税之法"比起唐朝发生不少重要变化。对此,学界已有较详细的研究①,也有若干问题尚未论及或可补论。本文拟论述唐、五代"两税"一语的税项涵义变化及其由来,即通过以唐人用语互证的方法,论证唐朝两税法中"两税"是指分夏秋两次征收的"两税钱"和"两税斛斗"两个税项;通过论证五代计征"两税"的资产只限于田地和种植于田地之上的桑木,而不是唐朝的田地和杂产,揭示唐朝"两税"在五代演变为田亩税单一税项的由来。

一、"两税钱""两税斛斗"
——唐朝"两税"的税项涵义及其与资产的关系

　　唐朝建中元年(780年)实行两税法之后,"两税"遂成官方常用词语。对于唐朝两税法的"两税"一语的税项涵义,学术界有过争论。或认为"两税"指

---

　　①　主要代表作有张泽咸《唐五代赋役史草》(中华书局1986年版),其中论及五代的两税,重点是论述田亩税,强调田亩税在两税中居于重要的地位;征收时间有三限;全国没有统一的税额,但各地有一定的税额;两税钱的折纳、纽配等。郑学檬《五代十国史研究》(上海人民出版社1991年版)专设"两税征收制度的演变"一节,其中论述五代的两税有三个组成部分:一是田亩税,二是税钱,三是附加税,特别是指出:"两税的钱、斛斗在一定时期和地区改为固定折绢交纳,遂使两税绢成为钱、斛斗之外又一名目,从而构成两税的钱、斛斗、绢三大色,分夏秋两季交,以钱折绢交纳的是夏绢,以斛斗折绢交纳的是秋绢,或称秋苗绢。"

唐前期的户税和地税,即持两项税制说①。或认为"两税"只是指户税,不包括田租,即持单一税项说②。或认为"凡分两度征收者便可称'两税'",但又称两税法只是从租庸调变化而来,与此前的地税、地税没有关系。这也是单一税项说③。或认为两税法中的"两税即是夏税和秋税",其核心税项是地税和户税,

---

① 如玉井是博《唐代土地问题管见》(《史学杂志》三三编 8～10 号,1922 年)强调两税法是由唐前期与租庸调对立的资产税性质的地税和户税发展而来的,并不是一种独创。鞠清远《唐代的两税法》(《北京大学社会科学季刊》6－3,1936 年)亦持此说,并认为"旧日的租庸调则归并到户税里面"。这一基本观点在他的《唐代经济史》和《唐代财政史》均有反映。相似见解还见于铃木俊为《东洋历史大辞典》第八卷(平凡社,1938 年)撰写的"两税法"条、胡思庸《怎样理解两税法》(《新史学通讯》1951 年第 2 期)、李剑农《魏晋南北朝隋唐经济史稿》(三联书店 1959 版)、张维华《对于两税法的考释》(《山东大学学报》1963 年第 4 期)、王仲荦《唐代两税法研究》(《历史研究》1963 年第 6 期)、金永济《唐宋时代的两税沿革》(《东洋史学研究》第 34 号,1990 年)等。

② 如小林高四《唐代两税法论考——支那经济思想史的一幕》(《社会经济史学》3～6,1933 年)强调两税法是户税发展的结果。金宝祥《唐代封建经济的发展及其矛盾》(《历史教学》1954 年第 6 期)首次明确提出"户税即两税实则也包含了从前租庸调的庸调部分",两税不包括以亩定税的田租的观点。后来又发表《论唐代的两税法》(《甘肃师范大学学报》1962 年第 3 期)再次强调这一观点。束世澂《两税法与建中税制改革》(《历史教学》1958 年第 2 期)也从不同层面申论类似见解。

③ 岑仲勉《唐代两税法基础及其牵连的问题》(《历史教学》1951 年第 5、6 期)首先提出这一看法,认为凡分两度征收者便可称两税,"至德以前的'两税'系指租庸调",当时"两税"只是一种通名,"到了杨炎改制,定名'两税'始由通名变作专名"。"两税法系适应当时现实的环境,把租庸调旧制加以错综复杂的改进"而成,两税"似可以断定其不指户税及地税","惟'两税'指租庸调"。曾我部静雄在《两税法与地税、户税无关论》(《东洋学》1959 年第 2 期)、《两税法出现的由来》(《社会经济史学》26－1,1960 年)等文也认为两税就是租庸调的变种,与地税、户税无关,它起源于兵役所造成的税籍紊乱。

又融合了其他税种①,其中田亩税占有重要的地位②。这些论述偏重于辩论两税法之"两税"的来源是什么,而对两税法实施之后"两税"所指代的或者说所归并而形成的新税项究竟是什么,仍说明不够。因此,唐朝官方在实行两税法之后所说的"两税"一语,其税项涵义究竟是什么,还有待进一步明确。下面采取以唐人的用语互证的方法加以辨析,庶几可减少我们的主观臆测成分。

建中元年正月五日,德宗下令:"宜委黜陟使与观察使及刺史、转运所由,计百姓及客户,约丁产,定等第,均率作年支两税。如当处土风不便,更立一限。其比来征科色目,一切停罢。"③他说的"年支两税",结合下一句"更立一限"来看,无疑具有"一年分二次征收之税"的意义。至二月,德宗又下令:"自艰难已来,征赋名目繁杂。委黜陟使与诸道观察使、刺史作年支两税征纳。比来新旧征科色目,一切停罢。两税外辄别率一钱,四等官准擅兴赋以枉法论。"④其中,虽然"作年支两税征纳"一句仍然含有"一年分二次征收之税"的意义,但"两税外辄别率一钱"一句则显示"两税"一语也有指特定税项的含义。

---

① 吉田虎雄《关于唐两税法》(《东亚经济研究》24—2,1940 年)首先展示两税是由多个税种构成的思路。他认为两税法是由田税(租与地税)、丁税(庸调、户税等合并)及商税构成的。胡如雷《唐代两税法研究》(《河北天津师范学院学报》1958 年第 3 期)认为:"两税法主要是由租庸调发展而来,亦与原来的户税、地税有一定的关系,即两税法是在租庸调及其他旧赋税制度废除的基础上产生的新税制,把两税只与庸调联系起来,或认为它与租庸调全无关系的论点是错误的。"船越泰次《关于两税法的形成的考察》(《文化》36—1、2,1972 年)从两税法成立前的各种赋税,如全国性的青苗钱、地头钱,"税钱"即户税,租庸调、地税;地区性的加税(如京兆府的"什一税")等的存在与延续,来考察两税法的赋税基础。其《唐代两税法中的斛斗征课和两税钱折籴问题》(《东洋史研究》31—4,1973 年)将两税法整理成向田亩征课的斛斗(用谷交纳)、青苗钱(用钱交纳)和按资产情况向各户征课的两税钱(用布帛和钱交纳,有时用谷折交)等种类。丁柏传《谈对唐代两税法的再评价问题》(《河北大学学报》1983 年第 2 期)提出:"两税不过是把早就存在着的户税、地税、租庸调及各种杂税合并在一起,摊派到州县征收的封建赋税。两税既不仅仅是户税和地税或租庸调,也不是用户税和地税代替了租庸调,以其'继承形态来出现'的。那种认为两税是户税和地税的承继,或者是租庸调的转化的看法是不对的。"

② 张泽咸《唐五代赋役史草》(中华书局 1986 版)第二节《两税法的内容》写道:"两税法的核心是地税和户税。不过,它们并非唐初以来义仓地税和户税的简单凑合或承继,而是在唐肃宗、特别是代宗以来各种改革旧税法的基础上,又融合了租庸调法而产生的新税法。"并论证田亩税在两税中有重要地位(见该书第 122~123 页)。

③ (宋)王溥:《唐会要》卷八三,《租税上》,中华书局 1955 年版。

④ (宋)王钦若等编:《册府元龟》卷八九,《帝王部·赦宥第八》。

同月,有关部门上报德宗批准的《起请条》称:"令黜陟观察使及州县长官,据旧征税数及人户土客,定等第钱数多少,为夏秋两税。……其应科斛斗请据大历十四年(779年)见佃青苗地额均税。夏税六月内纳毕,秋税十一月内纳毕。"①据此可进一步看出,"两税"是指两个税项。其一,"定等第钱数多少"的"夏秋两税"。就是根据户等高低配征的税项,本色征钱。后来常称为"两税钱",也常见只称"两税"。其二,据"见佃青苗地额均税"的夏税和秋税,此即计田亩而配征的税项,《起请条》称之为"斛斗"。宪宗时,元稹在《同州奏均田状》有"当州自于七县田地数内,均配两税元额顷亩""当州两税地""两税元额地数"等语②,都是指配征"斛斗"的田亩,也就是说,元稹在这里说的"两税"不是指"两税钱",而是"斛斗"。在唐朝皇帝的诏制中则明确使用了"两税斛斗""(两税)送纳斛斗"等语。如元和十年(815年)正月,宪宗派兵讨伐淮西叛藩吴元济时,制曰:"接贼界州县百姓,军兴已来供馈繁并,言念疲瘵,良增悯然。元和九年两税斛斗、钱物等在百姓腹内者,并十年夏税并宜放免。"③宣宗大中六年(852年)十一月敕:"应畿内诸县百姓军户合送纳诸仓及诸使两税,送纳斛斗,旧例每斗函头、耗物、遽(簜)除皆有数限,访闻近日诸仓所由分外邀额利,索耗物,致使京畿诸县转更凋弊,农桑无利,职此之由。自今以后,只令依官额,余并禁断。"④"两税斛斗""(两税)送纳斛斗"等语,对两税中据地征收的税项指称甚是明白。"两税斛斗"又因本色是征收以斛斗概量的麦、谷等粮食⑤,故可简称"斛斗"。

唐人也不乏将"两税"一语含有两个税项之意说得很明确的场合。如元和四年(809年)正月,宪宗制曰:"其元和三年诸道应遭水旱所损州府,应合放两税钱、米等,损四分已下,宜准式处分。"⑥这里将"两税钱""(两税)米"并举。传本《夏侯阳算经》为唐人著作,书中也有"两税米""两税钱"的算题。例如:"今有两税米一千五百七十八斛九斗送州,每斗脚一十三文,并于身内抽充。时估斗别一百三十文。问正及脚各几何?答曰:正米一千四百三十五斛三斗

---

① (宋)王溥:《唐会要》卷八三,《租税上》。
② (唐)元稹:《元稹集》卷三九,中华书局1982年点校本,第435页。
③ (宋)王钦若等编:《册府元龟》卷一二二,《帝王部·征讨第二》。
④ (宋)王溥:《唐会要》卷八八,《仓及常平仓》。
⑤ (宋)王钦若等编:《册府元龟》卷五八《帝王部·勤政》载,唐开成元年正月乙巳,文宗对李石表示担忧太仓仓粮不多,李石回答说:"京畿频旱,无以添置。待臣来年征两税,麦时纳麦,谷时纳谷,自然国储渐实,人亦乐输。"
⑥ (宋)王钦若等编:《册府元龟》卷一〇六,《帝王部·惠民第二》。

六升一十一分升之四,脚米一百四十三斛五斗三升一十一分升之七。"又如:"今有两税钱一千五百二十四贯二百四十文送州,每贯一十七文七分脚充,于身内抽给。问正钱及脚价各几何?答曰:正钱一千四百九十七贯七百三十文一万一百七十七分文之一千七百九十,脚价二十六贯五百九文一万一百七十七分文之八千三百八十七。"①

正因为唐朝两税法中的"两税"是指计征依据各有不同的两个税项,有钱、粮两种本色,加上两税钱常折纳绫绢或米,因此唐朝官方常有"两税钱物"的提法。

同时,由于无论是"两税钱"还是"两税斛斗",一年都分两次征纳,分为夏税和秋税,唐朝官方又有"夏秋两税""秋夏两税""夏秋税""夏税""秋税"等加上季节限定词的用语。不过,它们所指的税项含义,是单指两税钱或两税斛斗,还是兼指二者,必须根据不同的语境加以判断。

例如,《旧唐书》卷一二《德宗本纪上》载:"贞元二年(786年),冬十月壬午,(度支)奏关内、河中、河南等道秋夏两税、青苗等钱,悉折纳粟麦,兼加估收粜以便民。从之。"《册府元龟》卷五〇二《邦计部·平籴》载:"(贞元二年)十一月,度支奏,请于京兆府明年夏秋税二十二万四千贯文,又请度支给钱,添成四十万贯,令京兆府今年内收籴粟麦五十万石,以备军食。诏从之。"这是京兆府实施十月间度支提出并获准的折纳与收籴粟麦的方案,可证其所谓"秋夏两税"或"夏秋税"都只是指"两税钱",它原本征钱或绫绢,现改折纳粟麦。元和九年(814年)五月,"以旱,免京畿夏税十三万石、青苗钱五万贯"。元和十四年七月,宪宗下令:"京畿今年秋税、青苗、榷酒等钱,每贯量放四百文。"②前者"夏税"以石计,指"两税斛斗";后者"秋税"以贯计,指"两税钱"。咸通十年(869)九月,懿宗在平定庞勋兵变后下令:"其徐、宿、濠、泗等州应合征秋夏两税及诸色差科色役,一事已上,宜放十年,已后蠲放三年,待三年后续议条疏处分。"③这里的"秋夏两税"则兼指两税钱与两税斛斗。

总之,唐朝两税法实行之后"两税"一语的税项涵义,指的是根据户等高低配征的"两税钱"和计田亩配征的"两税斛斗"。由于这两个税项的计税依据与

---

① 钱宝琮校点:《算经十书》,中华书局1963年版,第584~585页。

② 《旧唐书》卷一五下,《宪宗纪下》。

③ 《旧唐书》卷一九上,《懿宗本纪》。按,文中的"宜放十年"应指"咸通十年"当年,文意方通。

唐朝前期的户税和地税（义仓税）相似，唐人或有称"两税钱"为"户税"①，称"两税斛斗"为"地税"者②。当代学者遂也有把"两税"解释为户税和地税的，虽不无所据，但容易让人与唐前期的户税、地税混同起来。

其实，"两税"与之前赋税的关系，应该分为税额与计征方式两个部分加以分析说明。就两税的税额来源而言，《起请条》规定"据旧征税数"，但据陆贽对德宗所说："（使臣）乃搜摘郡邑，勾验簿书，每州各取大历中一年科率钱谷数最多者，便为两税定额"，最后"总杂征虚数，以为两税恒规，悉登地官，咸系经费"。③ 大历年间各州征收的税收项目，计有租庸调、税额大大提高了的地税④、税额大增且纳税面扩大的户税⑤、安史乱中新增的计亩征收的青苗地头钱⑥以及临时性的杂税。尽管对前四项税收唐中央都有税额限定，但正如陆贽所说："大历中，纪纲废弛，百事从权，至于率税少多，皆在牧守裁制。邦赋既无定限，官私惧有阙供，每至征配之初，例必广张名数，以备不时之命，且为施惠之资，应用有余，则遂减放。"⑦可知每州既然是"各取大历中一年科率钱谷数最多者"作为两税定额，必定使两税税额大大超出户税和地税之和。就配税方式而言，"两税"确实分别采用以前地税的计亩而征和户税的按户等（其实是资产多少）而征的方法。总之，"两税"与之前的地税和户税既有关联又有很大的不同，为了避免混淆，我们主张把唐朝两税法的"两税"税项定义为"两税钱"和"两税斛斗"，即采用唐朝官方的界定为宜。

---

① 例如，《唐会要》卷八五《定户等第》载，元和六年正月，衡州刺史吕温奏："当州旧额户一万八千四百七，除贫穷死绝老幼单孤不支济等外，堪差科户八千二百五十七。臣到后，固定户税，次检责出所由隐藏不输税户一万六千七。"

② 例如，德宗时，陆贽在《请依京兆所请折纳事状》称："京兆府先奏：当管虫食豌豆，全然不收……检覆若非虚谬，地税固合免征。"（《陆贽集》卷二〇，中华书局 2006 年点校本，第 643 页）宪宗时，同州刺史元稹在《论当州朝邑等三县代纳夏阳韩城两县率钱状》称："臣昨因均配地税，寻检三数十年两税文案。"（《元稹集》卷三九，第 438 页）

③ （唐）陆贽：《陆贽集》卷二二，《均节赋税恤百姓六条·论两税之弊须有厘革》，中华书局 2006 年点校本，第 721、725 页。

④ 如大历四年十月代宗敕称："其大历五年夏麦所税，特宜与减常年税，其地总分为两等，上等每亩税一斗，下等每亩税五升。"（《册府元龟》卷四八七，《邦计部·赋税》）

⑤ （宋）王溥：《唐会要》卷八三，《租税上》，"大历四年正月十八日"条。

⑥ 《新唐书》卷五一《食货志一》载："天下苗一亩税钱十五。市轻货给百官手力课。以国用急，不及秋，方苗青即之，号'青苗钱'。又有'地头钱'，每亩二十，通名为青苗钱。"

⑦ （唐）陆贽：《陆贽集》卷二二，《均节赋税恤百姓六条·论两税之弊须有厘革》，中华书局 2006 年点校本。

　　唐朝作为"两税"计税依据的法定资产,可分为田地和杂产两大部分。德宗时,陆贽上书说:"(两税)唯以资产为宗,不以丁身为本,资产少者则其税少,资产多者则其税多,曾不悟资产之中,事情不一:有藏于襟怀、囊匣,物虽贵而人莫能窥;有积于场圃、囷仓,值虽轻而众以为富;有流通蕃息之货,数虽寡而计日收赢;有庐舍器用之资,价虽高而终岁无利。如此之比,其流实繁,一概计估筹缗,宜其失平长伪。"①他从"资产"中又分出"藏于襟怀囊匣"的宝石金玉之类,"积于场圃囷仓"的粟麦稻米之类,可用于放贷收息的铜钱绢帛之类,以及庐舍、器用等,并把它们统称为"杂产",建议说:"每至定户之际,但据杂产校量,田既自有恒租,不宜更入两税。"②可见唐朝"两税"以田地和"杂产"作为法定的计税依据,这是无疑的③。不过,与计征"两税钱"相关的"杂产",其法定对象是什么,未见唐朝官方有明文规定。宪宗元和元年(806年),独孤郁在《对才识兼茂明于体用策》中写道:"昔尝有人有良田千亩、柔桑千本、居室百堵、牛羊千蹄、奴婢千指,其税不下七万钱矣。然不下三四年,桑田为墟,居室崩坏,羊犬奴婢,十不余一,而公家之税,曾不稍蠲。"④据此似乎可以推断,计征两税钱的资产只限于价值较大的田、宅屋、大牲畜及奴婢等。可是,文宗大和年间(827—835年),湖州刺史庾威"自立条制,应田地、奴婢,下及竹、树、鹅、鸭等,并估计出税,差军人一千一百五十人散入乡村,检责剩征税钱四千九百余贯"。他后来被贬,朝廷给定的罪名是"扰人均税"⑤,而并非"估计出税"的资产选得对不对。总之,唐朝两税法时期据以定户等的"资产"的"杂产"部分,其法定对象虽不明晰,但无疑与计征"两税"有关。

　　不过,穆宗以降,唐中央在处理他人承佃逃田并纳税的关系时,对于与计税有关的资产更为强调的是"桑产"。如穆宗长庆元年(821年)正月赦文称:"应诸道管内百姓,或因水旱兵荒,流离死绝,见在桑产,如无近亲承佃,委本道

　　① (唐)陆贽:《陆贽集》卷二二,《均节赋税恤百姓六条·论两税之弊须有厘革》,中华书局2006年点校本,第722~723页。

　　② (唐)陆贽:《陆贽集》卷二二,《均节赋税恤百姓六条·论长吏以增户加税辟田为课绩》,中华书局2006年点校本,第758页。

　　③ 按,唐朝"两税斛斗"的计税依据是田地无疑,但以资产定户等高低再征收"两税钱"时,资产是否又包括了田地,还是只论"杂产",对此论者有不同的见解。可参见杨际平《唐代户等与田产》(《历史研究》1985年第3期),张泽咸《也谈唐代评定户等与田产的关系》(《杭州师范学院学报》1995年第1期)。

　　④ (宋)李昉等编:《文苑英华》卷四八八,《策一二·体用中》,中华书局1966年版。

　　⑤ (宋)王钦若等编:《册府元龟》卷六九八,《牧守部·专恣》。

观察使于官健中取无庄田有人丁者,据多少给付,便与公验,任充永业。不得令有力职掌人妄为请射。其官健仍借种粮,放三年租税。"①武宗会昌五年(845年)赦文称:"从今已后,应诸州县逃户,经二百日不归复者,其桑产居业,便招收承佃户输纳,其逃户纵归复者,不在论理之限。"②这两处赦文对与纳税有关的逃户"桑产居业"是什么尚语焉不详。宣宗在大中元年(847年)二月的制文则说得更清楚些,他说:"应天下逃户见在桑田、屋宇等,多是暂时东西,便被邻人与所由等计会,虽云代纳税钱,悉将斫伐毁拆。及愿归复,多以荡尽,因致荒废,遂成闲田。从今后如有此色,勒乡村耆老与所由并邻近等同田产人且为佃莳,与纳税钱。如五年内不来复业者,任便收租佃者为主,逃户不在理论之限。其屋宇、桑田、树木等权佃人,逃户未归,五年内不得辄有毁除斫伐。如有违犯,据根口量情科责,并科所由等不检校之罪。"③可知"权佃"并"与纳税钱"的逃户"桑产"或"桑产居业",指屋宇、桑田、树木,不包括"杂产"。由此可进而推断,唐朝在对两税户计资产定"两税"税额时,虽然田地和"杂产"同为计税的依据,但中央更为强调的是以田地以及附着在田地之上的屋宇、桑木为最主要的资产内容。这应与陆贽所揭示的计资定税时对民户"杂产"的其他内容及其价值的估算都不易掌握,"宜其失平长伪"有关。

二、"桑田正税"
——五代"两税"税项变化的由来

在五代的"两税之法"中,官方混用"两税"与"二税"二个名词,但所指税项不再是计亩征收的"两税斛斗"和计户等(家资)征收的"两税钱",而只是指田亩税一个税项④。"两税""二税"之"两""二"字,只是指分夏税和秋税两次征收。相应的,五代人所谓"夏税""秋税",也就是"夏苗""秋苗",都是指据亩而征的"苗租"一项,而不像唐朝那样有时兼指"两税钱""两税斛斗"两项。例如,后唐同光四年(926年)四月,明宗即位后下敕:"今年夏苗,委人户自供通顷

---

① (宋)王溥:《唐会要》卷八五,《逃户》。

② (清)董诰等编:《全唐文》卷七八,武宗:《加尊号后郊天赦文》,中华书局1983年版。

③ (宋)王钦若等编:《册府元龟》卷七〇,《帝王部·务农》。

④ 张泽咸:《唐五代赋役史草》,中华书局1986年版,第128~130页。

亩,五家为保,本州岛具帐送省,州县不得差人检括。如人户隐欺,许人陈告,
其田倍征。"①后晋隐帝时,青州节度使刘铢"在任擅行赋敛,每秋苗一亩率钱
三千,夏苗一亩钱二千,以备公用"。② 王章为后汉三司使,"旧制秋夏苗租,民
税一斛,别输二升,谓之'雀鼠耗'。乾祐中,输一斛者,别令输二斗,目之谓'省
耗'"。③

现有研究尚未解答的一个问题是,唐朝包含"两税钱"和"两税斛斗"的"两
税",在五代如何演变为只剩"苗租"一项的"两税"? 我们认为,要解答这一问
题,关键在于探明"资产"作为两税的计税依据到了五代发生什么变化。

前已述及,唐朝资产与"两税钱"的关联是通过评定户等这一环节实现的。
那么,五代是否有户等制? 如果有的话,它与两税的关联如何? 对此已有学者
论及。或认为五代时期,"户等制度实际上已是若有若无","户等的作用已很
少与税役发生关系"④。或认为:"至晚在后晋时,五等户制已经取代了唐朝的
九等户制。"后周"主户已分成五等户,客户大概不分等"⑤。我们认为,据现有
数据,后周有主户五等户制之说尚难成立。

史载,后晋"高祖以所在禁法,抵犯者众,遂开盐禁,许通商,令州郡配征人
户食盐钱,上户千文,下户二百,分为五等"。⑥ 这里的"五等"是指配征到户的
"食盐钱"数量有五个差级,但是食盐钱有五等是否就意味着后晋的户等就是
按上、下分为五等? 尚难遽定⑦。《册府元龟》卷七〇《帝王部·务农》载,显德
二年(955年)八月,周世宗"诏课民种树,其上户所种,每岁须及百本,其次降
杀有差"。这里虽然提到"上户",且有"其次降杀有差"之句,似乎指后周有多
级户等。但是,《册府元龟》此处不是引用诏令原文,所谓"上户"有可能是史臣

① 《旧五代史》卷三五,《唐书一一·明宗本纪第一》。
② 《旧五代史》卷一〇七,《汉书九·刘铢传》。
③ 《旧五代史》卷一〇七,《汉书九·王章传》。
④ 邢铁:《户等制度史纲》,云南大学出版社2002年版,第54页。
⑤ 张泽咸、王曾瑜:《从北朝的九等户到宋朝的五等户》,原载《中国史研究》1980年
第2期,修订稿收入张泽咸:《晋唐史论集》,改名为《从"九品差调"到宋朝的九等户》,中华
书局2008年版,第169~192页。
⑥ 《旧五代史》卷八一,《晋书七·晋少帝纪》。
⑦ 按,有论者引《旧五代史·郑受益传》载,天福七年郑受益拜京兆少尹后,对宰相赵
莹说:"京兆户籍登耗,民力虚实,某备知之矣,品而定之,可使平允。"从而认为"品而定之"
与评定户等有关。其实,史文前称"属天下率借金谷",可知"品而定之"是指根据"民力虚
实"分配各户"率借金谷"的具体数量。

自己的用语。张泽咸、王曾瑜先生指出,《续资治通鉴长编》卷二载,宋太祖建隆二年(961年),"是春,诏申明周显德三年之令,课民种植,每县定民籍为五等。第一种杂木百,每等减二十为差,桑枣半之"。《宋会要辑稿·方域》一四之一载,开宝五年(972年)正月诏:"自今沿黄、汴、清、御河州县人户,除准先敕种桑枣外,每户并须创柳及随处土地所宜之木,量户力高低分[为]五等,第一等种五十株,第二等四十株,第三等三十株,第四等二十株,第五等十株。"新发现的《天圣令·田令》卷二一载:"诸每年课程桑枣树本,以五等分户,第一等一百根,第二等八十根,第三等六十根,第四等四十根,第五等二十根。"其实也是复述后周之令。① 这就证明了后周显德诏令中为了"课民种树"而"量户力高低"分成的五等,并不是使用"上户""中户""下户"之类的用语,而是"第一等""第二等""第三等"之类,它们是为督课种树而划分的等级,不是新创立的户等等级。类似的办法,还在后汉乾祐二年,太子中允侯仁宝就曾上言建议采用。他说:"诸州府长吏劝课农桑,随户人力胜栽莳桑枣,小户岁十本至二十本,中户三十至四十,大户五十至一百。"② 这里的大户、中户、小户之分是"随户人力",无疑不同于以资产区分的"上户""中户""下户"之类的户等制。

后周显德五年(958年)十二月,中书奏:"诸道州、府、县官及军事判官,一例逐月各据逐处主户等第,依下项则例所定料钱及米麦等,取显德六年三月一日后起支。"③ 或据此认为:"这里只提'主户等第',说明在当时,主户已分成五等户,客户大概不分等。"④此说有误。因为,显德五年十二月中书奏的"各据逐处主户等第"之说,指的是各州府县的户数差别,而非"主户"之间的等第差别。

后汉乾祐三年七月,少帝下敕建立俸户制度,规定:"诸道州府令、录、判司、主簿,宜并等第支与俸户,每月纳钱五百文。""三千(户)以上县,令逐月一十贯文,主簿六贯文;一千户已上至三千户县,令八贯文,主簿五贯文;一千户以下县,令六贯文,主簿四贯文。录事参军、判司依本部内户口,取最多县分例

---

① 张泽咸、王曾瑜:《从北朝的九等户到宋朝的五等户》,原载《中国史研究》1980年第2期,修订稿收入张泽咸:《晋唐史论集》,改名为《从"九品差调"到宋朝的九等户》,中华书局2008年版,第169~192页。

② (宋)王钦若等编:《册府元龟》卷六三六,《铨选部·考课第二》。

③ (宋)王钦若等编:《册府元龟》卷五〇八,《邦计部·俸禄第四》。

④ 张泽咸、王曾瑜:《从北朝的九等户到宋朝的五等户》,原载《中国史研究》1980年第2期,修订稿收入张泽咸:《晋唐史论集》,改名为《从"九品差调"到宋朝的九等户》,中华书局2008年版,第169~192页。

支破,其录事参军依县令例,判司即依主簿例。"到显德五年十二月,中书奏:"诸道州府县官及军事判官,一例逐月各据逐处主户等第,依下项例,别定料钱及米麦等,取显德六年三月一日后起支。其俸户并停废。"接着规定:

> 一万户巳上县,县令逐月料钱二十贯、米麦共五石;主簿料钱一十二贯,米麦共三石。七千户巳上县,县令每月料钱一十八贯、米麦共五石;主簿料钱一十贯,米麦共三石。五千户巳上县,县令逐月料钱一十五贯、米麦共四石;主簿料钱八贯,米麦共三石。三千户巳上县,县令逐月料钱一十二贯、米麦共四石;主簿料钱七贯文,米麦共二石。不满三千户县,县令逐月料钱一十贯、米麦共三石;主簿料钱六贯,米麦共二石。
>
> 五万户巳上州司录、录事参军及两京司录每月料钱二十贯、米麦共五石;司户、司法每月料钱一十贯、米麦共三石;三万户巳上州,司录、录事参军每月料钱一十八贯、米麦共五石;司户、司法料钱八贯、米麦共三石。一万户巳上州,司录、录事参军每月料钱一十五贯、米麦共四石;司户、司法每月料钱七贯、米麦共三石。五千户巳上州,司录、录事参军每月料钱十二贯、米麦共四石;司户、司法每月料钱六贯、米麦共二石。不满五千户州,录事参军每月料钱一十贯、米麦共三石;司户、司法每月料钱五贯、米麦共二石。诸州军事判官一例每月料钱一十贯、米麦共二石。[①]

可知中书奏文"逐月各据逐处主户等第,依下项则例所定料钱及米麦等"一句的"主户等第",指的是州县主户数量的级差,不是说"主户分为五等"。因此,据目前的资料,后周是否实行五等户制尚须存疑。

正如有学者注意到的,开宝九年(976年)正月丙申,宋太祖"遣太常丞魏咸熙于开封府[管内]诸县[均]定三等人户税额"[②],说明其时开封府实行的仍是三等户制[③]。这很可能沿用后周之户等制。若再往前追溯,五代可能从后唐开始有上、中、下三等户制。后唐明宗长兴三年(932年)七月,宋、亳、颍三州水灾,枢密使范延光等上奏说:"大水之后,颇宜宿麦,穷民不便种子,亦望本

① (宋)王钦若等编:《册府元龟》卷五〇八,《邦计部·俸禄第四》。

② (宋)李焘:《续资治通鉴长编》卷一七,中华书局,1979年。

③ 张泽咸、王曾瑜:《从北朝的九等户到宋朝的五等户》,原载《中国史研究》1980年第2期,修订稿收入张泽咸:《晋唐史论集》,改名为《从"九品差调"到宋朝的九等户》,中华书局2008年版,第169~192页。

州据民户等第,支借麦种,自十石至三石,候来年收麦,据原借数纳官。"①又,后唐李为光出任临颍令后,"其县署被损有年矣,累政因循,无复修者。为光以文告,乃属县上户出材植、人工营葺"。②可知后唐的民户起码有以"上户""下户"区分的"等第"。到了后汉,隐帝乾祐三年(950)七月十六日敕:"诸道州府令录、判官、主簿,宜令等第支与俸户,逐户每月纳钱五百,与除二税外,免放诸杂差遣,不得更种职田。所定俸户,于中等无色役人户内置。"③敕文提到"中等"人户,应该说明后汉的户等有上、中、下三等。因此,若说五代自后唐以来就存在着上户、中户、下户三等户制,可能有所根据。不过,即使如此,这种户等制也与"两税"的征收没有直接的关联。

五代在特定场合有别的户类区分。

如"有力户"(或称"力及户")与"贫下户"之分。以"有力"一语指某些人户,这在唐朝已有之。如《田令》在规定"诸公私田荒废三年以上"如何借佃时,原则限定借佃的私田"三年还主",又规定:"其借而不耕,经二年者,任有力者借之。"④长庆元年(821年)正月,穆宗敕文称:"应诸道管内百姓,或因水旱兵荒,流离死绝,见在桑产,如无近亲承佃,委本道观察使于官健中取无庄田有人丁者,据多少给付,便与公验,任充永业。不得令有力职掌人妄为请射。"⑤唐人所说的"有力",应该兼指丁多(有劳力)、财多(有物力),有时包括指有势力。

五代人称"有力(人)户"[或称"力及(人)户"]的场合则与富有资财有关。例如,后唐同光二年(924年)二月,庄宗制:"近年已来,妇女服饰,异常宽博,倍费缣绫,有力之家,不计卑贱,悉衣锦绣,宜令所在纠察。"⑥同光四年正月壬戌,庄宗制曰:"去岁水潦为灾,自京以东,幅员千里,田畴悉多荒废,人户未免流亡……流徙者设法招携,其田宅无信有力人户占射,及邻近毁拆,务令归复,以惠伤残。"⑦明宗天成元年(926年)八月,枢密院上奏说:"诸色人多因抵罪藏窜,便于州府投为使下元随,邀求职务,凌压平人。兼闻有力户人于诸处行赂,

① (宋)王钦若等编:《册府元龟》卷一〇六,《帝王部·惠民第二》。
② (宋)王钦若等编:《册府元龟》卷七〇四,《令长部·廉俭》。
③ (宋)王溥:《五代会要》卷二八,《诸色料钱下》,上海古籍出版社1978年版;(宋)王钦若等编:《册府元龟》卷五〇八,《邦计部·俸禄第四》。
④ 天一阁博物馆等:《天一阁藏明钞本天圣令校证》,中华书局2006年版,第258~259页。
⑤ (宋)王溥:《唐会要》卷八五,《逃户》。
⑥ 《旧五代史》卷三一,《唐书七·庄宗本纪第五》。
⑦ (宋)王钦若等编:《册府元龟》卷九二,《帝王部·赦宥第十一》。

希求事务主持。"①天成二年八月,给事中郑韬光上言:"诸县力及人户,多为州使影占,或台省投名,惟贫民客户在县应役,例有不均之叹,且多侥幸之流,请议禁止。"②长兴二年(931)六月,明宗诏曰:"比者诸道赋税一定数额,广种不编于帐案,频通恐挠于乡村,如闻不逮之家困于输纳,爰议有余之户共与均摊,贵表一时之恩,不作常年之例。宜委诸道观察使,于属县每村定有力户一人充村长,于村人议,有力人户出剩田苗,补下贫不迨顷亩,自肯者即具状征收,有词者即排段检括。便自今年起为定额。"③后唐清泰中(934—936年),深州司功马胜诣阙上封事,其中说:"州县乡村有力户,于衙府投名服事,如有差役,祗配贫下户。"④后汉乾祐二年(949年),户部员外郎梁文赞上言:"臣窃见诸道州府力及人户,广置田园,不勤耕稼,唯为兴利,以事末游。"⑤上述所谓"有力""力及"之"力"无疑是指财力⑥,"有力户""力及户"都是指资产较多的人户。

再如,大户、小户之分。天福七年(942年)八月,晋少帝讨平襄州节度使安从进的反叛之后,诏:"襄州城内百姓等久经围闭,例各饥贫,宜示颁宣,用明恩渥,大户各赐粟二石,小户各赐粟一石,宜令襄州以见在数充。"⑦因是赈饥给粟,这里的大户、小户无疑是按人口区分的。后汉乾祐元年(948年)二月,隐帝制曰:"天下州县户口,除宣省指挥外,不得辄有科配徭役,如合充色役者,并须定夺允当,其力及大户并不得诸处投名影占。"⑧这里的"力及大户"显然是指财多丁多之户。又周太祖广顺元年(951年)四月,镇宁军节度使柴荣上言:"属州帐内有羊猪纸炭等户,并羊毛红花紫草,及进奉官月科,并是影占大户,凡差役者是贫下户。今并欲放免为散户。"⑨显德五年十月,周世宗"诏诸道州府,令团并乡村,大率以百户为团,每团选三大户为耆老,凡夫家之有奸盗

① (宋)王钦若等编:《册府元龟》卷六五,《帝王部·发号令第四》。
② (宋)王钦若等编:《册府元龟》卷四七五,《台省部·奏议第六》。
③ (宋)王钦若等编:《册府元龟》卷四八八,《邦计部·赋税第二》。
④ (宋)王钦若等编:《册府元龟》卷五三三,《谏诤部·规谏第十》。
⑤ (宋)王钦若等编:《册府元龟》卷四七六,《台省部·奏议第七》。
⑥ (宋)王钦若等编:《册府元龟》卷六三二《铨选部·条制第四》载,同光四年十二月戊戌,庄宗敕:"其自陈状乞除官者,所赐告身,并系特恩,虽旧例令本官自出价钱,虑不迨者稍难送纳,兼知本司人吏以此为名接便,更致邀颉,于官估绫罗纸价外广索价数,力及者随时应副,阙乏者须至淹延。"所谓"力及者"也是指有财力。
⑦ (宋)王钦若等编:《册府元龟》卷一〇六,《帝王部·惠民第二》。
⑧ (宋)王钦若等编:《册府元龟》卷九五,《帝王部·赦宥第十四》。
⑨ (宋)王钦若等编:《册府元龟》卷一六〇,《帝王部·革弊第二》。

者,三大户察之;民田之有耗登者,三大户均之。仍每及三载,即一如是"。①
这三处提到的大户,明显指财力多者。

显然,上述五代的上户、中户、下户之分(如后汉的课莳桑枣);"有力户"
"贫下户"之分;大户、小户之分均属于特定场合的户类,都不是户等制。不过,
可以看出在这种区分户类的场合,资产(有时包括丁口)多少仍然是区分的主
要依据。可知五代民户的资产状况依然受到官方的重视。不过,上述户类的
划分,与日常的"两税"计征都没有直接的关联。上引长兴二年六月明宗之诏,
只是在暂停"检田定税"情况下,针对有力人户的"出剩田苗"而言的临时措施。

那么,五代民户的资产与日常计征"两税"的关联究竟在哪里呢?前已指
出,唐朝在对两税户计其资产定"两税"时,虽然田地和"杂产"同为计税依据,
但中央更为强调的是以田地以及附着在田地之上的屋宇、桑木为最主要的资
产内容。这应与对民户"杂产"的其他内容及其价值的估算都不易掌握有关。
排比五代的有关资料之后,我们发现,五代计征"两税"的法定资产对象已不同
于唐朝的包括田地与杂产两大类,而只有田地和"桑木"(桑柘或桑枣)两类。
下面将有关资料区分为五种场合加以分析说明。

第一,官方籍帐登记的民户资产。据《旧五代史》卷七三《孔谦传》载:"孔
谦,庄宗同光初,为租庸副使。谦本州之干吏,上自天祐十二年,帝平定魏博,
会计皆委制置。谦能曲事权要,效其才力,帝委以泉货之务,设法箕敛,七八年
间,军储获济。"五代人萧希甫在所撰《孔谦刘氏夫人王氏合祔玄堂铭并序》中
写道,孔谦"尽取魏之县邑、户口、田亩、桑柘、人丁、牛车之籍帐,役使以力,征
敛以平,强者不附势,弱得以兼济"。② 由此可见,梁唐之际,魏州官府登记民
户资产入籍帐的,有田亩、桑柘、牛车三项。其中,登记牛车与战争环境下转运
为力役急务有关,与两税无关。

第二,作为计税的法定依据。长兴二年五月,泗水县令李云献时务策,建
议说:"天下民户,除田土征租税,其余不计是何物色,并请配定税钱。"明宗下
敕:"益国利民,方为良策,越常生事,则乱灵章。李云粗读儒书,曾居假官,所
进条件既广,征引仍繁,而于职略之间,荒唐颇甚。且乡间之内,苦乐不无,则
可沿古制而检绳,度物宜而均济。岂得请行峻法,大挠群情,详暴敛之品题,无

① (宋)王钦若等编:《册府元龟》卷四八六,《邦计部·户籍》。
② 萧希甫:《唐故丰财赡国功臣光禄大夫检校太傅守卫尉充租庸使兼御史大夫上柱
国会稽县开国伯食邑七百户孔谦夫人刘氏夫人王氏合祔玄堂铭并序》,转引自陈尚君辑
纂:《旧五代史新辑会证》(六),复旦大学出版社2005年版,第2235页。

稍通之气味。"①可见后唐时除"田土"之外，其他资产未作为计税对象。

第三，作为减免赋税的依据。有言明以遭受践损的"顷亩"或"田亩"为据的。如天福元年（936年）闰十一月，晋高祖率军进入洛阳之后，下制："昨大将军兵士自河东以至京畿，沿路扰践之处，宜委逐处长吏公当捡覆，据顷亩特与蠲放今年秋税一半。"②天福六年八月，晋高祖自东京至邺后，下制："昨因行幸，有损践田苗处，据顷亩与放今年租税。"③有言明以被砍伐的桑柘和被毁拆屋宇为据的。如天福三年九月，晋高祖诏："以魏府范延光出降，其府城四面人户，三十里内与放二年秋夏租税；三十里外，委逐县令佐专切点捡，如实曾经砍伐桑柘、毁折屋宇者，分析申奏，尽与蠲放租税。"④天福七年八月，晋少帝讨平据襄州反叛的节度使安从进之后，诏曰："其城外下营寨处，或有砍伐却桑柘，及毁折却屋舍处，特与除放今年、来年二月合系租税。"⑤这是因为桑柘与征收"两税"有关，屋舍则与征收"屋税"⑥或"屋税盐"⑦有关。也有言明以被蹂践砍伐的"田苗、桑枣"为据的，如开运元年（944年）闰十二月，平定青州杨光远之后，晋少帝下诏："应王师攻讨逆贼下寨之处，所有田苗、桑枣，应遭蹂践砍伐，宜令官吏子细通检，除今年欠苗外，来年夏税并与权放一半。"⑧综合起来不难发现，后晋与征收或放免"两税"直接相关的资产是"田苗"和"桑枣"。

第四，作为浮户收编为正户的依据。晋高祖天福三年六月，金部郎中张铸奏："臣闻国家以务农是本，劝课为先，用广田畴，乃资仓廪。臣窃见所在乡村，浮居人户方思垦辟，正切耕耘，种木未满于十年，树谷未臻于三顷，似成产业，微有生涯，便被县司系名，定作乡村色役，惧其重敛，畏以严刑，遂舍所居，却思

---

① （宋）王钦若等编：《册府元龟》卷四一，《帝王部·宽恕》。

② （宋）王钦若等编：《册府元龟》卷九三，《帝王部·赦宥第十二》。

③ （宋）王钦若等编：《旧五代史》卷八〇，《晋书六·高祖本纪第六》。

④ （宋）王钦若等编：《册府元龟》卷四九二，《邦计部·蠲复第四》。

⑤ （宋）王钦若等编：《册府元龟》卷四九二，《邦计部·蠲复第四》。

⑥ 按，后唐即有屋税之征，如天成二年冬十月，辛丑，明宗诏曰："应汴州城内百姓，既经惊劫，宜放二年屋税。"（《旧五代史》卷三八，《唐书一四·明宗本纪第四》）

⑦ （宋）王钦若等编：《册府元龟》卷四九四《邦计部·山泽二》载，天福二年九月，左补阙李知损上章曰："臣近闻众议云：国家将变盐法，有司即欲宣行。窃知以诸道所粜卖盐，令逐处更添一倍，委州司量其屋宇均配，城内户人每岁勒两限俵盐，随二税纳价。"这叫作"于屋税请盐"或"系屋税请盐"。可参见吴丽娱：《五代的屋税蚕盐》，《中国唐史学会论文集（1993）》，三秦出版社1993年版，第170～183页。

⑧ （宋）王钦若等编：《册府元龟》卷四九二，《邦计部·蠲复第四》。

他适。……伏乞皇帝陛下,明示州府,特降条流,应所在无主空闲荒地,一任百姓开耕,候及五顷已上、三年外,即许县司量户科徭;如未及五顷已上者,不在搔扰之限。则致荒榛渐少,赋税增多,非唯下益蒸黎,实亦上资邦国。"从之。①天福八年三月初八日,晋出帝下命:"自灾沴以来,户口流散,如归业者,切在抚安。其浮寄人户有桑、土者,仍收为正户。"②可见后晋将"浮寄人户"收为"正户"而令其纳税应役,是根据他们有"种木""树谷",或者说有"桑、土"两类"产业"。

第五,承佃逃户所留资产并承担交纳两税义务。后唐长兴三年(932年)七月二十七日,明宗敕:"应诸处凡有今年为经水涝逃户,庄园、屋舍、桑枣一物已上,并可指挥州县散下乡村,委逐村节级、邻保人分明文簿,各管现在,不得辄令毁拆房舍,斩伐树木,及散失动使什物等。……或至来年春入务后,有逃户未归者,其桑、土即许邻保人请佃,供输租税。"③敕文虽先强调要代管逃户的"庄园、屋舍、桑枣"三项资产以及"什物",但与佃种逃田"供输租税"有关的只有"桑、土"。末帝清泰元年七月庚午,诏曰:"应有逃户,除曾经厘革外,所有后来逃移者,委所在观察(司)使、刺史速下本部,遍令招抚归业除放,八月后至五年八月并得归业。所有房亲、邻近佃射桑田,不得辄有占据,如自越国程,故不收认,其所征租税却从清泰元年四月后委三司重行厘革,别议施行。"④这里提到要据佃射逃户的"桑田"征收"租税"。后周显德二年(955年)正月二十五日,世宗敕:"应自前及今后有逃户庄田,许人请射承佃,供纳租税。如三周年后本户来归业者,其桑土不论荒熟,并庄田交还一半。五周年内归业者,三分交还一分";"显德二年正月二十五日已前应有逃户抛下庄田,自来全段无人承佃,曾经省司指挥开辟租税者,宜令本州岛县招携人户归业,及许别户请射为主,与免一年差税色役,至第二年已后,据见在桑木及租莳到见苗,诣实供通,输纳租税"。⑤可知按后周的规定,他人"请射承佃"逃田时,与"输纳租税"有关的是"桑木"和田苗。与前引唐宣宗大中元年二月的类似制文相比,少了"屋宇"一项。

归纳上引诸资料,我们应该可以得出"五代计征'两税'的资产只是田地和

---

① (宋)王钦若等编:《册府元龟》卷四九五,《邦计部·田制》。

② (宋)王溥:《五代会要》卷二〇,《县令下》。

③ (宋)王溥:《五代会要》卷二五,《逃户》。

④ (宋)王钦若等编:《册府元龟》卷四九二,《邦计部·蠲复第四》。

⑤ (宋)王溥:《五代会要》卷二五,《逃户》。

'桑木'(桑柘或桑枣)两类"这一结论。

后唐同光二年二月,庄宗制称:"历代以来,除桑田正税外,只有茶、盐、铜、铁出山泽之利有商税之名,其余诸司并无税额。伪朝已来通言杂税,有形之类,无税不加,为弊颇深,兴怨无已。今则军须尚重,国力未充,犹且权宜,未能全去。且检天下桑田正税,除三司上供既能无漏,则四方杂税必可尽除。仰所司速简勘天下州府户口正额、垦田实数,待凭条理,以息繁苛。"①天成三年(928)七月,中书舍人卢詹上言曰:"一同分土,五等命官,所以字彼黎民,司其舆赋。至于田租桑税,夏敛秋征,或旨限不恕,或检量增羡,殊非异政,乃是常程。"②他们或用"桑田正税"或用"田租桑税"指"夏敛秋征"的两税,印证了我们的上述结论。

正因为"桑木"(桑柘、桑枣)是五代计征"两税"的资产依据,所以五代官方时有督促民间多加种植之举。除上引后汉乾祐二年太子中允侯仁宝的建议之外,如广顺二年正月,周太祖曾下敕,要求地方官员"散下管内,劝课乡县百姓,依时耕种,栽接桑枣"。广顺三年正月,周太祖又下诏曰:"宜令三京及诸道州府,委长吏指挥管内人户,勉勤耕稼,广辟田畴,勿使蒿莱,有废膏腴之地;务添桑枣,用资种养之方。仍令常切抚绥,不得辄加科役。"③同时,五代官府也有禁止百姓伐桑为柴之举。例如,晋少帝开运二年十二月,中书舍人陶谷奏:"伏见近年已来,所在百姓皆伐桑为柴,忘终岁之远图,趋一日之小利。既所司不禁,乃积习生常。苟桑柘渐稀,则缯帛须缺,三数年内,国用必亏。"汉隐帝乾祐元年三月,殿中少监胡峤上言:"请禁斫伐桑枣为薪,城门所由专加捉搦。"④

辨明五代作为"两税"计征依据的资产只是田地以及种植于田地之上的"桑木"(桑柘、桑枣)之后,我们便可进而明了唐五代"两税"的税项变化途径在于:唐朝与"杂产"有关的"两税钱",到了五代因计税资产只限于"桑、土"而与"两税斛斗"合而为一,"两税"便成为"桑田正税"即田亩税单一税项。

---

① (宋)王钦若等编:《册府元龟》卷九二,《帝王部·赦宥第十一》。

② (宋)王钦若等编:《册府元龟》卷六三二,《铨选部·条制第四》。

③ (宋)王钦若等编:《册府元龟》卷七〇,《帝王部·务农》。

④ (宋)王钦若等编:《册府元龟》卷七〇,《帝王部·务农》。

从"两税外加率一钱以枉法论"
到两税"沿征钱物"
——唐五代两税法演变续论

比起唐朝,五代的"两税之法"发生若干重要变化。对此,学界已有较详细的研究①,但仍有尚未论及或可补论者。本文拟论述的是,唐朝颁布"除两税外辄率一钱,以枉法论"的禁令,严格限制法外加征。五代时期,官方则正式将两税的征收区分为"正税钱物"与"沿征钱物",后者包括二类合法的直接或间接以田亩计征的附加税。这是唐朝至五代"两税之法"发生的一个重要变化,影响及于北宋。

一、唐朝"两税外辄率一钱,以枉法论"

唐朝建中元年(780 年)始行两税法之际,德宗就宣布:"今后除两税外辄率一钱,以枉法论。"②此后唐朝中央一再重申这道禁令,要求监察部门严加监督。如元和四年(809 年)十二月,御史中丞李夷简奏:"诸州、使有两税外杂榷率及违敕不法事,请诸道盐铁转运、度支巡院察访,状报台司,以凭闻奏。"获得

---

① 主要代表作有张泽咸《唐五代赋役史草》(中华书局 1986 版),其中论及五代的两税,重点是论述田亩税,强调田亩税在两税中居于重要的地位;征收时间有三限;全国没有统一的税额,但各地有一定的税额;两税钱的折纳、纽配等。郑学檬《五代十国史研究》(上海人民出版社 1991 版)专设"两税征收制度的演变"一节,其中论述五代的两税有三个组成部分:一是田亩税,二是税钱,三是附加税,特别是指出:"两税的钱、斛斗在一定时期和地区改为固定折绢交纳,遂使两税绢成为钱、斛斗之外又一名目,从而构成两税的钱、斛斗、绢三大色,分夏秋两季交,以钱折绢交纳的是夏绢,以斛斗折绢交纳的是秋绢,或称秋苗绢。"

② 《旧唐书》卷一二,《德宗纪》。按,《唐会要》卷八七《黜陟使》为:"两税外辄别配率,以枉法论。"

宪宗批准。① 元稹上奏宪宗也说："准前后制敕及每岁旨条：两税留州、留使钱外，加率一钱一物，州府长吏并同枉法计赃，仍令出使御史访察闻奏。"② 元和七年闰七月，宪宗敕称："前后累降制敕，应诸道违法征科及刑政冤滥，委出使郎官、御史访察闻奏。"③ 穆宗即位后宣布："两税外加率一钱者，以枉法赃论。"④ 文宗大和三年（829 年）十一月十八日敕文称："诸道方镇自兵兴以来，或缘进奉助军，或缘本道征发，务求济办，多是权宜。今寇贼既平，中外无事，宜申典法，以救伤残。天下除二税外，不得辄有科配。其擅加杂榷率一切宜停。仍令御史台及出使郎官、御史并所在巡院严加访察。"⑤ 大中四年（850 年）正月，宣宗大赦文称："其天下诸州府百姓，两税之外，辄不许更有差率，已频申敕，尚恐因循，宜委御史台切加纠察。如有违犯，县令、录事参军、判官节级科责。长吏不存勾当，亦委台司察访闻奏。"⑥

根据这种禁令，唐朝"两税"除非中央批准不得有新增的附加税。今人或有将唐朝后期随田亩征收的若干税收如青苗地头钱、榷酒钱、税草等，统统称为两税的附加税。这在概念上有所混淆。穆宗长庆二年，元稹在《同州奏均田状》说："臣当州百姓田地，每亩只税粟九升五合，草四分，地头榷酒钱共出二十一文已下。其诸色职田，每亩约税粟三斗，草三束，脚钱一百二十文。若是京官上司职田，又须百姓变米雇车般送，比量正税，近于四倍加征。"⑦ 他明确地把同州计亩征收的税粟、税草和地头钱、榷酒钱都称为"正税"。从这些税项的来源来看，只有"税草"自唐前期以来就或是地税的附加税，或是"两税斛斗"的附加税，⑧ 至于（青苗）地头钱，在安史乱后的肃代时期就出现了，两税法实行

① （宋）王溥：《唐会要》卷八八，《盐铁》。

② （唐）元稹：《元稹集》卷三七，《弹奏剑南东川节度使状》，中华书局 1982 年点校本，第 420 页。

③ （宋）王溥：《唐会要》卷六二，《御史下·出使》。

④ 《新唐书》卷五二，《食货志》。

⑤ （宋）李昉等编：《文苑英华》卷四二八，《大和三年十一月十八日敕文》。

⑥ （宋）王钦若等编：《册府元龟》卷四八八，《邦计部·赋税第二》。

⑦ （唐）元稹：《元稹集》卷三八，中华书局 1982 年点校本，第 436 页。

⑧ 李锦绣：《唐代财政史稿》（下卷）第二分册，北京大学出版社 2001 版，第 717～723 页。

时并没有被归并入两税,一直作为独立的税项与两税并存。^① 榷酒钱则是两税法实行之后由酒专卖转化而来的一个新税项,^②由于有一部分地区采取"入两税,随费均出"的征收形式,^③我们若称之为两税的附加税也不妨,但元稹则是视之为与两税并列的"正税"的。总之,尽管来源有不同,但税草和地头钱、榷酒钱都是唐中央认可的与两税并行的"正税",若按原定额征收就不属于唐中央禁止的两税外"加率""科配",但若超出原有定额,则属违反禁令。如元和年间,元稹弹劾前剑南东川节度使严砺,于元和二年七月以"管内邮驿要草,于诸州秋税钱上,每贯加配一束","至三年秋税,又准前加配","加配百姓草共四十一万四千八百六十七束,每束重一十一斤"。^④

除税草和地头钱、榷酒钱三项之外,唐朝两税法时期还有中央允许的地方临时加征,如"纽配"钱,是根据两税钱的正额按一定比例加征,胡三省解释为"纽数而科配之"。^⑤ 唐人又有"纽贯"之称。史载:"开成元年(836 年),改元,大赦。(李)石等商量节文,放京畿一年租税,及正、至、端午进奉,并停三年,其钱代充百姓纽配钱。"^⑥京畿百姓的"纽配钱"可获得放免,说明它获得中央的承认。但是唐朝后期地区性的"纽配钱"只是临时加税,并未获得两税的合法附加税的地位。如开成四年二月,"宣州观察使崔郸奏茶法非便于人,请两税钱上随贯纽率"。文宗诏曰:"榷茶本率商旅,纽贯涉于加税。东省曾有驳正,盐铁又经奏论,法贵大同,事难独改。"^⑦文宗把宣州要求两税"随贯纽率"定性为"加税",不予批准。又如僖宗乾符二年(875 年)南郊赦文称:"近年百姓流散,税钱已多,如闻朝廷用军,有纳百姓正税外,每贯纽四十五十文,已是数年,至今不矜放……其天下缘用军奏加纽贯之外,更有敢征一文,其长吏及判官、

---

① 《旧唐书》卷一二《德宗本纪上》载:"贞元二年(786),冬十月壬午,(度支)奏关内、河中、河南等道秋夏两税、青苗等钱,悉折纳粟麦,兼加估收菜以便民。从之。"此为青苗钱与两税钱并征之例。

② 陈衍德:《唐代的酒类专卖》,《中国社会经济史研究》1996 年第 1 期。

③ (宋)王溥:《唐会要》卷八八《榷酤》载:元和十四年七月,湖州刺史李应奏:"先是,官中酤酒,代百姓纳榷,岁月既久,为弊滋深。伏望许令百姓自酤,取旧额,仍许入两税,随贯均出,依旧例折纳轻货送上都。"许之。

④ (唐)元稹:《元稹集》卷三七,《弹奏剑南东川节度使状》。

⑤ (宋)司马光:《资治通鉴》卷二七四,同光三年闰十一月记事。

⑥ 《旧唐书》卷一七二,《李石传》。

⑦ (宋)王钦若等编:《册府元龟》卷四九四,《邦计部·山泽》。

录事参军，并准入已赃，并不在以官赎之限。"①可见对纽配之类的地区性临时加征，唐中央往往事后下令取消或禁止，不承认它们是两税的合法附加税。

唐朝后期官方有用"正税"一语指称"两税"的，除上引元稹奏状、僖宗乾符二年南郊赦文，再如宪宗元和四年（809 年）三月三日《亢旱抚恤百姓德音》称："自中原宿兵，调赋尤广，更修无名之贡献，必有无艺之征求，或称出于羡余，或称不破正税。"②元和十五年二月丁丑，穆宗大赦天下制曰："诸道除边军营田处，其军粮既取其正税米分给，其所管田自为军中资用，不合取百姓营田。"③武宗会昌元年（841 年）正月制："诸道频遭灾沴，州县不为申奏，百姓输纳不办，多有逃亡。长吏惧在官之时破失人户，或恐务免正税，减克料钱，只于见在户中分外摊配，亦有破除逃户桑地，以充税钱。"④武宗会昌五年正月三日南郊赦文称："（衣冠户）广置资产，输税全轻，便免诸色差役，其本乡家业渐自典卖，以破户籍。所以正税百姓日减，州县色役渐少"。⑤

总之，唐朝的"两税"是法定的"正税"，两税正税之外除了税草，中央并没有规定通行全国的与两税本身有关的合法附加税。

二、五代的"正税钱物"与"沿征钱物"

五代官方使用"正税"一语，有两层含义。

第一，相对于两税的附加税而言，指中央认可的"两税"（或称"二税"）正额。例如，后唐同光三年（925 年）闰十二月，吏部尚书李琪上言："请赋税不以折纳为事，一切以本色输官。又不以纽配为名，止以正税加纳。"庄宗敕曰："本朝征科，唯配有两税。至于折纳，当不施为，宜依李琪所论。应逐税合纳钱物、斛斗、盐钱等，宜令租庸司指挥并准元征本色输纳，不得改更，若合有移改，即须具事由奏闻。"天成元年（926 年）四月，明宗敕："应纳夏秋税，先有省耗，每斗一升，今后止纳正税数，不量省耗。"⑥长兴元年（930 年）二月，户部在重新规

---

① （宋）宋敏求编：《唐大诏令集》卷七二。

② （宋）李昉等编：《文苑英华》卷四三五，《德音二·赈恤德音上》。

③ （宋）王钦若等编：《册府元龟》卷九〇，《帝王部·赦宥第九》。

④ （宋）王溥：《唐会要》卷八五，《逃户》。

⑤ （宋）李昉等编：《文苑英华》卷四二九，《赦书十·禋祀赦书六》。

⑥ 《旧五代史》卷一四六，《食货志》。

定各地的"秋夏苗税"起征纳毕期限时,提到:"逐年所征夏秋税租,兼盐、曲、折征诸般钱谷等";曹、郧、宋、亳、蒲等州"四十七处节候常早,大小麦、曲麦、豌豆取五月十五日起征,至八月一日纳毕;正税疋段、钱鞋、地头、榷曲、蚕盐及诸色折科,取六月五日起征,至八月二十日纳足"。① 后晋天福元年(936 年)闰十一月,高祖下敕曰:"应道州府所征百姓正税斛斗、钱帛等,除系省司文帐外,所在州府并不得裹私增添,纽配税物。"②

第二,相对于各种"杂税""杂差配"而言,指"两税"("二税")。例如,后唐同光二年二月己巳,庄宗制曰:"历代以来,除桑田正税外,只有茶盐铜铁出山泽之利有商税之名,其余诸司并无税额。伪朝已来通言杂税,有形之类,无税不加,为弊颇深,兴怨无已。"③天成四年(929 年)三月丙申,明宗"诏郧都、幽、镇、沧、邢、易、定等州管内百姓,除正税外,放免诸色差配"。④ 长兴四年(933)八月戊申,明宗大赦制称:"长兴三年正月一日已前诸道两税残欠物色并宜除放。或有先曾经灾沴处,逃户却归业者,除见征正税外,不得诸杂科徭。"⑤后晋开运二年(945 年)五月丙申,少帝制曰:"应常、定、邢、贝、相并郧都已北管界,自今年契丹犯境已来,有人户实经虏杀劫人者,所通捡到夏苗,十分已令减放二分苗子并沿征钱物,今更特减放一分。其今年征正税钱物等,亦与十分内减放二分。"⑥

那么,五代的"正税钱物"的本色是什么呢?我们知道,唐朝两税本色为斛斗和钱币二种,不过,两税钱"定税之际,皆计缗钱;纳税之时,多配绫绢"。⑦这是一种折纳。正如德宗时河南尹齐抗上疏所说的:"百姓本出布帛,而税反配钱,至输时复取布帛,更为三估计折。"⑧宪宗元和年间,因"钱重货轻"加剧,而留使钱、留州钱却"多是征纳见钱,及贱价折纳疋段",大大加重了纳税人的实际负担,朝廷下令对征收现钱与绢帛的数量作出规定,原则是"州县官正料钱数内一半"可征现钱,其余留使、州杂给用钱,"并依送省轻货中估折纳疋

① (宋)王钦若等编:《册府元龟》卷四八八,《邦计部·赋税第二》。
② (宋)王钦若等编:《册府元龟》卷九三,《帝王部·赦宥第十二》。
③ (宋)王钦若等编:《册府元龟》卷九二,《帝王部·赦宥第十一》。
④ 《旧五代史》卷四〇,《唐书一六·明宗本纪第六》。
⑤ (宋)王钦若等编:《册府元龟》卷四九二,《邦计部·蠲复第四》。
⑥ (宋)王钦若等编:《册府元龟》卷九四,《帝王部·赦宥第十三》。
⑦ (唐)陆贽:《陆贽集》卷二二,《均节赋税恤百姓六条》第二。
⑧ 《新唐书》卷五二,《食货志》。

段",①从而形成"敕额见钱"与依"省中估"交纳绢帛之分。② 经此厘革,一部分两税钱固定折纳绢帛,两税的本色实际上就变为粮食(斛斗)、钱、帛三类。

五代两税"正税钱物"的本色即沿此而来,为粮食(斛斗)、钱、帛三类。如后梁建立伊始的开平元年(907年)四月,河南尹张全义"请每年上供定额,每岁贡绢三万匹,以为常式"。③后唐明宗长兴三年三月,三司使奏:"诸道上供税物,充兵士衣赐不足。其天下两税所纳斛斗及钱,除支赡外,请依时估折纳绫罗绵绢。"④这是因所征本色绢帛不敷支用,而将税粮、税钱折纳绫绢等。后晋天福元年(936年)闰十一月,高祖大赦天下制:"应道州府所征百姓正税斛斗、钱、帛等,除系省司文帐外,所在州府并不得裹私增添、纽配税物。"⑤后周显德元年(954年)四月,世宗平定刘崇反叛之后,下令潞州数县"昨经贼军伤残处,人户所征今年夏税斛斗、钱、帛,三分与放一分"。⑥ 正如郑学檬先生所概括的:"从唐建中元年实施两税法到五代,调绢从正税中消失了,但绢帛之征又在两税钱及田亩税谷物的折纳中复活,从而构成了两税的斛斗(谷物)、钱、绢三大色,分夏秋两季交纳。"⑦

"沿征钱物"是五代官方对随两税"正税"额配征或按地亩计征的各种合法附加税的概括指代,始见于后晋皇帝的敕文。如天福三年八月,晋高祖诏:"河中府、同州、绛州等三处灾旱,逃移人户下所欠累年残税,并今年夏税差科,及麦苗子沿征诸色钱物等并放。"⑧天福六年(941年)八月,高祖从东都开封行幸至邺都,下制曰:"应沿路有傍道稍损却田苗处,其合纳苗子及沿征钱物等,据

---

① (宋)王钦若等编:《册府元龟》卷四八八,《邦计部·赋税二》,"元和四年"条。

② (宋)王溥:《唐会要》卷八三《租税上》载,元和五年二月,户部尚书李仁素:"准元和四年五月敕,厘革诸道州府应征留使、留州钱物色目,并带使州合送省钱,便充留州给用等。据诸道申报,除与敕文相当外,或称土宜不同须重类会起置者。诸州府先配供军钱回充送省,带使州府先配送省钱便留留军,则供军见钱尽在带使州府,事颇偏并。宜令于管内州据都征钱数逐贯均配,其先不征见钱州郡不在分配限。如坊郭户配见钱须多,乡村户配见钱须少,即但都配定见钱一州数,任刺史于数内看百姓稳便处置。其敕文不加减者,即准州所为定额。如于敕额见钱外辄擅配一钱,及纳物不依送省中估,刺史、县令、录事参军节级科贬焉。"

③ 《旧五代史》卷三,《梁书三·太祖本纪第三》。

④ (宋)王钦若等编:《册府元龟》卷四八八,《邦计部·赋税第二》。

⑤ (宋)王钦若等编:《册府元龟》卷九三,《帝王部·赦宥第十二》。

⑥ (宋)王钦若等编:《册府元龟》卷九六,《帝王部·赦宥第十五》。

⑦ 郑学檬主编:《中国赋役制度史》,上海人民出版社2000年版,第287页。

⑧ 《旧五代史》卷七七,《晋书三·高祖本纪第三》。

亩数并与除放……祁、代、蔚、并、镇州管界内,有经蕃部践踏却苗稼者,其合纳苗子、沿征钱物等,据顷亩与除放。"①特别是开运二年(945年)五月丙申,晋少帝诏曰:"应常、定、邢、贝、相、并邺都已北管界,自今年契丹犯境已来,有人户实经虏杀劫人者,所通捡到夏苗,十分已令减放二分苗子,并沿征钱物,今更特减放一分。其今年征正税钱物等,亦与十分内减放二分。"②诏文将"沿征钱物"与"正税钱物"的蠲免分开说明,足见"沿征钱物"是两税"正税"的附加税。

"沿征钱物"一语虽然始见于后晋官方文告,但是这并非说明五代合法的两税附加税是后晋才开始征收的。从现有资料来看,"沿征钱物"内涵的相对固定化是在后唐,它们被称为"纽配"或"诸折配色"。如同光三年(925年)秋,吏部尚书李琪上疏曰:"如以六军方阙,不可轻徭,两税之余,犹须重敛,则但不以折纳为事,一切以本色输官,又不以纽配为名,止以正耗加纳。"③同光四年正月壬戌,庄宗制曰:"应同光三年经水灾处有不迨,及逃移人户差科,夏秋两税及诸折配色,委长吏切加点捡,并与放免,仍一年内不得杂差遣。"④

而"沿征钱物"一语被后晋官方正式使用,则说明其时两税附加税已经相对固定了,"沿征钱物""沿征物色"等官方用语已经具有约定俗成的税项内涵,所以后晋、后汉、后周皇帝在放免赋税的场合可以用它们指代放免的具体对象。如天福十二年(947年)六月,后汉高祖敕曰:"其东西两京畿内,遭契丹蹂践暴苦处,人牛俱丧,蚕麦不收,虽近复田园,固无可输纳,其东西两京一百里内,今年夏税及沿征物色并与蠲放;其一百里外,曾有契丹经过劫掠之处,委本处官吏躬亲恤问,如实被契丹蹂践不虚,其今年夏税大小麦苗子、沿征物色等各放一半。"⑤乾祐元年(948年)二月,后汉隐帝即位后下制曰:"天福十二年终已前残欠秋夏税赋及和籴、沿征一物已上并特放。"⑥周太祖广顺元年(951年)正月丁卯即位制曰:"应天下州县所欠乾祐元年二月已前夏秋残税及沿征物

---

① (宋)王钦若等编:《册府元龟》卷九四,《帝王部·赦宥第十三》。

② (宋)王钦若等编:《册府元龟》卷九四,《帝王部·赦宥第十三》。按,同书卷四九二记载该诏为:"自今年契丹犯境以来,有人户实经残杀者,其夏税,十分已令减放二分苗子,并沿征钱物,今更特减一分。其正税钱物,亦与十分内减放二分。"

③ 《旧五代史》卷五八,《唐书三四·李琪传》。按,"止以正耗加纳"一句,(宋)王溥《五代会要》卷二五《租税》及《旧五代史》卷一四六《食货志》所引李琪奏均为"止以正税加纳"。

④ (宋)王钦若等编:《册府元龟》卷九二,《帝王部·赦宥第十一》。

⑤ (宋)王钦若等编:《册府元龟》卷九五,《帝王部·赦宥第十四》。

⑥ (宋)王钦若等编:《册府元龟》卷九五,《帝王部·赦宥第十四》。

色,并三年夏税诸色残欠,并与除放。"广顺二年五月,周太祖攻下兖州,制曰:"城外官军下寨处四面,去州城五里内所征今年夏税苗子、蚕食盐钱并诸杂沿征钱物,并与除放。"①可见后汉、后周所谓"沿征钱物"和两税"正税钱物"一样,也是计"顷"亩或计"苗"配征的。

进一步分析,五代的"沿征钱物"可区分为两类。

第一类的"沿征钱物",其数额与两税正额直接关联,即是按每亩田地的两税"正额"按一定比例配征的,称为"纽配""纽征"。如后汉乾祐二年二月,隐帝敕:"先以兵甲至多,粮储不给,权于苗亩之上,遂有纽配之烦。……应三京、邺都诸道州府所征乾祐元年夏秋苗税及纽征白米、秆草,据今年二月一日已前已纳外,见系欠数并宜特放。"②可见白米、秆草是按夏秋税额"纽征"的。如果地方官不按照两税元额纽配,则称"虚悬纽配",要受处罚。如广顺三年十二月己巳,"左补阙王伸停任,坐检田于亳州,虚悬纽配故也"。③因此纽配作为两税正税的附加税,属于"沿征钱物"之列。

第二类的"沿征钱物",其数额是直接按田亩数量另征的,且有独立的税名。如后唐有小绿豆税、桥道钱、(青苗)地头钱、鞋钱、蚕盐钱、曲钱等,其中又有地区性"沿征钱物"和全国性"沿征钱物"之分。

小绿豆税、桥道钱等为地区性"沿征钱物"。如同光三年二月甲子朔,庄宗诏:"兴唐府管内……小绿豆税,每亩与减放三升。"④长兴元年二月,明宗敕:"河阳管内人户,每亩旧征桥道钱五文,今后不征。"⑤

(青苗)地头钱、麻鞋钱、蚕盐钱、曲钱等为通行于诸州府的"沿征钱物"。后唐明宗监国时下令:"其百姓合散蚕盐,每年只二月内一度俵散,依夏税限纳钱。"天成元年(926年)四月庚子,明宗即位后诛杀租庸使孔谦,中书门下上言:"夏秋苗税子,除元征石斗及地头钱,余外不得纽配。"⑥天成三年七月,明宗诏曰:"应三京、邺都、诸道州府、乡村人户,自今年七月后,于是秋田苗上,每亩纳曲钱五文足陌,一任百姓自造私曲,酝酒供家,其钱随夏秋征纳。"⑦同月,户部员外郎知制诰于峤上言曰:"夏秋已来,霜雨频降。在山川高土则必有丰

---

① (宋)王钦若等编:《册府元龟》卷四九二,《邦计部·蠲复第四》。
② (宋)王钦若等编:《册府元龟》卷四九二,《邦计部·蠲复第四》。
③ 《旧五代史》卷一一三,《周书四·太祖本纪第四》。
④ 《旧五代史》卷三二,《唐书八·庄宗本纪第六》。
⑤ (宋)王钦若等编:《册府元龟》卷九三,《帝王部·赦宥第十二》。
⑥ 《旧五代史》卷三五,《唐书一一·明宗本纪第一》。
⑦ 《旧五代史》卷一四六,《食货志》。

年,想薮泽下田非无水涔脱,或已作潢污行潦,犹征青苗地头……委乡村父老通括,不令州县节级下乡,如或检验不虚,即日蠲减租税。或有司以军粮未济兵食是虞,即请却于山川之田丰熟之地,或于麻畦(当为'鞋'之误)、秆草、蚕盐、地头据其本分价钱折纳诸色斛斗。"①长兴元年二月乙卯,明宗制曰:"诸道州府人户,每亩上元征曲钱五文,今特放二文,只征三文。"②同月,户部制定两税正税及"诸色折科"的起征完纳"省限",规定:"正税匹段、钱鞋、地头、榷曲、蚕盐及诸色折科,取六月五日起征,至八月二十日纳足。"③其中的"(麻)鞋钱""地头钱""榷曲"和"蚕盐"四项都是计亩沿征的两税附加税。

后来又有"农器钱"。后唐原来实行榷铁,由诸道监冶垄断生铁、熟铁的冶炼和铁器的制作,由铁官和特许铺户销售铁器。明宗于长兴二年十二月下敕开放铁禁,敕曰:"今后不计农器、烧器、动使诸物,并许百姓遂便自铸造。诸道监冶,除当年定数铸办供军熟铁并器物外,祇管出生铁,比已前价,各随逐处见定高低,每斤一例减十文货卖。杂使熟铁,亦任百姓自炼。巡检、节级、勾当卖铁官并铺户一切并废。乡村百姓祇于系省夏秋苗亩内纳农器钱一文五分足,随夏秋税二时送纳。"④据此规定,允许百姓自由铸造铁器,冶炼熟铁,官方的监冶可减价向百姓出售生铁,废除负责的铁官和铺户。但农村百姓必须一年两度按亩交纳一文五分的足陌钱,称为"农器钱"。"农器钱"成为后唐两税的又一项"沿征"钱物。

后唐之后,第二类"沿征钱物"有增无减。如盐钱。后晋有计顷配征的食盐钱。后周广顺二年,前北海令李元懿投匦献事,其中称:"臣伏见晋朝曾配百姓食盐钱,每顷配盐二十斤,纳钱五十五数足,然后许百姓私买煎造。自后盐铁使指以赡军为名,禁断盐法,苗亩所配不放,纳钱税物,重征生灵。"⑤后周有俵配蚕盐。显德三年十月之前,齐州"于秋苗上俵配蚕盐,谓之察头盐,每一石征钱三千文";沧、棣、滨、淄、青五州"蚕盐每一石征绢一疋"。⑥又如牛皮税。还在后汉乾祐二年,兵部侍郎于德辰曾上书建议说:"臣伏见官禁牛皮,条流太重。每请'甲科'合要皮,请量于地亩上配纳。若民间牛死损,亦从许货卖,其

---

①　(宋)王钦若等编:《册府元龟》卷五五二,《词臣部·献替第二》。

②　(宋)王钦若等编:《册府元龟》卷九三,《帝王部·敕宥第十二》。

③　按,文中的"钱鞋",当是"鞋钱"即"麻鞋钱"之误。可参见下引长兴元年三月明宗敕。

④　(宋)王溥:《五代会要》卷二六,《铁》。

⑤　(宋)王钦若等编:《册府元龟》卷五四七,《谏诤部·直谏第十四》。

⑥　(宋)王钦若等编:《册府元龟》卷四八八,《邦计部·赋税第二》。

皮价不得过钱五百。"但未被采纳。① 广顺二年十一月,太祖敕:"应天下所纳牛皮,今将逐年所纳数三分内减放二分,其一分于人户苗亩上配定,每秋夏苗共十顷纳连角牛皮一张,其黄牛纳干筋四两,水牛半斤,犊子不在纳限。其皮人户自诣本州送纳。所司不得邀难。"②再如麻鞋钱、农具钱。广顺二年,李元懿献事称:"臣为北海令时,夏秋苗上每亩麻、农具等钱,省司元定钱十六。及刘铢到任,每亩上加四十五,每顷配柴五围、炭三秤,省条之外,严刑立使限征。臣窃闻诸道亦有如刘铢配处,望令禁止。"③可见"省司"原定麻鞋钱、农具钱每亩共16钱,而地方官有擅自提高税额的。另有地区性的加税,但后周中央并未予合法化。如广顺三年正月,太祖先是针对"青州在城及诸县镇乡村人户等",下敕规定:"刘铢在任时,于苗亩上每亩征车脚钱,每顷配柴炭,今后并止绝。""所征食盐钱,每贯别纳脚钱,今后止绝";"州司配征啖马药及泛配药。又县镇科配石炭、红花、紫草,今后并止绝,不得配率。又州司于夏苗上配纳麦面,今后据州合用多少,量于近县配纳,不得遍据诸县"。最后说:"其属郡淄、登、莱等州,如有前项旧弊,亦依青州例施行。"④这说明后周并没有把车脚钱、食盐钱脚钱、麦面之类的地区性加税纳入"沿征钱物"。

总之,五代的"沿征钱物"的计征形式虽然有两类,但都直接或间接地是以田亩为计税客体,与两税"正税钱物"的计征依据是一样的,"沿征"一语不但揭示了它们具有田亩附加税的合法性质,而且说明它们都是在计税环节就确定了征收数量的。

北宋随田亩征收的"杂钱""杂变之赋",其中有不少税项即承自上述五代"沿征钱物"的第二类中通行于全国者。如宋人徐无党对《资治通鉴》卷二七七记述后唐长兴二年十二月征收农器钱一事,注称:"税农具钱,至今因之。"宋神宗时,韩琦上奏说:"今天下田税已重,固非《周礼》什一之法。又随亩更有农具、牛皮、盐钱、曲钱、鞋钱之类,凡十余名件,谓之杂钱。每夏秋起纳,官中更以绅、绢、斛斗低估价直,令民以此杂钱折纳。又每岁散官盐与民,谓之蚕盐,折纳绢帛。"⑤他提到的这些"杂钱"名目,在五代都有了。而张方平说:"今二税之外,诸色沿纳,其目曰:陪钱、地钱、食盐钱、牛皮钱、蒿钱、鞋钱,如此杂科

---

① (宋)王钦若等编:《册府元龟》卷四七五,《台省部·奏议第六》。
② (宋)王钦若等编:《册府元龟》卷四八八,《邦计部·赋税第二》。
③ (宋)王钦若等编:《册府元龟》卷五四七,《谏诤部·直谏第十四》。
④ (宋)王钦若等编:《册府元龟》卷四八八,《邦计部·赋税第二》
⑤ (清)徐松辑:《宋会要辑稿》食货四之二七。

之类,大约出于五代之季,急征横敛,因而著籍,遂以为常。"①其中的陪钱、蒿钱则不见于五代,当是沿自十国。《宋史》卷一七四《食货志上·赋税》称:"宋制岁赋,其类有五:曰公田之赋,凡田之在官,赋民耕而收其租者是也。曰民田之赋,百姓各得专之者是也。曰城郭之赋,宅税、地税之类是也。曰丁口之赋,百姓岁输身丁钱米是也。曰杂变之赋,牛革、蚕盐之类,随其所出,变而输之是也。"史官把承自五代十国两税"沿征钱物"的"杂变之赋",列为宋朝租赋收入结构的一个重要组成部分。可见在唐宋之际赋税结构的演变过程中,五代两税"沿征钱物"的合法化是一个重要变化。

附带要说明一个问题,即五代的税物"加耗"不属于五代官方所指的两税"沿征钱物"之列。固然,如不少学者所论,五代的"加耗"从广义上说也可称为是两税的附加税。不过,就其征收环节与性质而言,"加耗"并不属于官方所指的"沿征钱物"。

如所周知,"加耗"出现于唐朝后期,指的是按中央的规定,纳税人到仓库交纳两税税物之际,须据他们当时所交税物的品种与数量,多交一定比例的税物,作为抵扣仓库保管和出纳税物过程中的损耗,乃至仓库人员的部分费用。这是把一部分的财政运行成本转嫁给纳税人负担。五代也是如此。后梁时,仓库在收纳正税钱物要收纳"加耗",仓库官吏多乘机加敛入己。开平三年(909年)八月,梁太祖敕:"今岁秋田,皆期大稔,仰所在切如条流,本分纳税及加耗外,勿令更有科索。"②后唐同光二年(924)二月,庄宗制曰:"伪朝(指后梁)已来,恣为掊敛,至于杂色斛斗、柴草,受纳仓场邀颉人户,分外诛求,纳一斗则二斗未充,纳一束则三束不了,互相蒙蔽,上下均分,疲毙生灵,莫斯为甚。自今后仰长吏选清强官吏充主纳,仍须严立条制,以防奸欺,兼具逐色所纳加耗申奏。"③同年十一月,中书门下奏称:"今年秋,天下州府多有水灾,百姓所纳秋税,请特放加耗。"从之。④ 但这只是一时放免,其后加耗继续征收。同光四年,度支员外郎骆鹏举曾上疏建议:"纳仓储,去加耗;每岁青苗、盐铁杂税等钱不纽配。"⑤未被采纳。

后唐明宗时,仓库诸色加耗的合法名目增多。中央认可并规定限额的税

① (宋)张方平:《乐全集》卷二五,《论事·论免役钱札子》。

② 《旧五代史》卷四,《梁书四·太祖本纪第四》。

③ (宋)王钦若等编:《册府元龟》卷九二,《帝王部·赦宥第十一》。

④ (宋)王钦若等编:《旧五代史》卷一四一,《五行志》。

⑤ (宋)王钦若等编:《册府元龟》卷五四七,《谏诤部·直谏第十四》。

米加耗,称为"省耗"。天成元年(926年)四月,明宗制曰:"应纳夏秋税粮,先有省耗一升,起今后只纳正数,不得别量省耗。其输刍秉亦不得别征加耗。"①但是,长兴元年三月,明宗又下敕各地仓库向税粮之外的各种税物分别征收货币形式的加耗,并相应增加了"省库"接收地方上供税物时的加耗。该敕称:

> 天下州府受纳秆草,每束纳一文足陌;每一百束纳纽子四茎,充积草供使;辣针一茎,充捍场院。其草并柴蒿,一束只纳一束。其细绢**绝布绫罗**,每疋纳钱一十文足陌;丝绵、䌷线、麻布等每一十两纳耗半两;麻鞋每量纳钱一文足陌,见钱每贯纳钱七文陌。省库受纳诸处上供钱物,元条流见钱每贯纳二文足陌,丝绵、䌷线子每一百两纳耗一两,其诸色足段并无加耗,此后并须依上件则例受纳。②

长兴二年闰五月,明宗又下令恢复征收税粮加耗并将数额提高了一倍,敕曰:"诸道州府所纳两税斛斗,今后每斗上纳加耗二合,准备仓司耗折。"③据说,这是明宗巡视仓库之后亲自决定的,名为"鼠雀耗"。④同时,明宗下敕恢复刍秉的加耗,规定:"今后诸州店所纳秆草,每二十束别加耗一束,充场司耗折。其每束上旧纳盘缠钱一文,仰官典同供系署,一一分明上历,至纳遣了绝已来,公使不得辄将出外分张破使。"⑤

可见后唐明宗时,纳税人在交纳税米时要多交20%的省耗和3文的布袋钱,在交纳秆草、丝绵、䌷线、麻布、现钱等税物时也须多交数量不等的"耗折"钱,秆草的加耗钱称为"盘缠钱"。中央仓库在受纳地方上供钱物时也依例征

---

① (宋)王钦若等编:《册府元龟》卷九二,《帝王部·赦宥第十一》。

② (宋)王钦若等编:《册府元龟》卷四八八,《邦计部·赋税第二》。按(宋)王溥《五代会要》卷二五《租税·杂录》所收奏文止于"其诸色匹段并无加耗"一句。应以《册府元龟》为是。

③ (宋)王溥:《五代会要》卷二七,《仓》。

④ 《旧五代史》卷四四《唐书二〇·明宗纪十》引《五代史补》卷二"明宗入仓场"条(此数字删)称:明宗之在位也,一日幸仓场观纳,时主者以车驾亲临,惧得罪,其较量甚轻。明宗因谓之曰:"且朕省事以来,仓场给散,动经一二十年未毕,今轻量如此,其后销折将何以偿之?"对曰:"竭尽家产,不足则继之以身命。"明宗怆然曰:"只闻百姓养一家,未闻一家养百姓。今后每石加二斗耗,以备鼠雀侵囊,谓之鼠雀耗。"仓粮加耗,自此始也。

⑤ (宋)王钦若等编:《册府元龟》卷四八八,《邦计部·赋税第二》。按:(宋)王溥《五代会要》卷二五《租税·杂录》录文缺最后一句,以致文意未了。

收加耗。

后晋继续征收加耗。天福二年四月,晋高祖曾说:"应在京及诸道监临主当仓库官吏等,当受纳时例破加耗,及交替日,岂合亏悬?"①天福八年五月十五日,三司奏:"天下今后诸仓,请据人户元纳耗二升,内一升依旧送纳本色,充备鼠雀耗折;一升即令人户送纳价钱两文足,与元纳钱八文足,共一十文足,充备仓司斗袋、人夫及诸色吃食、纸笔、铺衬、盘缠支费。"从之。②这就把税粮的加耗征收改为每斗加耗粮一升,加耗钱二文。百姓的税粮加耗负担进一步加重。后汉短祚,加耗却再次增加。史载,乾祐元年正月,汉高祖制曰:"其秋夏输纳,只依朝廷指挥受纳,不得有加耗取觅。"③可是,随后王章判三司,"专于权利,剥下过当,敛怨归上,物论非之。旧制,秋夏苗租,民税一斛,别输二升,谓之'雀鼠耗'。乾祐中,输一斛者,别令输二斗,目之谓'省耗'。百姓苦之"。④

后周继续征收加耗,但强调要执行中央统一规定的数量。广顺元年正月,太祖下敕:"其诸道州府仓场库务,宜令节度使、刺史专切钤辖,掌纳官吏一依省条指挥,不得纳斗余秤耗。"⑤这是禁止仓库官吏在"省司"加耗定额之外加征。广顺三年正月,太祖以青州在城及诸县镇乡村人户的加耗为例,下敕规定:"省司元纳夏秋税疋段,每疋纳十钱,每贯七钱,丝绵䌷线每十两纳耗半两,粮食每石耗一斗八钱,蒿草每十束耗一束,钱五分,鞋每两一钱,此外别无配率。今后青州所管州县,并依省司则例供输,如违罪无轻恕。"最后称:"其属郡淄、登、莱等州如有前项旧弊,亦依青州例施行。"⑥这是就部分地区强调要以中央规定的加耗数量为准。

归纳上述资料,五代的"加耗"是官府仓库在收纳各种税物时,出于转嫁部分财政运行成本的目的而向纳税人加征的,其计征环节在纳税人送交税物之际,是不同于两税"沿征钱物"另一类的加税途径。五代中央对"加耗"多次作出统一的数额规定,试图有所限制,放免时则对"加耗"单独指称,而不以"沿征钱物"指代。因此,"加耗"不属于五代两税"沿征钱物"一语的指代范围。上引

---

① (宋)王钦若等编:《册府元龟》卷六一三,《刑法部·定律令第五》。

② (宋)王溥:《五代会要》卷二七,《仓》。

③ (宋)王钦若等编:《册府元龟》卷九五,《帝王部·赦宥第十四》。

④ 《旧五代史》卷一〇七,《汉书九·王章传》。

⑤ (宋)王溥:《五代会要》卷二七,《仓》。

⑥ (宋)王钦若等编:《册府元龟》卷四八八,《邦计部·赋税第二》。

《宋史·食货志》在叙述北宋"杂变之赋"时也不列入"加耗"。

唐五代"加耗"既是以抵充税物在保管、出纳、运输等财政运行环节的"耗折"为名而加征的,于直接或间接地按田亩加税之外另辟一条合法加税的途径,遂为北宋所沿承。入宋之后以"加耗"为名的各种加税变本加厉,不但两税本色钱物的加耗苛重,甚至和籴米、盐等也要加耗。"加耗"遂成宋朝中央财政和地方财政盘剥百姓以挹注财政的一种重要手段,也是地方官员贪赃以中饱私囊的常用手法。要之,在唐宋之际"加耗"的演变过程中,五代也是一个重要的历史阶段。

从唐朝后期的"省司钱物"到
五代的"系省钱物"
——五代财政管理体制演变探微

后梁、后唐、后晋、后汉、后周更迭的五代,既是唐朝后期藩镇割据局势的发展,又是北宋重建中央集权的先声。就财政管理体制而言,五代在唐朝后期的基础上有了重要变化,且影响及于北宋。

关于五代的财政管理体制,现有研究多瞩目于中央财政主管机构的演变,[①]对于五代中央财政与地方财政的划分这一财政管理体制的重要内容则尚未有专论。事实上,五代的藩镇对于唐朝后期以来中央财政与地方财政的划分制度之利弊感同身受,其间强藩一旦建立中央政权,如何制约地方财权,是必然要面对的重大财政问题。那么,比较唐朝后期,五代中央财政与地方财政的划分有否发生变化? 如果有变化,它们对于由唐入宋的国家财政管理体制演变有何影响? 本文拟以唐朝后期的"省司钱物"和五代的"系省钱物"为主题词,对此试加探讨。

一、唐朝后期的"省司钱物"与两税"留使""留州"钱物

"省司钱物"作为官方财政用语,首见于唐文宗开成元年(836年)同州刺史刘禹锡的《谢恩放先贷斛斗表》,其云:"臣某言:臣奉五月二十九日敕牒,据

---

① 参见砺波护《三司使の成立について——唐宋の変革と使職》(《史林》44卷4期,1961年);董恩林《五代中央财政体制考述》(《湖北大学学报》1986年第2期);李军《五代三司使考述》(《人文杂志》2003年第5期);郑学檬《五代十国史研究》(上海人民出版社1991年版,第138～142页);杜文玉《五代十国制度研究》(人民出版社2006年版,第137～145页);陈明光《五代财政中枢管理体制演变考论》(《中华文史论丛》2010年第3辑,上海古籍出版社2010年版)。

度支所奏诸道节度、观察使及州府借便省司钱物、斛斗等数内,当州欠三万六千二十三贯石,并放免者。……关辅之间,频年歉旱,田租既须矜放,公用又不支持,承前长吏,例有借便,以救一时之急,皆成积欠之名。"①刘禹锡作为地方长吏所说的"借便""省司钱物",指的是地方财政借用了当州应属于中央财政收益的货币、布帛、粮食等钱物,因而形成应该偿还的"积欠"。

唐人所谓省,是"尚书省""(尚书)都省""朝省""省司"等的简称,指代中央或朝廷。故对唐朝后期的"省估"一词,元人胡三省解释为"都省所立价也"。②而"省司钱物"一语在唐朝后期首见使用,则是唐德宗建中元年(780年)推行两税法改革以来,中央财政与地方财政有了明确划分这一国家财政管理体制重大变化的反映。

我曾把唐朝后期中央财政与地方财政划分收支的财政管理体制特点,概括为"划分收支,定额管理"。认为:

> 所谓划分收支,指在预算收入方面,唐朝把统一规定的税种,划分成中央直接受益税(如青苗钱、榷盐、酒税、茶税等)、中央与地方共享税亦即两税这两种类别,分别确定中央以及使、州两级地方预算的得益范围;在支出方面,唐中央采用"量出以制入,定额以给资"(今谓"以支定收")的方法确定两税留州额与留使额,同时也就限定了州、使两级预算应承担的支出范围,此外便是中央财政应承担的支出项目。③

① 《刘禹锡集》卷一六,中华书局1990年版,第197页。

② (宋)司马光:《资治通鉴》卷二三七,"元和三年九月"条胡三省注,中华书局1956年版。

③ 陈明光:《唐代财政史新编》,中国财政经济出版社1991年版,1999年第2次印刷,第202~203页。

因此,唐朝后期出现的"送省轻货"①"属省钱"②"省钱"③等官方财政用语,都是指在这种财政管理体制下属于中央财政收益的"省司钱物"。

这里还要强调说明,唐朝后期的两税"留使""留州"钱物并不属于"省司钱物"。从中央的角度看,例如元和四年(809年)十二月度支上奏:

> 诸州府应供上都两税匹段及留使、留州钱物等,自元和四年已后,据州县官正料钱,数内一半任依省估例征纳见钱支给。仍先以都下两税户合纳见钱充。如不足即于当州两税钱内据贯均配支给。其余留使、留州杂给用钱,即合委本州府并依送省轻货中估折纳匹段充。

唐宪宗敕曰:

> 自今已后,送省及留使匹段,不得剥征折估钱。其供军酱菜等价直,合以留州、使钱充者,亦令见钱匹段均纳。仍具每州每使合纳见钱数,及州县官俸料内一半见钱数,同分析闻奏。仍使编入今年旨条,以为常制。④

上述奏文、敕旨都表明两税中只有"供上都"即上供者才是"送省"的"省司钱物"。从地方的角度看,上引刘禹锡奏文即明确说明地方长吏支配的两税"留使""留州"钱物有别于"省司钱物"。

唐朝后期两税"留州""留使"钱物之所以不属于"省司钱物",是基于两项

---

① 例如,宪宗元和四年二月,度支奏:"诸州府应上供两税疋段及留使、留州钱物等,每年疋段估价稍贵,其留使、留州钱即闻多是征纳见钱及贱价折纳疋段,既非齐一,有损疲人。伏望起元和四年已后,据州县官正料钱数内一半,任依京官例征纳见钱支给……其余留使州杂给用钱,即请各委州府并依送省轻货中估折纳疋段充。"(《册府元龟》卷四八八,《邦计部·赋税第二》,中华书局1960年影印本,第5834页)

② 例如,咸通八年十月,丙寅,兵部侍郎、判度支崔彦昭奏:"当司应收管江、淮诸道州府咸通八年已前两税榷酒及支米价,并二十文除陌诸色属省钱,准旧例逐年商人投状便换。"(《旧唐书》卷一九,《懿宗纪上》)

③ 例如,敬宗时,王播任盐铁转运使,"时扬州城内官河水浅,遇旱即滞漕船,乃奏自城南阊门西七里港开河向东,屈曲取禅智寺桥通旧官河,开凿稍深,舟航易济,所开长一十九里,其工役料度,不破省钱,当使方圆自备"(《旧唐书》卷一六四,《王播传》)。

④ (宋)王溥:《唐会要》卷八三,《租税上》,上海古籍出版社2003年版。

财政管理制度。其一,唐朝推行两税法改革时,对两税收入采取以州为单位的定额征收制,并将州定额分为上供、留使、留州三个固定份额,三者之间有明确的数量界限足以作出区分。对此,笔者在《论唐朝两税预算的定额管理体制》已有阐述。① 其二,唐朝后期中央对两税"留州""留使"钱物实行支出定额包干制。对此唐武宗的诏令说得最为清楚,其曰:"州府两税(钱)物斛斗,每年各有定额,征科之日,皆申省司,除上供之外,留后、留州,任于额内方(图)[圆]给用,纵有余羡,亦许州、使留备水旱。"②因此,州、使两级地方财政支配两税"留州""留使"钱物有相当大的自主权,对此,笔者在《唐代后期地方财政支出定额包干制与南方经济建设》一文也有论述。③

相应地,中央财政对两税"留州""留使"钱物基本上不行使支配权。我们注意到,唐朝后期中央下令实行两税减免时,指明放免的往往是属于中央财政的收益,如两税上供钱米、青苗钱、榷酒钱、中央百司的职田收入、庄宅使的收入、诸州欠负中央财计三司的钱物等。它们均属于"省司钱物"。至于两税留州、留使钱物的减免,中央或是要地方长官自行决定,④或是中央下令放免两税之后,对留使钱由"省司钱物"另予补贴。⑤ 只有极个别的场合,才见中央的减免命令涉及留州、留使钱,而未另予补贴。⑥

唐朝后期"省司钱物"与两税"留州""留使"钱物的区分,是当时财政管理

---

① 陈明光:《论唐朝两税预算的定额管理体制》,《中国史研究》1989 年第 1 期。

② (宋)李昉等编:《文苑英华》卷四二三,《会昌二年四月二十三日上尊号赦文》,中华书局 1966 年版,第 2144 页。按:括号的字,据文意补、改。

③ 陈明光:《唐代后期地方财政支出定额包干制与南方经济建设》,《中国史研究》2004 年第 4 期。

④ 例如,元和元年(806 年)九月,宪宗平定西川方镇叛乱之后,鉴于东川诸州县"发挽馈军,缮完补缺,一日之费,岂止千金",下令:"其东川元和二年上供钱物并放,留州、留使钱委观察使量事矜减。"(《册府元龟》卷四九一,《邦计部·蠲复第三》,中华书局 1960 年影印本,第 5871 页)

⑤ 如开成元年四月,文宗下令放免安南的秋税,同时"恐军用阙绝",另赐钱二万贯,"以岭南观察使合送两税(上)供钱充"(《册府元龟》卷四九一,《邦计部·蠲复第三》,中华书局 1960 年影印本,第 5876 页。按,括号的字据文意补)。

⑥ 如开成二年三月壬申,文宗诏:"扬州、楚州、浙西管内诸郡,如闻去年稍旱,人罹其灾……宜委本道观察使于两税户内不支济者量议矜减,今年夏税钱每贯作分数蠲放,分(折)[析]速奏,仍于上供及留州、使额内相均落下,务令苏息。"(《册府元龟》卷四九一,《邦计部·蠲复第三》,中华书局 1960 年影印本,第 5876 页。按,括号的字据《全唐文》卷七八武宗《禁额外征税制》改)

体制的一种财务形式,是在地方藩镇势力坐大、中央集权削弱的政治局势之下,中央财权削弱,地方财权扩大的具体表现。

二、五代的"系省钱物"

"系省钱物"是五代新出现的官方财政用语,首见于后唐庄宗同光三年(925年)二月租庸院的奏书,其云:

> 新定四京及诸道副使、判官已下俸料,请降敕各下逐处支遣,兼除所置副使、判官、掌书记、推官外,如本处更安排简署官员,即勒本道节使自备请给,不得正破系省钱物。[①]

五代官方财政用语中的"省",其指代对象和唐朝后期一样。"系省",或作"系省司",意为系挂在中央财政名下。五代与"系省""系省司"联缀的官方财政用语,还有"系省钱谷""系省卖曲钱""系省钱帛""系省之遣""系省庄田""系省司文帐""系省司场税仓库""系省司课利"等。其中"系省""系省司"都用以界定中央财政拥有所有权和支配权。

那么,五代"系省钱物"指中央财政的哪些收益,比较唐朝后期的"省司钱物"有何异同?

首先,如同唐朝后期一样,五代的盐、酒、茶等专卖收入(有时采取两税附加税的形式征收)都属于中央财政收益,是"系省钱物"的重要内容。

乾化三年(913年)梁太祖死后,朱友珪于六月发动宫廷政变,改元称帝,下令"应诸道茶、盐、酒曲、商税,悉还州郡"。[②] 可知后梁的专卖收入和商税本来属于中央财政收益,朱友珪为取悦方镇而下令改属地方财政,不过,朱友珪称帝不过半年即被杀,改制旋废。史籍对此后专卖收入的归属有较明确的记载。

关于盐利的归属。后唐同光三年(925年)二月,"河中节度使李继麟请榷

① (宋)王钦若等编:《册府元龟》卷五〇八,《邦计部·俸禄第四》,中华书局1989年影印宋本,第1281页。
② 《大事记续编》卷七一,转引自陈尚君:《旧五代史新辑会证》卷七,《梁书七·太祖纪七》,复旦大学出版社2005年版,第249页。

安邑、解县盐,每季输省课"。胡三省注:"每三月一输盐课于省也。"①明宗天成二年(927年)十一月,"贝州刺史窦廷琬上言:请制置庆州青、白两池,逐年出绢十万匹,米万石。诏升庆州为防御所,以廷琬为使"。② 可知安邑、解县池盐上缴的"省课"属于"省司钱物"。

五代中央财政获取榷盐之利还有"省司差官置场"的方式,即中央财政在城镇设置直属机构经营盐务。后唐明宗长兴四年(933年)五月,诸道盐铁转运使奏称:"应食颗盐州府,省司各置榷粜、折博场院,应是乡村并通私商兴贩,所有折博,并每年人户蚕盐并不许将带一斤一两入城,侵夺榷粜课利。""榷粜"是按官方的专卖价格出卖盐,是商品零售行为。后晋高祖天福二年(937年)九月,左补阙李知损上奏,将省司在食颗盐的州府设置榷粜场院,称为"省司差官置场"。③"折博"是指中央财政下设的"折博场院"将盐货批发给商人,让他们到指定地区销售,中央财政从批发中获得专卖加价之利。

又有"诸州粜盐收利"的方式,即在广大乡村,既由省司的榷粜场院经销,也由地方政府代销盐货、代征盐钱。故上引后唐明宗长兴四年五月诸道盐铁转运使之奏又称:"应食末盐地界,州府县分并有榷粜场院。"对此,上引后晋左补阙李知损之奏称为"诸州粜盐收利"。"榷粜场院"虽然有"属省"与"属州府"的不同,④但粜盐之利仍属中央财政收入,故盐价增减的决定权在于中央。⑤

后晋实行的末盐盐税也归中央财政收益。天福七年(942年)十二月,晋高祖针对末盐行销地界下令说:"应往来盐货悉税之,过税每斤七文,住税每斤十文。其诸道州府,应有属州盐务,并令省司差人勾当。"⑥这是向盐商征收转销他处的商品通过税和就地销售的商品交易税,并且通过中央财政机构接管"属州盐务",使盐税和盐钱都成为"系省钱物"。

关于榷酒之利的归属。后唐榷酒方式是由官方垄断造曲并出售取利。明

---

① (宋)司马光:《资治通鉴》卷二七三,《后唐纪二》,同光二年二月记事。

② 《旧五代史》卷三八,《唐书一四·明宗纪四》。

③ (宋)王钦若等编:《册府元龟》卷四九四,《邦计部·山泽第二》,中华书局1960年影印本,第5912页。

④ 长兴四年五月七日诸道盐铁转运使奏:"榷粜场院若捉获走私盐犯……应属州府捉获抵犯之人,便委本州府简条流科断讫申奏,别报省司。其属省院捉到犯盐之人,干死刑者,即勘情申上,候省司指挥。"(《册府元龟》卷四九四,《邦计部·山泽第二》,中华书局1960年影印本,第5911页)

⑤ (宋)王钦若等编:《册府元龟》卷四九四,《邦计部·山泽第二》。

⑥ 《旧五代史》卷一四六,《食货志》。

宗天成元年(926 年)四月制称:"诸州、使造曲,如闻省数之外,长吏私更加造,价钱多入于私门,滞曲常存于省数。"①"省数",是中央财政下达给各处"曲务"的造曲定额,也是应上交中央财政的卖曲钱定额,故又称"系省卖曲钱"。② 史载:"自晋、汉已来,诸道州府皆榷计曲额,置都务以酤酒。民间酒醋,例皆醨薄。"③天福二年(937 年)四月,晋高祖制曰:"河阳管内酒户、百姓,应欠天福元年闰十一月二十五日已前不敷年额曲钱,并放。"④天福八年九月,田令方因"任耀州日,额外配民曲钱,纳归私室",被贬官。⑤ 可知后晋、后汉酒户和普通百姓购买官曲都有限额,故称"曲额",故有"年额曲钱"。开运三年(946 年)八月,"濮州刺史慕容彦超坐违法科敛,擅取官麦五百斛造曲,赋与部民",罪应死。李崧曰:"如彦超之罪,今天下藩侯皆有之。若尽其法,恐人人不自安。"结果从轻发落。⑥ 这一案件的处理结果说明,后晋方镇于"省数"之外私自加造酒曲出卖牟利的现象不在少数,同时也说明按制度规定,曲钱"省数"一直属于中央财政收益。后汉规定,造卖私曲者,"不计斤两多少,并处极刑"。⑦ 当时,"颍州曲场官曲温与军将何拯争官务,讼之三司,三司直温"。⑧ 可见后汉地方曲务归中央管理。后汉曲务"多与州县民岁定课利",⑨定额曲钱收入归中央

① (宋)王钦若等编:《册府元龟》卷九二,《帝王部·赦宥第十一》,中华书局 1960 年影印本,第 1106～1107 页。

② (宋)王溥:《五代会要》卷二四,《诸使杂录》载,天成元年九月,河南尹兼平章事朱守殷奏:"准宣命,于系省卖曲钱上,每贯割留二百,充本府公使。"史称诸府"因以为例"(上海古籍出版社 1978 年版,第 390 页)。

③ (宋)王钦若等编:《册府元龟》卷五〇四,《邦计部·榷酤》,中华书局 1960 年影印本,第 6045 页。

④ (宋)王钦若等编:《册府元龟》卷九三,《帝王部·赦宥第十二》,中华书局 1960 年影印本,第 1118 页。

⑤ 《旧五代史》卷八二,《晋书八·少帝纪二》。

⑥ (宋)司马光:《资治通鉴》卷二八四,《后晋纪五》,开运三年八月记事。

⑦ (宋)王钦若等编:《册府元龟》卷五〇四,《邦计部·榷酤》,中华书局 1960 年影印本,第 6044 页。

⑧ 《新五代史》卷三〇,《汉臣传一八·史弘肇传》。

⑨ (宋)王钦若等编:《册府元龟》卷五四七《谏诤部·直谏第十四》载,广顺二年,前北海令李元懿投匦献事,其中言:"臣见曲法一条,最未中理。多与州县民岁定课利,至于酤酢卖糟,为弊尤甚。臣请州府擢酒户,乡村不禁,许令私造,依明宗朝所行,税户每亩纳曲钱三,则酒酢之流,民得自便。"史称"事虽不行,人以为切要"(中华书局 1960 年影印本,第 6576 页)

财政收益。后周太祖减轻禁曲的刑法,但未改"榷计曲额"形式,故地方上缴的卖曲仍有定额。广顺三年(953年)正月,澶州上言:"曲务添七千贯,从今年三月初一纳起。"①显德四年(957年)七月,世宗对"榷计曲额"之弊有所厘革,要求各地曲务根据民间每年实际需要的曲数及时制造和出售,并放宽对乡村自造米醋的限制。②

要之,五代榷酒主要采取官方垄断造曲和卖曲的形式,由设置在地方的曲务每年制造并销售限额酒曲,并向中央财政定额上缴"系省卖曲钱"。

关于五代商税的归属。据前引乾化三年朱友珪之令,后梁的商税除短时间之外都由中央财政收益。后唐天成元年四月,明宗敕称:"省司及诸府置税茶场院,自湖南至京六七处纳税,以至商旅不通。及州、使置杂税务,交下烦碎。宜定合税物色名目,商旅即许收税,不得邀难。"③说的是当时在湖南至洛阳途中,中央财政机构和地方政府设置了六七处"税茶场院",重复征收茶税,同时,有些地方政府设有"杂税务"征收商税和其他货物税。不过,后唐长兴二年之前的商税主要由中央财政派出机构直接征收。长兴二年八月,明宗敕:

> 应三京、诸道州府商税等,多不系属州府,皆是省司差置场官。朕自受命开基,励精布政,将推诚而感物,每屈己以从人,况于列侯,尤所注意,岂可山河重寄并在藩方,关市征租独归省务?……自今已后,诸商税并委逐处州府扑断,依省司常年定额勾当办集,冀除生事之端,不爽丰财之理。④

---

① (宋)王钦若等编:《册府元龟》卷五〇四,《邦计部·关市》,中华书局1960年影印本,第6053页。

② (宋)王溥:《五代会要》卷二六《曲》载:"周显德四年七月敕:'诸道州府曲务,今后一依往例,官中禁法卖曲。逐处先置都务处,候敕到日,并仰停罢,据见在曲数,准备货卖,兼据年计使曲数,依时踏造,候人户将到价钱,据数给曲,不得赊卖抑配与人。其外场酒务,一切仍旧。应乡村人户,今后并许自造米醋,及卖糟造醋供食。仍许于本州县界,就精美处沽卖,其酒曲条法依旧施行。'先是,晋、汉已来,诸道州府皆榷计曲额,置都务以沽酒,民间酒醋皆漓薄。上知其弊,故命改法。"(上海古籍出版社1978年,第421~422页)

③ (宋)王钦若等编:《册府元龟》卷五〇四,《邦计部·关市》,中华书局1960年影印本,第6052页。

④ (宋)王钦若等编:《册府元龟》卷五〇四,《邦计部·关市》,中华书局1960年影印本,第6053页。

　　所谓"扑断",是以"省司常年定额"为基数,通过竞标确定各州府上交中央的商税税额。这种包税方式此前曾在少数地方实行,[①]此时明宗下令普遍推广。后汉地方政府征收和上交中央财政的商税仍有定额,且是逐月计算的。如乾祐二年(949年)正月,晋州王彦超上奏要求"除放去年十一月、十二月商税、盐务课利",得到隐帝允准。[②] 同年二月,隐帝制曰:"应州府县镇遭契丹草寇及军都更变惊却,兼有般送纲运,已离本处,沿路遭劫夺诸色钱帛一物已上,兼天福十二年六月终已前,诸州府盐、曲、商税、铁冶不敷课利,及主持钱物、粮草、柴蒿败阙欠折等,一切特与除放,其主事人员亦放罪。"[③]后周也是如此,县一级设有主税吏。[④] 后周地方政府有时会要求减免商税定额,如广顺元年(951年)十二月,周太祖应相州李筠的要求,"除放黄泽关商税课利"。地方也有提出增加上交税额的,如广顺三年正月,澶州言:"于商税旧额上,添长钱二千八百贯……从今年三月初一纳起。"[⑤]

　　五代的"系省钱物"还包括隶属中央财政的不动产、生产资料及其经营收益,称为"系省店宅庄园"[⑥]"省租"[⑦]"系属户部营田及租税课利""系省庄田、桑

　　① (宋)王钦若等编:《册府元龟》卷九三《帝王部·赦宥第十二》载,长兴元年(930)二月,明宗大赦制称:"应诸道商税、课利扑断钱额去处,除纳外,年多虚欠,枷禁征收,既无抵当,并可放免。"(中华书局1960年影印本,第1110页)

　　② (宋)王钦若等编:《册府元龟》卷四九二,《邦计部·蠲复第四》,中华书局1960年影印本,第5888页。

　　③ (宋)王钦若等编:《册府元龟》卷九五,《帝王部·赦宥第十四》,中华书局1960年影印本,第1137页。

　　④ (宋)王钦若等编:《册府元龟》卷九五二《总录部·交恶》载:"周李温美为卫尉少卿,广顺三年七月责授房州司户参军。温美家在青州寿光县,先充祭海使,便道归家。其家人与本县主税吏冯继勋交恶,温美具事条白节度使符彦卿,言商税不公,请下狱鞠勘。继勋又言温美私过彦卿具奏。及温美下台推劾伏罪,冯继勋配流环州,温美贬房陵。"(中华书局1960年影印本,第11207页)

　　⑤ (宋)王钦若等编:《册府元龟》卷五〇四,《邦计部·关市》,中华书局1960年影印本,第6053页。

　　⑥ 《旧五代史》卷四二《唐书·明宗纪八》载:长兴二年六月乙酉,"诏止绝诸射系省店宅庄园"。

　　⑦ 例如,后晋晋昌军节度使安审琦曾"于庄宅营田务请射到万年县春明门陈知温庄壹所、泾阳临泾教坊孙藏用、王思让等三所,营田依例输纳夏秋省租"(《金石续编》卷一〇,《后晋户部牒》,转引自陈尚君:《旧五代史新辑会证》卷一二三,《周书一四·安审琦传》,复旦大学出版社2005年版,第3778页。)

土、舍宇"①等。五代中央财政或者建立"不隶州县"的直属管理系统,或者由地方政府经营管理,而上交收益。例如,后唐设有营田务,由中央财政主管机构租庸司派专人充当务使。天成元年四月,明宗下令:"营田租庸司先专差务使,无益劝农,起今后并委州、使管系,所纳农具、斛斗,据数申省。"②这只是将营田务的管理权限下放给州、使两级地方政府,但"所纳农具、斛斗据数申省",仍是"系省钱物"。后周广顺年间,太祖数次下令对户部营田及其收益的管理制度进行改革。史称:"前世屯田皆在边地,使戍兵佃之。唐末,中原宿兵,所在皆置营田以耕旷土;其后又募高赀户使输课佃之,户部别置官司总领,不隶州县,或丁多无役,或容庇奸盗,州县不能诘。"③所以,广顺三年正月,周太祖诏称:

> 诸道州府系属户部营田及租税课利等,除京兆府庄宅务、赡国军榷盐务、两京行从庄外,其余并割属州县,所征租税课利,官中只管旧额,其职员节级一切停废。应有客户元佃系省庄田、桑土、舍宇,便赐逐户,充为永业,仍仰县司给与凭由。④

九月,又敕:

> 京兆府耀州庄宅、三白渠使所管庄宅,宜并属州县,其本务职员节级一切停废。除见管水硙及州县镇郭下店宅外。应有系官桑土、屋宇、园林、车牛动用,并赐见佃人充永业。⑤

据此,后周将不少"系省"官产私有化。但是,营田管理体制的这种改变并没有减少中央财政的既得收益,只是收益形式由征收田租改为地方上缴两税而已。

上述五代"系省钱物"所包括的专卖收入、商税和中央直属官营经济收入,

① 《旧五代史》卷一一二,《周书·太祖纪第三》。
② (宋)王钦若等编:《册府元龟》卷九二,《帝王部·赦宥第十一》。
③ (宋)司马光:《资治通鉴》卷二九一,《后周纪二》,广顺三年正月记事。
④ 《旧五代史》卷一一二,《周书·太祖纪第三》。
⑤ (宋)王溥:《五代会要》卷十五,《户部》,上海古籍出版社 1978 年版,第 287~288 页。

与唐朝后期"省司钱物"的构成相似,说明就财政制度而言,五代中央政权沿承唐朝后期之制保持对这些财赋的支配权。

下面要强调指出的是,比较唐朝后期"省司钱物"的构成,五代"系省钱物"在"两税"方面发生了重大变化,就是五代中央财政把两税的正税和附加税全部"系省",并且没有从中划分出可由地方财政自行支配的"留州""留使"两个份额。

关于五代是否沿用了唐朝后期的上供、留使、留州制度,宋元人有所议论,但有含混或误解之处,需要澄清。例如,宋人李焘在《续资治通鉴长编》卷六乾德六年三月记事称:"自唐天宝以来,方镇屯重兵,多以赋入自赡,名曰留使、留州,其上供殊鲜。"《资治通鉴》卷二八〇后晋高祖天福元年十一月记事称:"初,帝在河东,为唐朝所忌,中书侍郎、同平章事、判三司张延朗不欲河东多蓄积,凡财赋应留使之外尽收取之。"元人胡三省注曰:"唐制:诸州财赋为三,一上供,输之京师以供上用也;二送使,输送于节度、观察使府;三留州,留为州家用度。其后天下悉裂为藩镇,支郡则仍谓之留州,会府则谓之留使。"元人马端临《文献通考》卷二三《国用考一·历代国用》载:"宋太祖皇帝乾德三年诏:诸州支度经费外凡金帛悉送阙下,无得占留。自唐末兵兴,方镇皆留财赋自赡,名曰留使、留州,其上供殊鲜。五代疆境迫蹙,藩镇益强,率令部曲主场院,厚敛以自奉。"他们尽管对唐五代留使、留州的内涵解说不一,但都或明或暗地认为五代沿用了唐朝后期的上供、留使、留州制。

诚然,史籍关于五代财政仍有"上供"之说,但其财政内涵应予辨析。

唐代的"上供"有广义和狭义两种。广义的"上供"指从地方调运财赋到京都的财政调度。这在唐朝天宝年间的度支计帐称为"入京""转入京"。[①] 狭义的"上供",指唐朝后期两税三分制中"供上都"即归属中央财政的那一部分,地方州县要纲运到东都洛阳或西京长安。[②]

五代地方政府的"上供",指地方按中央规定的数额将征收的财赋解运到京都,是广义的"上供"。把作为财赋重要内容的两税收入解运入京都当然也是"上供"。如后唐同光二年(924年)二月,庄宗大赦制称:"且检天下桑田正

---

① (唐)杜佑:《通典》卷八《赋税下》,中华书局1984年版,第34页。

② 陈明光:《略论唐朝的州县行纲》,《庆祝宁可先生八十华诞论文集》,中国社会科学出版社2008年版。

税,除三司上供既能无漏,则四方杂税必可尽除。"①这是说要在三司使收管的"桑田正税"即两税上供有保障的前提下,可考虑减免"杂税"。而史籍有关五代"上供"的对象更多的是泛指"天下财赋""征赋",因而是广义的财政调度。例如,后梁开平元年(907年)朱温称帝,河南尹张全义"请每年上供定额,每岁贡绢三万匹,以为例程"。② 冯行袭"在许三年,上供外,别追助军羡粮二十万石"。③ 同光年间,庄宗听从宦官之言,"分天下财赋为内外府,州县上供者入外府,充经费,方镇贡献者入内府,充宴游及给赐左右"。④ 同光二年五月,右谏议大夫薛昭文上疏称:"今以诸道上供钱物进纳不时,遂致朝廷薄于犒散。"⑤同光四年正月,庄宗制文提及三蜀应上供的"三司旧额钱物斛斗"。⑥ 同年三月,明宗李嗣源起兵进攻洛阳,争夺皇位,途中"驻军于河上,会山东上供纲载绢数船适至,乃取以赏军"。⑦ 天成元年,明宗即位赦称:"征赋上供,国之常典。"⑧后晋初年,"辇下养兵数广于前,衣食又倍之,犹是合诸藩上供不足以充费"。⑨

五代藩镇抗拒中央的表现之一,是不上供"财赋"。如后唐、后晋之际,汴州节度使、邺都留守范延光专擅凶戾,"魏博六州之赋,无半钱上供"。⑩ 后汉乾祐元年(948年)八月,皇弟刘崇"选募勇士,招纳亡命,缮甲兵,实府库,罢上供财赋,皆以备契丹为名;朝廷诏令,多不禀承"。⑪

总之,根据现有资料,五代"上供"指的是财赋调度方式,不像唐朝后期两

---

① (宋)王钦若等编:《册府元龟》卷九二,《帝王部·赦宥第十一》,中华书局1960年影印本,第1103页。

② 《旧五代史》卷三,《梁书三·太祖纪三》。

③ 《旧五代史》卷一五,《梁书一五·冯行袭传》。

④ (宋)司马光:《资治通鉴》卷二七三,同光二年二月记事。

⑤ (宋)王钦若等编:《册府元龟》卷五四七,《谏诤部·直谏第十四》,中华书局1960年影印本,第6569页。

⑥ (宋)王钦若等编:《册府元龟》卷四九一,《邦计部·蠲复第三》,中华书局1960年影印本,第5879页。

⑦ 《旧五代史》卷三五,《唐书一一·明宗纪一》。

⑧ (宋)王钦若等编:《册府元龟》卷九二,《帝王部·赦宥第十一》,中华书局1960年影印本,第1103页。

⑨ (宋)王钦若等编:《册府元龟》卷五〇二,《邦计部·平籴》,"高祖天福二年十一月"条,中华书局1960年影印本,第6017页。

⑩ 《旧五代史》卷九七,《范延光传》。

⑪ (宋)司马光:《资治通鉴》卷二八八,乾祐元年八月记事。

税"上供"是作为与两税"留州""留使"相关并行的财政管理体制表现形式。

下面要进一步指出,五代不再沿用唐朝后期的两税上供、留州、留使三分制。

第一,从两税收入来看。五代两税征收制度比起唐朝发生了两大变化。

一,"五代以来,常检视见垦田以定岁租"。① 就是废止了唐朝各州两税斛斗的固定总额制度。② 五代中央经常派人到地方,或者直接主持检田定税,或者督责地方官员检田定税,③然后把新定的当年各地应征税的田亩数(称为"系省秋夏田亩"④)及其税额(称为"省司额定租税"⑤)上报中央备案,称为"帐

① (宋)李焘:《续资治通鉴长编》卷七,乾德四年闰八月记事。

② 对唐朝这一制度表达得最清晰的是,会昌元年(841年)正月武宗制曰:"租敛有常,王制斯在。征率无艺,齐民何依。(尚)[内]外诸州府百姓所种田苗,率税斛斗素有定额。如闻近年长吏不遵条法,分外征求,致使力农之夫转加困弊。亦有每岁差官巡简,劳扰颇深。自今已后,州县每年所征斛斗,一切依元额为定,不得随年简责。数外如有陂泽山原,百姓或力能垦辟耕种,州县不得辄问,所收苗子五年不在收税限。五年之外,依例收税,于一乡之中先填贫户欠阙;如无欠阙,即均减众户合征斛斗。但令不失元额,不得随田地顷亩加税。仍委本道观察使,每年秋成之时,具管内垦辟田地顷亩,及合征、上供、留州使斛斗数,分(折)[析]闻奏,数外有剩纳人户斛斗,刺史以下并节级重加惩贬,观察使奏听进止。仍令出使郎官、御史及度支、盐铁知院官访察闻奏。"(《册府元龟》卷四八八,《邦计部·赋税第二》,中华书局1960年影印本,第5838页。按,括号的字据《全唐文》卷七八武宗《禁额外征税制》改)

③ 陈明光:《"检田定税"与"税输办集"》,《中国社会经济史研究》2009年第3期。

④ (宋)王钦若等编:《册府元龟》卷七〇《帝王部·务农》载:后唐长兴二年十二月甲寅,诏曰:"自今后不计农器、烧器、动使诸物,并许百姓逐便自铸。诸道监冶除依常年定数铸办供军熟铁并器物外,只管出生铁,比已前价,各随逐处见定高低,每斤一例减十文货卖。杂使熟铁亦任百姓自(拣)[炼]。……乡村百姓只于系省秋夏田亩上每亩纳农器钱一文五分足,各随秋夏税二时送纳(去)。"后历晋、汉、周,皆不改其制。[中华书局1960年影印本,第793页。按,括号的字据(宋)王溥:《五代会要》卷二六《铁》改、删。"一文五分足",二书皆同。当为"一文五分足陌"。]

⑤ 如天成元年八月,宰臣冯道对明宗说:"往年淄州四县水损田,省司额定租税,州、使征督甚急,以至户口流散,今岁特宜优恤。"(《册府元龟》卷三一四,《宰辅部·谋猷第四》,中华书局1960年影印本,第3706页)

案"①"系省司文帐"②。后唐天成三年四月,定州节度使王都反叛,"征发不从于朝命,赋租罔系于省司"③。长兴三年三月,三司使奏:"诸道上供税物,充兵士衣赐不足。其天下两税所纳斛斗及钱,除支赡外,请依时估折纳绫罗绵绢。"④此次三司使因中央财政"充兵士衣赐"的绫罗绵绢不足而进行的折纳对象是"天下两税所纳斛斗及钱"。后晋开运元年(944 年)八月,晋少帝敕:"应天下诸州,各以系省钱谷秋夏征科为帐籍,一季一奏。"⑤这些资料都说明五代各州经中央审定的两税正税全部属于"系省钱物",中央财政对两税全部收入拥有完整的支配权。

二,五代中央不断明令增加两税附加税的税项,称之为两税中有别于"正税钱物"的"沿征钱物"⑥,或"沿征物色"⑦。五代的"沿征钱物",有一类与两税正额直接关联,即按每亩田地的两税"正额"按一定比例配征,称为"纽配""纽征"。另一类直接按田亩数量另征,且有独立的税名。如后唐有小绿豆钱、桥道钱、(青苗)地头钱、鞋钱、蚕盐钱、曲钱等,其中又有地区性和全国性之分。

---

① 如长兴二年六月,明宗诏曰:"比者诸道赋税一定数额,广种不编于帐案,频通恐挠于乡村……"(《册府元龟》卷四八八,《邦计部·赋税第二》,中华书局 1960 年影印本,第 5841 页)

② (宋)王钦若等编:《册府元龟》卷九三,《帝王部·赦宥第十二》载,后晋天福元年闰十一月,高祖下敕:"应道州府所征百姓正税斛斗、钱帛等,除系省司文帐外,所在州府并不得衷私增添,纽配税物。"(中华书局 1960 年影印本,第 1117 页)

③ (宋)王钦若等编:《册府元龟》卷一二三,《帝王部·征讨第三》,中华书局 1960 年影印本,第 1475 页。

④ (宋)王钦若等编:《册府元龟》卷四八八,《邦计部·赋税第二》,中华书局 1960 年影印本,第 5481 页。

⑤ (宋)王钦若等编:《册府元龟》卷六三六,《铨选部·考课第二》,中华书局 1960 年影印本,第 7636 页。

⑥ 例如,天福六年(941 年)八月,高祖从东都开封行幸至邺都,下制曰:"应沿路有傍道稍损却田苗处,其合纳苗子及沿征钱物等,据亩数并与除放……忻、代、蔚、并、镇州管界内,有经(藩)[蕃]部践踏却苗稼者,其合纳苗子、沿征钱物等,据顷亩与除放。"(《册府元龟》卷九四,《帝王部·赦宥第十三》,中华书局 1960 年影印本,第 1124~1125 页。按,括号的字据文渊阁四库全书本改)

⑦ 例如,天福十二年(947 年)六月,后汉高祖敕曰:"其东西两京畿内,遭契丹践踏暴苦处,人牛俱丧,蚕麦不收,虽近复田园,固无可输纳,其东西两京一百里内,今年夏税及沿征物色并与蠲放;其一百里外,曾有契丹经过劫掠之处,委本处官吏躬亲恤问,如实被契丹践踏不虚,其今年夏税大小麦苗子、沿征物色等各放一半。"(《册府元龟》卷九五,《帝王部·赦宥第十四》,中华书局 1960 年影印本,第 1132 页)

五代中央也临时减免两税"沿征钱物"的举动。① 从中央的增税权和放免权来看,两税"沿征钱物"和"正税钱物"一样也是"系省钱物"。要之,五代受中央支配的两税正税及附加税具有很大的变动性。而唐朝后期实行两税三分制的财政前提之一是实行各州两税总额固定制,"除两税外,辄率一钱,以枉法论"。② 可知五代不可能沿用唐朝后期的两税三分制。

第二,从两税的支出分配制度来看。如前所述,唐朝后期实行两税"留州""留使"制的同时也实行地方财政支出包干制,地方额定军队的费用和额定官员的俸禄是其中最大的两项包干支出。而五代地方的额定军队费用和额定官员俸禄均改为由"系省钱物"支出。

史料显示,后唐地方正规军队由中央财政供给衣粮,有时甚至包括随军家属。如后唐长兴二年十二月,明宗叮嘱三司使,对被调入四川防戍的他道士兵,"所有家属常加赡给"。③ 到长兴四年九月,三司使范延光主张:"隔在两川兵士家口,自来支给衣粮,今缘国计不充,欲权停支给。"明宗认为:"彼非愿留,因事睽阻,父子仳离,非人情也,不可顿绝支给。"指示予以区别对待,即"愿归乡贯者,从之。如有子弟,许继其父兄本军名粮。如无乡里可归,无子弟继,且量支一年,以是晓谕其家"。④ 清泰二年六月,石敬瑭率军屯守忻州,"朝廷遣使赐军士夏衣"。⑤ 后汉赵德钧为蓟门守,"以北虏孔炽,虽军威不振,郡任甚理,兵粮皆给于朝廷,而百姓数年不藉租调"。⑥

除地方正规军,五代节度使、刺史所置牙队的费用也由中央财政供给。牙队是唐末新增的一种地方兵种,用以随从、护卫以文职出任的节度使、刺史,兼维持地方治安。后唐明宗天成元年八月,枢密使院条奏:"节度使、刺史所置牙队,许于军都内抽取,便给省司衣粮。"⑦后晋开运二年五月,顺国节度使杜威

① 陈明光:《从"两税外加率一钱以枉法论"到两税"沿征钱物"——唐五代两税法演变续论》,《魏晋南北朝隋唐史资料》第二十五辑,武汉大学出版社 2009 年版。

② 《旧唐书》卷一一二,《德宗纪》。

③ (宋)王钦若等编:《册府元龟》卷一四七,《帝王部·恤下第二》,"长兴二年十二月丁丑"条,中华书局 1960 年影印本,第 1784 页。

④ (宋)王钦若等编:《册府元龟》卷一四七,《帝王部·恤下第二》,中华书局 1960 年影印本,第 1784 页。

⑤ (宋)司马光:《资治通鉴》卷二七九。

⑥ (宋)王钦若等编:《册府元龟》卷六八八,《牧守部·爱民》,中华书局 1960 年影印本,第 8026 页。

⑦ 《旧五代史》卷三七,《唐书一三·明宗本纪第三》。

组建四千人的衙队,"禀赐皆仰县官"。①

五代中央财政为供给包括地方军队在内的军费,常作统一的财物计度。例如,庄宗时,租庸使安排潞州转米五万贮于相州,安义军兵马留后李继韬"辞以经费不足,请转三万"。② 清泰二年,"六月,甲申,以边军储运不给,诏北面总管以河东诸州民户有多积粟菽者,量事抄借,以益军储。乙酉,诏镇州输绢五万匹于北面总管府博籴军储。七月,甲午,北面总管言边军乏刍粮,其安重[荣](劳)巡边兵士欲移振武就军食。从之"。③ 周太祖广顺三年十二月,"以亳州、颍州大水民饥,所有仓储及永城仓,度支给军食一年外,遣使减价出粜"。④

史料显示,后唐额定的地方官员由"省司给俸"。如同光三年二月,租庸院奏:"诸道州县官并防御团练副使、判官等俸料,各据逐处供到事例文帐内点检,旧来支遣则例钱数不等,所折给物色,又加抬钱数不定,难为勘会。今除东京管内州县官见支手力课钱且依旧外,其三京并诸州约旧日支遣料钱等,重定则例,兼切循本朝事体。防御团练除副使、判官外,其余推巡已下职员,皆是本使自要辟请,圆融月俸赡给,亦乞依旧规绳,省司更不给支钱物。"长兴二年闰五月,明宗敕:"诸道行军司马、副使、判官已下宾寮等,考满未有使替人,宜令并全支俸料。元不在省司给俸者,不在此例。"⑤天福中,朔方军"三正、市马、和入籴、蕃客赏赐、军州俸禄、供事戎仗,三司岁支钱六千万"。⑥

总之,五代中央财政以"系省钱物"承担了地方的军费、官俸等大宗支出。这也说明五代没有沿用唐朝后期支出包干的两税"留州""留使"制。

与"系省钱物"相关,五代中央还使用不少以"省"字标引的财政用语。如

---

① (宋)司马光:《资治通鉴》卷二八四。

② 《旧五代史》卷五二,《唐书·李继韬传》。

③ (宋)王钦若等编:《册府元龟》卷四八四,《邦计部·经费》,中华书局 1960 年影印本,第 5803 页。

④ (宋)王钦若等编:《册府元龟》卷一〇六,《帝王部·惠民第二》,中华书局 1960 年影印本,第 1270 页。

⑤ (宋)王钦若等编:《册府元龟》卷五〇八,《邦计部·俸禄第四》,中华书局 1989 年影印宋本,第 1280、1282 页。

⑥ (宋)王钦若等编:《册府元龟》卷四八五,《邦计部·输财》,中华书局 1960 年影印本,第 5803 页。按,文渊阁四库全书本《册府元龟》为"三正、市马、和籴,入番客赏赐、军州俸禄、供事戎仗,三司岁支钱六千万"。

"省钱物"①"省司钱物"②"省钱"③"属省斛斗"④"省耗"⑤"省仓"⑥"省库"⑦等等。从中也反映出五代中央强调中央财政收益及其所有权、支配权的用意。

---

① 例如，天福二年三月，晋高祖拟巡幸汴州，敕称："沿路食顿并委所司破省钱物，预前排备，所在州县并不得辄有科敛。"(《册府元龟》卷一一四，《帝王部·巡幸第三》，中华书局 1960 年影印本，第 1364 页)

② 例如，天福三年四月丁亥，晋高祖制："诸道系征诸色人负省司钱物，宜令自伪清泰元年年终已前所欠者，据所通纳到物业外，并与除放。"(《旧五代史》卷七六，《晋书二·高祖本纪第二》)

③ 例如，后唐天成元年，太仆少卿王彦镕上言："旧例祀羊犊，晋、绛、慈三州每年供进纯白羯羊一百一十口、赤黄特犊子四十头，内一十五头茧栗、二十五头角握。乞下三州每年依例供进，本处以省钱收市。"(《册府元龟》卷六二〇，《卿监部·举职》，中华书局 1960 年影印本，第 7461 页)晋少帝天福八年，西京奏："契丹遣前青白军使王从益到京出余货斛斗，宜破省钱收籴。"(《册府元龟》卷九九九，《外臣部·互市》，中华书局 1960 年影印本，第 11728 页)

④ 例如，后唐明宗长兴元年二月制："诸州府或经水旱灾沴，恐人户阙欠糇粮，方〔值〕(植)春时，诚宜赈恤。宜令逐处取去年纳到新好属省斛斗各加赈贷，候秋收日征纳完数。"(《册府元龟》卷九三，《帝王部·赦宥第十二》，中华书局 1960 年影印本，第 1110~1111 页。按：括号的字据同书卷一〇六《帝王部·惠民第二》改)

⑤ 指中央财政规定的税粮附加额。例如，后唐天成元年四月，明宗下令："秋夏税子，每斗先有省耗一升，今后只纳正数，其省耗宜停。"(《旧五代史》卷三六，《明宗纪二》)后汉王章任三司使，"往时民租一石输二升为'雀鼠耗'，章乃增一石输二斗为'省耗'"(《新五代史》卷三〇，《王章传》)。

⑥ 指设在地方用以收贮归属中央财政的粟麦等的粮仓。例如，后梁开平四年，"青、宋、冀、亳水，诏令本州以省仓粟麦等赈贷"(《五代会要》卷十一，《水溢》，上海古籍出版社 1978 年版，第 180 页)。后周显德六年二月，濠州"准宣出粜省仓陈麦，以利贫民"(《册府元龟》卷一〇六，《帝王部·惠民第二》，中华书局 1960 年影印本，第 1271 页)。

⑦ 指设在京都或地方收贮中央财政粮食之外物品的仓库。例如，后唐天成三年三月，明宗敕曰："省库受纳诸处上供钱物，元条流见钱每贯纳二文足陌，丝绵绸线子每一百两纳耗一两，其诸色足段并无加耗，此后并须依上件则例受纳。"(《册府元龟》卷四八八《邦计部·赋税第二》，中华书局 1960 年影印本，第 5840 页)后周广顺二年五月，太祖平定兖州后下制："诸州差别人夫内有遭矢石身死者，宜令逐州县分析姓名闻奏，官中各给绢三匹，以省库物充。"(《册府元龟》卷九六，《帝王部·赦宥第十五》，中华书局 1960 年影印本，第 1143 页)

三、五代的"州、使钱谷"

五代可视为与"系省钱物"对举的官方财政用语有"州、使钱谷"①"属州钱物"②等。这说明就财政制度而言，五代地方财政仍然有一定的合法收入，地方长官对此有支配权甚至自主权。如后唐天成元年四月，明宗改元大赦制曰："今后节度、防御等使，除正、至、端午、降诞四节量事达情，自于州府圆融，不得辄科百姓。"③

州府长官既然不能向百姓科率，能"圆融"使用的合法财源是什么？后唐天成元年四月，明宗诛杀专权过甚的租庸使孔谦，中书门下上言纠正孔谦的各项弊政，其一是："州、使公廨钱物，先被租庸院管系，今据数却还州、府，州、府不得科率百姓。"④八月，枢密院下文称："已前州、使钱谷，并系省司。昨遍降德音，特指挥除省元本利润物色，并与拨充公使，兼月支俸料，足以丰盈。……州、使安称修缮城池廨宇，科赋于人，及兴私宅。自此州、使凡有兴修，须先奏取进止。……州府既有利润，兼请俸钱，凡事合遵条宪，不得赊买行人物色，兼行科率。"⑤后唐中枢行政部门发布的这两份文书，说明"州、使钱谷"又称"州、使公廨钱物"。其具体名目又有好几个。有称"公廨钱"的，如庄宗同光年间，知真定府事任圜的推官张彭，"为圜谋隐公廨钱"。⑥后晋天福三年八月，太祖敕刑部、大理寺、御史台及三京、诸道州府曰："今后或有系囚染病者，并令逐处

---

① 例如，天成元年八月，枢密院下文称："已前州、使钱谷，并系省司。昨遍降德音，特指挥除省元本利润物色，并与拨充公使，兼月支俸料，足以丰盈。"（《册府元龟》卷六五《帝王部·发号令第四》，中华书局 1960 年影印本，第 730 页）

② 例如，天福三年三月，驾部员外郎、知杂事刘皞上言曰："自黄巢已来，伪梁之后，公署例皆隳坏，编户悉是凋残。或不近边陲，不屯师旅，无城郭郡邑，非控扼藩垣，试任廉能，且权尝理，逐年属州钱物，每季申省区分，支解有余，罄竭供进。"（《册府元龟》卷四七六《台省部·奏议第七》，中华书局 1960 年影印本，第 5683 页）

③ （宋）王钦若等编：《册府元龟》卷九二，《帝王部·赦宥第十一》，中华书局 1960 年影印本，第 1106 页。

④ 《旧五代史》卷三五，《唐书一一·明宗纪一》。

⑤ （宋）王钦若等编：《册府元龟》卷六五，《帝王部·发号令第四》，中华书局 1960 年影印本，第 730 页。

⑥ 《新五代史》卷二八，《唐臣传一六·任圜传》。

医工看候,于公廨钱内量支药价。"①有称"公廨利用之物"的,如天福六年正月,高祖诏曰:"访闻遐僻边境之州,或无公廨利用之物,每因节序,亦备于贡输,辍官吏之俸钱,率乡园之人户。"②有称"属府公利"的,如后汉时史弘肇领睢阳,"其属府公利,委亲吏杨乙就府检校,贪戾凶横,负势生事,吏民畏之"。③有称"公用钱"的,如广顺三年正月,周太祖下敕革除青州诸项弊政,其一为:"别征进奏院粮课钱,及递铺钱鞋分配县镇,今后并止绝,要即于州司公用钱内支遣。"④有称"公使"(钱、粮)的,如明宗天成元年九月,"北京奏准宣旨,于系省卖曲钱上每贯割留二百文充本府公使"。诸道州使因以为例。⑤ 后周广顺元年五月,内邺都王殷言:"奉宣以去年诸仓羡馀斛斗,留一万石本府公使,余系籍管之。"从之。⑥ 显德五年四月,世宗敕:"应诸道州府进奏,逐月合请俸料及纸笔等钱,宜令今后于本州公使钱内支给,不得分配人户及州县门户。如本州公使钱少,不使支给处,祇不要置进奏官。"⑦

此外,"杂罚钱"也是地方财政的合法收入。如后唐长兴三年(932年)五月,明宗针对"诸道州府,每遇闰年,准例送尚书省职方地图"一事,下敕:"宜令诸道州府,据所管州县,先各进图经一本,并须点勘文字,勿令差误。所有装写工价,并以州县杂罚钱充,不得配率人户。"⑧

上述资料说明,五代系于地方财政名下可由地方长官自行支配的"属州""属府"合法收入极为有限,主要用于当地政府的行政开支,故称之为"公廨钱物"最为妥帖。这种"公廨钱物",在唐朝后期两税"留州""留使"钱物中,只是

---

① (宋)王溥:《五代会要》卷十,《刑法杂录》,上海古籍出版社1978年版,第162页。

② (宋)王钦若等编:《册府元龟》卷一六八,《帝王部·却贡献》,中华书局1960年影印本,第2030页。

③ 《旧五代史》卷一〇七,《史弘肇传》。

④ (宋)王钦若等编:《册府元龟》卷四八八,《邦计部·赋税第二》,中华书局1960年影印本,第5843页。

⑤ (宋)王钦若等编:《册府元龟》卷一八〇,《帝王部·失政》,中华书局1960年影印本,第2136页。

⑥ (宋)王钦若等编:《册府元龟》卷四八四,《邦计部·经费》,中华书局1960年影印本,第5794页。

⑦ (宋)王溥:《五代会要》卷二四,《诸使杂录》,上海古籍出版社1978年版,第393页。

⑧ (宋)王溥:《五代会要》卷十五,《职方》,上海古籍出版社1978年版,第354页。

其中一个数量不多的支出项目,称为"杂给用钱"。①

上述五代"州、使钱谷"的内容,也证明五代并没有沿用唐朝后期支出包干的两税"留州""留使"制。

总括全篇,比较唐朝后期"省司钱物"与五代"系省钱物"的构成异同,我们发现就财政管理体制的制度规定而言,五代中央财政除保持对专卖、商税和中央直属官营经济收益的所有权和支配权之外,加大了对两税正税和附加税的定税权,并把它们统统作为"系省钱物",不再像唐朝后期那样从中划出归地方财政支配的"留州""留使"两种份额。同时把划给地方财政自行支配的"州、使钱谷"的范围大大缩减。五代这种财政管理体制的变化,反映了五代中央试图加强中央财权、削弱地方财权的努力。

五代的"系省钱物"制度为北宋所继承。宋太祖在开宝六年(973 年)甚至一度下令"诸州旧属公使钱物尽数系省,毋得妄有支费",②以加强对地方财政支出的监管。北宋这种以钱物"系省"来强化中央对地方财权制约的举措,与五代是一脉相承的,只是因为中央集权程度的差异,北宋成效显著,五代则收效相当有限。我曾经指出:五代时期,"在中央与地方的权力关系上,一方面表现为强藩飞扬跋扈,对抗中央朝廷,甚至多次取而代之,改朝换代。另一方面也表现为中央朝廷不断采取措施力图控制和削弱地方势力,从而逐渐积蓄重振中央集权权威的势能。这应是观察五代时期中央与地方权力关系的不可偏废的两个方面。如果忽略了后一个方面,宋太祖取代后周之后若干强化中央集权的措施所取得的成效就显得突兀,而不是由来有渐。其实,五代时中央朝廷都或多或少地强化中央对地方财权的干预,明显地改变了唐后期给予地方政府相当大的财赋自主权的状况"。③ 本文的考察也可为上述看法提供新的佐证。

[附记:感谢厦门大学图书馆王志双副研究馆员协助校对引用资料。]

---

① 唐宪宗元和四年二月,度支奏:"诸州府应供上都两税匹段及留使、留州钱物等,伏望起元和四年已后,据州县官正料钱,数内一半任省估例征纳见钱支给。……其余留使、留州杂给用钱,即合委本州府并依送省轻货中估折纳匹段充。"(《唐会要》卷八三《租税上》,上海古籍出版社 2003 年版,第 1821 页)

② (元)马端临:《文献通考》卷二三《国用考一》,中华书局 1986 年版,第 228 页。

③ 陈明光:《"检田定税"与"税输办集"》,《中国社会经济史研究》2009 年第 3 期。

论唐五代逃田产权制度变迁

　　唐朝及五代时期由于种种原因一直存在着为数不少的"逃田"。所谓逃田，通常是指民户全家逃离本籍之后留下的私有田地。官方用语还有"逃人桑产""逃人田地""逃人田宅"等。

　　唐五代政府的逃田产权政策发生过重大变化。学术界于此似尚未有专论，但或已从户口检括、土地制度等角度有所涉及。如有的学者从唐朝前期"括户"政策演变的角度论及逃田处置，其中较重要的成果，有杨际平先生《隋唐均田、租庸调制下的逃户问题》①，陈国灿先生《武周时期的勘田检籍活动》等②；郑学檬先生则在《五代十国研究》第三章从土地政策的角度述及五代"处理逃户庄田政策"。③

　　关于产权的概念，学术界有几种侧重点不同的表述。我们比较赞同这样的界定："产权即财产权，是法权的一种，即生产关系的法律表现，是包括所有权、占有权、使用权、收益权、索取权、继承权等在内的权利束，这些权利既可以统一，又可以分离；同时，产权又是一种社会激励的约束机制，具有优化资源配置的功能。"④本文拟从唐五代政府如何处理逃田的所有权、使用权和收益权，政府制定和调整逃田产权制度的预期激励作用，地方政府对逃田产权的管理职能等方面，分三个历史阶段，对唐五代逃田产权制度的变迁试加论述。

① 《中国社会经济史研究》1986 年第 4 期。
② 《敦煌吐鲁番文书初探二编》，武汉大学出版社 1990 版。
③ 郑学檬：《五代十国研究》，上海人民出版社 1991 年版，第 128~130 页。
④ 张红凤：《产权定义的诠释——马克思产权理论与新制度经济学的比较》，《理论学刊》2003 年第 2 期。

一、唐朝前期的逃田产权制度

1.政府限期保护逃户对逃田的所有权,逾期则收归国有

唐朝前期,出于赋役繁重、吏治苛暴或者自然灾害等原因,一直存在着户口逃亡现象,有的时期十分严重,如武周时期朝臣竟有"天下户口,亡逃过半"①之说。即使在旧史誉为盛世的开元天宝时期,逃户问题依然严重,如开元九年至开元十二年(721—724 年),宇文融主持括户,结果"诸道括得客户凡八十余万"②,约占当时在籍户口的十分之一。因此,如何制定和调整逃户政策,是唐朝前期朝廷相当关注的政务,由此带来逃田产权制度的变化。

唐朝前期在相当长的一段时间内,实行不允许逃户就地入籍,要求他们自动归回原籍,或者由官府把检括出的逃户强制遣送回原籍的逃户政策。制定这种政策主要是出于维护赋役制度的需要。因为唐前期的赋役征调是以户籍资料为基础的,即租庸调以户籍登录的丁男(课口见输)数量计征定额税,户税以户籍标注的户等高低征收差额税,地税以户籍登录的现耕地亩数计征定额税,加上在府兵制下唐朝规定"有军府州不得住无军府州"③,因此,强制逃户必须返乡复业就是要将他们重新纳入这一赋役征调体系之中。

为了配合这种逃户政策,招引逃户自动返乡,或者让检括遣回的逃户有一定的生产条件和居住场所,尽快安定下来,唐朝采取在一定期限之内保留逃户的土地所有权的产权政策。唐朝颁令禁止非法买卖逃田。如睿宗唐隆元年(710 年)七月十九日敕:"诸州百姓,多有逃亡……逃人田宅,因被贼卖,宜令州县招携复业。其逃人田宅,不得辄容卖买。"④玄宗天宝十四载(755 年)八月制:"天下诸郡逃户有田宅产业,妄被人破除,并缘欠负税庸,先以亲邻买卖,及其归复,无所依投,永言至此,须加安辑,应有复业者,宜并却还。纵已代出租税,亦不在征赔之限。"⑤但是,逃田作为一种农业生产资源,出于财政经济的收益考虑,唐朝又不能听任它们长期荒闲,为此又规定逃户的土地所有权只能

---

① 《旧唐书》卷八八,《韦嗣立传》。
② 《旧唐书》卷一〇五,《宇文融传》。
③ (唐)李林甫等:《唐六典》卷三,《户部郎中员外郎》。
④ (宋)宋敏求编:《唐大诏令集》卷一一〇,《诫励风俗敕》。
⑤ (宋)王溥:《唐会要》卷八五,《逃户》。

保留一定的年限。源自唐《令》的日本《养老令》规定："凡户逃走者,令五保追访,三周不获,除帐,其地还公,未还之间,五保及三等以上亲,均分佃食,租调代输(三等以上亲,谓同里居住者),户内口逃者,同户代输,六年不获,除帐,地准上法。"①这一法令对整户或非整户逃亡所留下的田地何时充公有三年和六年两种不同的时限。陈国灿先生认为:"这恐怕是初唐以来对逃户田土的令文。"他并且引用敦煌文书抄录的睿宗唐隆元年的一段敕文为据,该敕称:"逃人田宅,不得辄容卖买。其地任依乡原价,租充课役,有剩官收。若逃人三年内归者,还其剩物。其无田宅,逃经三年以上不还者,不得更令邻保代出租课。"另外,吐鲁番出土文书《唐神龙三年(707年)高昌崇化乡点籍样》,有如下内容:

> 户主康迦卫年五十七　卫士
> 右件户逃满十年田宅并退入还公

陈国灿先生认为:"康迦卫的逃亡,至神龙三年(707年)已是逃亡十年未归,如以检籍的长安三年(703年)推算,则已逃经六年,他的田宅还未收归官府,只是由于'逃满十年',才按规定令其'田宅并退入还公',这可能是武后朝新的统一规定。……比之于原来逃满三年,其地还公的规定,显然是一种放宽。"②

尽管有关资料不多,但我们仍可以肯定唐朝前期允许逃户保留土地所有权是有年限的。这种规定或有所变通。如玄宗开元二十四年(736年)正月《听逃户归首敕》称:"天下逃户,所在特听归首。容至今年十二月三十日内首尽。其本贯旧有产业者,一切令还。"③"一切令还"当包括以往逾限不归的逃户的逃田在内。这可能只是一时的放宽政策。

总之,尽管存在特例,唐朝前期实行允许逃户在一定的年限内保留土地所有权的产权政策,旨在对逃户的归籍复业有所激励。这一产权政策为唐后期、五代乃至宋朝所沿用。

2.政府对逃田的使用权和收益权的处置

无论是逃户在政府规定的期限内回归还是逾期不归,政府都面临着如何

---

① (日)《令集解》卷十,《户令》,东京:吉川弘文馆1983—1985年版。

② 陈国灿:《武周时期的勘田检籍活动》,《敦煌吐鲁番文书初探二编》,武汉大学出版社1990年版。

③ (宋)宋敏求编:《唐大诏令集》卷一一一。

处置逃田的使用权和收益权的问题。

如果逃户逾期不归,逃田充公,拥有土地所有权的政府对其经营权和收益权可自由处置。若拨充官员职田①,则经营权和收益权在一定期限内归属官员个人;若出佃收租,则使用权交付租佃人,收益权在官府和租佃人之间分配。兹可不赘。

比较复杂的当属在允许逃户保留土地所有权的期限内的处理政策。即使是在三五年内让逃田荒废,既不利于社会经济,也有损于国家的税收利益,因此唐朝前期中央制定有关产权政策的同时,要求地方政府介入对逃田的使用权和收益权的管理。从现有资料来看,唐朝前期地方政府对逃田的使用权和收益权的管理形式有两种。

一是官府直接"差户营种"或称"付户助营",然后根据不同情况分配其收益。敦煌出土文书《长安三年三月十六日括逃使牒并敦煌县牒》写道:

> ……承前逃户田业,差户出子营种,所收苗子,将充租赋。假有余剩,便入助人。今奉明敕,逃人括还,无问户第高下,给复二年。又今年逃户所有田业,官贷种子,付户助营。逃人若归,苗稼见在,课役俱免,复得田苗。②

据此可知,早在长安三年之前,就有由政府出面,"差户出子营种"逃田的做法,对其收益的分配,首先用于交纳租赋(即逃户的欠税),有余才给营种人。收益权的这种分配,说明国家把赋税收益摆在既出种子又要耕作的营种户的收益之上,这对调动民间营种逃田的生产积极性不太有利。长安三年,朝廷作出政策调整,一是由政府贷给种子,以减轻营种户的生产垫支;二是规定在耕种期间如果逃人归还,苗稼即归其所有,并蠲免赋役。但未提及在这种情况下营种户的生产投入是否能得到补偿。从上引唐朝对卖买逃田而逃人归复应无条件归还原主的敕令看来,我们倾向于推测直至长安年间唐朝处理逃田使用权和收益权的政策取向,仍是将营种户的收益权置于末尾。而营种户之所以愿意冒一定的赔本风险承种逃田,可能是实际上当时逃人自动复业者很少。由此也可知"差户营种"逃田不属于官府出租逃田、营种者交纳地租的租佃形式。

---

① 陈国灿:《对唐西州都督府勘验天山县主簿高元祯职田案卷的考察》,《敦煌吐鲁番文书初探》,武汉大学出版社 1983 年版,第 471~472 页。

② 池田温:《中国古代籍帐研究》,东京大学东洋文化研究所 1979 年版,第 342 页。

敦煌文书《长安四年二月敦煌县史阎迢帖》是关于把"逃人郭武生田改配马行僧、马行感等营(种)"的文书,陈国灿先生分析说:"文称'配',未言'授',还是属于'付户助营'的范畴",改配"经过县丞同意,并将情状通知'知营田'官,通知到日,'准状营种,不得失时'。这就是将逃人田地配人代为营种的一套手续"。①

可知若采用"付户营种"方式,地方政府对逃田的生产负有"差户""改配",并且督耕的职责,在收益分配方面则负有抵扣逃户欠税或者当逃户在限期内归回时裁定收益权分配等职责,介入的程度较大。唐长孺先生指出,长安三年的括户是全国统一的检括活动②,因此上述西州出土文书所揭示政府对逃田产权的处理办法,也是通用于全国的。

二是由民间自愿租佃逃田,官府着重于收益权的管理。上引敦煌文书抄录的睿宗唐隆元年敕文规定,逃田"任依乡原价,租充课役,有剩官收。若逃人三年内归者,还其剩物"。同年睿宗《诫励风俗敕》敕:"诸州百姓,多有逃亡……其地在,依乡原例纳州县仓,不得令租地人代出租课。"③就是说在逃户还乡之前,允许他人依照当地的经济习俗租种逃田并交纳田租;田租须先用于抵充逃户的欠税,若还有剩余则交官府代管,逃户若在三年之内还乡,可向官府领取这部分剩余。同时强调租地人只交田租一项,官府不得令他们既交田租又代纳逃户的欠税。显然,租种逃田的收益权要在租种人、官府和逃户三者之间实行这种分配,地方政府也必须介入逃田的租种管理,不过这种管理的重点在于分配收益权,即负责从租种者所交租中抵扣逃户欠税以及替逃户保管部分生产物收益。

3.中央和地方政府对于民间自行处置逃田产权的不同态度

唐朝前期常见民间私自处理逃田产权的现象。民间私自处理逃田产权的流行方式有两种。一种是私自买卖,对此唐中央时有禁令。如睿宗唐隆元年七月十九日敕:"逃人田宅,因被贼卖,宜令州县招携复业。其逃人田宅,不得辄容卖买。"④玄宗开元十二年(724年)五月诏称:"百姓逃散,良有所由……且

---

① 陈国灿:《武周时期的勘田检籍活动》,《敦煌吐鲁番文书初探二编》,武汉大学出版社1990版。

② 唐长孺:《关于武则天统治末年的浮逃户》,《历史研究》1961年第6期。

③ (宋)宋敏求编:《唐大诏令集》一一〇。

④ (宋)宋敏求编:《唐大诏令集》卷一一〇,《诫励风俗敕》。

违亲越乡,盖非获已。暂因规避,旋被兼并,既冒刑网,复损产业。"①玄宗天宝十四载(755)八月制:"天下诸郡逃户有田宅产业,妄被人破除,并缘欠负税庸,先以亲邻买卖,及其归复,无所依投……应有复业者,宜并却还。纵已代出租税,亦不在征赔之限。"②另一种是将逃田出租。敦煌出土《垂拱三年(687 年)西州高昌县杨大智租田契》③有以下内容:

> 垂拱三年九月六日,宁戎乡杨大智交[   ]
> 小麦肆斛,于前里正史玄政边租取逃
> 走卫士和隆子新兴张寺潢口分田贰亩
> 半。其租价用充隆子兄弟二人庸叠直,
> 如到种田之时,不得田佃者,所取租价麦
> 壹罚贰入杨,有人客护者仰史玄应当。
> 两和立契,画指为记。
> 租佃人   杨
> 田主史玄政
> 知见人   侯典仓

"前里正"史玄政为何以"田主"的名义出租逃田给杨某? 杨际平先生认为:"史玄政自署为'田主',并不表明他具有该段田土的所有权,而是表示他代表着出租田土的一方。杨大智预付的租价(小麦四斛),史玄政用以充当和隆子兄弟的庸直……和隆子兄弟的田土由前里正史玄政主持出租,表明和隆子兄弟的逃亡,发生在史玄政任上。史玄政不再担任里正后,和隆子兄弟的租庸调仍由'责任者'史玄政负责祗承。"④那么,史玄政所为是代表官府的招佃行为还是民间的私自处置? 契约写有"如到种田之时,不得田佃者,所取租价麦壹罚贰入杨"一款,据此我推测史玄政出租逃田当属于民间私自租赁逃田使用权的事例。

唐朝前期民间私自买卖逃田的现象为何屡禁不止? 这与地方官员持放任

---

① (宋)宋敏求编:《唐大诏令集》卷一一一,《置劝农使诏》。

② (宋)王溥:《唐会要》卷八五,《逃户》。

③ 唐长孺主编:《吐鲁番出土文书》第七册,中华书局 1986 年版,第 406 页。

④ 杨际平:《隋唐均田、租庸调制下的逃户问题》,《中国社会经济史研究》1986 年第 4 期。

态度相关。而地方官员之所以持放任态度，又与他们实行赋税"摊逃"直接相关。所谓摊逃，是指地方官员把逃户的欠税额，摊征于其亲邻身上。这种现象由来已久，所以玄宗天宝八载(749年)正月敕称："牧宰等，授任亲民，职在安辑，稍有逃逸，耻言减耗，籍帐之间，虚存户口，调赋之际，旁及亲邻。此弊因循，其事自久。……其承前所有虚挂丁户应赋租庸课税，令近亲、邻保代输者，宜一切并停，应令除削。各委本道采访使，与外州相知，审细检覆，申牒所由处分。其有逃还复业者，务令优恤，使得安存，纵先为代输租庸，不在酬还之限。"①

对于赋税摊逃之弊的长期存在，论者一般归咎于吏治腐败。我则曾指出：这"既与预算管理制度有关，更与官吏考课制度以及人口管理制度直接相关"。②后来，我又试图从纳税手续方面寻找原因，指出唐朝前期官府尚未实行发给纳税人完税凭证的制度，故受摊逃者无法据以拒绝。③现在我认为还应该从民间私自处理逃田产权这一角度加以补充解释。上引唐玄宗的诏令已经明白指出，地方官员"摊逃"的对象是逃户的"近亲"与"邻保"，唐朝官方文献有时统称为"亲邻"。而比较能够方便地私自处理逃户遗留的田宅的，无疑主要就是这些亲邻。这些亲邻既然已经变卖或者占用(包括出租)了逃户的田宅，获得一定的经济利益，而逃户未被削除的租庸调之类的赋税，地方官员强迫他们代纳，从权利与义务的关系来看，也不是完全没有道理的。也正因为如此，地方官员"摊逃"赋税与逃户的亲邻私自处置逃田产权，二者互为因果，形成恶性循环，租庸调的"摊逃"对象甚至包括无田产的逃户的邻保，④这对于招引逃户还乡以及防止更多的户口逃亡是不利的，因此我们看到唐朝官方禁令常把这两者联系在一起。

概括上述，唐朝前期中央在制定和调整逃田产权制度时，其激励机制的预期重点在于保障两方面的利益。一方面是逃户的利益，即通过限期保护逃户土地所有权与部分收益权，以招诱他们还乡。另一方面是国家赋役利益，即或

---

① (宋)王溥：《唐会要》卷八五，《逃户》。

② 陈明光：《唐代财政史新编》，中国财政经济出版社1991年版，第51～52页。

③ 陈明光：《试说汉唐之际的纳税通知与完纳凭证》，原载《中国古代社会研究》(庆祝韩国磐先生八十华诞纪念论文集)，厦门大学出版社1998年版；收入氏著《汉唐财政史论》，岳麓书社2003年版。

④ 敦煌文书抄录的唐隆元年敕文有"其无田宅，逃经三年以上不还者，不得更令邻保代出租课"之句，说明即使逃户全无田地，邻保也要承担"摊逃"。参见前揭杨际平《隋唐均田、租庸调制下的逃户问题》。

者让逃户限期归还,重新承担以户籍资料为基础的租庸调、户税、地税、徭役等,或者通过出让逃田的使用权,让营种者填补逃户的欠税。至于如何激励他人营种逃田的积极性,保护佃种者的经济利益,从而恢复和发展农业经济等考虑,在唐朝前期的逃田产权政策中被置于次要地位。这种逃田产权激励机制的设定,当与唐朝前期的税制以人头税性质的租庸调制为主有关。

与此同时,许多地方官员出于赋税征调职责、政绩考课等考虑,置中央的逃田产权政策于不顾,在默认逃户亲邻私自出卖或出佃逃田的非法行为的同时,进行赋税摊逃,以谋求自身的政绩。赋税摊逃从赋税制度上看是非法的,却可从民间对逃田产权的私自处理得到某种合理的经济解释。

二、唐后期逃田产权制度的演变

唐朝后期中央的逃田产权制度有所调整,引起调整的主要原因有四个方面。

第一,逃户这一社会经济问题日益严重。安史之乱爆发后,大量户口逃离本籍。肃宗宝应元年(762年)四月敕称:“近日已来,百姓逃散,至于户口,十不半存。”①户口逃亡原因除了战乱的影响之外,主要还如肃宗至德二载(757年)二月敕所说:“诸州百姓,多有流亡,或官吏侵渔,或盗贼驱逼,或赋敛不一,或征发过多。”②及至建中元年(780年),政府为实行两税法进行一次大规模的户口检括,结果检括得留在本籍的“主户”仅180余万户,而客居他乡的“客户”高达130余万户③,主客户比为1.4∶1。尽管“客户”包括部分有田产的“寄住户”“寄庄户”,但主要还是抛弃家园外逃的农民。如此之多的客户必然带来大量的逃田产权处理问题。唐朝中央在考虑如何招绥逃户复业时,仍然有意识地要利用产权政策的激励机制,如武宗会昌元年(841年)正月制称:“安土重迁,黎民之性,苟非艰窘,岂至逃亡?将欲招绥,必在赀产。”④

第二,田赋制度发生重大改变。众所周知,建中元年实施的两税法以“户

① (宋)王溥:《唐会要》卷八五,《逃户》。
② (宋)王溥:《唐会要》卷八五,《逃户》。
③ (唐)杜佑:《通典》卷七,《历代盛衰户口》。
④ (宋)王溥:《唐会要》卷八五,《逃户》。

无主客,以见居为簿;人无丁中,以贫富为差"①为制税原则,而区分贫富的主要资产则是田地,所以唐人称:"据地出税,天下皆同。"②从国家税收利益考虑,调整逃田产权政策的关注点也要发生变化。

第三,中央财政困难。由于方镇割据、战争频繁等原因,唐后期中央财政经常处于窘境。中央既想减少逃户增多所带来的欠税,又要禁止地方官员的摊逃,颇有左右为难之感。如懿宗咸通十三年(872年)六月,中书门下奏:

> 今月十七日,延英面奉圣旨,令诫约天下州府,应有逃亡户口,其赋税差科,不得摊配现在人户上者。伏以诸道州府,或兵戈之后,灾沴之余,户口逃亡,田畴荒废,天不敷佑,人多艰危。乡间屡困于征徭,币藏因兹而耗竭,遂使从来经费色额,太半空系簿书。缓征敛则缺于供须,促期限则迫于贫苦。言念凋弊,劳乃忧勤,不降明文,孰知圣念。其逃亡户口赋税及杂差科等,须有承佃户人,方可依前应役。如将缺税课额,摊于现在人户,则转成逋债,重困黎元。③

可见他们认为若能通过鼓励经营逃田而填补逃户的欠税,方为纾缓财政困境和社会矛盾的两全之策。

第四,两税三分制的缺陷所致。建中元年唐朝建立诸州两税的"上供、送使、留州"三分制,采用定额管理,却没有规定逃户的欠税额从哪一级财政收入中抵扣。这种制度缺陷一方面使中央财政不肯承担税收损失,地方官员不得不继续实行摊逃,激化了社会矛盾。如德宗时陆贽所指出的:"田里荒芜,户口减耗,牧守苟避于殿责,罕尽申闻;所司姑务于取给,莫肯矜恤,遂于逃死阙乏税额,累加见在疲氓。"④另一方面也使中央与地方政府不得不较为关注如何从处理逃田的使用权和收益权中弥补财政收入。

在上述背景之下,唐朝后期逃田产权政策发生了二方面的重大演变。

第一,国家财政的收益权逐渐占据首位,从而也加强了地方政府的招佃逃田并收租抵税等管理职责。

如肃宗乾元三年(760年)四月敕:"逃户租庸,据帐征纳,或货卖田宅,或

---

① 《旧唐书》卷一一八,《杨炎传》。

② (宋)王溥:《唐会要》卷八四,《租税下》,"大中六年"条。

③ 《旧唐书》卷十九上,《懿宗本纪》。

④ (唐)陆贽:《陆宣公集》卷二二,《均节赋税恤百姓六条·论两税之弊须有厘革》。

摊出邻人,展转诛求,为弊亦甚,自今已后,应有逃户田宅,并须官为租赁,取其价值,以充课税,逃人归复,宜并却还,所由亦不得称负欠租赋,别有征索。"① 这份敕文要求地方政府要负责把所有逃田出租并收取田租以代纳逃户欠税。 又如武宗会昌元年(841年)正月制:"诸道频遭灾沴,州县不为申奏,百姓输纳不办,多有逃亡。长吏惧在官之时破失人户,或恐务免正税,减克料钱,只于见在户中分外摊配,亦有破除逃户桑地,以充税钱。逃户产业已无,归还不得;见在户每年加配,流亡转多。自今已后,应州县开成五年已前,观察使、刺史差强明官就村乡,指实检会桑田屋宇等,仍勒令长加检校,租佃与人,勿令荒废。据所得与纳户内征税,有余即官为收贮,待归还给付。如欠少,即与收贮,至归还日,不须征理。"② 本来,唐朝法律规定官府对私人财产进行"检校",只适用于主人犯法财产没官,或者户绝清点财产两种场合。会昌元年将逃户的田宅列入官府"检校"范围,足见地方政府对逃田产权的管理职责在加大。

第二,逐渐削弱对逃户的土地所有权的保护,同时加强对耕种逃田者的权益保障。

如代宗广德二年(764年)四月敕:"如有浮客情愿编附,请射逃人物业者,便准式据丁口给授。如二年以上,种植家业成者,虽本主到,不在却还限,任别给授。"③ 这是唐朝首次规定经营逃田者若种植有成二年之后即可将使用权转变为所有权,而逃户一旦回归,官府另给田地安置。这无疑削弱了逃户原有的土地所有权。代宗大历元年(766年)制:"如有百姓先货卖田宅尽者,宜委本州县取逃死户田宅,量丁口充给。"④ 这一政策允许把逃田(应该是指愈限不归的逃户的逃田)另行分配,显然也是对这些逃户的所有权的一种忽略。穆宗长庆元年(821年)正月敕文:"应诸道管内百姓或因水旱兵荒,流离死绝,见在桑产如无近亲承佃,委本道观察使于官健中取无庄田有人丁者,据多少给付,便与公验,任充永业。"⑤ 这是规定在逃田没有近亲承佃的情况下,地方政府有权把逃田的所有权和经营权都划拨给无地的士兵家庭。武宗会昌元年(841年)正月制:"自今已后,二年不归复者,即仰县司,召人给付承佃,仍给公验,任为

---

① (宋)王溥:《唐会要》卷八五,《逃户》。
② (宋)王溥:《唐会要》卷八五,《逃户》。
③ (宋)王溥:《唐会要》卷八五,《逃户》。
④ (宋)王溥:《唐会要》卷八五,《逃户》。
⑤ (宋)王溥:《唐会要》卷八五,《逃户》。

永业。"①会昌五年(845年)朝廷进一步缩短允许逃户保持逃田所有权的时限,规定:"从今已后,应诸州县逃户,经二百日不归复者,其桑产居业,便招收承佃户输纳,其逃户纵归复者,不在论理之限。"②这种大大缩短逃户保留产权期限的政策,旨在激励他人经营逃田并向国家纳税的积极性。换言之,在调整逃田产权制度时,国家财政的收益权以及实际耕种逃田者的权益,被置于逃户的原有产权之上。

稍后,宣宗复将允许逃户保留土地所有权的期限延长到五年,并曾对地方基层政府保护逃户原有田宅的职责有所强调。此即大中二年(848年)正月制:

> 所在逃户,见在桑田屋宇等,多是暂时东西,便被邻人与所由等计会,虽云代纳税钱,悉将斫伐毁折。及愿归复,多已荡尽,因致荒废,遂成闲田。从今已后,如有此色,勒乡村老人与所由并邻近等同检勘分明,分析作状,送县入案。任邻人及无田产人,且为佃事,与纳税粮。如五年内不来复业者,便任佃人为主,逃户不在论理之限。其屋宇桑田树木等权佃人,逃户未归五年内,不得辄有毁除斫伐。如有违犯者,据限日量情以科责,并科所由等不检校之罪。③

这一关于逃户的土地所有权可保有五年的规定,一直沿用到唐末,如懿宗咸通十一年(870年)七月十九日敕曰:"诸道州府百姓承佃逃亡田地,如已经五年,须准承前赦文,便为佃主,不在伦理之限,仍令所司准此处分。"④总的来看,比起唐前期,唐后期逃田"权佃人"的权益显然更受到政府的重视。⑤

必须指出,唐后期同样存在着地方官员将逃户的欠税摊征于其亲邻的"摊逃"之弊。中央屡禁而不止的原因也如同唐前期一样,与逃户的田地屋宇被其亲邻私自占用或出卖是互为因果的。反过来看,当时逃户的亲邻之所以要占用或出卖逃户财产,其理由也是替逃户交纳了两税,如上引大中二年(848年)

① (宋)王溥:《唐会要》卷八五,《逃户》。

② (清)董诰等编:《全唐文》七八,武宗:《加尊号后郊天赦文》。

③ (宋)王溥:《唐会要》卷八五,《逃户》。

④ (宋)王溥:《唐会要》卷八五,《逃户》。

⑤ (宋)窦仪等撰《宋刑统》卷十三《占盗侵夺公私田》引唐代宗宝应元年(762年)四月十七日敕节文:"诸百姓竞田如已种者,并据见佃为主,待收了断割",也是重视保护经营权的法律表现。制定保护逃田"权佃人"利益的规定当与此有关。

正月制所说的:"所在逃户,见在桑田屋宇等,多是暂时东西,便被邻人与所由等计会,虽云代纳税钱,悉将斫伐毁折。"对民间私自处理逃户的田宅产权并代纳赋税的行为,有的朝臣甚至建议可以作为政府处理逃户欠税的一种办法,如宪宗元和年间,李渤上疏曰:"乞降诏书,绝摊逃之弊。其逃亡户以其家产钱数为定,征有所欠,乞降特恩免之。"①他所提出处理逃户欠税的办法,是由官府将逃户遗弃的家产变卖抵充,不足部分让朝廷下令免除。尽管他的建议可能未被采纳,却可说明民间私自处理逃田产权的行为仍然是唐朝后期的一种经济习俗。这种经济习俗之所以长期存在,从地方政府管理职责的角度来看,还因为逃户不断地大量涌现,使得地方官员实际上无力履行中央赋予的检校与招佃逃田、收租抵税等一系列职责,只得采取听任亲邻私自处置逃田,同时向他们摊逃赋税的简单方式,以应付自己的财政职责。

三、五代逃田产权制度的沿革

五代时期逃户问题依然相当严重。而官员考课制度对刺史、县令"招复户口,能增加赋税"②的政绩多有奖擢。如后晋天福八年(943年)三月十八日敕:"诸道州府令佐,在任招携户口,比初到任交领数目外,如出得百户以上,量添得租税者,县令加一阶,主簿减一选……出四百户至五百户以上,及添得租税者,县令加朝散大夫阶,超转官资,罢任后许非时参选,仍录名送中书。"③因此,无论从财政收益或是从官吏考绩看,五代王朝不可能对逃户放任自流。

不过,五代官方似未见像唐朝那样进行过大规模的检括逃户活动,而是寄希望于调整产权政策以收招诱逃户自动归业之效。这表现在两方面,一是五代进一步规定给逃户归业者予一定年限的赋役减免,这实际上就是许诺增加逃户对逃田的收益权。如后唐天成三年(928年)十二月十日,明宗采纳李廷范的建议:"每逃户归业后,委州司各与公验,二年内放免两税差科。"④后晋天福八年三月十八日敕:"自灾沴已来,户口流散,切在抚安……其归业户,天福

---

① 《旧唐书》卷一七一,《李渤传》。
② (宋)王溥:《五代会要》卷十九,《刺史》,"后唐同光二年三月"条。
③ (宋)王溥:《五代会要》卷二〇,《县令下》。
④ (宋)王溥:《五代会要》卷二五,《逃户》。

五年已前逃移者,放一年夏秋租税,并二年杂差遣。"①这一产权政策为宋朝所沿用。二是继续许诺对逃户的土地所有权有所保护。如后唐长兴三年(932年)七月二十七日敕规定:

> 应诸处凡有今年为经水涝逃户,在园屋舍桑枣一物已上,并可指挥州县散下乡村,委逐村节级、邻保人分明文簿,各管现在,不得辄令毁折房舍,斩伐树木及散失、动使什物等。俟本户归业日,却依元数,责令交付讫,具无欠少罪结状申本州县。如元数内称有物欠少,许归业户陈状诉论,所犯节级并乡邻保人等并科违敕之罪,仍勒倍偿。或至来年春入务后有逃户未归者,其桑土即许邻保人请佃,供输租税。种后本主归来,亦准上指挥,至秋收后还之。②

敕文要求官府责令乡村"节级"(乡官)和逃户的邻保负责清点当年因水灾而逃亡之家的所有财产,造册后加以保管,不得损坏、散失,甚至不许动用杂物,待本户归业时如数交还;如数交还时必须经过官府认证,否则要负法律责任,并加倍赔偿。

这一规定虽然只是针对当年因水灾而逃亡之家的临时性的产权保护政策,在五代逃田产权制度变迁中不具有普遍意义,但却对宋朝处理因"灾伤"而逃亡的逃户的产权有借鉴作用。

五代逃田产权制度的重大调整,更重要的是加强了对租佃逃田者的权益保护,这同时也是要为国家财政的收益提供更可靠的经济保障。在这方面具有承上启下意义的,是《五代会要》卷二五《逃户》所载后周显德二年(955年)五月二十五日敕文。该敕关于逃田产权处理的规定为:

> 应自前及今后有逃户庄田,许人请射承佃,供纳租税。如三周年后本户归来业者,其桑土不论荒熟并庄田(三分)交还一分。应已上承佃户如是自出力别盖造到屋舍,及栽种到树木、园圃,并不在交还之限。如五周年外归业者,庄田除本户坟茔外,不在交付。如有荒废桑土,承佃户自来无力佃莳,只仰交割与归业人户佃莳。

① (宋)王溥:《五代会要》卷二十,《县令下》。
② (宋)王溥:《五代会要》卷二五,《逃户》。

　　这一规定对逃田的所有权、使用权与经营权的处理作出重大政策调整。它进一步削弱了政府对逃户的土地所有权的保护。逃户在三周年后归业只能取回原有庄田的三分之一;五周年后复业者,只能得到本户的坟茔,以及承佃人无力耕种的荒废土地。与此同时,对经营者的权益保护则加强了,不仅规定经营逃田者获得逃田所有权的机会随着他们耕种的年月增多而增加,而且规定他们在三年的经营期间若有自己建造的房屋,新栽的树木,开辟的园圃,都不必交还归业的原主。这一规定有利鼓励经营逃田者加大生产投入,扩大生产规模,以获得较多的经济效益,这也增加了他们代纳逃户欠税的可行性,国家财政收益因此更有保障。

　　与此同时,这份敕文还强调国家财政收益权在逃田产权界定中不可或缺的地位,宣布对私自耕种逃田却不向政府纳税者,将得不到政府的产权保护,除非他们立即自首并纳税,规定为:

　　　　诸州应有冒佃逃户物业不纳租税者,其本户归业之时,不计年限并许论认。仰本县立差人检勘,交割与本户为主。如本户不来归业,亦许别户请射为主。所有冒佃人户及本县节级重行科断。如冒佃人户自来陈首承认租税者,特与免罪。

　　敕文同时要求地方政府尽可能地对逃田进行招佃,宣布承佃人可免除赋役一年,以鼓励他们的生产和纳税的积极性。规定为:

　　　　显德二年正月二十五日已前,应有逃户抛下庄田自来全段无人承佃,曾经省司指挥开辟租税者,宜令本州县招携人户归业,及许别户请射为主,与免一年差税色役。至第二年已后,据见在桑木及租荐到见苗,诣实供通,输纳租税。①

　　总括全篇,唐朝至五代,逃田产权制度变迁有如下特点:
　　第一,为招诱逃户重新回到原籍复业,政府始终实行在一定期限之内保留其土地所有权乃至增加其收益权的政策。但是,逃户问题产生的原因是多方面的,绝非政府制定这种产权政策就能有效解决。因此,唐五代政府预期的产

---

　　①　(宋)王溥:《五代会要》卷二五,《逃户》。按:括号中的"三分"系据同敕的下一款文增补。

权政策的激励机制收效十分有限。这一政策取向便逐渐让位于对经营逃田者的权益保护。

第二,招佃逃田并让佃种人纳税,始终是唐五代政府制定和调整逃田产权制度的基本考虑。随着唐后期、五代财政困难局势的发展,政府希冀从逃田获得税收补偿的意图更加明显地体现在其产权政策之中。

第三,随着人头税性质的租庸调为"据地出税"的两税法所取代,政府对逃田获取财政收益的预期,更多地表现在对逃田经营效益的关注之中,其逃田产权政策逐渐偏向于保护耕种逃田者的权益,包括许诺经一定的期限可将逃田的所有权全部或大部分转交给经营者,以及在分配逃田收益权时增加保护经营者的生产垫支的内容。

第四,逃户的亲邻私自占用或者出卖逃田的产权处置行为,违反了中央政府的逃田产权政策,但地方政府官员出于主客观原因,却加以默许,并以此为借口加剧赋税摊逃。换言之,唐五代的赋税"摊逃"现象之所以屡禁不止,在一定程度上是与当时民间私自处理逃田产权的情况互为因果的。

司法与产权

——唐五代的"籍没家产"

"籍没"罪犯的全部家产，是中国古代自战国以来即见实行的一种刑罚，在五代之前，官方用语有"籍没其家""没入财产""赀财没官""财物没官"等，五代皇帝赦文始见用"籍没家产"一语。因"籍没家产"一语最为明确，本文作为主题词使用。

"籍没家产"既是司法行为，也是财政经济行为。本文从司法和产权两方面着眼，以《唐律疏议》有关"籍没家产"律令为中心，考察该律文的由来与变化，论述唐五代"籍没家产"的适用对象、执行的司法程序、籍没的家产范围、官方对籍没家产的后续产权处理以及法外用刑等问题。

一、唐朝以前"籍没"家产的律令与案例

从传世的法律文献来看，《唐律疏议》首次对"籍没家产"的刑罚作出详细的规定。不过，如所周知，《唐律》是增删和补充前代法律而来，因此要探究"籍没"罪犯全部家产这一刑罚的来源及其变化，必须往前追溯。

从中国古代刑法条文来看，以"籍没"为名的刑法似是辽代才见立目。《辽史》卷六一《刑法志上》载："籍没之法，始自太祖为挞马狘沙里时，奉痕德堇可汗命，按于越释鲁遇害事，以其首恶家属没入瓦里。及淳钦皇后时析出，以为着帐郎君，至世宗诏免之。其后内外戚属及世官之家，犯反逆等罪，复没入焉；余人则没为着帐户；其没入宫分、分赐臣下者亦有之。"可知辽代"籍没之法"指的是将罪犯的家属没入官府使役。然而，《辽史·刑法志上》所谓的"籍没之法"，乃株连家口之刑，其实自战国以来即有之。如《史记》卷六《秦始皇本纪》载，秦始皇十二年（前235年），文信侯吕不韦死后，秦始皇下令："自今以来，操国事不道如嫪毐、不韦者籍其门，视此。"所谓"籍其门"，唐人司马贞的《索隐》

解释为："籍没其一门皆为徒隶,后并视此为常故也。"①确实,官府将罪犯的家属或亲族"籍没"为官奴婢,秦汉以降史不绝书,汉初律文称为"收人"。② 对此,治中国古代法制史的学者从连坐、株连的角度多有论述。同时,秦汉以来也有"籍没"(或称为"收""没官""没入")罪犯资财的刑法。对此,迄今未见比较系统的专论。③

籍没罪犯的家产,这一刑罚自战国以来即有之。1984年,在湖北江陵发现的张家山汉简《奏谳书》记载秦始皇元年(前246年)的一桩申诉案件,结果纠正了被判黥城旦的一个名叫讲的乐人的错案,其纠正处理包括"妻子已卖者,县官为赎。它收已卖,以价界之"。④ 后一句指讲被没收财物已出卖的,要按赔偿。《史记·吕不韦传》载,秦始皇九年(前238年)九月,秦王政诛杀嫪毐,并将嫪毐的千余名舍人"皆没其家而迁之蜀"。司马贞《索隐》称:"家谓家生资物,并没于官,人口则迁之蜀也。"这都是战国时期官方籍没罪犯家产的案例。就律令而言,目前我们所见最早的,当是1973年睡虎地秦墓发现的秦律残篇,其中,《法律答问》有如下内容:

"夫有罪,妻先告,不收。"妻剩(媵)臣妾、衣器当收不当? 不当收。
妻有罪以收,妻剩(媵)臣妾、衣器当收,且畀夫? 畀夫。⑤

可见秦律规定对某些罪犯在"收人"的同时要"收"其家财。对此,汉初法律有较大变化。张家山汉律中的吕后《二年律令·收律》规定:

---

① 按,张守节的《史记正义》解释为:"籍录其子孙,禁不得仕宦。"另具一说。

② 如张家山汉律吕后《二年律令·金布律》:"诸收人,皆入以为隶臣妾。"参见朱红林《张家山汉简〈二年律令〉集释》,社会科学文献出版社2005年版,第254页。

③ 现有关于《二年律令·收律》的研究,多注重"收人"的内容,对没收财产一项较少论述。 较近的论著可参见富谷至《秦汉刑罚制度研究》第三编《连坐制的诸问题》(日文原著于1997年日本出版,广西师范大学出版社2006年出版柴生芳等翻译的中译本);李均明《张家山汉简收律与家族连坐》(《文物》2002年第9期);张伯元《秦汉律中的"收律"考述》(见氏著《出土法律文献研究》,商务印书馆2005年版,第121~139页)。

④ 《江陵张家山汉简〈奏谳书〉释文二》,《文物》1995年第3期。

⑤ 睡虎地秦墓竹简整理小组:《睡虎地秦墓竹简》,文物出版社1978年版,第224页。

罪人完城旦、鬼薪以上,及坐奸府(腐)者,皆收其妻、子、财、田宅。①

这里规定被处以城旦(修建城池的劳役)、鬼薪(入山伐薪给宗庙)②刑罚以上的罪犯,以及强奸犯,不仅要"收"其家属,还要"收"其财物、田宅。由于城旦、鬼薪还不算重刑,按此律文规定,被籍没家产的罪犯对象必然较多,而且籍没的是罪犯的全部家产。由此可见秦汉时期专制王权如何利用刑法对私人财产进行强制剥夺。这是中国古代司法的一个特点。

秦汉法律对于籍没家产的司法程序,有一定的规定。《睡虎地秦墓竹简·封诊式》是一份有关乡里组织按照上级命令执行籍没某人的家属与财产的法律文书,内容如下:

封守:乡某爰书:以某县丞某书,封有鞫者某里士五(伍)甲家室、妻、子、臣妾、衣器、畜产。甲室、人:一宇二内,各有户,内室皆瓦盖,木大具,门桑十木。妻曰某,亡,不会封。子大女子某,未有夫。子小男某,高六尺五寸。臣某,妾小女子某。牡犬一。几讯典某某、甲伍公士某某:"甲党(傥)有[它]当封守而某等脱弗占书,且有罪。"某等皆言曰:"甲封具此,毋(无)它当封者。"即以甲封付某等,与里人更守之,侍(待)令。

张家山汉律吕后《二年律令·收律》则规定:"当收者,令狱史与官啬夫、吏杂封之,上其物数县廷,以临计。"③就是说,对籍没对象,要由司法机构的官吏会同乡官、县吏一起去封检其家口及财产,然后上报县廷,以供监督统计。

正如学者已指出的,尽管汉文帝时曾有"除收帑诸相坐律令"的举动,但是在汉代株连家口的刑法一直存在。④ 与此同时,籍没家产的刑罚在有汉一代也继续实行,并为后朝所沿用。

不过,无论是从有关的律令,还是从案例来看,汉魏之际籍没家产的适用罪犯对象尚不固定,籍没原因除了谋反、大逆(详下),还有多种。例如,汉景帝

---

① 朱红林:《张家山汉简〈二年律令〉集释》,社会科学文献出版社2005年版,第121页。

② 卫宏:《汉旧仪》卷下。

③ 朱红林:《张家山汉简〈二年律令〉集释》,社会科学文献出版社2005年版,第121页。

④ 富谷至:《秦汉刑罚制度研究》第三编第二章《汉代的缘坐制》,广西师范大学出版社2006年版,第163~169页。

时,有人告发邓通私自到西南塞外盗铸钱,"下吏验问,颇有,遂竟案,尽没入之,通家尚负责数巨万(师古曰:积其前后所犯合没官者数多,除其见在财物以外,尚负官数巨万)。长公主赐邓通,吏辄随没入之,一簪不得着身。于是长公主乃令假衣食。竟不得名一钱,寄死人家"。① 武帝下算缗令、告缗令时,规定:"匿不自占,占不悉,戍边一岁,没入缗钱。有能告者,以其半畀之。"又规定:"贾人有市籍及家属,皆无得名田,以便农。敢犯令,没入田货。"这是籍没违令者的特定财产的特殊规定。武帝时,河内太守王温舒"捕郡中豪猾,相连坐千余家。上书请,大者至族,小者乃死,家尽没入偿臧(师古曰:'以臧致罪者,既没入之,又令出倍臧,或收入官,或还其主也。')"。② 明帝永平年间(58—75年),北地太守廖信"坐贪秽下狱,没入财产"。③ 哀帝死后,王莽等奏杀哀帝的宠臣董贤,又请对其父亲、兄弟"收没入财物县官"。结果,"县官斥卖董氏财凡四十三万万"。④ 灵帝光和二年(179年),司隶校尉阳球因中常侍王甫奸虐弄权,遂捕杀之,"尽没入财产"。⑤ 中平元年(184年),中常侍赵忠、夏恽等诬陷敌对的宦官吕强,逼他自杀之后,"遂收捕宗亲,没入财产焉"。⑥ 及至汉末,董卓入京,"使司隶校尉刘嚣籍吏民有为子不孝,为臣不忠,为吏不清、为弟不顺,有应此者,皆身诛,财物没官。于是爱憎互起,民多冤死"。"又收诸富室,以罪恶没入其财物,无辜而死者,不可胜计。"这是董卓入长安之后"法令苛酷,爱憎淫刑"⑦的表现。曹魏明帝曾规定:"杀禁地鹿者身死,财产没官。"⑧ 这是一时一地的禁猎法。

而对《唐律》"籍没家产"律文有直接影响的,是秦汉以来对反逆之罪的刑法处置。就律令而言,南朝《梁律》规定:"其谋反、降叛、大逆已上皆斩。父子同产男,无少长,皆弃市。母妻姊妹及应从坐弃市者,妻子女妾同补奚官为奴婢。赀财没官。"⑨这是迄今所见对犯谋反、降叛、大逆三种重罪者要籍没其

① 《汉书》卷九三,《佞幸传·邓通》。

② 《汉书》卷九○,《酷吏传·王温舒》。

③ 《后汉书》卷七九下,《儒林传下·周泽》。

④ 《汉书》卷九三,《佞幸传·董贤》。

⑤ 《后汉书》卷七七,《酷吏传·阳球》。

⑥ 《后汉书》卷七八,《宦者传·吕强》。

⑦ 《三国志》卷六,《魏书六·董卓传》裴注引《魏书》。

⑧ 《三国志》卷二四,《魏书二四·高柔传》。

⑨ 《隋书》卷二五,《刑法志》。

全部家产的法律明文。不过,《梁律》与《汉律》《魏律》《晋律》等都有渊源关系,①因此《梁律》这一针对"谋反、降叛、大逆"三种重罪犯处于"赀财没官"的律文,有可能沿承自前朝,但因秦汉魏晋的法律在流传中多有缺略,今无法确证。

从司法实践来看,对"谋反、降叛、大逆"三种重罪犯处于"赀财没官"的刑罚在梁朝之前一直见实行。秦汉即有"谋反""大逆"或称"大逆不道""大逆无道"的罪名,法定的刑罚是将罪犯本人处死,有腰斩、弃市、下狱死等,其直系亲属则连坐,或被杀,或流放。例如,吕后《二年律令·贼律》规定:"以城邑亭障反,降诸侯,及守乘城亭障,诸侯人来攻盗,不坚守而弃去之若降之,及谋反者,皆要(腰)斩。其父母、妻子、同产,无少长皆弃市。"景帝时,"吴楚七国俱反,以诛错为名"。爰盎献计斩晁错以息乱,因此丞相青翟、中尉嘉、廷尉欧等人弹劾晁错"亡臣子礼,大逆无道",并说:"错当要斩,父母妻子同产无少长皆弃市。臣请论如法。"景帝制曰:"可。"②宣帝时,杨恽被判犯了"大逆无道,要斩。妻子徙酒泉郡"。③汉律这一刑罚为曹魏所沿承发展。曹魏修订法律时,"改汉旧律不行于魏者皆除之……又改《贼律》,但以言语及犯宗庙园陵,谓之大逆无道,要斩,家属从坐,不及祖父母、孙。至于谋反大逆,临时捕之,或污潴,或枭菹,夷其三族"。④著名的"大逆不道"案例,如正始十年(249年)正月,司马懿以曹爽一党"大逆不道"为名,"收爽、羲、训、晏、扬、谧、轨、胜、范、当等,皆伏诛,夷三族"。⑤但是,从上引汉魏律文中,我们尚未见到籍没"大逆不道"(包括谋反、降叛)罪犯全部家产的明文。

不过,从产权的角度看,犯"大逆不道"罪者及其"父母妻子同产无少长"都被杀死了,其家产将归谁所有?特别是酷刑至"夷三族",死者遗留的大批家产将由谁掌管?是归死者的远亲近邻呢,还是自然而然地"没官"了呢?显然,在司法实践中,处死"反逆"罪犯并株连其亲属之后,官府如何处置他们留下的家产,是必须面对的一个产权问题。

史籍留存不少梁朝之前将犯"反逆"罪者的全部资财"没官"的案例。例

① 杨廷福:《略论〈唐律〉的历史渊源》,见氏著《唐律初探》,天津人民出版社1982年版,第66～101页。
② 《汉书》卷四九,《晁错传》。
③ 《汉书》卷六六,《杨敞传附子恽传》。
④ 《晋书》卷三○,《刑法志》。
⑤ 《三国志》卷九,《魏书九·曹真传子爽传》。

如,建光元年(121 年),安帝以"大逆无道"之罪,剥夺外戚邓骘家族的权位,并"没入(邓)骘等赀财田宅"。① 顺帝以来,梁冀专权,恣行威福。"扶风人士孙奋居富而性吝,冀因以马乘遗之,从贷钱五千万,奋以三千万与之,冀大怒,乃告郡县,认奋母为其守臧婢,云盗白珠十斛、紫金千斤以叛,遂收考奋兄弟,死于狱中,悉没赀财亿七千余万。"这是梁冀诬陷孙奋欲反叛而杀之,籍没其家资入己。到延熹元年(158 年),桓帝以梁冀谋反为名,发兵围攻其府,"冀及妻寿即日皆自杀。悉收子河南尹胤、叔父屯骑校尉让,及亲从卫尉淑、越骑校尉忠、长水校尉戟等,诸梁及孙氏中外宗亲送诏狱,无长少皆弃市。……收冀财货,县官斥卖,合三十余万万,以充王府,用减天下税租之半。散其苑囿,以业穷民"。② 这是朝廷以谋反罪籍没梁冀全部家财。桓帝邓皇后被废之后,其亲属或下狱死,或被免官,"财物没入县官"。③ 灵帝时,大宦官侯览之兄侯参为益州刺史,"民有[丰]富者,辄诬以大逆,皆诛灭之,没其财物以万亿计"。后来"太尉杨秉奏参,槛车征,于道自杀。京兆尹袁逢于旅舍阅参辎重三万余两,皆金银珍玩,不可胜数"。④

北朝继续立法严惩"反逆"重罪,但现存法律只见籍没家口的规定,而未见籍没全部家产的明文。如北魏律规定:"大逆不道腰斩,诛其同籍,年十四以下腐刑,女子没县官。"⑤《魏书》卷四一《源贺传》载:

> 是时,断狱多滥,贺上书曰:"案律:谋反之家,其子孙虽养他族,追还就戮,所以绝罪人之类,彰大逆之辜。其为劫贼应诛者,兄弟子侄在远,道隔关津,皆不坐。窃惟先朝制律之意,以不同谋,非绝类之罪,故特垂不死之诏。若年十三巳下,家人首恶,计谋所不及,愚以为可原其命,没入县官。"

---

① 《后汉书》卷一六,《邓禹传附孙骘传》。

② 《后汉书》卷三四,《梁统传附梁冀传》。

③ 《后汉书》卷一〇下,《桓帝邓皇后纪》。

④ 周天游辑注:《八家后汉书辑注》引司马彪《续汉书》卷五《宦者传》,上海古籍出版社 1986 年版。按,周天游《八家后汉书辑注》引谢承《后汉书》卷四《杨震传附杨秉传》载,秉奏:"参取受罪臧累亿。牂柯男子张攸,居为富室,参横加非罪,云造讹言,杀攸家八人,没入庐宅。又与同郡诸生李元之官,共饮酒,醉饱之后,戏故相犯,诬言有淫愿之罪,应时捶杀。以人臣之势,行桀纣之态,伤和逆理,痛感天地,宜当纠持,以谢一州。"

⑤ 《魏书》卷一一一,《刑罚志》。

高宗纳之。

北齐法律"列重罪十条：一曰反逆，二曰大逆，三曰叛，四曰降，五曰恶逆，六曰不道，七曰不敬，八曰不孝，九曰不义，十曰内乱。其犯此十者，不在八议论赎之限"。北周保定三年《大律》"不立十恶之目，而重恶逆、不道、大不敬、不孝、不义、内乱之罪。凡恶逆，肆之三日"。"盗贼及谋反、大逆、降叛、恶逆罪当流者，皆甄一房配为杂户。"

不过，史籍记载北朝"籍没"罪犯全部家产的案例也不少。其中，有报复政敌的。如北魏末年，宦官刘腾参与废灵太后。灵太后复位，刘腾虽死，仍"追夺爵位，发其冢，散露骸骨，没入财产"。① 有惩罚逃兵的。如北齐文襄帝采纳散骑常侍孙搴之计，"大括燕、恒、云、朔、显、蔚、二夏州、高平、平凉之民以为军士，逃隐者身及主人、三长、守令罪以大辟，没入其家。于是所获甚众"。② 有惩治贪赃的。如北齐后主时，封孝琰审判武成皇后胡氏宠幸的道人昙献"受纳货贿，致于极法。因搜索其家，大获珍异，悉以没官"。③ 较多的则是惩治犯逆反、降叛等罪的。如北魏世宗初，崔敞为巨鹿太守。"弟朏之逆，敞为黄木军主韩文殊所藏。其家悉见籍没，唯敞妻李氏，以公主之甥，自随奴婢田宅二百余口得免。"④西魏普泰元年（531年），镇远将军崔祖螭举兵攻东阳城，张僧皓参与其事，"事败，死于狱，籍没家产"。⑤ 西魏大统十二年（546年）春，凉州刺史宇文仲和据州反。"朝廷令独孤信禽之，仲和身死，资财没官。"⑥北齐末年，权臣韩长鸾以谋反为名诛杀崔季舒、张雕、刘逖、封孝琰、裴泽、郭遵等汉人官员，"季舒等家属男女徙北边，妻女子妇配臭官，小男下蚕室，没入赀产"。⑦ 幸臣穆提婆投奔北周之后，北齐将其"子孙大小皆弃市，籍没其家"。⑧ 在杀死全部

① 《北史》卷九二，《恩幸传·刘腾》。
② 《北齐书》卷二四，《孙搴传》。
③ 《北齐书》卷二一，《封隆之传附从子孝琰传》。
④ 《魏书》卷二四，《崔玄伯传》。
⑤ 《魏书》卷七六，《张烈传》。
⑥ 《北史》卷八九，《艺术传上·檀特师》。
⑦ 《北齐书》卷三九，《崔季舒传》。按，《北史》卷一〇《周本纪下·高祖武帝纪》载："建德六年春正月庚子，诏曰：'伪齐之末，奸佞擅权，滥罚淫刑，动挂罗网。伪右丞相咸阳王故斛律明月、伪侍中特进开府故崔季舒等七人，或功高获罪，或直言见诛。朕兵以义动，剪除凶暴，表闾封墓，事切下车。宜追赠谥，并加窆措。其见在子孙，各随荫叙录。家口田宅没官者，并还之。'"
⑧ 《北齐书》卷五〇，《恩幸传·穆提婆》。

家口之后再"籍没其家",无疑是指籍没家产。

总之,《梁律》关于对犯"谋反、降叛、大逆"三项重罪处以"赀财没官"的刑罚规定,前朝已有司法实践,至于是否已有明文规定,今尚不得其详。

到了隋朝,《开皇律》规定:"唯大逆、谋反、叛者,父子兄弟皆斩。家口没官。"①也没有"籍没"全部家产的规定。但是,在实际执法中,犯这三项重罪者多被籍没(腰)。如开皇六年(586年)八月,文帝以谋反罪诛杀梁士彦、梁叔谐父子以及宇文忻、刘昉等人,下诏:"士彦、叔谐妻妾及赀财田宅,忻、昉妻妾及赀财田宅,悉没官。"②其后,有人告上大将军元谐与从父弟上开府滂、临泽侯田鸾、上仪同祁绪等谋反。文帝大怒,"谐、滂、鸾、绪并伏诛,籍没其家"。③ 开皇二十年十月,文帝废除杨勇的太子身份,下诏诛杀所谓的"太子党"左卫大将军元旻、太子左庶子唐令则、太子家令邹文腾、左卫率司马夏侯福、典膳监元淹、前吏部侍郎萧子宝、前主玺下士何竦等七人,诏文称:"车骑将军阎毗、东郡公崔君绰、游骑尉沉福宝、瀛州民章仇太翼等四人,所为之事,皆是悖恶,论其状迹,罪合极刑。但朕情存好生,未能尽戮,可并特免死,各决杖一百,身及妻子资财田宅,悉可没官。"④

与此同时,文帝、炀帝也临时下令扩大"籍没"资财的对象。开皇十五年十二月,文帝下敕:"盗边粮一升已上皆斩,并籍没其家。"⑤大业年间,反隋武装四起,炀帝"乃更立严刑,敕天下窃盗已上,罪无轻重,不待闻奏,皆斩……(大业)九年,又诏为盗者籍没其家"。⑥ 其后发生杨素之子杨玄感的反叛,《隋书》卷六七《裴蕴传》载:"杨玄感之反也,帝遣蕴推其党与,谓蕴曰:'玄感一呼而从者十万,益知天下人不欲多,多即相聚为盗耳。不尽加诛,则后无以劝。'蕴由是乃峻法治之,所戮者数万人,皆籍没其家。"

上述隋朝的"籍没其家",是单指"籍没家口"呢,还是也包括籍没家产?程树德《九朝律考·隋律考下》在"籍没"条辑录五条隋朝"籍没其家"与"籍没家口"的资料,并按称:"隋无族诛之制,故常以籍没代之。"⑦看来他是把"籍没其家"等同于"籍没家口"。不过,据《册府元龟》卷四四九《将帅部·专杀》载:

---

① 《隋书》卷二五,《刑法志》。

② 《隋书》卷三八,《刘昉传》。

③ 《隋书》卷四〇,《元谐传》。

④ 《隋书》卷四五,《文四子传·房陵王勇》。

⑤ 《隋书》卷二,《高祖纪下》。

⑥ 《隋书》卷二五,《刑法志》。

⑦ 程树德:《九朝律考》,中华书局1963年版,第445~446页。

唐赵郡王孝恭为东南行台右仆射,高祖武德中,与越州都督阚棱同讨辅公祏。及擒公祏,公祏诬棱与已通谋,又杜伏威、王雄诞及家产在贼中者,合从原放,及皆籍没,棱诉理之,有忤孝恭,孝恭怒,遂以反诛之。①

可知隋炀帝宣布的"为盗者籍没其家"是包括籍没家产的。而文帝下令"盗边粮一升已上皆斩,并籍没其家",也是指籍没家产。元人郑介夫说:"古者立刑,必先施于赃吏……在昔有刺配籍没之法,文其面前则终身不齿于乡里,籍其资则全家不免于饥寒,治赃吏无出此法之善也。"②此说接近隋文帝的旨意。只是隋文帝以盗一升粮处于籍没家产,则属严刑峻法,不足为训。

概括上述,秦汉以来虽然有籍没罪犯的全部家产的若干律令规定,如秦律、汉吕后《二年律令·收律》、董卓之令、魏明帝禁猎令、隋朝皇帝的令文等,但籍没的罪犯对象有失宽滥,是中国古代专制王权随意剥夺私有财产的一种表现。《唐律疏议》之前的传世律文,只有《梁律》才见明文规定谋反、降叛、大逆三种重罪的罪犯要籍没其全部家产,不过,据有关案例,这一律文源自前朝的司法实践。

二、《唐律疏议》关于籍没家产的规定与实施

唐朝对籍没全部家产这一刑罚的适用对象及相关问题,作出空前明确且详细的法律规定。《唐律疏议》卷一七《贼盗律》的律文规定:

> 诸谋反及大逆者,③皆斩;父子年十六以上皆绞,十五以下及母女、妻妾(注:子妻妾亦同)、祖孙、兄弟、姊妹若部曲、资财、田宅并没官,男夫年八十及笃疾、妇人年六十及废疾者并免(注:余条妇人应缘坐者,准此);伯叔父、兄弟之子皆流三千里,不限籍之同异。

《疏议》解释说:

---

① 参见《旧唐书》卷五六,《阚棱传》。
② 《新元史》卷一九三,《郑介夫传》。
③ 据(唐)长孙无忌等《唐律疏议》卷一《名例》的界定,谋反:"谓谋危社稷。"大逆:"谓谋毁宗庙、山陵及宫阙。"

言"皆"者,罪无首从。十五以下及母女、妻妾,注云"子妻妾亦同",祖孙、兄弟、姊妹,若部曲、资财、田宅,并没官。部曲不同资财,故特言之。部曲妻及客女,并与部曲同。奴婢同资财,故不别言。男夫年八十及笃疾,妇人年六十及废疾,并免缘坐。注云"余条妇人应缘坐者,准此",谓"谋叛已上道"及"杀一家非死罪三人",并"告贼消息",此等之罪,缘坐各及妇人,其年六十及废疾亦免。故云"妇人应缘坐者,准此"。"伯叔父、兄弟之子,皆流三千里,不限籍之同异",虽与反逆人别籍,得罪皆同。若出继同堂以外,即不合缘坐。

律文接着规定:

即虽谋反,词理不能动众,威力不足率人者,亦皆斩(注:谓结谋真实,而不能为害者。若自述休征,假托灵异,妄称兵马,虚说反由,传惑众人而无真状可验者,自从袄法);父子、母女、妻妾并流三千里,资财不在没限。

由此可见,《唐律》规定籍没罪犯全部家产的场合,只限于犯了"谋反"与"大逆"之罪且付诸实际行动,构成一定危害者。[①] 如果只是在言论上犯了谋反之罪,本人处斩,父子、母女、妻妾并流三千里,其家产不必没官。史载,这是秉承唐太宗的旨意而作出的刑法修改。《旧唐书》卷五〇《刑法志》载:"及太宗即位,又命长孙无忌、房玄龄与学士法官,更加厘改。……其后蜀王法曹参军裴弘献又驳律令不便于时者四十余事,太宗令参掌删改之。……又旧条疏,兄弟分后,荫不相及,连坐俱死,祖孙配没。会有同州人房强,弟任统军于岷州,

---

① 按,有唐一代还见其他籍没家产的场合。如战争场合。《旧唐书》卷六七《李靖传》载,武德四年,占据荆州的萧铣战败向唐军请降,当时诸将向统帅赵郡王李孝恭说:"铣之将帅与官军拒战死者,罪状既重,请籍没其家,以赏将士。"因李靖反对而未行。李筌《神机制敌太白阴经》卷三《杂仪类·军令》载:"与敌人私交通者斩,籍没其家。言语、书疏同。"如惩治重赃罪,《旧唐书》卷一一《代宗本纪》载,代宗永泰二年九月,"宣州刺史李佖坐赃二十四万贯,集众杖死,籍没其家"。甚至有无名籍没的。如《旧唐书》卷一四五《刘玄佐传附子士宁传》载,德宗贞元十年(794年),宣武军节度使刘士宁为大将李万荣逼迫逃离本镇,朝廷姑息李万荣,任命他为宣武军兵马留后。"凡赏军士钱二十万贯,诏令籍没士宁家财以分赏焉。"但总体上看,唐朝的籍没家产主要是用于惩治"谋反"与"大逆"之罪的。为使论题与行文集中,本文不一一分析。

以谋反伏诛,强当从坐。太宗尝录囚徒,悯其将死,为之动容,顾谓侍臣曰:'刑典仍用,盖风化未洽之咎。愚人何罪,而肆重刑乎?更彰朕之不德也。用刑之道,当审事理之轻重,然后加之以刑罚。何有不察其本而一概加诛,非所以恤刑重人命也。然则反逆有二:一为兴师动众,一为恶言犯法。轻重有差,而连坐皆死,岂朕情之所安哉?'更令百僚详议。丁是玄龄等复定议曰:'案礼,孙为王父尸。案令,祖有荫孙之义。然则祖孙亲重而兄弟属轻,应重反流,合轻翻死,据礼论情,深为未惬。今定律,祖孙与兄弟缘坐,俱配没。其以恶言犯法不能为害者,情状稍轻,兄弟免死,配流为允。'从之。……玄龄等遂与法司定律五百条,分为十二卷。"

同书同卷律文又规定:

> 诸缘坐非同居者,资财、田宅不在没限。虽同居,非缘坐及缘坐人子孙应免流者,各准分法留还(注:老、疾得免者,各准一子分法)。

《疏议》解释说:

> "缘坐非同居者",谓谋反、大逆人亲伯叔兄弟已分异讫,田宅、资财不在没限。虽见同居,准律非缘坐,谓非期以上亲及子孙,其祖母及伯叔母、姑、兄弟妻,各谓无夫者,律文不载,并非缘坐。其"缘坐人子孙",谓伯叔子及兄弟孙,据律亦不缘坐。"各准分法留还",谓未经分异,犯罪之后,并准户令分法。其孙妇,虽非缘坐,夫没即合归宗,准法不入分限。注云"老、疾得免者",男夫年八十及笃疾,妇人年六十及废疾,各准户内应分人多少,人别得准一子分法留还。

这一律文对"籍没"资财的适用场合作出进一步的区分。按规定,其一,已经与罪犯正式分家的亲伯叔兄弟,其"田宅、资财不在没限"。其二,虽与罪犯同一户籍,但按规定不必受刑的对象,或者可以免受流刑的对象,都可以按规定的分配方法分得一份资财留用。至于如何分配,《疏议》以问答的形式也有所说明。称:

> 问曰:"老疾得免者,各准一子分法。"假有一人年八十,有三男、十孙,或一孙反逆,或一男见在;或三男俱死,唯有十孙。老者若为留分?
> 答曰:男但一人见在,依令作三男分法,添老者一人,即为四分。若三

男死尽,依令诸子均分,老人共十孙为十一分,留一分与老者,是为"各准一子分法"。

上述法律规定,比起前代王朝处置"反逆"之罪的株连对象及籍没家产的处置,无疑放宽了许多。

《唐律疏议》对应籍没的财产范围,也有原则性的说明。上引律文已提到"资财、田宅"。《唐律疏议》卷二〇《贼盗律》还有补充说明。律文规定:

> 诸以私财物、奴婢、畜产之类(注:余条不别言奴婢者,与畜产、财物同),贸易官物者,计其等准盗论(注:官物贱,亦如之),计所利以盗论(注:其贸易奴婢,计赃重于和诱者,同和诱法)。

《疏议》曰:

> "以私家财物、奴婢、畜产之类",或有碾硙、邸店、庄宅、车船等色,故云"之类"。注云"余条不别言奴婢者,与畜产、财物同",谓"反逆"条中称"资财并没官",不言奴婢、畜产,即是总同财物。

此律文所言尚较为笼统,我们还可结合有关案例进一步探明唐朝籍没的家产指哪些东西。

唐朝犯"谋反"与"大逆"之罪者,其家产要"没官"的刑罚,史书常沿用前朝史书的用语,称为"籍没其家""籍其家"。例如,先天二年(713年)七月,李隆基诛灭太平公主集团,"公主诸子及党与死者数十人。籍其家,财货山积,珍奇宝物,侔于御府,马牧羊牧田园质库,数年征敛不尽"。[①] 开元十一年,王守一"坐与庶人潜通左道,左迁柳州司马,行至蓝田驿,赐死。守一性贪鄙,积财巨万,及籍没其家,财帛不可胜计"。[②] 元和四年(809年)元稹《弹奏剑南东川节度使状》说:"其有庄宅、奴婢、桑柘、钱物、斛斗、邸店、碾硙等,悉皆搜检。"[③]太

---

① 《旧唐书》卷一八三,《外戚传·武攸暨妻太平公主》。
② 《旧唐书》卷一八三,《外戚传·仁皎附子守一》。
③ (唐)元稹:《元稹集》卷三七,《弹奏剑南东川节度使状》,中华书局1982年校点本。

和九年(835 年)十一月,郑注被杀,"籍没其家财,得绢一百万匹,他货称是"。①从上引案例可知,唐朝籍没的家产,包括部曲、奴婢、碾硙、邸店、庄宅、田园、质库、车船、畜产、桑柘、钱物、斛斗、绢、珍宝等,就是罪犯之家所有的动产和不动产。

关于籍没家产的司法程序,唐朝也有相关的法律规定。官方对应籍没的罪犯资产,要派人一一清点并造册,这一程序称为"簿录""簿敛"。史载,建中元年(780 年)七月,刘晏被"赐死","家属徙岭表,坐累者数十人"。杨炎主张"籍没"刘晏的家产,"众论不可,乃止。然已命簿录其家,唯杂书两乘,米麦数斛,人服其廉"。②"簿敛"不实,经办负责人要被治罪。例如,天宝年间,御史大夫王鉷犯法,"籍没其家",万年县主簿韩浩"捕其资财,有所容隐,为京兆尹鲜于仲通所发,配流循州"。③

罪犯若遇赦宥,如何处理已被"簿敛之物"?《唐律疏议》卷四《名例律》规定:

> 即簿敛之物,赦书到后,罪虽决讫,未入官司者,并从赦原;若罪未处决,物虽送官,未经分配者,犹为未入。

《疏议》解释说:

> "簿敛之物",谓谋反、大逆人家资合没官者。赦书到后,罪人虽已决讫,其物未入官司者,并从赦原。若簿敛之物已入所在官司守掌者,并不合放免。
> 若反、逆之罪仍未处决,罪人虽已断讫,其身尚存者,物虽送官,但未经分配者,并从赦原。

就是说,接到赦书时,如果罪犯已经定罪并被处决,其被籍没的资财若未入官的,可归还,若已纳入官方管理,则不归还;如果罪犯已被定罪,但尚未处

---

① 《旧唐书》卷一六九,《郑注传》。
② 《新唐书》卷一四九,《刘晏传》。
③ 《旧唐书》卷九八,《韩休传》。

死,籍没之物已经送入官府,但还未被分配,可以归还。①

从产权的角度,唐朝官方对于所籍没资产是如何处置的？宪宗时,元稹揭发已故剑南东川节度使严砺在任日"擅籍没"一案,为我们提供了相关信息。元和四年,担任剑南东川详覆使的监察御史元稹上奏,举报已故剑南东川节度观察处置等使严砺在任日,"擅籍没管内将士、官吏、百姓及前资寄住涂山甫等八十八户,庄宅共一百二十二所,奴婢共二十七人"。具体为:梓州刺史严砺"擅收涂山甫等庄二十九所,宅四十一所,奴九人,婢一十七人";遂州刺史柳蒙"擅收没李简等庄八所,宅四所奴,一人";绵州刺史陶锽"擅收没文怀进等庄二十所,宅十三所";剑州刺史崔实成"擅收没邓琼等庄六所"。元稹的奏文写道:

> 臣昨奉三月一日敕,令往剑南东川详覆泸川监官任敬仲赃犯,于彼访闻严砺在任日,擅没前件庄宅奴婢等,至今月十七日详覆事毕,追得所没庄宅、奴婢文案,及执行案典耿琚马元亮等检勘得实。据严砺元和二年正月十八日举牒称:"管内诸州,应经逆贼刘辟重围内并贼军到处,所有应接,及投事西川军将、州县官所由典正、前资寄住等,所犯虽经霈泽,庄田须有所归,其有庄宅、奴婢、桑柘、钱物、斛斗、邸店、碾硙等,悉皆搜检。得涂山甫等八十八户。案内并不经验问虚实,亦不具事职名,便收家产没官,其时都不闻奏,所收资财、奴婢,悉皆货卖破用,及配充作坊驱使。其庄宅、桑田,元和二年、三年租课,严砺并已征收支用讫。臣伏准元和元年十月五日制:西川诸州诸镇刺史、大将及参佐官吏、将健、百姓等,应被胁从补署职掌,一切不问。又准元和二年正月三日赦文。自今日已前。反逆缘坐并与洗涤。况前件人等,悉是东川将吏、百姓及寄住衣冠,与逆党素无管属。贼军奄至,暂被胁从。狂寇既平,再蒙恩荡。严砺公违诏命,苟利资财,擅破八十余家,曾无一字闻奏。岂惟剥下,实谓欺天。其庄宅等至今被使司收管。臣访闻本主并在侧近,控告无路,渐至流亡。伏乞圣慈勒本道长吏及诸州刺史,招缉疲人,一切却还产业,庶使孤穷有托,编户再安。

宪宗批复:"籍没资财,不明罪犯……所没庄宅、奴婢,一物已上,并委观察

---

① 按,建中四年,德宗以同谋叛乱罪处死检校司空崔宁,"籍没其家"。后因查无实证,"中外称其冤,乃敕其家,归其资产"(《旧唐书》卷一一七,《崔宁传》)。即属归还籍没家产之例。

使据元没数,一一分付本主。纵有已货卖破除者,亦收赎却还。"①

由此案可知,唐朝官方对籍没资产的产权后续处置形式主要有两种,一是货卖,一次性地收利;二是作为官有资产进行经营,多是将田地出佃收租。此外,也有将籍没田产无偿分给百姓,②或者用于代纳百姓的少数事例。③

总之,《唐律》关于籍没家产的适用对象及其相关问题的规定空前详细而明确,适用对象只限定犯"谋反"与"大逆"之罪且付诸实际行动,构成一定危害者,不仅有犯罪情节轻重之分,而且大大减少了株连对象。比起前朝,这体现了对私有财产的一定程度的尊重和保护,无疑是中国古代法制和产权制度的一次进步。

在实施中,唐朝和前代一样存在"法外用刑"的情形。若要论唐朝籍没家产是否枉滥,一要看被籍没者的罪名是否符合《唐律》规定的适用范围,二是看被籍没者被判犯"谋反"与"大逆"之罪是否有事实依据。此须分析具体案例而定,限于篇幅,兹不具论。

但是,武则天当政时,酷吏"来俊臣、周兴等诬陷良善,冀图爵赏,因缘籍没者数百家"。④ 明显是制造了籍没家产的大批冤案。只是当时被诬陷籍没的多是统治集团成员,尚未伤及平民。到了唐朝后期,"法外用刑"的诛杀以及籍没家产的情况明显地多了起来。咸通十三年(872年)五月,乙亥,"国子司业韦殷裕于阁门进状,论淑妃弟郭敬述阴事。上(懿宗)怒甚,即日下京兆府决杀殷裕,籍没其家"。⑤ 此即皇帝"法外用刑"之一例。特别是在藩镇割据擅权之处,如元稹所言的"擅籍没"案件更难为正史所记载。五代后晋时,在相州,"管

---

① (唐)元稹:《元稹集》卷三七,《弹奏剑南东川节度使状》,中华书局1982年校点本。

② 《旧唐书》卷一六三《卢简辞传》载,宝历中,故京兆尹黎幹的儿子黎煟向御史台要求治父叶县旧业,台司莫知本末。侍御史卢简辞曰:"幹坐鱼朝恩党诛,田产籍没。大历已来,多少赦令,岂有雪朝恩、黎幹节文? 况其田产分给百姓,将及百年,而煟恃中助而冒论耶!"乃移汝州刺史裴通,准大历元年敕给百姓。

③ 如《旧唐书》卷一六四《李绛传》载:"宪宗即位,叛臣李锜阻兵于浙右。锜既诛,朝廷将辇其所没家财,绛上言曰:'李锜凶狡叛庚,僭侈诛求,刻剥六州之人,积成一道之苦。圣恩本以叛乱致讨,苏息一方。今辇运钱帛,播闻四海,非所谓式遏乱略,惠绥困穷。伏望天慈,并赐本道,代贫下户今年租税,则万姓欣戴,四海歌咏矣。'宪宗嘉之。"

④ 《旧唐书》卷九一,《崔玄暐传》。

⑤ 《旧唐书》卷一九上,《懿宗本纪上》。

内所获盗贼,皆籍没其财产",据称"是河朔旧例"。① 可见唐末藩镇滥行籍没家产已经以平民百姓为对象了。

三、五代的"籍没家产"

五代时期苛法酷刑肆虐,在"籍没家产"方面也不例外。从有关案例来看,一方面统治者对犯"谋反"与"大逆"之罪者继续施予籍没全部家产的刑罚。例如,后唐清泰三年(936年)五月,河东节度使石敬瑭反叛,西北面先锋都指挥使安审信率雄义左第二指挥二百二十七骑,并部下共五百骑剽劫百井,叛入太原。末帝"诏安审信及雄义兵士妻男并处斩,家产没官";"诏河东将佐节度判官赵莹以下十四人并籍没家产"。② 另一方面,"籍没家产"的使用范围大为扩大。后晋天福四年(939年)九月,相州节度使桑维翰奏:"管内所获贼人,从来籍没财产,去是邺都旧例格律,未见明文。"敕:"今后凡有贼人,准格定罪,不得没纳家赀,天下诸州,准此处分。"③ 可见从唐末入五代,在藩镇管辖之下违法籍没家产的不止河朔一地。这与后梁修改法律时"或改事条,或重货财,轻入人命;或自徇枉过,滥加刑罚"④直接相关。在朝廷,皇帝、权臣也随意扩大"籍没家产"的对象。例如,后唐同光元年(923年)十月,庄宗以"梁朝掌事权者赵岩等,并助成虐政,结怨于人,圣政维新,宜诛首恶,以谢天下"为由,将后梁大臣赵岩、张希逸、张汉杰、张汉伦、张汉融、朱珪、敬翔、李振等人并族诛,"家财籍没"。⑤ 庄宗在诏书中历数此七人应杀之罪,无非是"助成虐政","罔悛心而革面"。⑥ 明宗即位后,也以聚敛刻剥为由诛杀租庸使孔谦,将其"所有田宅,

---

① 《旧五代史》卷八九,《晋书一五·桑维翰传》。

② 《旧五代史》卷四八,《唐书二四·末帝本纪下》。

③ 《旧五代史》卷一四七,《刑法志》。另,《旧五代史》卷八九《晋书一五·桑维翰传》载,天福四年七月,桑维翰检校司空、兼侍中,出为相州节度使。"先是,相州管内所获盗贼,皆籍没其财产,云是河朔旧例。及维翰作镇,以律无明文,具事以奏之。诏曰:'今后凡有贼人准格律定罪,不得没纳家赀,天下诸州皆准此处分。'自是劫贼之家,皆免籍没,维翰之力也。"

④ 《旧五代史》卷一四七,《刑法志》。

⑤ 《旧五代史》卷五九,《唐书三五·王瓒传》。

⑥ 《旧五代史》卷三〇,《唐书六·庄宗本纪第四》。

并从籍没"。① 此类籍没案例显然都有悖于唐律关于犯"反逆"之罪才籍没家产的规定,属于法外用刑。后唐还以诏敕令形式,扩大籍没家产的对象,包括"盗贼剽劫坊市乡村"。②

五代甚至出现出于贪图财产而"陷害籍没"的,时人称之为"刑人利财"。例如,《旧五代史》卷三二《唐书八·庄宗本纪第六》载,同光二年五月戊子,"汝州防御使张继孙赐死于本郡。继孙即齐王张全义之假子也,本姓郝氏,为兄继业等讼其阴事,故诛之"。关于此案的详情,见载于《册府元龟》卷九三四《总录部·告讦》,称:

> 张继业为河阳两使留后。庄宗同光二年六月,继业上疏称:"弟继孙,本姓郝,有母尚在,父全义养为假子,令管衙内兵士。自皇帝到京,继孙私藏兵甲,招置部曲,欲图不轨,兼私家淫纵,无别无义。臣若不自陈,恐累家族。"敕曰:"有善必赏,所以劝忠孝之方;有恶必诛,所以绝奸邪之迹。其或罪状腾于众口,丑行布于近亲,须举朝章,冀明国法。汝州防御使张继孙,本非张氏子孙,自小丐养,以至成立,备极显荣,而不能酬抚育之恩,履谦恭之道,擅行威福,常恣奸凶,侵夺父权,惑乱家事,纵鸟兽之行,畜枭獍之心,有识者所不忍言,无赖者实为其党。而又横征暴敛,虐法峻刑,藏兵器于私家,杀平人于广陌。罔思悛改,难议矜容,宜窜逐于退方,仍归还于姓氏,俾我勋贤之族,永除污秽之风。凡百臣僚,宣体朕命。可贬房州司户参军同正,兼勒复本姓。"寻赐自尽,仍籍没资产。

---

① 《旧五代史》卷三五《唐书一一·明宗本纪第一》载:明宗敕曰:"租庸使孔谦,滥承委寄,专掌重权,侵剥万端,奸欺百变。遂使生灵涂炭,军士饥寒,成天下之疮痍,极人间之疲弊。载详众状,侧听舆辞,难私降黜之文,合正殛诛之典。宜削夺在身官爵,按军令处分。虽犯众怒,特贷全家,所有田宅,并从籍没。"是日,谦伏诛。

② (宋)王钦若等编:《册府元龟》卷六一三《刑法部·定律令第五》载:(末帝清泰元年九月)是月,天雄军节度使范廷光上言:"副使王钦祚报,管内频有盗贼剽劫坊市乡村,差兵巡捕,严加堤防。缘此岁蚕麦不熟,游惰之民结集为恶,或伤杀攘夺,及捕获处断,又前后法条不一。以天成二年敕:'应山林群盗害物残人,若捕捉勘结不虚,全家处置。有偶然劫盗者,正身准法。知情者同罪。'又以长兴四年敕;'据天成敕,只为界内连结党恶,害物残人,所以诛族。此中灭之初权行之法,若断狱不坐此条,恐违于律令。今后结党连群为害者,并男十五已上并准元敕处断。其父母兄弟妻女小儿一切不罪。有骨肉中与贼同恶者亦同罪。如同谋不行,或受赃不受赃,则准律科断。'臣当管贼盗屡发,盖见用法太宽,只罪一身,又不籍没家产,又不连累家属,得以恣行凶恶。今后捕盗权行重条,俾其知惧,易为禁止。"诏曰:"应劫掠乡村,宜依长兴四年敕条处断。攻劫城镇,宜依天成二年敕处断。"

关于郝继孙最后由流贬改判处死并籍没资产的原因,《新五代史》卷二八《唐臣传第十六·赵凤传》称,后唐庄宗时,河南尹张全义养子郝继孙犯法死,"宦官、伶人冀其赀财,固请籍没"。当时,中书舍人、翰林学士赵凤上书言:"继孙为全义养子,不宜有别籍之财,而于法不至籍没。刑人利财,不可以示天下。"然而,"是时,皇后及群小用事,凤言皆不见纳"。赵凤所提到的"于法不至籍没",就是指按《唐律》的规定,郝继孙犯的不是谋反、大逆之罪,不应被籍没家产。但是宦官、伶人出于"刑人利财"的目的,说动庄宗籍没其家。

同光四年庄宗杀郭崇韬并籍没其家一案,也有"刑人利财"之嫌。当年夏,庄宗派军攻蜀,以魏王李继岌为西南面行营都统,郭崇韬为招讨使,"军政皆决崇韬"。郭崇韬破蜀后,尽获蜀主王衍的嫔妓珍宝,后来又杀王衍之宗弼、宗渥、宗勋等,"没其家财"。史载:

> 崇韬素嫉宦官,尝谓继岌曰:"王有破蜀功,师旋必为太子俟,主上千秋万岁后,当尽去宦官。至于扇马,亦不可骑。"继岌监军李从袭等见崇韬专任军事,心已不平,及闻此言,遂皆切齿,思有以图之。庄宗闻破蜀,遣宦官向延嗣劳军,崇韬不郊迎,延嗣大怒,因与从袭等共构之。……延嗣还,上蜀簿,得兵三十万、马九千五百匹、兵器七百万、粮二百五十三万石、钱一百九十二万缗、金银二十二万两、珠玉犀象二万、文锦绫罗五十万匹。庄宗曰:"人言蜀天下之富国也,所得止于此邪?"延嗣因言蜀之宝货皆入崇韬,且诬其有异志,将危魏王。庄宗怒,遣宦官马彦珪至蜀,视崇韬去就。彦珪以告刘皇后,刘皇后教彦珪矫诏魏王杀之。崇韬有子五人,其二从死于蜀,余皆见杀。其破蜀所得,皆籍没。①

可见郭崇韬惹来杀身之祸,既因为得罪了宦官集团,也与他借破蜀之机聚敛大批私财有关。正如《旧五代史》卷五七《唐书三三·郭崇韬传》所指出:"掇其族灭之祸,有自来矣,复以诸子骄纵不法,既定蜀川,辇运珍贷,实于洛阳之第,籍没之日,泥封尚湿。"

既要"刑人利财",就会产生不少"陷害籍没"的冤案。② 后唐庄宗曾下令:

① 《新五代史》卷二四,《唐臣传第一二·郭崇韬传》。
② 按,当时"刑人利财"的情况不仅发生在北方,南方诸国也有。如《新五代史》卷六八《闽世家第八·王审知传附子鏻传》载:王鏻在位时,"闽地狭,国用不足,以中军使薛文杰为国计使。文杰多察民间阴事,致富人以罪,而籍没赀以佐用。闽人皆怨"。

"豪强买人田宅，或陷害籍没，显有屈塞者，许人自理。"①可见当时"陷害籍没"的不在少数，皇帝才有必要专门下令处理。②但此后"陷害籍没"仍继续发生。如后晋出帝时，明宗的儿子从温为忠武军节度使，"诬亲吏薛仁嗣为盗，悉籍没其家赀数千万。仁嗣等诣阙自诉，事下有司。从温具伏。出帝惧伤太后意，释之而不问"。③顺国节度使杜威久镇恒州，"性贪残，自恃贵戚，多不法。每以备边为名，敛吏民钱帛以充私藏。富室有珍货或名姝、骏马，皆虏取之；或诬以罪杀之，籍没其家"。④后汉时，大商人何福殷"尝以十四万市得玉枕，遣家僮及商人李进卖于淮南，易著而回。家僮无行，隐福殷货财数十万，福殷责其偿，不伏，遂杖之"。家僮向权臣史弘肇诬告何福殷暗通敌国。"榜掠备至，福殷自诬，连罪者数辈，并弃市。妻女为弘肇帐下分取之，其家财籍没。"⑤此亦属"陷害籍没"之例。

鉴于"籍没家产"对象的扩大化与冤滥，后周太祖郭威称帝后有所纠正，重申"籍没家产"要依照唐律的规定行事。广顺元年（951年）正月丁卯，周太祖下制曰："应诸犯罪人等，除反逆罪外，其罪并不得籍没家产、诛及骨肉，一依格令处分。"⑥这说明"籍没家产"冤滥之弊相当严重。次年二月，中书门下奏："准元年正月五日赦书节文，今后应犯窃、盗、赃及和奸者，并依晋天福元年已前条制施行。诸处犯罪人等，除反逆罪外，其余罪并不籍没家产、诛及骨肉。一依格令处分者。请再下明敕，颁示天下。"周太祖乃下诏曰："赦书节文，明有厘革。切虑边城远郡，未得审详，宜更申明，免至差误。……应诸色罪人，除谋反、大逆外，其余并不得诛杀骨肉，籍没家产。"⑦可知后周建立伊始就重申唐

---

① 《旧五代史》卷五八，《唐书三四·赵光胤传》。

② 按，这一规定当时有所实行。如《旧五代史》卷五八《唐书三四·赵光胤传》载："先是，条制：'豪强买人田宅，或陷害籍没，显有屈塞者，许人自理。'"内官杨希朗者，故观军容使复恭从子也，援例理复恭旧业。事下中书，光胤谓崇韬曰："复恭与山南谋逆，显当国法，本朝未经昭雪，安得理论？"崇韬私抑宦者，因具奏闻。希朗泣诉于庄宗，庄宗令自见光胤言。希朗陈诉："叔祖复光有大功于王室，伯祖复恭为张浚所构，得罪前朝，当时强臣掣肘，国命不行。及王行瑜伏诛，德音昭洗，制书尚在。相公本朝氏族，谙练故事，安得谓之未雪耶！若言未雪，吾伯氏彦博，洎诸昆仲，监护诸镇，何途得进！"

③ 《新五代史》卷一五，《唐明宗家人传第三·明宗子从温》。

④ （宋）司马光：《资治通鉴》卷二八四，"开运二年五月"条。

⑤ 《旧五代史》卷一〇七，《汉书九·史弘肇传》。

⑥ （宋）王钦若等编：《册府元龟》卷九六，《帝王部·赦宥第十五》。

⑦ （宋）王钦若等编：《册府元龟》卷九六，《帝王部·赦宥第十五》。

律关于"籍没家产"的适用对象,试图使"籍没家产"这一刑罚的运用重归唐朝规定的法制轨道,重新对私有财产实行一定意义的保护。

就产权处置而言,五代官方对"籍没家产",有将部分籍没家产由官有或官营课利,转为私有或私营而令其纳税的若干举动,成为五代时期产权变动的一种比较突出的现象。① 例如,后唐明宗长兴元年(930年)二月乙卯,制曰:"昭宗、太祖、庄宗时,或有犯罪籍没人,若有子孙在者,并许识认上祖坟茔主祭,庄田已系官及有主承佃,不在识认之限。"②这是将唐末以来籍没家产中的祖坟茔归还犯罪籍没人的子孙,以让他们祭扫。这一规定后晋、后周也见实行。如天福元年(936年),梁唐重臣张全义之子后唐右卫上将军张继祚因参与反晋被捕杀,籍没家产。次年八月乙巳,晋高祖下诏说,张继祚"其一房家业,准法虽已籍没,所有先臣并祖父母坟庄祠堂,并可交付骨肉主张"。③ 后周进一步扩大归还籍没的家产范围。广顺元年正月,周太祖在即位赦文中宣布释放苏逢吉、刘铢等犯罪人的"家族骨肉",并说:"内有手下先管庄田、钱、谷、人等,已下三司点检,磨勘了日,一任逐便。"④即归还其家。三月丁卯,西头供奉官咸师范上奏说,其弟师朗为后汉亳州蒙城镇将,"因怀惊疑,遁过淮外",以致"祖父坟墓、庄田,点检入官,至今属营田户部。岁时骨肉祭拜无所"。周太祖"敕下本州,其咸师范物业并宣赐"。⑤ 五月丁丑,周太祖敕京兆、凤翔府:"其京兆凤翔府先因攻讨之时,及收复之后,应有诸色犯罪人,第宅、庄园、店舍、水碨曾经籍没,及本主未归者,已宣下本道,却给付罪人骨肉为主。仍仰逐处严切指挥,勿令所由里私阑吝,邀求资金。"⑥

后唐明宗长兴二年六月敕:"应诸道系省店宅庄园,或抵犯刑章,纳来家业;或主持败阙,收致抵当。姓名才系簿书。诸利未经收管。诸色人等不度勋庸高下。不量事分浅深。相尚贪饕。竞谋请射。惟利是视。以得为期。诸色人朝廷稍立微功必加懋赏。大都大邑尚以委人。废宅荒田岂留润国?自可特恩颁赐,奚容越分希求。"⑦愍帝应顺元年(934年)正月规定:"诸处籍没田宅并

---

① 对此武建国《五代十国土地所有制研究》(中国社会科学出版社2002年版)第59页有所提及。

② (宋)王钦若等编:《册府元龟》卷九三,《帝王部·赦宥第十二》。

③ 《旧五代史》卷七六,《晋书二·高祖本纪第二》。

④ (宋)王钦若等编:《册府元龟》卷九六,《帝王部·赦宥第十五》。

⑤ (宋)王钦若等编:《册府元龟》卷四八,《帝王部·从人欲》。

⑥ (宋)王钦若等编:《册府元龟》卷一六七,《帝王部·招怀第五》。

⑦ 《(宋)王钦若等编:册府元龟》卷六六,《帝王部·发号令第五》。

属户部,除赐功臣外禁请射。"①这说明后唐的籍没田宅有不少被赐给功臣或被私人"请射"。关于私人请射系官田宅以及将系官田宅赐给功臣的有关手续与权益分配,《金石续编》卷一〇所载《后晋户部牒》是珍贵的实例。兹引录如下:

> 户部牒晋昌军节度使:准宣头,晋昌军节度使安审琦奏:"臣近于庄宅劳田务请射到万年县春明门陈知温庄壹所、泾阳临泾教坊庄孙藏用、王思让三所,营田依例输纳夏秋省租。其逐庄元不管园林、桑枣、树木、牛具,只有缘旧管田土。缘见系庄宅司管属,欲乞割归州县,永远承佃,供输两税,伏候指挥者。"前件庄可赐安审琦充为永业,宜令安审琦收管,依例输供差税,仍下三司指挥交割,付三司准此者。牒具如前。已牒晋昌军庄宅务,仰切详宣,命指挥使交割与本道节度使讫,具逐庄所管荒熟顷亩数目,交割月日,分析申上。所有未割日已前合纳课租,即仰务司据数管系征纳□绝讫申,其随庄合着系县正税,亦仰具状牒与本县管征,无令漏落。事须牒晋昌军节度,亦请差人交割收管,充为永业,依例供输差税者。谨牒。天福六年八月二十七日牒。②

据此可知,五代时私人"请射"系官庄田或者朝廷将"系官庄田"赐给臣属时,官私双方要办理资产交割,包括园林、桑枣、树木、牛具、田土等,私人一方要承诺"依例供输差税"。

后晋天福三年九月,晋高祖与据魏州反叛的天雄节度使范延光言和之后,下敕给魏州军民,称:"应九月二十五日已前,因事被杀之家,不得更有论讼,及相雠报,妻孥、家产已配没者并给还。如有自去年七月十九日后来曾经在城将校及诸色人请射合干等,或为配率柴薪,或为自要供烧毁折却者,只据九月二十五日后见在者舍宇交割。其有已破除却间未数日,不得更有论索。"③这是把一地的没官家产酌情归还本主以收拾人心的个案。后周曾把户部管理的一部分"系官田产"转为私有私营而征收赋税。如广顺三年正月,乙丑,太祖诏曰:

---

① (宋)王钦若等编:《册府元龟》卷四九五,《邦计部·田制》。
② 转引自陈尚君:《旧五代史新辑会证》卷一二三,《周书十四·安审琦传》,复旦大学出版社2005年版,第3778页。
③ (宋)王钦若等编:《册府元龟》卷九三,《帝王部·赦宥第十二》。

诸道州府系属户部营田及租税课利等,除京兆府庄宅务、赡国军榷盐务、两京行从庄外,其余并割属州县,所征租税课利,官中只管旧额,其职员节级一切停废。应有客户元佃系省庄田桑土、舍宇,便赐逐户,充为永业,仍仰县司给与凭由。应诸处元属营田户部院及系县人户所纳租中课利,起今年后并与除放。所有见牛犊并赐本户,官中永收系。

史称:"帝在民间,素知营田之弊,至是以天下系官庄田仅万计,悉以分赐见佃户充永业。是岁出户三万余,百姓既得为已业,比户欣然,于是葺屋植树,敢致功力。"①从上引后唐愍帝应顺元年正月敕"诸处籍没田宅并属户部"一句,可知后周广顺三年有将一部分的籍没田产分给承佃户作为其私有财产,但要他们按"旧额"交纳田税。

总括全篇,"籍没"罪犯的全部家产,是中国古代自战国以来就见实行的一种刑罚。它既是司法行为,也是经济行为。从司法上看,以《唐律疏议》为标志,汉唐之际王朝对"籍没家产"的法律规定逐渐趋于合理完备,法定的"籍没家产"罪犯对象逐步减少,最后只限于犯"谋反"与"大逆"之罪且付诸实际行动,构成一定危害者。不过,在司法实践中,不时发生"法外用刑"的案例,在五代时期尤其突出。从经济上看,"籍没家产"作为产权变动行为,是将某些罪犯的全部私有财产转为官有官营。唐朝之前"籍没家产"施行宽滥,是中国古代专制王权随意剥夺私有财产的一种表现。《唐律》的有关规定在一定程度上体现了对私有财产的尊重和保护,不失是中国古代法制和产权制度的一次进步。唐朝官方对籍没资产的产权后续处置形式主要有两种,一是货卖,一次性地收利;二是作为官有资产进行经营,多是将田地出佃收租。此外,也有将籍没田产无偿分给百姓的少数事例。五代官方有将部分籍没家产由官有或官营课利,转为私有或私营而令其纳税的处理方式,成为五代时期产权变动的一种比较突出的现象。

[本文承蒙厦门大学人文学院杨际平教授、法学院周东平教授提出宝贵意见,谨此致谢。]

---

① 《旧五代史》卷一一二,《周书三·太祖本纪第三》。

五代财政中枢管理体制演变考论

从唐朝后期经五代到北宋初期,财政中枢管理体制由度支、户部、盐铁转运三司三长官分判制逐步演变为一人专判制,这是颇受研究中国古代的财政史、官制史以及"唐宋变革"的学者瞩目的课题。其中,关于五代时期中央财政使职变化及其对财政中枢管理体制的影响,现有研究已取得一定的成果。[①]同时也存在若干有待进一步细致深入探讨的问题。本文拟对此详予考论。

一、后梁的建昌宫使、国计使、租庸使
与宰相分判三司制

唐天祐四年(907年)四月,朱温称帝建立后梁,改元开平元年,以开封为东都,以洛阳为西京。如所周知,后梁财政中枢管理体制发生的重要变化,是先后设置过建昌宫使、国计使、租庸使等中央财政使职。不少论著认为他们是后梁的最高财政长官。其实,他们只是承担了后梁财政管理中枢的部分职权而已。以下逐次加以辨析。

先看建昌宫使。朱温称帝后,即设立建昌院(宫)作为财政管理中枢机构之一,并以养子博王朱友文判院事。史载:"博王友文,字德明,本姓康名勤……太祖养以为子。太祖领四镇,以友文为度支盐铁制置使。太祖用兵四方,

---

① 参见砺波护《三司使の成立について——唐宋の変革と使職》(《史林》44卷4期,1961年);董恩林《五代中央财政体制考述》(《湖北大学学报》1986年第2期);李军《五代三司使考述》(《人文杂志》2003年第5期);郑学檬《五代十国史研究》(上海人民出版社1991年版,第138~142页);杜文玉《五代十国制度研究》(人民出版社2006年版,第137~145页)。

友文征赋聚敛以供军实。太祖即位,以故所领宣武、宣义、天平、护国四镇征赋,置建昌宫总之,以友文为使,封博王。"①开平元年五月,"辛卯,以东都旧第为建昌宫,改判建昌宫事为建昌院使。初,帝创业之时,以四镇兵马仓库籍繁,因总置建昌院以领之,至是改为宫,盖重其事也"。②朱友文虽然担任建昌宫使,但实际上不可能具体管理财政事务,故从开平二年二月起,后梁采取二种形式为他配置副手,一是以他官来判建昌宫事,一是任命建昌宫副使,这二种形式轮流实行。开平二年二月,以侍中韩建判建昌宫事。③同年十月,以尚书兵部侍郎李皎为建昌宫副使。开平三年九月,以门下侍郎平章事薛贻矩兼延资库使、判建昌宫事。开平四年十二月,以崇政院使李振为建昌宫副使。乾化二年(912 年)五月,以门下侍郎平章事于兢兼延资库使、判建昌宫事。④因此,建昌宫确实是后梁初新设立的一个新的财政管理实体。不过,若据此认为建昌(院)宫就是后梁初期的最高财政管理中枢机构,建昌宫使就是当时的最高财政长官,则未必然。

实际上,建昌(院)宫主管的财政范围有明确的限制。朱温为藩镇时,其辖境逐步扩大。中和三年(883 年)三月,他始任宣武军节度使。⑤光化元年(898年)三月,他由宣武、宣义二镇再兼天平镇。⑥天祐元年四月,朱温请以天平镇授张全义,自己则兼任宣武、宣义、忠武、护国四镇节度使。⑦十月,张全义改兼忠武镇,朱温复兼天平镇,仍为兼四镇。⑧朱温的藩镇财政十余年间一直由裴迪主管。史载:

> 裴迪,太祖至汴,延在宾席,恩礼甚优。厥后,每统帅出征,咸命主留事。迪亦勤瘁夙夜,不失所委,累迁职至节度判官,官至检校仆射。光化初,太祖榜于院曰:……自此应诸州钱谷刑狱等事,并请指挥,乃遍报管

---

①　《新五代史》卷一三,《梁家人传・博王友文》。

②　《旧五代史》卷三,《梁书三・太祖本纪第三》。

③　《旧五代史》卷四,《梁书四・太祖本纪第四》。

④　(宋)王溥:《五代会要》卷二四,《建昌宫使》,上海古籍出版社 1978 年版,第 378 页;《旧五代史》卷一四九,《职官志》。

⑤　(宋)司马光,《资治通鉴》卷二五五。

⑥　(宋)司马光,《资治通鉴》卷二六一。

⑦　(宋)司马光,《资治通鉴》卷二六四。

⑧　(宋)司马光,《资治通鉴》卷二六五。

内,咸遣知委。①

迪敏事慎言,达吏治,明筹算。帝初建节旆于夷门,迪一谒见,如故知,乃辟为从事,自是之后,历三十年。委四镇租赋、兵籍、帑廪、官吏、狱讼、赏罚、经费、运漕,事无巨细,皆得专之。帝每出师,即知军州事,逮于二纪,不出梁之阃阈,甚有裨赞之道。禅代之岁,命为太常卿,属年已耆耋,视听昏塞,不任朝谒,遂请老,许之。②

朱温称帝后鉴于理财亲信裴迪已老迈不堪任事,只得重新任命四镇财赋的主管。《五代会要》卷二四《建昌宫使》称:"梁开平元年四月,置建昌院,以博王王友文判院事(注:以太祖神武元圣孝皇帝在藩时,四镇所管兵车、税赋、诸色课利,按旧簿籍而施行,仍置院以领之)。其年五月,中书门下奏请以判建昌院事为建昌宫使(注:仍以东京太祖旧潜龙宅为宫)。"《旧五代史》卷三《梁书三·太祖本纪第三》载,开平元年五月,"辛卯,以东都旧第为建昌宫,改判建昌宫事为建昌院使。初,帝创业之时,以四镇兵马仓库籍繁,因总置建昌院以领之,至是改为宫,盖重其事也"。同书卷一四九《职官志》称:"梁开平元年四月,始置建昌院,以博王友文判院事,以太祖在藩时四镇所管兵车、赋税、诸色课利,按旧簿籍而主之。其年五月,中书门下奏请以判建昌院事为建昌宫使,仍以东京太祖潜龙旧宅为宫也。"《新五代史·梁家人传·博王友文传》称:"太祖即位,以故所领宣武、宣义、天平、护国四镇征赋,置建昌宫总之,以友文为使,封博王。太祖幸西都,友文留守东京。"这些记载都明确说明建昌(院)宫成立之后,朱友文判院事或任建昌宫使所主管的只是宣武、宣义、天平、护国四镇的财政,"按旧簿籍而主之"。

不过,《资治通鉴》卷二六六开平元年四月记事称:"初,帝为四镇节度使,凡仓库之籍,置建昌院以领之;至是,以养子宣武节度副使友文为开封尹、判院事,掌凡国之金谷。"末尾一句"掌凡国之金谷",似乎给人以建昌院是后梁王朝的最高财政管理机构的印象。其实,如上所述这时的建昌宫院仍只是主管作为后梁立国基础的四镇财政的管理机构,主掌的应是"凡(藩)国之金谷",而非后梁全境的最高财政管理机构。

再说取代建昌宫使的国计使。乾化二年六月,后梁发生宫廷政变,朱全忠次子友珪杀父自立为帝,并杀死朱友文,废建昌宫。《五代会要·建昌宫使》

① (宋)王钦若等编:《册府元龟》卷七一六,《幕府部·倚任》。
② (宋)王钦若等编:《册府元龟》卷二一一,《闰位部·求旧》。

载,朱友珪以河南尹、魏王张宗奭(即张全义)为国计使,注称:"凡天下金谷、兵戎旧隶建昌宫者,悉主之。"这一注文也说明此前"天下金谷"只有一部分是由建昌宫主管的,至此才转归国计使管理。换言之,河南尹张宗奭虽然号称"国计使",所接管的只是建昌宫主管的四镇财政而已。次年二月,朱全忠第四子朱瑱杀友珪,是为梁末帝。魏王张宗奭仍受末帝重用,官至守太尉、兼中书令、河南尹、判六军诸卫事、天下兵马副元帅、西都留守等。① 他是否继续兼任国计使,史无明文。不过,即使他仍兼任"国计使",也不是后梁的最高财政长官。因为后梁朝廷设在东都开封,张宗奭则在西都洛阳任职,如果国计使是后梁的最高财政长官,显然与皇权分离较远,如何能及时根据皇帝的旨意进行财政调度呢? 正如郑学檬先生指出的:"从史料记载来看,张全义兼国计使没有起到总治财赋的作用,只是负责筹措河南府供亿而已。"② 还要指出,后梁末帝在重用张全义的同时,又任命赵岩为租庸使。租庸使可以"帖下诸州调发,不关节度观察使,谓之直下"。③ 这也说明国计使不是后梁的最高财政长官。

更值得关注的,是后梁建昌宫使、国计使与宰相分判财政三司制的关系。

李锦绣已指出:"从唐末僖宗(中和年间)起,宰相判三司逐渐形成了太清宫使、弘文馆大学士、延资库使充盐运使,监修国史判度支,集贤殿大学士判户部的新格局。"④ 唐末又出现由一名重臣而非宰相专判三司的情况。光启二年(886 年)四月,唐僖宗逃往兴元,强藩朱玫逼迫宰相萧遘、裴澈等率群僚册立襄王李煴为监国。"煴以郑昌图判度支,而盐铁、户部各置副使,三司之事,一以委焉。"⑤ 这是只设一名正使主管财政三司。昭宗天复元年(901 年)十一月,辛酉,以"兵部侍郎卢光启权句当中书事,兼判三司"。⑥ 那是因为"昭宗幸凤翔,宰相皆不从,以光启权总中书事,兼判三司,进左谏议大夫,参知机务"。⑦ 天祐三年(906 年),唐哀帝曾下令让掌控朝政的魏王朱温"总判监铁、度支、户

① 《旧五代史》卷九,《梁书九·末帝本纪中》,"贞明三年十二月"条。
② 郑学檬:《五代十国史研究》,上海人民出版社 1991 年版。
③ (宋)司马光:《资治通鉴》卷二七三,"同光二年十月辛未"条胡三省注。
④ 李锦绣:《唐代财政史稿》(下卷)第一分册,北京大学出版社 2001 年版,第 210 页。
⑤ 《旧唐书》卷一七五,《昭宗十子传·嗣襄王煴》。
⑥ 《新唐书》卷六三,《宰相表下》。
⑦ 《新唐书》卷一八二,《卢光启传》。

部等三司事"，官衔为"三司都制置使"，因朱温推辞而未果。①

上述唐末在特殊环境下发生的三例由一名重臣"兼判三司"，虽是五代后唐以一名重臣"总判三司事"制度的滥觞，但后梁代唐之后沿用的却仍然是唐僖宗以来的宰相分判财政三司制。

后梁建立之后，开平元年五月，以薛贻矩为中书侍郎、平章事，兼判户部。开平二年夏，薛贻矩"进拜门下侍郎、监修国史、判度支，又迁弘文馆大学士，充盐铁转运使"。② 同年十月，后梁以尚书兵部侍郎李珽为建昌宫副使。显然官职较低的建昌宫副使李珽不可能总判由宰相兼判的财政三司之事。开平三年十二月，中书侍郎、同平章事、判户部事于兢奏："伏乞降诏天下州府，各准旧章申送户口籍帐。"梁太祖允之。③ 此例说明开平年间在设置建昌宫使的同时，宰相分判三司制仍然在运行。末帝废建昌宫使而设国计使、租庸使之后，也继续实行宰相分判三司制。如贞明二年（916 年）十月，丁酉，"以开府仪同三司、中书侍郎、兼吏部尚书、同平章事、集贤殿大学士、判户部敬翔为右仆射、兼门下侍郎、平章事、监修国史，判度支。以光禄大夫、中书侍郎、同平章事郑珏为特进、兼刑部尚书、平章事、集贤殿大学士，判户部"。④ 贞明六年四月，"乙巳，以右仆射兼门下侍郎、同平章事、监修国史、判度支、开国公敬翔为弘文馆大学士、延资库使、诸道盐铁转运等使，余如故。以中书侍郎兼刑部尚书、平章事、集贤殿大学士、判户部事郑珏为监修国史、判度支。以中书侍郎、平章事萧顷为集贤殿大学士、判户部事。以尚书左丞李琪为中书侍郎、平章事"。⑤ 可见贞明年间实行的仍然是唐僖宗以来以二或三名宰相分判三司的格局，并没有指派一位"重臣"总判三司事。史载，龙德元年（921 年）二月，盐铁转运使敬翔奏："请于雍州、河阳、徐州三处重置场院税茶。"哀帝从之。⑥ 这也是宰相分判三司制运转的一个具体事例。因此，假如梁末帝时河南尹、魏王张宗奭仍然兼任国计使，由于他一直充任西京留守，不可能总判由身居东都朝廷之中的宰相

---

① 《旧五代史》卷二《梁书二·太祖本纪第二》载：天祐三年"三月甲寅，天子命帝总判监铁、度支、户部等三司事，帝再上章切让之，乃止"。《旧唐书》卷二十下《哀帝本纪下》载：天祐三年三月，"戊寅，制元帅梁王可兼领诸道盐铁转运等使，判度支、户部事，充三司都制置使"。

② 《旧五代史》卷一八，《薛贻矩传》。

③ （宋）王钦若等编：《册府元龟》卷四八六，《邦计部·户籍》。

④ 《旧五代史》卷八，《梁书八·末帝本纪上》。

⑤ 《旧五代史》卷一〇，《梁书十·末帝本纪下》。

⑥ 《旧五代史》卷一〇，《梁书十·末帝本纪下》。

兼判的财政三司之事。

再说租庸使。后梁的租庸使始见于末帝即位之后。《旧五代史》卷十四《梁书十四·赵犨传附子赵岩》载，赵岩乃梁太祖朱温的驸马，"累历近职，连典禁军。预诛庶人友珪有功，末帝即位，用为租庸使、守户部尚书"。后唐的谏官窦专指出后梁租庸使之设与废建昌宫使有关，说："伪梁不知故事，将四镇节制征输，置宫使名目管系。既废宫后，改置租庸，杂以掊敛相兼，加之出放生利。"[①]他指出后梁的租庸使接管四镇财赋管理之后，其组织收入的职权有所扩大。欧阳修在《新五代史》卷二六《唐臣传·张延朗传》则写道：

> 唐制：户部度支以本司郎中、侍郎判其事，而有盐铁转运使。其后用兵，以国计为重，遂以宰相领其职。乾符已后，天下丧乱，国用愈空，始置租庸使，用兵无常，随时调敛，兵罢则止。梁兴，始置租庸使，领天下钱谷，废盐铁、户部、度支之官。

按他的说法，租庸使便是后梁新设的最高财政长官。但此说是否能成立，仍须检验。

正如不少学者所指出的，租庸使并非后梁始置的财政使职，唐朝即有之，而且在唐朝的前后期名虽同而实有异。特别需要注意的，是与后梁租庸使直接有关的唐末"诸道租庸使"（有时简称"租庸使"）。此职虽然由重臣甚至宰相兼任，但并非统驭由几名宰相分判的财政三司的最高财政职官。《旧唐书》卷一九下《僖宗本纪下》载，光启三年（887年）正月，僖宗逃入兴元府时，"以兵部侍郎、诸道租庸使张浚本官同平章事"。据考，张浚于光启元年、二年迁户部侍郎，判度支。光启三年九月，迁兵部侍郎，同中书门下平章事，仍判度支。[②]可知张浚是判度支兼任诸道租庸使。不过，此时唐朝仍然维持着宰相分判三司制。龙纪元年（889年）三月昭宗即位后，"以右仆射、门下侍郎、同平章事孔纬守司空、太清宫使、弘文馆大学士、延资库使、领诸道盐铁转运等使，以右仆射、门下侍郎、集贤殿大学士杜让能为左仆射、监修国史、判度支，以中书侍郎、户部尚书、同平章事张浚为集贤殿大学士、判户部事"。乾宁四年（897年）三月，

---

① （宋）王溥：《五代会要》卷二四，《建昌宫使》。

② 严耕望：《唐仆尚丞郎表》卷一二，《辑考下·户侍》，"张浚"条，上海古籍出版社2007年影印台湾"中央研究院"史语所本，第749页。

昭宗以张浚"为尚书左仆射,依前充租庸使"。① 同时以兵部侍郎、同中书门下平章事崔远判户部。② 八月,以门下侍郎、平章事孙偓判度支兼充诸道盐铁转运使。③ 昭宗光化三年(900 年)九月,"戊申,制左仆射、门下侍郎、平章事、监修国史、判度支崔胤充太清宫使、修奉太庙使、弘文馆大学士、延资库使,依前判度支,兼充诸道盐铁转运等使。……以银青光禄大夫、行尚书吏部侍郎、上柱国裴枢为中书侍郎、同平章事,判户部事。辛亥,以光禄大夫、尚书右仆射、租庸使张浚罢租庸使,守本官"。④ 可见在张浚兼任诸道租庸使的十三年之间,唐朝继续维持宰相分判三司制。

唐末诸道租庸使的职权是什么?后唐同光二年(924 年)三月,左谏议大夫窦专上疏庄宗说:

> 自唐天宝中安史作乱,民户流亡,征赋不时,经费多阙,唯江淮、岭表郡县完全,总三司货财,发一使征赋,在处勘覆,目曰"租庸"。才收京城,寻废职务。广明中,黄巢充斥,僖宗省方,依前以江淮征赋又置租庸使催征。及至车辂还京,旋亦停废。⑤

他指出唐末诸道租庸使的职掌在于催征度支、户部、盐铁三司在江南地区的应收财赋,行使的只是"催征"职能,并非全面主管财政收支。⑥

总之,唐末在宰相分判三司体制下,诸道租庸使不是主判三司的最高财政长官。至于《旧五代史·职官志》所说的唐朝"乾符后,天下兵兴,随处置租庸使,以主调发,兵罢则停",这类"租庸使"只是在宰相分判三司制下唐朝中央增派的出使地方的财政使职。

---

① 《旧唐书》卷二〇上,《昭宗本纪上》。

② 严耕望:《唐仆尚丞郎表》卷一二,《辑考四下·户侍》,"崔远"条,上海古籍出版社2007 年影印台湾"中央研究院"史语所本,第 758 页。

③ 严耕望:《唐仆尚丞郎表》卷一二,《辑考四下·度支》,"孙偓"条,上海古籍出版社2007 年影印台湾"中央研究院"史语所本,第 758 页。

④ 《旧唐书》卷二〇上,《昭宗本纪上》。

⑤ (宋)王溥:《五代会要》卷二四,《建昌宫使》。

⑥ 按,设一使职掌管催促诸道上供租庸,在唐前期天宝年间已有之。据(宋)王溥《唐会要》卷七八《诸使中·诸使杂录上》载:"天宝七载十一月,给事中杨钊充九成宫使。"并注称:"其使及木炭使,并是岐州刺史勾当。至是,钊欲移夺大权,遂兼监仓司农,出纳钱物,召募剑南健儿;两京太仓、含嘉仓出纳,召募河西、陇右健儿,催诸道租庸等使。"

后梁末帝设置租庸使之后的财政中枢管理体制,有如唐末设诸道租庸使的情况。其一,如上所述,后梁末帝设租庸使之后并没有"废盐铁、户部、度支之官",而是维持宰相分判三司制。其二,后梁租庸使行使的也只是催收职能。《旧五代史》卷十《梁书十·末帝本纪下》载:

> 贞明六年四月己亥,制曰:"……用兵之地,赋役实烦,不有蠲除,何使存济。除两京已放免外,应宋、亳、辉、颍、郓、齐、魏、滑、郑、濮、沂、密、青、登、莱、淄、陈、许、均、房、襄、邓、泌、随、陕、华、雍、晋、绛、怀、汝、商等三十二州,应欠贞明四年终已前夏秋两税,并郓、齐、滑、濮、襄、晋、辉等七州,兼欠贞明四年已前营田课利物色等,并委租庸使逐州据其名额数目矜放。"

由此可见后梁租庸使负有全境两税与营田课利的征收与放免之责。

后唐同光二年三月,左谏议大夫窦专上疏叙述唐朝安史乱后到后梁的"租庸使"职掌沿革,指出:

> 臣伏见天下诸色钱谷,比属户部、度支、金部、仓部,各有郎中、员外支计分劈。自后以租赋殷繁,添置司之额。自唐天宝中安史作乱,民户流亡,征赋不时,经费多阙,唯江淮、岭表郡县完全,总三司货财,发一使征赋,在处勘覆,目曰租庸。才收京城,寻废职务。广明中,黄巢充斥,僖宗省方,依前以江淮征赋又置租庸使催征。及至车辂还京,旋亦停废。伪梁不知故事,将四镇节制征输,置宫使名目管系。既废宫后,改置租庸,杂以掊敛相兼,加之出放生利。况户口什一之税,是太平之日规绳,租庸总三司追科,因丧乱之时制置,在京无此名目,乃是出使权宜。[①]

据他所述,唐末的租庸使只是在战乱加剧、中央财政收入匮乏的情况下唐廷设置的负责"总三司追科",特别是催征江淮赋税的权宜性财政使职。而后梁的租庸使则是在主管四镇财赋的建昌宫使废除之后才设置的,其职掌从管理四镇财赋扩大到"杂以掊敛相兼,加之出放生利"。这与上引梁末帝贞明六年四月己亥制所说的租庸使要负责放免有关各州的夏秋两税及"营田课利物

---

① (宋)王溥:《五代会要》卷二四,《建昌宫使》。按,(宋)司马光:《资治通鉴》卷二七五,"天成元年四月庚子"条,胡三省注引"宋白曰"略同。

色等"相符。

要言之,后梁的租庸使是废除建昌宫使之后新置的一种中央财政使职,其职权为"追科"或放免财政三司所辖正税、杂税乃至营田课利等收入。有学者称之为后梁"中央户部之外常设的最高税务官",[①]可能比较贴切。

概括上述,后梁财政中枢管理体制呈现二元局面,虽然先后设置过建昌宫使、国计使、租庸使,让他们分割了财政管理中枢的部分财权,但仍一直维持着唐末以来的宰相分判财政三司体制,从而被后唐明宗时中书门下引为"故事""旧制"。

二、后唐的租庸使、判三司与三司使

同光元年(923 年)四月,后唐庄宗代梁称帝,"以行台左丞相豆卢革为门下侍郎、同中书门下平章事、太清宫使;以行台右丞相卢澄为中书侍郎平章事、监修国史;以前定州掌书记李德休为御史中丞;以河东节度判官卢质为兵部尚书,充翰林学士承旨;以河东掌书记冯道为户部侍郎,充翰林学士;以魏博、镇冀观察判官张宪为工部侍郎,充租庸使;以中门使郭崇韬、昭义监军使张居翰并为枢密使。以权知幽州军府事李绍宏为宣徽使;以魏博节度判官王正言为礼部尚书,行兴唐尹"。[②] 不难发现,庄宗任命这一批朝廷重臣时,并没有遵循唐末与后梁的宰相分判财政三司的"故事",唯一指派的财政长官是由魏博、镇冀观察判官升任工部侍郎的张宪兼任租庸使。这无疑是后唐财政中枢管理体制的重要变化。

不过,《旧五代史》卷六九《唐书四五·王正言传》载:

> 时孔谦为租庸副使,常畏张宪挺特,不欲其领使,乃白郭崇韬留宪于魏州,请宰相豆卢革判租庸。未几,复以卢质代之。孔谦白云:"钱谷重务,宰相事多,簿籍留滞。"又云:"卢质判二日,便借官钱,皆不可任。"意谓崇韬必令己代其任,时物议未允而止,谦沮丧久之。李绍宏曰:"邦计国本,时号怨府,非张宪不称职。"即日征之。孔谦、段伺白崇韬曰:"邦计虽重,在侍中眼前,但得一人为使即可。魏博六州户口,天下之半,王正言操

① 董恩林:《五代中央财政体制考述》,《湖北大学学报》1986 年第 2 期。
② 《旧五代史》卷二九,《唐书五·庄宗本纪第三》。

守有余,智力不足,若朝廷任使,庶几与人共事,若专制方隅,未见其可。张宪才器兼济,宜以委之。"崇韬即奏宪留守魏州,征王正言为租庸使。正言在职,主诺而已,权柄出于孔谦。正言不耐繁浩,簿领纵横,触事遗忘,物论以为不可,即以孔谦代之,正言守礼部尚书。

《旧五代史》卷七三《唐书四九·孔谦传》载:

> 孔谦,庄宗同光初,为租庸副使。谦本州岛之干吏,上自天祐十二年,帝平定魏博,会计皆委制置。谦能曲事权要,效其才力,帝委以泉货之务,设法箕敛,七八年间,军储获济。及帝即位于邺城,谦已当为租庸使,物议以谦虽有经营济赡之劳,然人地尚卑,不欲骤总重任。枢密使郭崇韬举魏博观察判官张宪为租庸使,以谦为副,谦悒然不乐者久之。
>
> 帝既平梁汴,谦径自魏州驰之行在,因谓崇韬曰:"魏都重地,须大臣弹压,以谦筹之,非张宪不可。"崇韬以为忠告,即奏宪为邺都副留守,乃命宰臣豆卢革专判租庸。谦弥失望,乃寻革过失。时革以手书便省库钱数十万,谦以手书示崇韬,微讽于革。革惧,上表请崇韬专其事,崇韬亦辞避。帝问:"当委何人为可?"崇韬曰:"孔谦虽久掌货泉,然物议未当居大任,以臣所见,却委张宪为便。"帝促征之。宪性精办,为趋时者所忌,人不佑之。谦乘间诉于豆卢革曰:"租庸钱谷,悉在眼前,委一小吏可办,邺都本根之地,不可轻付于人。兴唐尹王正言无裨益之才,徒有独行,诏书既征张宪,复以何人为代?"豆卢革言于崇韬,崇韬曰:"邺都分司列职,皆主上旧人,委王正言何虑不办?"革曰:"俱是失也,设不获已,以正言掌租庸,取画于大臣,或可办矣,若付之方面,必败人事。"谦以正言非德非勋,懦而易制,曰:"此议为便。"然非己志,寻掎正言之失,泣诉于崇韬,厚赂阉伶,以求进用,人知奸诡,沮之,乃上章请退。帝怒其规避,将置于法,乐人景进于帝前解喻而止。王正言风病恍惚,不能综三司事,景进屡言于帝,乃以正言守礼部尚书,以谦为租庸使。

撤除这二处记载的细节不同,可知由于孔谦以各种理由加以沮阻,庄宗实际上没有以张宪为租庸使,而是先由豆卢革、卢质短暂兼任,再由礼部尚书王正言兼任租庸使。值得注意的是,在选任的过程中,先后被考虑或任命的四名官员全部是朝廷重臣,甚至让宰相豆卢革既判租庸使又兼诸道盐铁转运使,①孔谦则为租庸副使、盐铁转运副使。② 这进一步说明庄宗即位之后确实放弃了宰相分判财政三司体制,改行由一名重臣"综三司事"的体制。不过,庄宗正式下令让租庸使总管财政三司事务,是到同光二年正月。《旧五代史》卷三一《唐书七·庄宗本纪五》载,同光二年正月,"诏盐铁、度支、户部并委租庸使管辖"。这就是租庸使"主掌三司"③的新财政中枢管理体制。

不过,《旧五代史》卷一四九《职官志》称,同光二年正月敕:"盐铁、度支、户部三司,凡关钱物,并委租庸使管辖,踵梁之旧制也。"又称:"梁时乃置租庸使,专天下泉货。庄宗中兴,秉政者不闲典故,踵梁朝故事,复置租庸使,以魏博故吏孔谦专使务。"这二处明确地把庄宗让租庸使"主掌三司"称为是沿承后梁的"旧制"。然此说有误。因为,如前所析,后梁的租庸使只是与宰相分判财政三司制并存的一个中央财政使职,不是总判财政三司的最高财政长官,所以庄宗非"踵梁之旧制"也。

同光二年三月,左谏议大夫窦专针对庄宗之诏,上疏叙述唐朝安史乱后到后梁"租庸使"职掌的沿革变化,最后说:"租庸总三司追科,因丧乱之时制置,在京无此名目,乃是出使权宜。若要委一官之能,何妨总三司合判。"④他建议不要另设租庸使之职以总管三司钱物事,而是从判三司的长官中选一人"总三司合判"。不难发现,其先例就是唐光启二年"郑昌图判度支,而盐铁、户部各置副使,三司之事,一以委焉"。就形式而言,以一官统管财政三司,窦专的建议与庄宗的做法并无太大区别。因此,若要论后唐庄宗以"一官之能"总管财政三司体制之端倪,实是初露于唐末僖宗、昭宗、哀帝之时,而非"踵梁之旧制"。

然而,庄宗时租庸使在财政管理中枢的地位犹有可论者。若将唐末、后梁、后唐的租庸使的地位加以对比,可以发现,庄宗在同光二年八月将孔谦由租庸副使提升为租庸使,⑤同时却没有像唐末和后梁实行宰相分判财政三司体制时那样给予他宰臣的高位,让他与其他重臣平起平坐,而只是进封会稽县

---

① (宋)司马光:《资治通鉴》卷二七二,"同光元年十一月戊午"条。

② 《旧五代史》卷三〇,《唐书六·庄宗本纪第四》。

③ 天成二年七月,明宗下制贬豆卢革,其中斥责他"主掌三司,委元随之务局"。见《旧五代史》卷三六《唐书十二·明宗本纪第二》。

④ (宋)王溥:《五代会要》卷二四,《建昌宫使》。

⑤ (宋)司马光:《资治通鉴》卷二七三,"同光二年八月癸酉"条。

男,赐予"丰财赡国功臣"的称号而已。① 而且,史载,同光三年秋,"天下大水,国计不充,庄宗诏百僚许上封事,陈经国之要"。吏部尚书李琪上疏论事,"庄宗深重之,寻命为国计使"。② 虽然庄宗不久即死,李琪任国计使为时短暂,③但庄宗拟重用李琪理财的举动,说明他不想给予租庸使孔谦最高财政长官的正式地位。这是因为孔谦出身魏州孔目吏,诚如前引《旧五代史》本传云其"人地尚卑";"虽久掌货泉,然物议未当居大任"。可见欧阳修在《新五代史》卷二八《豆卢革传》、卷三七《伶官传·景进传》把孔谦称为"三司使",在官职称谓上均误。

只是,庄宗时租庸使的财权确实很大,其职掌已不限于"总三司追科",而是包括管理诸道兵帐、户口文帐,④修改百官俸料发放标准,⑤支付少府监铸造官印的原料工钱,⑥房借漕船⑦,制定召募百姓转运粮食入京并与官行赏的具体方案,⑧等等。特别是孔谦担任租庸副使、租庸使时的所作所为,显示了租庸使在财政管理中枢如何权倾一时。史载,同光二年二月,庚午,租庸副使孔

① 《旧五代史》卷三二,《唐书八·庄宗本纪第六》。

② 《旧五代史》卷五八,《唐书十四·李琪传》。

③ 《新五代史》卷五四《李琪传》载:同光四年二月,庄宗以吏部尚书李琪为国计使,"方欲以为相,而庄宗崩"。

④ (宋)王钦若等编:《册府元龟》卷五四七《谏诤部·直谏第十四》载,同光二年五月,右谏议大夫薛昭文上疏陈十事,其三曰:"臣窃见河南兵士,不少亦是先在伪廷,备经训练,颇闻精锐,皆堪征伐。自陛下平定汴州以来,寻曾选拣。或闻诸道分臂之时,未堪精细,或有勇悍者放归田里,或有懦弱者留在军都,当差发征行,则逃避避窜,以此散失,其数实繁。请宣示租庸司,先管兵帐,所司子细磨勘,向来系数额多少,兼取近年诸道所申逃背名帐较量,比旧额少剩,即知元数减耗。"其四曰:"臣窃见诸道百姓,皆陛下赤子,爰自比年,以伪廷徭役频仍,租赋繁重,馈挽不已,疲弊益深,既不聊生,率多逋窜。虽有德音轸恤,未闻时降招携。亦请宣取租庸司,应河南先在伪廷户口文帐,磨勘从前多少数目,兼勘诸道所申近年见管及流亡户口,即知人物增减。"

⑤ (宋)王钦若等编:《册府元龟》卷五〇八,《邦计部·俸禄第四》,后唐同光三年二月租庸院奏。

⑥ (宋)王钦若等编:《册府元龟》卷六一,《帝王部·立制度第二》,后唐同光三年正月戊戌敕。

⑦ (宋)王钦若等编《册府元龟》卷四九八《邦计部·漕运》载,明宗天成元年四月制曰:"先缘漕运京师,租庸司房借私船,今既分兵就食,停淤漕运,其诸河渡私船并仰却付本主,如有滞留,许本主论告。"

⑧ (宋)王钦若等编:《册府元龟》卷五〇九,《邦计部·鬻爵赎罪》,"同光三年闰十二月"条。

谦奏："诸道纲运客旅,多于私路苟免商税,请令所在关防严加捉搦。"庄宗从之。①《资治通鉴》卷二七三同光二年四月庚辰记事称:"(租庸副使)孔谦贷民钱,使以贱估偿丝(胡三省注:以钱贷民,而以贱价征丝,偿所贷钱),屡檄州县督之。翰林学士承旨、权知汴州卢质上言:'梁赵巖为租庸使,举贷诛敛,结怨于人。陛下革故鼎新,为人除害,而有司未改其所为,是赵巖复生也。今春霜害稼,茧丝甚薄,但输正税,犹惧流移,况益以称贷,人何以堪!臣惟事天子,不事租庸,敕旨未颁,省牒频下(胡三省注:省牒,谓租庸使所下文书),愿早降明命!'帝不报。"同年十二月,租庸使奏许州的叶县、襄城县"最邻京畿,户口全少",请割隶汝州。② 同光三年十月,辛未,"天平节度使李存霸、平卢节度使符习言:'属州多称直奉租庸使帖指挥公事,使司殊不知,有紊规程。'租庸使奏,近例皆直下。敕:'朝廷故事,制敕不下支郡,牧守不专奏陈。今两道所奏,乃本朝旧规;租庸所陈,是伪廷近事。自今支郡自非进奉,皆须本道腾奏,租庸征催亦须牒观察使。'虽有此敕,竟不行"。③ 闰十二月,"是时,两河大水,户口流亡者十四五,都下供馈不充,军士乏食,乃有鬻子去妻,老弱采拾于野,殍踣于行路者。州郡飞挽,旋给京师,租庸使孔谦日于上东门停外伫望其来,算而给之"。④《旧五代史》卷七三《孔谦传》载:"谦以国用不足,奏:'诸道判官员数过多,请只置节度、观察、判官、书记、支使、推官各一员,留守置判官各一员,三京府置判官、推官,余并罢俸钱。'又奏:'百官俸钱虽多,折支非实,请减半数,皆支实钱。'并从之。未几,半年俸复从虚折。"《册府元龟》卷一六〇《帝王部·革弊第二》"长兴元年七月"条史臣曰:"同光时,租庸使孔谦起自胥徒,不知大体,方中原未平,所利财赋办集,乃奏请州县官有征科先可者则行恩奖,或与检校官,或赐章服。繇是长吏竞为苛刻,于省限前卒征暴敛,以希曲恩,或蚕未茧而欲丝,麦初芒而督税,皆出利求取,其费数倍,人皆哭泣而末诉。"《旧五代史》卷六三《张全义传》载:"先是,朱梁时供御所费,皆出河南府,其后孔谦侵削其权,中官各领内司使务,或豪夺其田园居第,全义乃悉录进纳。"

从明宗即位后对孔谦的清算,也可见当时租庸使是如何到处插手的。《旧

---

① 《旧五代史》卷三一,《唐书七·庄宗本纪第五》。
② (宋)王溥:《五代会要》卷二〇,《州县分道置废·河南道》。
③ (宋)司马光:《资治通鉴》卷二七三。胡三省注:"时租庸使帖下诸州调发,不关节度观察使,谓之直下。""唐制:节度使掌兵事,观察使掌民事,故敕租庸征催止牒观察使司。"
④ 《旧五代史》卷三三,《唐书九·庄宗本纪第七》。

五代史》卷六九《孟鹄传》载:"孔谦专典军赋,征督苛急,明宗尝切齿。"明宗即位后,于天成元年(926年)四月庚子下敕:"租庸使孔谦,滥承委寄,专掌重权,侵剥万端,奸欺百变。遂使生灵涂炭,军士饥寒,成天下之疮痍,极人间之疲弊。"即日诛杀孔谦,"敕停租庸名额,依旧为盐铁、户部、度支三司,委宰臣豆卢革专判"。中书门下上言:"请停废诸道监军使、内勾司、租庸院大程官,出放猪羊柴炭户。括田竿尺,一依朱梁制度,仍委节度、刺史通申,三司不得差使量检。州使公廨钱物,先被租庸院管系,今据数却还州府,州府不得科率百姓。百姓合散蚕盐,每年祇二月内一度俵散,依夏税限纳钱。夏秋苗税子,除元征石斗及地头钱,余外不得纽配。先遇赦所放逋税,租庸违制征收,并与除放。今欲晓告河南府及诸道准此施行。"明宗从之。① 甲寅,明宗又下令:"租庸使先将系省钱物,与人回图,宜令尽底收纳,以塞幸门。"②

《新五代史》卷二六《孔谦传》撰述了孔谦的擅权聚敛行为,称:

> 谦无佗能,直以聚敛为事。庄宗初即位,推恩天下,除百姓田租,放诸场务课利欠负者,谦悉违诏督理。故事:观察使所治属州事,皆不得专达。上所赋调,亦下观察使行之。而谦直以租庸帖调发诸州,不关观察,观察使交章论理,以谓:"制敕不下支郡,刺史不专奏事,唐制也。租庸直帖,沿伪梁之弊,不可为法。今唐运中兴,愿还旧制。"诏从其请,而谦不奉诏,卒行直帖。又请减百官俸钱,省罢节度观察判官、推官等员数。以至郵塞天下山谷径路,禁止行人,以收商旅征算;遣大程官放猪羊柴炭,占庇人户;更制括田竿尺;尽率州使公廨钱。由是天下皆怨苦之。

归纳以上资料,可见"专掌重权"的租庸使孔谦职权所及,包括商税征收管理、违制征收已被放免的逋税、收管州使公廨钱、变更括田竿尺并派人到州县检田定税、用系省钱物经营取利、不上报皇帝而径发"省牒"、越过节度观察使而直接下文向州郡催征赋税、专典军赋、更改官员俸禄发放标准与方式、奏减地方官员员额以减少俸禄支出、奏请奖励地方官提前督征赋税,供奉宫廷开支,凡此均属重大收支事项。他行使的无疑是最高财政长官的职权,所主管的

---

① 《旧五代史》卷三五,《唐书一一·明宗本纪第一》。
② 《旧五代史》卷三六,《唐书一二·明宗本纪第二》。

机构称为租庸院或租庸司,①设有租庸勾官、②租庸判官、大程官之类的属官,是当时的财政管理中枢实体。

必须指出,五代是一个"兴亡以兵",③"国计之重,军食为先",④而财源却相当有限的战乱时期,财力筹措和财政调度的需求与困难都很大,朝廷亟需提高财政管理中枢的行政效率。尽管孔谦被指斥为聚敛之臣,但他以一人主掌财政、"专典军赋"的所作所为,进一步显示出以一人专判财政三司体制比起宰相分判体制具有更高的行政效率。因而明宗天成元年四月诛杀孔谦之后并没有因人废事,而是继续维持一人专判的财政中枢管理体制。

当时明宗"诏废租庸院,依旧为盐铁、户部、度支三司,委宰臣一人专判"。⑤ 首任者是中书侍郎兼工部尚书、同中书门下平章事任圜,⑥称为"判三司"。⑦ 次年六月,丙戌,宰相任圜落平章事,守太子少保。丁亥,明宗"以宣徽北院使张延朗为右武卫大将军、判三司,依前宣徽使、检校司徒"。⑧ "判三司"之职的设置,是唐末五代财政中枢管理体制在后唐的又一个重要变化。

与此相关,后唐财政中枢管理体制的另一个重要变化是正式设置"三司使"一职。《旧五代史》卷四一《唐书一七·明宗本纪第七》载,长兴元年(930年)八月,"以许州节度使张延朗行工部尚书,充三司使,班在宣徽使之下"。据说,张延朗"自许州入掌国计,白于枢密使,请置三司使",中书门下商议之后,建议明宗授予张延朗"诸道盐铁转运使"的职衔,"令兼判户部、度支",理由是张延朗的要求"非故事"。⑨ 明宗却说:"会计之司,国朝重事,将总成其事额,俾专委于近臣,贵便一时,何循往例,兼移内职,可示新规。"⑩对这件事,宋朝

---

① 《旧五代史》卷三四《唐书十·庄宗本纪第八》载:同光四年春正月壬戌,诏:"应去年遭水灾州县,秋夏税赋并与放免。自壬午年已前所欠残税,及诸色课利,已有敕命放免者,尚闻所在却有征收,宜令租庸司切准前敕处分。"

② 《旧五代史》卷六九,《唐书四五·孟鹄传》。

③ 《新五代史》卷二七,《唐臣传》,"史臣曰"。

④ (宋)王钦若等编:《册府元龟》卷一五四,《帝王部·明罚第三》,后唐明宗长兴三年十二月敕。

⑤ 《旧五代史》卷一四九,《职官志》。

⑥ 《旧五代史》卷三六,《唐书十二·明宗本纪第二》。

⑦ 《旧五代史》卷一○八《李崧传》载:"明宗革命,任圜以宰相判三司,用崧为盐铁推官,赐绯。"

⑧ 《旧五代史》卷三八,《唐书十四·明宗本纪第四》。

⑨ (宋)王溥:《五代会要》卷二四,《建昌宫使》。

⑩ 《旧五代史》卷四一,《唐书十七·明宗本纪第七》。

史官众口一词地评论道："三司置使,自延朗始也。"①"三司之有使额,自延朗始也。"②"三司使始于此,而今遂因之。"③"三司使之名自此始。"④

不过,对宋朝史官的这种评论,仍有重新检讨的必要。兹将后唐明宗、闵帝、末帝任命的财政三司主管官员示如表1。

表1　后唐财政三司主管官员一览表

姓名	任职时间	职衔	资料出处
任圜	明宗天成元年(926年)四月—天成二年五月	中书侍郎兼工部尚书、同中书门下平章事,判三司	《旧五代史》卷三六《唐书十二·明宗本纪第二》
张格	天成元年八月	检校兵部尚书、守太子宾客,充三司副使	《册府元龟》卷一六六《帝王部·招怀第四》
孟鹄	天成初	枢密院承旨,充三司副使	《旧五代史》卷六九《孟鹄传》
孟鹄	天成二年五月	枢密院承旨,充三司副使,权判三司	《旧五代史》卷三八《唐书十四·明宗本纪第四》
张延朗	天成二年六月	以宣徽北院使为右武卫大将军,判三司	《旧五代史》卷三八《唐书十四·明宗本纪第四》
王建立	天成三年三月—十一月	尚书右仆射、同中书门下平章事,充集贤殿大学士,判三司事	《册府元龟》卷七四《帝王部·命相第四》;《新五代史》卷四六《杂传·王建立传》;《资治通鉴》卷二七六
冯赟	天成四年正月—长兴元年(930年)七月	宣徽南院使、行右卫上将军,判三司	《册府元龟》卷一五八《帝王部·诚励第三》;《旧五代史》卷四一《唐书十七·明宗本纪第七》
张延朗	长兴元年八月—长兴三年九月	行工部尚书,充三司使	《旧五代史》卷四一《唐书十七·明宗本纪第七》
孟鹄	长兴三年九月—十一月	左武卫大将军、三司使	《册府元龟》卷五一一《邦计部·旷败》;《旧五代史》卷四三《唐书十九·明宗本纪第九》;《旧五代史》卷六九《孟鹄传》

① 《新五代史》卷二六,《张延朗传》。(宋)王钦若等编:《册府元龟》卷四八三,《邦计部·总序》。
② 《旧五代史》卷四一,《唐书十七·明宗本纪第七》。(宋)王溥:《五代会要》卷二四,《建昌宫使》。
③ 《新五代史》卷六,《唐明宗本纪》。
④ (宋)司马光:《资治通鉴》卷二七七,"长兴元年八月"条。

续表

姓名	任职时间	职衔	资料出处
冯赟	长兴三年十一月起	宣徽南院使、判三司	《旧五代史》卷四三《唐书十九·明宗本纪第九》
冯赟	长兴四年九月—十月	中书门下同二品，充三司使	《旧五代史》卷四四《唐书二十·明宗本纪第十》
孙岳	长兴四年十月—十一月	右卫上将军、充三司使	《旧五代史》卷四四《唐书二十·明宗本纪第十》；《旧五代史》卷四五《唐书二一·闵帝本纪》
王玫	长兴四年十一月—闵帝应顺元年（934年）四月	以光禄卿、三司副使充三司使	《旧五代史》卷四五《唐书二一·闵帝本纪》
刘昫	闵帝应顺元年四月—末帝清泰元年（934年）十月	同中书门下平章事，充集贤殿大学士，兼判三司；末帝即位，加吏部尚书、门下侍郎，监修国史	《梦溪笔谈》卷一《故事一》；《旧五代史》卷八九《刘昫传》
张延朗	末帝清泰元年十月—清泰三年	中书侍郎、同平章事、判三司	《旧五代史》卷四六《唐书二二·末帝本纪上》；《资治通鉴》卷二七九；《五代会要》卷十三

结合表1，后唐设置"三司使"的问题有三点应予辨析。

第一，宋人因明宗授予张延朗"三司使"一职而说"三司使之名自此始"。此说有疑问。

以"三司使"为名的财政使职究竟始于何时？《资治通鉴》卷二六二载，唐昭宗天复元年（901年）闰六月，宰相崔胤"时领三司使（胡注：三司，户部、度支、盐铁），全诲等教禁军对上喧噪，诉胤减损冬衣；上不得已，解胤盐铁使"。不过，据《旧唐书》卷二十上《昭宗本纪》记载，光化二年（899年）九月，"戊申，制左仆射、门下侍郎、平章事、监修国史、判度支崔胤充太清宫使、修奉太庙使、弘文馆大学士、延资库使，依前判度支，兼充诸道盐铁转运等使"；"以银青光禄大夫、行尚书吏部侍郎、上柱国裴枢为中书侍郎、同平章事，判户部事"。这是二名宰相分判财政三司之制。到天复元年十一月，崔胤的各种职衔是"扶危致理功臣、开府仪同三司、守司空、门下侍郎、平章事、充太清宫使、弘文馆大学士、延资库使、诸道盐铁转运等使、判度支、上柱国、魏国公"，但没有"判户部事"一职。所以，崔胤的官衔不得称为三司使。《资治通鉴》说崔胤"领三司使"，当是沿用五代、北宋的称谓。我们不能据以认为唐昭宗时已经有了以"三司使"为名的财政使职。此后,昭宗在天祐三年欲任命朱温为"三司都制置使",事虽不果,但不妨说"三司使"已有其名而无其人。

就后唐而言,说"三司使"之名自张延朗始,也有值得考论之处。据《册府元龟》卷九二《帝王部·赦宥第十一》载,明宗在天成元年四月甲寅改元大赦制中,提到诸州使造曲,长吏私更加造;税茶场院自湖南至京六七处纳税;州使置杂税务,交下烦碎;诸道监务破脚价极多;租庸司先将系省钱与人回图等弊病,最后说:"已上五件,委三司使条理闻奏。"同书卷六二一《卿监部·监牧》载:

> 天成二年三月丙辰,宰臣任圜:"臣伏见番牧臣僚,每正至庆贺,例皆进马。……伏见本朝旧事,虽以进马为名,例多贡奉马贾。盖道途之役,护养稍难,因此群方久为定制。自今后伏请只许四夷番国进驼马,其诸道藩府州镇,请依天复三年已前,许贡绫绢金银,随土产折进马之直,所贵稍便贡输,不亏诚敬。兼请约旧制,选挈生马,分置监牧,俾饮龁而自遂,即骒牝之逾繁者。"
>
> 敕旨:"任圜方秉国权,乃专邦计,公家之利,知无不为。当景运之中兴,举皇朝之政事,不独资其经费,亦异便于贡输,载阅敷陈,允叶事体,宜依所奏,乃置监牧,委三司使别其制置奏闻。"①

不过,如表1所示,任圜从天成元年四月起是以宰相兼判三司,任命制文见于《册府元龟》卷七四《帝王部·命相第四》,最后称:"圜可金紫光禄大夫、中书侍郎、兼工部尚书、平章事、判三司。"他任期到天成二年五月。而上述明宗二份制敕却称他为"三司使"。这是为什么? 显然有待解释。

第二,论者或认为:"后晋、后汉、后周三代均照搬后唐中央财政体制,设置三司使统一掌理中央财政。"②此说不准确。从表1可见,后唐即使以张延朗

---

① 按,上海古籍出版社校点本《五代会要》卷五《节日》载,天成二年三月五日,门下侍郎兼工部尚书、平章事、判三司任圜奏:"三京留守,诸道节度、观察,诸道州防御使、刺史,每年应圣节及正、至等节贡奉,或恩命改转,或讨伐胜捷,各进献马。伏见本朝旧事,虽以献马为名,多将绫绢金银折充马价。盖跋涉之际,护养稍难,因此群方俱为定制。自今后,伏乞除蕃部进驼马外,诸州所进马许依天复三年以前事例,随其土产折进价值,冀贡输之稍易,又诚敬之获申。兼欲于诸处拣挈生马畜,准旧制分置监牧,仍委三司使别具制置奏闻。"通篇视为任圜的奏文。但以文体与内容论,当以《册府元龟》所载有奏文有敕旨为是。

② 董恩林:《五代中央财政体制考述》,《湖北大学学报》1986年第2期。

充三司使之后,所任命主管财政三司者,或者指派一名重臣"兼判三司",或者正式任命为"三司使",这两种任命形式是轮流使用的。换言之,后唐并非自张延朗之后凡"判三司"者皆给予"三司使"的职衔。对此,史籍有若干混淆之处,应加辨析。

先以刘昫为例。《旧五代史》卷四六《唐书二二·末帝本纪上》载有"应顺元年(934年)六月癸未,三司使刘昫奏"云云,[①]此处称刘昫为"三司使"。同书卷一四三《礼志下》载,清泰元年(934年)五月,中书门下奏:"据太常礼院申,明宗圣德和武钦孝皇帝今月二十日祔庙,太尉合差宰臣摄行。缘冯道在假;李愚十八日私忌,在致斋内;今刘昫又奏见判三司事烦,请免祀事。"此处称刘昫"判三司"。那么,宰相刘昫究竟是被任命为"三司使"还是"判三司"呢?宋人沈括曾购得后唐闵帝应顺元年四月中书门下草拟的宰相刘昫"兼判三司"的"堂检"文书,文云:

> 具官刘昫。右,伏以刘昫经国才高,正君志切,方属体元之运,实资谋始之规。宜注宸衷,委司判计,渐期富庶,永赞圣明。臣等商量,望授依前中书侍郎,兼吏部尚书、同中书门下平章事,充集贤殿大学士,兼判三司,散官勋封如故。未审可否? 如蒙允许,望付翰林降制处分,谨录奏闻。

闵帝的批示为:"宰臣刘昫,可兼判三司公事,宜令中书门下依此施行。付中书门下,准此。四月十日。"[②]这份钤有"御前新铸之印"的任官文书,确证闵帝是任命刘昫为"判三司",并没有冠予"三司使"的职衔。

但是,《册府元龟》卷四九二《邦计部·蠲复第四》记载,后唐清泰元年七月庚午,末帝诏曰:

> 朕尝领藩条,屡亲政事,每于求理,务在恤民。……省三司使奏,自长兴元年至四年十二月已前,诸道及户部营田逋租三十八万八千六百七十二端匹束贯斤量,或频经水旱,或并值转输,悉至困穷,寖成逋欠,加以连年灾沴,比户流亡,残租空系于簿书,计数莫资于经费。盖州县不公之吏、乡闾无识之夫乘便欺官,多端隐税。三司使患其侥幸,遍欲推寻。朕……特议含容,且期均济。应自长兴四年已前,三京、诸道及营田,委三司使各

---

① (宋)王钦若等编《册府元龟》卷一八一《帝王部·无断》略同。
② (宋)沈括:《梦溪笔谈》卷一,《故事一》,岳麓书社1998年校点本,第8~9页。

下诸州府县,除已纳外并放。应有逃户,除曾经厘革外,所有后来逃移者,委所在观察司使、刺史速下本部,遍令招抚归业除放,八月后至五年八月并得归业,所有房亲、邻近佃射桑田,不得辄有占据。如自越国程,故不收认,其所征租税,却从清泰元年四月后委三司重行厘革,别议施行。举赏罚之明,条立征催之年限,不得更欠租税,致启幸门。勉怀成务之勤,以副剧繁之选。有要行事件,三司画一闻奏,仍报中书门下,不得漏落。

关于这次蠲税,《旧五代史》卷四六《唐书二二·末帝本纪上》记为清泰元年八月。不管是七月还是八月,当时仍然是宰相刘昫判三司。末帝即位后也只给他加吏部尚书、门下侍郎,监修国史等职衔,仍"兼判三司",并没有加官"三司使"。[①] 然而,末帝却在这份诏书中三处使用了"三司使"的称谓,这又是为什么?再有,《册府元龟》卷四七六《台省部·奏议第七》载:"周元枢为侍御史,清泰元年陈十事,其行者四。诏曰:'……请断无名率配,委三司使省奏举行;请止急征暴赋,况秋夏征科自有常限,宜令官吏不得逾违。'"诏文也称"判三司"的刘昫为"三司使"。加上前引《册府元龟·卿监部·监牧》所载明宗二份敕旨把"判三司"的宰相任圜称为"三司使",可见后唐官场始终存在着把兼判三司的那名宰相称为"三司使"的情况,也就是说不一定非得给予他"三司使"的正式任命才可称"三司使"。这当是沿承唐朝后期把判度支者、判别户部者也称为"使"的习惯。[②] 总之,后唐官方使用"三司使"的称谓要早于张延朗被正式任命为三司使,不过从现有数据来看,有可能只限于宰相兼判三司的场合。当然"三司使"作为正式的一个财政使职名称,确实是张延朗首次要求授予的,而中书门下起初认为"非故事",[③]也并非缺乏唐朝和后梁的职官制度根据。因此,只有从财政使职正式任命的角度,才可以说"三司使之名,自此(张延朗)始"。

但是,称呼或可混用,在后唐正式的职官任命场合,"判三司"与"充三司使"仍然是两种不同的财政长官的任命形式,交替使用。以冯赟为例,长兴三年(932年)十一月,辛巳,明宗"以三司使、左武卫大将军孟鹄为许州节度使,

---

① 《旧五代史》卷八九《晋书十五·刘昫传》载:"清泰初,兼判三司,加吏部尚书、门下侍郎,监修国史。"

② 此点承中国社会科学院历史研究所吴丽娱先生提示,特此说明并致谢。

③ (宋)王溥:《五代会要》卷二四,《建昌宫使》。

以前许州节度使冯赟为宣徽使、判三司"。① 此时冯赟并没有接替孟鹄的"三司使"一职,只是"判三司"。至长兴四年九月,戊子,明宗才以"宣徽南院使、判三司冯赟依前检校太傅,中书门下同二品,充三司使"。② 再如刘昫、张延朗。据《旧五代史》卷八九《晋书十五·刘昫传》载,刘昫于后唐"清泰初(934 年),兼判三司,加吏部尚书、门下侍郎,监修国史。时与同列李愚不协,至忿争,时论非之。未几,俱罢知政事,昫守右仆射,以张延朗代判三司"。《旧五代史》卷四七《唐书二三·末帝本纪中》载有清泰二年(935 年)四月辛巳"宰相判三司张延朗"的奏书。③ 可见闵帝、末帝先后以宰相刘昫、张延朗兼判三司,但都没有给予"三司使"的职衔。

剔除史官明显的用语不纯,④后唐先后带有"三司使"职衔的,可以确认的只有明宗时的行工部尚书张延朗、左武卫大将军孟鹄、中书门下同二品冯赟、⑤右卫上将军孙岳;闵帝时的光禄卿王玫⑥等五人而已。

辨明后唐"判三司"与"充三司使"是两种轮流使用的对财政主管长官的不同任命方式,对于判断后唐财政中枢管理体制演变在唐宋间承上启下的历史地位是有意义的。如前所述,当张延朗提出授予其"三司使"官衔时,中书门下并不同意,认为"非故事也"。他们主张"授延朗特进、行工部尚书,充诸道盐铁转运等使,兼判户部、度支事,从旧制也"。⑦ 中书门下强调的"故事""旧制"其实不是唐末、后梁的宰相分判三司制,而是唐末曾经出现的以一名重臣兼判三司的个别往事。而明宗却说"何循往例""可示新规",似乎从此要另立财政最高职官的新规。然而上述辨析说明,后唐在明宗之后其实是"旧制"与"新规"交替实行。也就是说,若认为后唐自明宗长兴元年八月之后统管财政的最高长官就叫"三司使",也不准确。

---

① 《旧五代史》卷四三,《唐书九·明宗本纪第九》。

② 《旧五代史》卷四四,《唐书十·明宗本纪第一〇》。

③ (宋)王钦若等编:《册府元龟》卷三一四,《宰辅部·谋猷第四》。

④ 如欧阳修在《新五代史》卷二八《唐臣传·豆卢革传》、卷三七《伶官传·敬新磨》把租庸使孔谦称为"三司使",均误。

⑤ 按,(宋)王钦若等编《册府元龟》卷四八四《邦计部·经费》载:"(长兴)三年十二月乙亥,三司使冯赟奏……",职衔有误。

⑥ (宋)王钦若等编《册府元龟》卷四八三《邦计部·选任》载:"王玫,愍帝即位初,自光禄卿、三司副使判院事,充三司使。秦府之乱,三司使孙岳死之,故命玫权判。帝自邺登极,复用玫焉。"

⑦ 《旧五代史》卷一四九,《职官志》。

第三，后唐判三司或充三司使、三司副使的"近臣"，或是用"内职"充任，或是用"宰臣"充任，即人选的身份尚不固定。前引明宗反对中书门下拟议的理由是："会计之司，国朝重事，将总成其事额，俾专委于近臣，贵便一时，何循往例，兼移内职，可示新规。"从表1可见，后唐以文武"内廷充职"判三司使或任三司使的，有守太子宾客张格，先后任枢密院承旨、宣徽南院使、左武卫大将军的孟鹄，任宣徽北院使、右武卫大将军的张延朗，先后任宣徽南院使、行右卫上将军的冯赟，右卫上将军孙岳，光禄卿王玫等，计九人次。而以宰臣充任的则有任圜、王建立、冯赟、刘昫、张延朗等，计六人次，且多以宰相身份兼任。特别是闵帝、末帝的刘昫、张延朗都是宰相。

考论至此，可将后唐财政中枢管理体制发生的重要变化概括为三点。第一，由唐末、后梁实行的由二或三名宰相分判财政三司制，变为由一人专判制，但专判的人选有多种。第二，主管财政三司的最高长官有"兼判三司"与"充三司使"两种任命形式。第三，一人专判制大大提高了财政管理中枢的行政效率，财政三司开始作为一个整体性行政机构行使其财政管理中枢职能，从而被主管官员称为"当省"，[①]或"国计一司"，[②]在皇帝诏敕中被称为"省司"。这就完全改变了唐后期以来至后梁度支、盐铁转运使、户部三司各行其是，分管中央财政收支事务的局面。

三、后汉、后晋、后周的一人专判三司制

后唐一人专判三司的财政中枢管理体制为后晋、后汉、后周所继承，其间只有后晋之初有过很短暂的变化。[③] 从表2可见，后晋立国十一年，三司使或

---

① （宋）王溥：《五代会要》卷二四《建昌宫使》载，后唐明宗长兴四年（933年）正月，三司使奏："当省有诸道盐铁转运使额，职员极多。见有左右都押衙及客司通引，今欲从正押衙设省职，为转迁之序。正押衙、同押衙、衙前兵马使、讨击副使、衙前虞侯、衙前子弟者。"敕："前兵马使以下名目，皆是军职，不合系于省司，其正押衙、同押衙、衙前虞侯、衙前子弟宜依。"

② 《旧五代史》卷六九《张延朗传》载："末帝即位，授礼部尚书，兼中书侍郎、平章事、判三司。延朗再上表辞曰：'……臣又以国计一司，掌其经费，利权二务，职在捃收。'"

③ 《新五代史》卷四八《杂传三六·刘审交传》载："晋高祖即位，杨光远讨范延光于魏州，审交复为供军使。是时，晋高祖分户部、度支、盐铁为三使，岁余，三司益烦弊，乃复合为一，拜审交三司使。"

判三司共有七任,以天福七年(942年)为界,大致此前由"文武在内廷充职兼判三司"六年,①此后由宰臣李崧、刘昫出任三司使或判三司五年。后汉立国四年,三任三司使或权判三司使都出自地方军事长官或藩镇幕府官,掌权最久的王章最后官至宰相。后周立国十年,四任判三司或三司使以担任多项"内职"的张美为主。

表2　后晋、后汉、后周判三司、三司使一览表

朝代	姓名	任职时间	职衔	资料出处
后晋	周瓘	天福元年(936年)十二月庚子	大将军,充三司使	《旧五代史》卷七六《晋书二·高祖本纪第二》
	刘审交	?一天福六年七月壬戌止	右卫大将军,三司使	《旧五代史》卷八十《晋书六·高祖本纪第六》;《新五代史》卷四八《刘审交传》
	张从恩	天福六年七月甲子	以宣徽使、权西京留守判三司	《旧五代史》卷八十《晋书六·高祖本纪第六》
	刘遂清	天福六年八月己亥一九月壬寅	由内客省使、右监门卫大将军为宣徽北院使,判三司,加检校太保	《旧五代史》卷八〇《晋书六·高祖本纪第六》;《旧五代史》卷八一《晋书七·少帝本纪第一》;《旧五代史》卷九六《晋书二二·刘遂清传》
	董遇	天福六年九月起	由右金吾卫大将军、权判三司,再为三司使	《旧五代史》卷八一《晋书七·少帝本纪第一》
	李崧	天福七年七月	加尚书右仆射,兼判三司	《旧五代史》卷一〇八《汉书十·李崧传》
	刘昫	开运元年(944年)七月一开运三年	守司空兼门下侍郎平章事、监修国史、判三司	《旧五代史》卷八三《晋书九·少帝本纪第三》

---

① 《旧五代史》卷七六《晋书二·高祖本纪第二》载,晋天福二年(937年)十一月,中书上言:"自累朝以来,文武在内廷充职兼判三司,或带职额及六军判官等,例不赴常朝,元无正敕。"

372

续表

朝代	姓名	任职时间	职衔	资料出处
后汉	韩祚	天福十二年九月	尚书左丞,权判三司	《册府元龟》卷四八三《邦计部·材略》;参见陈尚君《旧五代史新辑会证》卷一〇六《韩祚传》。
	王玫	帝自邺登极复用焉	由晋之权判三司为三司使	《册府元龟》卷四八三《邦计部·材略》;参见陈尚君《旧五代史新辑会证》卷一〇六《汉书八·王玫传》。
	刘审交	天福十二年(947年)五月—闰七月	由平卢防御州防御使代归,为三司使	《旧五代史》卷一〇六《汉书八·刘审交传》;《新五代史》卷四八《刘审交传》
	王章	天福十二年四月己未	由都孔目官为权三司使、检校太保	《旧五代史》卷九九《汉书一·高祖本纪上》
	王章	天福十二年闰七月	由权三司使为三司使,加检校太傅	《旧五代史》卷一〇〇《汉书二·高祖本纪下》
	王章	乾祐元年(948年)四月	仍为三司使,加检校太尉、同平章事	《旧五代史》卷一〇一《汉书三·隐帝本纪上》
	李谷	乾祐三年十一月	由陈州刺史权判三司	《旧五代史》卷一〇三《汉书三·隐帝本纪下》
后周	李谷	广顺元年(951年)二月—显德元年七月	先以户部侍郎,判三司,后为中书侍郎、同平章事,判三司	《旧五代史》卷一一一《周书二·太祖本纪第二》;《旧五代史》卷一一四《周书五·世宗本纪第一》
	景范	显德元年(954年)七月—八月	由枢密院学士、工部侍郎为中书侍郎、平章事,判三司	《旧五代史》卷一一四《周书五·世宗本纪第一》
	张美	显德二年八月丁未	以枢密院承旨权判三司	《旧五代史》卷一一五《周书六·世宗本纪第二》
	张美	显德三年十二月壬戌	由右领军大将军、权判三司,领三司使	《旧五代史》卷一一六《周书七·世宗本纪第三》
	张美	显德四年	三司使,先后兼大内都巡检、大内都点检	《旧五代史》卷一一七《周书八·世宗本纪第四》
	张美	显德六年六月	为左监门卫上将军,充宣徽北院使,判三司	《旧五代史》卷一一九《周书十·世宗本纪第六》

最后要指出,在一人专判制继续推行的过程中,兼判三司者或三司使的权

力与地位明显增强和提高。后唐长兴三年正月戊申,中书门下奏:"见任宰臣四员外,其余诸使兼侍中、中书令、平章事,并是使相,向来班序皆在见任宰臣之下。"①此时是张延朗以行工部尚书充三司使,他尽管"班在宣徽使之下",但仍不属"使相"之列。后汉时,三司使王章的地位则炙手可热,他与宰相、枢密、宣徽、三司、侍卫使享受同等的赏赐,与枢密使、侍卫使鼎足而立。②

《宋史》卷一六二《职官志二》"三司使"条称:"三司之职,国初沿五代之制,置使以总国计,应四方贡赋之入,朝廷不预,一归三司。通管监铁、度支、户部,号曰计省,位亚执政,目为计相。其恩数廪录,与参、枢同。"不过,通过本文考论可知,其所谓"五代之制"实是始于后唐,也就是说,在唐末到北宋初期财政中枢管理体制由宰相分判制向一人专判制演变的过程中,后唐才是变化的关键时期。

总括全篇,在唐后期经五代到北宋初期财政管理中枢管理体制的演变过程中,虽然唐末曾出现以一名重臣主判三司的个别事例,后梁曾设置建昌宫使、国计使、租庸使分担了一部分财政中枢的职权,但总体上看,唐末、后梁实行的仍然是宰相分判三司制。后唐才正式改行一人专判三司制,但专判人选来源有多途,其职衔称号有多种;任命财政最高长官时,"判三司"与充"三司使"是两种不同的正式职衔,轮流使用,宰相被任命为"判三司"之后也可被称为"三司使"。后唐的一人专判财政三司制显示出较高的行政管理效率,故为后晋、后汉、后周乃至北宋初期所继承。与此同时,专判者的权力逐步增强,地位明显提高。

---

① (宋)王钦若等编:《册府元龟》卷六一,《帝王部·立制度》。

② (宋)司马光:《资治通鉴》卷二八八载,后汉乾祐二年九月,"壬寅,遍赐宰相、枢密、宣徽、三司、侍卫使九人,与(郭)威如一"。同书卷二八九"后汉乾祐三年十一月辛未"条称:"帝自即位以来,枢密使、右仆射、同平章事杨邠总机政,枢密使兼侍中郭威主征伐,归德节度使、侍卫亲军都指挥使兼中书令史弘肇典宿卫,三司使、同平章事王章掌财赋。"

"检田定税"与"税输办集"
—— 五代时期中央与地方的财权关系论稿之一

众所周知,五代是唐末藩镇割据局势的延续与发展,同时又是北宋重建中央集权的先声。其时,在中央与地方的权力关系上,一方面表现为强藩飞扬跋扈,对抗中央朝廷,甚至多次取而代之,改朝换代。另一方面也表现为中央朝廷不断采取措施力图控制和削弱地方势力,从而逐渐积蓄重振中央集权权威的势能。这应是观察五代时期中央与地方权力关系的不可偏废的两个方面。如果忽略了后一个方面,宋太祖取代后周之后若干强化中央集权的措施所取得的成效就显得突兀,而不是由来有渐。

五代至北宋初期中央与地方的财权关系变化就是如此。例如,《续资治通鉴长编》卷四宋太祖乾德三年(965年)二月记事称:

> 自唐天宝以来,方镇屯重兵,多以赋入自赡,名曰留使、留州,其上供殊鲜。五代方镇益强,率令部曲主场院,厚敛以自利。其属三司者,补大吏临之,输额之外辄入己;或私纳货贿,名曰贡奉,用冀恩赏。帝始即位,犹循前制,牧守来朝,皆有贡奉。及赵普为相,劝革去其弊,申命诸州,度支经费外,凡金帛以助军实,悉送都下,无得占留。

其时北宋建立不过六年,赵普一言遽去唐末五代近百年藩镇占留财赋之积弊,这不能不令人感到有些突兀。其实,五代时中央朝廷都或多或少地强化着中央对地方财权的干预,明显地改变了唐后期给予地方政府相当大的财赋自主权的状况,从而使北宋初年赵普的改革有水到渠成之效。

对此,本文拟通过与唐朝后期的政策对比,就五代时期中央加强对地方"检田定税"即配税权的干预,制定对地方官"满限系欠"与"依限了绝"两税征科的奖惩制度两方面试予申论。

一、"检田定税"

(一)"不得随年简责"——唐后期中央对地方"检田定税"的政策倾向

唐朝建中元年(780年)实行两税法改革之后,中央对地方政府曾有过"检田定税"的原则要求。

当时,唐中央对各州两税征收采取控制总额,由地方政府配税到田、配税到户的管理办法。中央派出的十四名黜陟使,"搜摘郡邑,劾验簿书,每州各取大历中一年科率钱谷数最多者,便为两税定额"。① 同时,中央规定州县长官要"据旧征税数,及人户土客,定等第钱数多少,为夏秋两税"。这就是给予地方官员配税自主权。具体来说,一是要把各州"两税钱"定额,对检括到的主客户,②按户等高低分配到各家各户;二是要把各州的"两税斛斗","据大历十四年见佃青苗地额均税"。③ 唐后期中央控制着各州的两税征收总额,长期基本不变,少有增加,从而在一定程度上限制了地方政府的财赋征收自主权。至于地方政府应如何行使其配税权,唐中央随后也有原则性的规定。贞元四年(788年),德宗下令:"天下两税,更审定等第,仍令三年一定,以为常式。"④这是要求州县长官每三年要根据各纳税户的贫富变化,重新调整其应税额,意在贯彻"以贫富为差"的制税原则,均平纳税户之间的两税负担。此后唐诸帝多有重申。 如果地方政府贯彻这一旨令,就"两税斛斗"而言,就得每三年"检田定税"一次。

然而,由于唐朝后期中央对两税实行定额管理体制,⑤各州两税征收总额基本固定,各州上供额也基本固定,地方官员只要不突破两税征收总额并完成上供定额,唐中央对他们如何行使配税权,将"两税钱"定额分配到户,将"两税

---

① (唐)陆贽:《陆贽集》卷二二,《均节赋税恤百姓六条·论两税之弊须有厘革》,中华书局2006年点校本。

② 据(唐)杜佑《通典》卷七《食货七·历代盛衰户口》杜佑注:"建中初,命黜陟使往诸道按比户口,约都得上户百八十余万,客户百三十余万。"

③ (宋)王溥:《唐会要》卷八三,《租税上》。按,据《通典》卷二《食货二·田制下》杜佑注:"至建中初,分道黜陟使按比垦田田数,都得百十余万顷。"

④ (宋)王溥:《唐会要》卷八五,《定户等第》。

⑤ 陈明光:《论唐朝的两税定额管理体制》,《中国史研究》1989年第1期。

斛斗"定额分配到田,实际上并不加过问。御史、出使郎官对地方官员的监察也未见有关这方面的弹劾。① 唐后期中央除了在打平叛藩之后首次在当地推行两税法的若干场合,有派出"勘定两税使"之类的使者之外,②平常未见派朝官到州县督责"检田定税"。元和十四年(819 年)七月,宪宗敕称:"比来州县多不定户,贫富变易,遂成不均。前后制敕,频有处分,如闻长吏不尽遵行。"可是接着他只是说:"宜委观察使与刺史、县令商量,三年一定,必使均平。"③史家熟知的,元和年间同州刺史元稹在本州检田定税,④衡州刺史吕温在本州括户定税,⑤都取得均平两税的显著成效,但他们上报朝廷后却未见受到表彰。长庆四年(824 年)二月,敬宗下令:"今后户帐田亩,五年一定税。"⑥可是,文宗大和年间(827—835 年),湖州刺史庾威"自立条制,应田地、奴婢,下及竹、树、鹅、鸭等,并估计出税,差军人一千一百五十人散入乡村,检责剩征税钱四千九百余贯",却被御史台科以"扰人"之罪,把他连同录事参军和五个县令都革职贬官。⑦ 可见在两税定额管理体制下,唐中央其实并不是真的要督促和鼓励地方官经常采取检田定税的行动。

对于唐中央的这种政策倾向,武宗曾表达得十分明白。会昌元年(841 年)正月,武宗制曰:

> 租敛有常,王制斯在。征率无艺,齐民何依。内外诸州府百姓所种田苗,率税斛斗素有定额。如闻近年长吏不遵条法,分外征求,致使力农之夫转加困弊。亦有每岁差官巡检,劳扰颇深。自今已后,州县每年所征斛

---

① 陈明光:《唐朝的出使郎官与地方监察》,《厦门大学学报》2009 年第 2 期。

② 如《旧唐书》卷一五七《王彦威传》载:"朝廷自诛李师道,收复淄青十二州,未定户籍,乃命彦威充十二州勘定两税使。"

③ (宋)李昉等编:《文苑英华》卷四二二,《敕书三·元和十四年七月二十三日上尊号敕》。

④ (唐)元稹:《元稹集》卷三八,《同州奏均田状》。

⑤ (宋)王溥:《唐会要》卷八五《定户等第》载,元和六年正月,衡州刺史吕温奏:"当州旧额户一万八千四百七,除贫穷死绝老幼单孤不支济等外,堪差科户八千二百五十七。臣到后,因定户税,次检责出所由隐藏不输税户一万六千七。……臣昨寻旧案,询问闾里,承前征税,并无等第,又二十余年都不定户,存亡殁察,贫富不均。臣不敢因循,设法固定,检获隐户数约万余,州县虽不征科,所由已私自率敛。与其潜资于奸吏,岂若均助于疲民。臣请作此方圆,以救凋瘵,庶得下免偏枯,上不阙供。"敕旨:"宜付所司。"

⑥ 《旧唐书》卷一七上,《敬宗纪》。

⑦ (宋)王钦若等编:《册府元龟》卷六九八,《牧守部·专恣》。

斗,一切依元额为定,不得随年检责。数外如有陂泽山原,百姓或力能垦辟耕种,州县不得辄问,所收苗子五年不在收税限。五年之外,依例收税,于一乡之中先填贫户欠阙;如无欠阙,即均减众户合征斛斗。但令不失元额,不得随田地顷亩加税。仍委本道观察使,每年秋成之时,具管内垦辟田地顷亩,及合征、上供、留州使斛斗数,分析闻奏,数外有剩纳人户斛斗,刺史以下并节级重加惩贬,观察使奏听进止。仍令出使郎官、御史及度支、盐铁知院官访察闻奏。①

该诏再三强调"一切依元额为定,不得随年检责";"但令不失元额,不得随田地顷亩加税";原征税数外如"有剩纳人户斛斗",地方官员要受处罚,这充分表达了唐中央在两税定额管理体制下并不要求地方官员经常"检田定税"的政策倾向。

究其原因,表现上看,是因为两税"上供、留使、留州"这一中央与地方定额分割财赋的管理体制,在相当长的一段时期内维持得比较好,其实应是因为唐后期中央集权与以藩镇为代表的地方割据势力的矛盾斗争在两税法实行之后相当长的一段时期内处于相持阶段,唐中央安于现状所致。

唐末藩镇割据势力尾大不掉,纷纷截留上供,唐中央权力急剧衰弱,自保且不暇,遑论督责地方政府"检田定税"了。

(二)"常检视见垦田以定岁租"——五代中央强化对地方"检田定税"的干预

五代中央对地方政府"检田定税"的态度明显与唐后期不同。正如《续资治通鉴长编》卷七所说的:"五代以来,常检视见垦田以定岁租。"五代中央朝廷明显加强了对地方政府"检田定税"的干预。

史籍留存后梁资料较少,但如下文所述,后梁朝廷曾制定"括田竿尺",作为各地"括田"的统一的标尺。后唐中央则进一步加大对地方"检田定税"的督责和直接干预。庄宗同光年间(923—925年),权倾一时的租庸使孔谦派出手下的"大程官",持标数大于后梁的"括田竿尺"到各地检田,虚增了田地面积,从而增加了应征税额,以致激起很大的民愤。所以,天成元年(926年)四月,明宗即位后即下令暂停检田定税,敕称:"今年夏苗,委人户自供通顷亩,五家

---

① (宋)王钦若等编:《册府元龟》卷四八八,《邦计部·赋税第二》。按,"内外诸州府"原为"尚外诸州府",据《全唐文》卷七六改。

为保,本州具帐送省,州县不得差人检括。如人户隐欺,许人陈告,其田倍征。"①同月,明宗诛杀孔谦,中书门下上奏:"括田竿尺,一依朱梁制度,仍委节度、刺史通申,三司不得差使量检。"②不过,这只是取消中央财政三司直接派人到地方检田定税的做法,朝廷仍未放松对地方政府检田定税的督促。《册府元龟》卷六七三《牧守部·褒宠第二》载:"赵在礼,天成初为天雄军节度使。度支奏:'大名府管内,今年夏苗顷亩比去年出六千八百顷,宜降诏奖饰。'从之。"这是地方官员检田定税受到中央表彰的一个实例。天成三年正月,明宗敕:"诸道秋夏苗,只取天成二年旧额征理。"③同年七月,户部员外郎、知制诰于峤上书有"朝廷先有指挥,今年不更通括苗亩"④之句。可知天成二年各地都曾检田定税,并将结果上报中央,形成新的"省司额定租税",⑤只有天成三年这一年未检田定税而已。长兴元年(930年),翰林学士程逊与学士和凝、张厉等上书十三事,其二为:"天成已来,久不括田。自水旱累年,民户疾苦不均。今岁夏秋或稔于常岁,请行检括,庶获均输。"中书门下覆奏说:"其累年水旱,欲与检田,以均劳逸。今年夏苗已多灾旱,秋稼今未及时,请下三司,可否闻奏。"⑥看来和凝等人的建议是被采纳了。史载,长兴元年九月,武功县"百姓三千余人,持白棒入县乱击人吏,分却县库税钱、公廨什物",原因是县令薛文玉"以大竿尺检田,所以众心难抑"。⑦ 这一事件说明后唐在检田定税时,有的地方官仍然使用同光年间孔谦制定的"大竿尺"括田。所谓"大竿尺"的长度并不比梁尺长,但其标数要大于梁尺,结果就把百姓的田亩丈量得比实际的多,其田亩税额自然增多,这才激起武功县的民变。长兴二年六月,明宗诏曰:"比者诸道赋税一定数额,广种不编于帐案,频通恐挠于乡村。如闻不逮之家困于输纳,爰议有余之户共与均摊,贵表一时之恩,不作常年之例。宜委诸道观察使,于属县每村定有力户一人充村长,于村人议,有力人户出剩田苗,补下贫不

① 《旧五代史》卷三五,《唐书一一·明宗本纪第一》。
② 《旧五代史》卷三五,《唐书一一·明宗本纪第一》。
③ (宋)王钦若等编:《册府元龟》卷四八八,《邦计部·赋税第二》。
④ (宋)王钦若等编:《册府元龟》卷五五三,《词臣部·献替》。
⑤ (宋)王钦若等编:《册府元龟》卷三一四,《宰辅部·谋猷第四》载,天成四年八月,冯道奏:"往年淄州四县水损田,省司额定租税,州使征督甚急,以至户口流散,今岁特宜优恤。"明宗从之。
⑥ (宋)王钦若等编:《册府元龟》卷五五三,《词臣部·献替》。
⑦ (宋)王钦若等编:《册府元龟》卷七〇七,《令长部·黜责》。

追顷亩。自肯者即具状征收,有词者即排段检括。便自今年起为定额。"①显然,要推行这一在每村"均摊"田税的临时措施,首先要确定"有力人户"的"出剩田苗"即多种植却未纳税的田地,这就免不了要"排段检括"。因此,这一措施如果付诸实行,各地就要再行检田配税,形成新的应纳税"额定顷亩"。② 不过,末帝清泰元年(934 年)六月,三司使刘煦上言:"天下州郡于天成二年括定税率,迨今八年。近有民于本道及诣阙诉田不均,乞检视,累行蠲放,渐失赋租,请朝臣中选清强巡行检视。"③据此,后唐中央自天成二年以来有八年没有下达过在全境范围开展常规检田定税的命令。史称,刘煦建议之后,"事未施行"。这说的当是刘煦建议的从"朝臣中选清强巡行检视"一事未施行,而非停止"检田定税",因为我们看到当时地方政府的"检田定税"仍有进行。例如,《册府元龟》卷九三三《总录部·诬构第二》载:"王昶者,宿州符离县民也。清泰二年,昶诉县令张洙业因检民田受赃。法司推劾,乃是县典韩师练取赃诬。洙业以失检辖遇赦放,师练杖杀之。"

后晋、后汉中央继续督促地方"检田定税"。史载,后晋初,"高祖分户部、度支、盐铁为三使,岁余,三司益烦弊,乃复合为一,拜审交三司使。议者请检天下民田,宜得益租,审交曰:'租有定额,而天下比年无闲田,民之苦乐,不可等也。'遂止不检,而民赖以不扰。"④ 但这只是天福二年(937 年)的暂停而已。天福三年又恢复检田定税。当年十月,高祖下敕:"近令检田,有隐漏合当罪犯者并放,所有合罚令陪纳租税者特放,并令却依实顷亩输纳。"⑤十一月,晋昌军节度使李周派人向朝廷请求,"以境内人户群集,检苗不得,欲只于见苗上增添",获得允准。⑥ 天福中,"濮郡秋稼丰衍,税籍不均",晋廷派左赞善大夫王瑜"乘使车,按察定计"。⑦ 天福八年八月辛亥,出帝下令"检民青苗"。⑧ 少帝开运三年(946 年)正月,太仆少卿杨延寿因"奉命于磁州检苗,受赃二百余

---

① (宋)王钦若等编:《册府元龟》卷四八八,《邦计部·赋税第二》。

② (宋)王钦若等编:《册府元龟》卷四九二《邦计部·蠲复第四》载,长兴四年九月,明宗敕曰:"据河中、同、华、耀、陕、青、齐、淄、绛、莱等州各申灾旱损田处,已令本道判官检行,不取额定顷亩,如保内人户逃移,不得均摊。"

③ (宋)王钦若等编:《册府元龟》卷一八一,《帝王部·无断》。

④ 《新五代史》卷四八,《杂传第三十六·刘审交》。

⑤ (宋)王钦若等编:《册府元龟》卷九四,《帝王部·赦宥第十三》。

⑥ (宋)王钦若等编:《册府元龟》卷四八八,《邦计部·赋税第二》。

⑦ 《旧五代史》卷五五,《晋书二二·王瑜传》。

⑧ 《新五代史》卷九,《晋本纪第八·出帝》。

匹",被流放威州。① 这都反映出后晋中央继续推行检田定税并处于主导地位。后汉隐帝乾祐元年(948 年)十月丙戌,"右羽林将军张播停任,坐检田受请托也"。② 乾祐二年冬,司勋员外郎李钦明上书有"臣近以简苗外县,遍历乡村"之言。③ 这都说明后汉曾多次派出中央官员到地方检田。乾祐三年,左补阙淳于上言:"窃以久不简田,且仍旧额,无妨耕稼,虽知有劝于农民,复恐不均于众望。望三五年中,时一通括。兼以州县遭水旱处,比有诉论,差使封量,不宜便有出剩。请今后差官,能敷元额,已不亏官,凡出剩求功,请不收附。"④后汉立国仅四年,故淳于所谓"久不简田"只是指这一年未检田定税而已。

后周朝廷对地方官员检田定税的干预力度最大。周太祖时,中央继续派朝官到地方检田定税。例如,广顺三年(953 年)十二月,己巳,"左补阙王伸停任,坐检田于亳州,虚恁纽配故也"。⑤ 显德元年(954 年)十月癸亥,周世宗对侍臣说:"昨诸道户民有诣阙诉水灾者,因遣使按之,令睹奏报,有此旧额出剩者,今岁丰熟必可输纳,或他时小有不稔,便因编氓所捡出顷亩,宜令三司补旧额外,与减一半。"⑥显德二年五月己卯,"刑部员外郎陈渥赐死,坐检齐州临邑县民田失实也"。⑦ 史载,显德四年五月丙申,"斩密州防御副使侯希进于本郡。时太常博士张纠检视本州夏苗,移牒希进分检,希进以不奉朝旨,不从。纠具事以闻,帝怒,遣使斩之"。⑧ 可见后周中央对常规性检田定税工作一直没有放松,特别是三桩惩处违法的中央使臣或抗令的地方官员的案例,显示了后周中央对检田定税的主导地位。

显德五年、六年之间,周世宗进一步主导在全境普遍开展检田定税。显德五年(958 年)七月丁亥,周世宗"赐诸道节度使、刺史《均田图》各一面",⑨并下诏说:"近览元稹《长庆集》,见在同州时所上《均田表》,较当时之利病,曲尽其

① 《旧五代史》卷八四《晋书十·少帝纪第四》载,开运三年正月己未,"二王后、守太仆少卿、袭酅国公杨延寿除名配流威州,终身勿齿。延寿奉命于磁州检苗,受赃二百余匹,准律当绞,有司以二王后入议,故贷其死"。

② 《旧五代史》卷一〇一,《汉书三·隐帝本纪上》。

③ (宋)王钦若等编:《册府元龟》卷五四七,《谏诤部·直谏第十四》。

④ (宋)王钦若等编:《册府元龟》卷四九五,《邦计部·田制》。

⑤ 《旧五代史》卷一一三,《周书四·太祖本纪第四》。

⑥ (宋)王钦若等编:《册府元龟》卷四九二,《邦计部·蠲复第四》。

⑦ 《旧五代史》卷一一五,《周书六·世宗纪第二》。

⑧ 《旧五代史》卷一一七,《周书八·世宗纪第四》。

⑨ 《旧五代史》卷一四六,《食货志》。

情,俾一境之生灵,咸受其赐,传于方册,可得披寻。因令制素成图,直书其事,庶王公观览,触目惊心,利国便民,无乱条制,背经合道,尽系变通,但要适宜,所冀济务,繄乃勋旧,共庇黎元。今赐元稹所奏《均田图》一面,至可领也。"史称:"是时,上将均定天下民租,故先以此《均田图》遍赐诸侯。"①十月,世宗选派左散骑常侍艾颖等三十四人"下诸州,检定民租"。② 他们被称为"诸道定税使臣"。十一月,他们向世宗辞行,世宗谕之曰:"朕以近代已来赋租不等,贫者抱虚而无告,富者广植以不言,州县以旧额为规,官吏以相承为准,须行均定,用致苏舒。卿等宜正身莅事,副朕兹意,仍与逐处长吏和顺商榷,但务从长共集其事,无使朕之赤子枉罹于峻法也。"③可知"诸道定税使臣"的任务是与地方官员配合,共同进行检田定税。这些人也被称为"检田使臣"④"捡苗使"。

如此大规模地开展"检田定税",周世宗说是要"均定"民户的田赋负担不均,"诸道定税使臣"却更热衷于检括田地,纷纷上报所检括出的"羡苗",即多于原定额的未纳税田亩。如显德六年二月丁亥,开封府上言:"旧额下税苗一十万二千余顷,今检到羡苗四万二千余顷,奉敕放三万八千顷。"史称:"是时诸州检苗使率以所检到羡苗上奏,帝皆命减放。其分数大约如是。"⑤这就是说,开封府检括出的漏税田亩数竟相当于原纳税田亩数的41%,隐田漏税相当严重。而周世宗下令放免其中的90%,如果属实,说明他还是坚持了"均定民租"的初衷,重在通过检田定税去调剂纳税户之间原有的田赋负担,而非增加田赋收入总量。还要指出,显德年间"简田使臣"的权力所及不止检田定税。史载,显德五年十二月,中书提出诸道州府县官及军事判官,"一例逐月各据逐处主户等第","别定料钱及米麦等",以取代俸户的俸禄改革方案,最后说:"其诸州府、京百司、内诸司、州县官课户、庄户、俸户、柴炭纸笔户等,望令本州及检田使臣,依前项指挥勒归州县,候施行毕,具户数闻奏。"⑥又称:"显德六年春,诸道使臣回,总计检到户二百三十万九千八百一十二。"⑦可见检田使臣在检田定税的同时,还要执行检括户口,督促地方官执行俸禄改革方案等事务,

① (宋)王溥:《五代会要》卷二五,《租税》。

② 《旧五代史》卷一四六,《食货志》。

③ (宋)王钦若等编:《册府元龟》卷一五八,《帝王部·诫励第三》。

④ (宋)王钦若等编:《册府元龟》卷五○八,《邦计部·俸禄第四》,"显德五年十二月中书奏"条。

⑤ (宋)王钦若等编:《册府元龟》卷四九二,《邦计部·蠲复第四》。

⑥ (宋)王钦若等编:《册府元龟》卷五○八,《邦计部·俸禄第四》。

⑦ 《旧五代史》卷一四六,《食货志》。

显示了他们对地方行政事务的多方面干预。

总之,比起唐朝后期,五代时期中央朝廷对地方政府"检田定税"的干预显著加强,不仅一再下令布署和督促地方官员经常进行,而且直接派出朝官到地方督责实施;各地"检田定税"的结果要上报中央财政部门,形成"省司额定租税",作为中央每年督责地方政府征收两税的数量依据。这无疑显示了五代财政上中央集权程度的增强。

二、"省限"与"税输办集"
——唐五代中央对地方官完税业绩奖惩政策的变化

在唐朝后期和五代,中央为了保障两税的及时完纳,都制定了起征与完纳的期限,唐朝称为"旨限",五代称为"省限"。以往论及唐五代两税的"旨限""省限",多关注其规定合理与否对纳税人实际负担的影响。其实,"旨限""省限"既是对纳税人的限定,也是对地方官员履行催驱赋税职责的课督。对于后者,唐朝后期和五代中央有不同的政策取向。

唐朝建中元年正月,德宗的赦文对两税完税期限只是笼统规定:"均率作年支两税。如当处土风不便,更立一限。"随后有关部门制定的《起请条》规定:"夏税六月内纳毕,秋税十一月内纳毕。"①这里只有纳毕期限,未有起征时限,在税制上是不完整的,在实施中会引起弊端。德宗贞元年间,陆贽上《均节赋税恤百姓六条》,其四为《论税期限迫促》,指出:"顷缘定税之初,期约未甚详衷,旋属征役多故,复令先限量征,近虽优延,尚未均济。"可知建中年间在起征"期约未详"的情况下,唐中央又因战费需求,下令地方提前征税,直到贞元年间仍然未对两税起征时间作出制度修改。由于广大农民必须依靠农副业产品的收成纳税,如果征税太早,必然会增加他们的实际纳税负担,即如陆贽所言:"蚕事方兴,已输缣税;农功未艾,遽敛谷租;上司之绳责既严,下吏之威暴愈促。有者急卖而耗其半直,无者求假而费其倍酬。"为此,他建议让转运使与诸道观察使商议,重新具体规定完税期限,"各随当土风俗所便,时候所宜,务在纾人,俾得办集"。②但这一建议当时未被采纳。③穆宗即位后的元和十五年

---

① (宋)王溥:《唐会要》卷八三,《租税上》。

② (唐)陆贽:《陆贽集》卷二二,《均节赋税恤百姓六条》。

③ 《新唐书》卷五二在记载陆贽上此奏书之后,称:"贽言虽切,以谗逐,事无施行者。"

(820年)闰正月,户部侍郎、判度支崔俊上奏论说朝廷派人到淄青、兖海、郓曹三道均定两税一事,其中提及"准旨条,夏税六月一日起征"。[①] 这一起征规定应该是在宪宗时才制定的。但秋税的起征时间仍未见规定。

尽管唐朝对"省限"有所修订,但完纳期限一直只有一个月,为时太短。《唐律疏议》有关地方官未能如期如数征税的法律规定,[②]在唐朝后期因税制和税收管理体制的改革而形同具文。不过,由于唐朝后期对州县官员的考课迁升依据之一为"征期先办",[③]因此地方官吏仍须加紧催征赋税,以致造成"先期征税",加重纳税人实际负担之弊。例如,懿宗咸通十二年(871年)登进士第的聂夷中在《咏田家》诗云:"二月卖新丝,五月粜新谷。医得眼前疮,剜却心头肉。"[④]根据安阳灵泉寺晚唐时的题记,晚唐当地两税之夏税是提前在五月征收的。[⑤]

不过,就制度而言,唐朝后期中央并没有制定鼓励地方官"征税先期"的配套奖励政策。相反地,中央还曾明文表示惩办"征税先期"的行为,如乾符二年(875年)僖宗的赦文称:

> 征两税自有常期,苟或先自催驱,必致齐民凋弊,盖缘机织未毕,庤钱未终,便须令卖缣缯,贱粜斛斗,致使豪首迫蹙,富户吞侵。须更申明,俾其通济。诸州府如有不依旨限,先期征税者,长吏听奏进止,县令、录事参军并停见任,书下考,不在矜恕之限。[⑥]

---

① (宋)王钦若等编:《册府元龟》卷四八八,《邦计部·赋税二》。

② (唐)长孙无忌等:《唐律疏议》卷十三规定:"诸部内输课税之物,违期不充者,以十分论,一分笞四十,一分加一等(注:州、县皆以长官为首,佐职以下节级连坐)。"《疏议》曰:"'输课税之物',课租、调及庸,地租,杂税之类。物有头数,输有期限,而违不充者,以十分论,一分笞四十。假有当里之内,征百石物,十斛不充笞四十,每十斛加一等,全违期不入者徒二年。州、县各以部内分数,不充科罪准此。"

③ 陆贽奏称:"长吏之能者,大约在于四科,一曰户口增加,二曰田野垦辟,三曰税钱长数,四曰征期先办。"(《陆贽集》卷二二,《均节赋恤百姓六条·其三论长吏以增户加税辟田为课绩》)

④ (清)彭定求等辑:《全唐诗》卷六三六。

⑤ 孙继民、彭文峰:《安阳灵泉寺唐代题记与两税法》,《中国经济史研究》2006年第3期。

⑥ (宋)宋敏求编:《唐大诏令集》卷七二,《乾符二年南郊赦文》。

五代于此有了明显变化。后唐天成四年(929年)正月,明宗敕曰:"会计之司,租赋为本,州县之职,征科是常。"强调完成征税是地方政府的常规职责。① 后唐中央同时明确地以"税输办集"作为地方官考课的主要内容,作为奖励地方官的重要依据。庄宗同光三年(925年)七月,中书舍人卢詹曾上言:"一同分土,五等命官,所以字彼黎民,司其舆赋。至于田租桑税,夏敛秋征,或旨限不愆,或检量增羡,殊非异政,乃是常程。窃见诸州频奏县令,多以税输办集便作功劳,诸道才有表章,朝廷已行恩命。且征科是县令之职分,不过合望于甄酬,若一年两度转迁,则三载六升,阶级并加宠渥,虑失规程。"② 可见后唐一方面称"税输办集"是县令职责的"常程",另一方面却对"税输办集"的县令给予多种奖励。这种政策导向必然加剧地方官"竞为苛刻,于省限前卒征暴敛"的行为。史称:

> 初,同光时,租庸使孔谦起自胥徒,不知大体,方中原未平,所利财赋办集,乃奏请州县官有征科先可者,则行恩奖,或与检校官,或赐章服。繇是长吏竞为苛刻,于省限前卒征暴敛,以希曲恩,或蚕未茧而欲丝,麦初芒而督税,皆出利求取,其费数倍,人皆哭泣而诉。自天成已来犹仍旧辙,长吏以此成风,计司奏请无已。时政惩其如是,屡奏改革,犹未能杜其幸门。③

确实,天成年间州县官员仍是层层监征、催驱,"于省限前卒征暴敛"。天成三年二月十三日,中书省为"应天下县令逐年夏秋两税征科公事",上奏说:"伏以县令之职,征赋为先,若违限遘愆,自有罚责;如及期了毕,不谓功劳。况今无强名之科徭,绝虚系之税额,百姓据见苗输纳,官中有指限程期。盖缘每及征科,事归烦扰,未容输纳,已切催驱。州郡则推勘吏人。县邑则禁系人户,虽云提举,贵在征求,动涉旬时,固须妨事,纵及期限,倍困黎民。"但是,中书省同时却又制定县官完成两税征科政绩的考课与奖惩办法,称:"自今后,请祗委主簿、县令勾当,不得更置监征。每一州之中,止限毕日,委录事参军磨勘,取最后通欠县分,具本佐名衔申,三司使举奏,明行责罚。……如是一郡之内诸县皆及期程,公事修举,其录事参军亦请量加甄奖。如管内诸县并有阙遗,其

① (宋)王钦若等编:《册府元龟》卷四九二,《邦计部·蠲复第四》。
② (宋)王钦若等编:《册府元龟》卷六三二,《铨选部·条制第四》。
③ (宋)王钦若等编:《册府元龟》卷一六〇,《帝王部·革弊第二》。

录事参军亦请量加责罚。"①次年五月五日,户部更是详细制定对地方官吏直至乡官胥吏履行完税职责状况的奖惩办法,奏称:

> 三京、邺都、诸州府逐年所征夏秋税租,兼盐、曲、折征诸般钱谷,先定格流如后:
>
> 一、若限满后,十分中系欠三分以上者,本判官罚五十直,录事参军罚七十直,本曹官罚五十直。县令罚一百直,勒停。簿尉罚七十直,移摄闲官。州县押司、录事、本典及乡里正、孔目、书手等各徒二年,仍配重役。本孔目、勾押官典杖七十,都孔目官、勾押官杖六十,并退职,衙前收管。
>
> 一、若限满后,十分中系欠二分者,本判官罚三十直,录事参军罚五十直,本曹官罚四十直。县令罚七十直,移摄闲官。簿尉罚五十直。州县押司、录事、本典、乡里正、孔目书手等杖八十,孔目官、勾押官典等杖六十,孔目官、勾押官笞五十。
>
> 一、限满后,十分中只欠一分以下者,本判官罚二十直,录事参军罚三十直,本曹官罚二十直。县令罚五十直,簿尉罚四十直。州县押司、录事、本典及乡里正、孔目、书手等杖七十,本孔目、勾押官典笞五十,都孔目、勾押官各罚五十直。
>
> 以上所立条件,若是本判官、录事参军、本曹官、孔目、勾押官典等,即取一州都征额上比较。其县令、簿尉及典押以下,即将本县欠数比较。
>
> 一、所征夏秋两税,依省限了绝者,本判官典申奏,改转官资。录事参军、县令申奏,与量留一年;或界分已满去,即转兼官。如一任之内税赋不牵,即奏加章服。若是摄官,亦委本处长吏更令摄任一年。如更立劳能,具状申省,以凭申奏,必降真命。本曹判司、簿尉即申奏,请减两选。或一任之内税租总了绝,或是摄官,委逐处申省,点勘闻奏,别行奖酬。州府都孔目官、勾押官、本孔目、勾押官典等,以军职转选。其都孔目官、勾押官如已至押衙职名,或旧有官资,亦议申奏奖酬。州司并逐县征科典押,每处与赏钱三十贯,均匀分俵。②

显然,这种奖惩办法只会使地方官吏"于省限前卒征暴敛"之风愈演愈烈。到长兴元年(930年)七月,明宗下敕:"访闻诸道州县官,自炫虚名,不惜

---

① (宋)王溥:《五代会要》卷一九,《县令上》。
② (宋)王溥:《五代会要》卷一九,《县令上》。

人户,皆于省限已前行帖催驱,须令人户贵买充纳。且征科租赋乃是常规,所务事集人安,不必急征暴敛,况累降敕命,非不丁宁,只据规程,勿令逾僭。此后为征科事办,亦不酬劳,本州不得申奏。如违限稽慢,即准条责罚。如灼然添得廨署,招得流民,无害于公私者,可具事繇申奏,固得特行优奖。"①长兴四年五月,中书省强调对州县官吏完成"每年征科程限"的政绩,须由观察判官专门负责考课,核实之后方可上报朝廷。②但是,这些文告都无济于事。末帝清泰元年(934年),侍御史周元枢上书说:"请止急征暴赋,况秋夏征科自有常限,宜令官吏不得逾违。"③可见后唐地方官催驱百姓提前完税之弊始终严重。可是,清泰二年四月,宰相兼判三司张延朗却再次制定"州县官征科赏罚例",并付诸施行。该条例规定:

县令、录事参军正官,一年依限征科了绝,加阶;二年依限,与试衔;三年总及限,与服色。如摄令,一年内了绝,仍摄;二年、三年内总及限,与真命。主簿一年、二年如县令条,三年总了别任使。本判官,一年加阶,二年改试衔,三年转官。本曹官,省限内了绝,与试衔,转官诸节级;三年内总了绝,与赏钱三十千。其赏罚依天成四年五月五日敕。④

可见后唐始终采取鼓励地方官"依限征科了绝"的政策,以致地方官强迫百姓提前完纳之弊禁而不止。

在此期间,后唐中央曾通过宽展纳税期限的办法,试图有所纾解。天成三年(928年)五月,右仆射中书侍郎、同中书门下平章事王建立针对地方官考课与督促完税的关系,对明宗说:"南北节气有殊,赋税起征无别,请不预定月日,但考其年终殿最。"⑤他的建议未被采纳。到了长兴元年二月,明宗下制:"应天下州府各征秋夏苗税,土地节气各有早晚,访闻天下州县官吏于省限前预先

① (宋)王钦若等编:《册府元龟》一六〇,《帝王部·革弊第二》。
② (宋)王钦若等编:《册府元龟》卷六三二《铨选部·条制第四》载,长兴四年五月,中书奏:"准天成元年五月二十七日敕,诸使府两税征科、详断刑狱、校官吏考课,合是观察判官专判。其一州诸县征官纠辖提举,合是录事参军本职。今后观察判官、录事参军较量所属州县官吏,据每年征科程限、刑狱断遣、户口增减,据州县申报仔细磨勘谐实,然后于本官牒内据事件收竖。"
③ (宋)王钦若等编:《册府元龟》卷四七六,《台省部·奏议第七》。
④ (宋)王钦若等编:《册府元龟》卷六三六,《铨选部·考课第二》。
⑤ (宋)王钦若等编:《册府元龟》卷三一四,《宰辅部·谋猷第四》。

征促,致百姓生持送纳,愽买供输,既不利其生民,今特议其改革,宜令所司更展期限。"于是,户部提出:

> 三京、邺都、诸道州府,逐年所征夏秋税租,兼盐、曲、折征诸般钱谷等起征条流,内:河南府、华、耀、陕、绛、郑、孟、怀、陈、齐、棣、延、兖、沂、徐、宿、汶、申、安、滑、濮、澶、商、襄、均、房、雍、许、邢、邓、雒、磁、唐、隋、郓、蔡、同、郓、汴、颍、复、曹、郦、宋、亳、蒲等州四十七处,节候常早,大小麦、曲麦、豌豆取五月十五日起征,至八月一日纳足;正税疋段、钱鞋、地头、榷曲、蚕盐及诸色折科,取六月五日起征,至八月二十日纳足。幽、定、镇、沧、晋、隰、慈、密、青、登、淄、莱、邠、宁、庆、衍十六处,节候较晚,大小麦、曲麦、豌豆取六月一日起征,至八月十五日纳足。正税疋段、钱鞋、地头钱、榷曲、蚕盐及诸色折科,取六月十日起征,至八月二十五日纳足。并、潞、泽、应、咸塞军、大同军、振武军七处,节候更晚,大小麦、豌豆取六月十日起征,至九月纳足;正税匹段、钱鞋、榷曲钱等,取六月二十日起征,至九月纳足。[①]

由此可知,后唐两税的"正税"和"沿征"征收粮食(大小麦、豌豆)、绢布和钱币三色,至此根据各州节气与麦、豆收获期的早晚,分别规定了夏税的新的起征与完纳的时限,税粮的完纳期限宽展为一个半月,绢布和钱币的完纳期限宽展为两个半月。这无疑有利于减轻收成晚的地区百姓的负担,也有助于减少地方官"于省限前预先征促"之弊。不过,户部奏文未涉及秋税的起征完纳期限。张泽咸先生认为这"大概是由于秋季交纳粮税,已有长期的历史传统",即仍是沿用唐朝两税法的"秋税无过十一月"的规定。[②] 这是有道理的。就是说,后唐两税的完纳实际上有三个时限,所以下述晋人范恕上书才有"自前两税征赋,已立三限条流"之说。

后晋仍然通过考课与奖惩督责地方官如期完税,以致时人范恕有"未尝有不了之州,何处是不前之县"之叹。天福二年(937年)十月,详定院上奏说,前洺州鸡泽县主簿范恕进策五件,可采纳的有两件,其一为:

> 自前两税征赋,已立三限条流,官员惧殿罚之威,节级畏科惩之罪,苟

---

① (宋)王钦若等编:《册府元龟》卷四八八,《邦计部·赋税第二》。
② 张泽咸:《唐五代赋役史草》,中华书局1986年版,第132页。

非水旱,敢怠区分? 未尝有不了之州,何处是不前之县? 臣今睹诸道,省限未满,州使先追,仍勒官员部领胥徒,云与仓库"会探",务行诛剥,因作疮痍,全无矜恤之心,但资贪求之意。外邑所縣等不免牵费,非理盘缠,例总破家,皆闻逃役。自今之后,伏乞只凭仓库纳数点算,便即委知,仍取县司申闻勘会,以明同异。若实违省司期限,请依常典指挥。"会探"之名,特乞停寝。①

范恕从仓库"会探"一事揭露了"诸道省限未满,州使先追"的现象。可是,后晋一直没有放松对地方官"及限"完税的督促和鼓励。开运元年(944 年)八月,后晋少帝诏曰:"应天下诸州,各以系省钱谷秋夏征科为帐籍,一季一奏,一年赋税及限,更委在任一年,次年又不稽迟,听三周年为满。三年皆得办事,即与别议陟迁。如或才到任所,课绩不前,亦当即时罢替。"②

后周广顺元年八月,太祖下敕再次提出对地方官完税政绩的奖惩办法,规定为:

起今后,秋夏征赋,省限满后十分系欠三分者,县令、主簿罚一百直,勒停。录事参军、本曹官罚七十直,殿两选。孔目官罚七十直,降职次,本孔目官、勾押官典决停,本判官罚七十直。若系欠三分以上,奏取进止。系欠三分以下者,等第科断殿罚。其州县征科节级所由,委本州重行决责。其本判官、录事参军、本曹官、孔目、勾押官典,即取一州上比较。县令、主簿即取本县都征上比较分数。应州县令、录、佐官在任征科依限了毕者,至参选日,四选以上者减一选,不及四选者,即与转官。③

显德三年十月,世宗"宣三司指挥,诸道州府,今后夏税以六月一日起征,秋税至十月一日起征,永为定制"。④ 又恢复了二限制度,其中秋税的完纳期限可能延长为二个月。但是,在实行上述两税征科"限满系欠"与"依限了毕"奖惩办法之下,宽限只是治标之举,不能消除"于省限前卒征暴敛"之弊。

以上所述五代时期中央多次调整两税完纳的"省限",制定地方官"税输办

① (宋)王钦若等编:《册府元龟》卷一六〇,《帝王部·革弊第二》。
② (宋)王钦若等编:《册府元龟》卷六三六,《铨选部·考课第二》。
③ (宋)王溥:《五代会要》卷二〇,《县令下》。
④ (宋)王溥:《五代会要》卷二五,《租税》。

集"的奖惩办法,是为了保障中央财政收入的重要措施,从一个方面反映了五代中央加强了对地方政府履行两税征管职责的干预程度。

总括全篇,比起唐朝后期,五代中央明显强化了对地方政府"检田定税"即配税权的干预,同时制定地方官"税输办集"与否的奖惩办法,这都是在财政上重振中央集权权威的措施,从而为北宋初重建中央集权的财政管理体制打下一定的基础。

论五代时期的军费

正如欧阳修所指出的,五代"兴亡以兵"。^① 因此,兵制和军费是反映五代时期时局特点的两个问题。关于五代的兵制,当代学者已有相当详细的研究,^②关于五代的军费问题,迄今则未见专论。事实上,军费特别是中央禁军的费用,在五代的财政支出中占了最重要的地位。对此,五代的皇帝直言不讳。如后唐明宗称:"国计之重,军食为先。"^③后晋开运元年(944年)八月,少帝诏曰:"向者朝廷无事,经费尚多,今则师旅方兴,支赡尤广,必资国力,以济军需。"^④后周世宗称:"朕自即位以来,恶衣菲食,专以赡军为念;府库蓄积,四方贡献,赡军之外,鲜有赢余。"^⑤因此,五代时期的军费构成、筹集措施及其影响等问题颇值得研究。

一、五代军费的主要构成

五代军费可分为三大类,一是日常的"人马支费",二是制造和购置军需品的费用,三是"赐赍"之费。战费是这三类费用的集中性消耗,故不予单列。

---

① 《新五代史》卷二七,《唐臣传》,"史臣曰"。
② 张其凡:《五代禁军初探》,暨南大学出版社1993年版。赵雨乐:《唐宋变革期之军政制度》,台北文史哲出版社1994年版。杜文玉:《五代十国制度研究》第九章《军事制度》,人民出版社2006年版。
③ (宋)王钦若等编:《册府元龟》卷一五四,《帝王部·明罚第三》,后唐明宗长兴三年十二月敕。
④ (宋)王钦若等编:《册府元龟》卷六三六,《铨选部·考课第二》。
⑤ (宋)司马光:《资治通鉴》卷二九一,显德元年正月记事。

(一)"人马支费"

"人马支费"包括武将的俸禄待遇,士兵衣粮及刍草薪柴等。

五代给予中央禁军将领的俸禄待遇颇为优厚。后唐长兴三年(932年)七月,枢密使范延光奏:"侍卫亲军都指挥与小指挥,每月料钱、春冬衣赐,元一例支给,无等差。昨并省军都,自捧圣、严卫厢、羽林已下,逐厢都指挥使新定名,管禁兵五千人,欲为等第,每月添支料钱各三十千,粮十五石,衙官粮十分。"①这是对禁军将领以所统禁军人数多少为发放俸禄的依据。同月,又实行"将校赏功,遥领郡牧,而以郡之高下给刺史俸料"的特殊政策,"以亲直指挥使王敬迁领高州刺史,奉化左厢都指挥使乌敬千领漳州刺史,神武右厢都指挥使安彦珣领融州刺史,神武右厢都指挥使李彦超领邠州刺史,内直都指挥使薛怀德领峃州刺史"。②后晋高祖天福六年(941年)二月,诏:"诸卫上将军月俸旧三十千,令增至五十千。"③一下子将他们的月俸增加二万钱,不可不谓优待。如下所述,中央禁军将领在俸禄之外所得皇帝"赐赉",也比朝廷文官要经常和优厚。

五代地方武职长官的俸禄也相当优厚。如后唐同光三年(926年)二月规定:"节度副使每月料钱四十贯文,依除实钱;厨料米一石,面二石,肉价钱三贯文,蒿六十束,柴三十束,春服绢一十五匹,冬服绢一十五匹,绵三十两,私马二匹草料。节度观察判官料钱,每月三十贯文,依除实钱,厨料米六斗,面一石五斗,肉价钱二贯,蒿四十束,柴二十束,春服绢一十二匹,冬服绢一十二匹,绵二十五两,私马一匹草料。节度掌书记,料钱每月二十五贯文,依除实钱。厨米六斗,面一石二斗,肉价钱一贯五百文,蒿三十束,柴一十五束,春服绢一十匹,冬服绢一十匹,绵二十两,私马一匹草料。"④可见藩镇节度副使、判官、掌书记三种职事的俸禄构成为月俸、厨料(米、面、肉价钱、蒿、柴)、制作春冬服的衣料、马草料等四类,待遇相当优厚。后周广顺元年(951年)四月,太祖敕:"州防御使,料钱二百贯,禄粟百石,食盐五石,马十匹草粟,元随三十人衣粮。团练使,料钱一百五十贯,禄粟七十石,食盐五石,马十匹草粟,元随三十人衣

---

① (宋)王钦若等编:《册府元龟》卷五〇八,《邦计部·俸禄第四》。
② (宋)王钦若等编:《册府元龟》卷五〇八,《邦计部·俸禄第四》。
③ 《旧五代史》卷七九,《晋书五·高祖纪第五》。
④ (宋)王钦若等编:《册府元龟》卷五〇八,《邦计部·俸禄第四》。

粮。"①后周州防御使、团练使的俸禄有料钱、禄粟、食盐、马草粟,元随人衣粮等五项,标准比后唐又有显著提高。

五代士兵是职业兵,由财政供给衣粮。衣服一年分两次供给,称为夏衣、冬衣。如后唐清泰二年(935 年)六月,石敬瑭率大军屯守忻州,"朝廷遣使赐军士夏衣"。② 后晋天福三年(938 年)九月,高祖敕:"(侍卫亲军)所有今年冬衣见阙绵数,已指挥杨光远收寨内绵勘会俵散。"③后周显德四年(957 年)十月,世宗准备南征,先期令左藏库使符敕令光"广造军士袍襦"。④

五代对士兵的衣粮供给有时还包括其随军家属。后唐长兴二年十二月,明宗叮嘱三司使,对被调入四川防戍的他道士兵"所有家属常加赡给"。⑤ 到长兴四年九月,三司使范延光奏:"隔在两川兵士家口,自来支给衣粮,今缘国计不充,欲权停支给。"⑥对战争中死亡的下级军官和士兵,也有特殊供给政策。后晋天福元年八月,高祖制曰:"诸军小节级长行已下没于王事者,具给本家三年粮赐。"⑦后周广顺二年五月,太祖亲征兖州,制曰:"外诸军将士等,勇于为主,奋不顾身,所有没于王事者,各等第给孝绢,仍以本人半分衣粮与本家一年。"⑧

(二)制造和购置军需品的费用

五代军需品主要有武器、马匹、辎车、锅幕等。武器由官手工业部门制造供给,为此财政开支不菲。如后梁太祖时,"龙骧、神威、拱宸等军,皆武勇之士也,每一人铠仗,费数十万,装以组绣,饰以金银,人望而畏之"。开平四年(910年),后梁这批装备精美的禁军却在柏乡为李存勖所败,李存勖之军"斩首二万级,获马三千匹,铠甲兵仗七万,辎车、锅幕不可胜计"。⑨ 后唐的诸道监冶,每

---

① (宋)王钦若等编:《册府元龟》卷五〇八,《邦计部·俸禄第四》。

② (宋)司马光:《资治通鉴》卷二七九,《后唐纪第八》。

③ (宋)王钦若等编:《册府元龟》卷九三,《帝王部·赦宥第十二》。

④ 《旧五代史》卷一一七,《周书八·世宗纪第四》。

⑤ (宋)王钦若等编:《册府元龟》卷一四七《帝王部·恤下第二》,"长兴二年十二月丁丑"条。

⑥ (宋)王钦若等编:《册府元龟》卷一四七,《帝王部·恤下第二》。

⑦ (宋)王钦若等编:《册府元龟》卷九三,《帝王部·赦宥第十二》。

⑧ (宋)王钦若等编:《册府元龟》卷九六,《帝王部·赦宥第十五》。

⑨ 《旧五代史》卷二七,《唐书三·庄宗纪第一》。

年要依"定数铸办供军熟铁并器物".① 后晋不少作坊制造兵器饰以金银,破费甚多。开运元年(944 年)十月,少帝下诏:"向者,造作军器,破用稍多,但取坚刚,不须华楚,今后作坊制器械,不得更用金银装饰。"②后周沿用前朝之制,"诸道州府,各有作院,每月课造军器,逐季搬送京师进纳。其逐州每年占留系省钱帛不少,谓之'甲料',仍更于部内广配土产物,征敛数倍,民甚苦之。除上供军器外,节度使、刺史又私造器甲,以进贡为名,功费又倍,悉取之于民"。广顺二年十月,周太祖诏:"诸州罢任或朝觐,并不得以器械进贡。"史称:"帝以诸州器甲,造作不精,兼占留属省物用过当,乃令罢之。仍选择诸道作工,赴京作坊,以备役使。"③这是将兵器改由京城的官手工业作坊集中生产,制造成本可能有所下降。

骑兵是五代时期北方作战的重要兵种,如后唐庄宗的侍卫亲军之一"金枪"军就有"万余骑"。④ 加上用马匹运输辎重,五代军队对马匹的需求很大,购买马匹是很大的一项军费开支。以后唐为例,同光元年(923 年),庄宗曾下令在北京及河北"配买征马",至十月宣布:"如有未请却官本钱,及买马不迨者,可并放免。"⑤后唐向周边少数民族购买马匹的马价和相关费用,成为财政的沉重负担。天成四年(929 年)九月,宰臣奏曰:"吐浑、党项近日相次进马,皆给还马直。对见之时,别赐锦彩,计其所费,不啻倍价,渐成损耗,不如止绝。"明帝说:"常苦马不足,差纲远市,今蕃官自来,何费之有?外蕃锡赐,中国常道,诚知损费,理不可止。"史称:"自是蕃部羊马不绝于路。"⑥长兴三年(932 年)正月,三司奏:"从去年正月至年终,收到诸番所卖马计六千余匹,所支价钱及给赐供费,约计四十万贯。"⑦七月,飞龙使奏:"回纥所卖马,瘦弱不堪估价。"明帝却说:"远夷交市,不可轻阻。可以中等估之。"⑧长兴四年二月,枢密使范延光在向明宗报告共有 35 000 名骑兵之后,说:"臣每思之,国家养马太多,试计一骑士之费,可赡步军五人,三万五千骑抵十五万步军,既无所施,虚

---

① (清)董诰等编:《全唐文》卷一百七,后唐明宗:《许百姓自铸农器诏》。

② 《旧五代史》卷八三,《晋书九·少帝纪第三》。

③ 《旧五代史》卷一一二,《周书三·太祖纪第三》。

④ 《旧五代史》卷三二,《唐书八·庄宗纪第六》。

⑤ (宋)王钦若等编:《册府元龟》卷九二,《帝王部·赦宥第十一》。

⑥ (宋)王钦若等编:《册府元龟》卷九九九,《外臣部·互市》。

⑦ (宋)王钦若等编:《册府元龟》卷六二一,《卿监部·监牧》。

⑧ (宋)王钦若等编:《册府元龟》卷六二一,《卿监部·监牧》。

耗国力,臣恐日久难继。"①对这一件事,《旧五代史·唐书四〇·明宗纪一〇》引《五代会要》称:"上问见管马数,枢密使范延光奏:'天下常支草粟者近五万匹。见今西北诸道蕃卖马者往来如市,其邮传之费、中估之直,日以四十五贯,以臣计之,国力十耗其七,马无所使,财赋渐消,朝廷甚非所利。'"同年四月,明宗敕:"沿边置场买马,不许蕃部直至阙下。"史称:"(明宗)自临驭,欲来远人,党项之众,竞赴都下,赏赐酒食于禁庭,醉则连袂歌土风以出。凡将到马,无弩良并上进。国家虽约其价以给之,并计其馆饩锡赉,每岁不下五六十万贯。侍臣以为耗蠹中华,无出于此,因止之。"②这只是将原来在洛阳与党项人的马匹交易,限定在边境官场进行,购买马匹的费用并没有减少多少。十月,明宗"敕沿边藩镇,或有蕃部卖马,可择其良壮给券,具数以闻"。③十一月,宰臣朱弘昭、冯赟对明宗说:"臣等自蒙重委,计度国力盈虚,而支给常苦不足者,直以赏军无算、买马太多之弊也。"④

刍草薪炭也是必要的军需物资。例如,同光元年(923年)五月,后唐在德胜战败,"是时,德胜军食刍茭薪炭数十万计,至是令人辇负入澶州,事既仓卒,耗失殆半"。⑤天成三年三月,三司使奏:"河阳、白波、巩县见有军储百万余斛,草二百七十万束。"⑥后晋"以甘陵水陆要冲之地,虑契丹南侵,乃飞挽刍粟,以实其郡,为大军累年之备"。⑦

(三)"赐赉"之费

五代皇帝平日依仗中央禁军拱卫京城、宫禁,战时依仗中央禁军出征,故经常通过各种赏赐牢笼军心,以为己用。给予中央禁军的赏赐之费,成为军费开支之大宗。特别是后唐、后晋二代,受骄兵要挟,皇帝对禁军的赏赐之费使财政不堪重负。

五代皇帝给予禁军赏赐的场合可归纳为三种,一是常例赏赐,二是临时赏赐,三是战争赏赐。

后晋开运元年(944年)闰十二月,少帝制称:"国家兵士,恩泽颇隆,赏赐

---

① 《旧五代史》卷四四,《唐书二〇·明宗纪第十》。

② (宋)王钦若等编:《册府元龟》卷六二一,《卿监部·监牧》。

③ 《旧五代史》卷四四,《唐书二〇·明宗纪第十》引《五代会要》。

④ (宋)王钦若等编:《册府元龟》卷六二一,《卿监部·监牧》。

⑤ 《旧五代史》卷二九,《唐书五·庄宗纪第三》。

⑥ (宋)王钦若等编:《册府元龟》卷四八四,《邦计部·经费》。

⑦ 《旧五代史》卷九五,《晋书二一·吴峦传》。

以时，衣粮甚厚。"①这说明皇帝"赏赐以时"即常例赏赐，已经成为五代禁军在"衣粮"之外的一项固定收入。"赏赐以时"的场合，包括皇帝即位、郊祀、巡幸等，此在唐朝后期即成惯例，五代有过之而无不及。

后梁乾化元年（911年）五月，太祖大赦天下时，"大赉军旅"。② 八月，太祖"阅天兴、控鹤兵事，军使将校各有赐"。③ 乾化二年六月，朱友珪发动宫廷政变时，"多出府库金帛赐诸军及百官以取悦"。④ 龙德元年（921年）五月丙戌，晋末帝在改元制文中宣布"侍卫亲军及诸道行营将士等第颁赐优赏"。丁亥，诏曰："郊禋大礼，旧有渥恩；御殿改元，比无赏给。今则不循旧例，别示特恩。其行营将士赏赉已给付本家，宜令招讨使霍彦威、副招讨使王彦章、陈州行营都指挥使张汉杰晓示诸军知委。"⑤

后唐同光元年庄宗即位，宣布："其长行兵士，并赐功臣多应将士等，并勒逐处各定等第优赏。"⑥同光二年二月，庄宗南郊祀毕，虽然宣布"其扈驾楼下立仗将士，及河南将校兵士等，亦各赐等第优赏"。⑦ 但财政部门因经费困难，犒军钱支给不能"优丰"。为此，宰相郭崇韬对庄宗说："臣已倾家所有以助大礼，愿陛下亦出内府之财以助有司。"⑧庄宗不予采纳，只从籍没家财中拨出金帛数十万。因此"军士皆不满望，始怨恨，有离心"。⑨ 五月，右谏议大夫薛昭文上疏，建议加给京城兵将的颁赉，以满足他们对郊祀行赏的"觊望"。他说："臣伏见随驾兵士，久经战伐，咸著勤劳，皆忠勇以难俦，尚贫乏而未济。虽陛下告成郊丘之后，大行赏给之恩，然而或未优丰，尚多觊望，非不知国力尚阙，天府未充。……今以诸道上供钱物进纳不时，遂致朝廷薄于犒散，稍为经度，以济急须。近者藩臣贡奉庆贺财帛，及南郊或有经费羡有物色等，伏请且据帑藏，更加颁赉先随驾兵师，宴犒代潞州将健也。"⑩庄宗仍不予采纳。如下所述，他后来在兵变中被杀，与吝于对禁军行赏有关。

① （宋）王钦若等编：《册府元龟》卷九四，《帝王部·赦宥第十三》。

② （宋）王钦若等编：《册府元龟》卷一九六，《闰位部·庆赐》。

③ 《旧五代史》卷六，《梁书六·太祖纪第六》。

④ （宋）司马光：《资治通鉴》卷二六八，《后梁纪三》，乾化二年六月记事。

⑤ 《旧五代史》卷一〇，《梁书一〇·末帝纪下》。

⑥ （宋）王钦若等编：《册府元龟》卷九二，《帝王部·赦宥第十一》。

⑦ （宋）王钦若等编：《册府元龟》卷九二，《帝王部·赦宥第十一》。

⑧ （宋）司马光：《资治通鉴》卷二七三，《后唐纪第二》。

⑨ （宋）司马光：《资治通鉴》卷二七三《后唐纪二》，同光二年二月记事。

⑩ （宋）王钦若等编：《册府元龟》卷五四七，《谏诤部·直谏第十四》。

天成元年(926年)四月,明宗通过兵变夺得皇位后,立即下令:"其扈从将士及六军诸卫、诸道行营将校等,委中书门下次第酬奖。"①长兴元年(930)二月,明宗郊祀礼毕,下制:"将士等扈从乘舆,警巡昼夜,咸彰劳瘁,深所嘉称,各示颁宣,以明酬奖。宜令三司依等第勘会指实人数,指挥支给。其诸道州府如本处有绢帛,准价折支,无见在钱物,即就便支遣。兼差使臣各往逐处宣赐,仍下六军诸卫,准此告谕。"长兴三年八月,明宗受册尊号毕,"侍卫指挥使康义诚已下三人,六军统军李从昶已下六人,各赐钱二十千。诸军都指挥使人各十五千,诸军指挥使人各十千,副指挥使人各七千,都头人各五千,副兵马使人各四千,亲直、捧圣等散指挥使,严卫军将等人各三千,龙武、神武、羽林六军马步兵士人各二千,杂作诸军将士人各一千。……赐侍卫都将康义诚绢二百匹、马一匹,马步都将安彦威、张从宾各绢百匹、马一匹,捧圣严卫都将宋洪实、皇甫遇绢各百匹"。②

后晋天福七年(942年)六月,晋少帝"赐侍卫诸军将校钱一百贯至五十贯。以初即位示大赉也"。③后汉高祖于开运四年(947年)二月即位,"以内外府库赏犒诸军将士有差"。④乾祐元年(948年)二月,后汉隐帝即位,下令给"马步诸将军、兵士等各赐赏给",还对"国家多事,帑藏尚虚,赐赉未优",深表"愧意"。⑤后周显德元年(954年)正月,世宗南郊大赦制称:"内外马步诸军将士各等第优赏。"显德五年五月,世宗御崇元殿受朝,诏:"侍卫诸军及诸道将士,各赐等第优给。"⑥这些都属"赏赐以时"的常例。

临时赏赐,多是为了安抚禁军军心。如后唐明宗长兴三年(932年)七月,"诏赐诸军救接有差"。⑦"救接"为救急接济,是临时性的赏赐。次年七月,明宗"诏赐在京诸军将校优给有差。时帝疾未痊,军士有流言故也"。⑧八月,戊申,明宗册尊号礼毕,"在京、诸道将士各与等第优给"。⑨次日(己酉),又"赐

① (宋)王钦若等编:《册府元龟》卷九二,《帝王部·赦宥第十一》。
② (宋)王钦若等编:《册府元龟》卷八一,《帝王部·庆赐第三》。
③ (宋)王钦若等编:《册府元龟》卷八一,《帝王部·庆赐第三》。
④ (宋)王钦若等编:《册府元龟》卷八一,《帝王部·庆赐第三》。
⑤ (宋)王钦若等编:《册府元龟》卷九五,《帝王部·赦宥第十四》。
⑥ 《旧五代史》卷一一八,《周书九·世宗纪第五》。
⑦ (宋)王钦若等编:《册府元龟》卷一四七,《帝王部·恤下第二》。
⑧ 《旧五代史》卷四四,《唐书二〇·明宗纪第十》。
⑨ (宋)王钦若等编:《册府元龟》卷九三,《帝王部·赦宥第十二》。

侍卫诸军优给有差"。史称:"时月内再有颁给,自兹府藏无余积矣。"①

长兴四年岁末,病重在身的明宗加封嫡长子秦王李从荣为天下兵马大元帅。"从荣大宴元帅府,诸将皆有颁给:控鹤、奉圣、严卫指挥使,人马一匹、绢十匹;其诸军指挥使,人绢十匹;都头已下,七匹至三匹。"②不久,明宗病死,枢密使朱弘昭、冯赟攻杀秦王,拥立第五子李从厚,是为闵帝。闵帝立即宣布"中外将士给赐有差"。③后唐中央财政因短短二年之内多次给予禁军赏赐,府库空虚,朱弘昭、冯赟对闵帝说:"臣等自蒙重委,计度国力盈虚,而支给常若不足者,直以赏军无等、买马太多之弊也。"④

三是战时赏赐。众所周知,唐朝后期以来,河北魏博藩镇以骄兵为亲军,厚加供养,多方纵容,包括以厚加赏赐作为战时激励他们的手段,为此耗费巨大。后唐庄宗也是如此。史载:"初,帝得魏州银枪效节都近八千人,以为亲军,皆勇悍无敌。夹河之战,实赖其用,屡立殊功,常许以灭梁之日大加赏赍。既而河南平,虽赏赍非一,而士卒恃功,骄恣无厌,更成怨望。"⑤同光四年(926年)三月,太尉李嗣源(后为明宗)出征河北,为哗变侍卫军所拥立,回戈攻打洛阳,争夺皇位。"至白皋,遇山东上供绢数船,取以赏军",河北诸镇纷纷响应。洛阳城内军心不稳。史载:"租庸使以仓储不足,颇朘刻军粮,军士流言益甚。宰相惧,帅百官上表言:'今租庸已竭,内库有余,诸军室家不能相保,傥不赈救,惧有离心。俟过凶年,其财复集。'"庄宗起初不予采纳。几天后,庄宗为出兵抵御李嗣源,"乃出金帛给赐诸军,枢密、宣徽使及供奉内使景进等皆献金帛以助给赐。军士负物而诟曰:'吾妻子已殍死,得此何为!'"⑥未能及时行赏的庄宗终为乱兵所杀。

明宗死后,闵帝继位不过数月,应顺元年(934年)二月,明宗的养子潞王、凤翔节度使李从珂起兵争夺皇位。三月,闵帝派王思同、杨思权等率禁军攻讨凤翔。杨思权等至凤翔城下,倒戈降附潞王。潞王大加赏给,"龙武都指挥使安审琦,羽林都指挥使马万、杨思权、严卫,都指挥使尹晖各二马一驼,钱七十贯。诸军厢指挥使、壕寨使各一马一驼,钱五十贯。诸军指挥、副指挥使一马

---

① 《旧五代史》卷四四,《唐书二○·明宗纪第十》。
② 《新五代史》卷一五,《唐明宗家人传·秦王从荣》。
③ 《旧五代史》卷四五,《唐书二一·闵帝纪》。
④ (宋)王钦若等编:《册府元龟》卷四八四,《邦计部·经费》。
⑤ (宋)司马光:《资治通鉴》卷二七四,《后唐纪三》,同光三年十一月记事。
⑥ (宋)司马光:《资治通鉴》卷二七四,《后唐纪三》,天成元年三月记事。

一驼,钱四十贯。军使都头一马,钱三十贯。诸军军使、副兵马使至长行、契丹直钱三万。军头十将至军人各十贯。其元在京城守营及新招军都人,厢军十将至官健,各钱十贯"。① 凤翔经费不足,"率居民家财以赏军士"。② 潞王随后率军攻打洛阳。闵帝得知杨思权叛降,再派禁军出征,特意召见侍卫军都将以下,宣布"今据府库,悉以颁赐",出银绢钱厚赐诸军。史载:"是时方事山陵,复有此赐,府藏为之一空,军士犹负赏物扬言于路曰:'到凤翔更请一分。'其骄诞无畏如是。"③闵帝甚至入左藏库,"亲给将士人绢二十匹,钱五千"。④ 随后又"宣谕西面行营将士,俟平凤翔日,人赏二百千。府库不足,以宫闱服玩增给"。⑤ 可见闵帝、潞王双方都极尽全力以赏赐手段争取军队为自己效力。

四月,潞王攻占洛阳后称帝,改元清泰,他就是后唐末帝。他宣布:"见在京随驾并诸道马步将士并与等第优给。"⑥然而,洛阳官方府库已因明宗、闵帝的赏军而空竭,末帝便下令"河南府率京城居民之财以助赏军";"预借居民五个月房课,不问士庶,一概施行"。"以府藏空匮,于是有配率之令,京城庶士自绝者相继。"⑦其时"太后、太妃出宫中衣服、器用、簪珥之属,令主者陈于帝庭,以助劳军也。帝朝太后辞之,不获。初,三司计用赏军钱五十万,及率士庶房课,搜索质兼贡物,及二十万。两宫知之,故有斯助"。⑧

史称:"是时,竭左藏旧物及诸道贡献,乃至太后、太妃器服簪珥皆出之,才及二十万缗。"末帝为此指责枢密院直学士李专美。李专美回答说:"军赏不给,非臣之责也。窃思自长兴之季,赏赉亟行,卒以是骄;继以山陵及出师,帑藏遂涸。虽有无穷之财,终不能满骄卒之心。"确实,当时骄兵求索无厌。末帝下令对禁军,在凤翔降附者,"自杨思权、尹晖等各赐二马、一驼、钱七十缗,下至军人钱二十缗;其在京者,各十缗"。然而,"军士无厌,犹怨望"。⑨

后晋天福八年(943年)十二月,青州节度使杨光远反叛,勾结契丹军入寇。开运元年(944年)五月,少帝派宋州节度使李守贞率禁军出征。七月,少

---

① (宋)王钦若等编:《册府元龟》卷八一,《帝王部·庆赐第三》。
② 《旧五代史》卷四六,《唐书二二·末帝纪上》。
③ 《旧五代史》卷四五,《唐书二一·闵帝纪》。
④ 《新五代史》卷二七,《唐臣传一五·康义诚传》。
⑤ 《旧五代史》卷四五,《唐书二一·闵帝纪》。
⑥ (宋)王钦若等编:《册府元龟》卷九三,《帝王部·赦宥第十二》。
⑦ 《旧五代史》卷四六,《唐书二二·末帝纪上》。
⑧ (宋)王钦若等编:《册府元龟》卷四八四,《邦计部·经费》。
⑨ (宋)司马光:《资治通鉴》卷二七九,《后唐纪八》。

帝在改元大赦中对禁军广加赏赉,制曰:"乃眷亲军,实推忠节,或从征丑虏,显立勋劳;或出讨叛臣,方期平定,至于边陲守戍,藩镇分屯,尽系捍防,皆施勤效,虽赋税未集,帑藏犹虚,宜示颁宣,用明奖赏,应将校兵士量与等第优给。"闰十二月,杨光远降服,少帝对出征禁军将校兵士大加赐赉,诏:"护圣、奉国、兴顺、宗顺、兴国诸军都指挥使各绢十匹,余自都虞候至散卒七匹至十匹。其随行人员与诸州本城将士,亦有等第赐赉。"①开运三年十月,因契丹复大举入寇,少帝以杜重威为北面招讨使,李守贞为都监率军北上抵御。史称:"晋兵素骄,而守贞、重威为将皆无节制,行营所至,居民豢圈一空,至于草木皆尽。其始发军也,有赐赉,曰'挂甲钱',及班师,又加赏劳,曰'卸甲钱',出入之费,常不下三十万,由此晋之公私重困。"②可见晋少帝对禁军的战时赏赐之滥。

后汉乾祐三年(950年)十一月,得知郭威率军逼近,隐帝"倾府库以给诸军","侍卫军人给二十缗,下军各给十缗,其北来将士亦准此"。③

后周广顺三年(953年)夏四月,太祖"诏在京诸军将士持支救接",④此属临时性赏给。显德元年(954年)正月丙子,世宗亲祀圜丘礼毕,宣布:"其内外马步都军将士各等第优赏。"⑤《资治通鉴》卷二九一显德元年正月记事称:"军士有流言郊赏薄于唐明宗时者,帝闻之,壬午,召诸将至寝殿,让之曰:'朕自即位以来,恶衣菲食,专以赡军为念;府库蓄积,四方贡献,赡军之外,鲜有赢余,汝辈岂不知之! 今乃纵凶徒腾口,不顾人主之勤俭,察国之贫乏,又不思己有何功而受赏,惟知怨望,于汝辈安乎!'皆惶恐谢罪,退,索不逞者戮之,流言乃息。"五代"骄兵于分外希赏"的行为至此才得到抑制。对此,胡三省评论道;"骄兵于分外希赏,苟非以法齐之,其无厌之心庸有极乎!"⑥后周世宗这一举措对赵宋王朝处理骄兵问题颇有启示。

二、军费筹集手段及其社会影响

五代的军费支出具有集中性。一是集中于禁军聚结的洛阳京城。如后唐

① (宋)王钦若等编:《册府元龟》卷一八〇,《帝王部·滥赏》。
② 《新五代史》卷五二,《杂传四十·李守贞》。
③ 《旧五代史》卷一〇三,《汉书五·隐帝纪下》。
④ 《旧五代史》卷一一三,《周书四·太祖纪第四》。
⑤ (宋)王钦若等编:《册府元龟》卷九六,《帝王部·赦宥第十五》。
⑥ (宋)司马光:《资治通鉴》卷二九一,《后周纪二》。

庄宗"运关外之粮资,供锥中之戎马"。① 后晋初年,"辇下养兵数广于前,衣食又倍之,犹是合诸藩上供不足以充费,间以亩税,并折征缣帛,仓廪曾无兼年之蓄"。② 二是集中于禁军出征之地。如显德元年(954 年)四月,后周在河东与刘崇及契丹军争战。世宗"遣右仆射、平章事、判三司李谷赴河东城下,计度军储。……募民入粟五百斛、草五百围者赐出身,千斛、千围者授州县官"。③ 显德六年六月,世宗率军北征,"凡供军之物,皆令自京递送行在"。④ 当时,枢密使,加同平章事郑仁诲为东京留守,"调发军须,供亿无所阙"。⑤ 五代统治者采取以下主要手段,以应付集中性的军费需求。

1."急赋繁征"

后梁乾化元年(911 年)正月太祖制言:"戎机方切,国用未殷,养兵须藉于赋租,税粟尚烦于力役。"⑥晋高祖天福元年(936 年)十一月即位制称:"盐麦之利,军府所须。"⑦这说明赋税和禁榷收入是五代军费的主要来源。五代时期统治者采取的增加赋税、加征盐钱曲钱等"急赋繁征"手段,不少与筹给军费直接相关。

如后梁以"杂税"为名征收商税,"有形之类,无税不加。为弊颇深,兴怨无已"。⑧ 贞明三年(917 年)十二月,宰臣敬翔对末帝说:"府藏殚竭,箕敛百姓,供军不暇。"⑨后唐"庄宗平定梁室,任吏人孔谦为租庸使,峻法以剥下,厚敛以奉上,民产虽竭,军食尚亏"。⑩ 史称:"同光时,租庸使孔谦起自胥徒,不知大体。方中原未平,所利财赋办集,乃奏请州县官有征科先可者则行恩奖,或与检校官,或赐章服。繇是长吏竞为苛刻,于省限前卒征暴敛,以希曲恩。或蚕未茧而欲丝,麦初芒而督税,皆出利求取,其费数倍,人皆哭泣而无诉。"⑪同光

① (宋)王钦若等编:《册府元龟》卷九二,《帝王部·赦宥第十一》。
② (宋)王钦若等编:《册府元龟》卷五〇二,《邦计部·平籴》,"高祖天福二年十一月"条。
③ 《旧五代史》卷一一四,《周书五·世宗纪第一》。
④ 《旧五代史》卷一一九,《周书一〇·世宗纪第六》。
⑤ 《旧五代史》卷一二三,《周书一四·郑仁诲传》。
⑥ (宋)王钦若等编:《册府元龟》卷一九一,《闰位部·政令》。
⑦ (宋)王钦若等编:《册府元龟》卷九三,《帝王部·赦宥第十二》。
⑧ (宋)王钦若等编:《册府元龟》卷四八八,《邦计部·赋税第二》。
⑨ 《旧五代史》卷九,《梁书九·末帝纪中》。
⑩ 《旧五代史》卷一四六,《食货志》。
⑪ (宋)王钦若等编:《册府元龟》卷一六〇,《帝王部·革弊第二》,"长兴元年七月"条。

二年(923 年)二月,庄宗下敕指责后梁"无税不加",却又称:"今则军需尚重,国力未充,犹且权宜,未能全去。"①同光四年三月,庄宗因军食不足,"诏河南府预借今年秋夏租税。时年饥民困,百姓不胜其酷,京畿之民,多号泣于路"。②清泰二年(935 年)正月,"三司奏,添征蚕盐钱及增曲价。先是曲斤八十文,增至一百五十文"。③对这种不予减税反而加税的做法,末帝辩称:"近岁已来,多事之后,边陲尚扰,府库未殷,扞防必假于兵师,供馈须资于民力,既未能便停征伐,固不可顿减赋税。"④后晋天福七年(942 年)十一月,"以赡军为名",在食海盐地区既向民户配征食盐钱,又对盐商开征过税、住税。⑤ 后汉高祖即位,"属外敌称兵之后,国用尤窘,故盐铁之禁甚峻"。⑥ 隐帝乾祐年间,三司使王章更是为筹集军费而公然加税。史载:"旧制,秋夏苗租,民税一斛,别输二升,谓之'雀鼠耗'。乾祐中,输一斛者,别令输二斗,目之为'省耗'。百姓苦之。……民有诉田者,虽无十数户,章必命全州覆视,幸其广有苗额,以增邦赋,曾未数年,民力大困。……章急于财赋,峻于刑法,民有犯盐、矾、酒曲之令,虽丝毫滴沥,尽处极刑。吏缘为奸,民不堪命。"⑦对此,乾祐二年(949 年)正月,隐帝在一份制书中不得不承认:"征讨以来,劳役滋甚,兵犹在野,民未息肩,急赋繁征,财弹力匮。"⑧后晋在食海盐地区双重征税的做法,一直延续到后周。广顺二年(952 年),李元懿上书周太祖说:"臣伏见晋朝曾配百姓食盐钱,每顷配盐二十斤,每斤纳钱五十五,数足然后许百姓私买煎造。自后盐铁使指以赡军为名,禁断盐法,苗亩所配,不放纳钱,税物重征。"⑨

2.转运军粮

五代中央财政通过统一调度,从各地调运税粮,供给禁军和边军。如同光元年(923 年)九月,后唐与后梁争战失利,"丧兵粮数百万,租庸副使孔谦暴敛以供军,民多流亡,租税益少,仓廪之积不支半岁"。⑩ 时人称"暴敛疲民,以给

---

① (宋)王钦若等编:《册府元龟》卷四八八,《邦计部·赋税第二》。

② 《旧五代史》卷三四,《唐书十·庄宗纪第八》。

③ 《旧五代史》卷四七,《唐书二三·末帝纪中》。

④ (宋)王钦若等编:《册府元龟》卷九三,《帝王部·赦宥第十二》。

⑤ 《旧五代史》卷八一,《晋书七·少帝纪第一》。

⑥ (宋)王钦若等编:《册府元龟》卷四九四,《邦计部·山泽》。

⑦ 《旧五代史》卷一〇七,《汉书九·王章传》。

⑧ 《旧五代史》卷一〇二,《汉书四·隐帝纪中》。

⑨ (宋)王钦若等编:《册府元龟》卷五四七,《谏诤部·直谏第十四》。

⑩ (宋)司马光:《资治通鉴》卷二七二,《后唐纪第一》,同光元年九月记事。

军食”。[①] 同光三年十二月，洛阳禁军的食粮发生严重危机。史载：“是时，两河大水，户口流亡者十四五，都下供馈不充，军士乏食，乃有鬻子去妻，老弱采拾于野，殍踣于行路者。州郡飞挽，旋给京师，租庸使孔谦日于上东门外伫望其来，算而给之。”[②]闰十二月，吏部尚书李琪献“转仓赡军”之术，建议：“降明敕下诸道，合差百姓转般之。有能出力运官物到京者，五百石已上，白身授一初任州县官。有官者，依资迁授；欠选者，便与放选。千石已上至万石者，不拘文武，显示赏酬。免令方春，农人流散。此亦转仓赡军之一术也。”获得庄宗批准。[③] 明宗即位之后，加紧调运粮食充实东西两京的军粮贮备。天成二年(927 年)十一月，三司使张延朗奏：“于洛中预备一、二年军粮，除水运外，深冬百姓稍闲，请差运粮一转。”天成三年二月，司勋员外郎夏侯晤上言：“诸道转运，比要实辇下军储，今闻多是轻赍，却至京中籴纳，请下令禁止。”[④]可见当时对转运诸道粮食充实京城军储相当重视。

为缓解集中性军粮供给的压力，五代偶尔采取让军队“就食”的措施。如后唐天成元年(926 年)四月，明宗下制曰：“先皇运关外之粮资，供雒中之戎马，遂致百姓困弊者，不胜馈挽之劳。今则须为制置，令度支与总管使会定在京兵数，据所供馈，积贮京师。其近畿粮储，可令诸军就食。”[⑤]这是让部分禁军在京城附近“就食”。后晋清泰二年(935 年)六月，“河东节度使石敬瑭奏，边军乏刍粮，其安重荣巡边兵士欲移振武就粮”。末帝从之。[⑥]

总体而言，转运军粮、供给柴炭薪草一直是五代百姓的沉重负担。如后唐长兴元年秋，明宗以天雄军节度使石敬瑭为都招讨使，率军征讨据蜀抗命的孟知祥。“是时，唐军涉险，以饷道为艰，自潼关以西，民苦转馈，每费一石不能致一斗，道路嗟怨。”[⑦]清泰二年六月，“北面转运副使刘福配镇州百姓车子一千五百乘，运粮至代州。时水旱民饥，河北诸州困于飞挽，逃溃者甚众，军前使者继至，督促粮运，由是生灵咨怨”。[⑧] 后晋少帝命张彦泽领军北屯恒、定。“时

---

① 《新五代史》卷五六，《杂传四四・何泽传》。

② 《旧五代史》卷三三，《唐书九・庄宗纪第七》。

③ (宋)王钦若等编：《册府元龟》卷五〇九，《邦计部・鬻爵赎罪》。

④ (宋)王钦若等编：《册府元龟》卷四九八，《邦计部・漕运》。

⑤ (宋)王钦若等编：《册府元龟》卷九二，《帝王部・赦宥第十一》。

⑥ 《旧五代史》卷四七，《唐书二三・末帝纪中》。

⑦ 《新五代史》卷六二，《后蜀世家第四・孟知祥》。

⑧ 《旧五代史》卷四七，《唐书二三・末帝纪中》。

易州地孤,漕运不继,制令邢、魏、相、卫飞挽以输之,百姓荷担累累于路。"①开运三年秋,少帝以杜重威为北面行营招讨使,抵御契丹。"是秋,天下大水,霖雨六十余日,饥殍盈路,居民拆木以供爨,锉槁席以秣马牛,重威兵行泥潦中,调发供馈,远近愁苦。"②

3.强制征购军粮、马匹

如后唐庄宗同光元年曾"配买征马",到十月才下令:"北京及河北先为妖祲未平,配买征马,如有未请却官本钱及买马不迨者,可并放免。"③同光三年(925年)六月,庄宗将出兵伐蜀,"下河南、河北诸州和市战马,官吏除一匹外,匿者坐罪"。后汉初,高祖"诏天下州府和买战马"。④后汉所谓和买、和市其实也是强制性。史载,当时成德军节度使杜重威由镇州改任邺都留守之后,"会镇州军食不继,遣殿中监王钦祚就本州和市,重威私第有粟十余万斛,遂诣之以闻。朝廷给绢数万匹,偿其粟直。重威大忿曰:'我非反逆,安得籍没耶!'"⑤杜重威身居要位,其家尚且遭此"籍没"式的"和市",遑论无权无势的平民百姓了。

尤其残酷的是,后唐、后晋统治者曾不顾严重饥荒强制征购百姓粮食,如后唐清泰二年(935年)六月,契丹屡寇北边,禁军聚集在幽州、并州,朝廷下令"市籴"。史载:"时水旱民饥,(统帅石)敬瑭遣使督趣严急,山东之民流散。"⑥后晋天福八年,"春夏旱,秋冬水,蝗大起,东自海壖,西距陇坻,南逾江、淮,北抵幽蓟,原野、山谷、城郭、庐舍皆满,竹木叶俱尽。重以官括民谷,使者督责严急,至封碓硙,不留其食,有坐匿谷抵死者。县令往往以督趣不办,纳印自劾去。民馁死者数十万口,流亡不可胜数"。⑦

4.率括民财

这是五代统治者在军费困难时常用的残酷手段。

如率括马匹。梁太祖开平元年(907年)九月,诏:"先以讨伐北虏,因索公

---

① 《旧五代史》卷九八,《晋书二四·张彦泽传》。

② 《新五代史》卷五二,《杂传四〇·杜重威传》。

③ (宋)王钦若等编:《册府元龟》卷九二,《帝王部·赦宥第十一》。

④ (宋)王溥:《五代会要》卷一二,《马》。

⑤ 《旧五代史》卷一〇九《汉书一一·杜重威传》。

⑥ (宋)司马光:《资治通鉴》卷二七九,清泰二年六月记事。按,文中之"山东",胡三省注:"此谓太行、常山之东。"

⑦ (宋)司马光:《资治通鉴》卷二八三,天福八年记事。

私马,以济戎事。至是虑有搔扰,复罢前令。如有力者,任畜马。"①后唐初,庄宗曾"山北居民出战马器仗,每鬻牛十头易马一匹,人心怨咨"。②清泰三年(936年)十月,末帝"诏天下括马"。③后晋天福元年(936年)十月,高祖"诏大括天下将吏及民间马","凡得马二千余匹"。④开运元年(944年)正月,少帝"诏率天下公私之马,以资骑军"。⑤

影响更广泛的是率括百姓钱财和粮食。后唐同光三年九月,庄宗派魏王李继岌、枢密使郭崇韬率六万禁军征服蜀川,班师时,新任西川节度副大使、知节度事孟知祥"率成都富人及王氏故臣家,得钱六百万缗以犒军,其余者犹二百万"。⑥清泰元年(934年),末帝李从珂从凤翔起兵争夺皇位时,先悉取前天平节度使李从曮留在凤翔的家财、甲兵以供军。因为,"李从曮自其父茂贞以来再世镇,从曮虽移镇,而家财甲兵犹在焉"。⑦又因凤翔"帑藏无货财,率城中士庶,至于鼎釜之类,亦估给"。而后李从珂率军南攻洛阳,"经雍、华、陕,率如凤翔。士民之家,不胜其苦"。⑧他事先许诺军士,攻占洛阳之后每人赏钱一百贯,为此需要花费五十万。"至京师,三司调计,左藏金帛不过二三万,续内外贡奉计外,少四十五万缗。"先"率配京城市民及舍屋。计不过六万缗"。末帝派出军巡使,"昼夜督促,囚系满狱。贫民不济,有投井自经者"。结果搜括得二十余万缗以充赏给。⑨次年六月,末帝"以边军储运不给,诏北面总管,以河东诸州民户有多积粟菽者,量事抄藉,以益军储"。⑩后晋天福中,景延广为西京留守,卢亿为判官。"时国用窘乏,取民财以助军,河南府计出二十万缗,延广欲夤缘以图羡利,增为三十七万缗",后因卢亿谏阻而止。⑪开运元年正月,契丹入寇,晋少帝发兵抵御。朝廷为了供给军需,"仓廪不足,则辍人之粮食;帑藏不足,则率人之资财;兵士不足,则取人之丁中;战骑不足,则假人之

---

① (宋)王钦若等编:《册府元龟》卷六二一,《卿监部·监牧》。

② 《旧五代史》卷九七,《晋书二三·卢文进传》。

③ 《旧五代史》卷四八,《唐书二四·末帝纪下》。

④ (宋)司马光:《资治通鉴》卷二八〇,《后晋纪第一》。

⑤ 《旧五代史》卷八,《晋书八·少帝纪第三》。

⑥ 《新五代史》卷六二,《后蜀世家四·孟知祥传》。

⑦ (宋)司马光:《资治通鉴》卷二七九《后唐纪八》,清泰元年五月记事。

⑧ (宋)王钦若等编:《册府元龟》卷五一〇,《邦计部·重敛》。

⑨ (宋)王钦若等编:《册府元龟》卷五一〇,《邦计部·重敛》。

⑩ (宋)王钦若等编:《册府元龟》卷四八四,《邦计部·经费》。

⑪ 《宋史》卷二六四,《卢多逊传》。

乘马"。而当时正值"频年灾沴,稼穑不登,万姓饥荒,道殣相望"。① 史称:"属岁不稔,饿殍相继,朝廷以廪帑虚竭,军用不给,乃发使郡县括借民家赀财斛斗,海内嗷嗷,不堪其命。"②

后汉末,慕容彦超不听判官崔周度的劝谏,占据兖州反抗执掌朝政的郭威,被郭威大军包围。"因大括城中民赀以犒军,前陕州司马阎弘鲁惧其鞭扑,乃悉家赀以献。彦超以为未尽,又欲并罪周度,乃令周度监括弘鲁家。周度谓弘鲁曰:'公命之死生,系财之多少,愿无隐也。'弘鲁遣家僮与周度劚掘搜索无所得。彦超又遣郑麟持刃迫之,弘鲁惶恐拜其妻妾,妻妾皆言无所隐。周度入白彦超,彦超不信,下弘鲁及周度于狱。弘鲁乳母于泥中得金缠臂献彦超,欲赎出弘鲁,彦超大怒,遣军校笞弘鲁夫妇肉烂而死,遂斩周度于市。"③于此可见后汉率括民财何等残酷。

此外,五代时期中央筹措军费的重要手段之一为接纳方镇和朝官以"助军"为名的进奉,为篇幅所限,笔者拟另文论述。

综上所述,军费是五代时期最主要的财政支出,反映了"兴亡以兵"的时局特点。五代军费主要构成为"人马支费",制造和购置军需品的开支,以及对中央禁军的"赐赉"等三大类。为满足军费的集中性需求,五代统治者采取"急赋繁征",转运军粮,强制征购军粮、马匹,率括民财,接纳方镇、朝官的"助军"贡献等各种手段加以应对,给百姓造成深重的苦难。

---

① 《旧五代史》卷八三,《晋书九·少帝纪第三》。
② (宋)王溥:《五代会要》卷二九,《契丹》。
③ 《新五代史》卷五三,《杂传第四一·慕容彦超》。

论五代时期臣属"贡献"与财政性

中国古代所谓"贡献",笼统而言是指进献给皇帝本人或者国家的一切钱物。不过,若按贡献者的身份,"贡献"可分为三类,第一类"贡献"来自外国或中国境内的其他政权,表示进献方对受贡方的友善或臣服,此即"朝贡"。第二类"贡献"是地方政府按朝廷的规定进奉当地某些土特产给皇帝,此即"任土作贡"。进奉"土贡"是地方政权向皇权表示效忠的一种物质表现形式。"朝贡"作为一种外交行为,通常是礼尚往来,有进贡有回赠。"土贡"的物色及数量通常有一定的制度规定。第三类"贡献"是指各级官员特别是地方官员以个人名义向皇帝或国家进献钱物,本文称之为臣属"贡献"。

唐朝后期和五代时期的臣属"贡献"是中国古代史上突出的一种非常态的财政经济行为,主要缘于皇权腐败、政治黑暗和国家财政危机,影响极为恶劣。不过,其性质仍有可论析者。笔者曾发表《论唐代方镇"进奉"》一文,揭示唐朝后期臣属"贡献"具有财政性。①

关于五代时期的臣属贡献,欧阳修在《新五代史》卷四六《杂传》末感慨道:

> 呜呼,五代之民其何以堪之哉!上输兵赋之急,下困剥敛之苛。自庄宗以来,方镇进献之事稍作,至于晋而不可胜纪矣。其添都、助国之物,动以千数计。至于来朝、奉使、买宴、赎罪,莫不出于进献。而功臣大将,不幸而死,则其子孙率以家赀求刺史,其物多者得大州善地。盖自天子皆以贿赂为事矣,则为其民者其何以堪之哉!

---

① 原载《中国社会经济史研究》1985 年第 1 期;收入陈明光著:《唐代财政史新编》"附录三",中国财政经济出版社 1991 年版。

他指出五代臣属贡献始于后唐庄宗而极盛于后晋,并把五代皇帝接纳臣属贡献统统定性为受贿,指出臣属贡献是刻剥人民的苛政。所论颇有见地,但仍有待补充与深究之处。

本文拟从三个方面论述五代时期的臣属贡献,着重揭示其中的财政性及所反映的中央与地方的一种非常态的财政关系。

一、五代时期臣属贡献之由来及变化

欧阳修说五代的方镇贡献始于后唐庄宗,不确。事实上,臣属贡献在后梁已有发生。史载,开平元年(907年),"五月壬午,保义军节度使朱友谦进百官衣二百副"。① 次年六月,梁太祖诏称:"如闻近日贡奉,竞务奢淫,或奇巧荡心,或雕镂溢目,徒殚资用,有费工庸。此后应诸道进献,不得以金宝装饰戈甲剑戟,至于鞍勒,不用涂金及雕刻龙凤。如有此色,所司不得引进。"九月丙戌,梁太祖至陕州,"蒲、雍、同、华牧守皆进铠甲、骑马、戈戟、食味、方物"。② 十月癸未,梁太祖诞日,"诸道节度、刺史及内外诸司使咸有进献"。③ 十一月,"诸道节度使、刺史咸贡鞍马、银绢、罗绮贺正"。④ 当年梁太祖举行郊禋时,"许州节度使冯行袭请入觐,贡献巨万"。⑤ 开平四年二月,"寒食假,诸道节度使、郡守、勋臣竞以春服贺。又连清明宴,以鞍辔、马及金银器、罗锦进者迨千万"。⑥ 五月,"自朔旦至癸巳,内外以午日奉献巨万计,马三千蹄,余称是。复相率助修内垒"。十月己卯,梁太祖为新修的天骥院落成开宴,"内外并献马,而魏博进绢四万匹,以为驵价"。⑦ 史称梁军在作战中"所得马虽一二,必具献"。⑧ 乾化二年(915年)四月己巳,梁太祖至东都,"博王友文以新创食殿上言,并进准备内宴钱三千贯、银器一千五百两"。⑨ 同月,"客省引进使韦坚使广州回,以

---

① (宋)王钦若等编:《册府元龟》卷一九七,《闰位部·纳贡献》。

② 《旧五代史》卷四,《梁书四·太祖纪第四》,中华书局1976年版,第62、64页。

③ 《旧五代史》卷五,《梁书五·太祖纪第五》。

④ (宋)王钦若等编:《册府元龟》卷一九七,《闰位部·纳贡献》。

⑤ 《旧五代史》卷一六,《梁书一五·冯行袭传》。

⑥ 《旧五代史》卷五,《梁书五·太祖纪第五》。

⑦ (宋)王钦若等编:《册府元龟》卷一九七,《闰位部·纳贡献》。

⑧ (宋)王钦若等编:《册府元龟》卷六二一,《卿监部·监牧》。

⑨ 《旧五代史》卷七,《梁书七·太祖纪七》。

银、茶上献,其估凡五百余万"。是年,"天下郡国各有助郊天及贺正贡献,相次而至"。① 后梁臣属贡献最突出的当是河南尹张全义。梁太祖代唐称帝,张全义即"进开平元年已前羡余钱十万贯、绅六千匹、绵三十万两"。②《新五代史·张全义传》称:"自梁与晋战河北,兵数败亡,全义辄搜卒伍铠马,月献之,以补其缺。"《旧五代史·张全义传》亦称:张全义"托迹朱梁,斫丧唐室,惟勤课劝,其实敛民附贼,以固恩宠。梁时,月进铠马,以补军实。及梁祖为友珪所弑,首进钱一百万,以助山陵"。

由于现存后梁史料多有阙略,后梁臣属贡献的史实当不止上述诸条,但据此已可知后梁的臣属贡献者有朝臣和方镇两类,贡献名目甚多,有助军贡献、巡幸贡献、节日贡献、买宴贡献、奉使贡献、朝见贡献、助郊天贡献、营造贡献等。后唐、后晋、后汉、后周的臣属贡献名目多沿此而来。因此,五代的臣属贡献当始于后梁,而非始自后唐庄宗。

更重要的是必须注意到,梁太祖时臣属贡献的物资以铠甲、马匹、兵器等军需品为主,明显具有财政性。史官就开平四年五月内外臣属在节日贡献之后,"复相率助修内垒"一事,评论说:"时南北征伐,版籍未有定赋。帝每议营造,及节序,无不咸献。"③《资治通鉴》卷二六七载,开平四年八月,"镇、定自帝践[阼],虽不输常赋,而贡献甚勤"。可知后梁臣属贡献的财政性在很大程度上是因为未能建立正常的赋税征收制度和地方上供制度,反映的是中央与地方的一种非常态的财政关系。

不过,欧阳修之所以强调五代方镇进献始于后唐庄宗时期,当是因为庄宗皇帝与刘氏皇后鼓励和接纳臣属贡献,带有强烈的私人敛财色彩。史载,庄宗同光二年(924年)二月癸未,"立魏国夫人刘氏为皇后。皇后生于寒微,既贵,专务蓄财,其在魏州,薪苏果茹皆贩鬻之。及为后,四方贡献皆分为二,一上天子,一上中宫。以是宝货山积,惟用写佛经,施尼师而已"。④ 为投其所好,同光年间臣属贡献出现了不同于后梁的一种现象,即争相奉献供皇宫消费的奢侈品,甚至直接以贡献皇后的名义进献。如同光二年正月,凤翔节度使李茂贞进龙凤玉带,泾原节度使李敢进宝装、针珥、锦彩于皇后宫,河南尹张全义诸藩

① (宋)王钦若等编:《册府元龟》卷一九七,《闰位部·纳贡献》。

② (宋)王钦若等编:《册府元龟》卷一九七,《闰位部·纳贡献》。

③ (宋)王钦若等编:《册府元龟》卷一九七,《闰位部·纳贡献》。

④ (宋)司马光:《资治通鉴》卷二七三,《后唐纪第二》,中华书局1956年版。

镇进暖殿物、贡羊马等。^① 同年十二月庚午,庄宗携皇后刘氏亲临河南尹张全义府第,"酒酣,帝命皇后拜全义为养父,全义皇恐致谢,复出珍货贡献"。^② 同光三年二月,"庚午,皇后刘氏生辰,(定州节度使、太尉、侍中)王都、枢密使各进上寿物锦彩、金银器。又河中(节度使)李继麟进缣银为宴资"。同光四年二月,沙州(归义军节度使)曹义全进"皇后白玉符、金青符、白玉狮子指环、金刚杵"。^③

庄宗与刘后通过接纳臣属贡献在内府聚敛了大批钱物,当京城禁军军费供给发生危机时却舍不得拿出来资助。五代是"兴亡以兵",^④"国计之重,军食为先"^⑤的历史时期。特别是由晚唐入五代,河北魏博藩镇倚仗骄兵作为亲军,对骄兵厚加供养,多方纵容,因此军费耗费巨大。后唐庄宗也是如此。史载:"初,帝得魏州银枪效节都近八千人,以为亲军,皆勇悍无敌。夹河之战,实赖其用,屡立殊功,常许以灭梁之日大加赏赉。既而河南平,虽赏赉非一,而士卒恃功,骄恣无厌,更成怨望。"^⑥同光二年二月,庄宗举行南郊祀,朝廷因财政困难,犒军钱不能"优丰",宰相郭崇韬对庄宗说:"臣已倾家所有以助大礼,愿陛下亦出内府之财以助有司。"^⑦他之所以如此建言,是知道此前"宦官劝帝分天下财赋为内外府,州县上供者入外府,充经费,方镇贡献者入内府,充宴游及给赐左右。于是外府常虚竭无余而内府山积"。^⑧ 庄宗不听,只从籍没家财中拨出金帛数十万。为此"军士皆不满望,始怨恨,有离心矣"。^⑨ 五月,右谏议大夫薛昭文上疏说:"今以诸道上供钱物进纳不时,遂致朝廷薄于犒散。稍为经度,以济急须。近者藩臣贡奉庆贺财帛,及南郊或有经费羡余物色等,伏请

① (宋)王钦若等编:《册府元龟》卷一六九,《帝王部·纳贡献》。

② (宋)王钦若等编:《册府元龟》卷一八〇,《帝王部·失政》。

③ (宋)王钦若等编:《册府元龟》卷一六九,《帝王部·纳贡献》。

④ 《新五代史》卷二七,《唐臣传四五·唐义诚传论》。

⑤ (宋)王钦若等编:《册府元龟》卷一五四,《帝王部·明罚第三》,"后唐明宗长兴三年十二月敕"条。

⑥ (宋)司马光:《资治通鉴》卷二七四,《后唐纪第三》,同光三年十一月记事。

⑦ (宋)司马光:《资治通鉴》卷二七三,《后唐纪第二》,同光二年二月记事。

⑧ (宋)王钦若等编:《册府元龟》卷四八五《邦计部·输财》载:"后唐郭崇韬,庄宗同光中为枢密使,初在汴、雒,稍通诸侯赂遗。亲友密规之,崇韬曰:'予备位将相,禄赐巨万,不俟他财以致富。但以朱氏之日,以赂遗成风,今之方面藩侯,皆梁之旧将,吾主射钩斩祛之怨也。一旦革面,化为吾人,坚拒其请,宁先拒乎?藏于私室,无异公帑。'及庄宗将行郊礼,有司计府库,阙劳军钱,崇韬首出积十万贯以助郊祀。"

⑨ (宋)司马光:《资治通鉴》卷二七三,《后唐纪二》,同光二年二月记事。

且据帑藏,更加颁赍先随驾兵师,宴犒代、潞州将健也。"①庄宗仍拒绝采纳。同光三年十二月,洛阳禁军的军食供应发生严重危机。史载:"是时,两河大水,户口流亡者十四五,都下供馈不充,军士乏食,乃有鬻子去妻,老弱采拾于野,殍踣于行路者。州郡飞挽,旋给京师,租庸使孔谦日于上东门外伫望其来,算而给之。"②同光四年三月,太尉李嗣源(后为明宗)率领侍卫亲军出征河北,为哗变侍卫军所拥立,回师攻打洛阳,争夺皇位。河北诸镇纷纷响应。洛阳城内军心不稳。《资治通鉴》称:"租庸使以仓储不足,颇朘刻军粮,军士流言益甚。宰相惧,帅百官上表言:'今租庸已竭,内库有余,诸军室家不能相保,傥不赈救,惧有离心。俟过凶年,其财复集。'上即欲从之,刘后曰:'吾夫妇君临万国,虽藉武功,亦由天命。命既在天,人如我何!'宰相又于便殿论之,后属耳于屏风后,须臾,出妆具及三银盆、皇幼子三人于外曰:'人言宫中蓄积多,四方贡献随以给赐,所余止此耳,请鬻以赡军!'"见刘后做此表演,宰相豆卢革只得惶惧而退。几天后,庄宗为出兵抵御李嗣源,"乃出金帛给赐诸军,枢密、宣徽使及供奉内使景进等皆献金帛以助给赐。军士负物而诟曰:'吾妻子已殍死,得此何为!'"③四月间,洛阳发生兵变,吝财的庄宗为乱兵所杀。庄宗、刘后对臣属贡献用途的处理及其后果,说明五代的臣属贡献与补充中央财政之间有一定的关联,即具有财政性。对此拟申论于后。

明宗即位之后对臣属贡献有所限制。《五代会要》卷五《节日》载,天成元年(926年)四月十九日,明宗下敕:"应中外臣僚及三京、诸道州府,如是谢贺并节序,并可据有无,量力进奉,不得因兹掊敛,伤耗生灵。至于奇巧珍玩、飞放搏噬之物,并不得转将进奉。"《旧五代史》卷三六《唐书一二·明宗纪二》载:"(天成元年)四月甲寅,大赦天下。天下节度、防御使,除正、至、端午、降诞四节量事进奉,达情而已,自于州府圆融,不得科敛百姓。其刺史虽遇四节,不在贡奉。"结合二书记载,可知明宗在允许臣属节日贡献的同时作出三点限制,一是贡献者只限于节度使、防御使这一级官员,刺史不得贡献;二是贡献的钱物必须从本级财政开支,不得科敛百姓。三是不得贡献奇巧珍玩和飞禽走兽。长兴二年(931年)二月,明宗又下令禁止巡幸进奉。十一月,下令在京臣僚不得进奉贺节的马及他物。④

① (宋)王钦若等编:《册府元龟》卷五四七,《谏诤部·直谏第十四》。

② 《旧五代史》卷三三,《唐书九·庄宗纪第七》。

③ (宋)司马光:《资治通鉴》卷二七四,《后唐纪三》,天成元年三月记事。

④ (宋)王钦若等编:《册府元龟》卷一六八,《帝王部·纳贡献》。

除节日贡献之外,明宗接纳的臣属贡献为数不多。据史籍记载统计,他接纳买宴贡献二次,[①]接纳私家贡献二次,[②]接纳贡献宫廷奢侈品二次,[③]接纳方镇"赎罪"贡献一次。[④] 此外,明宗接纳的臣属贡献均与补充中央财政需求有关。如天成三年五月,明宗派兵攻打与契丹勾结的王都,枢密使安重诲率先"进马三十匹助戎事。藩侯、郡守遂相次进之"。长兴元年十月,左骁卫上将军张筠进助军粟五千石;兴元府的军府官共进助军粟三万三千石。[⑤] 长兴四年十月,夏州节度使留后李彝超进马五十匹。前秦州节度使刘仲殷受代归京,献马七十四匹。[⑥] 泾州节度使李金全受代归京,两次进马数十匹。[⑦] 另有明宗主动派人要求臣属贡献的,如天成三年五月,他以"将祀南郊"的名义,遣客省使李仁矩诏谕剑南东西两川,"令西川献钱一百万缗,东川五十万缗",结果两川"皆辞以军用不足,西川献五十万缗,东川献十万缗"。[⑧] 总的来看,明宗接纳臣属贡献是比较有节制的。这与当时后唐政局相对稳定、财政状况较好的"粗为小

---

① (宋)王钦若等编:《册府元龟》卷一一一《帝王部·宴享第三》载,天成二年三月壬子朔,"幸奉节园,宰相、枢密使及节度使在京者并进钱绢请宴"。天成四年三月丙子,"内外辅臣、在京藩侯共进鞍马、钱帛,以车驾还京,请开内宴。时潞王自河中入觐,进金银、钱绢开内宴"。

② 《旧五代史》卷九〇《晋书一六·张筠传》载:"同光末,(张)筠随魏王继岌伐蜀,奏筠权知西京留守事。蜀平,王衍挈族入朝,至秦川驿,庄宗遣中使向延嗣乘驿骑尽戮王衍之族,所有奇货,尽归于延嗣。俄闻庄宗遇内难,继岌军次兴平,筠乃断咸阳浮桥,继岌浮渡至渭南死之,一行金宝妓乐,筠悉获之。俄而明宗使人诛延嗣,延嗣暗遁,衍之行装复为筠有,因为富家,积白金万镒,藏于窟室。明宗即位,筠进王衍犀、玉带各二,马一百五十匹、魏王打球马七十匹,旋除沂州刺史,入为西卫将军。"《册府元龟》卷一六九《帝王部·纳贡献》载:天成三年十月,前北京皇城使李继中的弟侄三人以分得的家财,"进马二百五匹、金器八百两、银万两、家机锦百匹、白罗三百匹、绫三千匹、绢三千匹"。

③ (宋)王钦若等编:《册府元龟》卷一六九《帝王部·纳贡献》载,天成二年九月,"潞王从珂镇河中,进青毡帐一顶,制度极广,并随帐诸物,并金银装雕镂龙凤,甚有奇功。帝嘉赏之。十月,帝将幸汴州,潞王从珂自河中闻大驾巡幸,进银装逍遥子一顶"。

④ 《旧五代史》卷四〇《唐书六·明宗纪第六》载:"(天成四年六月)丙辰,权知荆南军府事高从诲上章首罪,乞修职贡,仍进银三千两赎罪。"

⑤ (宋)王钦若等编:《册府元龟》卷四八五,《邦计部·输财》。

⑥ (宋)王钦若等编:《册府元龟》卷一六九,《帝王部·纳贡献》。

⑦ 《旧五代史》卷九七,《晋书二三·李金全传》。

⑧ (宋)司马光:《资治通鉴》卷二七六,《后唐纪五》,天成四年五月记事。

康"①局面有关。

后唐末帝在位不足三年,接纳臣属贡献明显增多,且以财政性贡献为多。例如,据《册府元龟·帝王部·纳贡献》载,清泰元年,七月辛丑,"前邠州节度使康福入朝,献金龙鞍勒马十一匹"。十月丙戌,"皇子河南尹重美、洋王从璋、泾王从敏、宣徽使李专美献暖帐、羊酒、炉瓶、火具,襄州赵在礼献青毡帐红锦织成龙凤暖帐。甲寅,河南尹重美又献冬服绵绮绫罗三百匹"。十二月戊戌,"灵武张希崇献拒霜甋三器、马十八匹;控鹤都指挥使李重谦献马十匹。时征马少。亲将首率也"。清泰二年,十月己巳,"镇州董温琪献御服、罗锦绢三百、匹银一千两"。十一月乙未,"前灵武节度使张希崇入朝,献马五十匹、玉团、陇右地图、斜褐、牦牛尾、野马皮、拒霜菜"。同书卷四八五《邦计部·济军》载,清泰二年,六月癸未,"枢密、宣徽使进添都马一百三十匹,河南尹百匹。时侦知契丹寇边,日促骑军,故有此献,欲表率藩镇也"。清泰三年,七月丁酉,"青州房知温献马五千匹;邓州皇甫遇献马千匹、钱千缗,以助讨伐。辛丑,郓州王建立献助军钱千缗、绢千匹、粟五千斛、马二千匹"。八月丙寅,"宿州刺史武从谏献助军钱五百缗,复州刺史郭延鲁贡钱五百贯、马十匹助征"。同书卷四八五《邦计部·输财》载,清泰中,末帝亲征太原,绛州人郑师文"献钱五千万,助西军进讨。诏本州补教练使人"。另有袁象先之子正辞初以父任为飞龙副使,唐末帝时,"献钱五万缗,领衢州刺史"。②

臣属贡献在后晋最为频繁,名目最多,对此拟专述于下。

后汉立国仅四年,政局最为不稳,为数不多的臣属贡献主要是财政性贡献,③且来自朝廷要官。如乾祐元年(948年)十二月癸未,侍卫使史弘肇"献钱万缗、马二十匹,以助军讨叛"。④ 乾祐二年,"宰相、侍卫使、三司使以犬戎犯河朔,献马自三匹至二十匹"。⑤ 乾祐三年三月,"史弘肇与邺都留守各贡助军绢万匹,宰臣三司使各有贡物助军"。⑥ 同月,"入朝侯伯高行周已下,以皇帝

① 《旧五代史》卷四四《唐书二〇·明宗纪第十》引《五代史阙文》称:明宗"天成、长兴间,比岁丰登,中原无事,言于五代,粗为小康"。

② 《新五代史》卷四五,《杂传三三·袁象先传》。

③ 当时也有少数来自地方官员的非财政性进贡,如《旧五代史》卷一〇七《李洪建传附弟业传》载:隐帝信用外戚李洪业,"累迁武德使,出人禁中。业恃太后之亲,稍至骄纵。隐帝嗣位,尤深倚爱,兼掌内帑,四方进贡二宫费委之出纳"。

④ (宋)王钦若等编:《册府元龟》卷四八五,《邦计部·济军》。

⑤ (宋)王钦若等编:《册府元龟》卷一六九,《帝王部·纳贡献》。

⑥ (宋)王钦若等编:《册府元龟》卷四八五,《邦计部·济军》。

初举乐,献银、缣千计请开御筵,谓之买宴"。① 后汉的臣属贡献以朝廷要官为主,说明后汉中央对地方控制明显不力。

周太祖郭威代汉称帝之后,对臣属贡献加以节制。一是禁止贡献"无用之物"。广顺元年(951年)正月,他即位时下制:"诸道所有进奉,以助军国之费,其珍巧纤华及奇禽异兽鹰犬之类,不得辄有献贡,诸无用之物,不急之务,并宜停罢。"二是不接纳奉使回朝的贡献。② 三是不接纳买宴贡献。广顺二年十二月,"邠州侯章献银千两、马七匹上寿,不纳。又进请开宴绢千匹、银五百两。太祖顾侍臣曰:'诸侯入朝,帝王自备宴,以申鱼水之乐,岂侯贡奉然后致宴?其侯章所进请开宴银绢宜却赐之。今后诸侯入朝,更有如此进奉,亦当不受。'"③四是禁止地方贡献军器。广顺二年十月,诏:"诸州或罢任,或朝觐,不得以器械进贡。"④但是,后周皇帝接纳臣属的财政性贡献即"助军国之费",其次数和名目都不在少数,这反映直到后周,中央与地方仍然维持一种非常态的财政关系。

二、五代臣属贡献名目及其性质分析

欧阳修在《新五代史·杂传三四》传末对五代臣属贡献的名目有所归纳,写道:"其添都、助国之物,动以千数计。至于来朝、奉使、买宴、赎罪,莫不出于进献。而功臣大将,不幸而死,则其子孙率以家赀求刺史,其物多者得大州善地。"不过,五代臣属贡献的名目实际上不止这些,更重要的是必须将它们加以分类并辨别其不同性质。下面主要以后晋之例加以归纳和分析。

1."助国"贡献

所谓助国,即添助国用,"添都马""添军马"也属于此类。有些贡献只言"进马""进粟",也可归入此类。示如下表1。

---

① (宋)王钦若等编:《册府元龟》卷一一一,《帝王部·宴享第三》。
② (宋)王钦若等编:《册府元龟》卷一六八,《帝王部·却贡献》载,广顺二年十月,"右参议大夫裴巽、右监门大将军李崇本皆自两浙使回见,进缕绢、犀牙。帝以海路艰险,使臣复命不欲更令进贡,却令赐之"。广顺三年十一月甲辰,"两浙回使、千牛大将军贾延勋,副使、太府少卿李玭等,千牛将军安崇赞献犀牙、绫绢,不纳"。
③ (宋)王钦若等编:《册府元龟》卷一六八,《帝王部·却贡献》。
④ (宋)王钦若等编:《册府元龟》卷一六〇,《帝王部·革弊第二》。

表 1　后晋臣属"助国"贡献系年表

时间	贡献内容	资料出处
天福元年（936 年）	四月辛卯,宣武军节度使杨光远进助国钱。八月丙申,静难军节度使安叔千进添都马。九月,杨光远进粟。	《新五代史》卷八《晋本纪六·高祖》
天福二年	平卢军节度使房知温卒后,积货数百万,幕客颜衎劝其子彦儒进钱以助国用,乃进钱三万贯、绢二万匹、布一万匹、金一百两、银一千两、茶一千五百斤、丝绵十万两。寻授彦儒沂州刺史。	《册府元龟》卷四八五《邦计部·输财》
天福二年	四月己酉,秦州康福进战马十匹,供御马一匹、玉鞍辔一副。九月,镇州安重荣进马三十匹。十一月甲寅,前泾州李德充进战马三十匹、牦牛四头。丁巳,襄州安从进进绢一千匹、马二十匹。十二月丙申,宋州赵在礼进助国绢三千匹。	《册府元龟》卷一六九《帝王部·纳贡献》
天福二年	四月,汴州杨光远进助国钱二万贯,宋州赵在礼进助国绢三千匹、钱二千贯,陕府进助国绢三千匹、银一千两、玉腰带一条、马十匹。五月丁卯,许州苌从简助国钱五千贯、丝五千两。甲戌,徐州安彦威进助军钱五千贯、绵丝六万。己卯,宋州赵在礼进助国茶三万斤,郓州安审琦助助军绢三千匹、丝五千两、花绵五十匹、银器五十两。七月,秦州康福进[助]国钱五千贯。八月甲午,邠州安叔千进助军马五千匹。癸卯,宋州赵在礼进大小麦一万石,同州符彦卿进助国银一千两,舡五只。九月癸酉,镇州安重荣进马三十匹。乙亥,雄州刺史袁正辞进助国钱三万贯。十一月甲寅,前[泾]州节度李德琉进马三十匹。丁巳,襄州安从[进]马二十匹、绢一千匹。十二月乙巳,杨光远进助国钱一万贯。	《册府元龟》卷四八五《邦计部·济军》
天福三年	二月戊戌,诸镇皆进物以助国。（宋人徐无党注曰:"残民以献其上,君臣同欲,贿赂公行,至此而不胜其多矣。故总言诸镇,此后不复书矣。"）	《新五代史》卷八《晋本纪六·高祖》
天福三年	正月壬戌,昭义军杜重威进助国马二十匹、银五百两、玉带五条。九月乙丑,郓州安审琦进添都马五十匹,徐州苌从简直进马三十匹。亳州团练使郎万全直进马二十五匹。十月戊子,前郓州安审琦进绢三千匹、丝万两。辛卯,宋州赵在礼进助国钱二万贯。壬寅,徐州苌从简进钱一千贯、绢一千匹。是月,镇州安重荣进钱一万贯。	《册府元龟》卷一六九《帝王部·纳贡献》

续表

时间	贡献内容	资料出处
天福三年	正月壬戌,昭义军杜重威进助国马二十匹、银五百两、玉带五条。戊辰,郓州安审琦进助国丝二万两、绢二千匹。二月戊寅,徐州苌从简进助国钱三千贯、同州符彦卿进马三十匹。戊戌,北京留守安彦威进助国马二十五匹、绢一千匹。东京留守高行周进助国钱五千贯。镇州安重荣进助国绢六千匹、绵一万两。晋州相旦金进银一千两、钱一千贯。三月庚戌,安州李金全进助国钱一千贯、茶三千斤。四月戊戌,杨光远进草十万束、粟三千石、大豆二千石、白米三千石。壬寅,襄州安从进助国茶一万斤。五月,西京留守李周进助国银二千五百两。月,许州进马五十匹、剑五十口、银装枪五十条。镇州安重荣进添都马五十匹。十月,鄜州安审晖、晋州相里金、定州皇甫遇[共]进添都马三十匹。秦州康福、邠州安叔千共进添都马七十匹。十一月,晋昌李周进添都马三十匹,河中安审信进助国钱一万贯、青州王建立进助国绢七千匹、绵一万两、银三千五百两、金酒器一副。沧州马全节进助国绢三千匹、绵三千两、丝八千两、添都马二十匹。兖州李从温进助国钱五千贯。安州李金全进助国钱二千贯。甲子,襄州安从进助国绢三千匹、茶一万斤。十二月,陕府李从敏进绢二千匹、绫五百匹、小麦二千石。同州符彦卿进助国钱一千贯、绢一千匹。戊戌,秦州康福进助国马七千匹、银一千五百两、细布一千匹、铤布五百疋。	《册府元龟》卷四八五《邦计部·济军》
天福七年(少帝即出帝七月即位)	七月,京兆府奏军食不充,左金吾卫上将军皇甫立进助国粟三千石,许州李从温进粟一万二千三十石。	《册府元龟》卷四八五《邦计部·济军》
	八月庚申,天平军节度使景延广、义成军节度使李守贞、彰德军节度使郭谨,进钱粟助作山陵。	《新五代史》卷九《晋本纪七·出帝》
天福八年	十月,镇州节度使杜重威直进马五十匹。	《册府元龟》卷一六九《帝王部·纳贡献》
	皇甫立,为金吾卫上将军。少帝天福八年进助国粟三千石。	《册府元龟》卷四八五《邦计部·输财》
开运二年	五月己未,杜威献部曲步骑合四千人并铠仗,庚申,又献粟十万斛,刍二十万束,云皆在本道。(胡三省注:言皆在恒州也。使诚有之,皆虐取于民,仓皇离镇,不可运而实私家,故献之耳。)	《资治通鉴》卷二八四《后晋纪五》

续表

时间	贡献内容	资料出处
开运三年	袁正辞助国钱三万、银一万两。	《册府元龟》卷四八五《邦计部·输财》
	尚食副使郑延祚自邠州回,赍新授节度使冯晖表,进马三千三百五十匹、骆驼五百头、粮草一万万束、衣甲器械一万事件。其驼、马、器械请供奉官萧处钧先押赴阙,粮草在灵武道收贮。镇州杜重威进厅头小底牵拢官共三千四十四人,马军七百七十二人,步军一千七百七十二人,马八百匹,衣甲、器械、旗枪共四十三万事件,并在本道。晋州安叔千进厅头军何彦温已下一百人,鞍马器仗全。	《册府元龟》卷四八五《邦计部·济军》
	九月,前青州防御使翟光业进绢一千匹、绵三千两、丝七千两。十月,河府侯益进马五十匹。是月,陕府焦继勋进马四十匹、绢一千匹。华州安审信进马四十匹,太子太师致仕刘景岩进马三十匹,凤翔李从俨进马四十匹。	《册府元龟》卷一六九《帝王部·纳贡献》
天福八年	天福八年秋,属契丹侵寇,加之蝗旱,国家有所征发,全节朝受命而夕行,治生余财,必充贡奉。	《旧五代史》卷九〇《晋书一六·马全节传》

此类臣属贡献多言"助国",无疑是财政性贡献。它们主要发生在后晋前期和末期,与其时后晋中央财政窘困直接相关。

2.节日贡献

关于后晋臣属的节日贡献,《册府元龟》卷一六九《帝王部·纳贡献》只记载天福二年幽州赵思温"进端午鞍马、器血、缣帛等物"一条。不过,据《五代会要》卷五《节日》所载,天福四年九月,高祖敕:"每年寒食、七夕、重阳及十月暖帐,内外臣僚进献并宜停止。"可是,天福六年正月,高祖又下敕:"今后冬至、寒食、端午、天和节及诸色谢贺,无属州钱处不得进奉。"可见节日贡献是后晋制度化的一项臣属贡献。

3.谢恩贡献

后晋此类贡献的具体名目不少,计有:(1)"谢恩加官"贡献。如天福元年,襄州安从进进谢恩加官绢一千匹、金一千两、银一千两、犀三株、牙一株。天福二年,襄州安从进进谢恩加官绢一千匹、金一千两、银一千两、犀三株、牙一株。天福三年五月,招讨使杨光远进谢恩加官马十匹、绢一千匹、银器一千两。六月,郓州安审琦进谢恩加官马十匹、银五百两、丝一千两、绢五百匹。河中安审信进谢恩加官马三十匹。陕府李从敏进谢恩加官马十匹、钱一万贯。北京留守安彦威进加官马一十匹,钱三千贯。七月,西京留守李周进谢恩加官马一十匹、银二千两。镇州安重荣进谢恩加官马十匹、绢二千匹。八月,秦州节度使康福进谢恩加官银五百两、马三十匹。(2)"新授×官谢恩"贡献。如天福三年十一月甲寅,新授西京留守杨光远进谢恩马三十匹、银器三百两、绢一千匹。天福七年四月,新授龙武军大将军张彦泽进谢恩马十匹。^① 开运二年,新授节度使冯晖进马三千三百五十匹、骆驼五百头、粮草一百万束、衣甲器械一万事件。^② (3)"谢恩册授"贡献。如天福三年八月,凤翔李从晖进谢恩册授秦王马五十匹。(4)"谢恩赐旌节官诰"贡献。如天福三年十月,新授晋昌安审琦进谢恩赐旌节官诰马二匹、绢一千匹。魏府杨光远进进谢恩赐旌节官诰马五匹、绢一千匹、银器三百两。(5)致仕谢恩贡献。如天福三年八月丁巳,邺都副留守、太子太师致仕范延光进谢恩马十匹绢、一千匹、玉腰带一条、金匣盛金酒器一副。(6)"谢恩累差使臣安抚"贡献。如天福三年十月丁丑,范延光差男守节、守严等进谢恩累差使臣安抚马三十匹、银一千两、绢三十二匹。(7)"谢恩赐册礼"贡献。如天福三年十月乙酉,青州王建立进谢恩赐册礼银器一千两、缯帛二十匹。(8)"谢恩允朝觐"贡献、"朝见谢恩"贡献。如天福三年十月丙申,魏府杨光远进谢恩允臣朝觐马三匹、绢一千匹、玉腰带、金酒器等。十一月乙巳,郓州范延光来朝,进马三千匹、绢两千匹、银二千两。天福七年三月戊寅,泾州节度使张彦泽到阙,进朝见谢恩马九匹。后又分4次进马五十匹并银鞍辔、黑漆银钱子、马面人、铁甲、弓箭袋、浑银装剑共五十副;进骆驼二十头;进马五十匹,供御金镀银鞍辔一副;进马五十匹,金鞍辔、全人马甲弓箭各五十副。(9)"谢还旧业"贡献。如天福二年二月,已故晋州节度使张敬达之母朱氏进银器、驼马,"谢恩赐还旧业"。

4.宫廷奢侈品贡献

后晋此类臣属贡献,如天福二年十月,宋州赵在礼进织成龙凤红锦暖帐一副。天福三年九月,沧州马全节进御衣、织成红锦床褥、杂色绫一千匹、绵五千两。十月,王继恭先后进金器六事二百两、金花细缕银器三千两、真珠二十斤、犀三十株、银装交床五十副、牙二十株。进大茶八十斤、香药一万斤、朱筩银缠枪二百条、通节箭笴三万茎。进五色桐皮扇子、海蛤、麖靴、细蕉药、木瓜等物。^③

---

① 以上见(宋)王钦若等编:《册府元龟》卷一六九,《帝王部·纳贡献》。

② (宋)王钦若等编:《册府元龟》卷四八五,《邦计部·济军》。

③ 以上见(宋)王钦若等编:《册府元龟》卷一六九,《帝王部·纳贡献》。

5.巡幸贡献

即皇帝出巡某地,当地官员的贡献。如天福二年四月,晋高祖至郑州,"防御使白景友进牲饩器皿"。① 天福八年,高祖幸邺都,彰德军节度使刘处让"竭家财贡奉,至于薪炭膏沐之细,悉供亿焉"。②

6.买宴贡献

所谓买宴,是臣属贡献钱财,让皇帝宴请自己及同僚。如天福三年十月,新授晋昌安审琦进请开内宴金腰带一条、丝一万两、乐官绢二百匹。③ 天福六年二月戊申,高祖下令"停买宴钱",④由此可知后晋臣属买宴贡献不在少数。

7.求官贡献

后晋此类贡献的典型事例,如历任后梁、后唐节度使的袁象先"在宋州十余年,诛敛其民,积货千万"。同光年间他临死前,将"平生所积财产数千万,邸舍四千间"全部给予儿子袁正辞。唐末帝时,正辞"献钱五万缗,领衢州刺史。晋高祖入立,复献五万缗,求为真刺史。拜雄州刺史,州在灵武之西,吐蕃界中。正辞惮,不欲行,复献钱数万,乃得免。正辞不胜其忿,以衣带自经,其家人救之而止"。晋出帝时,袁正辞又献钱三万缗、银万两,"出帝怜之,欲与一内郡,未及而卒"。⑤ 房知温在后唐历任天平、平卢节度使,"在镇,常厚敛其民,积赀钜万",卒于天福元年。"其子彦儒献其父钱三万缗、绢布三万匹、金百两、银千两、茶千五百斤、丝十万两,拜沂州刺史。"⑥李继忠虽有"风瘴",在后晋却转任多处方镇,入任禁军大将。其得宠之由,史称:"继忠母杨氏善治产,平生积财钜万。及高祖建义于太原,杨已终,继忠举族家于晋阳。时以诸军方困,契丹援兵又至,高祖乃使人就其第,疏其复壁,取其旧积,所获金银缣素甚广,至于巾屦琐屑之物,无不取足。高祖既济大事,感而奇之,故车驾入洛,继忠虽有旧恙,连领大郡,皆杨氏之力也。"⑦《资治通鉴》卷二八四《后晋纪五》载:"开运三年九月,楚王希范知帝好奢靡,屡以珍玩为献,求都元帅;甲辰,以希范为诸道兵马都元帅。"

---

① 《旧五代史》卷七六,《晋书二·高祖纪第二》。

② 《旧五代史》卷九四,《晋书二〇·刘处让传》。

③ (宋)王钦若等编:《册府元龟》卷一六九,《帝王部·纳贡献》。

④ 《新五代史》卷八,《晋本纪六·高祖纪》。

⑤ 《新五代史》卷四五,《杂传三三·袁象先》。

⑥ 《新五代史》卷四六,《杂传三四·房知温》。

⑦ 《旧五代史》卷九一,《晋书一七·李继忠传》。

8.助郊天贡献

此类贡献在后晋未见明载,但后梁、后唐皆有之。

9.奉使贡献

此类贡献后晋亦未见明载,但后梁、后唐、后周均有。

10.贺皇子嘉礼

此类贡献后晋未见,但后周有之。如广顺三年正月,丁卯,"宰臣、枢密、宣徽内诸司使,禁军将校、诸藩镇皆进奉,贺皇子嘉礼"。①

从上述十类臣属贡献的名目及物品,可归纳出两种性质。一种是财政性的,包括助国贡献、助郊天贡献、节日贡献、谢恩贡献、巡幸贡献五类;一种是私人向皇帝贿赂市恩,包括宫廷奢侈品贡献、买宴贡献、奉使贡献、求官贡献、贺皇子嘉礼五类。

到了后周,私人的贿赂市恩贡献有所减少,财政性贡献则仍多见。例如,据《册府元龟·帝王部·纳贡献》载,广顺元年(951 年),正月丁巳,宰臣冯道已下献马,"贺皇太子授镇宁军节度使"。己未,昭义常思贡钱三十万,"贺太子镇澶州";又直进钱二千五百贯、布二千五百匹、粟七千石。史弘福贡马五匹、绵彩五百匹,谢礼葬其兄史弘肇。四月,宰臣、枢密、宣徽使各献马,兖州慕容彦超献龙凤鞍辔、御马、缣帛,贺册德妃。五月甲子,镇州武行德来朝,"献粟二万石"。七月,邠州侯章进马三十匹。甲申,慕容彦超进绢千匹、丝三千两,"谢赐西京兴教坊第一区,长男衙内指挥使继勋遥领明州刺史,次男继云转官"。又别进祝寿绢二千匹。

广顺二年三月,郓州高行周进助军绢五千匹,戎装器仗五百件。五月甲子,周太祖到成武,"郓州高行周自镇来朝,贡绢三十匹及器械。单州许进来朝,献食"。丙寅,太祖次张康镇,"徐州王晏来朝,进马七匹。戊寅,青州节度使符彦卿来朝,献马十三匹。己卯,又进锦彩三千匹、军粮万石"。六月,丁亥,太祖回次郓州,高行周进钱、绢,请开宴。又进车驾巡幸绢五千匹、钱五百万。八月,昭义节度使常思来朝,献绢三千匹、银千两、粟二万斛、草三万围。九月,"戊午,故高行周男、前郓州衙内指挥使高怀德进马五十五匹。壬戌,灵武节度使留后冯继业献马百匹,谢吊祭。定州进所获契丹马六千一百匹"。十二月,"郑州防御使王进以迎侍母亲到郡,献马谢恩。戊子,邠州侯章罢镇,至阙献马百匹、绢五千匹"。

广顺三年,正月,"枢密使王峻献战马二十匹。符彦卿进谢近镇马十匹、帛

① (宋)王钦若等编:《册府元龟》卷一六九,《帝王部·纳贡献》。

二十匹及军器等。丁卯,朗州献茶二万斤。宰臣、枢密、宣徽内诸司使;禁军将校、诸藩镇皆进奉,贺皇子嘉礼"。二月,延州衙内指挥使高绍基献马四十二匹。三月,高绍基又献马五十匹,驼三十头、银千两、金器百两。三月,高怀德"进绢三千匹、银三千两、金酒器六副、马十五匹,[谢]敕赐亡父行周谥及立碑"。四月,"丙寅,宋州节度使常思入朝,献缣、银匹两各二千五百,大绝绫五百匹。又凤翔赵晖来朝,进马一百一十七匹、绢五千匹、银五千两,赐袭金带。又西凉府节度使牛师厚遣都知兵马使拓跋贞美等四十九人朝贡驼马。又凤翔赵晖进牵椀官衙队一百九十五,又进绢三千匹、金三百两"。五月甲申,"宋州常思献上寿金酒器,同州薛怀让献银五百两、马五匹"。十一月,"乙巳,襄州安审琦献银万两,助郊祭。戊寅,泾州节度使史懿朝见,献驼马二百、银千两。癸卯,郑州防御使王万敢献助郊祭绢二千匹"。十二月辛亥,"诸州府进南郊助祭鞍马、彩帛、金银等"。周世宗显德年间,"大名府殷贡绢万匹,棣州何禄进献供用罗绮二千五百匹"。[1] 可知财政性的臣属贡献贯穿五代始终。

还需指出,五代时期贿赂市恩的臣属贡献和财政性的臣属贡献均非后梁首创,而是沿承唐朝后期而来,特别是财政性贡献即助军、助国贡献,尤其盛行于德宗、宪宗两朝。我在《论唐代方镇"进奉"》一文曾指出,安史之乱爆发之后,唐肃宗、代宗、德宗、宪宗四朝皇帝愈演愈烈的接纳以东南地区的节度使、观察使和刺史为主的地方官员进奉,虽然带有满足皇帝私人开支的一定目的,但更具有中央财政向方镇争夺财赋为己所用的意图。不过,五代财政性的臣属"贡献"虽是沿承唐朝后期而来,但在中央集权进一步衰弱、方镇更加跋扈的时局下,方镇的财政性"贡献"在臣属"贡献"中占有更为突出地位的。对方镇而言,"贡献"是他们用以维系与中央若即若离的政治关系的重要的财政表现形式;对中央而言,接纳"贡献"是在地方"二税"上供制度得不到有效执行之下,用以争取地方财力为己所用的一种补充方式。五代时期,方镇贡献比唐朝后期更加频繁,贡献的钱物更多,这些钱物自后梁以来就多是方镇在当地聚敛民脂民膏所得,[2]必然要加重五代时期的地方性苛征,加剧社会矛盾。

---

① (宋)王钦若等编:《册府元龟》卷一六九,《帝王部·纳贡献》。

② 《旧五代史》卷五九《袁象先传》载,"初,梁祖领四镇,统兵十万,威震天下,关东藩守,皆其将吏,方面补授,由其保荐,四方舆金辇璧,骏奔结辙,纳赂于其庭。如是者十余年,浸成风俗,藩侯牧守,下迨群吏,罕有廉白者,率皆掊敛剥下,以事权门"。

宋朝逃田产权制度的变迁与地方政府管理职能的演变

　　学术界关于产权概念有几种侧重点不同的表述。本文赞同这样的表述:"产权即财产权,是法权的一种,即生产关系的法律表现,是包括所有权、占有权、使用权、收益权、索取权、继承权等在内的权利束,这些权利既可以统一,又可以分离;同时,产权又是一种社会激励的约束机制,具有优化资源配置的功能。"①借助这一产权概念,我曾对唐五代逃田产权制度变迁与地方政府管理职能问题作过探讨,初步得出几点结论:"第一,为招诱逃户重新回到原籍复业,政府始终实行在一定期限之内保留其土地所有权乃至增加其收益权的政策。但是,逃户问题产生的原因是多方面的,绝非政府制定这种产权政策就能有效解决。因此,唐五代政府预期的产权政策的激励机制收效十分有限。这一政策取向便逐渐让位于对经营逃田者的权益保护。第二,招佃逃田并让佃种人纳税,始终是唐五代政府制定和调整逃田产权制度的基本考虑。随着唐后期、五代财政困难局势的发展,政府希冀从逃田获得税收补偿的意图更加明显地体现在其产权政策之中。第三,随着人头税性质的租庸调为'据地出税'的两税法所取代,政府对逃田获取财政收益的预期,更多地表现在对逃田经营效益的关注之中,其逃田产权政策逐渐偏向于保护耕种逃田者的权益,包括许诺经一定的期限可将逃田的所有权全部或大部分转交给经营者,以及在分配逃田收益权时增加保护经营者的生产垫支的内容。第四,逃户的亲邻私自占用或者出卖逃田的产权处置行为,违反了中央政府的逃田产权政策,但地方政府官员出于主客观原因,却加以默许,并以此为借口加剧赋税摊逃。换言之,唐五代的赋税摊逃现象之所以屡禁不止,在一定程度上是与当时民间私自处

---

　　① 张红凤:《产权定义的诠释——马克思产权理论与新制度经济学的比较》,《理论学刊》2003 年第 2 期。

理逃田产权的情况互为因果的。"①

本文拟从唐宋比较的角度,阐述宋代逃田产权制度与地方政府管理职能的演变。

一、宋朝逃田产权制度变迁的特点

宋代逃户问题严重,逃田数量众多。宋朝处置逃田产权的制度,在唐朝五代的基础上有所变化,具有如下特点。

(一)逃田产权制度的法制化

宋朝继承和发展唐朝五代的逃田产权制度,对逃田产权制度建立了多项条法。如徽宗宣和三年(1121年)三月二十三日诏:"两浙江东被贼州县渐已收复,逃移及被劫未复业人户地土屋业,官权行拘籍,如及一年未归业,即依逃田法权行召人租佃承赁。"②高宗建炎二年(1128年)四月五日诏:"今日以前逃田无人承佃,应召人请射者,特依远年无案籍逃田法免催科。"③宋人梁克家撰《淳熙三山志》卷十一《版籍类二·官庄田》载:"政和元年(1111年),臣寮言:'天下系官田产,在常平司,有出卖法,如折纳、抵当户绝之类是也;在转运司,有请佃法,如天荒、逃田、省庄之类是也。'"可知宋朝制定了"逃田法"、"远年无案籍逃田法"、逃田"请佃法"之类的专项法规,以处理逃田的产权问题。《庆元条法事类》也收入有关"申逃"和处理逃户欠税问题的专门法规(详下)。此外,朝廷还经常以诏敕的形式对这些"常法"做临时性的调整。

宋朝逃田产权制度的法制化,还表现为官府在界定逃田的私人所有权归属时,更加注重以法律文书或者以官府文书为据,后者是特别针对南宋初期因战乱破坏出现大量土地契约文书丢失而制定的变通措施。如《宋会要辑稿》食货六九之四五载系年不详的"十年十一月十九日"南郊赦文称:"诸路有逃移人户未能归一之家,官司将弃下田土,并作逃田拘收,殊非还定安留集之义。应逃移人户,仰所在官司说喻,各令归业田土。其弃下田土,如契赤分明,或虽无契赤,而官司并邻主有文字可以照据,委非伪冒者,并令给还。诸州县逐月具

---

① 陈明光:《唐五代逃田产权制度变迁》,《厦门大学学报》2004年第4期。
② (清)徐松辑:《宋会要辑稿》食货六九之四三。
③ (清)徐松辑:《宋会要辑稿》食货六九之四六。

已发归业,及已给还田土人户,申转运司类聚,申尚书省。"①"契赤"指的是经官府认可钤盖红印的继承或买卖过割的土地契约,自然是用以证明私人土地所有权归属的主要法律文书。这不仅适用于私人之间的逃田产权界定,也适用于官私之间的逃田产权归属界定,如理宗淳祐二年(1242 年)九月赦曰:"四川累经兵火,百姓弃业避难,官以其旷土权耕屯以给军食,及民归业,占据不还。自今凡民有契券,界至分明,所在州县屯官随即归还。"②而所谓"虽无契赤,而官司并邻主有文字可以照据",指的是正规土地契约之外一些为官府所认可的文书资料。如绍兴五年(1135 年)七月十五日,诸路军事都督行府言:"勘会潭、鼎、岳、澧州,荆南府、公安军,昨沿水寨作过,沿湖居民抛弃田土甚多,今来渐已复业,令逐州军将抛弃田土,如元地主归业,委自令丞子细照检见收执契状、户钞或乡书手造到文簿之类,可以见得分明,给还依旧耕种。"③绍兴九年六月八日,户部规定:"人户识认田产,仰所属子细验契书干照,若因兵火之后委无契书,但有一件可照,勘验明白,亦许识认。"并注明:"谓如有邻人契书,或纳税人田产及指四至、户口,并邻佐、耆保供证指实之类,皆为一件可照。"④可以看出,这些相关文书的内容与逃田的私人所有权有一定的关联,文书形成过程中已经过官府认定,所以政府承认它们具有同等的法律效力。

(二)针对不同原因的逃户,制定不同的逃田产权政策

唐朝、五代制定逃田产权制度时,一般不考虑逃户逃亡的不同原因而有所差别。宋朝则明显不同,针对不同原因的逃户,制定的逃田产权政策有所不同。

首先,"常法"规定逃户的土地所有权和使用权的保留时限是半年,而对某些类型的逃户另做规定,有宽有严。如对因灾伤逃亡者逐渐放宽到一年。太宗淳化四年(993 年)十一月,针对开封府因水灾逃亡的人户,指出:"今年三月辛亥诏书:'应流民限半年复业,限满不复,即许其乡里承佃,充为永业。'又念民之常性,安土重迁,离去旧国,盖非获已。自今年十一月已前因水潦流移人

---

① 同样的意思可参见绍兴二年九月四日赦:"访闻诸路官司拘收人户逃田,殊非还定安集之意。应逃移人户,仰所在招喻,各令归业。其弃下田产虽无契照,而官司并邻主可以照据,委非伪冒者,日下给还。"(《宋会要辑稿》食货六九之五〇)

② 《宋史》卷一七三,《食货志上一·农田之制》。

③ (清)徐松辑:《宋会要辑稿》食货六九之五四。

④ (清)徐松辑:《宋会要辑稿》食货六九之五七。

户,任其归业。如至明年丰年不归业者,即以辛亥诏书从事。"①仁宗明道二年(1033 年)三月十四日,知安州刘楚言:"本州旱歉三年流亡者八千八百余户。检详绍圣编敕,应因灾伤逃户,限半年许令归业,免一料催科。……虑富室强户肆为兼并,贫弱者归业无期,必恐州县户口咸(减)耗,欲望申限半年,优免徭赋。"仁宗因"诏灾伤之地悉如楚奏,特展半年,许流人归业,免两料差徭赋税"。② 庆历五年(1045 年)三月德音称:"因灾伤逃移,限一年令归业,与免三料催科及支移、折变。不因灾伤逃移,限半年,与免一料支移、折变。"③此后,"因灾伤逃移,限一年令归业"成为定制。至高宗绍兴二十三年(1153 年)二月,户部仍言:"在法,因灾伤逃田限一年,不因灾伤者限半年。"④可知宋朝"常法"只允许逃户保留半年的土地所有权。这是唐朝以来最短的时限规定;但对因自然灾害而逃亡者的时限规定则比较宽松。

同时,对各种为逃避赋役而逃亡者,包括为避税而再逃的归业户,宋朝对允许他们保留土地所有权的期限,或者对他们复业后欲收赎典卖田产,都作出比较严格的限制。如太宗淳化四年(993 年)三月二十三日诏:

> 前令淮南江南两浙民请射逃户田土,许五年满日止纳七分。如闻不体优恩,益生奸弊,将临输纳,复即逃移。励此顽嚚,宜行条约。自前逃移户限半年归业,免当年二税。今后逃户亦限半年,免一料科纳。限外不归,许人请射,除坟茔外,充为永业。其新旧逃户却来归业,并曾经一度免税,后依前抱税逃走者,永不在归业之限。⑤

后一句规定就是要剥夺他们的土地所有权。又如真宗天禧四年(1020 年)六月批准殿中丞杨日岩的如下建议:

> 民有倚典膏雨(腴),抛下瘠薄之地,抱税逃移者。自今若来归业,请先令承认旧逃薄(薄)田,方得收赎前来待典土田。如已有人请射本户逃

---

① (清)徐松辑:《宋会要辑稿》食货六九之三七。
② (清)徐松辑:《宋会要辑稿》食货六九之四〇。按,言安州一州逃亡八千八百余户,数量似乎过多,但《续资治通鉴长编》卷一二载知安州刘楚言"本州仍岁旱灾,流民亡者八十余家",所记流亡户数恐亦太少,不值得为此惊动朝廷。
③ (清)徐松辑:《宋会要辑稿》食货六九之四〇。
④ (清)徐松辑:《宋会要辑稿》食货六九之六〇至六一。
⑤ (清)徐松辑:《宋会要辑稿》食货六九之三六至三七。

田,即元典田土,亦不以多少,止许请射人收赎,并归一户,永为永业。如请射人不及收赎,即勒见佃人莳。其本主更不得收赎。①

这是对此类"倚典膏腴,抛下瘠薄之地,抱税逃移者"的土地收赎权的限制乃至剥夺。绍兴二十三年(1153年)二月,朝廷讨论官府如何处理逃户的"归业"问题,户部言:

> 在法,因灾伤逃田限一年,不因灾伤者限半年;避赋役者,百日许归业。不因灾伤再逃者,不在归业之限。不经检阅税租及供输钱物而见有人承佃供输者,限六十日许归业。限满者,许人请射;无人请射,亦听归业。②

上述区别不同逃亡原因制定不同的逃田所有权处理办法,体现了宋朝的财政考虑。

另外,宋朝外患内忧不断,政府在制定逃田产权制度时,对因"兵火"逃亡者的产权有特殊优待。如仁宗皇祐五年(1053年)闰七月诏:"广南经蛮寇所践而逃民未复者,限一年复业,乃免两料催科,及蠲其差役三年。"南宋初进一步放宽至二年甚至十年以上。如绍兴二年(1132年)四月十八日,高宗批准中书门下省的建言:"诸路州县因兵火逃亡者,田业二年外许请射……在十年内者,虽已请射并许地主理认归业。"③此后"十年之限"成为针对因兵为逃移的逃户保留土地所有权的通用期限。有时宋朝又在十年限外有所宽展。如绍兴九年六月八日,宗正少卿、西京淮北宣谕方庭实上言:"中原士民奔迸南州,自靖康至今十有四年,已是出违十年之限……望诏有司自降赦以后别立年限。"其后户部规定:"今来人户归业识认田产、屋业、房廊等,难以理作逃亡月日,若不别立年限,使归宗之人不能识认已业。今欲自新复降赦日为始,限五年许行理认。"④经此重新规定起计逃亡的五年年限,实际上让有些业主归认旧业的年限可达近二十年。绍兴十五年(1145年)八月十八日,权发遣兴国军宋时言:"本军自经兵火,除绝户外目今来归业人七千余户,所有抛弃田户依条十年

---

① (清)徐松辑:《宋会要辑稿》食货六九之三八。
② (清)徐松辑:《宋会要辑稿》食货六九之六〇至六一。
③ (清)徐松辑:《宋会要辑稿》食货六九之四九。
④ (清)徐松辑:《宋会要辑稿》食货六九之五七。

出卖。今欲于十年之限更乞宽展。"对此,给事中、户部侍郎李若谷等建议:"欲令州县遇有出限归业人户,即契勘元抛下田土,委是无人耕佃,归业人既有可照,尽行给付;若见有人承佃或官卖了当,并于系官可耕田内比较给还。诸路依此。"这一"出限"归业给还田土的建议获得高宗批准。① 显然,南宋针对因兵火逃亡者制定保留十年甚至"出限"仍给还的产权优惠政策,主要是出于恢复受战乱破坏地区农业生产的经济考虑。

其次,对逃亡原因不同的逃户复业后的收益权,也有不同规定。这主要体现在免税优待的不同(详后),因为免税优待实际上可视为增加了逃户复业的田地收益权。

上述针对不同原因的逃户而制定不同的逃田产权政策,是宋朝逃田产权制度细化的表现。从中也可以发现,宋朝制定和调整逃田产权制度,主要是出于两方面的考虑,一是财政考虑,就是要设法弥补逃户造成的田赋减收。二是在某些地区恢复农业生产。不过,二者相较,可以看出宋朝是把财政考虑摆在首位的。

(三)更多地采用田赋减免措施,调整逃田收益权在官民之间的分配

1.归业放税

这是针对逃户本身的逃田产权政策。宋朝继承和改进五代之制,更多地运用"归业放税"即增加逃户复业后的田地收益权的措施,以期达到招引逃户复业并纳税的目的,不过,减税的年限及其比例或有不同。如太祖开宝六年(973年)九月诏曰:"诸州今年四月已前逃移人户,特许归业,只据见佃桑土输税,限五年内却纳元额。"②太宗兴国元年(976年)二月诏:"开封府近年蝗旱,流民甚众,委本府设法招携,并令复业,只计每岁所垦田亩桑枣输税。至五年复旧。"③这一田赋减免在于只对逃户复业后的实际耕种田亩征税,五年后才恢复原来的定额。此后,宋朝又曾宣布逃户归业一般可减免半年田赋,如真宗咸平五年(1002年)盛梁奏称:"其如旧降敕书,只许归业人户容放一料苗税。"④

---

① (清)徐松辑:《宋会要辑稿》食货六九之五八。
② (清)徐松辑:《宋会要辑稿》食货六九之三五。
③ (清)徐松辑:《宋会要辑稿》食货六九之三六。
④ (宋)赵汝愚编:《宋朝诸臣奏议》卷一〇五,盛梁:《上真宗乞授陈靖劝农使谕民耕田旷土》。

南宋初期,对逃户归业实行更为优惠的田赋减免。绍兴二年(1132 年)四月十八日,宋廷规定:"诸路州县因兵火逃亡者……未请射归业而佃客人权佃者,听免一料催科,而归业者听免两料催科,一年外免三料,每加一年,各更免一料,至四料止。其已前积欠税租等并与除放,仍免二年非泛科配。"①免"四料"即免税二年。这一规定虽然有"因兵火逃亡者"的限定,实际上是适用于所有逃户。所以,次年正月二十六日,臣僚言:"近诏归业人民免催科者至四料止。若田亩未尽垦辟,恐未可一概催全科,乞诏郡县,据所垦田亩多寡为催科之数,科敷亦视所纳租为率。"②绍兴十六年十一月十日,高宗在南郊赦文中称,淮南归业人户依已降指挥免税"至四料止","优恤已厚,尚恐归业人户未能毕力耕种,却致供输不前,可更与展免一年两料催科。未耕田土,以十分为率,每年增纳一分,尚虑人户开垦未广,虚认税额,可将增纳税数权罢,止据实垦田亩输纳"。③可知南宋初期对逃户归业采取免税二至三年,并且要起征田赋时只据实际耕种田亩计税的优惠政策,这对于战乱后招诱逃户复业,恢复农业生产有所助益。

2.对承佃逃田者的田赋优免

由于逃户问题严重,而地方政府招诱逃户归业的实际效果并不好,宋朝出于恢复农业生产以及增加税收的考虑,在继承唐五代由官府"招佃立租"的做法时,对承佃者也制定了田赋优免政策,旨在通过增加他们的收益权,以激励其经营逃田的积极性。这种优免通常包括免税若干年,起征田赋时按比例减少原定税额两项内容。如太宗淳化元年(990 年)八月,"诏江淮、两浙民请射逃户田土者,许五年满日,只纳七分租税"。④这是免税五年之后,减免纳税定额十分之三。仁宗天圣四年(1026 年)规定,"请射"业主十年以上不归的逃田者,在免除三年田赋之后,减税一半。⑤不久又把这一免税年限延长为五年,

① (清)徐松辑:《宋会要辑稿》食货六九之四九。参见(宋)李心传:《建炎以来系年要录》卷五三。
② (清)徐松辑:《宋会要辑稿》食货六九之五〇。
③ (清)徐松辑:《宋会要辑稿》食货六九之五九。
④ (清)徐松辑:《宋会要辑稿》食货六九之三六。
⑤ (清)徐松辑:《宋会要辑稿》食货六九之三八载:"仁宗天圣四年九月诏'逃户经十年已上归业者,未得立定税额,候及三年,于旧额上特减五分,永为定式。'先是,二年十一月十三日敕书应请射逃户十年已上田土者,特立此条以优之,而逃亡复业者及不预其例。至是上封者请比附而条约之矣。"

把减税比例提高到十分之八。① 这很可能是"远年无案籍逃田法"中的一项内容。② 治平四年(1067年)九月,神宗下诏再次减免诸路"远年"逃田的税额③,规定:"诸路逃田三十年者除其税十四,四十年以上十五,五十年以上六分,百年以上七分;佃及十年输五分,二十年输七分,著为令。"④

南宋对承佃逃田者继续实行这种田赋优惠政策,但免税年限与减税比例明显缩小。如绍兴三年(1133年)四月四日,都督府上奏:"已将昨因兵火逃亡未曾归业见今荒田……召人承佃耕种。其合纳税租,第一年全免,第二第三年以下分为率,各与免纳五分,三年外依旧全纳。"⑤当然,绍兴年间也采取过临时性更为优惠的减税措施,如绍兴六年,减江东诸路逃田税额。⑥绍兴七年七月己丑,"诏诸路归业民垦田,及八年始输全税"。⑦ 不过,据乾道四年(1168年)知鄂州李椿奏:"(本)州虽在江南,荒田甚多,请佃者开垦未几,便起毛税,度田追呼,不任其扰,旋即逃去。今欲召人请射,免税三年;三年之后为世业,三分为率,输苗一分,更三年增一分,又三年全输。归业者别以荒田给之。"⑧可知"免税三年"仍是南宋对承佃逃田者交纳田赋的优惠"常法"。

3.对利用田赋优免年限避税的防范与限制

上述针对逃户归业与"请射"逃田者免除一定年限田赋的政策,存在着让人避税的可能性,对此宋朝从一开始也从法令上作出防范和限制。如太祖开宝六年(973年)九月诏:"诸州今年四月已前逃移人户,特许归业,只据见佃桑土输税,限五年内却纳元额。四月已后逃移者,永不得归业,田土许人请射。"⑨对此,李焘在《续资治通鉴长编》卷十七开宝九年记事称:"先是流民归

① (清)徐松辑:《宋会要辑稿》食货六九之三八至三九载,天圣七年(1029)十一月十六日,诏:"天下逃户田土经十年已上,见今荒闲者,限一百日,计令归业。限满不来,许人请射。其归业并请射人并未得立定税额及应令副差徭。候及五年,于旧额税赋上特减八分,只收二分,永为定额矣。"

② 如建炎二年(1128)四月五日诏:"今日以前逃田无人承佃,应召人请射者,特依远年无案籍逃田法免催科。"(《宋会要辑稿》食货六九之四六)

③ 《宋史》卷一四,《神宗本纪一》。

④ 《宋史》卷一七三,《食货志上一·农田之制》。

⑤ (清)徐松辑:《宋会要辑稿》食货二之一一二。

⑥ 《宋史》卷一七三,《食货志上一·农田之制》。

⑦ 《宋史》卷二八,《高宗本纪》。

⑧ 《宋史》卷一七三,《食货志上一·农田之制》。

⑨ (清)徐松辑:《宋会要辑稿》食货六九之三五。

业者,止输所佃之税,俟五岁乃复故额,以是及五岁辄逃。夏四月已亥,令再逃者勿得还本贯。"可见宋初就出现一些人户有意利用归业免税年限进行避税的现象。对此宋太祖的对策是禁止这种逃移人户归业,即剥夺其土地所有权。此外,有的归业逃户还采取"以熟为荒"的避税办法。如绍兴二十九年(1159年),知潭州魏良臣言:"本州归业之民,以熟田为荒,不输租。今令结甲输税,自明年始,不实,许人告,以其田赏之。"户部的对策是:"期逾百日,依匿税法。"①

另有一些"有税产人户,故抛自己田产,却来请佃逃田,以图侥幸",也就是利用请佃逃田的税收优免期限进行避税。对此宋朝专门作出法律规定。天圣七年(1029 年)十一月二十三日,仁宗诏称:"前令逃田经十年已上,许本主归业,及诸色人诸请佃未得立定税额。虑其间有侵耕冒佃年深者将来别致争讼,及见有税产人户故抛自己田产,却来请佃逃田,以图侥幸,须议特行条约。"规定为:

> 自今侵耕冒佃年深者,候敕到,限五日陈首。据陈首后来耕到熟田顷亩,于元税额上止纳五分。如本主限内归认,给付本户,依此分数纳税。若有辄抛自己田产,妄作逃移,请射逃田者,许人论告,科违制之罪,押归旧贯供输。所请射逃田给告人。请射逃田者,并具拆(析?)户下有无田土、税数,于请射簿内名下注凿,乡县耆保不切觉察,并从违制科罪。②

(四)南宋加强对"请射"或"权佃"逃田者的权益保护

"请射"逃田,指经营逃田者向官府办理了相关手续。"权佃"逃田,有时指未向官府办理手续而实际耕种逃田的人。由于逃户可以在一定限期内归业甚至有时可以"出限"归业,这必然在业主与经营者之间出现如何分配逃田收益权的产权纠纷。从南宋开始,政府明显加强了对承佃者的生产投入保护,制定"已布种法"。如绍兴二年(1132 年)四月十八日,宋廷规定:"诸路州县因兵火逃亡者,田业二年外许请射。在十年内者,虽已请射并许地主理认归业。佃人已施工力者偿其费;即已布种,收毕交割。未请射归业而佃客人权佃者,听免一料催科。"③绍兴三年四月四日,都督府上奏:"已将昨因兵火逃亡未曾归业

---

① 《宋史》卷一七三,《食货志上一·农田之制》。

② (清)徐松辑:《宋会要辑稿》食货六九之三九。

③ (清)徐松辑:《宋会要辑稿》食货六九之四九。

见今荒田,令(韩世忠)先次措置,召人承佃耕种。……田主归业自种,在五年内者,听依已布种法,见佃人收毕交割;五年外不归业者,听见佃人为主。"①绍兴四年正月十七日,权发遣建康府吕祉建议修改上述条法,说:"乞自绍兴四年以后,应人户因兵火逃移抛荒田土,如召人户请佃,开耕已就,功力未及二年(按,据下文当为'三年'),虽元主复业,且令先佃人耕作,候及三年,方得交还,余并依见行条法。"户部修订为:"其田如委荒闲及三年以上,其佃人种止及一料,所施工力至多,除收地利外,即从官司相度,更令地主偿其所费三分之一给与元佃人。"②当年十月七日,高宗又有所调整,"诏见今业主未归,并田户死亡无人耕佃者,委令佐多方招诱,招人承佃,除依旧认纳常赋外,其余合还业户课利,言今来系并行布种,与旧佃人户不同,欲以十分为率,五分给与佃户,二分半纳官,二分半官中权行拘收,后业主归即给还。仍自来年夏料为始,非泛科率差徭与免一年。如过三年佃主不归,即依户绝法"。③这是在保证政府税收的前提下,对剩余的"课利"在业主、佃户与官府三者之间进行再分配,佃户所得最多。

二、地方政府实施逃田产权制度的职责及实际情况

宋朝关于地方政府执行逃田产权制度的职责规定,也远比唐五代的详细。按规定,地方政府的有关职责在于四个方面。

第一,下级政府要"申逃"并接受上级的"检覆"。宋朝规定,若有户口逃亡,州县政府须将其姓名、田产、应纳税数等情况造册上报,此为"申逃";上级派人核实,称为"检覆"。"申逃"与"检覆"用意之一,是据以倚阁(缓征)或蠲免逃田赋税,防止摊逃。④如太祖建隆二年(961年)春,诏:"自今民有逃亡者,本州具户籍、顷亩以闻,即检视之,勿使亲邻代输其租。"⑤真宗咸平二年(999年)八月诏:"诸道州府检覆逃户物产,委实别无情弊,不得将逃户名下税物,均摊

---

① (清)徐松辑:《宋会要辑稿》食货二之一二。

② (清)徐松辑:《宋会要辑稿》食货六九之五三。

③ (清)徐松辑:《宋会要辑稿》食货六九之四八。

④ 宋朝为禁止赋税摊逃而有专门立法,如《庆元条法事类》卷四七《赋役门一·阁免税租》规定:"诸税租应开阁减免除放,而不为开阁减免除放,或令人代输及非逃亡户绝而不追欠人理纳,致户长手力代输者(逃田税役辄勒邻保代输同),各杖一百。"

⑤ (宋)李焘:《续资治通鉴长编》卷二,建隆二年。

令见在人户送纳。"①绍兴二年六月,户部修订有关"逃亡、死绝、诡名田产"的立法,其中规定:"诸逃亡、死绝、诡名挟佃,并产去税存之户,不待造簿,画时倚阁、检察、推割。"②这是旨在加快办理逃田田赋的倚阁,但申逃的"文簿"最终仍是要编造的。所以,比较尽责的州县长官重视建立逃户的专门簿册,如佚名《州县提纲》卷四《户长拈号给册》称:"民户有乐输,有抵顽,有逃绝,总一都内造册一扇,于中立一二人催理。……须勒吏先以一都内所有逃移、绝户,均为二册,各立号,仍别书于阄,令甲户至官,随意拈之,庶绝私嘱之弊。""申逃"与"检覆"用意之二,是便于官府及时控制逃田产权,以便下一步作出处理,或招佃立租,或归业放税,或拘收入官。如太宗淳化四年(993年)十二月诏:"逃户屋宇桑枣,官为检校,即招诱复业,当议与免夏税。"③咸平三年(1000年),陈靖为京畿均田使的职责之一为:"逃户别立籍,令本府招诱归业。"④孝宗隆兴元年(1163年)正月三十日诏:"应民户抛下田产、屋宇等,责令佐抄剖籍记。如有回归者,即依旧主业;已请佃者即时推还。"⑤

对于"申逃"的程序、内容及用意,《庆元条法事类》卷四七《阁免税租》所引《户令》说明得最清楚,曰:"诸税租户逃亡,厢耆邻人即时申县,次日具田宅四至、家业什物林木苗稼申县,县录状并具本户丁口及应输纳物数申州。""诸税租户逃亡,州县各置籍,开具乡村坊郭户名、事因、年月、田产顷亩、应输官物数,候归请日销注(注:已请,县籍注所经料次,依税租法)。其田宅标立四至,林木什物亦各注注籍,勒厢耆邻人守管,应收地利,以时拘纳(注:须雇人收治者,以所收物依乡原例准价充直)。限满不归,合宅什物估卖入官。"

第二,地方政府要负责"拘收"或"根括"逃田,并按规定作出产权安排。具体而言,一是对限内未归业逃户的逃田,州县应根据上级批示或有关规定进行经营,获得收入,供给多种财政开支。如熙宁七年(1074年)五月神宗诏:"诸路公人依缘边弓箭手例,给田募人……凡系官逃、绝、监牧等田,不许射买请佃,委本县置籍,估所得租合直价钱,以一年雇钱为准,仍量加优润,以役钱据数拨还转运司。"⑥《宋史》卷一七四《食货志上二·赋税》载:"宣和初,州县主

---

① (清)徐松辑:《宋会要辑稿》食货六九之三七。
② (清)徐松辑:《宋会要辑稿》食货六九之四九。
③ (清)徐松辑:《宋会要辑稿》食货六九之三八。
④ 《宋史》卷一七四,《食货志上二·方田》。
⑤ (清)徐松辑:《宋会要辑稿》食货六九之六一。
⑥ (宋)李焘:《续资治通鉴长编》卷二五三,神宗熙宁七年五月。

吏催科失职，逋租数广，令转运司察守贰勤惰，听专达于内侍省。浙西逃田、天荒、草田、封茭荡、湖泺退滩等地，皆计籍召佃立租，以供应奉。"宣和五年(1123年)，徽宗诏："江东转运司根括到逃田一百六十顷一十六亩，两浙根括到四百五十六顷，召人出租，专充今年增屯戍兵衣粮。"①建炎元年(1127年)五月一日高宗敕文称："其(逃)田依条召人承佃，候归业日给还。"②其中，若是"召佃立租"，则要执行有关的赋税优免政策。二是将出限逃田没收为官田，另作用途，如拨充官员职田。

第三，要负责安抚限内归业的逃户，核实并归还其原有田产，执行"归业放税"的优惠政策。如绍兴三年九月八日，户部言："人户因兵火逃亡，抛弃田产，依已降指挥，二年外许人请射，在十年内虽已请射，并许地主理认归业及免料次催课科。已拨充职田，十年内亦听理认归业。官司占田不还，许越诉。乞委守令备坐上件指挥，镂版遍出榜文晓喻民间通知。"③有关资料以上多有引述，兹不赘。

第四，地方政府要制止利用逃田产权政策而规避赋税、侵占他人田产等不法行为。如太宗至道元年(995年)六月，开封府言：

管内十四县今年已前新逃人户计二百八十五户，乞差官与令佐检校。及遣殿中丞王促和等十四人分行检勘，仍照今年四月已前申逃并典卖逃户田土害税不尽，及挟佃诡名，妄破租税，侵耕冒佃侧近佃田，妄作逃户，并见在户将名下税物，移在逃户脚下夹带开破者，并限一月，许经差去官陈首，仍旧耕佃输税。④

真宗咸平二年诏曰：

前许民户请佃荒田，未定赋税。如闻抛弃本业，一向请射荒田。宜令两京诸路晓示，应从来无田税者，方许请射系官荒土及远年落业荒田。及五年，官中依前于十分内定税二分为永额。如见在庄田土窄，愿于侧近请射，及旧有庄产逃移，已被别人请佃，碍敕无路归业者，亦许请射。州县别

---

① 《宋史》卷一七三，《食货志上一·农田之制》。
② (清)徐松辑：《宋会要辑稿》食货六九之四五。
③ (清)徐松辑：《宋会要辑稿》食货六九之五二。
④ (清)徐松辑：《宋会要辑稿》食货六九之三七。

置籍抄上,逐季闻奏。其官中放收要用田土,及系帐逃户庄园、有主荒田,不得误有给付。如抛本业,抱税东西,改易姓名,妄求请射者,即押归本贯勘断。①

绍兴三年九月八日,户部言:"人户因兵火逃亡,抛弃田产……如有人户伪冒妄认指占他人产业以为已物,并盗耕种贸易典卖,及合干人勘认不实,并仰监司送所属根勘,依条施行。"②可见对民间利用逃田产权制度"妄破租税"以及"妄认指占"逃户产权的各种不法行为,地方政府必须加以制止。这也是上级政府检勘的内容之一。

宋朝州县官员执行逃田产权制度,曾收到一定的良好效果,如经营逃田弥补了一定的财政亏空;对逃户的田赋倚阁或归业放税的数量不少,这特别是对南宋初期大规模战乱之后的社会经济恢复有利(详后)。但是,与此同时也存在一些弊端,特别是从北宋后期到南宋,其弊端随着国家财政愈加困难的加剧,从而大大削弱了逃田产权制度的激励作用,甚至使一些合理规定几成具文。

首先,"申逃"与"检覆"不及时或不如实,影响"归业放税"。如神宗元丰八年(1085年)十月,臣僚上言:"饥疫之年,乡村人户迫于朝夕,往往逃移,但缘逃移既多,或邻人亦自逃移,遂无当时耆邻申报;或官司亦未暇一一检覆了当。及至归业,官司便以不经申报检覆,不肯依归业放税施行。缘此等人户实是逃移归业,朝廷有放税优恤之法,而泽不下究。"③哲宗元祐七年(1092年)四月十七日,尚书省指出:"灾伤处逃移人户,或邻人亦逃移,或官司未暇检覆,至归业,即官司以不经申报检覆,不与放税。"④绍兴年间,李纲上奏称:"勘会本路州县去岁旱伤,内有至甚去处,访闻人户未经差官检放租税以前,其间多有先次逃移之人,不曾经县陈诉,乞行检放。后来所差检视官,更不曾将逃移人户名下干旱田段依例检放税苗,以至县官亦不检察,却见行催理逐户名下合检放税苗,是致逃移下户不敢归业,荒废田土,转见失所。"⑤

① (元)马端临:《文献通考》卷四,《田赋考》。
② (清)徐松辑:《宋会要辑稿》食货六九之五二。
③ (宋)李焘:《续资治通鉴长编》卷三六〇。
④ (清)徐松辑:《宋会要辑稿》食货六九之四二。
⑤ (宋)李纲:《梁溪集》卷一〇五,《状一·申省乞将逃移灾伤人户见欠夏秋税特行住催等事状》。

其次,不依法执行对逃户的产权优惠政策。如不依法减免赋税,特别是在财政困难时期。逃户常享受不到"归业放税"的优惠,如绍兴二年五月,监察御史刘一止言:"生民之不得休息,为日久矣,常赋之外,迫以军期,吏缘为奸,敛取百端,复为寇所逼逐,田桑失时,寇去归业,未容息肩,催科之吏,已呼于门,使何所措手足乎?"①或者虽减免了田赋,却马上被加上其他税役负担,此即史文所写的:"诏书累下,许民复业,蠲其租调,宽以岁时。然乡县扰之,每一户归业,则刺报所由。朝耕尺寸之田,暮入差徭之籍,追胥责问,继踵而来,虽蒙蠲其常租,实无补于捐瘠。"②又如不依法保护逃户的土地所有权,特别是在南宋,史称:"建炎以来,内外用兵,所在多逃绝之田。……绍兴三年(1133 年)九月,臣僚言:'近诏州县拘籍被虏百姓税赋,而苛酷之吏不考其实,其间有父母被虏儿女存者,有中道脱者,有全家被虏而亲属偶归者,一概籍没,人情皇皇。'"③隆兴元年(1163 年)九月二十七日,孝宗诏:"百姓贫乏之户,或因赋税,或因饥馑逃亡,其抛下田土,官司即时抄剗拘籍,不复归业,遂至失所。令州县申严敕文五年之限,应逃亡人户愿归业者即给还。"④嘉泰三年(1203 年)十一月十一日,南郊宁宗赦文称:官员职田,"在法以官荒及五年以上逃田拨充。访闻州县不问年限,辄行拘占,致人户无业可归"。⑤朱熹在《晓谕逃移民户》中对县乡官员、胥吏损害逃户应有权益的弊端有较多的描述,他写道:

> 检会赵知军任内访闻本军三县民贫,年谷稍不登熟,往往舍坟墓,离乡井,转移之他者,非其本心逃移。未出境而豪右请佃之状,已至县司。其弊多端,或止押状而无户帖,或逃请因而冒耕者,或计会乡司,作逃移多年而免科例者,或有户帖而官无簿者,或免科例限满而诡名冒请者,或有强占而人不可谁何者。所有都分之内,递兼容蔽,遂至租税皆无稽考。及其陈状归业,乡司邀阻,及上户强占,百般沮难,淹留岁月,无以自明,又复弃之而去。⑥

① (宋)李心传:《建炎以来系年要录》卷五四。
② 《宋史》卷一七三,《食货志上一·农田之制》。
③ 《宋史》卷一七三,《食货志上一·农田之制》。
④ (清)徐松辑:《宋会要辑稿》食货六九之六一至六二。
⑤ (清)徐松辑:《宋会要辑稿》食货六九之六八。
⑥ (宋)朱熹:《晦庵集》卷九九,《公移》。

最后,对承佃逃田者的法定权益也有种种损害,例如,不予免税优惠①,强制承佃薄瘠的逃田②,对逃田立租偏重③,因受贿而剥夺佃者应得的土地所有权④,等等。

对于产生上述弊端的原因,除了吏治腐败之外,若从制度制约的角度分析,我们初步认为以下两个原因值得重视。

一是地方官员为考课制度所迫。如宋朝将地方官任期内户口的增减及欠税少多作为考课其政绩的两条标准。早在建隆三年(962年)十一月,宋太祖就把原来只是以户口增减分数为州县官的考课标准,改为:"减损户口一分,科纳系欠一分已上,并降考一等。"⑤至道二年(996年)十一月,太宗诏:"自今州县官部内流民及亡失租调会之一者,并书下考。"⑥咸平二年(999年)十月,真宗"令诸路转运使:自今管内增益户口及不因灾伤逃移者,并书于历,委三司考较,报审官院以为殿最"。⑦ 这必然会使一些地方官员出于考课的考虑而"申逃"不实,没法在逃户"归业放税"、或者拘收逃田、经营逃田等方面做手脚,以苟免己责。对此,宋朝君臣也不得不承认。如元丰八年(1085年),臣僚指责

---

① 如《宋史》卷一七三,《食货志上一·农田之制》载,乾道四年,知鄂州李椿奏"州虽在江南,荒田甚多,请佃者开垦未几,便起毛税,度田追呼,不任其扰,旋即逃去"。

② 如范仲淹奏称:"臣等窃见陕西昨来兴置营田,本欲助边,以宽民力,除沿边有空闲膏腴地土处可以开垦外,其近里州县官吏,不能体朝廷之意,将远年瘠薄无人请佃逃田,抑勒近邻人户分种,或令送纳租课……"(《范文正奏议》卷上《奏·乞罢陕西近里州军营田》)朱熹说:"契勘汀州在闽郡最为穷僻,从来监司巡历多不曾到,州县官吏无所忌惮,科敷刻剥,民不聊生,以致逃移,抛荒田土。其良田则为富家侵耕冒占。其瘠土则官司摊配亲邻,是致税役不均,小民愈见狼狈,逃亡日众,盗贼日多。"(《晦庵集》卷二七,《书·与张定叟书》)

③ 如王之道奏称:"契勘京西淮南系官闲田……伏见近年以来请佃者渐众,而其间诸道人吏从而作(弊),以逃租之重而绝租之轻也,遂将系官闲田,暗却逃绝名色,例行给佃;或恣其乞取,而轻重其租,或俟其给佃既了,续改作官员职田之类。初年给佃,次年即行起催,并不依沿边放免十年,次边放免五年指挥。至使朝廷之德意,遂成罔民之虚文。"(王之道:《相山集》卷二二《札子·乞将京西淮南逃绝田展免租课札子》)

④ 如(宋)洪迈《容斋三笔》卷九《射佃逃田》在引述后周世宗显德二年诏之后,说:"其旨明白,人人可晓,非若今之令式文书,盈于几阁,为猾吏舞文之具,故有舍去物业三五十年,妄人诈称逃户子孙,以钱买吏而夺佃者,为可叹也。"

⑤ (宋)李焘:《续资治通鉴长编》卷三。

⑥ (宋)李焘:《续资治通鉴长编》卷四〇。

⑦ (宋)李焘:《续资治通鉴长编》卷四五。

地方政府申逃不实,影响归业放税政策的实施,尚书省指出,之所以发生这种弊病,"盖为诸县官避免批罚,及转运司存惜税额,致不依条检覆"。① 绍兴十年(1140 年)五月十二日,高宗手诏指出:"户口逃移合蠲租税,吏避责罚,相为蒙蔽,或取于邻田,谓之交涉户,或取于交业之家,谓之得产户,或取于管税人,谓之催税保长。一户既逃,害及邻保,辗转增加,逃亡相继。应诸路逃田,并令提刑司委逐县知令根括,在靖康元年正月以前者,并令开落旧额租税,不理为官吏殿最。"②

二是地方官员为中央施加的财政增收压力所迫。如果按照逃田产权制度实行,实行逃移倚阁赋税或者逃户归业放税,势必要减少地方上供的田赋数量。但是,对地方上报的田赋减收数量是否合理,地方官员实施逃田产权制度是否尽责,宋朝中央财政部门不时提出质疑。这在南宋因财政困难而表现得尤其突出。绍兴年间,户部在为应对财政困境而百计罗掘时,要求中央加强检察州县上报逃田减税的真实性。史载,"时诸路以逃移民数除豁上供,户部疑其欺,奏遣宪臣核实"。绍兴五年闰二月,江南西路提点刑狱公事张叔献由于追查得江州隐匿上供䌷绢共一万二千匹,户部尚书章谊等建议给予升官褒赏。但是,至七月,有朝官揭发张叔献所为不实,他们特别指出:"契勘江州在江西一路,累经敌马残破,并马进等在城下半年杀戮,至今户口十损七八。诸路申逃绝之数,多是承例不敢尽数除豁,所以本州虑后来催纳不足,无所从出,故后申提刑司数少。叔献心知如此,更不恤民力有无,但将多数迎合省部,妄申检察到隐落,以为己功,侥冒恩赏。"③中央把逃户归业后的增税状况,列入地方官员的奖惩内容。绍兴三年三月,高宗下诏诸路转运司,"将归业人户合纳租税,并令依限输纳,仍开具自贼退之后已增收租税数目申部,以凭比较赏罚"。关于制定这一规定的背景,史称:"尚书省言:'比来盗贼屏息,民皆安业,逐年各有增添税数,多为有力之家冒佃,乡司通同隐庇,致不尽归公上。'故条约之。"④乾道六年(1170 年)五月六日,户部尚书曾怀等言:

> 切考诸州郡常赋各有定额。自建炎初遭兵火处,有流民产税权行倚阁。今既经三四十年,绝无不复业之民。纵元业主流亡,必别有人户请

① (宋)李焘:《续资治通鉴长编》卷三六〇。
② (宋)王藻:《靖康要录》卷五,台湾文海出版社 1967 年版。
③ (宋)李心传:《建炎以来系年要录》卷八七。
④ (宋)李心传:《建炎以来系年要录》卷八六。

佃。县州例以逃阁为名,暗失财赋,岁动以数千万计,深为可惜。欲乞令诸路州县。限两月逐项开具逃亡产业坐落并四至,见今的实有无人户管业,知通令丞簿尉具结罪保明状申省,部不时委官前去审实。如果是逃亡,即与倚阁,或有人租佃,并以不实之罪罪之;能自行首举者,从日下起理税赋。

这一提议获得高宗批准。① 总之,南宋朝廷对地方政府增收田赋的压力加大,也是当时地方官员加重对归业逃户或者承佃逃田者的非法赋敛现象增多的重要原因。

---

① (清)徐松辑:《宋会要辑稿》食货六九之六二至六三。

唐宋以来的牙人与田宅典当买卖

一

中国古代对交易中介人的主要称谓,有过驵侩、牙人、经纪等多种,其中,牙人是始见于唐代而为后代所长期沿用的一种主要称呼。唐宋之际,随着商品交易范围和品种的扩大,牙人之间的分工和专业化也进一步发展起来,出现了诸如庄宅牙人、牙嫂、米牙、贩香牙人等专业性牙人的称谓。"庄宅牙人"作为对专门从事田地、屋宅买卖中介者的称呼,始见诸公元十世纪末的后周官方文献。[①]

在中国古代,田宅、奴婢、马牛是商品交易中的三大种类。如《隋书·食货志》载:"晋自过江,凡货卖奴婢、马牛、田宅,有文券,率钱一万输估四百入官,卖者三百,买者一百。无文券者,随物所堪,亦百分收四,名曰散估。"《五代会要》卷二六《市》载,后唐天成元年(926年)十一月,明宗下令禁断洛阳城内市场上的牙人活动时特意指出:"如是产业、人口、畜乘,须凭牙保,此外并不得辄置。"这两条材料足以从政府确定征税对象及规定牙人参与的程度二个方面,说明田宅、奴婢、马牛等三大类商品交易在社会经济生活中具有相当重要的地位。

田宅的典当或买卖既属大宗商品交易,且从战国以来就日益多见,按理早就应有牙人厕身其间。可是,从目前的资料来看,官方文书提及牙人参与田宅等物业典当买卖的记载出现却较迟。北宋初年的《宋刑统》是根据唐前期的

---

① 陈明光、毛蕾:《驵侩、牙人、经纪、掮客——中国古代交易中介人主要称谓演变试说》,《中国社会经济史研究》1998年第4期。

《唐律》并选取唐中后期、五代有关敕令编纂而成的，它在关于"典卖指当论竞物业"的刑律规定中，转引了唐元和六年（811年）以后的一段敕文，称：

> 应典卖倚当物业，先问房亲。房亲不要，次问四邻。四邻不要，他人并得交易。房亲着价不尽，亦任就得价高处交易。如业主、牙人等欺罔邻、亲，契帖内虚抬价钱，及邻、亲妄有遮恡者，并据所欺钱数与情状轻重，酌量科断。[①]

这似是提及牙人中介田宅典当买卖的最早官方文献。不过这份敕文的确切时间不详。据《五代会要》卷二六《市》载，后周广顺二年（952年），经朝廷批转执行的开封府《请禁业主、牙人凌弱商贾奏》中出现的"庄宅牙人"称谓，当是首次见诸官方文献的对从事田宅买卖中介的牙人的专称。

为何官方文献有关牙人参与田宅买卖中介及"庄宅牙人"之称的记载均滞后于田宅买卖活动本身？文献无征。我们推测可能与秦汉隋唐对土地买卖有比较多的限制有关。及至均田制崩坏后的中晚唐，政府不再限制土地买卖，田宅的自由典当、买卖及其纠纷的公开化，成为官府不得不加以关注的经济现象，于是晚唐五代便出现了上引那份敕文，试图对牙人参与田宅典当买卖的行为加以规范。法律条文规定通常是滞后于社会生活事实的，所以唐代牙人中介田宅典当买卖的实际时间还可往前推测。此后，宋朝"不抑兼并"，放弃对土地买卖的限制，土地的典当买卖空前频繁，政府对田宅买卖契约征收契税成为丰沛的新财源，牙人因而在田宅买卖及契税稽征中起着越来越重要的作用。

总之，中国古代大致从唐宋之际开始，随着贫富分化的加剧，田宅买卖自由频繁地进行，牙人在田宅买卖中扮演的中介角色越发显得重要。

二

牙人中介田宅买卖无疑是经济行为，但实际生活中他们的中介活动又不可能单纯地依据市场供求关系，而是在一定程度上要受宗族关系、法律规定等的制约，所以从他们的中介方式和习俗中我们可以看出当时的某些社会经济

---

① （宋）窦仪等撰：《宋刑统》卷一二《户婚律·典卖指当物业》，中华书局1984年点校本。按："倚当"指以田、房等物业为抵押向人借贷现钱。

关系。下面,拟说明唐宋以来逐渐形成的牙人从事田宅买卖中介的一些行业习俗,以及由此反映出的社会经济关系。

第一,牙人必须负责验证物业的所有权归属及典卖的合法性。

田宅典当或买卖在法律意义上是所有权的暂时或永久性的转让,所以牙人要接受卖主以书面形式授予的中介委托,才能开始其中介活动。卖主提交委托性的文契,意在向牙人表明自己确实拥有对拟卖物业的所有权和出卖的合法性,其内容一般应包括卖主的户籍地址、姓名、拟卖物业种类、拟卖价钱等。下文引用的元代至元二年(1265年)福建泉州卖主麻合抹拟卖物业的中介委托文契,反映的就是古代的这种习俗。另据调查,直至民国时期,陕西南郑县仍有这种习俗,即"民间出卖田宅,须先立'请中'字,注明某处田若干亩,或房子若干间,交由中人,寻主出售"。① 可见这种习俗古今雷同、南北相似。

牙人一旦接受委任,正当的做法是要先着手验明卖主对所拟典当或出卖的田宅等物业是否确实拥有所有权及出售的合法性。这种行业习俗由来已久,且受封建王朝的法律约束。如后周广顺二年规定:"其有典质、倚当物业,仰官牙人、业主及四邻人同署文契。委不是曾将物业(已经别处重迭倚当,及虚指他人物业),印税之时于税务内纳契白一本,务司点检,须有官牙人、邻人押署处,及委不是重迭倚当钱物,方得与印。"②官方要求牙人署名契约之上,就是要牙人负起验证业主拥有拟卖物业的所有权和出卖的合法性的法律责任。这份官方文告又称:"如有故违,关连人押行科断,仍征还钱物。如业主别无抵当,仰同署契行保、邻人均分代纳。"即署名牙人作为"关连人"之一,在交易违法时还必须承担经济赔偿责任。

值得一提的还有,早在后周时期,官方就针对实际交易中出现的种种牙人串通买主或卖主作弊行骗现象,就验证典卖田宅的所有权及典卖的合法性,归纳出四方面的具体内容,要牙人负责验明。

其一,是否同一物业已被重复典当了,即"重迭将店宅立契典当",要求确认"不是重倚当钱物","业主别无抵当"。

其二,是否把别人的物业冒称已有或指卖纯属子虚乌有的祖业,即"虚指别人产业,或浮造屋舍,伪称祖父所置"。

---

① 施沛生等编:《中国民事习惯大全》第一编第四类《关于居间之习惯》,广益书局1924年版,第30页。

② (宋)王溥:《五代会要》卷一六,《市》。按:括号中的文字据《册府元龟》卷六一二《定律令》校补。

其三,是否业主的未成年子女未经家长同意私自典卖物业,即"卑幼骨肉,不问家长,衷私典卖,及将倚当取债"。

其四,是否把自己没有所有权或继承权的家族产业或家产强行典卖,即"骨肉物业,自己不合有分,倚强凌弱,公行典卖"。

这方面的有关习俗和法令,在宋代有了进一步的发展。例如,"卑幼骨肉,不问家长,衷私典卖,及将倚当取债"一项内容,在《宋刑统》中表述为:"如是卑幼骨肉蒙昧尊长,专擅典卖、质举、倚当,或伪署尊长姓名,其卑幼及牙保、引致人等,并当重断,钱、业各归两主。"①

再如,宋人袁采所撰《世范》谈论睦亲、处己、治家等方面的人情习俗及其利弊,其中有一处详细地叙述了田地交易中牙人在订立契约之前必须做好的几项调查内容。首先,"人户交易,先凭牙家索取阄书、砧基,指出丘段围号"。阄书是记录分家时各当事人所分得田产等的数量及其坐落方位的文书,若持请官府盖印确认,则称印阄。砧基即砧基簿,是经官府与户主共同确认的用来编造地册及税额的一种底簿,上头标有田地的形状、数量、四至等,图形像鱼鳞,俗称鱼鳞图。汉谚有云:"人从私契,官从正典。"所以,牙人向卖主索取这二种兼具私约官契性质的文献,作为验证其所有权真伪的书面凭证,符合民俗和官典的要求。接着,牙人必须根据阄书、砧基簿所示,"就问佃人有无界至交加、典卖重迭"。询问佃人这一程序,是上引后周官文书未加规定的,应是租佃关系在宋代进一步发展的一种反映。牙人还需"问其所亲,有无应分人出外未回,及在卑幼,未经分析"。这是在亲属之内确认是否遗漏了别的所有权受益人。其后,有几种特别情形牙人须把来龙去脉问个明白,方可考虑立契之事,即"或系弃产,必问其初应与不应受。或寡妇卑子执凭交易,必问其初曾与不曾勘会。如系转典卖,则必问其原契已未投印,有无诸般违碍,方可立契"。

宋人的《名公书判清明集》所记载的判决一些田宅典卖的行骗案例,不少场合见有牙人卷入犯法过程之中。兹举三例如下,可以印证上述法规或习俗。

案例一,黎定夫等6人,利用孙某年幼无知,教唆他背着母亲阿杨私自以田业为抵押向人借得120贯钱,而后他们瓜分了这笔钱。主审官除了判决黎定夫等六人为"欺诈取财,从盗论"之外,裁定"孙某有母在,而私以田业倚当,亦合照瞒昧条,从杖一百。刘顺为牙保,亦当同罪"。② 可见这个案例的性质

---

① (宋)窦仪等撰:《宋刑统》卷一二,《户婚律·典卖指当论竞物业》,中华书局1984年点校本。

② 《名公书判清明集》卷八,《鼓诱卑幼取财》,中华书局1987年版,上册,第284页。

属于后周规定的"卑幼骨肉,不问家长,衷私典卖,及将倚当取债"的范围。

案例二,徐二初娶阿蔡为妻,生有一女;元配死后,继娶阿冯,未有生育,但阿冯带来前夫陈氏之子陈百四。徐二担心身死之后家业为陈姓所夺,便亲手写下一份遗嘱,将屋宇、园池分给自己的亲妹妹与亲生女儿,同时约定她们必须为阿冯养老送终。这份遗嘱"曾官投印,可谓合法"。但是,徐二死后尸骨未寒,便有同里人陈元七用心不仁,指使牙人陈小三出面唆诱寡妇立契,出卖徐二家业。主审官征引法律条文"诸寡妇无子孙,擅典卖田宅者杖一百,业还主,钱主、牙保知情与同罪"给予判决。① 这是一则牙人须对中介卖主没有拥有所有权而非法出售之事负责的例证。

案例三,丘萱身死无子,其妻刘氏单弱孀居,丘萱的堂兄丘庄奸巧横生,竟擅自将丘萱的田地立了两张契,自己作牙人卖给朱府。"立契、为牙、领钱,只出丘庄一手。"主审官援引法律条文:"盗典卖田业者,杖一百,赃重者准盗论,牙保知情与同罪。"②这个案例的性质与后周时的"骨肉物业,自己不合有分,倚强凌弱,公行典卖"类似。

这三个案例从法律的角度再次说明了宋代牙人中介田宅时必须遵守的一些习俗。

不只是宋代,后世政府就田宅买卖的所有权及合法性的认定,对业主、牙人应负的法律责任都有类似的法律规定。如清代的"典卖田宅律"规定:"若将已典卖与人田宅朦胧重复典卖者,以所得重典之价钱计赃,准窃盗论,追价还后典买之主,田宅从原典买主为业。若重复典买之人与牙保知其重典卖之情者,与犯人同罪,追价入官。"③同时,乡规民约对此也有不少反映。如近代福建省浦城县习俗:"买卖产业,有居间人,谓之言议与中见,契约成立后,由买主给与酬金(俗称花红)。如该买卖之标的物品有重卖及虚伪事情,居间人应负责任。"④

总之,上述牙人对田宅买卖的中介习俗,从根本上说是土地或房产所有权的排他性反映。

---

① 《名公书判清明集》卷九,《鼓诱寡妇盗卖夫家业》,中华书局1987年版,上册,第304~305页。
② 《名公书判清明集》卷五,《从兄盗卖已死弟田》,中华书局1987年版,上册,第144~146页。
③ 吴荣光:《吾学录》卷一,《律例门·户律·田宅》,《四部备要》史部,第366册。
④ 施沛生等编:《中国民事习惯大全》第一编,广益书局1924年版,第27页。

第二,在确认典卖物业的所有权与合法性之后,牙人必须评议交易的参考价格,而后遵照一定的习俗依次寻找买主。

评议典卖物业的价格,是牙人中介作用的主要表现之一。所以,上引唐元和六年以后的敕文有"如业主、牙人等欺罔邻、亲,契帖内虚抬价钱"要"酌量科断"一句。牙人寻找买主须遵循一定的次序,这种习俗最早反映到政府法令中,就是上引《宋刑统》所摘引的唐朝元和六年以后的那份敕令,即"应典卖倚当物业,先问房亲。房亲不要,次问四邻。四邻不要,他人并得交易。房亲着价不尽,亦任就得价高处交易"。此后,后周广顺二年的官方文书《请禁业主牙人凌弱商贾奏》对此规定得更为详细,称:

> 如有典卖庄宅,准例,房亲邻人合得承揽。若是亲人不要,及着价不及,方得别处商量。不得虚抬价例,蒙昧公私。若有发觉,一任亲人论理。勘责不虚,业主、牙保人并行重断,仍改正物业。若亲邻人不收买,妄有遮恡阻滞交易者,亦当深罪。

这就是说,在价钱相等的条件下,拥有购置田宅优先权的是业主宗族中本房的亲戚,其次是业主的邻居。若他们均无意购买,其他的人(主要是指外姓)方得出价交易。如果牙人违反这种受法令保护的习俗,与业主同时要受法律惩处。这种次序限制,无疑是中国古代根深蒂固的宗族关系在经济活动中的鲜明反映。

不过,田宅买卖毕竟属于经济活动,在一定程度上还得要听从价值规律的指挥。上引所谓"房亲着价不尽,亦任就得价高处交易";"若是亲人不要,及着价不及,方得别处商量"等文告,都是不得不听任市场经济之手将温情脉脉的宗族关系网撕去一角的法令规定。正因为牙人评议田宅买卖的成交价有冲破宗族关系并受到法令保护的一定正当性,所以,宋人袁采写的《世范》下卷专门有一处规劝宗亲说:"凡邻近利害,欲得之产,宜稍增其价,不可恃其有亲有邻,及以典至买及无人敢买而扼损其价,万一他人买之,则悔且无及,而争讼由之兴也。"提醒他们不可忽视市场价格的作用。这种情况又说明牙人对田宅买卖的中介活动归根结底仍然具有交换关系的性质,属于经济范畴。

以上所述二方面的习俗,可以福建泉州陈丁姓族谱所附的一份元代至元二年(1265年)卖主麻合抹的召买花园屋基文契为证。其内容如下:

> 泉州路录事司南隅排铺住人麻合抹,有祖上梯己花园一段、山一段、

亭一所、房屋一间及花果等木在内,并花园外房基一段,坐落晋江县三十七都土名东塘头村。今欲出卖□钱中统钞一百五十锭,如有愿买者就上批价前来商议,不愿买者就上批退。今恐□□难信,立帐目一纸前去为用者。

至元二年七月 日帐目 立帐出卖:孙男 麻合抹

立帐出卖:母亲 时邻

行帐官牙:黄隆祖

不愿买人:姑忽鲁舍、姑比比、姑阿弥答、叔忽撒马。[①]

这份文契值得注意的,除了有关经济内容之外,一是卖主署名二人,先为孙男,后为其母,符合"卑幼"不能擅自出卖物业的传统规定。二是在文契末尾写明"不愿买人"为三个姑姑、一位叔叔。这显然是遵循了"先问房亲"的习俗。可见署名其上的那位官牙人黄隆祖是熟悉官方规定与传统习俗的。

第三,牙人必须参与订立买卖契约。

田宅买卖契约应书写的内容。从汉简《受奴卖田契》可以看出,契文包括了卖方的住址、姓名、物业种类、数量、价钱、交割、证人及其酬谢等项。[②] 这支虽有残缺但内容基本完整的汉简上未见有官方干预交易的痕迹,很可能是民间自写的契约。

大致从东晋实行税契制之后,为了催督纳税,同时也是为了维护物业交易的合法性,民间契约的格式与内容是否完备规范,便逐渐被纳入官方关注的视野。及至宋代太平兴国八年(983年),开封府的官员赵孚上奏,认为庄宅买卖中屡屡出现诉讼纠纷,缘由在于"衷私妄写文契",建议朝廷下令"两京及诸道州府商税院,集庄宅行人,众定割移、典卖文契各一本,立为榜样。违者论如法"。他的建议得到太宗的批准。[③] 崇宁三年(1104年),徽宗干脆下令"印卖田宅契书,并从官司印卖"。[④] 这可能是中国历史上最早的官版田宅买卖契约文书。元朝也使用官版田宅买卖契书,它分为两联,正契称"契本",存根称"契

---

① 转引自施一揆:《元代地契》,《历史研究》1957年第9期。

② 简文为:"\置长乐里受奴田册五叹(亩)贾钱九百钱毕巳丈田不足计叹(亩)数瓖钱旁人淳于次儒王充郑少 卿古(沽)酒旁一升皆饮之。"见中国科学院考古研究所编:《居延汉简甲编·释文》,二五四四A·B,科学出版社1957年版,第104页。

③ (宋)李焘:《续资治通鉴长编》卷一四,"太平兴国八年二月乙酉"条。

④ (清)徐松辑:《宋会要辑稿》食货二五之一,徽宗崇宁二年六月十日,中华书局1957年影印本,第5408页。

根"。明清时代的官版田宅买卖契书有不少流传至今。

历朝印行官版田宅买卖契书的重要目的之一在于征税,因此只要能履行纳税义务,使用民间自写的田宅买卖契约也并非不可。为适应实际需要,古代文人便编写了这方面的应用文。如元代无名氏所撰《新编事文类要启答青钱》一书所收录的《典买田地契式》《典卖房屋契式》等,是宋元时期较通行的样文。明人陈继儒《尺牍双鱼》卷一所录《卖田契》《卖屋契》则是明清时期通行的样文。在这些样文中都有牙人署名作证这一项格式。保存下来的民间契约可与样文相互对照。如上面提及的元人麻合抹,经过三个月的立契委托牙人寻找买主,于当年十月将物业卖出,所立契约内容如下:

> 泉州路录事司南排铺住人麻合抹有祖上梯己花园一段、山一段,亭一所、房屋一间及花果等木在内,坐落晋江县三十七都东塘头庙西,四围筑墙为界东至孙府山,西至谢家园,南至瑞峰菴田,北至谢家山。又花园西边屋基一段,东至小路,西至陈家厝,南至空地,北至谢家园。因为闕钞经纪用度,将前项花园并屋基连土出卖。遂□晋江县□给公勘据□明白立帖,□问亲、邻,俱各不愿承支。今得蔡八郎引到在城东隅住人阿老前来就买,经官牙议定时价中统宝钞六十锭。其钞随立文契日一完领讫,□□批目。其花园并基地□□上手一应租契,听从买主收执前去,自行经理管业,并无尅留寸土在内。所卖花园屋基的系麻合抹梯己物业,即不是盗卖房亲兄弟叔伯及他人之业,并无诸般违碍,亦无重张典挂外人财物。如有此色,卖主抵当,不涉买主之事。所有合该产钱,麻合抹户苗米二千八升,自至元二年为始系买主抵纳。今恐□□难信,立契一纸,付买主印税收为用者。

> 　　至元二年十月　　　日文契　　情愿卖花园屋基人:麻合抹
> 　　　　　　　　　　　　　　　　同卖花园母亲:时邻
> 　　　　　　　　　　　　　　　　引进人:蔡八郎
> 　　　　　　　　　　　　　　　　知见卖花园屋基姑父:何暗都剌
> 　　　　　　　　　　　　　　　　代书人:林东卿①

这份契约内容相当周详,先具书卖主户籍地址、姓名、物业种类与方位四至、出卖原因,继说召买过程已经合情合理[赴官呈报,立帖(遍)问亲、邻,俱各

---

① 转引自施一揆:《元代地契》,《历史研究》1957年第9期。

不愿承支]再说引进人(此处实际上是私牙)姓名及所引致买主姓名、官牙议定的卖价,又载明过割及纳税事项,最后申明所卖物业全无违法之处,若有则由卖主承担,契尾则具载交易日期、卖主、引进人、见证人、代书人。这份实物的内容、格式与样文相似。

从买卖关系来看,牙人在订立买卖契约并让买卖双方、见证人签署之后,就算完成他的中介责任了。不过,由于田宅买卖还要受政府的税契法令制约,所以,事实上牙人还有一道手续要协办,即把田宅买卖交割契约呈交官府,纳税盖印,称为"投税印契"。按宋徽宗政和元年(1111年)户部的规定:

> 欲诸以田宅契投税者,即时当官注籍给凭由,付钱主,限三日勘会。业主、邻人、牙保、写契人书字圆备无交加,以所典卖顷亩、田色、间架勘验原素税租、免役钱,纽定应割税租分数,令均平取推,收状入案。当日于部内对注开放。①

加盖官方红色印章的契约,俗称红契。官府通过"印契",同时另给买主凭证这一手续要达到的目的,除了给予这种交易以法律的合法性之外,主要是监督赋税的过割,即在每笔田宅买卖成交的同时,随着所有权的让渡转移,其应缴纳的赋税数额也要同时交割给新的典主或买主去承担,并且在官方赋税文书上做变更登记。

当然,实际上这道手续通常无需牙人亲自去做,更经常的是业主(卖主)、钱主(买主)一起去办理,但由于官府要求投税印契之前"业主、邻人、牙保、写契人书字圆备",牙人要负不可推卸的责任,所以仍应视为牙人完成一笔田宅交易中介法定的最后一环。北宋末的地方官李元弼总结了一些成功的"为政之要",其中说他当官时为了督促买卖双方及时抽税印契,制定了一种"手把历",发给牙人,让他们负起登记与汇报田宅交易资料的职责,"遇有典卖田产,即时抄上立契日月、钱数,逐旬具典卖数申县乞催印契。其历半月一次赴县过押"。② 所以牙人对田宅买卖的中介还反映出赋税这一特殊的分配关系。

牙人中介田宅买卖所反映的分配关系还体现在他个人的收益上。牙人从每笔田宅交易中能够得到多少中介佣钱,其支付方式又如何?各地的习俗有

---

① (清)徐松辑:《宋会要辑稿》食货六一之六一,中华书局1957年影印本,第5904页。

② (宋)李元弼:《作邑自箴》,《四部丛刊续编》史部,第32册。

所不同,不过,从总体上看,由于经济规律的作用,经过长期的实践,在不同的历史时期也逐渐形成了一些约定俗成的规矩。例如,佣金的比例。据五代后唐天成四年(926 年)七月兵部员外郎赵燕奏称:"切见京城人买卖庄宅,官中印契,每贯抽税契钱二十文,其市牙人每贯收钱一百文。"①可知当时洛阳城内牙人中介田宅交易的佣钱一般占交易总价值的 10%,相当丰厚。从晚近的资料来看,佣金一般是占交易价值的 3% 至 5% 不等。如江西南昌的习惯,"凡买卖田地房屋,在场作中之人,可以取得中人钱,由买主支给。如所买卖之田价一百元,应给中人银三元;屋价一百元,应给中人银元四元。故中人钱有'田三屋四'之称"。② 下面引用的资料都有这方面的内容。再如,佣金的支付方式大体有二种。一是全部由买方承担,如湖南长沙,"买卖不动产,中人费,每百元三元,由买主负担"。③ 安徽广德、舒城等县的习惯,卖买田房时中人的报酬为田房价值的 3%,由买主给付。二是买卖双方分担,分担比例常是"买三卖二",或俗称为"兴三败二""成三破二"。如直隶清苑县牙纪的报酬称"杂用费","买主三分,卖主二分"。安徽天长县,"买田产,卖主买主均出资,按百分之五,买三卖二,以原中、陪中之分别,为得受多寡之标准"。安徽当涂县,"不动产卖买之中资,按照原价银洋,由买主每元出洋三分,卖主每元出洋二分,交由原说合之中人分受。其他先未帮说,临时到场列名之散中,仅由买主送给画字礼钱数百文不等,不得分用中资"。江西赣县习惯,"不动产买卖之中人费,由买卖当事人分别担负,如洋价一百元,中人费五元,则买者担负五分之三,卖者担负五分之二"。福建闽清县,"典断房屋、田园、山场各业,皆必有仲人从中说合,并在契内署名画押,其仲钱每百元买主应给三元,卖主应给二元,谓之兴三败二,盖以买主为兴,卖主为败也"。绥远、归绥县习惯,"买不动产,凡经牙保,俗名经纪说合者,须比方按照买卖价额,给以报酬,在买主出百分之三,卖主给百分之二,故有'成三破二'之称"。④

---

① (宋)王钦若等编:《册府元龟》卷五四,《邦计部·关市》。

② 施沛生等编:《中国民事习惯大全》,广益书局 1924 年版,第 27~31 页。按,所引资料中的"中人",有的纯属立契见证人的性质,或称陪中、名中;多数应是指主要承担该项交易说合的中人,或称顶中、原中,即本文所说的牙人。

③ 施沛生等编:《中国民事习惯大全》,广益书局 1924 年版,第 27~31 页。

④ 施沛生等编:《中国民事习惯大全》,广益书局 1924 年版,第 27~31 页。

三

从总体上看,中国古代牙人的中介交易对于商品经济好比是一把双刃剑,即一方面对于沟通买卖需求、促进商品流通有不可或缺的积极作用,另一方面由于他们也常有欺行霸市和种种欺诈行为而产生扰乱市场、阻碍商品流通、病商病民的消极作用。当然,不同行业的牙人所起的究竟是何种作用,必须结合不同的商品种类、中介方式乃至具体场合加以分析。就本文所述的田宅买卖中介而言,我们认为牙人经常发生不公正的中介行为,其主要表现有以下三方面。

第一,仲裁成交价格不公。在牲畜、茶叶之类的商品交易中,买卖双方在市场上讨价还价时的地位一般遵循市场供求规律,是比较对等的,牙人评议交易价格时比较容易保持客观的姿态。然而,中国古代田宅的买卖,在很多场合不是正常的遵循价值规律的商品交易,尽管有"房亲着价不尽,亦任就得价高处交易"的官方规定,但实际生活中经常是贫弱人户出于天灾人祸和钱权胁迫等种种原因而被逼低价或贱价求售于富强人家。在这种不等价交易的场合,当然有供求关系的作用,同时也掺杂着明显的非经济因素。此时牙人往往是媚富欺贫,其仲裁的交易价格远远低于商品实际价值。

第二,订立交易契约不实。中国古代下层民众文化程度低下,官方法律条文又繁复难记,而买卖田宅的契约应书写的内容不少,有些牙人便利用卖主不大懂得法律规定或者不识文字,串通买主、书契人蒙骗坑害卖主,获取非法所得。例如,宋人洪迈在《夷坚乙志》卷五"张九罔人田"条记了一个事例:"广都人张九,典同姓人田宅。未几,其人欲加质,嘱官侩作断骨契以罔之。明年,又来就卖,出先契示之。"结果把这份物产骗到手。在这场将典当契约偷改为卖断的"卖骨契"的骗局中,牙人起了为虎作伥的作用。

第三,过割赋税不实。上述"投税印契"一道手续毕竟是官方一厢情愿的规定,实际执行的情况是相当复杂的。牙人既参与了田宅交易的全过程,又非契税的承担者,所以他们既可以成为接受政府指令从事监督契税缴纳的再合适不过的人选,同时也可以成为协助交易者逃税的帮手。一般来说,使用官印契书立契的只是负有一定责任的"官牙"。对于众多"私牙"乃至部分官牙来说,由于社会习俗的影响,在很多的场合,他们伙同卖主买主使用自写田宅买卖契约的情况相当普遍。这类没有加盖官方红色印信的契约,俗称白契。例如北宋大中祥符九年(1016年),仅在泰州一地就检括出近50年来未纳税的白契1700多件,其他地方也有类似情况,[①]据约略统计,仅南宋孝宗乾道五年到乾道九年(1169—1173年)这5年中,朝廷就下了7道限期投纳契简的命令,[②]说明实际生活中田宅买卖没有投税印契的情况相当严重。据乾道五年十二月户部尚书曹怀所言,四川一省通过限期纳税,收到了数百万贯钱,江西婺州所收到的税钱高达30余万贯。[③] 可见众多田宅买卖牙人仍然遵从买卖双方的意愿暗中使用白契。使用白契不仅可以让买卖双方逃避政府税收,而且有利于富裕地主向贫穷农民转嫁赋税负担,宋代俗称"有产无税"(指买田宅者没有相应增加新的税额)、"产去税存"(指卖方没有割移原来的税额)。这种过割赋税不实现象,实际上等于压低田宅交易价格。显然,宋代以降大量的"有产无税"或"产去税存"的田宅交易结局,若没有牙人的配合是难以出现的。

由此看来,中国古代牙人在田宅买卖中的中介活动,其社会经济作用在很大程度上不同于一般的商品买卖中介,主要是适应宋代以来地主经济加速发展的要求,为土地兼并活动起了推波助澜的作用,加剧了自耕农的贫困化与佃农化。也就是说,庄宅牙人的中介行为其实又是中国古代土地房屋产权向少数人集中这一经济走势的一部分内容。

[注:本文第二作者毛蕾]

---

① (清)徐松辑:《宋会要辑稿》食货六一之六一,中华书局1957年影印本,第5902页。

② (清)徐松辑:《宋会要辑稿》食货六一之六一,中华书局1957年影印本,第5413~5417页。

③ (清)徐松辑:《宋会要辑稿》食货六一之六一,中华书局1957年影印本,第5414页。

杨炎的功过与悲惨结局

　　杨炎是以创立两税法而垂名青史的一位中唐名相。他曾由谪臣而超迁为辅相,继而独掌朝政,两年之后却遭贬杀。新旧《唐书》有关其人其事的记载是毁誉交集,甚至毁过于誉,斥之为"小人""奸人"。然而,封建史臣的评述并非即是杨炎的盖棺之论。绅绎史实,他的千秋功过仍有待于后人重新评说。

一、"早负时称"

　　杨炎(727—781年)字公南,凤翔天兴(今陕西凤翔)人。其祖父皆以孝行著名,受到官府的"旌表"(用立牌坊或挂匾额的方式加以表彰)。史称杨炎"早负时称",①他赢得时誉的才行,表现在三个方面。一是有孝行。肃宗上元元年(760年),杨炎被河西节度使吕崇贲辟署为掌书记而踏上仕途。随后,朝廷召聘他任起居舍人,他辞官在家奉养隐居不仕的父亲。父死之后,他"庐于墓前,号泣不绝声",因杨炎一家"孝著三代,门树六阙",在封建伦理道德方面博得社会舆论的广泛好评。二是文学出众。杨炎"文藻雄丽",深受时人赞赏。终丧之后,他先任礼部侍郎、知制诰,后改任中书舍人,与常衮同时"知制诰",即负责替代宗皇帝草拟诏旨。史称:"自开元已来,言诏制之美者,时称常、杨焉。"杨炎撰写的私家碑铭也有脍炙人口的佳制。"尝为《李楷洛碑》,辞甚工,文士莫不成诵。"据说德宗李适尚为太子居东宫时,便"雅知其名,又尝得炎所为《李楷洛碑》,真(置)于壁,日讽玩之"②。杨炎也工于图画,"尝画松石山水,

---

　　① 《旧唐书》卷一一八《杨炎传》。以下引文凡未注明出处者,皆本于此。
　　② 《新唐书》卷一四五《杨炎传》。

出于人表","移动造化,观者皆谓之神异"①。三是能"乐贤下士,以汲引为己任,人士归之"。

代宗朝的宰相元载自从当政之后,"常选擢朝士有文学才望者一人厚遇之,将以代己"。他后来之所以选中杨炎作为相位的继承人,"亲重无比",应当说主要是杨炎本人的才华以及时誉使然。《新唐书·杨炎传》将此归因于元载与杨炎同郡,且有亲戚之谊,未免过于强调私情,失之偏颇了。

二、谪臣入相

大历九年(774年)十二月,元载提升杨炎任吏部侍郎、史馆修撰。杨炎时年四十七,正当盛年。不料政治风云突变,大历十二年三月,元载遭代宗诛杀,杨炎随即被当作元载党羽而谪迁道州(治所在今湖南道县)司马。杨炎之被贬逐,乃是缘于封建政治倾轧的株连关系,并非是因他个人有何劣迹,故旧史径书为"坐贬"。唯其如此,后来杨炎方能东山再起。

大历十四年(779年)五月,德宗即位,议用宰相,因执政宰相崔佑甫推荐杨炎"有文学器用",加上德宗"亦自闻其名",遂于八月间下诏擢拔道州司马杨炎为门下侍郎、同平章事。史载:"炎有风仪,博以文学,早负时称,天下翕然,望为贤相。"数月之后,崔佑甫因病不能参议政事,杨炎遂"独当国政"。

三、"救时之弊"

杨炎出任宰相,面临的是方镇割据势力跋扈而亟待裁抑,中央集权衰弱而亟待加强的严峻时局。他不负众望,作出了几项"救时之弊"的政绩。

其一,重新恢复中央财政的钱物管理常规。唐朝旧制,中央财政的钱物皆贮纳于国库——左、右藏库,事务主管部门太府寺每一季上报一次会计账目,由尚书刑部中的比部进行勾覆审计,上下相辖,无所失遗。安史乱中,财政官第五琦因"京师多豪将,求取无节",无力制止,"乃奏尽贮于大盈内库,使宦官掌之,天子亦以取给为便,故久不出。由是以天下公赋为人君私藏,有司不复得窥其多少,校其赢缩,殆二十年。宦官领其事者三百余员,皆蚕食其中,蟠结

---

① (唐)朱景玄:《唐朝名画录·妙品上八人》。

根据,牢不可动"。① 杨炎任相之后,就以矫正该项积弊作为当务之急。他对德宗说:"财赋者,邦国大本,而生人之喉命,天下治乱重轻系焉。先朝权制,以中人领其职,五尺宦竖操邦之柄,丰俭盈虚,虽大臣不得知,则无以计天下利害……臣请出之,以归有司。度宫中经费一岁几何,量数奉入,不敢以阙。如此,然后可以议政,惟陛下审察。"德宗即日下诏:"凡财赋皆归左藏库,一用旧式。"杨炎的这项政绩,在一定程度上打击了干预政治的宦官势力,建立起国家财政与宫廷经费之间的钱物分配计划,对唐后期的财政管理制度产生了积极的影响。

其二,扫庸调之成规,立两税之新制。大历十四年(779年)八月,杨炎受命之后,随即上奏力陈废止租庸调制,改行两税法。经过一番辩难,德宗信之不疑,于第二年付诸实行。杨炎创立两税法,具有鲜明的现实目的。这项改革不仅着眼于缓和长期以来因税法败坏而激化了的社会矛盾,而且旨在从法制上统一税目、确定税额,裁抑急剧扩大的地方财权,结果,"自是轻重之权,始归于朝廷",即加强了财政和政治上的中央集权。就赋税制度本身演变的轨迹而言,杨炎设计的两税法案的精华,在于确立了"户无主客,以见居为簿;人无丁中,以贫富为差"的征税原则。唐人或概括为"唯以资产为宗,不以丁身为本"。② 这就实现了中国封建社会的农业税收结构由以人头税为主向以资产税为主的历史性转变,顺应了土地占有关系和阶级关系的变化趋势,具有深远的历史影响。两税制为宋、元、明、清所沿袭不替,其活力持续了八百多年。追根溯源,杨炎确实立下了不可泯灭的倡导之功。

其三,裁抑骄藩悍帅。旧史对此或有错讹之笔,宜稍作辨正。首先是谏阻崔宁归蜀。崔宁于代宗大历二年(767年)担任剑南西川节度使,十余年间,"地险兵强,肆侈穷欲,将吏妻妾,多为所淫污,朝廷患之而不能诘"。③ 直至德宗继位之后,才于大历十四年九月入朝,留任司空等职。不久,吐蕃、南诏合兵十万进犯川蜀,连败唐军。德宗图救一时之急,令崔宁归镇督师。杨炎认为若遣派崔宁归蜀,无异于放虎归山,不论他抵御吐蕃有无功绩,朝廷势必不能对他重加控驭,"是蜀地败固失之,胜亦不得也"。故献计仍留崔宁在朝,而另调中央禁军以及他镇兵力入蜀救援。德宗如计施行,果然大败吐蕃、南诏,并且

---

① (宋)司马光:《资治通鉴》卷二二六。

② (唐)陆贽:《陆贽集》卷二二,《均节赋税恤百姓六条》第一,中华书局 2008 年点校本。

③ 《旧唐书》卷一一七,《崔宁传》。

顺势任命新的剑南西川节度使,解除了崔宁对川蜀的控制。这件事虽导致了崔宁与杨炎"交恶",却是杨炎裁抑骄藩的一项成功的政绩。

建中二年(781年)六月,德宗征调诸道节度使出兵围攻梁崇义,而为李希烈加官晋爵,任为督帅。李希烈是个"性惨毒酷"[①]的骄藩。杨炎对德宗说:李希烈"为人狼戾无亲,无功犹倔强不法,使平崇义,何以制之!"[②]可见杨炎对骄藩常怀防范之心,反对德宗这种为虎添翼的错误决策。与杨炎持相同看法的还有黜陟使李承。但德宗执意不听。后来李希烈果然恃功跋扈,卒至自称楚帝,反叛唐廷,给唐朝造成惨重的损失。事实证明杨炎的预见是正确的,反映出他对付骄藩的决策意向是立足于遏制和防范。尽管由于种种原因,成效不大,但他那"救时之弊"的积极态度仍应予以肯定。

四、"宰相朋党"

时臣韦处厚曾对唐宪宗说:"宰相朋党,上负朝廷,杨炎为元载复仇,卢杞为刘晏报怨。"[③]我们认为,杨炎专权时确有"朋党"的劣迹,不过,旧史所列举的例证也有含混之处,不尽可信。揆之史实,杨炎之杀害刘晏,确是他闹朋党的一大劣迹乃至罪恶。刘晏是奉命审判元载的主审官,加上过去任吏部尚书时,与任吏部侍郎的杨炎皆恃才相傲,有所积怨。杨炎执政后,为了报答元载的知遇之恩,并夹杂私愤,刻意陷害刘晏,终于在建中元年(780年)七月让德宗下令贬杀了刘晏,制造了一大冤案。刘晏是中唐一位杰出的理财家,他的枉死,是唐朝的一大损失。因此,旧史指摘杨炎当政时"以私害公",是有所根据的,其最彰著的例证即在于此。

不过,旧史在指责杨炎以权"酬恩报怨"时,列举杨炎决意实施元载当政时决定的重筑原州城(今宁夏固原县)的方案,是出于"感元载恩,专务行载旧事以报之",作为例证,这不免是囿于成见或削足适履了。诚然,我们无由去臆断杨炎此举在主观上丝毫没有报恩的色彩,但因元载遗策本身在客观上具有防御吐蕃,准备收复河西失地的积极作用,则尽管杨炎的后继工作因泾州军将刘文喜拒城抗命以致半途而废,其积极内涵仍不宜抹杀。将此视为徇私之举,很

① 《旧唐书》卷一四五,《李希烈传》。
② (宋)司马光:《资治通鉴》卷二二七。
③ 《旧唐书》卷一五九,《韦处厚传》。

难令人首肯。

杨炎确实排斥打击过一些与自己议政不合的官吏如段秀实、严郢等,不过,他所举荐擢用的人物中也不乏名实相符者,如史官沈既济、财政官杜佑等。因此,若说杨炎任相期间进退人物皆旨在结党营私、朋党比周,恐亦非平心之论。

五、悲惨结局

杨炎最终惨遭贬杀。究其原因,与奸相卢杞的陷害直接相关。

卢杞是个"忌能妒贤,迎吠阴害,小不附者,必置之于死"[①]的阴险狡诈的政客。建中初他任御史中丞后,连被德宗赐号为"尚父"的郭子仪也不得不对他小心加以提防。相形之下,杨炎却恃才傲物,任情行事。当建中二年二月德宗任命卢杞为宰相后,杨炎对与"无文学、仪貌寝陋"的卢杞同处台司极为厌恶,甚加鄙视,不仅在处理政事中常与之争执,甚至称病不肯同他在政事堂一起用餐,全然不屑假与半点面子。卢杞自然不会善罢甘休。杨炎曾把私宅卖为官廨,卢杞唆使与杨炎有旧怨的御史中丞严郢弹劾杨炎"抑吏市私第,贵取其值",又胁迫法官枉法判为"监主自盗,罪绞"。继而散布流言蜚语,诬称杨炎择"有王气"之地营造家庙,"有异志",终于把杨炎挤陷入"十恶不赦"的必死之地。同年十月,德宗下诏贬逐杨炎往崖州(治在今海南琼山县东南),又派人在距崖州百里之处缢杀之。从上述情况看来,不妨说杨炎的悲惨结局在一定程度上要归因于他那恃才傲物、不恤小人的性格与处世方式。

然而,必须进而看到,卢杞陷害杨炎之所以能很快得逞,则是与德宗本人和杨炎的矛盾密切相关。德宗是个刚愎自用的昏庸之君。一方面,他为杨炎的入相提供了机会;[②]另一方面,他对恃才倨傲的杨炎的信任无法长久,容忍也很有限。他之所以提拔卢杞为相,不专任杨炎,就已隐伏着杀机。杨炎身死数年之后,宰相李泌对德宗说:"杨炎罪不至死,杞挤陷之。"德宗却不加隐讳地回答说:"卿言诚有之,然杨炎视朕如三尺童子,有所论奏,可则退,不许则辞官,非特杞恶之也。"[③]于此可见,专制君权与相权的矛盾之尖锐化,才是铸成杨炎的悲惨结局的根本原因。

---

① 《旧唐书》卷一三五,《卢杞传》。
② 《新唐书·杨炎传赞》称:杨炎"以才资奋,适主昏庸,故致位辅相"。
③ 《新唐书》卷一三九,《李泌传》。

汉代"乡三老"与乡族势力蠡测

在研究中国古代国家与乡村基层社会的关系时,乡族势力颇受瞩目。"乡族势力"是著名史学家傅衣凌先生提出的概念,[①]他关注的是宗族"从血缘关系扩大到地缘关系的结合",正如有的学者所说的:"他不仅仅就宗族结合而言,而是重视宗族结合在地域范围内所起着怎么样的作用。"[②]迄今学术界对宋明清时期乡族势力的影响,以及当时国家在实施乡村控制时如何利用和限制乡族势力的研究比较深入细致,而对汉唐时期的有关研究仍较为薄弱,有待加强。本文拟对汉代"乡三老"与乡族势力,以及汉代国家对乡村的控制方式试作探讨。

现有研究已经指出,汉代在乡村设置三老是受到《周礼·地官·司徒》记载的"乡老及乡大夫"职责的影响。《周礼》设计的"乡老"负有向政府推荐人才和教化当地民众的职责,具有乡官的身份。汉代"乡三老"是否也具有官方身份? 这是一个有较大争议的问题。

《史记·平准书》《汉书·食货志》都记载了汉武帝的算辎车令,其中有"非吏比者、三老、北边骑士,辎车一算"一句。如淳注曰:"非吏而得与吏比者,官谓三老、北边骑士也。"他认为"非吏比者"指三老、北边骑士二类人。颜师古则认为:"比,例也。身非为吏之例,非为三老,非为北边骑士,而有辎车,皆令出一算。"他把"非吏比者""三老""北边骑士"视作不同的三类人。古今都有取如

---

① 傅衣凌:《论乡族势力对于中国封建经济的干涉——中国封建社会长期停滞的一个探索》,原载《厦门大学学报》1961 年第 1 期;收入氏著《明清社会经济史论文集》,人民出版社 1982 年版。

② 森正夫:《围绕"乡族"问题》,《中国社会经济史研究》1986 年第 2 期。

淳之说者。① 今人或提出新的论证,断定"三老"的性质"与属吏绝殊"。② 特别是 1993 年尹湾汉墓出土的《集簿》和《东海郡吏员簿》释文公布之后,由于后者未列入"三老",因此有的学者断言:"可以确定'三老'是荣誉头衔,不是在编乡官。"③

不过,全然否定"乡三老"具有官方身份,并不能解释与之矛盾的一些出土文物和文献资料。例如,考古发现乡三老有官印,"形式正方,与普通半通之印章不同"。而人们承认是汉代正式乡官的啬夫、游徼等却未见有出土印文。④下面拟就乡三老具有官方身份再提出补充论证。

史载,汉初就着手建立乡三老制度,高祖二年(前 205 年)二月,刘邦下令:"举民年五十以上,有修行,能帅众为善,置以为三老,乡一人。择乡三老一人为县三老,与县令丞尉以事相教,复勿徭戍,以十月赐酒肉。"⑤可见汉朝中央规定选任乡三老采用民间和官吏"举贤",受荐者本人同意"应令"的方式,这与当时官吏的察举方式是一样的。我们注意到,汉代官私用语都有"三老官属"之说。《汉书》卷一九上《百官公卿表上》在记述"县令、长"之后说:"大率十里一亭,亭有长。十亭一乡,乡有三老、有秩、啬夫、游徼。三老掌教化。啬夫职听讼,收赋税。游徼徼循禁贼盗。县大率方百里,其民稠则减,稀则旷,乡、亭亦如之,皆秦制也。"这说明在汉代职官序列中,乡一级的"三老"与有秩、啬夫等一样,都是县令、长属下的"官"。所以,汉代皇帝诏书、官方文献常见有"三老官属"的用语,如西汉元帝诏书有"三老官属、有识之士咏颂其美"之句。⑥东汉和帝永元三年(91 年)十月行幸长安后,诏曰:"其赐行所过二千石长吏已下三老官属钱帛,各有差。"⑦特别是 1973 年甘肃居塔县肩水金关遗址出土的

---

① 如元人方回《续古今考》、李慈铭《汉书札记·食货志第四下》等。

② 如严耕望在《中国地方行政制度史·甲部·秦汉地方行政制度》第 245 页写道,三老"上与长吏参职,下以率民,而无一定之实际职掌,此其一;代表民意,领衔里诉,与地方政府之奏请绝异,此其二;有位无禄,此其三;东汉之制,大庆赐民不赐吏,而三老、孝弟、力田咸在受爵之列,此其四。此四者皆其有异于吏之征也"(台湾"中央研究院"历史语言研究所专刊之四十五 A,1997 年版)。

③ 朱绍侯:《〈尹湾汉墓简牍〉解决了汉代官制的几个疑难问题》,《许昌师专学报》1999 年第 1 期。

④ 陈直:《汉书新证》,天津人民出版社 1979 年版,第 172～174 页。

⑤ 《汉书》卷一上,《高祖纪上》。

⑥ 《汉书》卷三六,《刘向传》。

⑦ 《后汉书》卷四,《和帝纪》。

汉宣帝《甘露二年丞相御史律令》,是丞相、御史两府为追捕一名宫廷逃犯而联合下达给张掖太守的命令,其中写道:"严教属县官令以下啬夫、吏正、三老,杂验问乡里吏民。"[①]这有力地说明从汉中央最高行政部门和监察机构看来,三老也是县令官属之一,所以严令他们必须和其他官属一样负起协助追查逃犯的责任。同时,汉人私家著述也称乡三老为县令长的官属。如《汉书》卷四记载文帝三年五月"上幸甘泉",如淳注曰:"蔡邕云:天子车驾所至,民臣以为侥幸,故曰幸。见令长三老官属,亲临轩作乐,赐以食帛越巾佩带之属,民爵有级数,或赐田租之半,故因谓之幸也。"可见,唐人杜佑在《通典·州郡下》中把秦汉的"乡三老"置于"乡官"目下,是有根据的。

总之,根据目前的资料,若断然否定"乡三老"不具有官方身份,只是民间代表人物或者"社会名流",有失偏颇。还是陈直先生的基本结论比较适中,即乡三老"名称是吏,实际又不纯属于吏"。

我们之所以强调应该重视"乡三老"具有的官方身份,是因为他们实际上是被汉朝政权正式纳入国家控制乡村的基层管理系统之中的一类人物,值得做进一步的研究。很早就受人瞩目的有关历史现象是,汉代的"乡三老"虽然处于乡村,却一直受到皇帝的重视和礼遇,他们除了可以免役之外,经常是皇帝加赐米、帛、爵级的特定对象,有些场合甚至是和"宗室有属籍者"或者贵族、高官同时受赐的,虽然受赐数量有不同。[②] 对此现象,古今人都试图作出解释。

汉代儒家从提倡孝悌的角度立论。如《白虎通义》卷四《乡射》解释说:"王者父事三老,兄事五更者何? 欲陈孝悌之德,以示天下也。"这种说法虽然在古人中比较流行,但我们认为有片面之处。文帝十二年(前 168 年)三月下诏说:"孝悌,天下之大顺也。力田,为生之本也。三老,众民之师也。廉吏,民之表也。朕甚嘉此二三大夫之行。今万家之县,云无应令,岂实人情? 是吏举贤之道未备也。其遣谒者劳赐三老、孝者帛人五匹,悌者、力田二匹,廉吏二百石以上率百石者三匹。及问民所不便安,而以户口率置三老、孝悌、力田常员,令各

---

① 转引自初仕宾:《居延简册〈甘露二年丞相御史律令〉考述》,《考古》1980 年第 2 期。

② 例如,《汉书》卷九《元帝纪》载:元帝初元元年(前 48 年)四月,"关东今年谷不登,民多困乏。……赐宗室有属籍者马一匹至二驷,三老、孝者帛五匹,弟者、力田三匹,鳏寡孤独二匹,吏民五十户牛酒"。《汉书》卷一〇《成帝纪》载,成帝建始元年(前 32 年)二月,"赐诸侯王、丞相、将军、列侯、王太后、公主、王主、吏二千石黄金,宗室诸官吏千石以下至二百石及宗室子有属籍者、三老、孝弟力田、鳏寡孤独钱帛,各有差,吏民五十户牛酒"。

率其意以道民焉。"可见"乡三老"是与孝者、悌者同时设置的,如果汉朝建立"乡三老"制度的用意只是"欲陈孝悌之德"而已,则显然与设置孝者、悌者的用意重复。事实上,乡三老"掌教化"的职责虽然包括宣喻孝悌之义①,但要比孝者、悌者只表率"孝悌之德"要更多些。从史籍记载的乡三老被郡守、廷尉严厉批评没有尽到"帅化"之职的实例来看,有"昆弟相与讼田"的,②有"三男共娶一妻,生四子,长,各求离别,争财分子"的,③有未能"禁民杀子"的。④ 这些例证说明三老负责"教化"民众的不单单是孝悌之义,而是内容更广泛的儒家仁义礼让之说。何况《甘露二年丞相御史律令》揭示,三老有时还要负治安方面的职责;东汉灵帝光和三年(180 年)的《三老掾赵宽碑》记载他"听讼理怨"。⑤可见"乡三老"在乡村生活中发挥的作用远远不止是宣喻孝悌之义。《白虎通义》的解释不够全面。

今人论述汉代"三老"(包括乡三老)制度,⑥多强调其敬老意义。然而,我们看到,汉代在设置三老制度的同时也有敬老、养老制度,如赐给 80 岁以上

① 东汉时,"吴祐迁胶东相,民有词讼,先令三老以孝悌喻解,祐身至闾里和之,吏民不忍欺"。见周天游辑注《八家后汉书辑注》所引谢承《后汉书》卷四《吴祐传》。

② 《汉书》卷七六《韩延寿传》载:"左冯翊太守韩延寿行县至高陵,民有昆弟相与讼田自言,延寿大伤之,曰:'幸得备位,为郡表率,不能宣明教化,至令民有骨肉争讼,既伤风化,重使贤长吏、啬夫、三老、孝弟受其耻,咎在冯翊,当先退。'是日移病不听事,因入卧传舍,闭阁思过。一县莫知所为,令丞、啬夫、三老亦皆自系待罪。于是讼者宗族传相责让,此两昆弟深自悔,皆自髡肉袒谢,愿以田相移,终死不敢复争。"

③ 西汉宣帝时,范延寿为廷尉。"时燕赵之间,有三男共娶一妻,生四子,长,各求离别,争财分子,至闻于县。县不能决断,谳之于廷尉。于是延寿决之,上言以为男子贵信,妇人贵贞,今三男一妻,悖逆人伦,比之禽兽,生子属其母。于是以四子并付母,尸三男于市,奏免郡太守、令、长等,切让三老无帅化之道。天子遂可其言。"见周天游辑注《八家后汉书辑注》所引谢承《后汉书》卷一《刑志》。

④ 宋度任长沙太守时,"人多以乏衣食,产乳不举。度切让三老,禁民杀子,比年之间,养子者三千余人,男女皆以'宋'为名也"。见周天游辑注《八家后汉书辑注》所引谢承《后汉书》卷七《宋度传》。

⑤ 转引自陈直:《汉书新证》,天津人民出版社 1979 年版,第 173 页。

⑥ 汉代还有郡三老、国三老,前者因资料太少,任职者的身份不详,国三老则明显是年老的官员,与乡三老不同。

"高年"帛米,①70 岁以上者"赐王杖"②等。养老令、赐王杖的对象都以高龄为唯一根据。而如上引高祖二年诏令所示,乡三老的选任不止有年龄在 50 岁以上一项条件,还要"有修行,能帅众为善"。加上,汉朝有时在赐给高年的同时也赐给三老,③所以只以"敬老"解释三老制度仍不得要领。

对此,我们认为应该从"乡三老"既有官方身份又不是纯粹的吏这一特征出发,探讨汉代建立"乡三老"制度与乡族势力的关系,以及国家控制乡村的方式。

由于资料缺少,目前要清楚地说明"乡三老"与乡族势力的关系仍有一定的困难,但有三个方面的情况值得仔细分析。

第一,从官方规定的"乡三老"选任条件考虑。如上所述,汉高祖二年规定了选任"乡三老""县三老"的两条标准,一是年纪在 50 岁以上,二是个人德行能作为民众的表率。同时规定每乡的三老只限任 1 人,县三老也限任 1 人,而且必须从乡三老中挑选。所以县三老实际上与乡三老属于同一性质,只是行使职责的地域范围不同而已。从出土的《尹湾汉墓简牍》的《集簿》看,东海郡共有 170 个乡,选任的乡三老也是 170 个。可见直到西汉末年成帝时期,乡三老的设置仍是奉行高祖二年规定的一乡选任一名的原则。这说明汉代"乡三老"一直为数不多。官方要求乡三老是"能率众者",就是说他们在当地较大的地域范围内对民众要有号召力。这单凭个人"有修行"是不够的,他们必须要与乡族势力有某种关联,或者本身是乡族势力的代表人物,或者为乡族势力所认可。要言之,这种以乡为单位选任的"乡三老"符合"乡族势力"在地域范围发挥作用的特点。

第二,"乡三老"(包括县三老)对地方政治乃至国家政治发挥不小的影响,

---

① 《汉书》卷四《文帝纪》载,文帝元年,"三月诏曰:'老者非帛不暖,非肉不饱。今岁首,不时使人存问长老,又无布帛酒肉之赐,将何以佐天下子孙孝养其亲?今闻吏禀当受鬻者,或以陈粟,岂称养老之意哉!具为令。'有司请令县道,年八十已上,赐米人月一石,肉二十斤,酒五斗。其九十已上,又赐帛人二匹,絮三斤。赐物及当禀鬻米者,长吏阅视,丞若尉致。不满九十,啬夫、令史致。二千石遣都吏循行,不称者督之。刑者及罪有耐以上,不用此令"。

② 《论衡》卷一二,《谢短篇》。又,《续汉书·礼仪志》载:"仲秋之月,县道皆案户比民,年始七十者,授之以王杖。王杖长九尺,端以鸠鸟为饰。""玉"乃"王"之误。

③ 《汉书》卷六《武帝纪》载,元狩元年四月,武帝诏"赐县三老、孝者帛,人五匹;乡三老、弟者、力田帛,人三匹;年九十以上及鳏寡孤独帛,人二匹,絮三斤;八十以上米,人三石。有冤失职,使者以闻。县乡即赐,毋赘聚"。

他们不可能只是一般的年长者,通常要有一定程度的文化知识和政治见解。汉代的乡三老、县三老可以向朝廷反映地方官的政绩。如西汉昭帝时,京房任小黄县令时,"以侯司先知奸邪,盗贼不得发。爱养吏民,化行县中。举最当迁,三老官属上书愿留赣,有诏许增秩留"。① 成帝时,周堪为河东太守,"治未期年,而三老官属、有识之士咏颂其美,使者过郡,靡人不称"。② 有的三老甚至对国家重大政治事件也有所影响。武帝征和二年(前91年),太子为江充所诬,在长安率军斩杀江充,"遂部宾客为将率,与丞相刘屈氂等战。长安中扰乱,言太子反,以故众不附。太子兵败,亡,不得。上怒甚,群下忧惧,不知所出"。这时壶关三老茂上书为太子辩护,史称:"书奏,天子感悟。"他的这篇奏书保留在《汉书》卷六三《武五子·戾太子据传》③,其中引经据典,分析合情合理,逻辑清晰,遣词用句精炼。足证三老茂其人的文化和政治的素养都甚高。东汉时,秦彭任山阳太守,"择民能率众者,以为乡三老,选乡三老为县三老,令与长吏参职,崇儒雅,贵庠序,上德化,春秋飨射,升降揖让,务礼示民"。④ 这种从"乡三老"挑选出的"县三老"要"与长吏参职",必然要有相当的文化及议政能力。朱宠任颍川太守,"每出行县,使文学祭酒佩经书前驱,顿止亭传,辄复教授。周旋阡陌,观课农桑,吏安其政,民爱其礼。所至县界,父老迎者常数千人,宠乃使三老御车,问人得失,百姓翕然,治甚有声"。⑤ 这种三老也要有

---

① 《汉书》卷七五,《京房传》。

② 《汉书》卷三六,《刘向传》。

③ 他说道:"臣闻父者犹天,母者犹地,子犹万物也。故天平地安,阴阳和调,物乃茂成;父慈母爱,室家之中,子乃孝顺。阴阳不和则万物夭伤,父子不和则室家丧亡。故父不父则子不子,君不君则臣不臣,虽有粟,吾岂得而食诸! 昔者虞舜,孝之至也,而不中于瞽叟;孝已被谤,伯奇放流,骨肉至亲,父子相疑。何者? 积毁之所生也。由是观之,子无不孝,而父有不察。今皇太子为汉嫡嗣,承万世之业,体祖宗之重,亲则皇帝之宗子也。江充,布衣之人,闾阎之隶臣耳,陛下显而用之,衔至尊之命,以迫蹴皇太子,造饰奸诈,群邪错谬,是以亲戚之路隔塞而不通。太子进则不得上见,退则困于乱臣,独冤结而亡告,不忍忿忿之心,起而杀充,恐惧逋逃,子盗父兵以救难自免耳,臣窃以为无邪心。《诗》曰:'营营青蝇,止于藩;恺悌君子,无信谗言;谗言罔极,交乱四国。'往者江充谗杀赵太子,天下莫不闻,其罪固宜。陛下不省察,深过太子,发盛怒,举大兵而求之,三公自将,智者不敢言,辩士不敢说,臣窃痛之。臣闻子胥尽忠而忘其号,比干尽仁而遗其身,忠臣竭诚不顾铁铖之诛,以陈其愚志,在匡君安社稷也。《诗》云:'取彼谮人,投畀豺虎。'唯陛下宽心慰意,少察所亲,毋患太子之非,亟罢甲兵,无令太子久亡。臣不胜惓惓,出一旦之命,待罪建章阙下。"

④ (宋)李昉等编:《太平御览》卷二六〇,《职官部·良太守上》。

⑤ 周天游:《后汉纪校注》卷一八。

议政能力。"刁曜迁鲁相，行县，使三老执辔御车，所顿亭传，辄讲经书。"①陪同刁曜讲经书的三老也不可能没有一定程度的文化。而《三老掾赵宽碑》称颂他"教诲后生，百有余人，皆成俊乂"，足证赵宽的文化水平很高。

第三，"三老"通常较有资财。《汉书》卷二四下《食货志下》载：武帝时，"商贾以币之变，多积货逐利。于是公卿言：'郡国颇被灾害，贫民无产业者，募徙广饶之地。陛下损膳省用，出禁钱以振元元，宽贷，而民不齐出南亩，商贾滋众。贫者畜积无有，皆仰县官。异时，算轺车贾人之缗钱皆有差小，请算如故。诸贾人末作贳贷卖买，居邑贮积诸物，及商以取利者，虽无市籍，各以其物自占，诸作有租及铸，率缗钱四千算一。非吏比者、三老、北边骑士，轺车一算。'"虽然对"非吏比者"与"三老"之间的关联有不同看法，但算轺车诏令明文对"三老"（主要针对"乡三老"）加以优待是没有疑问的，这足以说明"三老"比较普遍地颇有资产，否则诏令就没有必要专门提出。在汉代乡村，富有资财者往往易于成为乡族势力的代表人物，正如仲长统所说的："汉兴以来，相与同为编户齐民，而以财力相君长者，世无数焉。"②他们或者"武断于乡曲"即"恃其饶富，则擅行威罚也"③；或者"率民为善"。后者的典型事例是东汉的樊重。史载，樊重"世善农稼，好货殖。重性温厚，有法度，三世共财，子孙朝夕礼敬，常若公家。其营理产业，物无所弃，课役童隶，各得其宜，故能上下戮力，财利岁倍，至乃开广田土三百余顷。其所起庐舍，皆有重堂高阁，陂渠灌注。又池鱼牧畜，有求必给。尝欲作器物，先种梓漆，时人嗤之，然积以岁月，皆得其用，向之笑者咸求假焉。赀至巨万，而赈赡宗族，恩加乡闾"。④ 或称："樊重，字君云，南阳人。家素富，外孙何氏兄弟争财，重耻之，以田二顷解其忿讼。县中称美，推为三老。年八十余终，其所假贷人间数百万，遗令焚削文契。债家闻之皆惭，争往偿之，诸子竟不肯受。"⑤樊重世代富有资财，这为他"率众为善"提供了强大的物资条件，加上他家能"三世同财，子孙朝夕礼敬"，"赈赡宗族，恩加乡闾"，从而成为乡族势力的代表人物。而"家素富，外孙何氏兄弟争财，重耻之，以田二顷解其忿讼。县中称美，推为三老"的经历，也说明富有资财、有修行及

---

① 周天游辑注：《八家后汉书辑注》，谢承：《后汉书》卷六，《刁曜传》。

② 《后汉书》卷四九，《仲长统传》。

③ 《汉书·食货志》称：景帝时，"于是罔疏而民富，役财骄溢，或至并兼豪党之徒以武断于乡曲"。颜师古注曰："恃其饶富，则擅行威罚也。"

④ 《后汉书》卷三二，《樊宏传》。

⑤ （宋）李昉等编：《太平御览》卷五九八，《文部·契券》。

被推举为乡三老这三者之间的关联。

尽管目前我们能找到的直接佐证不太多,而且也存在相反的个别例子,如出土的东汉石刻有"鲁北乡候三老,自思贫居乡里,不在朝廷,又无经学"之语。① 但综合上述资料,我们仍有一定的理由作出这样的归纳:汉代的乡三老通常有一定的资财(甚至富有资财)、有一定程度的文化和政治素养,在当乡或当县一定地域范围的民众中有较高的号召力,从而对地方政治和文化发挥较大影响。这些"乡三老"多可视为乡族势力的代表人物。

众所周知,汉代是乡村豪强势力不断发展的时期,汉家政权对此逐渐加以关注。汉代国家在实施乡村控制的过程中,对乡族势力代表人物根据其所作所为采取或打击或笼络的两种手法。对"武断乡曲"危及国家对乡村基层社会控制的乡族势力代表人物,中央政权曾给予一定的打击。著名的事例是,汉武帝时,灌夫"不好文学,喜任侠,已然诺。诸所与交通,无非豪桀大猾。家累数千万,食客日数十百人。陂池田园,宗族宾客为权利,横颍川"。他无疑是在颍川地区具有重大影响的乡族势力代表人物。朝廷最终以灌夫"通奸猾,侵细民,家累巨万,横恣颍川,辖轹宗室,侵犯骨肉"②为罪名,加以铲锄,就是因为灌夫所为危及国家对乡村基层社会的控制。东汉豪强经济和乡族势力继续发展,并对国家政治产生重大影响。对此,唐长孺先生在《东汉末期的大姓名士》一文中已经作出若干精辟的结论,指出:"东汉时期大小封建地方势力具有发育滋长的倾向,这种封建势力是在宗族、乡里基础上培育成长起来的";东汉"各级地方行政机构通常是由地方大姓中代表人物组成的";"大姓、冠族是控制地方的力量,他们是汉末割据政权的阶级基础";"除了大姓、冠族,还有一类在地方上拥有实力的人物,伸长统称之为'豪人'"。③ 东汉的乡三老当有不少即出自这种"豪人"之家,如樊重的祖父樊宏,"能治田殖,至三百顷。广起庐舍,高楼连阁,波陂灌注,竹木成林,六畜放牧,鱼蠃梨果,檀棘桑麻,闭门成市,兵弩器械,赀至百万。其兴工造作,为无穷之功,巧不可言,富拟封君"。④ 因此,从两汉乡族势力的发展以及国家控制乡村的角度观察,我们可以进而认为,汉朝建立"乡三老"制度,是为了笼络和利用乡族势力的一批代表人物,从政治和文化习俗方面帮助国家维护乡村统治秩序,从而加强国家对乡村基层社会控制的一项措施。

---

① 《古石抱守录》,转引自陈直:《汉书新证》,天津人民出版社1979年版,第173页。

② 《汉书》卷五二,《灌夫传》。

③ 唐长孺:《魏晋南北朝史论拾遗》,中华书局1983年版,第25～31页。

④ 周天游辑注:《八家后汉书辑注》,司马彪:《续汉书》卷三,《樊宏传》。

唐朝的出使郎官与地方监察

关于唐朝中央对地方政府的监察形式,以往的研究多注重御史台的巡按机制、唐前期的采访按察使制度以及唐后期度支盐铁巡院,对派遣监察使臣虽有论述,却尚未对出使郎官与地方监察的关系予以应有的关注。① 而且,唐朝有关诏敕中的"出使郎官、御史"及"郎官、御史",有些古籍校点本有作"出使郎官御史"或"郎官御史"者,②即视之为一种官员,今人论著或径加引用。其实应该是"出使郎官""出使御史"或者"郎官、御史",指两种官员。故唐朝出使郎官与地方监察的关系仍有待进一步探讨。

郎官出使是唐朝出使制度的重要组成部分。所谓出使,是指官员受皇帝派遣去宣喻帝旨或完成某一项使命,他们被称为"制使者"或"制使"。《唐律疏议》卷一《名例》的《疏议》曰:"制使者,谓奉敕定名及令所司差遣者是也。"有唐一代,奉命出使者不少,所衔使命繁多。若按其身份,我们可将出使者分为两大类,并观察其出使与地方监察的关系。

第一大类是宦官出使,时称"中官出使""中使"。唐朝前期,"中使"主要在

---

① 参见谢元鲁《唐代的出使监察与中央决策的关系初探》(《社会科学家》1988年第3期);何汝泉《唐代前期地方监察制度》(《中国史研究》1989年第2期);胡沧泽《唐代御史制度研究》(文津出版社1993年版);任大熙《唐开元年间的右御史台和诸道按察使》(韩国《历史学报》第136期,1993年);高桥继男《唐代后半期的巡院地方行政监察事务》(原载《星博士退官纪念中国史论集》,1978年,中译本见《日本中青年学者论中国史·六朝隋唐卷》,上海古籍出版社1995年版);胡宝华《唐代监察制度研究》(商务印书馆2005年版)等。

② 如上海古籍出版社校点本《唐会要》(1991年版)第815、1423、1434、1716页;中华书局标点本《旧唐书》(1975年版)第301、2129页;周勋初主编校订本《册府元龟》(凤凰出版社2006年版)第994、995、1311、1685、5859页等。参见陈明光《唐朝的"郎官、御史"——校订本〈册府元龟〉标点商兑之一》(《厦门大学国学院研究集刊》第二辑,中华书局2009年版)。

京城来往于宫廷内外,出使外地者不多。安史乱后,宦官干政加剧,"中使"几成宦官的代名词。贞元十二年(796 年)正月,德宗下诏限制京城官民私贮铜钱的数量,诏称:"宜令京城内自文武官僚,不问品秩高下,并公郡县主、中使等,下至士庶、商旅、寺观、坊市,所有私贮见钱,并不得过五千贯。"①"中使"竟成此诏专门提及的一个群体,足见其人数之多、政治经济影响之大。如所周知,唐后期中使在政治、军事、刑狱、外交、财政等各种场合频繁出现,是宦官专权的重要表现形式。不过,中官虽然狐假虎威,出使对地方影响不小,回宫复命也可能反映一定的吏治与民情,②但中官出使却未见被唐朝正式纳入地方监察的体系。

第二大类为朝官出使。例如,贞观二十年(646 年)正月丁丑,唐太宗派遣大理卿孙伏伽、黄门侍郎褚遂良、尚书左丞杨纂、太子詹事张行成、太仆少卿萧锐、光禄少卿冯怦、司农卿达奚怀义、雍州司马李督慎、给事中张睿册、御史中丞唐临;中书舍人崔仁师、柳奭;太子中允宇文节、太子中舍人贺会壹、万年县令宋行质、长安县令李乾祐、户部郎中刘翁勃;刑部侍郎刘燕客、王昕;尚药奉御长孙知人;大理正郭文宗、李镜玄等,"以六条巡察四方,各以澄清为务,多所贬黜举奏"。③ 这二十二人大部分是朝官。从《册府元龟》卷一六一至一六二所记载的唐朝命使资料来看,出使者多数是朝官,从地方官选派的较少。

朝官出使又可分为四种,他们与地方监察的关系各有不同。

一是御史台的监察御史、殿中侍御史。御史台是唐朝最高的监察机构。按《唐六典》卷十三《御史台》规定,监察御史"掌分察百僚,巡按郡县,纠视刑狱,肃整朝仪"。殿中侍御史"各察其所巡之内有不法之事",包括"诸州纲典贸易隐盗、赋敛不如法式"。因此,出使是监察御史和殿中侍御史履行其法定职责的必要形式,是唐朝中央对地方实施监察的重要形式之一。

二是大理寺评事。大理寺"掌邦国折狱详刑之事",④是唐朝最高司法部

---

① (宋)王溥:《唐会要》卷八九,《泉货》。

② 例如,据《旧唐书》卷一二九《韩皋传》载,贞元十四年(798 年),春夏大旱,粟麦枯槁,畿内百姓多次向京兆尹诉灾,韩皋"以府中仓库虚竭,忧迫惶惑,不敢实奏。会唐安公主女出适右庶子李诉,内官中使于诉家往来,百姓遮道投状,内官继以事上闻",德宗才下令予以赋税"损免"。又如《旧唐书卷》一九上《懿宗纪》载,咸通二年(861 年)六月戊戌,制曰:"昨陕虢中使回,方知蝗旱有损处,诸道长史,分忧共理,宜各推公,共思济物。内有饥歉,切在慰安,哀此蒸人,毋俾艰食。"

③ (宋)王钦若等编:《册府元龟》卷一六二,《帝王部·命使》。

④ (唐)李林甫等:《唐六典》卷一八。

门。大理寺属官有从八品下的评事,贞观二十二年(648 年)置十员,后加至十二员,"掌出使推覆",①即负责外出复审刑事案件。如睿宗延和元年(712 年)中,"沂州人有反者,讹误坐者四百余人,将隶于司农,未即路,系州狱。大理评事敬昭道援赦文刊而免之"。② 如果大理寺评事是单纯出使复审案件,则是履行本职工作,不属于进行地方监察。不过,唐朝大理评事出使或有摄御史的,如武则天长寿元年(692 年),"有上封事言岭表流人有阴谋逆者,乃遣司刑评事万国俊摄监察御史就案之,若得反状,斩决。国俊至广州,遍召流人,拥之水曲,以次加戮,三百余人,一时并命,然后锻炼曲成反状"。③ 玄宗朝孙逖《送赵评事摄御史监军岭南》诗云:"议狱持邦典,临戎假宪威。风从阊阖去,霜入洞庭飞。篁竹迎金鼓,楼船引绣衣。明年拜真月,南斗使星归。"④唐中央让大理事评事"假宪威"出使,应该有让他们顺带监察地方的用意。但这种例子少见,说明唐朝中央对地方监察基本上不借助大理寺评事出使这一司法常规。

三是郎官。据《唐六典》的编制统计,尚书省、门下省以郎中、员外郎、郎为名的官员共七十八名,其中尚书省二十六司合计六十六名,为数最多。这些官员或被统称为"两省郎官"⑤。不过,唐人称"郎官"通常指尚书省的郎中、员外郎。如《唐会要》卷五七《尚书省诸司上·尚书省》载:"故事,叔父兄弟不许同省为郎官。格令不载,亦无正敕。贞观二年十一月,韦叔谦除刑部员外郎。三年四月,韦季武除主爵郎中。其年七月,韦叔谐除库部郎中,太宗谓曰:'知卿兄弟并在尚书省,故授卿此官,欲成一家之美,无辞稍屈阶资也。'"《新唐书》卷一一八《韦凑传》称韦家"自叔谦后,至郎中者数人,世号'郎官家'"。

郎官出使在唐代一贯有之。如永徽二年(651 年)正月,高宗诏曰:"去岁关辅之地,颇弊蝗螟,天下诸州,或遭水旱,百姓之间,致有罄乏。……今献岁肇春,东作方始,粮廪或空,事资赈给。其遭虫水处有贫乏者,得以正、义仓赈贷。雍、同二州,各遣郎中一人充使存问。"⑥开元十九年(731 年),突厥毗伽可汗之弟左贤王阙特勒死,玄宗"使金吾将军张去逸、都官郎中吕向奉玺诏吊祭,

---

① (宋)王溥:《唐会要》卷六六,《大理寺》。

② (唐)刘肃:《大唐新语》卷四,《持法》。

③ 《旧唐书》卷五〇,《刑法志》。

④ (清)彭定求等辑:《全唐诗》卷一一八。

⑤ 如王建《贺杨巨源博士拜虞部员外》诗云:"合归兰署已多时,上得金梯亦未迟。两省郎官开道路,九州山泽属曹司。诸生拜别收书卷,旧客看来读制词。残著几丸仙药在,分张还遣病夫知。"(《全唐诗》卷三〇〇)

⑥ 《旧唐书》卷四,《高宗纪上》。

帝为刻辞于碑,仍立庙像,四垣图战阵状。诏高手工六人往,绘写精肖,其国以为未尝有"。① 据韩愈撰汴州刺史、充宣武军节度副大使、知节度事董晋《行状》所述,董晋死于贞元十五年(799年)二月三日,德宗"使吏部员外郎杨于陵来祭,吊其子,赠布帛米有加"。② 穆宗长庆元年(821年)改元大赦文称:"中使及郎官、御史奉使所在,并不得与人事物。"③可见郎官出使与中官出使、御史出使是三类使者。

四是常参官。《唐六典》称:"凡京师有常参官,谓五品以上职事官、八品已上供奉官、员外郎、监察御史、太常博士。供奉官,谓侍中,中书令,左、右散骑常侍,黄门、中书侍郎,谏议大夫,给事中,中书舍人,起居郎,起居舍人,通事舍人,左右补阙、拾遗,御史大夫,御史中丞,侍御史,殿中侍御史。"④常参官的"出衔制命",如武则天垂拱元年(685年)四月,尚书左丞狄仁杰充江南安抚使。"吴楚多淫祠,仁杰一切焚之,凡除一千七百所。"⑤开元年间,玄宗曾"自为文,勒石西岳",派左拾遗吕向为镌勒使。⑥ 徐安贞《送吕向补阙西岳勒碑》诗云:"圣作西山颂,君其出使年。勒碑悬日月,驱传接云烟。寒尽函关路,春归洛水边。别离能几许,朝暮玉墀前。"⑦狄仁杰、吕向之行均属常参官出使。

《唐六典》所说的"常参官"虽然包括一部分郎官,但从唐朝有关公文来看,说到"朝官出使"时,"常参官"与"郎官"是有区分的。文宗开成五年(840年)六月,御史中丞黎植奏:

> 伏以朝官出使自合驿马,不合更乘檐子。自此请不限高卑,不得辄乘檐子。如病,即任所在陈牒,仍申中书门下及御史台,其檐夫自出钱雇。节度使有病亦许乘檐子,不得便乘卧攀。宰相、三公、师保、尚书令、正省

① 《新唐书卷》二一五下,《突厥下》。

② (宋)韩愈:《韩愈集》卷三七,《故金紫光禄大夫检校尚书左仆射同中书门下平章事兼汴州刺史充宣武军节度副大使知节度事管内支度营田汴宋亳颍等州观察处置等使上柱国陇西郡开国公赠太傅董公行状》。又,《新唐书》卷一六三《杨于陵传》载,杨于陵"以吏部判南曹,选者恃与宰相亲,文书不如式,于陵驳其违,宰相怒,以南曹郎出使吊宣武军"。

③ (宋)王钦若等编:《册府元龟》卷九〇,《帝王部·敕宥第九》。

④ (唐)李林甫等:《唐六典》卷二,《尚书吏部》。按,"凡京师",《旧唐书》卷四三《职官志二》为"凡京司"。

⑤ (宋)王溥:《唐会要》卷七七,《诸使上·巡察按察巡抚等使》。

⑥ 《新唐书》卷二〇二,《文艺传中·吕向》。

⑦ (清)彭定求等辑:《全唐诗》卷一二四。

寸薪集：陈明光中国古代史论集

仆射，及致仕官疾病者许乘之，余官并不在乘限。其檐子任依汉魏故事，准载步舆，步舆之制，不得更务华饰。其三品已上官及刺史赴任，有疾亦任所在陈牒，许暂乘，病瘥日停，不得驿中停止，人夫并须自雇。

对此提案，中书门下认为：

台司所奏条流檐子事，更须商量。其常参官或诸司长史品秩高者，有疾及筋力绵怯，不能控驭，望许牒台，暂乘檐子，患损勒停。其出使郎官中路遇疾令自雇夫者，若所诣稍远，计费极多，制下检身，不合贷借，轻贵则不济所要，无偏则不可支持。如中路遇疾者，所在飞牒申奏，差替去。以此商量，庶为折衷。余请依御史台所奏。①

从出使者途中患病如何选择交通工具的议案来看，其中的"出使郎官"应包括名列《唐六典》"常参官"的八品以上郎官之出使者。换言之，中书门下所谓"常参官或诸司长史品秩高者"出使，并不包括八品以上的郎官出使。长庆元年（821年）四月，穆宗下敕处理"中使"乘馆驿递马事宜，同时规定："其常参知官出使，及诸道幕府军将等合乘递者，并须依格式。如有违越，当加科贬。"②可见"常参官出使"既不同于"中官出使"，也不同于"郎官出使"。

从地方监察的角度观察，我们发现唐朝"常参知官出使"与"出使郎官"的最大区别在于，经过安史之乱，"出使郎官"被唐中央正式纳入地方监察系统之中。

"出使郎官"在唐朝前期是否兼有监察地方的使命？史籍语焉不详。《旧唐书》卷一二八《颜真卿传》载，代宗时，宰相"元载引用私党，惧朝臣论奏其短，乃请：百官凡欲论事，皆先白长官，长官白宰相，然后上闻"。检校刑部尚书知省事颜真卿即上疏说：

御史中丞李进等传宰相语，称奉进止："缘诸司官奏事颇多，朕不惮省览，但所奏多挟谗毁；自今论事者，诸司官皆须先白长官，长官白宰相，宰相定可否，然后奏闻者。"臣自闻此语已来，朝野嚣然，人心亦多衰退。何则？诸司长官皆达官也，言皆专达于天子也。郎官、御史者，陛下腹心耳

---

① （宋）王溥：《唐会要》卷三一，《舆服上·杂录》。
② （宋）王溥：《唐会要》卷六一，《御史台中·馆驿》。

468

目之臣也。故其出使天下，事无巨细得失，皆令访察，回日奏闻，所以明四目、达四聪也。今陛下欲自屏耳目，使不聪明，则天下何述焉。

他接着说：

臣闻太宗勤于听览，庶政以理，故著《司门式》云："其有无门籍人，有急奏者，皆令监门司与仗家引奏，不许关碍。"所以防壅蔽也。并置立仗马二匹，须有乘骑便往，所以平治天下，正用此道也。天宝已后，李林甫威权日盛，群臣不先谘宰相辄奏事者，仍托以他故中伤，犹不敢明约百司，令先白宰相。又阉官袁思艺日宣诏至中书，玄宗动静，必告林甫，先意奏请，玄宗惊喜若神。以此权柄恩宠日甚，道路以目。上意不下宣，下情不上达，所以渐致潼关之祸，皆权臣误主，不遵太宗之法故也。

据颜真卿此说，似乎郎官、御史"出使天下，事无巨细得失，皆令访察，回日奏闻"是唐初以来的制度。据说，武则天时，"朱前疑浅钝无识，容貌极丑。上书云'臣梦见陛下八百岁'，即授拾遗，俄迁郎中。出使回，又上书云'闻嵩山唱万岁声'，即赐绯鱼袋。未入五品，于绿衫上带之，朝野莫不怪笑"。[①] 这不失为一个例证。不过，这种"事无巨细得失，皆令访察，回日奏闻"虽然带有一定的地方监察性质，却有很大的随意性，与后来明令赋予他们指定的地方监察使命有明显区别。目前似未发现唐朝前期有关地方监察的诏敕、公文中有明文规定出使郎官必须负起特定的地方监察使命。

经过安史之乱，出使郎官才逐渐被赋予地方监察的特定使命。如大历六年（771年）四月，代宗诏："自今后别驾、县令、录事参军有犯赃私，并暗弱老耄疾患不称所职、户口流散者，并委观察节度等使与本州刺史计会访察，闻奏与替。其犯赃私者便禁身，推问具状闻奏。其疾患者准式解所职。老耄暗弱及无赃私才不称职者，量资考改与员外官。余官准前后敕处分。其刺史不能觉察，观察节度使具刺史名品闻奏。如观察节度管内不能勾当，郎官、御史出入访察闻奏。"[②]六月，代宗又下诏："自今已后，所在不得闭籴及隔截榷税，如辄违犯，所繇官节级科贬，仍委御史台及出使郎官、御史访察闻奏。"[③]《新唐书》

① （唐）张鷟：《朝野佥载》卷四。
② （宋）王钦若等编：《册府元龟》卷一五五，《帝王部·督吏》
③ （宋）王钦若等编：《册府元龟》卷六四，《帝王部·发号令第三》。

卷一四二《杨绾传》载,代宗采纳宰相杨绾关于中央加强对州刺史任免权的控制建议,规定:"刺史不称职若赃负,本道使具条以闻,不得擅追及停,而刺史亦不得辄去州诣使所。如其故阙,使司无署摄,听上佐代领",并"诏郎官、御史分道巡覆"。

唐后期郎官充任"制使"也更为多见。如建中元年(780年)二月,德宗派遣十一名黜陟使分往各地实施两税法,以右司郎中兼侍御史庾何巡京畿,职方郎中刘湾往关内,刑部员外郎裴伯言往河东、泽潞、磁邢等道,司勋郎中韦祯往山南西道、剑南东西川,礼部郎中赵赞往山东、荆南、黔中、湖南等道,谏议大夫(吴)[洪]经纶往魏博、成德、幽州等道,①给事中卢翰往河南、淄青、东都畿等道,吏部郎中李承往淮西、淮南等道,谏议大夫柳载往浙江东西道,刑部郎中郑叔则往江南、江西、福建等道,礼部员外卫晏往岭南五管。② 其中有八人是郎官。元和四年(809年)正月,宪宗派遣左司郎中郑敬出使淮南、宣歙,吏部郎中崔芃出使浙西、浙东,司封郎中孟简出使山南东道、荆南,京兆少尹裴武出使江西鄂岳等道赈恤旱灾,③郎官占了四分之三。

当然,唐朝后期出使郎官在肩负特定使命的同时,如同前期一样也有"访求利病"的宽泛职责,所闻所见"事无巨细"均可向皇帝奏闻。例如,元和十四年(819年),泽潞节度使郗士美卒,宪宗以库部员外郎李渤充吊祭使。李渤出使经过陕西之后,上疏曰:

> 臣出使经行,历求利病。窃知渭南县长源乡本有四百户,今才一百余户,阌乡县本有三千户,今才有一千户,其它州县大约相似。访寻积弊,始自均摊逃户。凡十家之内,大半逃亡,亦须五家摊税。似投石井中,非到底不止。摊逃之弊,苛虐如斯,此皆聚敛之臣剥下媚上,唯思竭泽,不虑无鱼。乞降诏书,绝摊逃之弊。其逃亡户以其家产钱数为定,征有所欠,乞降特恩免之。计不数年,人必归于农矣。夫农者,国之本,本立然后可以议太平。若不由兹,而云太平者,谬矣。

---

① 按,吴经纶乃洪经纶之误。《旧唐书》卷一二七《洪经纶传》载:"洪经纶,建中初为黜陟使。至东都,访闻魏州田悦食粮兵凡七万人,经纶素昧时机,先符停其兵四万人,令归农亩。"

② (宋)王钦若等编:《册府元龟》卷一六二,《帝王部·命使二》。

③ (宋)王溥:《唐会要》卷七七,《巡察按察巡抚等使》。

李渤"又言道途不修,驿马多死"。史载"宪宗览疏惊异,即以飞龙马数百匹,付畿内诸驿"。① 因此,从宽泛的意义上说,唐后期出使郎官所兼地方监察职能与唐前期似无不同。

但是,资料显示,唐朝后期中央赋予出使郎官的地方监察使命在许多场合是特指的,或者说是具有强制性。这无疑是不同于唐朝前期的现象,应予重视。下面略予引证说明。

第一,司法监察。例如,长庆元年(821年)正月三日,穆宗《南郊改元赦文》称:"天下诸州府县官吏应行鞭捶,本罪不致死者,或假以责情,致令殒毙,宜委御史台及出使郎官、御史等切加访察闻奏。"②同年七月壬子,穆宗册尊号赦文:"刑狱所系,理道最切。如闻比来多有稽滞,一拘图圄,动变炎凉。自今已后宜令御史台切加访察,每季差御史巡囚,事涉情故,或断给不当,有失政刑,具事繇闻奏。其天下州县,并委御史台并出使郎官、御史兼诸道巡院切加察访。"③宝历元年(825年)正月七日,敬宗赦文称:"天下诸州府县官应行鞭捶,本罪不至死者,假以责情,致令殒毙。每念于此,良增恻然。宜委御史台及出使郎官、御史等切加觉察,仍具事由闻奏。"④文宗开成五年(840年)十二月十四日,中书门下上奏:"准律:窃盗五匹以上加役流。今自京兆、河南尹逮于牧守,所在为政,宽猛不同,或以百钱以下毙踣,或至数十千不死,轻重既违法律,多以收禁为名。法自专行,人皆异政。"建议"委中书门下五品以上、尚书省四品以上、御史台五品已上,与京兆尹同议奏闻,仍编入格令。……其强盗贼,法律已重,不在此限。仍委出使郎官、御史及度支、盐铁巡院察访,务令遵守,不得瞻违"。⑤ 可见出使郎官监察地方司法的重点,在于地方官吏执法是否"法自专行,人皆异政",以及处理刑狱案件稽滞等。

第二,财政监察。财政监察是唐朝后期中央赋予出使郎官的重要地方监察使命,具体内容包括赈恤、赋税稽征、仓粮加耗、边军粮食供给、馆驿供给等,其中两税法外加征是监察重点。例如,德宗贞元六年(790年)二月制曰:"朕嗣守丕图,于兹七稔。每念万方所奉惟在一人,百姓未康,岂安终食?故所以赈瞻优贷,思致乂安。方镇牧守诚宜遵奉,如有违越,委御史台及出使郎官、御

---

① 《旧唐书》卷一七一,《李渤传》。
② (宋)李昉等编:《文苑英华》卷四二六,《赦书七·禋祀·赦书三》。
③ (宋)王钦若等编:《册府元龟》卷九〇,《帝王部·赦宥第九》。
④ (宋)李昉等编:《文苑英华》卷四二七,《赦书八·禋祀赦书四》。
⑤ (宋)王溥:《唐会要》卷三九,《定格令·议刑轻重》,"会昌元年十二月都省奏"条。

史访察以闻。"①元和四年(809年)三月三日,宪宗《亢旱抚恤百姓德音》称:"诸道两税外据榷率,比来创制敕处分,非不丁宁,如闻或未遵行,尚有此弊,永言奉法,事岂当然?申敕长吏,明加禁断。如刺史承使牒擅于界内榷率者,先加惩责。仍委御史台及出使郎官、御史察访闻奏……其诸道进献,除降诞、端午、冬至、元正任以土贡修其庆贺,其余杂进除旨条所供及犬马鹰隼、时新滋味之外,一切勒停。如违越者,所进物送纳左藏库,仍委御史台具名闻奏。如诸道停进奉后尚务因循,或有聚敛,亦委出使郎官、御史察访闻奏。"②大和三年(829年)十一月十八日,文宗大赦文称:"天下除二税外,不得辄有科配,其擅加杂榷率一切宜停,仍令御史台及出使郎官、御史并所在巡院严加访察。"③大和七年四月,御史台奏:"臣昨因岭南道擅置竹练场,税法至重,害人颇深,博访诸道,委知自太和三年准赦文两税外停废等事,旬月之内,或以督察不严,或以长吏更改,依前即置,重困齐民。伏望起今后应诸道自太和三年准赦文所停税外科配杂榷率等,复已却置者,仰敕到十日内具却置事由闻奏,仍申报台司。每有出使郎官、御史,令严加察访。苟有此色,本判官重加惩责,长吏奏听进止。"④大和七年八月七日,文宗在《册皇太子德音》中宣布:"天下诸州府应纳义仓及诸色斛斗,除准式每斗二合耗外,切宜禁断。仍委度支盐铁分巡院及出使郎官、御史切加访察。"⑤史载,"文宗尝召监仓御史崔虞问太仓粟数,对曰:'有粟二百五十万石。'帝曰:'今岁费广而所畜寡,奈何?'乃诏出使郎官、御史督察州县壅遏钱谷者"⑥。会昌二年(842年)四月二十三日,武宗《上尊号赦文》称:"边戍御扞戎夷,士卒、衣粮最为切事。如闻逃亡浸广,营垒多虚。又供给公私,皆率官健,妻孥困乏,不免饥寒。委本道节度使与监军使躬亲点阅,据逃死欠阙人数,便取军中少壮有武艺子弟填替,不得遣有虚名。其见在将士衣粮,皆须及时给付正身,不得辄有减刻,别将支用,令其冻馁。仍委出使郎官访

---

① (宋)王钦若等编:《册府元龟》卷一五五,《帝王部·督吏》。

② (宋)李昉等编:《文苑英华》卷四三五,《德音二》。

③ (宋)李昉等编:《文苑英华》卷四二八。

④ (宋)王溥:《唐会要》卷八四,《租税下》。按,原文系年为"大和七年四月",但御史台奏文有"知自太和三年准赦文两税外停废等事,旬月之内,或以督察不严,或以长吏更改,依前即置,重困齐民"之句,说明此奏离大和三年十一月赦文发布不久,不可能是大和七年。中华书局校本《旧唐书》卷四九《食货下》校勘记第一五条说:"大和七年,'大'字各本原作'元',据《唐会要》卷八四、《通考》卷一四改。"但仍有失于细察处。

⑤ (宋)李昉等编:《文苑英华》卷四三二,《赦书十三》。

⑥ 《新唐书》卷五二,《食货二》。

察闻奏,有违当案覆科贬。"①大中五年(851 年)七月,宣宗敕:"如闻江淮之间多有水陆两路,近日乘券牒使命等,或使头陆路,则随从船行;或使头乘舟,则随从登陆。一道券牒,两处祇供,害物扰人,为弊颇甚。自今已后,宜委诸道观察使及出使郎官、御史并所在巡院切加觉察。如有此色,即具名奏,当议惩殿。如州县妄有祇候,官吏、所由节级科议,无容贷。"②咸通元年(860 年)十二月,懿宗诏:"旧以天下赋租,年终勾并,或刺史入府,或县令上州,所科群胥尽出百姓。且官有理所,安可擅离;物犯赃条,何须枉法。从今委知弹御史、出使郎官,凡系抵违,明具论奏,仍委预为条目,各遣闻知。"③

　　第三,经济管理监察。唐朝规定地方官员应负一定的经济管理职责,并作为官员考课的内容,如唐德宗时陆贽上疏说:"长吏之能者大约在于四科,一曰户口增加,二曰田野垦辟,三曰税钱长数,四曰征办先期。"④前两项就属经济管理内容。在考课制度之外,唐后期还明令出使郎官对地方官员的经济管理状况进行特定的监察,主要是闭籴与禁钱。例如,开成三年(838 年)正月二十四日,文宗《淄青蝗旱赈恤》诏曰:"闭籴、禁钱,为时之蠹,方将革弊,尤藉通商。其见钱及斛斗,所在方镇、州府辄不得擅有壅遏,任其交易,必使流行。仍委出使郎官、御史及所在度支盐铁巡院切加勾当。"⑤大中十三年(859 年)十月九日,懿宗《嗣登宝位敕》称:"诸道州府闭籴、禁钱,颇为弊事,前后赦敕,累有条具,尚恐因循,依前壅塞。宜委出使郎官、御史切加察访,如有违越,即具奏闻。"⑥所谓闭籴,指两种行为,一是当邻近州县发生灾荒的时候,方镇、州刺史、县令为保证当地粮食供给,暗中禁止商人将本地粮食贩运出境。⑦ 二是在

---

① (宋)李昉等编:《文苑英华》卷四二三,《赦书四·尊号赦书二》。
② (宋)王溥:《唐会要》卷六一,《御史台中·馆驿》。
③ (宋)王钦若等编:《册府元龟》卷四八八,《邦计部·赋税第二》。
④ (唐)陆贽:《陆宣公集》卷二二,《均节赋税恤百姓六条》第三。
⑤ (宋)李昉等编:《文苑英华》卷四三六,《德音三·赈恤德音下》。
⑥ (宋)李昉等编:《文苑英华》卷四二〇,《赦书一·登极赦书》。
⑦ (宋)王溥:《唐会要》卷九〇《闭籴》载,文宗大和三年九月敕:"河南河北诸道频年水患,重加兵役,农耕多废,粒食未丰。比令使臣分路赈恤,冀其有济,得接秋成。今诸道谷尚未减贱,而徐泗管内又遭水潦。如闻江淮诸郡所在丰稔,困于甚贱,不但伤农。州县长吏苟思自便,潜设条约,不令出界。虽无明榜,以避诏条,而商旅不通,米价悬异。致令水旱之处种植无资。宜令御史台拣择御史一人于河南巡察,但每道每州界首物价不等、米商不行,即是潜有约勒,不必更待文榜为验,便具事状,及本界刺史、县令、观察判官名衔闻奏。河南通商之后,淮南诸郡米价渐起,转连接之处,直至江西湖南荆襄以东,并须约勒,依此举勘闻奏。仍各委观察使审详前后敕条,与御史相知,加访察。不得稍有容隐。"

发生灾荒的地区,豪富之家将粮食囤积居奇。① 所谓禁钱,指在钱重货轻的经济形势下,铜钱通货严重不足,不少方镇、州刺史擅自禁止官民携带铜钱出辖境。闭籴、禁钱都属地方经济保护行为,不利于利用粮食市场活动进行救灾,特别是阻碍了商业流通。如《新唐书》卷五四《食货志四》载:"民间钱益少,缯帛价轻,州县禁钱不出境,商贾皆绝。"同书卷一四二《崔倰传》载,穆宗时,崔倰出任湖南观察使。"湖南旧法。虽丰年,贸易不出境,邻部灾荒不恤也。倰至,谓属吏曰:'此岂人情乎?无闭籴以重困民。'削其禁,自是商贾流通,货物益饶。"

第四,对"长吏政绩"的监察。除上引代宗大历六年四月之诏,再如,大和三年(829 年)十一月十八日,文宗的大赦文称:

> 刺史职在分忧,得以专达,事有违法,观察使宁不纠绳?如闻远地多未遵守,州司常务,巨细取裁,至使官吏移摄,将士解补,占留支用,刑狱断结,动须禀奉,不得自专。虽有政能,无所施设,选置长吏,将何责成? 宜委御史台及出使郎官、御史严加察访,观察奏听进止,本判官不能匡正,及刺史不守朝章,并量加贬降。若所管州郡控接蕃夷,军戎之间,事资节制,须得使司共为条理,即不在此限。②

这是规定出使郎官要参与监察刺史能否独立行使法定的职权。开成元年(836 年)八月,中书门下奏:

> 致治亲民,属在守宰。朝廷近日命官颇加推择。从今已后,望令诸观察使每岁终具部内刺史、县令司牧方策、政事工拙上奏。其有教化具修,人知敬让;贼盗逃去,遗賝不行;刑狱无偏,赋税平允;抚绥孤弱,不虐幼贱;奸吏黜脊,侵牟止绝;田畴垦辟,逃户归复;道路平治,邮传修节;府无留事,狱去系囚;纠愆绳违,嫉恶树善;以公灭私,绝去货殖;夙兴夜寐,宴

① 《旧唐书》卷一六四《王播传附弟起传》载,大和六年,王起任河中晋绛节度使。"时属蝗旱,粟价暴踊,豪门闭籴,以邀善价。起严诚储蓄之家,出粟于市,隐者致之于法,由是民获济焉。"

② (宋)李昉等编:《文苑英华》卷四二八。按,《文苑英华》夹注称:"宁不纠绳"四字诏令作"然后举奏,顷年赦令,非不丁宁"。文意为顺。《旧唐书》卷一七上《文宗纪上》节录为"刺史分忧,得以专达。事有违法,观察使然后奏闻"。但今本《唐大诏令集》卷七一所载《大和三年南郊赦》仍为"宁不纠绳"。

戏省少;人无谤议,家有盖藏,是谓循良之吏,恺悌君子。其能备此具美者,仰以其尤荐闻,朝廷特加褒赏,增秩改章,征受显重。如或数科之中粗有提举,勤恪不怠,处事无阙者。仰以次等荐闻,量加宠赏,偕留未替,以候成绩。其有昧此政经,所向无取;循资待录,无补于治;散材凡器,长在人上,亦仰以实奏闻,当请移于散秩。如有贪残黩货,枉法受赃,冤诉不伸,拷笞无罪,有一于此,具状以闻,当加峻刑,投诸荒裔。赏善惩恶,期于必行。掾曹邑佐善恶特异者。亦仰闻状请。颁示四方,专委廉察。仍令两都御史台并出使郎官、御史,及巡院法宪官常加采访,具以事状奏申。中书门下都比较诸道观察使承制勤怠之状,每岁孟春分析闻奏,因议惩奖。①

这是要求出使郎官参与对诸道观察使考课地方官员情况的监察。会昌二年(842年)四月二十三日武宗《上尊号赦文》称:

商通百货,士奉公程,俾无行旅之虞,在去萑蒲之聚。应州郡连带江湖,常多寇盗,结构群党,潜蓄弓剑,残害平人,剽劫财物,道途商贾,常患不安。方今海内无虞,所宜普凑。委诸道节度防御使,如界内带江山淮海处,切加警备,仍差巡检,更于要害处加置军镇捉搦,择有机略军将镇守游奕,明立赏罚。如能设计擒获贼党二十人已上,并获赃物,推问行劫踪迹分明者,量其功迹,节给优赏,仍与迁职。如界内有劫杀不能捉获者,亦节级重加惩责。仍委出使郎官、御史及所在巡检院切加访察,不得更使因循。②

这是要求出使郎官参与对地方治安管理状况的监察。会昌五年(845年)九月,中书门下奏:"右奉圣旨令商量减诸道判官,约以六员为额者。臣等商量,须据旧额多少,难于一例停减。今据本镇额量减,数亦非少。仍望令正职外不得更置摄职。仍令御史台及出使郎官、御史专加察访。"③这是要求出使郎官监察地方政府执行减省判官数额的情况。大中三年(849年)二月,中书门下奏:"诸州刺史到郡有条流,须先申观察使,与本判官商量利害,皎然分明,

---

① (宋)王溥:《唐会要》卷六八,《刺史上》。
② (宋)李昉等编:《文苑英华》卷四二三,《赦书四·尊号赦书二》。
③ (宋)王溥:《唐会要》卷七九,《诸使下·诸使杂录下》。

即许施行。如本是前政利物徇公事,不得辄许移改。不存勾当,踵前因循,判官重加殿责,观察使听进止。仍委出使郎官、御史常切询访举察。"①这是要求出使郎官监察新任州刺史如改变前任的政施是否妥当。

第五,民情民风监察。例如,长庆三年(823 年)十二月,浙西观察使李德裕奏:"缘百姓厚葬,及于道途盛设祭奠兼置音乐等。闾里编甿,罕知报义。生无孝养可纪,殁以厚葬相矜,丧葬僭差。……伏请臣当道自今以后如有人却置,准法科罪。其官吏以下不能节级惩责,仍请常委出使郎官、御史访察。所冀遐远之俗,皆知宪章。"他的建议获得穆宗批准。② 次年三月,穆宗在赦书中宣布:"应天下所贡奇绫异锦雕文刻镂一事已上,有涉逾制者,悉皆禁断。至于丧葬、嫁娶、车马、衣服事关制度,不合逾越,委中书门下明立科条,颁示天下。有不守者,御史台及出使郎官、御史严加访察,节级科处。"③大和八年(834 年)文宗《疾愈德音》称:"天下诸州府如有冤滞未伸,宜委御史台及出使郎官察访闻奏。"④

最值得引证的是,大和七年(833 年)闰七月文宗敕称:

> 前后制敕,应诸道违法征科,及刑政冤滥,皆委出使郎官、御史访察闻奏。虽有此文,未尝举职,外地生人劳弊,朝廷莫得尽知。自今已后,应出使郎官、御史所历州县,其长吏政绩,闾阎疾苦及水旱灾伤,并一一条录闻奏。郎官宜委左右丞勾当,法官委大理卿勾当,限朝见后五日内闻奏,并申中书门下。如访知所奏事不实,必加惩责。其奏举称职者,则议优奖。⑤

这份敕文清楚地说明了两点,第一,唐后期中央要求出使郎官承担的地方监察使命是带强制性的,出使回朝须限时向皇帝和中书门下报告。其履职情

---

① (宋)王溥:《唐会要》卷六九,《刺史下》。
② (宋)王溥:《唐会要》卷三八,《服纪下·葬》。
③ (宋)王钦若等编:《册府元龟》卷六五,《帝王部·发号令第四》。
④ (宋)李昉等编:《文苑英华》卷四四一,《德音八·杂德音二》。
⑤ (宋)王钦若等编:《册府元龟》卷六五,《帝王部·发号令第四》。

况则由尚书都省左右丞负责检查。① 第二，赋予出使郎官的地方监察使命，重点是"违法征科及刑政冤滥"，即司法监察与财政监察两方面。此外还有"长吏政绩，闾阎疾苦，水旱灾伤"，即吏治监察，并要反映民风民情、农业生产状况等。

总之，唐后期中央已经在制度上把出使郎官纳入地方监察系统，要求他们与出使御史一样承担特定的地方监察使命。

那么，唐朝后期的出使郎官为什么会被中央赋予地方监察的使命呢？我们认为主要原因当在三个方面。

第一，郎官具有特殊地位。据《唐六典》规定，尚书省郎官的品秩，郎中均为从五品上，员外郎均为从六品上，但通常是挑选"有素行才望高者"②出任。郎官身居行政中枢，具体负责起草和执行有关政令，得以面见皇帝、宰相。自唐太宗以来其选任逐渐不由吏部注拟，而由皇帝制授。③ 所以颜真卿说郎官与御史一样，同是皇帝的"腹心耳目之臣"。因此，唐后期"出使郎官"和出使御史一样地被赋予地方监察的使命，与其特殊的地位有关。

第二，制使具有特殊权威。郎官一旦出使，便具有"制使"的身份。出使郎官作为"制使"，是皇帝的代表，他们出行前常要接受皇帝的面喻，回朝则面奏皇帝。史载，贞元后期，德宗虽然年老却"躬自听断，天下事有所壅隔，群臣畏帝苛察，无敢言"。监察御史段平仲常说："上聪明神武，但臣下畏怯，自为循默尔。使我一日得召见，宜大有开纳。"后来京师发生旱灾，"诏择御史、郎官开仓振恤。段平仲与考功员外郎陈归被选"，二人临行前受德宗召见，段平仲应对错愕。④ 元和四年（809 年）正月，为赈恤旱灾，宪宗派遣左司郎中郑敬出使淮南、宣歙，吏部郎中崔芃出使浙西、浙东，司封郎中孟简出使山南东道、荆南，京

---

① 按，尚书都省左右丞本来就负有考核郎官之责。如（清）董诰等编《全唐文》卷二六，玄宗：《饬尚书诸司诏》称："尚书礼阁，国之政本。郎官之选，实藉良才。如闻诸司郎中、员外郎，怠于理烦，业唯养望，凡厥案牍，每多停拥，容纵典吏，仍有赇赂。欲使四方，何以取则？事资先令，义贵能改。宜令当司官长殷勤示谕，并委左右丞勾当。其有与夺不当，及稽滞稍多者，各以状闻。"《新唐书》卷一六三《孔戣传》载，穆宗时，尚书左丞孔戣以年老为名辞职，私下对好友韩愈说他辞职的真实原因在于："吾为左丞，不能进退郎官。"《旧唐书》卷一六六《元稹传》载，文宗大和三年（829 年）九月，元稹任尚书左丞，"振举纪纲，出郎官颇乖公议者七人"。

② 《旧唐书》卷一〇六，《李林甫传》。

③ 王勋成：《唐代铨选与文学》，中华书局 2001 年版，第 194～195 页。

④ 《新唐书》卷一六二，《段平仲传》。

兆少尹裴武出使江西鄂岳等道。"将行,并召对",宪宗告诫说:"朕宫中用度,一匹以上皆有簿历,惟拯救百姓则不计所费焉。卿等今者赈恤灾旱,当勤于奉职。勿如潘孟阳所到务饮酒游山寺而已。"①这都是郎官出使前有接受皇帝面喻之殊遇的例证。大和三年(829 年)八月,文宗下诏要求给事中"自尚书省、御史台所有制敕及官属累授不当,宜封章上论,其事状分明,亦任举按。须指事据实不放上"。同时又规定"如郎官、御史台出使访闻按举,自准前后赦文,不在此限"。② 之所以给予出使郎官上奏不同于在省郎官的特殊待遇,也与他们具有"制使"的特殊身份有关。

出使郎官和其他制使一样,作为皇帝的使者到地方上具有特定的权威。唐律把"对捍制使,而无人臣之礼"列为六种"大不敬"行为之一。③ 制使的人身安全受到法律的特别保护。唐律规定,若图谋杀害制使,流二千里;"已伤者,绞;已杀者,皆斩"。④ 若因忿而殴制使,徒三年;"伤者,流二千里;折伤者,绞"。并注称:"折伤,谓折齿以上。"⑤所以制使出行不仅"威振远近",⑥而且享有一些特殊待遇,如皇帝"多赐章服,以示加恩";⑦经过关津过所时其随身器

① (宋)王溥:《唐会要》卷七七,《巡察按察巡抚等使》。按,《旧唐书》卷一六二《潘孟阳传》载:"宪宗新即位,乃命孟阳巡江淮省财赋,仍加盐铁转运副使,且察东南镇之政理。时孟阳以气豪权重,领行从三四百人,所历镇府,但务游赏,与妇女为夜饮。至盐铁转运院,广纳财贿补吏职而已。及归,大失人望,罢为大理卿⋯⋯宪宗每事求理,常发江淮宣慰使,左司郎中郑敬奉使,辞,上诚之曰:'朕宫中用度,一匹已上皆有簿籍,唯赈恤贫民,无所计算。卿经明行修,今登车命官,宜体吾怀,勿学潘孟阳,奉使所至,但务酣饮、游山寺而已。'其为人主所薄如此!"

② (宋)王钦若等编:《册府元龟》卷六五,《帝王部·发号令第四》。

③ (唐)长孙无忌等:《唐律疏议》卷一,《名例》。

④ (唐)长孙无忌等:《唐律疏议》卷十七,《贼盗》。

⑤ (唐)长孙无忌等:《唐律疏议》卷二一,《斗讼》。

⑥ (唐)牛僧孺:《玄怪录》卷一"裴谌"条载,裴谌、王敬伯、梁芳三人在隋大业年间相邀入山学道,后来梁芳死,王敬伯不甘寂寞下山求官。唐贞观初,敬伯官至大理寺评事,"衣绯,奉使淮南,舟行过高邮。制使之行,呵叱风生,行船不敢动。时天微雨,忽有一渔舟突过,中有老人,衣蓑戴笠,鼓棹而去,其疾如风。敬伯以为吾乃制使,威振远近,此渔父敢突过我。试视之,乃谌也"。

⑦ 《旧唐书》卷一五八《郑余庆传》载:"(元和)十二年,除太子少师。寻以年及悬车,请致仕,诏不许。时累有恩敕叙阶,及天子亲谒郊庙,行事官等皆得以恩授三品五品,不复计考,其使府宾吏,又以军功借赐命服而后入拜者十八九。由是,在朝衣绿者甚少,郎官、谏官有被紫垂金者。又丞郎中谢泊郎官出使,多赐章服,以示加恩,于是宠章尤滥,当时不以服章为贵,遂诏余庆详格令立制,条奏以闻。"

仗可以不申报；①入州境有"朱衣吏前导"等。②

总之，郎官虽然品秩不高，但出使时因"制使"的身份而具有很高的权威，唐中央让他们兼任地方监察的特定使命是顺理成章的。

第三，唐朝后期，中央出于加强制约地方分权势力的政治需要。出使郎官被赋予特定的地方监察使命，之所以发生在唐朝后期，显然与当时中央集权与以方镇为代表的地方分权势力的矛盾斗争有关。众所周知，经过安史之乱，以方镇为代表的地方分权势力逐步加强，唐中央集权呈逐渐衰弱之势。但双方的矛盾斗争时有反复。德宗、宪宗、穆宗、文宗、宣宗等朝都或多或少从政治、军事、财政等方面采取抑制地方分权势力的措施，成效虽然不一，但说明唐中央并不甘心放任地方分权势力坐大。在这种形势下，出使郎官被赋予地方监察的特定使命，无疑是体现唐中央试图加强制约地方分权势力的努力。

总之，唐后期出使郎官被纳入地方监察系统，是因为他们本是皇帝的腹心之臣，加上"制使"的特定权威，才会被赋予地方监察的使命。换言之，出使郎官要承担监察地方的特定使命，倚仗的其实是皇权和中央集权的权威。

但是，在唐后期中央集权趋于衰弱、方镇割据势力日益加强的政治形势之下，出使郎官对地方的监察收到多少成效，值得怀疑。从唐后期皇帝不断给出使郎官、出使御史、度支盐铁巡院官下达监察地方的特定使命，可知当时地方官员的违法违规行为屡禁而不止，且出使郎官等监察不力。对此皇帝时有表示不满，如宝历元年（825年）正月七日，敬宗在南郊赦文中说："朕即位之初，已有赦令，至如损彻服御、止绝他献，限丧葬以息淫费，禁奇靡以专女工，隐实版图，谨守储备，及他徭擅赋，闭籴禁钱，吏行奸欺，人冒依庇，僧道逾滥，流贬重轻，钱币利害，军屯侵占，车马衣服之制度，侵公入已之赃私，悉令条疏，贵欲该备。颁宣未几，废格已多，或职司堕慢，而不能将命，或诏命才行，而下已不守，以此求理，不亦难乎！……其在有司州郡者，委御史台及分察使、出使郎官、御史、度支盐铁巡院，准前后诏敕切加访察，各具犯状，移勘奏闻。其本判官及刺史以下，必加贬责，用惩不恪。如举察之司循默自守、事状泄露者，亦据

---

① （宋）王溥：《唐会要》卷八六《关市》载，宝应元年（762）九月代宗敕曰："骆谷、金牛、子午等路往来行客所将随身器仗等，今日以后，除郎官、御史、诸州部统进奉事官任将器仗随身，自余私客等皆须过所上具所将器仗色目，然后放过。如过所上不具所将器仗色目数者，一切于守捉处勒留。"

② 《新唐书》卷一七九《贾𫗧传》载，穆宗死时，考功员外郎、知制诰贾𫗧被派往江、浙告哀，途中被任命为常州刺史。"旧制，两省官出使，得朱衣吏前导，仆赴州，犹用之，观察使李德裕敕吏还，怏怏为憾。"可见"两省官"包括郎官出使州县，入境时是颇风光的。

容庇,量加殿黜。仍并委中书门下重有举明去年三月三日赦令及今年赦文,一事已上,切加惩责,据时限,量官吏勤惰,具科殿重轻,闻奏。"①其后,大和七年(833年)闰七月文宗又说:"前后累降制敕,应诸道违法征科,及刑政冤滥,皆委出使郎官、御史访察闻奏。虽有此文,未尝举职。"②加上史籍罕见记载出使郎官举按地方官员的具体事例,我们怀疑出使郎官参与监察地方缺乏功效还是事出有因的。不过,从制度变迁的角度看,唐后期出使郎官被正式纳入地方监察系统,仍然是中国古代地方监察制度史上的一次重要变化,应予揭示。

① (宋)宋敏求编:《唐大诏令集》卷七〇,《典礼·南郊四·宝历元年正月南郊赦》。
② (宋)王溥:《唐会要》卷六二,《御史台下·出使》。

校订本《册府元龟》标点商兑之一
——关于唐朝的"郎官、御史"

南京大学古典文献研究所诸贤对卷帙浩大的《册府元龟》做了校订,由凤凰出版社分 12 册于 2006 年出版(以下简称《校订本》)。这是一项工作量极大而富有实用价值的古籍整理项目,大大方便了学者的参考、引用。《校订本》出版以来获得学术界和出版界的不少赞誉,是理所当然的。不过,众所周知,古籍校订是难度很高的文献整理工作,要求校订者不仅要有优良的文字修养,而且要有相当深厚的历史文化底蕴,多闻阙疑,勤于查核比对相关资料,才可望尽可能地减少疏漏与错误。尤其是校订标点《册府元龟》这样一部资料繁富、述及先秦至唐五代典章名物繁多的类书,所涉及的专门知识甚多,加上《校订本》出于众人之手,疏误在所难免。周勋初先生在《前言》说:"我们的工作都是在繁重的教学任务之余从事的,限于时间,限于水平,其中或有不足与错误。"此诚非过谦之辞。笔者近来或有翻检《校订本》,在承其嘉惠的同时,发现有校订者因不明相关典章制度而产生的一些标点错误,若不加辨正,恐贻误他人。本文仅就《校订本》有关唐代"郎官、御史""出使郎官、御史"与"罢使郎官、御史"等资料中的一些标点错误略陈己见,以向校订者和读者请益。

一、唐朝的"郎官、御史"及其品秩

据《唐六典》的编制统计,尚书省、门下省以郎中、员外郎、郎为名的官员共 78 名,其中尚书省 26 司合计 66 名,为数最多。这些官员被统称为"两省郎官"。如王建《贺杨巨源博士拜虞部员外》诗云:"合归兰署已多时,上得金梯亦未迟。两省郎官开道路,九州山泽属曹司。诸生拜别收书卷,旧客看来读制词。残著几丸仙药在,分张还遣病夫知。"①不过,唐人所称"郎官",通常是指尚书省的郎中、员外郎。如《唐会要》卷五七《尚书省诸司上·尚书省》载:"故事,叔父兄弟不许同省为郎官。格令不载,亦无正敕。贞观二年十一月,韦叔谦除刑部员外郎。三年四月,韦季武除主爵郎中。其年七月,韦叔谐除库部郎中,太宗谓曰:'知卿兄弟并在尚书省,故授卿此官,欲成一家之美,无辞稍屈阶资也。'"《新唐书》卷一一八《韦凑传》称,韦家"自叔谦后,至郎中者数人,世号'郎官家'"。"郎官"的品秩都不高,按《唐六典》的规定,尚书省郎中均为从五品上,员外郎均为从六品上。

唐朝泛称为"御史"者,是指除御史大夫(从三品上)、御史中丞(正五品上)之外的侍御史(从六品下)、殿中侍御史(从六品下)、监察御史(正八品上)。也就是说"御史"的品秩也都不高。

《校订本》第 725 页(卷六八《帝王部·求贤第二》)"(大历)八年正月"条标点为(以下原书标点有误之处及本文校改之处均用斜体加粗表示):

诏京官三品已上郎官、御史 每年各举一人堪任刺史、县令者。

第 1199 页(卷一一〇《帝王部·宴享第二》)"(天宝)四载二月"条标点为:

敕今月十四、十五、十六日宜令中书、门下及两省供奉官、*诸司文官四品以上郎官*、*御史*、节度采访使等并于花萼楼下宴。

如上所述,唐朝无四品或三品已上郎官、御史,故以上两处断句有误。正确应为:

诏京官三品已上、*郎官*、*御史* 每年各举一人堪任刺史、县令者。
敕今月十四、十五、十六日宜令中书、门下及两省供奉官、*诸司文官四品以上*、*郎官*、*御史*、节度采访使等并于花萼楼下宴。

实际上,《校订本》在他处对类似资料也有正确的断句,其内容正好可证成以上两处之误。例如:

第 961 页(卷八七《帝王部·赦宥第六》):

---

① (清)彭定求等辑:《全唐诗》第九册,中华书局 1960 年版,第 3408 页。

（至德）二年十二月戊午，御丹凤楼门，下诏曰："……郎官有堪任太守县令者，**委京清资五品已上及郎官、御史闻荐**。"

第 969 页：

元年建卯月辛亥朔，御鸣凤门。诏曰："……其中外有行业夙着、情状可矜、久践朝班、曾经任用者、**委在朝五品已上清望官及郎官、御史于流贬人中素相谙委为众所推者、各以名荐、须当才实**……"

第 1122 页（卷一○二《帝王部·招谏》）：

（大历）八年八月，诏："**京五品已上，及两省供奉官、郎官、御史**，各上封事论国之利害。"

第 1199（卷一一○《帝王部·宴享第二》）：

（天宝）五载正月，敕今月十四、十五、十六日宜令中书、门下及两省供奉官、文官四品以上、武官三品以上正员并*御史*、*中丞*、嗣王、郡王、郎官、御史、节度使并于花萼楼下参宴、不须入朝。

不过，该条中的"御史、中丞"有误，应为"御史中丞"。《唐六典》卷十三《御史台》规定，御史台设"御史大夫一人，从三品；中丞二人，正五品上；御史大夫之职，掌邦国刑宪、典章之政令，以肃正朝列；中丞为之贰"。

顺便指出，《校订本》第 5472 页（卷四八三《邦计部·总序》）第 11～12 行标点为：

开成二年，敕盐铁、户部、度支三使下盐院［官］，皆郎官、御史*为之使，虽更改院官*，不得移替。

此段虽然对"郎官、御史"的标点是对的，但其下标点有误。正确应为：

开成二年，敕盐铁、户部、度支三使下盐（"监"形近之讹）院［官］，皆郎官、御史*为之，使虽更改*，院官不得移替。

这可参见中华书局标点本《旧唐书》卷一七《文宗纪下》：

> （开成二年十月）甲寅，敕盐铁、户部、度支三使下监院官，皆郎官、御史为之，使虽更改，院官不得移替，如显有旷败，即具事以闻。

又，上海古籍出版社标点本《唐会要》卷八八《盐铁》：

> 二年十月敕：盐铁、户部、度支三使下监院官，皆郎官、御史为之，使虽更改，官不得移替。如显有旷败，即具事以闻。

二、"出使郎官、御史"

《册府元龟》收录"出使郎官御史"的唐代资料不少，《校订本》或将其句读断开作"出使郎官、御史"，或未加句读而作"出使郎官御史"。二者孰是孰非，或是均可成立？这牵涉到对唐朝出使制度的理解问题。

在唐朝出使制度中，中官（宦官）出使（简称"中使"）以及郎官出使、御史出使是三类身份不同的使者。如《唐大诏令集》卷七〇《典礼·南郊四·长庆元年正月南郊敕》："……中使及郎官、御史，奉使到所在，并不得与人事物。"[①]尤其值得注意的是，《册府元龟》卷六五《帝王部·发号令第四》载，大和七年（833）闰七月，文宗敕称：

> 前后制敕，应诸道违法征科，及刑政冤滥，皆委**出使郎官、御史**访察闻奏。虽有此文，未尝举职，外地生人劳弊，朝廷莫得尽知。自今已后，应出使郎官、御史所历州县，其长吏政绩，闾阎疾苦及水旱灾伤，并一一条录闻奏。郎官宜委左右丞勾当，法官委大理卿勾当，限朝见后五日内闻奏，并申中书门下。如访知所奏事不实，必加惩责。其奏举称职者，则议优奖。

---

① 按，此条的内容可参考（宋）李昉等编《文苑英华》卷七〇《敕书七·禋祀·敕书三·长庆元年正月三日南郊改元敕》。文曰："访闻边上诸镇，比缘使臣所到，或私申馈，潜耗资储，假此为辞，因而积弊。将令完缉，功在立程。应京西京北边上诸军州镇，自今已后，如有中使及郎官奉使到所管，并不得与人事。"

可见出使郎官与出使御史是两类不同身份的官员,所以他们的出使履职情况要分别由尚书省左右丞和大理卿考核。

因此,校订本未将"出使郎官御史"加顿号为"出使郎官、御史",这是疏误。例如:

(1)第 994 页(卷九〇《帝王部·赦宥第九》):

> 长庆元年正月辛丑,郊禋礼毕,御丹凤楼,大赦,改元。制曰:"……中使及**郎官御史**奉使所在,并不得与人事物。"

(2)第 995 页:

> 七月己酉,尊号礼毕,御丹凤楼。宣制曰:"……刑狱所系,理道最切。如闻比来多有稽滞,一拘囹圄,动变炎凉,自今已后,宜令御史台切加访察,每季差御史巡囚,事涉情故,或断结不当,有失政刑,具事由闻奏。其天下州县并委御史台并**出使郎官御史**兼诸道巡院切加察访。"

(3)第 997 页"敬宗长庆四年三月大赦天下文"条:

> ……至于丧葬嫁娶,车马衣服,事关制度,不合逾越,委中书门下明立科条,颁示天下。有不守者,御史台**及出使郎官御史**严加访察,节级科处。

(4)第 1311 页(卷一二〇《帝王部·选将》)"中和元年七月丁巳"条:

> ……许王铎以便宜行事,**遣郎官御史**分行天下征兵赴阙。

(5)第 1685 页(卷一五一《帝王部·慎罚》):

> 穆宗长庆元年七月,赦书:"刑狱所系,理道最切。如闻比来多有稽滞,一拘囹圄,动变炎凉。自今已后,宜令御史台切加访察,每季差御史巡囚,事涉情故,或断结不当,有失刑政,具事由闻奏。其天下州县并委御史台并**出使郎官御史**兼诸道巡院切加察访。"

(6)第 1685 页:

四年三月壬子,敕书:"天下诸州府县官吏应行鞭捶,本罪不至死者,假以责情,致令殒毙,每念于此,良增恻然。宜委御史台及*出使郎官御史*等切加察访,具事由闻奏。"

(7)第5733页(卷五〇四《邦计部·关市》):

代宗宝应元年九月,敕:"骆谷、荆襄、子午等路,往来行客所将随身器仗等,今日已后,除*郎官御史*、诸州部统进奉事官,任将器仗随身。自余私客等。皆须过所上具所将器仗色目,然后放过。如过所上不具所将器仗色目数者,一切于守堤处勒留。"

以上虽均是一逗之省,但因事关对唐朝有关制度的理解,故不得不指出。

三、"使下郎官、御史"

《校订本》有关"郎官、御史"的标点之误,还有与不明唐朝的"使下郎官、御史"这一官制有关者。"使下郎官、御史"指的是唐朝开元天宝以来特别是安史乱后广泛设置的节度使、观察使、都团练使、防御使等方镇幕府的僚佐以郎官、御史充任者,以及财政使职如度支使、盐铁转运使等的属官以郎官、御史充任者。如《旧唐书》卷一〇八《崔圆传》载,崔圆"累迁司勋员外郎。宰臣杨国忠遥制剑南节度使,引圆佐理,乃奏授尚书郎,兼蜀郡大都督府左司马,知节度留后"。此事在天宝十载(751)十一月之后。[①] 同书卷一三六《齐映传》载,齐映"建中初,卢杞为宰相,荐之,迁刑部员外郎,会张镒出镇凤翔,奏为判官。映口辩,颇更军事,数以论奏合旨。寻转行军司马、兼御史中丞"。卷一三五《程异传》载,程异"贞元末,擢授监察御史,迁虞部员外郎,充盐铁转运、扬子院留

---

① 《旧唐书》卷九《玄宗纪下》载,天宝十载十一月,"丙午,兵部侍郎、兼御史中丞杨国忠兼领剑南节度使"。

后"。他们被称为"使下郎官、御史"。如果他们担任的官职被停减，^①他们就成了"诸使下停减郎官、御史"，或称"停使下郎官、御史"。如果其上司使职被停罢，^②或者他们自己的职务任期到了，他们就成为"罢使郎官、御史"，或称"停使郎官、御史"。^③ 唐朝对这些官员的铨选有专门的"冬荐"规定。兹将校订本于此的标点错误，举例分析如下，例中如有其他标点错误也一并加以说明。

(1)第 7283 页(卷六三〇《铨选部·条制第二》)"(贞元二年)五月"条的标点为：

> 吏部奏：伏准贞元元年七月二十五日，敕诸州府及京五品以上官，*停使下*。*郎官、御史等*，宜付所司作条件闻奏者，缘诸色功优，非时授官，阙员稍多，请作节限许集。上州刺史、两府少尹、四赤令，停替后许一月日，于都省陈牒纳文状毕，检勘同具收历，每至月终送名中书门下，仍请不试。太原、河中、凤翔、江陵、成都、兴元府少尹，赤令及京兆鹤赤令，中下州刺史，*诸使下停减*。*郎官、御史等*，停官当年，并听集。六品以下常参官，以礼去任者，当年听集。集员官、京兆府，先申中书门下省检勘。未成失文历者，其中先东西，在远不及选集，并请依后许合集人限所在陈牒，随例赴集。选人有明经、进士、道举、明法出身，无出身人*有经*、*制举*、*宏词*、*拔萃*及第、*判入等清白状*、陟状，并曾有上下考校奏成，及考义名闻，制及敕褒奖者，或*曾任郎官、御史、起居、补阙、拾遗、太常博士、两府畿赤官、使下郎官、观察使、节度、都团练、防御、度支、水陆运、盐铁使、留守判官、支使、推官书记*等，制敕分明。

此条除有与"郎官、御史"有关的标点错误，还有其他涉及官员选举制度与

---

① 例如，(宋)王溥《唐会要》卷七九《诸使下·诸使杂录下》载：会昌五年(845 年)九月，中书门下奏："右奉圣旨令商量减诸道判官，约以六员为额者。臣等商量，须据旧额多少，难于一例停减。今据本镇额量减，数亦非少。仍望令正职外不得更置摄职。仍令御史台及出使郎官、御史专加察访。"

② 例如，《旧唐书》卷一二《德宗纪下》载：大历十四年六月辛酉，"罢宣歙池、鄂岳沔二都团练观察使，陕虢都防御使，以其地分隶诸道"。

③ 例如，德宗时，李汇"解褐授恒王府参军、太常寺协律郎、大理评事，佐陕运使幕，以转输勤劳，迁监察御史赐绯鱼，使停冬荐，授河中府田曹参军"。见周绍良编：《唐代墓志汇编》下册，上海古籍出版社 1992 年版，第 1966 页。

考课制度的错误。

我认为正确的标点应为:

> 吏部奏:伏准贞元元年七月二十五日敕:诸州府及京五品以上官,*停使下郎官、御史等*,宜付所司作条件闻奏者。缘诸色功优,非时授官,阙员稍多,请作节限许集。上州刺史、两府少尹、四赤令,停替后许一月日,于都省陈牒纳文状毕,检勘同具收历,每至月终送名中书门下,仍请不试。太原、河中、凤翔、江陵、成都、兴元府少尹,赤令及京兆鹚赤令,中下州刺史,诸使*下停减郎官、御史等*,停官当年,并听集。六品以下常参官,以礼去任者,当年听集。集员官、京兆府,先申中书门下省检勘。未成失文历者,其中先东西,在远不及选集,并请依后许合集人限,所在陈牒,随例赴集。选人有明经、进士、道举、明法出身,无出身人*有经制举*、宏词、拔萃及第、*判入等*、*清白状*、陟状,并曾有上下考校奏成,及考义名闻,制及敕褒奖者,或*曾任郎官、御史、起居、补阙、拾遗、太常博士,两府畿、赤官,使下郎官*;观察使、节度、都团练、防御、度支、水陆运、盐铁使留守、判官、支使、推官、书记等,制敕分明,贞元元年十二月已前离任者,一切听集。

按:"判入等",又称"平判入等",是唐朝选举制度中"科目选"的科目之一。《唐语林》卷八称:"开元二十四年,置平判入等,始于颜真卿。"它是由此前的选人试判逐渐发展形成的。[1]

"清白状",是唐朝地方官员考课的一种评定文书。"陟状"则是中央派出的使臣推荐政绩优异的地方官员的一种文书。《唐会要》卷六九《县令》载:

> 建中元年六月,中书门下省奏:"录事参军、县令,三考无上考,两任共经五考以上无三上考,及不带清白、陟状者,并请不重注令、录。"敕旨:"依奏。"

又,《旧唐书》卷一八五《良吏下·薛钰传》载:

> 建中初,上分命臣黜陟官吏,使淮南李承以珏楚州之去烦政简,使山南赵赞以珏硖州之廉清,使淮南卢翰以珏之肃物,皆以陟状闻,加中散大

---

[1] 吴宗国:《唐代科举制度研究》,辽宁大学出版社1997年版,第99~101页。

夫,赐紫。

又,《唐会要》卷七四《选部上·论选事》载:

　　太和七年五月敕节文:县令、录事、参军,如在任绩效明着,兼得上下考及清白状、陟状者,许非时放选,仍优与处分。其余官见任得上下考,与减三选。如本官两选以下者同非时人例处分。

(2)第7285页(卷六三〇《铨选部·条制第二》)"(贞元九年)十二月"条标点为:

　　制自今后应**诸色使,行军司马**、判官、书纪、参谋、支使、推官等使罢者,如是检校试五品以下,不合于吏部选集,并任准**罢使、郎官、御史例,冬集,季闻奏**。

我认为正确标点当为:

　　自今后应**诸色使行军司马**、判官、书纪、参谋、支使、推官等使罢者,如是检校试五品以下,不合于吏部选集,并任准**罢使郎官、御史例,冬集季闻奏**。

按,"冬集季闻奏"即冬荐。《唐会要》卷八二《考下·冬荐》载:

　　贞观("元"之误)五年六月十一日敕:准贞观("元"之误)①四年正月一日制"春秋举荐官"。中书门下奏:常参官八品以上,外官五品以上正员,及额内得替并停荐。其使下郎官、御史丁忧,废省官在外者,望委诸道

---

①　按,文中有"观察使",显非贞观官制。据(唐)杜佑《通典》《选举三·历代制下·大唐》载:"其内常参官八品以上及外官五品以上正员,并停使郎官、御史丁忧废省者,旧制中书门下便除授。贞元四年正月制'春秋举荐'。至五年六月,敕:'在外者,委诸道观察使及州府长史;其在京城者,委中书、门下、尚书省、御史台。常参清官并诸使三品以上官,左右庶子、少詹事、少卿、监、司业、少尹、谕德、国子博士,长安、万年县令,著作郎、郎中、中允、中舍人、秘书、太常丞、赞善、洗马等,每年一度荐闻。'"

　　　　　　　　　　　　　　　— 489 —

观察使及州府长史。其在京城,委中书、门下、尚书省、御史台。常参清官并诸使三品已上,左右庶子、詹事、少卿、监、司业、少尹、谕德、国子博士、长安、万年县令,著作郎、中允、中舍、秘书、太常丞、赞善、洗马等,每年一度闻荐。

又,《旧唐书》卷一五下《宪宗纪下》载:

> (元和七年八月)戊申,制:"诸州府五品已上官替后,委本道长官量其才行、官业、资历,每年冬季一度闻荐。其罢使郎官、御史,许朝臣每年冬季准此闻荐……"

冬荐"停使郎官、御史"的实例,如韩愈《冬荐官殷侑状》写道:

> 前天德军都防御判官、承奉郎、试大理评事兼监察御史殷侑。右伏准贞元五年六月十一日敕:停使郎官、御史在城者,委常参官每年冬季闻荐者。前件官兼通三传,傍习诸经,注疏之外,自有所得;久从使幕,亮直著名,朴厚端方,少见伦比。以臣所见,堪任御史、太常博士。臣所谙知,不敢不举。谨录奏闻,伏听敕旨。[①]

(3)第 5859 页(卷五一六《宪官部·振举》)"穆宗长庆二年正月"条标点为:

> 御史中丞牛僧孺奏:"*诸道节度观察等使,请在台御史充判官*。臣伏见贞元二年敕,在中书门下两省供奉官,及尚书省御史台见任郎官御史、*诸司诸使,并不得奏请任使*,仍永为例程者,近日诸道奏请,皆不守敕文。臣昨十三日已于延英面奏,伏蒙允许重举前敕,不许更有奏请。"

我认为正确标点应为:

> 御史中丞牛僧孺奏:"*诸道节度、观察等使请在台御史充判官*。臣伏见贞元二年敕,在中书、门下两省供奉官,及尚书省、御史台见任郎官、御

---

① (宋)韩愈:《韩愈集》卷三八,《表状一》。

史，诸司诸使并不得奏请任使，仍永为例程者。近日诸道奏请，皆不守敕文。臣昨十三日已于延英面奏，伏蒙允许重举前敕，不许更有奏请。"

    以上所说的《校订本》有关唐朝"郎官、御史"的标点错误，乃系标点者对有关制度失于细察所致。这方面的标点错误在其他古籍标点本中也时有所见。如上海古籍出版社校点本《唐会要》（1991 年版）第 815 页、第 1423 页、第 1434页、第 1716 页；中华书局标点本《旧唐书》（1975 年版）第 301 页、第 2129 页；学林出版社点校本《唐大诏令集》（1992 年）第 96 页、第 358 页、第 360 页等。由此可见，尽可能准确掌握中国古代有关的典章制度，对于正确校点古籍确实是非常重要的。

论晚唐中枢权力分配格局的变动

晚唐因宦官业已形成一股左右政局的强大政治势力，故中枢权力分配格局呈现三元化：一是皇权；二是相权，代表南衙百官集团；三为权宦，代表北司宦官集团。这三者之间存在着一定的相互制约关系。例如，就宦官集团而言，为了巩固和扩大自己的权势，权宦往往要在四个方面费尽心机。第一是专宫禁之权，即在宫禁中废立天子，或是废（杀）长立幼，或是拥立荒嬉之主。这便是挟制皇权以固其权。第二是移夺军权，关键是垄断左右神策军中尉之职，统领中央禁军；同时出任监军，监控方镇兵权。第三是掌管机要权，即袭任枢密使，洞悉宫廷和朝廷的军政机密，干预朝政。第四是掣肘相权，即通过控制作为百官之首的宰相来压制朝官集团的反对。

赵翼在《廿二史札记》卷二〇"唐代宦官之祸"条说：

> 东汉及前明宦官之祸烈矣，然犹窃主权以肆虐天下，至唐则宦官之权反在人主之上，立君，杀君，废君，有同儿戏，实古来未有之变也。推原祸始，总由于使之掌禁兵，管枢密，所谓倒持太阿，而授之以柄，及其势成，虽有英君察相，亦无如之何矣。

他的这番评论，若就晚唐宦官得以专权的原因及其权势加重的大势而言，是颇为中肯的。因为，一般来说，晚唐宦官集团对军权和机要权的控制相当成功，唯其如此，本是皇帝家奴、厮仆的宦官才得以形成一种政治实体，并且构成当时中枢权力分配格局中难于被取消的一个重要部分。不过，若说晚唐的"英君、察相"对于宦官专权局势都"无如之何"，却不尽然。诚然，晚唐的皇帝自穆宗以来几乎都是由宦官在宫禁中擅立的，但是，这并不等于说这些宦官的"门生天子"在登基后全是甘心听任权宦摆布的傀儡。当时的宰相虽然常不免与权宦有这种那种的牵连，但是，受传统政治信念以及皇权的影响，他们亦非全属对权宦唯唯诺诺之辈。概言之,晚唐的"英君"和"察相"在与宦官集团争夺中枢权力方面并不是无所作为的。反之,晚唐昏君庸相的所作所为则对于宦官权势的增长起着纵容和助长的作用。总之,晚唐皇权、相权和权宦在中枢权力分配格局中的地位及相互关系仍是比较复杂且有变化的,必须具体加以分析。本文拟略述的即是当时三者在中枢权力分配格局中此消彼长的概要。

一

文宗、武宗之际,皇权、相权与权宦的权力消长变化或可称为一波三折。

众所周知,文宗大和九年(835 年)十一月"甘露之变"的失败,是皇权、相权与权宦三者权力消长的一个重大转折,《资治通鉴》卷二四五称:"自是天下事皆决于北司,宰相行文书而已。宦官气益盛,迫胁天子,下视宰相,陵暴朝士如草芥。"这无疑是说皇权、相权受到权宦的严重压抑,宦官集团包揽了宫廷和朝廷的大权。不少论著常引此为据而概括晚唐宦官专权之重以及南衙北司之争的结局。然而,这段史文的时间内涵其实是特定的,指的只是以仇士良为首的宦官集团邪焰熏天的五年光景。开成五年(845 年)九月,武宗任命李德裕为宰相。李德裕借抨击"奸人竞为朋党"之机,建言:"陛下诚能慎择贤才以为宰相,有奸罔者立黜去,常令政事皆出中书,推心委任,坚定不移,则天下何忧不理哉!"史称武宗"嘉纳之"。① 此时虽然权宦仇士良仍在,但北司独揽内外大权的局面开始改变,皇权、相权开始回升,宦官权势有所受抑。

此后的会昌年间,武宗与李德裕君相一度契合,进一步运用皇权和相权去裁抑宦官权势。武宗先是让仇士良觉察到他虽外加尊宠,"内实忌恶之"。仇士良因此被迫于会昌三年放弃权柄,"以老病求散秩",②随后郁郁病死。武宗立即削除其官秩,籍没其家财。他这种清算仇士良"宿罪"的举动,无疑是对新任宦官头领刘行深、杨钦义的警示。他又在宰相、枢密使皆不知的情况下提拔崔铉为宰相。对武宗这项绕过枢密使的重大任命,老宦官视为宦官集团大权旁落的表现。史称:"时枢密使刘行深、杨钦义皆愿悫,不敢预事。老宦者尤之曰:'此由刘、杨懦却,堕败旧风故也。'"③

---

① (宋)司马光:《资治通鉴》卷二四六。

② (宋)司马光:《资治通鉴》卷二四七,会昌三年五月。

③ 《旧唐书》卷一八上,《武宗纪》。

至于宰相李德裕裁抑宦官专权的其他政绩,已有学者撰文加以肯定。①这里还要补充分析一条资料。《旧唐书》卷一八上《武宗纪》载,会昌元年二月中书上奏:"南宫六曹皆有职分,各责官业,即事不因循。近者户部、度支,多是诸军奏请,本司郎吏,束手闲居。今后请祗令本行分判,委中书门下简择公干才器相当者转授。"不过,《唐会要》卷五九《户部员外郎》收录的这一中书门下奏章可能是原文,其中是说:"比来户部、度支两司,尚书侍郎多奏请诸行郎官判钱谷文案。"比照之后即要问:《旧唐书·武宗纪》为什么要改写为"近者户部、度支,多是诸军奏请"? 作者这一行文应该另有所据才对,是否他鉴于当时虽然任命的提名是由尚书侍郎出面奏请的,实际上人选却是由掌管神策军的权宦决定的,因而下笔直触其实? 如果这种推测有道理,则会昌元年中书门下这一奏章的史料价值,便不仅仅在于研究使职差遣制度的"官""职"分合问题,还可以从财政官员的选授权方面说明当时宰相以及南衙职权的回升,以及宦官权势的有所削弱。

武宗之后,被称为"小太宗"的宣宗的登基也是由"诸宦官密于禁中定策"的。不过,他虽然贬斥了深为宦官所忌的李德裕,却不甘心充当权宦的傀儡。他曾与翰林学士韦澳讨论过"内侍权势何如"的问题,又与宰相令狐绹"谋尽诛宦官"之策,令狐绹献计曰:"但有罪勿舍,有阙勿补,自然减耗,至于尽矣。"②当然,其时朝官畏惧和攀附权宦者仍大有人在,但若说当时宦官在中枢权力分配格局中的权势比会昌年间增大,却未必有明显证据。相反地,后来昭宗与宰相共谋裁抑宦官权势时,"韦昭度、张睿、杜让能每有陈奏,即举大中故事,稍抑宦者之权"。③ 说明大中年间,宦官权势有所受抑是人所共知的事实。应该说,当时皇权、相权和权宦三者的权力分配关系是各有所得,相对平衡。权宦依然"握兵权,制国命(废立皇帝)自如也"。而宣宗"精于听断,以察为明"。他的行事虽不免要受权宦的掣肘,但对于如何行使自己的权力还是有一些主张的。至于宰相白敏中、令狐绹之类,被王夫之批评为"充位之大臣","怀禄固宠之鄙夫,既阴结内援,而不敢任诛锄之事"。④ 说他们出于各种原因(如党争、交结宦官等)而不能继续进行李德裕裁抑宦官权势的事业是实,但若要指责他

---

① 王炎平:《辨李德裕与宦官之关系》,《唐史学会论文集》,陕西人民出版社1988年版,第176~194页。

② (宋)司马光:《资治通鉴》卷二四九,大中八年十月记事。

③ 《旧唐书》卷一八四,《宦官传·杨复恭》。

④ (清)王夫之:《读通鉴论》卷二六,《宣宗》之六。

们全然与宦官沆瀣一气,从上述令狐绹的献计来看也不见得能成立。大体地说,大中年间,皇权、相权与权宦三者的权力分配格局处于相对平衡的状况,互相之间虽然存有疑忌,但没有出现一方独揽军政大权的局面。

二

宣宗之后懿宗、僖宗相承。懿、僖之际中枢权力分配格局变动的趋势是,皇帝的荒嬉怠政,加上宰相集团的昏庸贪鄙,使得宦官集团的权势明显回升,并达到大权独揽的地步。

关于懿宗、僖宗的荒奢昏庸及其对当时政局的影响,封建史臣已有评论。《旧唐书·懿宗纪》"赞曰":"邦家治乱,在君听断。恭惠(懿宗谥号)骄奢,贤良贬窜。凶竖当国,愀人满朝。奸雄乘衅,贻谋道消。"《新唐书·懿僖宗纪》"赞曰":"唐自穆宗以来八世,而为宦官所立者凡七君。然则唐之衰亡,岂止方镇之患?盖朝廷天下之本也,人君者朝廷之本也,始即位者人君之本也。其本始不正,欲以正天下,其可得乎?懿、僖当唐政之始衰,而以昏庸相继;乾符之际,岁大旱蝗,民愁盗起,其乱遂不可复支。"确实,懿、僖之际,不管是从登基门径或是从临朝政绩来看,被封建史臣视为"治政之本"的皇权都是暗弱的。那么,皇权暗弱造成什么结果,使得中枢权力分配的天平向哪一方倾斜呢?

旧史称懿宗时期,"王政秕僻,宰相得用事"。① 认为懿宗骄奢怠政的结果在一定程度上是增加了宰相的实际权力。然而,我们对所谓"宰相用事"还得加以具体分析。综观咸通年间的宰相,前期主要有杜悰、毕诚、夏侯孜、杜审权、裴休、徐商等,中后期则是曹确、杨收、路岩、韦保衡、徐商等。这些宰相的政绩大体可分为两类:一种是平庸无为之辈,一种是贪鄙营私者。对此史籍已有披露。如宋人王说在《唐语林》卷七记曰:

> 咸通末,曹相确、杨相收、徐相商、路相岩同为宰相,杨、路以弄权卖官,曹、徐但备员而已。长安谣曰:"'确'确无论事,钱财总被'收'。'商'人都不管,货赂几时休。"

此外,杜悰"虽出将入相,而厚自奉养,未尝荐进幽隐,(杜)佑之素风衰焉,

① 《新唐书》卷一八四,《路岩传》。

故时号'秃角犀'"。①《资治通鉴》卷二五〇载,咸通四年四月,宰相毕諴"以同列多徇私不法,称疾辞位"。可见,朝廷高官腐败成风。

当时以贪残著名的宰相除路岩外,还有杨收和韦保衡。史称杨、韦"二人势动天下,时目其党为'牛头阿旁',言如鬼阴恶可畏也"。②

根据上述情况,可以看出懿宗时期的"宰臣得用事",其实主要是进行营私舞弊和互相倾轧,并未在裁抑宦官权势方面有所措置。

懿宗时宦官首领杨玄价、杨玄翼兄弟一个担任左神策军中尉,一个担任枢密使,从所掌职权来看,似不见得比前朝扩大。但是,他们在中枢权力中的实际影响却由于皇权暗弱和宰相昏庸而增长。例如,他们曾通过杨收而在一定程度上支配着相权。杨收是靠结附杨玄价而官至宰相的。《新唐书·杨收传》指出:"中尉杨玄价得君而收与之厚,收之相,玄价实左右之,乃招四方赇饷数千诿收,不能从,玄价以负己,大患,阴加毁短,知政凡五年,罢为宣歙观察使。"可见,杨收宰相官职的任免都受权宦的操纵。难怪史称杨玄价"潜去宰相杨收,权宠震时"。③

不过,懿宗时期所出现的"王政秕僻,宰相得用事"现象,也从另一方面说明当时的权宦尚未取得大权独揽的威势。

到了僖宗继位,中枢权力分配格局发生重大改变,《旧唐书·僖宗纪》指出,僖宗"冲年缵历,政在宦臣"。即认为是皇帝的幼弱使得权柄完全被宦官把持,这是有一定道理的。

僖宗即位时只是个十二岁的纨绔少年,是权宦左神策军中尉刘行深、右神策中尉韩文约"杀长立幼"的结果。不久,宫廷和朝廷权力便集中在对僖宗有侍养私恩且"颇知书,有谋略"的宦官田令孜手中。史称僖宗"专事游戏,政事一委令孜,呼为'阿父'"。田令孜则将僖宗视为可玩弄于股掌之间的小儿,"招权纳贿,除官及赐绯紫皆不关白于上。每见,常自备果食两盘,与上相对饮啖,从容良久而退"。④

田令孜大权在握并且实际上侵夺了部分皇权之后,宦官集团的权势在中枢权力分配格局中已处于支配地位。史称:"是时贤人无在者,惟佞鄙沓贪相

---

① 《新唐书》卷一六六,《杜佑传附杜悰传》。
② 《新唐书》卷一八四,《路岩传》。
③ 《新唐书》卷二〇七,《宦者传上·杨复光》。
④ (宋)司马光:《资治通鉴》卷二五二,乾符二年正月记事。

与备员,偷安嗫默而已。"如宰相卢携"素事令孜,每建白,必阿邑倡和"。① 对于田令孜下令抢夺长安商旅宝货入内库,杖杀陈诉者等倒行逆施,"宰相以下,钳口莫敢言"。② 宰相们在处理朝廷大事有异议争执不决时,要提请僖宗与"内大臣"即两中尉、两枢密使"参酌"。③ 于此足见相权受权宦控制至何种程度。

此期间以宰相为首的朝官集团被"视如草芥"的最典型例证,莫过于谏官被宦官擅杀和包括宰相在内的朝官集团在危难关头被田令孜抛弃之事。广明元年(880年)初,左拾遗侯昌蒙看到关东一带已是黄巢义军的旌旗遍野,而僖宗仍"不亲政事,专务游戏,赏赐无度,田令孜专权无上",不胜其忿,上疏指言宦官擅权乱天下。僖宗大怒,下令将侯昌蒙捉到内侍省加以杀戮。侯昌蒙惨死内侍省实是宦官淫威的宣泄。同年十二月五日凌晨,田令孜得知潼关被黄巢义军攻占,遂与僖宗带上一群宫人出逃,竟不通知朝官,以致宰相豆卢瑑、崔沆和仆射于琮等一大批高官奔逃不及而落入义军手中。僖宗逃入蜀后,作为行在都指挥处置使的田令孜赏罚不公,于中和元年(881年)七月激起剑南西川军黄头部郭琪发动兵变。兵变突起,僖宗只与田令孜、陈敬瑄以及诸宦官躲入成都东城,闭门登楼,而不通知宰相王铎等入城,以致朝臣惶惶不安,人人自危。兵变虽然在当天就平定了,但僖宗既不召见宰相,也不宣慰惊扰一场的朝官,仍是"日夕专与宦官同处,议天下事,待外臣殊疏薄"。对此,左拾遗孟昭图义愤填膺,上疏极言:

> 夫天下者,高祖、太宗之天下,非北司之天下;天子者,四海九州之天子,非北司之天子。北司未必尽可信。南司未必尽无用。岂天子与宰相了无关涉,朝臣皆若路人!

末尾二句将朝官集团在僖宗和田令孜眼中形同虚设的境况表露得一清二楚。但田令孜截留奏章,矫诏将孟昭图贬为外官,派人在途中把他杀了。朝臣"闻者气寒而不敢言"。④ 田令孜一再擅杀谏官,充分说明了当时宦官专政的残酷程度。

---

① 《新唐书》卷二〇八,《宦者传下·田令孜》。
② (宋)司马光:《资治通鉴》卷二五三,乾符二年正月记事。
③ (宋)司马光:《资治通鉴》卷二五三,乾符四年十月记事。
④ 《新唐书》卷二〇八,《宦者传下·田令孜》。

三

以田令孜为首的宦官集团独揽中枢权力，完全打破了晚唐较长时期存在的皇权、相权和权宦三者各有所得、相互制约、相对平衡的权力分配格局。但这种局势并不能维持太久，由于藩镇军事集团的介入，到僖宗后期和昭宗时期，中枢权力分配格局再次发生变动。

光启二年（886年）发生的部分藩镇反对田令孜并且废弃僖宗的政变，对于中枢权力分配格局的变动产生了不小的影响。

光启元年（885年）四月，田令孜为了供养自己统率的神策军，与河中节度使王重荣为争夺盐利发生尖锐矛盾。田令孜勾结邠宁节度使朱玫、凤翔节度使李昌符以对抗王重荣。王重荣则引来李克用之兵相助。十二月下旬，双方展开决战，朱玫、李昌符大败，各逃回本镇。李克用进逼长安。二十五日夜晚，田令孜带着僖宗向凤翔逃去。

在这场军事斗争中，僖宗和朝官集团对田令孜专权的态度都起了明显的变化。

随着年事的增长，僖宗对于田令孜的专权擅政，还在成都时就渐渐有所不满。《资治通鉴》卷二五六在"中和四年十一月"条记载："令孜益骄横，禁制天子，不得有所主断，上患其专，时语左右而流涕。"此时，李克用和王重荣继续将矛头对准田令孜，联合上书请僖宗还宫，而要求诛杀田令孜。僖宗因此对田令孜更为不满，觉得要平息李克用、王重荣之乱，只有抛弃田令孜，便下令起用宦官杨复恭为枢密使。杨复恭先已任过枢密使，史称："令孜专制中外，复恭每事力争得失，令孜怒，左授复恭飞龙使，乃称疾退于蓝田。"①显然，僖宗此时为杨复恭复职是企图"以宦官制宦官"的一种谋略。

不过，如果没有朝官集团加入藩镇军事集团的反对联盟，恐怕田令孜也不会轻易倒台。藩镇集团采取的是武力打击，朝官采取的先是消极对抗。光启二年（886年）正月八日，田令孜又要僖宗从凤翔逃往兴元，准备再次入蜀，僖宗不乐意。当晚，田令孜带兵闯入行宫，强行将僖宗挟持往宝鸡，只带宫廷卫士和宦官数百人从行。宰相萧遘、裴澈等和文武百官皆不知情，再次遭到抛弃，实是忍无可忍。次日，太子少保孔纬、翰林学士承旨杜让能等几人追到宝

---

① 《旧唐书》卷一八四，《宦官传·杨复恭》。

鸡。僖宗任命孔纬为御史大夫,要他返回凤翔召集百官前来宝鸡。然而,萧遘、裴澈等痛恨僖宗听任田令孜弄权,不愿追随去宝鸡,遂称病不见。朝官则以官袍、笏被乱兵抢夺为借口加以推辞。结果,孔纬只能独自一人返回。从一齐托词留滞凤翔已可显示这群朝官的态度倾向了。

朱玫很快便倒戈加入李克用、王重荣的反田令孜的军事阵线。同时,在凤翔的朝官集团也公开与藩镇集团结成反对田令孜的政治联盟。王重荣、朱玫等节度使联名上书要僖宗诛杀田令孜,萧遘也率领百官揭发田令孜及其党羽的罪状,请求僖宗诛杀田令孜。

不久,朱玫以僖宗信用田令孜,"委以大权,使堕纲纪,骚扰藩镇,召乱生祸"为理由,要萧遘与自己同谋废立,另立一位李氏子孙为皇帝。萧遘不敢从命,朱玫恃仗武力,宣布:"我立李氏一王,敢异议者斩!"便与凤翔的百官册立肃宗的玄孙襄王李煴权监军国事,自己兼任左、右神策十军使,控制军权,史称这是朱玫"逼"百官的结果。但是,值得注意的是,另一部分逃在河中的朝官却也在崔安潜的率领下上表祝贺襄王的受册立。① 可见,朝官集团赞成册立李煴,意味着他们赞成在反对田令孜的同时连僖宗也一块儿抛弃。

面对强藩和朝官的共同反对,军事失利的田令孜势力单弱,自知不为天下所容,只好顺水推舟,推荐枢密使杨复恭为左神策中尉、观军容使,交出了中央军权,而给自己加上剑南西川监军使的头衔,逃入成都投靠其兄陈敬瑄。

五月,朱玫给自己加官侍中、诸道盐铁转运使等,集军事、政事、财政大权于己身,同时派人给各地的强藩封官晋爵,《资治通鉴》卷二五六载:"诸藩镇受其命者什六七,高骈仍奉表劝进。"干脆要李煴称帝。对这一记载,胡三省评论说:"史言僖宗再幸山南,天下已绝望矣。"这里所谓的"天下",指的是各地方镇。十月间,以太子太师裴璩为首的长安百官上书"劝进",李煴即皇帝位,改元建贞。十二月间,朱玫的大将王行瑜发动兵变,擒斩朱玫,杀其党羽数百人。裴澈等率朝官两百多人奉李煴逃往河中,统统成了王重荣的瓮中之鳖,李煴被杀,百官死者过半。僖宗得以苟延残喘一年有余。

朱玫之乱是僖宗统治集团的一次大分裂,是藩镇势力以武装斗争的形式卷入皇权、相权和权宦之间错综复杂的权力斗争的产物。这场政变虽然失败了,但仍对中枢权力格局的变动产生了较大的影响。

从反对宦官专权的直接后果来看,政变的成果相当有限,虽然一手遮天的田令孜垮台了,但并没有结束宦官专权的局面。昭宗时,权宦杨复恭以册立之

---

① (宋)司马光:《资治通鉴》卷二五四,中和元年四月记事。

功，"专典禁兵，既军权在手，颇擅朝政"。其后权宦刘季述幽禁昭宗于东宫，"手持银树于上前，以树画地数上罪状"。① 足见其气焰何等嚣张。因此，皇权、相权与权宦争夺中枢权力的斗争继续在进行。

在反对田令孜专权的斗争中，以宰相为代表的朝官集团公开与藩镇势力结成同盟，不惜作出赞成废立皇帝的冒险举动，为此付出百余人被杀的惨重代价，不过他们从中仍得到一点启示，即要有力的反对并进而结束长期以来宦官专权的局势，与强藩结成联盟不失是一个有效的途径。昭宗后期宰相崔胤借助朱全忠的武力消灭宦官集团，其实是僖宗末年朝官集团与藩镇集团结成反权宦联盟的继续与发展。然而，宦官被消灭了，中枢权力却落入强藩朱全忠之手。晚唐以来皇权、相权、权宦三者围绕中枢权力分配的长期斗争出现这种结局，是皇帝和宰相们未曾预料的，却是唐后期藩镇割据势力发展的必然结果。

---

① 《旧唐书》卷一八四，《宦官传·杨复恭》。

试论郑樵编纂《通志》的主客观原因

清代学者章学诚在《文史通义·申郑》篇中充满感情地说道:"郑樵生千载而后,慨然有见古人著述之源,而知作者之旨,不徒以词采为文,考据为学也。于是遂欲匡正史迁,益以博雅;贬损班固,讥其因袭,而独取三千年来遗文故册,运以别识心裁,盖承通史家风,而自为经纬,成一家之言也。"又说郑樵是以"区区一身,僻处寒陋,独犯马、迁以来所不敢为者而为之"。由此可以提出一个问题,即郑樵作为一介书生,基本上是依靠一己之力,却编纂成一部章学诚誉之为"范围千古,牢笼百家","创例发凡,卓见绝识,有以追古作者之原"的《通志》,这究竟有什么样的主客观条件? 这些主客观条件对《通志》的学术质量有何影响? 本文拟对此试加探讨。

关于郑樵编纂《通志》的客观条件,可以从以下两方面加以归纳分析。

一、"会通"的学术传统和已有的学术成果的影响

郑樵之所以能够编纂一部"会通"的《通志》,从学术思想来看,是因为有着自孔子以来"会通"的治学传统的长期流衍与影响。郑樵强调:"天下之理不可以不会,古今之道不可以不通,会通之义大矣哉!"①又说:"百川异趋,必会于海,然后九州无浸淫之患。会通之义大矣哉。"郑樵在追溯"会通之义"的学术渊源时,极为推崇孔子和司马迁的为人和著作,指出:"自书契以来,立言者虽多,惟仲尼以天纵之圣,故总《诗》《书》《礼》《乐》而会于一手,然后能同天下之文,贯二帝三王而通为一家,然后能极古今之变。""司马氏司世司典籍,工于制作,故能上稽仲尼之意,会《诗》《书》《左传》《国语》《世本》《战国策》《楚汉春秋》

---

① 郑樵:《夹漈遗稿》卷三,《上宰相书》,《丛书集成初编》本,第 18 页。

之言,通黄帝、尧、舜至于秦汉之世,勒成一书……六经之后,惟有此作。""修史之本,不可不据仲尼、司马迁会通之法。"①

当然,事实上"会通"的学术传统思想的传承不仅仅局限于孔子和司马迁其人其作。章学诚在《文史通义·释通》云:"梁武帝以(司马)迁、(班)固而下,断代为书,于是上起三皇,下讫梁代,撰为《通史》一编,欲以包罗众史。史籍标'通',此滥觞也。嗣是而后,源流渐别。总古今之学术,而纪传一规乎史迁,郑樵《通志》作焉。统前史之书志,而撰述取法乎官《礼》,杜佑《通典》作焉。合纪传之互文,而编次总括乎荀(悦)、袁(宏),司马光《资治通鉴》作焉。汇公私之述作,而综录略仿乎孔(谊)、萧(统),裴璘《太和通选》作焉。此四子者,或存在史之规,或正编年之的,或以典故为纪纲,或以词章存文献,史部之通,于斯为盛。"

由此可见,在郑樵编纂《通志》之前,中国"会通"的学术传统及其实践自孔子、司马迁以来一直有发扬光大者,由此在南朝、中唐和北宋产生了具有创新意义、学术影响深远的三种体现"通"之义的史学著作,这就是梁武帝组织编纂的纪传体《通史》、杜佑的政典体《通典》和司马光的编年体通史《资治通鉴》。这三部著作郑樵在《通志·总序》阐述"会通"之义时虽然没有被引以为例证,但实际上对他编纂《通志》发生了重大的影响。正如上引章学诚所言,郑樵的《通志》在体裁上是直接承继梁武帝的纪传体《通史》而来。

就学术积累而言,中国传统学术文化成果到两宋之际已经有了空前丰富的积淀。如《隋书·经籍志》著录的经、史、子、集四部共 14 466 部、89 666 卷;《新唐书·艺文志》著录与不著录的甲(经)部共 597 部、9 505 卷,乙(史)部有 857 部、29 201 卷,丙(子)部有 967 部、22 767 卷,丁(集)部有 856 部、17 748 卷,合计共 3 277 部、79 221 卷。宋人说"惟有莆阳郑夹漈,读尽下八分书"②。可见,两宋之际存在的丰富的文化学术积累,是郑樵治学和著书立说的客观基础。

以郑樵最引为自豪的《通志·二十略》为例。他对自己的"二十略"的创造性作如此评价:"总天下之大学术,而条其纲目,名之曰略。凡二十略,百代之宪章,学者之能事,尽在此矣。其五略,汉唐诸儒所得而闻;其十五略,汉唐诸儒所不得而闻也。"其五略即礼略、职官略、选举略、刑法略、食货略,"凡兹五

---

① 郑樵:《通志总序》,台湾新兴书局 1965 年影印本,第 1 页。
② (明)陈循等撰:《寰宇通志》卷四六,《人物》,"郑樵",《玄览堂丛书续集》第 8 册,第 9 页。

略,虽本前人之典,亦非诸史之文也"。所谓十五略,即氏族略、六书略、六音略、天文略、地理略、都邑略、谥略、器服略、乐略、艺文略、校雠略、图谱略、金石略、灾祥略、昆虫草木略。"凡十五略,出臣胸臆,不涉汉唐诸儒议论。"不过,他这种忽略前人成果的自我评价有不小的片面性,事实上,即使是"十五略",多数也是建立在采摭前人的专题研究成果之上的。所以,后来马端临在《文献通考》卷二〇一《经籍二十八》"郑夹漈通志略"中,清人在《四库全书》卷五十等对此都有所指责,我们不能把这些批评都简单地说成是没有依据的偏见。当然,郑樵的《通志·二十略》不是对前人成果的抄袭或选编,其"精要"正如章学诚所为之申辩的,主要"在乎义例","变史志章程,自成家法"①。我们认为,只有不讳言《通志·二十略》是在继承前人学术成果基础上创新,才是合乎学术研究发展规律的认识,这并不会动摇郑樵在中国史学史上的杰出地位。

二、宋代福建的社会环境

上述的学术方面存在的客观条件,对于众多的文人学者来说具有一般性的或普遍性意义。而对于郑樵来说,宋代福建政治、经济、文化的全面发展,为他编纂《通志》所提供的客观社会环境具有特殊意义。

郑樵在完成《通志》的编纂之前,除了绍兴十八年(1148 年)冬动身赴临安献书,绍兴十九年(1149 年)返乡,以及绍兴二十八年(1158 年)二月应宋高宗特召赴阙之外,大部分时间盘桓于八闽的山水之间。也就是说,他的知识积累和实地考察绝大多数是在福建完成的,福建地区为他编纂《通志》提供了主要的人文和物质基础。

宋代是福建政治、经济、文化全面发展的重要历史时期。我曾在《试论两宋八闽文化的发展》②一文中,就宋代福建文化飞跃发展的诸多标志及其政治的、经济的、教育的原因作过初步分析。这里仅结合为郑樵编纂《通志》提供客观条件的具体命题申论一二。

1.繁多的科举成果与良好的文化氛围相得益彰

郑樵自言:"家贫无文籍,闻人家有书,直造其门求读,不问其容否,去往曾

---

① 章学诚:《文史通义》卷四,《释通》,中华书局 1985 年版。
② 《中国文化研究集刊》第四辑,复旦大学出版社 1987 年版。

不容咨。"①他如饥似渴的读书欲望和持之以恒的长期学术积累之所以能得到实现,乃得益于当时福建尤其是莆田一带极其丰富的藏书。而这种客观文化条件,在很大程度上是宋代福建繁多的科举成果与良好的文化氛围相得益彰的结果。

中国的政治中心在宋代由唐朝的长安东移至开封又南移至临安,以至于"天旋地转,闽浙反居天下之中"。同时宋代科举制度无论是取士名额还是及第后的待遇都远远比唐代更多更优惠,因此宋代福建士人通过科举入仕出现了前所未有的繁盛。据《闽大记》的记载统计,福建人进士及第者唐代有58人,到北宋增至 2 503 人,到南宋又增为 3 482 人。以莆田为例,地方史志称:"莆邑地虽僻小,而文物之盛甲于闽中。其科第自唐贞元七年林藻擢进士第始,历十五代仅十三人而已。至宋时大盛,遂有'十室九书堂,龙门半天下'之语。""宋代三百年间,莆邑之人,举进士者八百二十余人,预诸科特奏者九百八人。"②宋代福建士人由科举而入仕的空前盛况,既是福建文化高度发展的结果,又成为促进当地文化进一步发展的动因,从而使得福建民间的读书风气浓厚、福建民间藏书丰富、应试举子与及第进士的人数不断增长,文学作品与学术著作也倍增。

其结果突出表现在两方面。其一,福建学人的著作量激增。据对陈衍的《福建通志·艺文志》的不完全记载的统计,福建人的著作量,在唐五代只有74 部、363 卷,到宋代猛增至 2 268 部、21 385 卷。③ 其二,宋代福建文化的吸纳与积累因科举登第者多而相得益彰。因为,许多因科举入仕者任官后不改嗜书之好,每到一地当官,都留心访求书籍,或传写,或购置,待解绶归田时携运回乡,故其私家藏书益丰。如莆田方略的万卷楼,乃因"方略宦达后,所至专访文籍,民间有奇书,必捐金帛求之,家藏至一千二百笥,作万卷楼储之"。又如方渐的富文阁,进士入仕后并不置家业,而是专意藏书,"尝谓:'闽人无资产,恃以为生者,读书一事耳。'所至以书自随,积至数千卷,手自审订,增四壁为阁藏之,榜曰富文"。④ 郑樵在《通志·校雠略》中提到:"尝见乡人方氏望壶湖书籍颇多,问其家,乃云:'先人守无为军(治所在今安徽无为县),日就一道

---

① 郑樵:《夹漈遗稿》卷二,《与景韦兄投宇文枢密书》,《丛书集成初编》本,第 19 页。

② (清)林扬祖编纂:《莆田县志》,福建师范大学图书馆抄本。

③ 姚兰:《从唐到清福建人著作的初步研究》(油印稿),福建师范大学图书馆藏本。

④ (宋)李俊甫:《莆阳比事》卷六,江苏古籍出版社 1988 年影印《宛委别藏》本,第 16 页。

士传之,尚不能尽其书也。'如唐人文籍无不备。"又说:"乡人李氏曾守和州(治在今安徽和县),其家颇多历阳沈氏之书。乡人陈氏尝为湖北监司,其家或有荆州田氏之书。"所谓历阳沈氏即沈立,他曾在四川当官,以俸禄购书至数万卷;荆州田氏即田伟,其博古堂藏书有 57 000 卷之多。而莆田氏李氏、陈氏分别因仕宦之便传抄或购得沈、田的部分藏书。又有漳浦吴与,一生担任七任小官,俸余悉用于增添藏书,家中藏书达二万卷之多,其中不少是当时罕见的版本。郑樵曾出游漳浦,阅览其藏书,在《通志·校雠略》中,郑樵评论道:"漳州吴氏,其家甚微,其官甚卑,然一生文字间,至老不休,故所得之书,多蓬山所无者。"

郑樵由于生长于具有繁多的科举成果和良好的文化氛围的福建,长期受这种客观的良好文化氛围的熏陶,获益极大。如读书应试成风的莆田,被人誉为"比屋业儒,俊造如林""诗书为八闽之甲"的文化之邦。"诗书为八闽之甲",不仅指当地文化人才济济,而且也指当地文化载体即书籍收藏丰富。郑樵得以出入著名的藏书家中,饱览群书。除上面述及的方略万卷楼、方渐富文阁、方氏望壶楼等外,又如"方于宝家有三余斋,聚书数万卷"。[①] 还有林霆,据《宋史·郑樵传附林霆传》称:"林霆字时隐,擢政和进士第,博学深象数,与樵为金石交……聚书数千卷,皆手自校雠。"

2.福建较安定的社会环境

宋代,福建在相当长的一段时期内远离宋金、宋元战争前线,这为文化学术得以保存、积累和发展提供了相对有利的社会环境。正如绍兴十五年(1145年)兵部郎中叶世珪在奏疏中所指出的:"闽中不经残破之郡,士大夫藏书之家,宛如平时,如兴化之方、临漳之吴,所藏尤丰,悉为善本。"[②]郑樵自己也庆幸:"所赖闽无兵火之厄,可以见天下之书。"[③]以上所述,或可说明为什么郑樵能以"区区一身,僻处寒陋,独犯马、迁以来所不为敢者而为之"的部分客观原因。

---

① (宋)李俊甫:《莆阳比事》卷六,江苏古籍出版社 1988 年影印《宛委别藏》本,第 16 页。

② (宋)李心传:《建炎以来系年要录》卷一五三,《丛书集成初编》本,第 2465 页。

③ (明)周华:《福建兴化县志》卷六,郑樵:《上殿通志表》,1936 年重刊本,第 12 页。

试论两宋八闽文化的发展

在中国文化史上,福建文化在两宋的空前繁荣发展,是令人瞩目的历史现象。其时八闽大地涌现出大量各具特色的文化人才,他们以富有创造性的活动,在哲学、史学、文学、艺术以及自然科学等多项领域放射出光芒,恰似群星在历史的银河里闪耀,尽管年月悬远,其遥远的辉光至今仍足于引起我们的注目。

要想详尽地描绘这幅群星竞辉的历史文化图景是困难的。这里我们只做粗线条的勾勒。

请先从数量方面看。据陈衍等编纂的《福建通志·艺文志》的不完全记载,对从唐到清各代福建人的著作量做个统计,结果可简示如下表:[①]

朝代	唐	五代	宋	元	明	清
著作部数	53	21	2 268	112	4 018	3 253
卷数	248	115	21 385	570	18 727	12 103

表中的数据显示,宋代福建人的著作量,在唐、五代与元代之间呈现一个突兀的高峰,即使比之于明、清两代,也毫不逊色。这就从数量上说明,从福建文化发展史的纵向去观察,宋代是福建文化的勃发期。

我们还可以做些横向的观测比较。还是再请看几个数据。

(1)《宋史·文苑传》登录宋代著名文人 90 人,其中福建人有 8 个,名列全国第 6 位。(2)据《全宋词》辑录的 1 000 多个作家统计,北宋福建词人有 14 人,占全国第 6 位,到南宋则有 63 人,跃居全国第 3 位。(3)《宋史》的《道学

---

① 据姚兰《从唐到清福建人著作的初步研究》(油印稿,福建师范大学图书馆藏本)的统计缩编。

传》和《儒林传》共传载人物 89 人,其中福建人 17 个,居全国之首位。① 以上情况说明,从宋代整个文化的几个侧面去做定性定量的统计,仍可以证明,有宋一代八闽文化是蓬勃发展的,在全国文化的地位日趋重要。

宋代福建文化的发展高度,不仅从数量上获得说明,而且在质量上也可得到有力的说明。

哲学领域。支配两宋以至明清的哲学思想是理学。在宋代众多的理学家中,福建的杨时、朱熹②享有盛名。清人评介杨时的《龟山集》,指出:"(杨)时没于建炎四年,入南宋日浅,然南宋一百四十余载,其士风朝论,悉操之于道学,道学之派,则开之于时。"③肯定了杨时对"闽学派"的开创之功。至于朱熹,他以福建为学术基地,继承和发展"二程"学派,建立了完整的一套客观唯心主义的思想体系,确立了"闽学派"。姑且不论理学之利弊如何,从唐代"闽人未知学",到南宋形成"闽学",杨时、朱熹在中国思想史上的地位自是重要的,而福建文化在宋代的发展也是脉络分明的。

史学领域。宋代福建学者在史学方面多有创获。郑樵是中国文化史上著名的博学多能者。他毕一生精力独立撰修的通史体巨著《通志》,显示了他治学的刻苦精神、宏大气魄以及独创精神。④ 袁枢,是另一位在史学史上著名的学者。他把《资治通鉴》这部编年体巨著的史料,"区别门目,以类排纂,每事各详起讫,自为标题,每篇各编年月,自为首尾",⑤改编成《通鉴纪事本末》一书,从而创造了独具优点的"纪事本末体"的史学编纂新体例,成为中国史书四大体系之一。⑥ 此外,吕夏卿是个"博览强记,而于历代史尤该洽"⑦的史学家,他参与欧阳修主持的《新唐书》的编纂工作,《新唐书》的世系诸表皆出其手,《宋史》称他于《新唐书》的撰修最有功。还有熊克的《中兴小纪》《九朝通略》,陈均的《宋九朝编年备要》,郑思肖的《心史》,均属各具特色的当代史。而梁克家主修的《三山志》,则为传世最早的一部福建地方志,清代四库全书总纂官纪昀等评论道:"其志主于纪录掌故,而不在夸耀乡贤,侈陈名胜,固亦核实之道,自成

① 张家驹:《两宋经济重心的南移》,湖北人民出版社 1957 年版,第 18～140 页。
② 朱熹,祖籍江西婺源,长期居住在福建。
③ 《四库全书简明目录·集部四·别集类三》。
④ 陈明光:《郑樵治学道路初探》,原载《福建师大学报》1982 年第 4 期;收入本书。
⑤ 《四库全书总目提要》卷四九,《史部五·纪事本末类》。
⑥ 对此我曾撰写《郑樵与袁枢》(与许在全合作)一文有所评述,载《福建师大学报》1979 年第 2 期。
⑦ (宋)王称:《东都事略》卷六五,《吕夏卿传》。

志乘之一体,未可以常例绳也。其所纪十国之事,多有史籍所遗者,亦足资考证。"①朱熹在史学方面也多有编纂,如他的《资治通鉴纲目》一书,取《资治通鉴》的编年原则而别创为纲目体的形式,不失为一种创造。要言之,宋代福建的史家勤于著述、敏于创造,从不同的方而对古代历史学的发展作出了可贵的贡献。

在文学领域,宋代福建诞生的人才更多,如杨亿、柳永、刘子翚、张元幹、刘克庄、谢翱、严羽、魏庆之、吴域、黄公绍等人,都是在诗、词、诗歌评论、音韵学等不同艺坛占尽风流的一代名家。杨亿与刘绮等人首创"西昆体"诗派,诗风笼罩宋初诗坛数十年,在文学史上自有一定的地位。柳永始创慢曲长调,名气与词曲一齐播扬,竟使"凡有井水饮处,即能歌柳词"。② 张元幹的词长于抒发悲愤之气,富有时代感,为南宋爱国诗人开辟了广阔的创作道路。刘克庄是南宋后期堪与陆游匹竞的多产作家,其笔力豪宕,于诗词、散文、诗话等均有创获。严羽的《沧浪诗话》有精辟独到的见解,名重当代,驯及明清仍享有很高的权威。

在艺术领域。章友直的篆书、蔡襄的草书、蔡京的行书,都是一代翰墨的大手笔。黄齐、惠崇的绘画,是时人所重的艺术珍品。

在自然科学方面,宋代福建也有异军突起。苏颂的《新仪象法要》,受到现代著名的英国科学家李约瑟先生的高度评价。③ 宋慈的《洗冤集录》,是已知的世界上第一部法医名著。

八闽文化在宋代形成一个高峰,与前代唐朝,与后代元朝恰成鲜明对照。这是古今学人有目共睹的历史事实。宋人说:"七闽山川奇秀,行建、剑以南,溪流益驶,杰峰峻崖,挺挺峭立,淳涵钟结,发为人物,皆瑰伟俊明,抱负之美,至不减中州。故担簦负笈来试于京者,常半天下。家有庠序之教,人被诗书之泽,而仕于朝为天子侍从亲近之臣,出牧大藩持节居方面者亦常半。而今世言衣冠文物之盛,必称七闽。"④范文澜《中国通史》第三册郑重指出:"闽在两宋,成为重要的文化区。"

如此鲜明的历史现象,古今学人异口同辞的评论,促使我们去进一步思索:两宋八闽文化的空前发展,究竟出于什么原因呢?

---

① (宋)梁克家:《淳熙三山志》,文渊阁四库全书本。
② (宋)叶梦得:《避暑录话》卷三。
③ 李约瑟:《中国科学技术史》第四卷第一分册,科学出版社 1975 年版。
④ (宋)陈起编:《江湖小集》卷三三,林尚仁:《端隐吟稿》。

二、两宋八闽文化发展原因探讨

(一)宋代福建经济与文化发展

翻开福建开发史,我们发现,不独文化的发展为然,福建的经济发展在两宋也出现了一个高潮。我们认为,文化与经济的两个发展高潮是如影随形,息息相通的。

福建经济的开发,可追溯到秦汉之前的茫茫岁月。西晋末年以来,中原几度动乱,北人不断大规模南迁,遂使北方先进的生产技术与福建丰富的生产资源日益结合起来,福建经济逐渐发展。经隋唐到五代,福建的经济水平已有长足的进步。韩国磐先生在《五代时南中国的经济发展及其限度》一文中,对五代时期福建经济发展的新水平,从农业的发达,经济作物的发展,水利的兴修,手工业、商业的繁荣等多方面做了总结。不过,他也指出:

> 由于生产工具和技术的低下,各地经济发展的不平衡与经济联系的不够密切,更使生产工具和技术的发展受到阻碍,由于南方诸国处在分离割据状况,从政治上加强了封建经济自给自足的状态,妨碍了经济交流;由于南方诸国在一定程度上的剥削也相当严重,妨碍了财富的积累和再生产,因此,对经济的发展起了很大的限制作用。[①]

这些原因,同样规定了五代时期福建生产力发展的限度。尽管如此,五代时期福建经济水平的增长,仍是宋代福建经济继续发展的前提。

北宋的建立,结束了五代十国的分裂割据局势,也打破了此前福建经济的封闭状态。福建大大加强了与国内外的生产技术和产品的交流。史载不少事例是具有典型意义的。例如,"占城稻"在真宗大中祥符五年(1012年)从福建向江淮、两浙地区传播。福建在北宋大面积推广双季稻,又于南宋初年初步推

[①] 韩国磐:《隋唐五代史论集》,三联书店1979年版,第265页。

行稻麦复种制。① 又如，以泉州港为中心的海外贸易的空前繁荣。再如，多种经济作物如茶叶、甘蔗、棉花、水果等在福建大片种植、大宗出品，初步出现商品化的倾向。这些重大经济现象反映了宋代福建经济与国内外的交流空前活跃，有力地说明宋代福建的生产力的内涵与外延均大大突破了五代时期的限度，区域性经济形成前所未有的发展高潮。我们必须以此为前提条件去探讨宋代福建文化空前繁荣的原因，阐明二者之间存在的间接或直接的联系。以下从四方面略做阐述。

首先，"人们首先必须吃、喝、住、穿，然后才能从事政治、科学、艺术、宗教等等"。② 马克思主义揭示的这个基本事实，包含着经济影响文化发展的丰富的内容。宋代福建经济的发展也不例外。我们可以户口增长为例做说明。

唐元和年间 （806—820 年）	北宋初 （980—989 年）	宋元丰三年 （1080 年）	南宋嘉定十六年 （1123 年）
74 467 户③	467 615 户④	992 087 户⑤	1 599 214 户⑥

上表的数字说明，从唐元和年间至南宋嘉定年间的 300 余年内，福建户口数增长了 21 倍多。大家知道，在封建自然经济的一定发展时期，尤其是地区经济尚待开发的具体阶段中，劳动力的增加可直接促进生产力的发展。所以，福建劳动力在两宋时期成倍地增加，就使得一家一户的个体小农经济更有能力去开垦耕地和精耕细作。当时福建农民勤劳地向水争田，向山争田，湖田、梯田一片片地围垦出来，耕地利用率很高，《宋史·地理志》指出："虽硗确之地，耕耨殆尽。"同时，由于福建毕竟多山靠海，耕地有限，充裕的劳力不得不转而致力于精耕细作和发展经济作物。对此，宋人陈傅良在《桂阳军劝农文》曾比较说：

---

① （宋）庄绰：《鸡肋篇》卷上云："建炎之后，江、浙、湖、广、湘、闽，西北流寓之人遍满。绍兴初，麦一斛至万二千钱。农获其利，倍于种稻。而佃户输租，只有秋课，而种麦之利，独归客户，于是竞种春稼，极目不减淮北。"

② 恩格斯：《马克思墓前的讲话》，《马克思恩格斯选集》第三卷，人民出版社 1995 年版。

③ 据梁方仲：《中国历代户口、田地、田赋统计》，甲表 27，上海人民出版社 1980 版。

④ 据梁方仲：《中国历代户口、田地、田赋统计》，甲表 35，上海人民出版社 1980 版。

⑤ 据梁方仲：《中国历代户口、田地、田赋统计》，甲表 39，上海人民出版社 1980 版。

⑥ 据梁方仲：《中国历代户口、田地、田赋统计》，甲表 39，上海人民出版社 1980 版。

> 闽浙之土，最是瘠薄，必有锄耙数番，加以粪沃，方为良田。此间不待施粪，锄耙亦稀，所种禾麦，自然秀茂，则知其土膏腴，胜如闽浙。然闽浙上田，收米三石，次等二石，此间所收，却无此数，当是人力不到，子课遂减。①

由见可知宋代福建粮食亩产量的提高，主要是农民精耕细作所致。

宋代福建人口迅速蕃衍，对文化的发展产生了很大的影响。社会生产力提高了，劳动人民创造的社会总财富增加了，社会上可以脱离农业生产而专门从事文化活动的人大大增加，这就从人力物力上对福建文化的迅速繁荣提供了较充裕的物质基础。

其次，福建经济在宋代的发展，也为当地文化的发展提供了直接的有利的物质条件。例如造纸业，福建拥有丰富的毛竹、楮皮、厚薄藤等造纸原料，造纸业在宋代相当发达。据《淳熙三山志》卷四一《土俗类·物产》记载："竹纸出古田、宁德、罗源村落间，楮纸出连江西乡，薄藤纸出侯官赤岸，厚藤纸出永福。"可知仅福州之属县几乎都产纸。建阳的"书扣"是印书的名品。清人郭柏苍在《闽产录异·货属》中说："建阳扣，土人所呼为书纸，宋、元麻沙板书皆用此纸。"造纸业的发达，不仅为福建学人从事文化活动提供了便利条件，更重要的还有力地促进了福建刻书业的发展。

宋代福建以建安为中心的书籍刻印业，是宋代三大中心之一。叶德辉的《书林清话》指出："宋代刻书之盛，首推闽中，而闽中尤以建安为最。"长汀四堡"皆以书籍为业，家有藏版，岁一刷印，贩行远近。"②建安书籍的印刷，既有官方出资刊行的，也有私家雕镂印制的，书坊有30多家，生产规模庞大，传播广泛。朱熹就指出："建阳版本书籍行四方者，无远不至。"③

雕版印刷术的发明与普遍推广，大大推动了宋代文化的普及与提高。宋人对此深有体会。例如，宋真宗时，国子监祭酒邢昺奏曰：

> 臣少时业儒，观学徒能具经疏者百无一二，盖传写不给，今板大备，士庶家皆有之，斯乃儒者逢时之幸也。④

---

① （宋）陈傅良：《止斋先生文集》卷四四，文渊阁四库全书本。

② （清）杨澜：《临汀汇考》卷四〇。

③ （宋）朱熹：《朱文公文集》卷七八，《建宁府建阳县学藏书记》。

④ （宋）李焘：《续资治通鉴长编》卷六〇，"真宗景德二年五月戊辰"条。

　　邢昺的亲身经历从一个侧面揭示了北宋物质财富的增殖与文化发展的密切关系。反观宋代的福建,其时造纸业与刻书业两相促进,它们既是当时当地的文化发展到一定程度的结果,同时也有力地促进了当时当地的文化的进一步繁荣。最明显的一个影响,是宋代福建民间藏书极为丰富。当时仅兴化军就出现了不少名闻遐迩的藏书家,如方略的"万卷楼"、方渐的"富文阁"、方于宝的"三余斋",均以藏书成千上万卷著称。南宋永嘉人陈振孙撰写《直斋书录解题》,即是利用宦游在兴化一带阅读了郑氏、方氏、吴氏、林氏等家的藏书五万余卷,才得以完成这部著名的目录学著作的。可见,由于当地造纸业与刻书业的发展,"近水楼台先得月",宋代福建各地拥有丰富的图书文籍,犹如饱满的乳汁,哺育了大批文化人材。

　　又次,福建经济的发展,为当地文化活动提供了研究的新题材。这可以福建茶叶生产与闽人撰著茶书为例说明。唐人陆羽写成中国最早的一部茶叶专书《茶经》,书中对福州茶叶语焉不详,只说"往往得之,其味甚佳"。① 宋代闽人甚深缺憾,后来蔡襄、宋子安、黄儒与熊蕃、熊克父子等先后写了《茶录》《东溪试茶录》《品茶要录》《宣和北苑贡茶录》等几部茶书,介绍与研究了建溪茶的种植、采制、售鬻、品尝等情况。清人在《四库全书总目》中著录茶书7部,宋代闽人撰著的就占了4部。此外,见知的宋人茶书,还有丁谓的《茶图》、赵汝砺的《北苑别录》,也是以建溪茶为研究对象的。唐宋人对福建茶叶的态度何以略详冷热如此不一呢?究其原委,系因福建茶叶生产状况在唐宋之间悬殊甚大所致。我们知道,饮茶之俗风靡全国,是在唐开元天宝年间。在中原习俗与生产技术的影响促进之下,闽北在唐中叶亦初步形成茶区,不过,茶叶生产的数量和质量尚待提高。经唐末入五代,才有北苑茶脱颖而出,成为时尚上品。到宋代,建安一带已发展成福建最大的茶区,质量称冠,时人说:"建安茶品甲于天下。"②当地制茶业繁荣,有"官私之焙千三百三十有六",其中除三十二所是官焙之外,余皆民间经营。③ 产品除上贡皇宫之外,远销北方与海外。正是在这种福建茶叶的生产与销售空前繁荣的新经济形势下,蔡襄等人才有必要和可能去著述新茶书,例如蔡襄在《茶录》中记事19条,直接援引建安人制茶、品茶经验的就有7处。对于此中奥妙,熊蕃在《宣和北苑贡茶录》开篇即指出:

① (唐)陆羽《茶经·一之出》。
② (宋)宋子安:《东溪试茶录》,文渊阁四库全书本。
③ (宋)宋子安:《东溪试茶录》,文渊阁四库全书本。

陆羽《茶经》、裴汶《茶述》皆不第建品。说者但谓二子未尝到闽,而不知物之发也,固自有时,盖昔者山川尚阅,灵芽未露。至于唐末,然后北苑出之为最。

这段话很好地说明,宋代闽人开展关于茶叶的文化活动,是当地茶叶经济发展到一定程度而"水到渠成"的结果。

再如蔡襄写《荔枝谱》亦然。蔡襄在书中写道:"荔枝之于天下,唯闽粤、南粤、巴蜀有之……闽中唯四郡有之,福州最多,而兴化军最为奇独,泉漳时亦知名。"显然他也是在宋代福建荔枝名品繁多的触发之下,方提笔描绘出《荔枝谱》这朵古代文化的奇葩。

根据上举例证,我们有理由认为,宋代福建新经济成分的增长,为当地的文化活动提供了新题材,是促进宋代八闽文化繁荣的有利因素之一。

最后,宋代福建经济的繁荣,改善了她在全国的形象,有利于加强与外地的文化交流。唐代福建经济在全国仍属落后,汀、建、漳等州还是贬官之所,外省人视为荒僻之地,多以宦闽为畏途。到了宋代,由于经济的迅速繁荣,福建在外省人眼中的形象改变了。司马光送元绛赴任福唐,赠诗曰:"瓯越东南美,田肥果稼饶。"[1]可视为一种代表意见。这种变化显然有利于福建与外省交流文化人材。同时,宋代泉州是海外贸易的重要港口,遂成五方荟萃之处。外国的多种宗教、建筑艺术等文化结晶通过泉州港口传入,也对宋代福建文化产生了广泛的影响。这只要观瞻泉州现存丰富的宋代宗教石刻、外国建筑遗迹,就可以想见当年中外文化互相渗透的盛况了。[2]

概括上述,我们认为,宋代福建文化之所以突然呈现一派繁花勃发的绚丽景象,首先应归功于当时当地经济水平的陡涨而为之铺垫的丰厚土壤。

(二)宋代福建文化繁荣的政治原因

这里只着重探讨两点。

第一,宋代的科举选官制度,对福建文化的发展,起了比唐代科举制更为强烈的刺激作用。

赵宋政权为修筑维护封建统治的堤防,有效地更新官僚阶层的成分,继承发展了隋唐的科举制度,尤其是进士科。不过,宋代的进士科比起唐代有不少

---

① (宋)司马光:《传家集》卷一四,文渊阁四库全书本。
② 吴文良编:《泉州宗教石刻》,科学出版社 1957 年版。

变化,主要有:

其一,取士名额远比唐代为多。唐代进士科每科录取人数甚少,最多也不过 40 多人。而宋朝一开科取士,录取人数便急剧扩大,如太宗太平兴国二年(977 年)举进士 109 人,南宋每科进士及第动辄以四五百人计。

其二,进士的政治与经济待遇远比唐代的优裕。唐人考取进士后,须再经吏部考试,考中后才得授与官职。否则,须得到地方节度观察使的推引,先担任幕僚,然后中央朝廷才正式授与官职。韩愈三试吏部而不中,颇费了一番周折才被正式命官。宋代则不同。宋人一考中进士即可居官,"登上第者,不数年辄赫然显贵矣"。① 同时,宋代荫官远比唐代为滥,大官不止荫及子孙,还可荫及亲戚外姓乃至门客。比较起来,唐代的进士虽为"士林华选",却与高官厚禄仍有一定的距离,而宋代的进士与高官厚禄则是身影相随的。福建士人在唐代考中进士的只有 58 人,从科举中沾益甚微。一入宋代,赵宋政权的科举制突然在福建士人面前展开一片宽广的仕途,加上南方经济在宋代愈形重要,南方地主阶级可以在封建政权中分享更多的权益,于是,宋代福建士人为触手可及的利禄所吸引,热心功名,由此在客观上也刺激了文化的普及与发展。

当然,科举制在一定程度上刺激了文化的发展,这是唐、宋的普遍性原因。应该进而指出,宋代以诗赋取士的科举形式,对擅长诗赋的福建人士尤为有利。福建文化发展较迟,与北方相对而言,经学的根基不厚,而诗赋的传统则较好。唐中叶是福建文化发展的一个关键阶段。当时在进士科的刺激下,以及在以诗歌为主流的时代文学的熏陶下,福建出现了一些擅长诗赋的文人,如欧阳詹、许稷、陈黯等,对后辈颇有影响。而唐末五代曾对福建文坛发生较大影响的一批流寓文人,如韩偓、徐寅、黄滔等,均以诗赋擅名。宋代闽人继承发扬了当地的文学传统,以诗赋竞技文坛而渐有优势。苏轼说:"臣本蜀人,闻蜀中进士习诗赋者十人而九。及出守东南,亲历十郡,及多见江南、福建士人,皆争作诗赋,其间工者已自追继前人,专习经义,士以此为耻。"②《宋史》称:"宋以词赋取士,季年惟闽、浙赋擅四方。"③由此可知,两宋时期福建科名之盛甲天下,并非偶然。据《闽大记》的记载统计,宋代闽人中进士有 5 985 人,其中北宋有 2 503 人,南宋有 3 482 人,较诸唐代的 58 人,可谓天渊之别。当然,封建科举的舞弊现象严重,不过,其中也挑选得不少具有真才实学的人物。例

① 《宋史》卷一五,《选举志一》。

② (宋)李焘:《续资治通鉴长编》卷四三四,"哲宗元祐四年十月甲寅"条。

③ 《宋史》卷四五〇,《忠义传五·尹谷》。

如,若对两宋的宰相的籍贯做统计,则可发现,北宋宰相计 72 人,福建占 10 人,仅次于河南,居全国第 2 位;南宋宰相 62 人,福建有 8 人,仅次于浙江、江西,居全国第 3 位。[①] 我们从宋代福建产生了空前庞大的进士集团这种事实,可以推断宋代科举制确是促进福建文化发展的有效因素。例如莆田,宋人游醡在《通判题名记》称:"比屋业儒,号衣冠盛族,至今公卿相望。"[②]

第二,宋代政治中心南移,也是促进福建文化发展的原因。唐代政治中心在西北长安,北人视福建为荒远之地,而闽人也不以入京宦游为乐。唐德宗贞元八年(792 年),晋江人欧阳詹与韩愈、李绛等人同登"龙虎榜",荣耀一时。可是,他由闽辗转入京,却不免流露出孤寂的心情,对人说道:

> 某代居闽越,自闽至于吴,则绝同乡之人矣,自吴至于楚,则绝同方之人矣;过宋由郑踰周到秦,朝无一命之亲,路无回眸之旧。[③]

欧阳詹所描述的唐代闽人北上仕宦的稀疏状况,既是当时福建经济与文化尚属落后的相应反映,也是当时福建远离政治中心的必然后果。

北宋建都开封,政治中心东移,南宋偏安杭州,这就为福建与外地的文化交流、人才交流提供了较前代有利的条件。正如明人丘濬在《大学衍义补》卷八六所解释的:"朱子曰:岂非天旋地转,闽、浙反为天地之中。闽、浙在东南海尽处,难以为中。朱子盖以声明文物通论天下,非论地势也。"北宋杨时北上洛阳向程颢、程颐求学,导致"道学"(洛学)南传,开创"闽学派"的先河。南宋朱熹以闽北为学术中心,广招福建及巴、蜀、江、湖士人为门生,弘扬"闽学派",就是与政治中心南移密切相关的文化交流的典型例证。至如南宋史学家郑樵手提自撰著作 200 卷,从家乡兴化徒步上南宋首都临安(即杭州)伏阙献书,被朝廷收存"秘府",若非政治中心南移,恐怕也难于靠步行而得遂心愿。

(三)宋代福建私学和官学并盛的教育基地与文化发展

福建的教育机构,在唐代处于初萌状态,只在唐中叶才见到官私办学的个别事例。如漳州府陈炯设"松州书院",作为与士民讲学之处,是见于地方文献

---

① 张家驹:《两宋经济重心的南移》,湖北人民出版社 1957 年版,第 133~134 页。
② (乾隆)《福建通志》卷九,《风俗》,文渊阁四库全书本。
③ (唐)欧阳詹:《欧阳行周集》卷三,《上郑相公书》,文渊阁四库全书本。

的有关唐人在闽办私学的较早记载。① 建中初年（780 年），常衮任福建观察使。"始，闽人未知学，衮至，为设乡校，使作为文章，亲加讲导，与为客主钧礼，观游燕飨与焉，由是俗一变，岁贡士与内州等。"②这是官方办学的先例。五代时期，闽王王审知礼贤下士，笼络了一批流寓文人，"建学四门，以教闽士之秀者"。③ 说明其时福建的教育事业并未中断。不过，福建教育事业的蓬勃发展，也是在两宋时期。其时私学与官学并兴，数量之多，规模之大，组织之严密，制度之完备，都说明福建的教育事业发展到一个高潮阶段。

先说官学。宋朝为了培养封建官僚的后备力量，相当注意兴办官学，尤其在仁宗"庆历新政"与神宗时王安石的变法运动中，都发起过大规模的兴学运动，从而推动了福建官学的兴办与发展，县学和生员的数量陆续增加。徽宗崇宁五年（1106 年），"建州浦城县学生，隶籍者至千余人，为一路最，县丞徐秉哲特迁一官"。④ 据福建各地方志记载看来，福建的官学系统在南宋中叶渐趋完备，几乎各县都创办或复兴了官学，增拨学田，扩召生员。

不过，宋代福建私学的教育效能远比官学为大。尤其到了南宋，私学已发展到繁盛的阶段，聘师办学成为普遍的社会风气。成书于淳熙九年（1182 年）的《三山志》，其卷四〇《土俗类·岁时》"入学"条有一段记载颇说明问题，移录于下：

> 每岁节既五日，各遣子弟入学……凡乡里各有书社。岁前一二月，父兄相与议，求众所誉，学识高，行谊全，可以师表后进者某人，即一二有力者，自号为鸠首，以学生姓名若干人，具关子，敬从谒请，曰："敢屈某人先生来岁为子弟矜式，幸甚。"既肯可，乃以是日备礼延致，诸子弟迎谒再拜惟恐后。远近闻之，挈筐就舍，多至数百人，少亦数十人，闻有年四五十，不以老为耻。……风俗如是盖旧矣。龙昌期咏福州诗云："是处人家爱读书"；程守师孟诗云："城里人家半读书"；又云："学校未尝虚里巷。"自周希孟、陈烈先生以来，以德行经术警悟后学，自是乡邑有所推择，莫不尊敬畏

---

① （清）魏荔彤修、蔡世远等纂：《康熙漳州府志》卷七，《学校·漳州府书院》。按，据（乾隆）《福建通志》卷四四《人物·兴化府二》"郑露"条称："莆至陈时犹未知学。露与其弟庄淑从永泰徙莆，据南山之胜，构书堂以修儒业，莆人化之，遂为开莆来学。"此则是追述至陈朝的私人办学动人传说。

② 《旧唐书》卷一五〇，《常衮传》。

③ （宋）陆游：《南唐书》卷二五，《灭国传·闽国王氏》。

④ 《宋史》卷一五七，《选举志三·学校试》。

服。近三十年以前尚然也。……三十年之后，生以趋试上序，率游学四方，而先生亦各开门以来者，事师之礼浸衰，教非旧俗也。

　　这则史料详细地描述了宋代福州民间好学尊师的习俗，指出尽管后来尊师风气受到科举之利的毒害，但私学遍布全城的状态并未改观。据其他方志的记载，宋代闽人好学的时尚不独福州一地为盛，如莆田也有"三家两书堂"之谚，①有"比屋业儒、俊造如林"，"诗书为八闽之甲"之称。② 抹去封建史书的溢美色彩，我们仍应该肯定宋代福建民间办学相当普遍这一基本事实。

　　宋代福建的私学既多，培养的学生亦众。我们知道，福建的私学与官学，和其他地方的学校一样，都具有为科举制服务的目的，反过来科名之利又促进私学与官学的发展。史载，北宋元祐五年（1090年），福州举士3 000。南宋乾道元年（1165年）秋试，福唐"投家状于有司者凡一万七千人，乡举之众，天下莫比，亦闽中昔日所未有也"。淳熙元年（1174年），福州应试者增至两万人。③这些考生多是出自私学。私学的教育效能于此可见一斑。另外，由于官学有生员的限制，教育制度比较松弛，相比之下，私学具有不限生员、鼓励自由读书和自由讲学的优点，教育质量较高。

　　南宋时期福建私学的发展，与朱熹的倡导躬行密切相关。朱熹以其渊博的学问、丰富的著作及诲人不倦的精神赢得士人的师崇。他毕生热心倡学，不仅倡办官学（如在福建同安、漳州任官时，积极地扩建州县之学），而且倡兴私学。他修复江西白鹿洞书院，为南宋书院制度发达的发轫。由于朱熹一生求学、治学与讲学的主要活动都在福建进行，因此他的活动更是直接促进了福建私学的兴旺。朱熹在闽北曾有过3个学术基地，即崇安的紫阳书室、武夷山的武夷精舍和建阳的考亭书院（亦称沧州书院）。他主持的私学，在组织上和教学上都具有创造性的特点，例如私学既是教学机构，又兼搞学术研究；教学实行"门户开放"，启发学生的思维，培养学生的自学能力；师生关系比较融洽等等。朱熹在福建成功地开展了三四十年的私人讲学活动，培养了一大批学问深湛的文化人才，且多为福建人。据《朱子实纪》《福建通志》《宋元学案》等书记载，可考的福建籍朱子高徒达150多人，散布于福建的29个县。这批门徒效仿先师，纷纷在各地讲学，对当地文化的发展起了推波助澜的作用。例如闽

①　（宋）李俊甫：《莆阳比事》卷六，江苏古籍出版社1988年影印《宛委别藏》本。
②　（明）李贤等：《明一统志》卷七七，《莆田县》引《郡志》，文渊阁四库全书本。
③　（宋）梁克家：《淳熙三山志》卷七，《公廨·试院》，文渊阁四库全书本。

县黄勉斋(斡),辞官归里后,"弟子日盛,巴、蜀、江、湖之士皆来,编札著书,日不暇给;夜与之讲论经理,亹亹不倦;借邻寺以处之,朝夕往来,质疑请益如(朱)熹时"。[①] 又如龙溪的陈淳讲学于闽南,"漳泉人士争师之,淳讲解率至夜分无倦色"。[②] 总之,经由朱熹倡导、后人发展的书院机构,于官学之外另辟教育阵地,推动了宋代福建文化的发展,成为宋代福建教育事业的一个特色。

依上所述,我们认为,宋代福建拥有官学与私学并盛的较为宽广的教育基地,文化的普及与学术的繁荣相得益彰,遂蔚为宋代福建文化繁荣的绚丽气象。

宋代是福建文化发展的辉煌时期,而造成这一历史现象的重要原因究竟是什么呢? 这既是研究福建文化的一个有意义的课题,就是对研究宋代文化发展的全局也不无启迪。本文对此提出一些探讨性的意见。有的学者已指出:"文化领域的相对独立性,要求我们对每一特定历史时期的各种文化现象的研究,不仅需要指出它与当时的经济、政治的关系,不仅需要对阶级社会某种具有阶级性的思想文化作出阶级的定性分析,而且要找到经济、政治与文化相互联系的一切中介环节。尤其要具体研究特定时期的各种文化形式与其前辈的继承及其对后来者的影响,研究各种文化形式之间的相互作用和相互影响。"[③]这种意见对本题是很有指导意义的。不过,为个人学识所限,本文所论甚为肤浅,尚待进一步加强研究。而之所以妄发议论,私意在于希望能引起大家对区域性文化状况的研究兴趣。不当之处,敬请指正。

---

① 《宋史》卷四三〇,《道学传四·黄斡》。

② 《宋史》卷四三〇,《道学传四·陈淳》。

③ 丁守和、蒋大椿:《试论文化史的研究对象和途径》,《中国文化研究集刊》第一辑,复旦大学出版社1984年版第88页。

郑樵治学道路试探

南宋史学家福建莆田人郑樵,是中国文化史上著名的博学多能者。他一生的著作有八九十种之多,尽管大部分湮没无存,完整留传至今的只有《通志》一部,但仅凭这一部通史体的史学巨著,就足于确立郑樵在我国史学史上的不朽地位。当代史学家吕振羽曾赋诗称赞郑樵与《通志》云:

> 史通莆郑著新编,门类略析脉络全。
> 食货艺文颠主次,古今通变叙禅缘。
> 敢提疑伪同知己,忍摭传闻近史迁。
> 未若船山阐理势,广搜博引仰莆田。[①]

充分肯定了郑樵治学的宏大气魄、大胆批判和独创精神。

这样一位造诣精湛的史学家,却是自学成才的。这不能不引起我们探索其治学道路的浓厚兴趣。

郑樵自小居家读书,十六岁时(宣和元年,1119 年)到家乡的越王峰下布置了一间茅庐,粗衣淡食,继续刻苦自学,潜心学术,立志著述,决心毕生献身于传统文化事业。不久,他的堂兄郑厚也到越王峰下,兄弟俩同窗共读,达六年之久,相得益彰。郑樵与郑厚共读的这段经历,多为研究郑樵的人们所疏忽。我们认为,研究郑厚对郑樵的早期影响,是探索郑樵治学道路的重要一环。

郑厚字景韦,年长郑樵四岁。据说他"四岁闻人读书能默记,七八岁通经解旨,作诗文皆出人意表。稍长,下笔成章,援引古今议论,不为空言"。[②]郑

---

① 北京图书馆编:《文献丛刊》第一辑。
② (明)周华:《福建兴化县志·郑厚传》,1936 年重刊本。

厚是个"通才",不仅兼通五经,而且旁通吏治和军事。地方志传载他"器识高远,诸子百家靡不淹贯,见理如破竹,迎刃而解,作文从肺腑流出,自然根本超脱,别成一家"。① 言下虽不未免过誉,但仍可相信郑厚是个天资聪颖、学识相当渊博的人。乾隆年间修撰的《福建通志》卷六八《艺文志一》有郑厚的著作存目六种,即《存古易》一卷,《湘乡文集》二十卷,《艺圃折衷》一卷,《诗杂说》十卷,以及与郑樵合著的《二郑诗集》一卷,《二郑六经图辨》一卷。亦可为证。

郑樵很钦佩堂兄的才气横溢、博古通今,谦恭地待之如师,在共读期间主动承担了析薪、汲水、烹炊等日常杂务。这一对年纪相仿的堂兄弟,在性格上是有差异的。用他们自己的评语,厚是"逸迈",樵则"幽邃"。换句话说,郑厚才华横溢,锋芒显露;郑樵则内涵精妙,含蓄深沉。这种性格上的差异,也反映在治学上。郑厚才思敏捷,"见理如破竹,迎刃而解,初无留手";郑樵则坚韧勤奋,"见理如攻坚木,终自擘折,稍迟耳"。郑厚下笔"如狂澜怒涛,滚滚不绝";又"如迅马历陇陂,终日驰骋而足不顿,且无蹶失"。郑樵著文"如悬崖绝壁,向之瑟然,寒人毛骨";又"如大匠抡材,胸中暗有绳墨"。在处事上,"厚应变多方略,樵迟纯有隐思"。尽管如此,他们共同探讨学问,互收切磋琢磨之益。譬如,据他们自己的评判,属文著作,"厚得之易,得樵而后峻;樵得之纷,得厚而后理。厚得樵而城壁固,樵得厚而朱紫分"。② 大意是说:郑厚写文章出手快,和郑樵商讨后立意更高峻;郑樵构思文章思路广而有些纷杂,经郑厚剖析后文理更清晰。郑厚的文章华丽,吸收郑樵的意见后就显得稳重坚实;郑樵的文章质朴,经郑厚的润饰则文采更鲜明。这则材料有力地说明他们是如何的相得益彰。

因此,郑厚"兼通"的治学风格必然要对郑樵产生影响。当年他是效仿郑厚,专心钻研儒家经典和其他古籍,先求"兼通"的。陈衍编纂的《福建通志·郑樵传》载:"年十六……结庐越王山下,从兄厚苦学,亲执爨养,遂赅博。"传文注意到郑樵的"赅博"与受郑厚影响的关系,是正确的。但是,文辞之间把郑樵的"赅博"全归于郑厚,却不尽然。郑樵的"赅博"学问的形成,尤其是他的治学风格由"兼通"跃变为"会通",必须着重从他自身去找答案。

综观郑樵治学的道路,其成功的经验大致有五点:

第一,善于利用图书资料,博览群书。

南宋的莆田,私人藏书非常丰富。如方略的万卷楼、方渐的富文阁、方于

---

① (明)周华:《福建兴化县志·郑厚传》,1936年重刊本。
② 郑樵:《夹漈遗稿》卷三,《与景韦兄投宇文枢密书》,文渊阁四库全书本。

宝的三余斋以及林霆家,均以藏书成千上万卷而闻名遐迩,郑樵都一一去求读过。很快地,"莆中故家多书者,披览殆遍,犹以为未足",便出游搜访图书。"周游所至,遇有藏书之家,必留借,读尽乃去"。① 乍看之下,郑樵似乎是信步漫游,遇书才读,其实不然。他是依据一套严谨的求书方法,即后来写进《通志·校雠略》中的求书八法,去访求与阅读图书的。

所谓求书八法,简略地说,一曰"即类以求":哪一类学科的书籍,访求于哪一类专门家,如乐律之书,访求于官府乐工和民间乐人。

二曰"旁类以求":有些书,可以到与之有点关联的人那儿寻求,例如《周易》一类的书,往往可在阴阳五行家手中见到。

三曰"因地以求":例如有关人物传记的书,可到传主的重要活动地区去找,有关某地风土人情的书,可到当地去找。

四曰"因家以求":到著者的后裔家中,访求世上已失传的该作者的书。

五曰"求之公":访诸官府的藏书机构。

六曰"求之私":访求于民间的藏书家。

七曰"因人以求":某人从某地解官归来,去访问他是否有收藏珍贵图籍。

八曰"因代以求":当代人写的书,当代就要及时搜求。

求书八法,仿佛一张经纬交错的密网,凭借它,郑樵花了十年时间,竭力网罗海内图书。到四十五岁时,郑樵相当自信地在《献皇帝书》写道:"今天下图书,若有若无,在朝在野,臣虽不一见之,而皆知其名数之所在。"② 可知他下了多大的苦功。宋人也说:"惟有莆阳郑渔,读尽天下八分书。"③ 说明郑樵之博览群书,是时人公认的。

第二,讲求科学的治学方法。

郑樵治学极为推崇司马迁的"会通之义",也怀有"通古今之变,成一家之言"的抱负。为实现自己的抱负,他认为讲求正确的治学方法是很重要的,说:"善为学者,如持军治狱,若无部伍之法,何以得书之纪? 若无覈实之法,何以得书之情?"④ "覈实"二字,便是郑樵的治学要法。根据他的实践活动加以考察,我们认为他所谓"覈实"具有两方面的意义:一是要注意对文献的考订、辨伪,不轻信盲从;二是反对只读死书,强调要到实践中去印证书本知识,去探索

① (明)周华:《福建兴化县志·郑厚传》,1936 年重刊本。

② 郑樵:《夹漈遗稿》卷二,《献皇帝书》,文渊阁四库全书本。

③ (明)陈循等:《寰宇通》卷四六,《人物》,"郑樵"条,《玄览堂丛书续集》本。

④ 郑樵:《通志·图书略》。

书本未记载的知识。

郑樵运用覈实之法，卓有成效。从残存的《诗辨妄》和《尔雅注》可以知道，对前代儒家经传他采用校勘对比的方法，纠正了前人的不少谬误。诚如明人所言："樵于学无所不通。其论《书》，则先按伏生孔壁之旧，与汉儒所传、唐世所易，以辨古今文字之所讹传。其传《春秋》，则首考三家之文，参以同异，而断其简策传写于中耳授受之互有误，其说《诗》，则辨大小之文，别风、雅、颂之音，正二南王化之地，考鸟兽草木之实，类皆信而有证。"①

郑樵多次指出"读书"与"学问"有不同的效用，反复强调要注重"学问"。他说："凡书所言者，人情事理可即已意而求，黄遇所谓'读书百遍理自见'也。乃若天文、地理、车舆、器服、草木、虫鱼、鸟兽之名，不学问，虽读千回万复，亦无识也。"②他为了写《昆虫草木略》，曾"与田夫野老往来"。为了学习天文，他"昼理简编，夜观天象"。为了考察山川地理的变迁和扩大眼界，他出游名山大川。

南宋的儒生，一者受鄙视稼穑的旧观念束缚，二者为科举仕进的利禄所笼络，三者逐渐沉迷于程朱理学的"格物致知、正心诚意"的浊流之中，迂腐者颇多。而郑樵却能提倡覈实之法，能深入实践之中，向田夫野老学习，表现出他超越一代宋儒的卓识。

第三，富于批判精神，勇于创新。

郑樵运用覈实之法，博览群书，善于发现前人未觉察或搞错了的问题。在疑难面前，他不为传统看法所囿，敢于破旧藩篱，勇于创新。最能体现郑樵的独创精神的著述，当推《通志·二十略》。郑樵在《通志·总序》述及颇为自豪，后世学者也多加肯定，兹不赘述。

这里想另举郑樵对《诗经》的研究为例作证。大家知道，唐人孔颖达作《毛诗正义》，系集结唐以前《毛诗》各家学说的一部注疏，《四库全书总目提要》说它"融贯群言，包罗大义"。从唐至北宋，绝大多数儒生对《诗经》的解释，都沿袭《毛诗正义》的成见，不敢越雷池一步。而郑樵却敢发异端，独树一帜。譬如，他批判《毛诗正义》对《诗经》的笺释方法，认为注释必须区分"应释"与"不应释"两种情况。所谓不应释者，是指"义理"。他认为可以让学者自己去揣摩，若"有注释则人必生疑，疑则曰此语不徒然也，乃舍经之言而泥注解之言；

---

① （明）郑岳编：《莆阳文献》。

② 郑樵：《夹漈遗稿》卷二，《寄方礼部书》，文渊阁四库全书本。按，黄遇句，文渊阁四库全书本郑樵《尔雅注·序》作"董遇有言：读百遍，理自见"。

或者复舍注解之意,而泥已之意以为经意,故去经愈远"。① 所谓应释者,是指有关宫室、器服、动植物等的名称。他认为由于时代久隔,名目演变,后人难识,必须训释。例如"关关雎鸠,在河之洲"句,要注的只是雎鸠为何禽,河洲为何地。至于文理,则应让读者在弄通文字之后自己去思索。郑樵关于笺注《诗经》和其他经书的新见解,无疑是对那班借注释为名以偷塞自己私货的"经学家"的当头棒喝,切中时弊。陈振孙在《直斋书录解题》中,对郑樵及其著作多持门户之偏见,对此却不得不承认:"论注释之害,则名言也!"

再如,郑樵大胆否定《诗序》。什么是《诗序》呢?简单地说,现存《毛诗》的每一篇诗前头,都有一段类似解题的文字,即称《诗序》。《诗序》的内容主要倾向于"以史证诗",就是把每一篇诗和历史上的人物或事件比附起来,从而推断每篇诗是什么时代作的,或是为何事而写的。这样一来,就造成大量的穿凿附会之释。可是汉唐诸儒都迷信《诗序》,尊为孔子或子夏所作的"不刊之言"。到了宋代,开始有一些人怀疑《诗序》的权威性,如欧阳修、王安石、苏辙等,而最大胆的则是郑樵。他在《诗辨妄》中直斥《诗序》"皆是村野妄人所作"。一言既出,真如混沌中的一声炸雷,无疑是为《诗经》研究另辟蹊径。难怪维护《诗序》的清人要说:"唐贞观十六年命孔颖达等因郑笺作正诗,乃论归一定,无复歧途……终唐一世,人无异词。……至宋郑樵恃其才辨,无故而发难端,南渡诸儒始以抨击毛郑为能事。"②清儒指郑樵为抨击《毛诗正义》的罪魁,恰从反面证明了郑樵的批判精神。

郑樵对《诗经》"风、雅、颂"的分类以及"笙歌"问题,均有一家之言,可参见《通志·总序》论乐诗一段,兹不详论。

当然,郑樵对前人的批评和自己的新见解,不可能都是正确的。因为他只凭一人之力,探索了那么广泛的领域,疏漏乖舛,自属难免。但是他在治学的一生中,始终保持着生气勃勃的批判精神和独创精神,是难能可贵的。前人有的抓住郑樵的疏误,大加攻伐,全盘否定,那是不足取的。

第四,有一套长短结合的读书与写作计划。

宋高宗绍兴十八年(1148年),郑樵四十五岁,写成有关经旨、礼乐、文字、天文、地理和虫鱼草木等四十二种专书。从十六岁结庐茅山中,到此时出山奉献部分学术成果,一晃竟过了三十年了。这一万多个白天黑夜,郑樵是怎样度过的呢?他在《献皇帝书》中,给人们开出一份珍贵的时间表和研究成果目录单:

---

① 郑樵:《尔雅注·自序》,文渊阁四库全书本。
② 《四库全书总目提要》卷一五,《经部·诗类一》,"毛诗正义"条。

十年为经旨之学。以其所得者,作《书考》,作《书辨讹》,作《诗传》,作《诗辨妄》、作《春秋传》,作《春秋考》,作《诸经序》,作《刊谬正俗跋》。

三年为礼乐之学。以其所得者,作《谥法》,作《运祀仪》,作《乡饮礼》,作《乡饮驳议》,作《系声乐府》。

三年为文字之学。以其所得者,作《象类书》,作《字始连环》,作《续汗简》,作《石鼓文考》,作《梵书编》,作《分音》之类。

五六年为天文地理之学,为虫鱼草木之学。以天文地理之所得者,作《春秋地名》,作《百川源委图》,作《春秋列传图》,作《分野记》,作《大象略》,以虫鱼草木之所得者,作《尔雅注》,作《诗名物志》,作《本草成书》,作《草木外类》。以方书之所得者,作《鹤顶方》,作《食鉴》,作《采治录》,作《畏恶录》。

八九年为讨论之学,为图谱之学,为亡书之学。以讨论之所得者,作《群书会纪》,作《校雠备略》,作《书目正讹》。以图谱之所得者,作《图书志》,作《图书谱有无记》,作《氏族源》。以亡书之所得者,作《求书阙记》,作《求书外记》,作《集古系时录》,作《集古系地录》。

……未成之书,在礼乐则有《器服图》,在文字则有字书,有音读之书;在天文则有《天文志》;在地理则有《郡县迁革志》;在虫鱼草木则有《动植志》;在图谱则有《氏族志》;在亡书则有《亡书备载》。二三年间可以就绪。

读完上述文字,我们不但要赞叹:在学术的园地里,郑樵真是一位辛勤的耕耘者和勇敢的拓荒者。而且,我们还可以发现郑樵治学有一套长短结合的学习和写作计划,他分门别类地逐项学习各种知识,边学边写,最后在完成各类专著的基础上,才"五十载总为一书",写成了《通志》。无怪乎《通志》能广搜博引,令人叹为巨著了。

第五,也是最重要的,是郑樵毕生保持着一股锲而不舍的勤奋精神。他在少年时的苦读情景是"寒月一窗,残灯一席,讽诵达旦而喉舌不疲劳";"或掩卷推灯就席,杜目而坐,耳不属口不诵而心通,人或呼之再三莫觉"。[1] 可谓专注入神,废寝忘食。到了五十六岁,他回顾道:"困穷之极而寸阴未尝虚度,风晨雪夜,执笔不休;厨无烟火而诵记不绝,积日积月,一篑不亏。"[2]郑樵只活了五十九岁,我们可以大胆地说,他临终之际,只会有著述未毕之叹,而绝无虚掷光阴

---

① 郑樵:《夹漈遗稿》卷三,《与景韦兄投宇文枢密书》,文渊阁四库全书本。

② 郑樵:《夹漈遗稿》卷二,《献皇帝书》,文渊阁四库全书本。

之恨。

在封建时代里,郑樵的劳绩和著作没能得到应有的重视。郑樵曾手提自撰书一百四十卷徒步上临安宫阙献书,虽"诏存秘府",但南宋朝廷却始终未予刊印。绍兴三十二年(1162 年)暮春时节,夹漈山中风雨交集,落英纷纷,郑樵心力交瘁,在贫病之中溘然长逝,其心血凝成的著作也绝大部分先后散失了。但是,他自学成才的道路和治学经验,至今对我们仍有借鉴作用,因而值得很好地加以研究和总结。

台湾回归话施琅

　　台湾自古以来就是我国的神圣领土,在政治、经济和文化等各方面长期同大陆保持着密切的联系。清康熙二十二年(1683年),割据台湾的郑克塽及其部属刘国轩、冯锡范等人在清王朝的强大的军事和政治攻势下,纳土来归。台湾又统一于大陆中央政府的管辖之下,这是台湾开发史上具有重大意义的历史事件。在促成台湾问题和平解决的过程中,担任清军福建水师提督的施琅,在军事和政治诸方面有过突出的贡献。

　　施琅字尊侯,号琢公,福建晋江人。生于1621年,卒于1696年。他少长滨海,壮岁从戎,"通阵法,尤善水战,谙晓海中风候"①。康熙元年(1662年),施琅任福建水师提督。从此,他积极筹划,念念不忘收复台湾,成为康熙皇帝完成统一台湾大业的一名十分倚重的将领。

　　康熙二年(1663年),施琅"鼓将士,乘风浪,直薄金、厦、铜山(今东山)诸岛,连战克之"②,迫使郑氏势力"遁归台湾",孤困海岛。

　　康熙七年(1668年),施琅应康熙诏请,进京面奏攻打台湾的方略。但由于当时康熙正致力于稳定大陆的统治秩序,没能采纳施琅的建议。之后,施琅离福建水师提督职,入京当内大臣,一晃过了13年。在京任职期间,施琅"尝于朝退休闲,翻阅历代二十一史,鉴古今成败及名臣言行可法者,一一具志诸胸中"。③ 显然,如此研读历史,对后来他率军召抚郑氏集团能显示很高的政治水平,无疑有重大的影响。

　　到了17世纪80年代初,清王朝从事统一台湾事业的历史时机成熟了。

---

　　① 李厚基等修,沈瑜庆、陈衍等纂:《福建通志》总卷三四,分卷三二,《施琅传》,1938年刻本。

　　② (清)施琅:《靖海纪事》附录,《钦定八旗通志名臣列传·施琅传》。

　　③ (清)施琅:《靖海纪事·襄壮公传》。

康熙二十年(1681年),清廷平息了为时8年、波及10省的"三藩叛乱",进一步稳定了大陆的政治局面。然而,台湾和大陆的对立状态悬而未解,"以至沿海地方,里闬不宁,时遭兵燹之厄";①"滨海居民,鱼盐蚕织耕获之利,咸失其业"。② 因而,解决台湾问题便成为清王朝极其迫切的政务。而这一年春,台湾的郑经(郑成功之子)病死,其子克塽才12岁,年幼不能主事,实际政务操纵于刘国轩、冯锡范的手中,部下争权,郑氏集团动荡不安。加上长年困守孤岛,郑氏兵不满2万,战船不到200艘,力量日趋衰弱。

鉴于上述情况,康熙决意集中力量解决台湾问题。康熙二十年七月,康熙重授施琅福建水师提督,加太子少保,命他前往福建,"相机进取"台湾。康熙嘱托施琅说:台湾问题一日不解决,"则民生一日不宁"。③ 施琅时年已六十有一,慨然应命。

施琅来到福建前线,挑选水师精兵2万,战船300艘,训练舟师,趣治粮饷,积极备战。根据多年研究,他确定了"先取澎湖"的作战方针。施琅的意图有二:一从军事上着眼,"先取澎湖以扼其吭",可使台湾失去屏藩,郑氏形势立绌;二从政治上考虑,防守澎湖的是郑氏的骁将刘国轩,若"以他将守澎湖,虽败,彼必再战。今以国轩守,败则胆落,台湾可不战而下"。④ 为此,康熙二十二年(1683年)六月,施琅挥戈直指澎湖,决心打好事关能否和平解决台湾问题的关键一仗。

清人赞施琅"沈毅有谋略,用兵务持重,计出万全,不株守摹古人兵法,而出奇动与之合"。⑤ 这话并不夸张。当时有人对六月出师有异议,认为"天方盛暑,恐伤士卒"。施琅毫不动摇,说:"毋惮暑,出不意,攻无备也。"⑥又有人问:"众皆言南风不利,今乃刻六月出师,何也?"施琅分析道:"北风日夜猛。今攻澎湖,未能一战克。风起舟散,将何以战?夏至前后二十余日,风微,夜尤静,可聚泊大洋,观衅而动,不过七日,举之必矣。"可见施琅的六月出师并非趋利冒险,而是熟筹深虑,算定而后战的。

六月十六日,施琅军发铜山,先攻克花屿、猫屿、草屿,乘南风进泊八罩水

---

① 《大清圣祖仁皇帝实录》卷一一一,"康熙二十二年七月丙申"条。

② (清)施琅:《靖海纪事·御制褒章》。

③ 《大清圣祖仁皇帝实录》卷九七。

④ 《清史稿》卷二六〇,《施琅传》。

⑤ (清)施琅:《靖海纪事·襄壮公传》。

⑥ (清)施琅:《靖海纪事·富序》。

道。刘国轩在澎湖苦心经营多年，"缘岸筑短墙，置腰铳，环二十余里为壁垒"，①自谓固若金汤。可是双方舟战一开始，施琅身先士卒，乘楼船突入敌阵，"流矢伤目，血溢于帕，督战不少却"。② 清军士气倍增，顿克虎井、根盘二屿。而后施琅左设奇兵，右置疑兵，自督百余船扬帆直进。"郑氏悉众来拒。清师联络齐进……八队踊跃，奋呼东西，两路夹攻，波涛腾沸"，③遂于二十二日克取澎湖 36 岛。

7 天的澎湖战役打得干净利索，郑氏的精锐被歼，刘国轩只身逃归台湾。郑氏集团震慑无措，陷于"人心风鹤，守则有变；士卒疮疾，战则难料"④的困境。

军事行动完全收到预期的效果后，施琅当即抓住这一有利时机，开展政治攻势，力求和平解决台湾问题。首先，军至澎湖，施琅立即出榜晓谕百姓，"各宜安意生业，耕渔是事"。并宣布"蠲三年徭税差役"。⑤ 这项政施，对台湾军民同样也产生了巨大的政治影响。其次，对在澎湖之役中投诚的郑氏五千余名官兵，施琅分别一一赏予袍帽或银米，伤者给予医药和口粮，愿意回台湾的全部放回，示以宽大。最后，施琅努力争取郑氏集团的上层人物，特意派原刘国轩的副将曾蚩去招抚刘国轩，许诺国轩如果能来归，定论功行赏，保举他任总兵。施琅的这些行动，确实显示了追求和平解决台湾问题的一腔真诚。郑氏官兵闻之相告，"莫不感泣，愿内向"。⑥

但是，郑克塽、冯锡范等某些上层分子对施琅仍存有疑惧，因为，施琅的父亲和亲属曾为郑氏所害。史称：清初，施琅曾在郑成功手下带过兵，后因谋事不合，酿成怨隙。郑成功囚琅舟中，欲加害。施琅用计逃脱，受清招抚。郑氏遂诛琅父大宣、弟显及一子一侄。对历史上的这段怨仇，施琅如何处置，便成为台湾能否和平解决的又一个关键问题。当时，施琅麾下确也有人向他进言，当"雪前冤"。可是，施琅斥之曰："噫！吾为国为民耳，岂沾沾私怨为?"他明确表示：郑氏"若能衔璧来归，当力疏奏赦其罪，毋苦我父老子弟，幸矣!"⑦施琅

① 《清史稿》卷二六〇，《施琅传》。
② 《清史稿》卷二六〇，《施琅传》。
③ 李厚基等修，沈瑜庆、陈衍等纂：《福建通志》总卷三四，分卷三二，《施琅传》，1938年刻本。
④ （清)江日昇：《台湾外记》卷一〇。
⑤ （清)施琅：《靖海纪事·晓谕澎湖安民示》。
⑥ （清)施琅：《靖海纪事·襄壮公传》。
⑦ （清)施琅：《靖海纪事·襄壮公传》。

披露以国事为重,不计个人恩怨的坦荡胸襟,消除了郑克塽等人的疑惧。闰六月初六日,郑氏派人到澎湖施琅军中,请求纳土投诚。施琅果不食言,当即上疏康熙,代为转达。同时,施琅发布《按抚输诚示》,派人带往台湾,及时代表清廷向台湾军民宣布:郑氏集团若能真心来归,"官则不失爵秩之界,民则皆获绥辑之安,兵丁入伍归农,听从其便"。① 希望老百姓"各自安意生业,无事傍徨惊心"。再次表达了和平诚意。

七月二十七日,康熙通过施琅向郑氏集团颁发一道谕旨,又一次明确阐明了清廷希望和平解决台湾问题的愿望。康熙在谕旨中指出:郑氏倘果能纳土来归,不但既往不咎,而且"仍从优叙录,加恩安插,务全得所"。康熙郑重宣告:"煌煌谕旨,炳如日星。朕不食言!"希望郑氏认清形势,"审图顺逆,善计保全"。②

郑克塽等获悉谕旨,"欢呼踊跃",③完全接受了清廷的招抚。统一台湾的历史问题,终于在海不扬波,刃不加血的和平状态下解决了!

八月十三日,施琅率舟师抵台,受到台湾军民的热烈欢迎,"其各乡社百姓及土番,壶浆迎师,接踵而至"。④ 施琅严格执行康熙谕旨,正确处理了一系列问题。

第一,发布《谕台湾安民生示》,文告说:"念土地既入版图,则人民皆属赤子,保义抚绥,倍常加意。官兵不许占住民居,弁不许包揽乡社。樵苏采捕,载运米谷蔬菜,出入港澳,均听民便。农商工贾,经营市肆、乡村,骚扰强买,各严差巡。糖蔗民间物业,严禁兵丁混折。……随征官兵粮饷,船只载运,足给兵食有余,镇营日用蔬菜,市肆买办,照依民价无亏,断不许藉称官力应用,一丝一毫侵取民间。"文告还宣布酌减当年郑氏所定租额的十分之四,"其一切保务迭派什项差徭,尽行蠲免",⑤以减轻台湾人民的负担。施琅的这些措施,使"士民安堵乐业,农不易亩,工不闭肆",⑥暂时维持了台湾的现状,稳定了社会生产和生活秩序。

第二,前去祭祀郑成功之庙。施琅在祭文中肯定了郑芝龙等对开发台湾

---

① (清)施琅:《靖海纪事·按抚输诚示》。
② 《大清圣祖仁皇帝实录》卷一一一。
③ 《清史稿》卷二六〇,《施琅传》。
④ (清)施琅:《靖海纪事·襄壮公传》。
⑤ (清)施琅:《靖海纪事·谕台湾安民生示》。
⑥ (清)江日昇:《台湾外记》卷一〇。

所做过的贡献，并追忆了自己与郑成功之间曾有过"鱼水之欢"的合作关系，[①]再次表示了不念旧恶，以国家大局为重的可嘉精神，从而进一步安稳了郑氏集团上层人物的情绪。

第三，妥善安置郑氏政权的士兵，"入伍归农，听从其便"。[②] 对东南沿海在台之人，愿回原籍的，也拨船送还。

第四，派人护送郑克塽、刘国轩和冯锡范等诸文武眷口安全渡海，移入内地。

应当肯定，施琅处理上述问题是很稳妥合宜的，巩固和扩大了和平统一台湾的积极成果。

这里还要着重指出，郑克塽、刘国轩和冯锡范等一行进京后，康熙确实信守自己的诺言。他授郑克塽正黄旗汉军公，刘国轩、冯锡范为上三旗汉军伯，令有关部门拨给房屋田地。特别对刘国轩在台湾统一之际，"素怀忠诚"，"倡率归诚"，康熙特授他天津总兵官。天津近在畿辅，是直接影响清朝政权中心的一个重要城市，足见康熙对刘国轩毫无猜疑，格外信任。同时，康熙又考虑到他"孤身远来"，在他赴任之际，特于常例之外，赠他"白金二百两、表里二十匹、内厩鞍马一匹"，以壮行色。[③] 刘国轩到天津后，康熙又传谕给他："闻尔家口众多，栖息无所。京城房舍，人有定业，况价值不赀，尔安从得之？今特赐尔第宅，俾有宁居，以示优眷。"[④]可见康熙对刘国轩的关怀相当周全。康熙对郑氏集团"言必信，行必果"，值得称赞。

上述史实说明，在清朝用和平方式统一台湾的过程中，作为前线指挥官的施琅所做的历史贡献是很突出的。后来，清廷封他为靖海侯。

施琅对于台湾问题的另一重大贡献，是力主清廷在台湾设府管辖。郑氏纳土归诚后，清廷对如何治理台湾，曾有过踌躇。朝中有些人认为台湾与大陆悬隔，难以控制，主张"迁其人，弃其地"，而单守澎湖。这种谬论曾一度迷惑了康熙。倘令"迁人弃地"的计划实施，势必极大地影响到对台湾的开发，而更严重的恶果可能会使台湾再次从中国领土中分离出去。在此危急时刻，施琅上《恭陈台湾弃留之利害疏》，对台湾的弃留问题，从政治、军事和经济诸方面做了透彻精辟的分析，坚决反对放弃台湾。

---

① （清）江日昇：《台湾外记》卷一〇。

② （清）施琅：《靖海纪事·安抚输诚示》。

③ 《大清圣祖仁皇帝实录》卷一一五，"康熙二十三年四月丁酉"条。

④ 《大清圣祖仁皇帝实录》卷一一六，"康熙二十四年二月戊午"条。

第一，施琅指出："台湾地方，北连吴会，南接粤峤，延袤数千里。山川峻峭，港道纡迴，乃江、浙、闽、粤四省之左护"，具有重大的军事战略意义。他特别提醒清廷，台湾曾一度为荷兰殖民者所窃踞，而外国人至今尚"时在垂涎"，倘使其"乘隙复踞，必窃窥内地"，"沿海诸省，断难安然无虞"。他反复强调："台湾虽属外岛，实关四省要害"，"断断乎其不可弃"。"弃之必酿成大祸，留之诚永固边圉。"

第二，施琅详细陈述了开发台湾的巨大经济价值。他说："臣亲历其地，备见野沃土膏，物产利溥，耕桑并耦，渔盐滋生。满山皆属茂林，遍处俱植修竹、硫磺、水藤、糖蔗、鹿皮以及一切日用之需，无所不有。向所少者，布帛耳。兹则木棉盛出，经织不乏。且舟帆四达，丝缕踵至……实肥饶之区，险阻之域。"

第三，施琅剖析了若"迁人弃地"将对开发台湾产生严重危害。他指出："今台湾人居稠密，户口繁息，农、工、商、贾，一行徙弃，安土重迁，失业流离，殊费经营，实非良策。"①

基于上述理由，施琅力主在台湾建立政权机构，派兵镇守，并建议清朝在台湾的赋税应比郑氏旧额减十分之四，以恢复和发展台湾经济。

施琅的正确主张得到朝廷中有识之士如侍郎苏拜等人的支持。清政府采纳了施琅的建议，设置台湾府，下辖三县：以安平附郭为台湾县，南路为风山县，北路为诸罗县。西为澎湖厅，设道官一员，兼辖厦门地方，属福建布政使。从此，台湾正式归入清朝的版图，在大陆中央政府的统一管辖之下，巍然成为海上重镇。施琅抗争朝议，维护了中国的神圣领土台湾，符合了台湾和大陆人民的共同利益，因而是值得充分肯定的。

1683 年清朝的统一台湾，对台湾和大陆东南沿海诸省的经济发展发生了重大的影响。消除台湾和大陆的对立状态之后，当年十月，清朝即停止对直隶、山东、江南、浙江、福建、广东各地所实行的海禁，开始允许大陆与台湾之间的往来，这不仅进一步加强了台湾和大陆的政治联系，而且有利于台湾经济的进一步发展。康熙六十一年(1722 年)，台湾总兵兰廷珍由蓝鼎元代书对闽浙总督觉罗保说："国家初设郡县，管辖不过百余里。距今未四十年，而开垦流移之众，延袤二千余里，糖谷之利甲天下。"②足见台湾统一后经济发展何其迅速！

---

① （清)施琅：《靖海纪事·恭陈台湾弃留之利害疏》。
② （清)蓝鼎元：《东征集》卷三，《覆制军台疆经理书》。

　　台湾的统一,同样促进大陆东南沿海的经济发展。在此之前,为封锁台湾,清朝曾迁沿海数十里居民往内地。这不能不使沿海地区的经济遭到严重破坏。据目击者清翰林院侍郎陈迁鹤说:"起江浙、抵闽粤,数千里沃壤捐成蓬蒿。"①统一台湾后,当年冬,清朝政府就敦促广东、浙、闽等沿海地区应"招民耕种","勿误来春耕种之期"。② 于是,劳动人民"亲娅相率,始辨旧基,认故亩以耕以凿,一岁蓄,三岁畲,渐次垦辟,至无旷土"。③ 康熙四十六年(1707 年)春,陈迁鹤"由清漳出黄冈,抵潮阳,过揽表渡,达海丰之境,一望良畴"。居民告诉他:"台湾未平,此皆界外荒区;平后而荒烟野草复为绿畦黄茂,圮墙陁垣复为华堂雕桷。"④

　　由上可见,台湾回归祖国,完全符合大陆和台湾各族人民的政治和经济利益。历史事实说明:康熙采用和平方式统一台湾,是完全正确的。郑克塽等人能认清形势,纳土来归,值得大加称许,而施琅对促成台湾统一的历史贡献,也应该予以充分肯定。

　　很凑巧,据史载,康熙二十二年,施琅抵台报捷的奏疏由海道送到京师,正值八月中秋佳节。遥想当时,天上玉盘团团,神州金瓯无缺,200 年前台湾统一于祖国的历史情景,至今不是依然动人神思吗!

---

① （清）施琅:《靖海纪事·陈序》。

② 《大清圣祖仁皇帝实录》卷一一五,"康熙二十二年十月丙辰"条。

③ （清）施琅:《靖海纪事·陈序》。

④ （清）施琅:《靖海纪事·陈序》。

附录一

1.陈明光著《唐代财政史新编·引言》
（中国财政经济出版社 1991 年第 1 版,1999 年第 2 次印刷）

长期以来,人们对唐代财政史的研究,多是分门别类地进行,在诸如赋税、仓廪、漕运、专卖制度等方面已有了丰硕的成果。相形之下,如何综合地研究唐朝财政问题,揭示唐朝财政体系各个侧面之间的内在联系,便成为亟待加强的研究课题。

唐代是中国封建社会的一个由鼎盛而式微的历史时期。随着政治、经济的演变,唐朝的财政分配活动前后形成过形式和内容都颇有差异的两种复杂系统,在中国古代财政史上具有承上启下的重要地位。然而,对有唐一代财政体系的研究,至今尚未能尽如人意。1940 年付梓的鞠清远氏所撰《唐代财政史》,以及特威切特博士的《唐朝的财政》(D. C. Twitchett, *Financial Administration under the T'ang Dynasty*, Cambridge, 1963, second edition, 1970)二书,皆属旨在综论唐代财政概貌的努力,无疑具有开拓之功,在国内外学术界产生了一定的影响。不过,受当时唐史研究的总体水平以及二书编著体例的限制,它们的问世并不意味着综合研究唐代财政史这个课题业已完成,而应视为是对后继者的呼唤与引导。

于是,我沿承前辈学者的选题方向及其研究基础,并立足于当代学术研究的新水平,写了这部尝试之作,希冀其中能有自己的些许创获。当然,要创获就必须备尝艰辛。综合研究唐代财政史的艰巨性,一方面体现在必须扎扎实实地去发掘、辨析头绪纷繁、多有残缺的史料,认真地进行钩沉索隐、去伪存真的资料准备;另一方面(可能是更主要的)则体现在如何寻求一种财政学的结构框架,以求包容量较大的同时又是简洁、动态地阐明唐朝财政体系这一客观历史对象。这种艰巨性正是财政史这一历史学与财政学相互渗透的交叉学科特性之反映,既使问津者懂得除了"上下求索"别无终南捷径,也可能为之造就"左右逢源"的机遇。正是研究唐朝财政史的这股特殊魅力,令我明知力不从心,却又欲要不能。

几经思索,我终于认定采用"国家预算"的概念来构建本书的论述框架,是一个有史实依据的恰当选择。

从广义上说,国家预算指国家有计划地筹集和使用财力,收支的计划性是其基本内涵。虽然在我国古籍中未见"预算"一词,但是,对国家财政收支的计划性这一"预算"的基本内涵,我国古人早有清楚的认识并付诸实践。例如,《礼记·王制》载:"冢宰制国用,必于岁之杪,五谷皆入,然后制国用。用地小大,视年之丰耗,以三十年之通制国用,量入以为出。"这是对"量入为出"的预算原则的初次总结。又如,司马迁在《史记·平准书》中称述汉高祖刘邦"量吏禄,度官用,以赋于民",则显露了后来由唐人杨炎明确加以概括的"量出制入"的预算原则的端倪。逮及唐代,国家对财政收支不可或缺的计划性更为关注。我国第一部行政法典《唐六典》明文规定,"度支"这一中央财政官的职责,在于"掌支度国用,租赋少多之数,物产丰约之宜,水陆道路之利,每岁计其所出而支其所用"。[①] 搞好预算平衡,遂成朝野上下对度支的殷切期望,[②]也被度支视为责无旁贷之使命。[③] 因此,唐代的国家预算就其基本内涵而言,是一种源远流长的客观存在,应该成为我们的研究对象。

在现代财政学中,国家预算指的是经过法定程序而编制、审查与批准的国家财政年度收支预计。显然,经过法定程序以及计划的周密性程度,是辨识国家预算形态完备与否的两点必具特征。根据这一定义,考察史实,我们同样发现唐朝确实建立过相对完备的国家预算,堪称中国财政史上国家预算形态演变的一个里程碑,足于作为我们的研究对象。

尽管有了新的论述框架,但是,由于时光流逝的无言剥蚀,以及封建史臣有意无意地删芟,有关唐代尤其是中晚唐国家预算的具体史料残缺不全,特别

---

① (唐)李林甫等:《唐六典》卷三,《度支郎中员外郎》。

② 唐德宗贞元九年,左补阙权德舆上疏说:"度支所务,天下至重,量入为出,从古所难……上系邦本,下系元元。"(见权德舆:《权载之文集》卷四七,《论度支疏》)表达了时人的普遍看法。

③ 例如,开成元年,判度支王彦威对文宗表白说:"臣自计司按见管钱谷文簿,皆量入以为出,使经费必足,无所刻削。"(见《旧唐书》卷一五七,《王彦威传》)

是研究预算问题所必不可少的财政收支数据更为零散,给我们的计量研究造成难以逾越的障碍,加上笔者无论在唐史或是在财政学理论方面的学识都尚肤浅,本书的疏漏错误仍在所难免,敬祈读者不吝指教。

附:《唐代财政史新编·后记》

1982 年春,我从福建师范大学历史系毕业之后,经吴鉷鉷师的鼓励与举荐,考为厦门大学韩国磐教授的研究生。在国磐师的悉心指导下,我对唐代财政史发生了浓厚兴趣,并于 1984 年夏写成题为《论施行两税法后唐朝中央与地方分割赋役的斗争》的硕士学位论文,于 1988 年春写出题为《唐代国家预算研究》的博士学位论文。这本小书就是在这两篇学位论文的基础上修订而成的。因此,我首先衷心感谢国磐师多年来的言传身教,他所给予的教益是我终身难忘的。厦门大学历史研究所的郑学檬先生、杨际平先生为论文初稿提供了不少中肯的意见,在此一并致谢。

在论文的评阅与答辩过程中,承蒙周一良先生、宁可先生、陈仲安先生、胡如雷先生、胡守为先生、刘学沛先生、吴鉷鉷先生、韩振华先生、杨国祯先生等外校和校内专家的奖掖并提出一些精当的修改意见。在此谨向他们表示感谢。

近年来,经由厦门大学历史研究所孔永松先生的荐引,我有幸得到财政部财政科学研究所许毅先生的数次教诲,受益良多。本书又承蒙他热情地书写了题签,对此我深表谢意。

本书的出版,得到中国财政经济出版社领导的大力支持,我是很感激的。

我将铭记师长亲友的深情厚谊,以此为新的起点,在学术的道路上继续勉力而前行。

1990 年 5 月

《再版后记》

拙著于 1991 年出版后,受到国内外学术界的不少关注,对其中的一得之见,颇有转载、引用、评介或商榷者。凡此对我继续研究唐代财政史均激励有加。这次增订再版,除了校订一些文字及注释,主要是以增加《附录》的形式,将我后来发表的几篇论文收了进采。这些论文探讨的具体内容有不同,但大多是沿循我对唐朝的国家预算形态、两税法改革的财政意义以及中央与地方的财权关系的思路而来,因而可与原著联缀成篇。拙著的疏错之处,仍盼读者继续赐正。

1999 年 2 月 14 日

2.陈明光著《唐懿宗　唐僖宗·前言》

（吉林文史出版社 1995 年版）

　　建立于公元 618 年的大唐帝国,在前一个半世纪的王朝史上,曾经有过灿烂辉煌的黄金时期。特别是经过李世民、武则天和李隆基这三位杰出皇帝进行多项改革之后,到开元天宝年间,唐朝国势如日中天,泽被四方。

　　然而,盛世中蕴积着危机。天宝十四载(755 年)爆发的安史之乱,成为唐朝由盛转衰的枢纽。此后,唐朝逐渐衰弱下去,直至公元 907 年被后梁取代。唐后期的王朝史也长达一个半世纪。

　　综观唐后期的政局,始终存在着三大方面的社会矛盾。第一方面,是农民阶级与地主统治阶级的矛盾。旧史称为官与民的矛盾。它随着均田制的彻底破坏,随着两税法改革后在实施环节中的弊病丛生,随着吏治的严重腐败、不恤民生而日趋尖锐。官逼民反,大规模的农民起义最终如火山爆发。第二方面,是统治集团内部的矛盾,其中主要有两对矛盾,一是中央集权与以一部分藩镇为代表的地方割据势力的矛盾。这一矛盾双方力量的消长,深受朝廷政局和军事斗争形势的制约。二是以朝官为代表的士大夫集团与宦官集团之间的矛盾,当时称为"南衙北司"之争。此外还有朝官之间的"朋党之争"。这种党争往往要受前两对矛盾的制约。第三是唐朝与边境少数民族奴隶主政权之间的矛盾。这一矛盾的尖锐化,当时主要是唐朝的边疆政策失误或边将贪残所致,有时则主要是因奴隶主政权的对外掠夺性而引起的,有时则是两者兼而有之。

　　史实业已说明,以皇帝为首的唐朝中央政权如何采取措施处理上述三大矛盾,是直接影响到矛盾发展的程度,从而关系到政局变化的一个关键因素。

　　在唐后期的王朝史上,李唐皇室也曾出现过像德宗、宪宗、宣宗等几位有一定胆识,试图扭转颓势的皇帝,在某些方面取得了一定的成就。例如,唐德宗李适采纳宰相杨炎的建议,实行前无古人的赋税改革,废除了人头税性质的租庸调制,改行以田亩和资产为计税依据的两税法,堪称中国古代税税制改革史上的一次绝唱,一时取得了加强中央集权,裁抑藩镇财权,缓和社会矛盾的良好效果。宪宗李纯一改德宗姑息藩镇割据势力的政策,坚决发动摧抑剐割据强藩的战争且频频得手,从而造就了"元和中兴"的短暂好光景。宣宗李忱号称明察之君,恭谨节俭,勤于听政,以致大中年间传出回纥、吐蕃相继衰败,河西十一州失地重归的边陲凯歌。尽管像德宗、宪宗、宣宗这样精明强干的皇帝,也不能从根本上消除上述三大方面的社会矛盾冲突,但是应该承认,在以君主专制为核心的中国古代封建国家体制中,皇帝的政治素质及其执政表现如何,对于国家的兴衰仍是至关重要的。从这一层意义上说,确实可以称得上是:"邦之治乱,在君听断。"[①]

李唐王朝在宣宗统治下出现的"政治清明",其实不过是回光返照。因为,继被誉为"小太宗"的宣宗之后而被宦官扶上皇帝宝座的,恰恰是两个败家子——懿宗和僖宗。他们父子昏庸相继,统治唐朝近三十年,使三大社会矛盾都空前地激化了。在这段时期,官与民的矛盾发展到大规模武装对抗的形式,相继爆发了裘甫起义、庞勋起义,最后掀起王仙芝、黄巢领导的席卷全国的农民起义狂飙,使李唐王朝摇摇欲坠;西南边境则三番五次地遭受南诏军队的入侵蹂躏,郡县残破,兵荒马乱,使唐朝犹如破船偏遭斜风雨,增加了沉没的危险;新老藩镇割据势力更是利用李唐皇室被黄巢起义军打得焦头烂额、狼狈逃窜之机,火中取栗,或拥兵自重,或操刀相相,把大唐帝国肢解得支离破碎。总之,在懿宗、僖宗统治期间,李唐王朝急剧地衰弱下去,已成病入膏肓之势,灭亡的命运是无法逃脱的了。所以,治史者总是把懿宗、僖宗两朝划为唐朝的衰亡时期。

从一定的范围来看,历史研究,也可以说成是知人论世。撰写历史人物传记的宗旨更是在于此。不过,本书采用了比较平实、比较客观的笔调来写懿宗、僖宗合传,私衷在于通过写这两个皇帝来展示晚唐的一段衰亡史,让读者从历史事实了解导致唐朝不可避免地衰亡的种种病症,最后自己得出一些历史的教训。也就是说,知人论世的工作,还有不少要让读者自己去做。这样或许会更有趣味,同时也可减少作者的主观色彩。

书中的疏漏误讹之处,则盼望读者不吝指教。

1994 年 4 月 15 日

3.陈明光著《六朝财政史·前言》
(中国财政经济出版社 1997 年版)

学术发展史业已证明,提高断代史的研究,是提高中国通史著作水平的必要基础。中国古代财政史的研究也不例外。然而,迄今有关中国古代断代财

---

① 范祖禹:《唐鉴》卷一一,《肃宗》。

政史的专著尚不多。中华人民共和国成立以来已出版的有马大英的《汉代财政史》、蔡次薛的《隋唐五代财政史》、拙著《唐代财政史新编》、李锦绣的《唐代财政史稿》(上卷)、汪圣铎的《两宋财政史》等,不仅数量寥寥无几,而且涉及的断代范围还相当有限。可见中国古代财政史的研究仍亟待加强。

近几年来,我多次萌发研究魏晋南北朝财政史的愿望,但翻检史籍之后,每为其间史事头绪纷繁,史料却多简略或残缺不全而迟疑不决。1992 年夏,六朝史研究会会长、南京大学中文系卞孝萱教授来厦门大学出席中国唐史学会第五届年会时,热情地建议我撰写《六朝财政史》。我觉得这是分步研究魏晋南北朝财政史的一项切实可行的计划,便欣然接受。但后来又为其他写作任务所羁,迁延多时,至今年初夏方草就斯篇。

众所周知,六朝指的是以建康(今南京市)为国都的孙吴、东晋、宋、齐、梁、陈六个前后相承的王朝,始于公元 195 年孙策渡江开创东吴的业基,终于公元 589 年隋军渡江灭陈,大约经历了四个世纪。六朝的大部分疆域都在长江以南,尤其是以长江中下游地区为立国之本。所以,从时间和空间来看,六朝财政史在魏晋南北朝史中是可以相对独立的研究对象。

受经济、政治和军事各方面条件的影响,六朝财政相对于北方诸政权而言,有不少特点。例如,受江南农业生产发展不平衡以及商品货币经济比北方较为发达的影响,六朝的财源主要来自长江中下游的荆、扬二州,且商税在财政收入的地位明显高于北朝,即如魏人甄琛所说的:宋、齐相承,"仍崇关廛之税;大魏恢博,唯受谷帛之输"。[①] 受江南士族力量的极盛而衰以及南朝皇室自残骨肉的影响,东晋南朝财力在统治阶级内部的分配格局曾经历了"主弱臣强""力入私门"到中央财权有所加强的变化。受军事力量对比以及南北战争的影响,孙吴的财政是以服务战略防御为中心内容的,而南北争战往往是导致南朝财政衰弱的重要因素之一。凡此等等都说明六朝财政史是颇具地区特色的。

就历史的连续性而言,六朝财政史又具有承上启下的地位。例如,其田租户调制度即沿循东汉后期赋税制度演变的轨迹而来,而后再发生若干变化。又如,早在本世纪 40 年代,陈寅恪先生在《隋唐制度渊源略论稿》中的"财政"一章就已精辟地指出:"继南北朝正统之唐朝,其中央财政制度之渐次江南地方化。易言之,即南朝化",是唐朝财政制度在武则天、玄宗时期发生的一大变化,其表现为江南诸州丁租并"回造纳布"。他引证南齐史料,说明:"此乃南朝

---

① 《魏书》卷六八,《魏甄传》。

旧制。南朝虽并于北朝,此纳布代租之制仍遗存于江南诸州,殆为地方一隅之惯例,至武则天时此制乃渐推广施行,至玄宗开元二十五年中央政府以之编入令典,遂成为一代之制度矣。"①仅此就可证明六朝财政史尽管是区域性的,在漫长的汉唐财政史中却是不可忽视的一环。

正是为《六朝财政史》这一选题的诸多学术价值所吸引,我才写下这部尝试之作。

所谓尝试之作,不仅指它在体裁上是断代区域性的财政史的尝试,而且指在篇章结构方面与常见的财政史著有所不同。其一,以往有关中国古代财政史的著作,大多分为收入、支出和管理三个部分,再分门别类地加以罗列和叙述。这种编写体例自有其必要性,但同时又产生一个缺陷,就是难于说明各个历史时期或阶段的财政收支平衡状况。而就一般划分的断代史而言,譬如西汉和东汉各有 200 年左右,在汉代漫长的 400 年中,王朝财政状况发生哪些跌宕起伏? 当时的统治集团针对不同的财政状况采取了哪些相应的措施? 此类问题在划分收与支的编写体例下往往被付之阙如。我在撰写《唐代财政史新编》一书时对此缺陷已有所觉察,因而在上编(唐前期)增列《财政平衡状况的阶段性探讨》一章,在下编(唐后期)增列《中央预算的不平衡有其对策》一章,意在对划分收支的编写体例所产生的这种缺陷有所弥补。本书仍希望在这一方面有所进展,因而在分孙吴、东晋、宋齐、梁陈四个阶段阐述其财政问题时,除阐述财政制度的沿革之外,都专列"财政兴衰变化"一节,试图分析每一历史阶段的财政状况及其变化原因,以期勾勒出六朝这 400 年间财政兴衰的轮廓。其二,以往有关中国古代财政史的著作,大多是制度沿革史,对于当时社会经济和政局对财政的影响与制约关系,作者往往未予触及。近年来,有关专家已经注意到这一问题,呼吁克服这一局限。本书为此也做了尝试。在分析各个历史阶段财政兴衰的时候,试图揭示财政与当时的经济、政治、军事的关联。

但是,由于六朝财政史料毕竟残缺甚多,在许多方面难于连缀成篇,加上本人才学不足,本书的上述尝试仍多有欠缺,所论所述或有错谬,盼望学者们不吝赐教。

承蒙业师韩国磐先生仔细审阅了本书稿,使之避免了不少错误,特此谨致谢忱。

1995 年 7 月 18 日

① 上海古籍出版社 1982 年第 1 版,第 155~157 页。

4.陈明光著《中国钱庄史·前言》
（上海文艺出版社 1997 年版）

  货币是随着人类社会生产力发展到一定程度，有了剩余产品和交换行为之后而出现的。我国货币起源很早，流衍不断，从夏、商王朝的海贝开始，铜钱、铁钱、金子、银两、纸币各种货币形态或并行，或交替，一直绵延发展至今，在人们的日常生活中扮演着不可或缺的交换媒介角色。

  与此同时，把货币本身当成一种商品进行经营赢利，也是源远流长的经济活动。例如，战国时期的高利贷活动已经相当普遍，齐国的孟尝君就是一个有名的大高利贷主，由此产生了冯谖焚烧债券为他收买人心以作"狡兔三窟"之计的故事。此后，到南北朝、唐代，史籍又出现了有关质库（经营典当）、柜坊（经营货币的保管与代付）等初级的旧式金融机构的活动记载。

  随着商品经济的进一步发展，另一种民间金融机构——钱庄，大致萌芽于16世纪下半叶即明朝后期，发展于清代初期，鼎盛于清代后期和民国前期，到中华人民共和国成立后不久的20世纪50年代初，伴随着庆贺"公私合营"的锣鼓鞭炮声而汇入了现代银行业，其兴衰历程大约有400年。

  在官私文献中，钱庄业又称钱业，其股东和经理号称钱商。所以1947年10月成立的全国性钱业同行组织就取名为"钱商业同业公会联合会"。可见钱庄业是一个独立的行业，由此形成了一个具有独特文化和习俗特征的社会群体。这就是本书拟加以探讨和介绍的对象。

  历史事物通常具有丰富的内涵和复杂的层面，从不同的角度去观察往往可以获得不同的印象，即如苏东坡咏庐山诗所云："横看成岭侧成峰，远近高低各不同。"对钱庄史的研究也是如此。我国的货币发展史如此漫长，作为金融机构的钱庄为何姗姗来迟？它是际会何种历史风云而起，又是如何被历史浪潮席卷而去？它的商业活动和文化习俗受何种历史传统的影响，又给当时的社会经济和民俗打下什么样的印记？它比起同是旧式金融行业的典当业以及新兴的现代银行业有自己的什么行业特色？它在中国经济史和金融史上的作用与地位如何评说？诸如此类的问题，可以从经济史、金融史、社会史等不同的角度加以探讨和解答。前辈学者于此已取得丰硕的成果。

  20世纪二三十年代，发表了不少有关钱庄的论著，如杨荫溥的《上海金融组织概要》（商务印书馆1930年版）、施伯珩的《钱庄学》（上海商业珠算学社1931年版）、潘子豪的《中国钱庄概要》（华通书局1931年版）、区季鸾等的《广州之银业》(国立中山大学法学院经济调查处 1932 年版)等,都颇有代表性。特别是 30 年代出版的一批地方经济情况调查或考察报告,均或多或少地述及钱庄。不过,这一时期的论著都是从金融的经营和管理的角度来谈论钱庄的。

中华人民共和国建立后,除了继续有大量的论著从金融史、货币史的角度论及钱庄之外,有两部史著引人注目。一是 1960 年上海人民出版社出版的中国人民银行上海市分行编撰的《上海钱庄史料》。该书不仅完成了一项钱庄史料整理的基础工作,功德无量,而且表达了编者对上海钱庄史的诸多观点,颇有新意。编者试图通过编选史料加以说明的问题已不局限于金融运营的范围,而是把上海钱庄史放在中国近代社会形态由封建社会转化为半殖民地半封建社会这一历史进程中加以观察,认为上海钱庄的起源、发展变化从一个方面反映了这一历史进程。其视野显然是此前比较纯粹地从金融史角度研究钱庄史者所不可比拟的。二是 1989 年中华书局出版张国辉的《晚清钱庄和票号研究》。该书旨在解答诸如晚清的钱庄和票号的信用活动达到了怎样的水平?在中外经济势力相磨相荡的过程中,钱庄、票号的职能起了怎样的变化? 它们是怎样直接或间接地为外国资本主义势力的渗透起着服务作用,以及外国金融势力是怎样一步一步地控制中国金融市场等问题。这种研究角度是对《上海钱庄史料》编撰角度的继承和发展,进一步触及近代中国钱庄的本质问题。

由此可见研究钱庄史已经具备了良好的基础,但并非题无剩义,新篇仍可望色彩纷呈。本书根据编辑要求,着重从民俗学的角度,对钱庄这一行业的产生、发展、变化的历史过程及其金融作用、社会影响的演变进行系统和科学的梳理,特别是注重对钱商的职业习惯和道德准则、经营管理的习俗和技术等文化特色进行剖析。为此,本书的写作构架做了这样的安排:

第一章为“钱庄兴起的历史考察”,拟从行业的整体特征出发,而非拘泥于一时一地钱庄的产生过程,去分析钱庄诞生和兴起的历史条件,剖析其各项金融功能的历史渊源。

第二章为“钱庄的组织形式和人事关系”,中心在于剖析钱庄在组织过程中编织起来的各种人事关系网和相关的习俗。这是钱庄文化的一部分重要内容。

第三章为“钱庄的票据和账簿”,从对外票据往来和内部账簿管理两方面介绍钱庄文化习俗的另一部分重要内容

第四章为“钱庄的经营要术及其特色”,从经营之道剖析钱庄的行业特色,介绍钱庄文化习俗的又一部分重要内容。

第五章为"钱庄与金融风潮",意在通过描述钱庄在数次金融风潮中的浮沉之态,说明影响钱庄兴衰的社会经济基础,并述及其内部管理方面的原因。

第六章为"钱庄与政治风云",除了以典型事例说明政局动荡对钱庄兴衰的具体影响之外,着重说明政治权力在加速钱庄业的衰落并步入历史的结局中的作用。

以往研究钱庄史,实际上多以江浙特别是以上海的钱庄为重点,倘旁及他处,也往往语焉不详。原因在于上海是近代中国的金融中心,其钱业是中国钱业的典型,且长期执全国钱业之牛耳,故历来为学者所瞩目,自本世纪50年代以来就注意其动向,搜集了丰富的资料。因此,本书仍然以较大的篇幅叙述江浙一带和上海的钱庄。不过,书中也根据资料的可能,注意介绍北京、天津、汉口、兰州、四川、湖南、福建、广州等地的钱庄,以求本书的视野能较前此的论著开阔和全面一些,庶乎使本书题名为《中国钱庄史》更名副其实一点。

由于厦门大学台湾研究所徐学先生和上海华东师范大学陈子善先生的辗转介绍,1995年冬,上海文艺出版社约我为《中国社会民俗史丛书》第二辑撰写《中国钱庄史》一书。这也是一种机缘吧。我虽然从事中国社会经济史的学习和研究十余年了,但对于钱庄史并不熟悉,因此先有点踌躇。及至对钱庄史的研究状况做了学术史的回顾,并查阅了基本史料,认为这是一个有新意的选题,我便决定接受约稿。历时半载,今天终于脱稿。在这里,我要衷心感谢上海文艺出版社的编辑们给了这样一个专题研究的机会,我从中学到了许多新的知识,加深了对近代中国社会经济的不少认识,对日后的学习和研究必大有裨益。

为本人的学识和掌握的资料所限,书中必有疏误,盼望读者不吝指正,以便日后改正。

1996年6月25日

5.陈明光著《汉唐财政史论·"竭泽而渔"与"左右逢源"浅识(代序)》

(岳麓书社2003年版)

我学习隋唐史,是从1982年春负笈厦门大学韩国磐师门下为硕士研究生开始的,时年过而立,从年龄上说入门比较晚,就机遇而言则算是幸运的。上大学之前,我是被"文化大革命"和上山下乡耽误了十年求学光阴的1967届高中毕业生。1969年10月,在一片"红旗跃过汀江,直下龙岩上杭"的标语、口号声中,我从厦门去闽西革命老区上杭县的一个小山村插队,此后披蓑荷锄五个冬夏。在那片流传着丰富革命故事的红土地上,如同不少知识青年一样,我曾经在苍松翠竹之间编织自己的文学梦,发表过几篇习作。所以1977年冬恢复高考招生制度时,我出于浓厚的文学兴趣以及返回家乡的强烈愿望,选择的第一志愿是厦门大学的中文系,然后是同校的其他几个文科专业。不料,尽管考分很高,我却被录取在福建师范大学历史系。幸好我一旦做起事来就比较投入,闹了几天"专业思想"问题,便开始专心学习历史了。我国的师范大学历史本科教育,着重的多是中国通史和世界通史;而我自己从1979年起在吴铣铨、许在全等几位老师的鼓励和引导下,开始发表史学习作,写的是福建的若干历史人物,隋唐史尚未留意。所以,我大学毕业之际慕名投考韩国磐师而能得遂心愿,实属幸运。至今回想起来,我觉得自己成了一名史学工作者并重点研习隋唐史,有点偶然,或者也可能说是有缘吧。

荏苒十余载,经国磐师的耳提面命,加上耳濡目染,并受郑学檬、杨际平等先生的诸多教益启迪,我逐步迈入研习隋唐史的门径,发表了多篇有关隋唐史的论文,出版了由硕士论文和博士论文修订而成的专著《唐代财政史新编》(中国财政经济出版社1991年版),研究心得侧重于唐代财政经济史。此外,在秦汉魏晋南北朝和近代的经济史方面也有一些论著。拙著的得失尚须读者的评点和时间流水的沙汰。不过,正如前人所云:"文章千古事,甘苦寸心知。"我在这里还是想谈两点"创作"体会,或者说是自己一直在努力的方向。

第一,在掌握相关资料时努力于"竭泽而渔"。

众所周知,资料是历史研究的基础。在收集资料方面,我服膺"竭泽而渔"之言,曾请福建师范大学的一位学友治了一方"竭泽而渔"的闲章以自勉。当然,由于种种原因,要真正做到"竭泽而渔"诚是不易,所以这是我们应不断努力的一个方向。

所谓"掌握相关的资料"包含两个层次,一是基础性资料,二是专题性资料。

先说掌握基础性资料。国磐师在总结自己的治学经验和教诲我们学生时,在博与专的关系上,多次强调要当"金字塔专家",不要当"旗杆专家",意思是要打下宽厚的扎实的专业基础知识,切忌有浮躁之心,急功近利,只钻研一点,不及其他。这确实是符合治学规律的金玉良言。掌握基础性资料当然是愈多愈好,因此要提倡"竭泽而渔"。

我考上硕士研究生后自知十分缺乏专业基础知识,遂遵从师教,心无旁鹜,用两年多的时间系统而广泛地阅读隋唐史籍,并浏览秦汉、魏晋南北朝.的部分史籍。为了提高自己的古籍阅读水平,我向一位亲戚借了一部线装本的《旧唐书》,边读边标点,读了一段时间,自觉收益甚多。当时,对新旧《唐书》、新旧《五代史》《资治通鉴》《册府元龟》《唐会要》《唐律疏议》《唐六典》《唐大诏令集》《全唐文》《太平广记》等基本史籍有关隋唐史的部分无一不从头至尾阅读一过,收集了大量资料,特别是经济史资料。1985—1988 年,我考为在职博士研究生,边工作边准备博士论文,时间有限,资料方面颇受益于硕士研究生阶段的积累。

在学习和研究中,我体会到所谓基础性资料是相对的,并没有固定的范围。例如,若以隋唐财政经济史为研究专题,则隋唐断代史就是基础性资料。这已属对隋唐史研究生的基本要求。国磐师历来要求学生把新旧《唐书》对照来读,全面收集资料,其意仍在于打基础。

再如,若以"通古今之变"为治学宗旨,则三代、春秋战国、秦汉、魏晋南北朝的相关史料是研究隋唐史的来龙去脉的基础性资料,必须努力加以熟悉和掌握。这在研究生阶段或许因学习任务较重一时难于做到,但应该成为日后不断努力的方向。当然,由于我们的研究重点在隋唐,对前代的史籍如果没有一定的针对性而泛泛地去阅读,收益不见得大。我曾在硕士生毕业后的数月中选择赋役制度为题,比较系统地读了《史记》《汉书》《后汉书》等史籍和一些考古资料,从而撰写出论文《秦朝傅籍标准蠡测》(《中国社会经济史研究》1987年第 1 期)、《析汉代的"假税"与"八月算民"》(《中国社会经济史研究》1992 年第 2 期)。后来又结合承担《中国历代名君名臣政绩辞典》(罗耀九、娄曾泉主编,江西教育出版社 1990 年版)的魏晋南北朝部分,比较系统地阅读了该时期的基本史籍;结合参加编著《中国赋役制度史》(郑学檬主编,厦门大学出版社1894 年版)的先秦、秦汉部分,查阅了先秦的有关史料。这些读书的收获不仅加强了我研习隋唐史的基础知识,同时也为我后来撰写《中国古代的纳税与应役》(商务国际图书出版有限公司 1996 年版)、《六朝财政史》(中国财政经济出版社 I997 年版)等书准备了相关的基础性资料。"读书而后知不足。"时至今日,每当奉读前辈时贤迭出纷呈的佳作,击赏之余,我常不免要感叹历史知识的长河是何等的绵远浩森,自己所知又是何等的贫乏,引发"吾生也有涯,而知也无涯"的共鸣,对加深拓宽自己的基础知识产生新的鞭策。

对专题研究的相关资料要"竭泽而渔",这已是多数学人的共识。不过,要真正付诸实践同样不简单。事实上,只有对专题资料"竭泽而渔",才比较有可能发现其中存在的问题。在这方面我有所受益。例如,我的《唐代"除陌"释论》(《中国史研究》1984 年第 4 期)一文就是得益于把唐代"除陌"的相关资料收集殆尽,经排比考索而发现唐代所谓的除陌其实有商税、货币流通形式和财政钱物调度手段等三种不同的财政经济内涵,而后者似尚未为研究者所注意。在《"量出制入"与两税法的制税原则》(《历史研究》1986 年第 1 期)一文,我没有沿用多数论者的说法,而提出论证唐朝推行两税法并没有采用杨炎建议的"量出以为入"的看法。我不是只根据杨炎的奏疏或是《资治通鉴》的行文,而是全面收集和排比了唐朝在建中元年推行两税法的所有公文,结合黜陟使到各州确定两税定额的具体方法,以及唐中央对两税的定额管理办法等相关资料后才提出这一见解的。个人的一孔之见,未必为是。在学术争鸣中(参见拙文《再论唐代的"除陌"》,《中国史研究》1992 年第 2 期;《唐代后期并存着两个户部司吗》,《历史研究》1992 年第 6 期;《也谈唐代的"量出制入"》,《文史知识》1996 年第 8 期等),我更加体会到在掌握专题资料方面"竭泽而渔"的重要性,所下功夫的多少,将直接关系着研究心得的正误或深浅。

第二,努力掌握和运用跨学科的研究方法,以求"左右逢源"。

21 世纪即将来临,瞻前顾后,我认为我们要更自觉地掌握和运用跨学科研究方法。

我读本科生和研究生的十年(1978—1988 年),正好是我国社会科学界热烈讨论如何运用跨学科研究法的时期,受益匪浅。尽管人们对当时运用自然科学的系统论、控制论、非平衡态热力学、结构的稳定性和进化度等理论或概念进行中国历史研究的具体成果毁誉不一,我认为从方法论的角度来看,这些成果的启发意义仍值得肯定。概括地说,运用跨学科研究方法是当代社会科学发展的必然趋势。由于当代社会科学的研究领域的扩展和对象的多层次化,研究者的方法体系必须具有开放性,具备多样化的功能。跨学科研究有利于突破我们认识能力的局限性,可以提供更多更好的研究工具以及发现问题和解决问题的机遇,进入"左右逢源"的佳境。相反的,固步自封,自设藩篱只会削弱社会科学的新陈代谢能力,窒息她的生命力。因此隋唐史研究者和其他社会科学工作者一样,必须更自觉地从其他学科中获取新的养料,才能保持旺盛的战斗力。尤其是年轻一辈,积极主动地学习和运用跨学科研究方法,对于寻找新的学术发展途径或突破口具有更大的意义。

在运用跨学科研究方法上,我在 1984 年写成的硕士论文《论实施两税法后唐朝中央与地方分割赋役的斗争》、1988 年写成的博士论文《唐代国家预算研究》,后来修订成《唐代财政史新编》一书的过程中有所尝试,也有一些体会。下面说两点。

一是体会到运用跨学科研究法可以扩大我们的研究视野,发掘资料的多层内涵,提出新的研究课题。

经"竭泽而渔"得来的资料所包含的信息一般是多层面的,往往隐含着多学科的因子,其被发现、发掘或被"激活",必须依赖于引进相关学科的理论和研究方法。

我在研究唐朝两税法改革时,引进了现代财政学的"财政管理体制"和"税收管理体制"的概念。它们指的是通过一定的法律形式确定的各级政权对财政收支或税收的权、责、利的分配方式。运用这两个概念去观察和分析唐朝建中元年推行"两税法"的有关史料,我发现唐朝的"两税法"改革的内涵和外延并非如传统研究所注重的那样,仅仅局限于改革农业税制本身,而是还包含着变革财政和税收管理体制的重要而丰富的内容,由此所引发的唐中央与地方争夺财力的新矛盾和新的斗争形式,也必须重新加以研究。我的一系列文章(后来组成《唐代财政史新编》的有关章节)就是围绕这一新课题,为揭示"两税法"与唐朝财税管理体制变革的内在关系而展开的。我主要从以下几个层次做了分析和论证:

其一,从改革的背景看"两税法"改革财税管理体制的内涵。我的《论两税法与唐朝前后期中央和地方财权关系的变化》(《厦门大学学报》1987 年增刊)一文,即以建中元年的两税法为中心,概述了唐朝前后期中央和地方的财权关系的变动。论证的方法是把财权分解为制税权、财税使用权与放免权三个层面加以对照分析,从而揭示唐朝在安史之乱后实施"两税法"包含着重建中央与地方分割赋税权益的新方式的现实意义。

其二,从建中元年"两税三分制"的法律条文规定及实施办法,看其改革财税管理体制的内涵。

在这一方面,我发表了《"量出制入"与两税法的制税原则》(《历史研究》1986 年第 1 期)、《唐朝两税三分制的财政内涵试析》(《中国社会经济史研究》1988 年第 10 期)、《论唐朝两税预算的定额管理体制》(《中国史研究》1989 年第 1 期)、《唐朝两税"上供、送(留)使、留州"制的来龙去脉及评价》(财政部财政科学研究所《财政研究参考资料》1990 年第 38 期)等文章。分析有关史料之后,我觉得经"两税法"而建立的唐中央与地方的财税管理新体制,是以两税三分制并实行定额管理为核心的。本来,杨炎在奏疏中对"两税"实行定额管理已有述及,称:"逾岁之后,有户增而税减轻,及人散而失均者,进退长吏。"随后中央有司在《起请条》中规定:"令黜陟使及州县长官,据旧征税,及人户土客,定等第钱数多少,为夏秋两税。""其黜陟使每道定税讫,具当州府应税都数,及征纳期限,并支留、合送等钱物斛斗,分析闻奏,并报度支、金部、仓部、比部。"①由此可知"两税法"改革财税管理体制的实施步骤,首先是确定各州的两税征收总额,然后是将各州的总额划分为支留、合送两类即留州、送使、上供三个份额,而后实行定额管理。这三个步骤都包含着改革财税管理体制的内容。

其三,在《论唐朝两税法预算的定额管理体制》一文中,我比较详细地分析了两税定额形式中所包含的唐中央与地方政府划分两税管理权限的具体内容。

其四,从"两税三分制"的实施状况,进一步论证唐后期以两税定额管理体制为核心的财政管理体制的存在,并分析其运行的利弊。有关这一问题,除了《论唐朝两税预算的定额管理体制》一文,我还发表了《唐朝的两税三分制与常平义仓制度》(《中国农史》1988 年第 4 期)、《陆贽论两税法评议——兼论唐德宗实施两税法的局限性》(《中国社会经济史研究》1991 年第 4 期)、《唐朝两税预算形式与封建人身依附关系》(《漳州师院学报》1991 年第 1 期)、《略论唐朝的赋税"损免"》(《中国农史》1995 年第 1 期)等文章。

其五,分析建中元年以及后来唐中央有关商税和徭役的法令规定,进一步揭示"两税法"对财政和税收管理体制改革的内涵与外延。

在这一方面,我发表了《唐代"两税法"时期中央与地方对"差役"的分割》(《社会科学家》1986 年第 2 期)、《唐五代"关市之征"试探》(《中国经济史研究》1992 年第 4 期)、《试论唐后期的两税法改革与"随户杂徭"》(《中国社会经济史研究》1994 年第 3 期)等文即属这方面的成果。

其六,分析在新的财税管理体制下,唐中央与地方围绕财税权益而展开的斗争。

关于这一方面,我专门发表有《唐代"除陌"释论》(《中国史研究》1984 年第 4 期)、《再论唐代的"除陌"》(《中国史研究》1997 年第 2 期)、《论唐代方镇"进奉"》(《中国社会经济史研究》1985 年第 1 期)等文。此外,在《唐朝的两税三分制与常平义仓制度》《唐代"两税法"时期中央与地方对"差役"的分割》《唐五代"关市之征"试探》《略论唐朝的赋税"损免"》等文也有涉及。

总而言之,我认为建中元年经"两税法"所进行的财政管理体制大变革可以概括为"划分收支,定额管理"八个字。"划分收支"是在把盐、铁、酒、茶专卖或税收列为中央财政的禁脔的前提下,又以"两税法总悉诸税",废止各种杂税,而把农业税统一为"两税",并将各州两税固定总额划分为留州、留使、上供三个固定份额,从而也划分了中央财政和地方财政的合法收支范围,亦即各自

---

① (宋)王溥:《唐会要》卷八三,《租税上》。

的财权范围。此后中央和地方都以这种财权划分为新的出发点,展开了各种各样的斗争。当然,随着唐末中央集权的没落,该体制的崩溃是不可避免的。

二是体会到跨学科跨研究可以为传统课题的研究提供新的思路和构架,常见资料也可能有新的归纳或分析。

在我写《唐代财政史新编》之前,已有鞠清远、Twitchett 等人撰写的几部唐代财政史专著问世,之后又有李锦绣《唐代财政史稿》(上卷)出版。不过,由于我是运用财政学的"国家预算"理论去考察唐前期的财政体系,运用"财政管理体制"的概念去考察唐后期的财政变革的,所以拙著仍然具有不同于其他唐代财政史专著的构架。例如,在第四章《预算外收支讨划》,我借助现代财政学的"预算外收支"的概念,把唐前期各种经由中央批准,由国家统一拨付资金或土地资源,由各级军政部门按国家统一限定的范围(如地域、利率、租额等),自行经营自行收管的钱物划归一类加以论述,并揭示它们与预算内收支计划的关系,从而勾画出唐代前期财政分配体系中各种收支要目间的相互关联。

当然,必须强调指出,我们要较有成效地运用跨学科研究方法,必须要求自己做比较充分的知识准备。刘大椿在《科学活动论》(人民出版社 1985 年版)的"发现论"中说,科学发展要靠"机遇和有准备的头脑",但"机遇只偏爱有准备的头脑"。所谓有准备的头脑,一是指敏锐的观察力,二是指掌握丰富的准备知识。社会科学工作者对所运用的其他学科的基础理论必须有比较深手的了解,切忌一知半解、生吞活剥,就匆忙上阵。同时,我们必须以历史学科的传统方法或基本方法为基础。因为,任何一门学科都具有区别于其他学科的特定理论和相应的方法。历史学的基本研究方法是实证性的,即史料的收集、鉴别、考辨。在运用跨学科研究法时,史实仍然是基础。还要特别注意到所采取的其他学科方法的适用范围,切忌削足适履,生搬硬套。总之,运用跨学科研究方法是当代社会科学发展的必由之路,但这并不意味着可以放弃艰苦的扎扎实实的"竭泽而渔"的掌握资料的工作,放弃实事求是的科学分析态度。

以上我对掌握资料和运用跨学科研究方法的体会,可以总结为这么几句话:

脚踏实地,眼观六路,耳听八方;
瞻前顾后,左顾右盼,左右逢源。

[说明:原文载《唐研究纵横谈》,中国社会科学出版社,1996 年版。作为《代序》时有所删节,今录原文。]

附:《汉唐财政史论·后记》

我自发表《唐代"除陌"释论》(《中国史研究》1984 年第 4 期)开始,专注于汉唐财政史的研习几近 20 年,所发表的论著大多与财政经济有关。其中有相当一部分论文反映在《唐代财政史新编》(中国财政经济出版社 1991 年第 1版,1999 年第 2 次印刷)一书的正文及附录。本书所收论文仍是对汉唐财政史的专题阐释、考辨,或是学习前辈时贤学术成果的心得。

在研习中国古代财政史的过程中,我认识到不宜只就财政论财政,而应努力揭示财政问题与社会经济、政局特点的相互联系,间或有一孔之得(如收入本书中的《财政考虑与汉代所谓重农抑商政策》《孙吴三项财经措施作用析疑》《汉唐之际的国家权力、乡族势力与"据赀定税"》《略论唐代官私借贷的不同特点》《"调均贫富"与"斟酌贫富"》等),遂渐次领悟到研究国家财政问题与社会经济的关系,不啻是今人开启中国古代社会治乱盛衰奥秘的钥匙之一。于是留连于曲径通幽、柳暗花明之山阴道中,至今未倦,深信前方仍有美景目不暇接。此次结集出版部分论文亦寓自勉奋蹄之意。

本书所收文章,只订正个别原来的印刷错讹,论点论据均未改动,谬误或不足之处,敬请读者批评指教。

2003 年 5 月

6.陈明光、邱敏著《六朝经济·前言》
(南京出版社 2010 年版)

本书所写六朝经济,是区域的和国别的断代经济史。如所周知,"六朝"通常是指以建康(今江苏南京)为国都的孙吴、东晋、宋、齐、梁、陈这六个前后更代的地区性政权。在时间上,如果从公元 195 年孙策渡江开创吴国业基算起,到公元 589 年隋军渡江灭陈为止,历时近 4 个世纪(其中自 280—316 年的 37年由西晋统一中国)。在空间上,六朝的疆域范围有所变化。孙吴疆土东抵东海,南及南海兼有交趾,北自江北与曹魏分界,西沿三峡及今湖南、贵州、云南、广西交界与蜀汉为邻;以今地论,包括浙江、上海、福建、江西、广东、湖南等省市的全部,湖北、安徽、江苏、广西、贵州等省区的一部及越南的中北部、四川的一隅。东晋较稳定的疆域北抵淮南、江北,东及东海,南及南海兼有交趾。南朝疆域变化较大,今人有"仲丁宋,屈于齐,赢于梁,缩于陈"之说。不过六朝疆域的变化多在长江以北,长江以南到今广东、广西的疆域是基本稳定的。[①] 换言之,六朝的疆域主体是中国的秦岭、淮河以南地区,尤其以长江中下游以南为稳定的国土。这就使"六朝经济"作为一种历史研究对象,具有比较明确的内涵和外延,故可称为"区域的和国别的断代经济史"。

概言之,"六朝经济"主要论述的应是发生在六朝时期长江以南地区人类的经济活动。对此我国学术界已有相当丰富的成果。

六朝经济是以秦汉以来江南经济发展为起点的。黄今言主编《秦汉江南经济述略》(江西人民出版社,1999 年)从人口、自然资源与生态环境;农业经济开发及其区域特征;林、牧、渔业的多种经营;手工业成就及其与中原的关系;交通运输业的开拓和管理;城市的兴起与商业的演进;赋役征课等方面所做的论述,有助于我们认识六朝南方经济发展的历史基础。

关于六朝经济史的学术积累,最为丰富的是专题论文。自 20 世纪 30 年代以来,分别论述六朝某一政权或以"六朝""南朝"为时限的经济史专题论文纷呈。唐长孺先生 1955 年以来结集出版的三部论文集《魏晋南北朝论丛》(三联书店,1955 年)、《魏晋南北朝史论拾遗》(中华书局,1983 年)、《山居存稿》(中华书局,1989 年),其中的相关论文产生了广泛而深刻的学术影响。20 世纪 80 年代以来,随着改革开放、经济发展带来的学术繁荣和现实关怀,学者对六朝经济的专题探索有了突破性的进展,并陆续汇集出版,如周一良先生著《魏晋南北朝札记》(中华书局,1985 年)、中国唐史学会等编《古代长江中游的经济开发》(武汉出版社,1988 年)、朱绍侯先生著《魏晋南北朝土地制度与阶级关系》(中州古籍出版社,1988 年)、高敏先生著《魏晋南北朝社会经济史探讨》(人民出版社,1987 年)、郑欣先生著《魏晋南北朝史探索》(山东大学出版社,1989 年)、朱大渭先生著《六朝史论》(中华书局,1998 年)、郑学檬先生主编《中国赋役制度史》(厦门大学出版社 1994 年初版,上海人民出版社 2000 年新版)、黎虎先生著《魏晋南北朝史论》(学苑出版社,1999 年)、熊德基先生《六朝史考实》(中华书局,2000 年)、蒋福亚先生著《魏晋南北朝社会经济史》(天津古籍出版社,2005 年)等,使今人查找和参考更为方便。至于散见于学术刊物的有关六朝经济的单篇论文则不胜枚举。

就论著的主题与体例而言,以"魏晋南北朝"为名的断代史著,如王仲荦先生著《魏晋南北朝史》上册(上海人民出版社,1979 年)、韩国磐先生著《魏晋南北朝史纲》(人民出版社,1983 年)等,对于六朝经济内容都有专章或专题论

---

① 胡阿祥:《六朝政区》,南京出版社 2008 年版,第 390～392 页。

述。何德章先生著《中国经济通史》第三卷（湖南人民出版社 2002 年）则是首部魏晋南北朝经济史专著，其中有关六朝经济史的篇幅不小。

专门以"六朝"之某一时段如孙吴、东晋、南朝，或者以"六朝"为题的经济史著迄今尚不多见。陈啸江先生著《三国经济史》（中山大学文科研究所，1936年）虽然以"三国"为名，其实是以"三国时期"为论述对象的，该书掇拾资料分农业、工业、人口、一般流通、财政、社会财富分配不均、消费风气等专题做了简略论述，但在各个专题中都没有分魏、蜀、吴做国别的论述。对六朝经济这一"区域的和国别的断代经济史"体例有开创奠基之功的，是韩国磐先生著《南朝经济试探》（上海人民出版社，1963 年）①。该书从等级编制、田制和农业、户口和赋役、手工业和商业、寺院经济等方面，首次以"南朝"为断代论述了中国南方经济的基本情况。冷鹏飞先生著《三国经济史》（河南大学出版社，1992 年）则在专题之下分国别论述，其中对吴国的人口、农业、手工业、商业、货币、物价、交通和都市都专门立目加以论述。这无疑使吴国的经济面貌清晰了起来。其后，第一次以"六朝"为断代的经济史专著是许辉、蒋福亚先生主编《六朝经济史》（江苏古籍出版社，1993 年）。该书分导论、经济区的开发、大土地所有制的形成和发展、地主阶级和依附民、户籍和田赋制度、农业、手工业、商业和交通等七大部分，对六朝经济作出比较全面详细的论述。拙著《六朝财政史》（中国财政经济出版社，1997 年）是首次比较系统地论述六朝财政史的专题著作。

总之，且不论外国学者，仅我国学者关于六朝经济史的学术积累就相当丰厚，无论在学术史或是编撰体例上，都有诸多可供吸收、参考和借鉴的成果。加上有关六朝史的传世文献如《后汉书》《三国志》《晋书》《宋书》《南齐书》《梁书》《陈书》《南史》等有关经济史的资料，后代史家多烂熟于胸，这就使我们在下笔写本书之前颇有当年李白游黄鹤楼的感触——"眼前有景道不得，崔颢题诗在上头"。

令人高兴的是，1996 年 10 月在长沙走马楼发现了十万多枚的孙吴简牍（本书以下简称走马楼吴简），除发掘简报披露的部分简文之外，迄今长沙市文物考古研究所等已整理编著出版了三万多枚，分别是《长沙走马楼三国吴简·嘉禾吏民田家莂》（文物出版社，1999 年）、《长沙走马楼三国吴简·竹简（壹）》（文物出版社，2003 年）、《长沙走马楼三国吴简·竹简（贰）》（文物出版社，2007 年）、《长沙走马楼三国吴简·竹简（叁）》（文物出版社，2008 年）。这一大

---

① 后收入韩国磐：《南北朝经济史略》，厦门大学出版社 1990 年版。

批吴简弥补了传世文献的不足,使我们对孙吴初期财政经济诸多问题须刮目相看。我初读走马楼吴简,曾诌诗数句:"吴麻蜀锦志三国,遗恨未知走马楼。拣玉披沙重煮酒,阿瞒遥指孙仲谋。"略表惊叹之情。

不仅是因为走马楼吴简新资料的发现使本书有可能就吴国经济展开新的探索,并且在不同程度有利于审视东晋南朝的经济变化,同时,六朝经济研究作为一种历史阐释,不同的研究者在选择解读史料的角度、阐释的理论依据,乃至安排编撰结构,都可能随着所处时代环境的变迁、个人认知能力的变化而有所不同。所以,本书在努力吸取现有成果的同时,以出土资料与传世文献相结合,论述时不求面面俱到,而是围绕六朝经济的主要方面和基本问题展开,旨在表达我们自己的若干学术认知,希冀的是对六朝经济史研究尽添砖加瓦的绵薄之力。

本书的不当之处,敬请读者批评指正。

附:《六朝经济史·后记》

2007 年春夏之际,南京出版社编审卢海鸣博士来电说,经几位学界同仁的推荐,拟约请我参加《六朝文化丛书》第二辑的编著工作,负责撰写《六朝经济》一册。当时我正忙于教育部立项课题"魏晋南北朝财政史研究"的写作工作,一方面有感于诸贤盛情难却,一方面寻思自己从财政的角度对六朝经济史料包括新出土的长沙走马楼吴简多有涉猎,有一定的资料基础,便应允了下来,并承诺于 2008 年岁末交稿。其后却因各种写作任务错杂,一直未能腾出手来下笔。今夏,我开始构思谋篇,方感自己延宕已久,恐有违交稿之约,想起在做学术史回顾时发现邱敏先生对六朝手工业和商业、货币等多有研究成果,便经海鸣君介绍,去电商请邱敏先生襄助本书写作。蒙邱敏先生慨然允诺赐稿,幸莫大焉。本书之第二章、第三章即由邱敏先生撰著,其他章节由我撰写。因此,本书是一部名副其实的合著。

我与卢海鸣博士、邱敏先生至今尚未谋面,本书的写作如果没有他们的大力支持,必不能如期完成,特此志之,以表谢忱。

2009 年 12 月

7.陈明光著《中国古代的纳税应役·增订后记》

（商务印书馆 2013 年）

拙著《中国古代的纳税与应役》原是应商务印书馆任寅虎先生之约,作为李学勤、冯尔康先生主编的《中国古代生活丛书》之一种,侧重从社会生活层面撰写的,于1996年由北京商务印书馆出版简体本,1999年台湾商务印书馆出版繁体本,至今已十年有余。今年夏天,北京商务印书馆丁波先生给我来电,提出拟将拙著增订出版。我欣然应允,原因有三。

第一,十几年来,学术界整理公布了不少与拙著主题有关的新资料,例如,张家山汉简中的吕后《二年律令》、尹湾汉墓简牍中的计簿、走马楼三国吴简、吐鲁番新出土北凉计赀、计口出丝文书残件,天一阁藏明钞本《天圣令》所附《唐令》,等等,或纠正或增广了我们对中国古代纳税应役有关问题的认识。这为拙著的增订提供了新的文献支持。

第二,我曾应《历史研究》编辑部高世瑜先生的约请,与郑学檬先生合作,执笔撰写《中国古代赋役制度研究的回顾与展望》(《历史研究》2001年第1期)一文。在撰稿过程中,通过比较全面地回顾学术史,我进一步掌握了中国古代赋役制度的研究成果,加深了对中国古代纳税应役有关问题的理论思考。这使拙著的增订有了更好的学术史基础和理论准备。

第三,拙著出版以来,我继续进行对中国古代纳税应役有关问题的研究,发表了若干论著。这成为拙著增订的学术积累。

因此,本次增订在保留原书论述框架的基础上,不仅根据新资料和前贤时彦的诸多成果修订了若干论述,而且充实了不少原先为篇幅所限未能述及或未予展开的内容,其中也增添了我对中国古代赋役制度及其实施情况的一些新认识。在此,我要感谢丁波先生和北京商务印书馆提供的增订出版拙著的机会。

正如《中国古代赋役制度研究的回顾与展望》一文所指出的,中国古代的纳税应役是内涵和外延都十分丰富的研究课题。拙著增订本虽然篇幅扩大了一倍,毕竟还是有限,所以仍有重要问题未予述及或展开,如中国古代百姓纳税应役的地区性差别,宗族、家族在纳税应役中的作用与影响等。

我是福建师范大学历史系1977级本科生,毕业后考入厦门大学师从韩国磐先生,先后获得历史学硕士学位和博士学位,研习中国古代史一晃竟过了30多年。年逾花甲,顾后瞻前,我觉得几十年来读史的最大乐趣,在于可以朝夕神游于历史和现实之间,侧耳捕捉历史巨人自远而近的跫音,凝眸追寻历史巨人由近而远的背影,不时为有所闻有所见而激动。但是,激动之余,我更多的是不自信。因为,历史研究是人们对过去的事实的认知,而历史不可复原,我们要在读史中知人论世,无论是所依据的资料还是诉诸解读,都有不可避免的主体性。为此,我不时问自己,身为今人而欲论说古人往事,能切中历史的脉象吗?不会是隔靴搔痒,甚至南辕北辙吧?因此,本书必有错漏疏误之处,盼读者不吝指教。

家居厦门五老峰侧近,读史掩卷之余,时常临轩远眺峰峦,曾诌诗一首云:"峰尊五老势相连,晴展霞衣雨吐烟。阅尽沧桑曷不语,古今隔越几纸间?"探寻,不自信,再探寻,学无止境,这正是历史研究吸引我的学术魅力之所在。

2010 年 11 月 12 日

8.陈明光、王万盈著《中国财政通史》第三卷《魏晋南北朝财政史·后记》

1995 年,我得益于南京大学卞孝萱先生的提议,撰写出版了《六朝财政史》。其后我便着手撰写三国两晋南北朝财政史的准备,先是指导厦门大学历史系硕士研究生撰写了三篇硕士学位论文,即《北魏前期战时财政特色试探》(郭文杰,1998 年)、《三国统一方略及实施的财政分析》(周红,2000 年)、《东晋南朝钱币私铸与剪凿问题初探》(高燕,2002 年)。又与中国财政经济出版社编审洪钢先生合作撰写了《20 世纪魏晋南北朝财政史研究述评》(先刊载《周秦汉唐文化研究》第一辑,三秦出版社 2002 年版,后收入叶振鹏主编《20 世纪中国财政史研究概要》,湖南人民出版社 2005 年版)。2003 年,我与博士研究生王万盈副教授一起以"魏晋南北朝财政史研究"为题,申请获得教育部博士点基金项目(03JB600)的立项资助。2005 年,我指导万盈君完成其博士学位论文《转型期的北魏财政研究》(光明日报出版社 2006 年版)的撰写。我自己也在教育部博士点基金项目立项之后开始新的专题研究,发表多篇论文。该基金项目结项成果于 2008 年通过专家鉴定。2008—2009 年,我又应南京出版社之约,与邱敏先生合著《六朝经济》一书(南京出版社 2010 年 6 月版),我负责撰著第一章《六朝农业经济》和第四章《六朝经济三题》,其中根据新发布的走马楼三国吴简,论述了孙吴的不少财政问题。

总之,本书从立意、资料准备,到撰写初稿、发表阶段性成果至杀青付梓,前后历时 16 年。中间写作工作不无停顿,但对于相关成果和新资料一直颇加关注。所以,谈不上是"十年磨一剑",但说我们在这本书上花费了很多时间和精力,还是符合事实的。

在本书中,现为宁波大学教授的王万盈君撰写了第六章和第八章,其余均由我执笔。

三国两晋南北朝史以头绪纷繁、资料阙略不全而素称难治,常令人有治丝益棼、谈何容易之慨。研究这一历史时期的财政问题亦是如此。囿于资料,本书对不少具体问题尚无法做比较完整系统的阐述,甚至有暂付阙如者。书中必有不当及错误之处,敬请批评指教。

本书稿在作为教育部博士点基金项目结项成果提供鉴定时,承蒙上海师范大学严耀中教授、华东师范大学牟发松教授、中国社会科学院经济研究所魏明孔研究员以及厦门大学杨际平教授、鲁西奇教授提出不少宝贵意见和建议,谨此致谢。

我也衷心感谢厦门大学图书馆为本书稿的写作所提供的有力的文献保障。

2011 年 4 月 12 日

9.陈明光、孙彩红著《中国财政通史》第四卷《隋唐五代十国财政史·后记》

20 世纪以来的隋唐五代财政史研究,以唐代财政史的论著最多,成绩亦最大。至于隋朝财政史和五代十国财史,均因国祚短促,史料零散阙略,论者少之,多属专题论文。对此,我在《20 世纪中国财政史研究概要》(湖南人民出版社 2005 年版)第四章《隋唐五代财政史概要》已有评述。

有鉴于此,本书首次对隋朝财政史料做了比较系统的梳理,并据以进行较为全面的论述。对于五代财政史,本书根据资料的可能,对若干重要问题如财政管理体制的演变、财政收支结构等做了较为详细深入的考察与辨析;对十国财政则择要叙述,以避免琐碎。唐朝财政无疑是本书的重点,占据了主要的篇幅,我们在既有研究成果(主要是陈明光的《唐代财政史新编》和孙彩红的博士学位论文《唐朝政府的粮食需求与财政经济》)的基础上,又做了若干专题研究。

总之,本书在吸取现有研究成果有基础上,着眼于反映我们的学术识见,而不是也不可能是追求对隋唐五代十国财政史面面俱到的论述。

本书第四章的大部分内容,以及第五章的第一节和第六章的第四节至第八节由孙彩红博士撰写,其他部分均由我执笔。

多卷本《中国财政通史》的撰写工作自 2000 年 7 月在厦门大学召开启动会议以来,至今历经十一年多,时日不可谓不长。其间,我和其他在高校工作的作者一样,迫于众所周知的原因,忙于应对"时须",而把这一没有课题经费却需耗费大量研究精力的写作任务一再迁延。所幸我于 2008 年 8 月花甲之年如愿如期退休,三年来得于专心偿还文债,完成了包括《中国财政通史》第三卷和第四卷(即本书稿)在内的四部约定书稿。值本书杀青之际,赋诗一首,聊表宽慰之情:

> 愧无才气应时须,自在高轩远紫衣。
> 四种雕虫何足喜?投壶击剑更宽馀。

2011 年 8 月

10.李志贤著《杨炎及其两税法研究·序》
(中国社会科学出版社 2002 年版)

研究历史的宗旨,就一定的意蕴而言,可以"知人论世"一语概括之。自司马迁创作《史记》人物列传以来,通过记叙和阐释历史人物的生平与业绩,反映与之相关的社会变迁或制度变迁,遂成中国传统史学优良笔法之一,传承流衍,佳作纷呈,琼枝玉叶,争艳史林。新加坡国立大学中文系李志贤博士,有志于李唐王朝风云人物研究,先有硕士学位论文《武则天研究》面世,复将博士学位论文《杨炎及其两税法研究》梓行。更上层楼,渐入佳境,可喜可贺。

刘晏与杨炎,是前后相继匡扶中唐帝国财政支柱于既倾的两位功臣。刘晏理财,史乘笔记传载生动详实,后人亦津津乐道。关于杨炎,可能是限于资料,也可能是更多地为其倡行的两税法所吸引,后人对其生平业绩置评甚少。李志贤博士此作,有助于纠正厚此薄彼之偏。拙文《20 世纪唐代两税法研究评述》(《中国史研究动态》2000 年第 10 期),曾概述 20 世纪唐代两税法研究史的不同视角和重要论题,认为"无论是从时代背景和历史影响的宏观角度,或是从两税的内容、实施情况、现实作用的微观角度,都取得丰富的研究成果"。而李志贤博士阐述两税法,与既有研究有所不同,其旨趣一在综合分析已有各专题研究之见仁见智,力图完整全面地描绘两税法演变史;二在条分缕析两税法改革之利弊得失,而以评述杨炎的功过为归宿。因此,此作为如何将制度变迁研究与人物生平研究有机地结合起来,做了一次有益的尝试。

知人论世,贵在辩证。譬如,杨炎与刘晏的党争,有如"螳螂捕蝉,黄雀在后",素为人所诟病,以致认为杨炎的财政改革也掺杂着党争的恩怨。不过,我更感兴趣的是李志贤博士强调的杨炎两税法改革与刘晏理财之间的联系。刘、杨执掌权柄有先有后,但所面临的政局焦点、经济形势、社会矛盾和财政困境却是相同的。要言之,是贫富严重不均、租庸调制难行导致的财政收入锐减和社会矛盾激化,而强藩截留赋税则使中央财政雪上加霜。共同的时局特点,加上刘、杨均以振兴中央财政为己任,这便决定了他们之间的理财有异有同,而非形同冰炭。依我之见,刘晏理财可称为技术专家型的改良,主要采取改良榷盐法和漕运制度,逐渐提高资产税性质的户税和地税的税率,扩大常平法,改良赈灾方式,加强财政调度等具体方式,在不改变租庸调旧制和不触动强藩既得财税利益的同时,增强中央财力,追求的是"人不益赋而国用以饶"的理财境界。杨炎理财可称为政治家的改革,主要是通过雷厉风行地实施两税法,废除人头税,改用计资定税,以调整贫富人户赋税负担不均的矛盾;建立两税三分制限制地方财权,保障朝廷收益,加强中央财权和财力。因此,刘、杨理财,实是殊途同归,在一定时期都收到振兴中央财政的奇效。更何况,杨炎两税法改革的基石(如税收结构的调整,财政管理体制改革的制度准备等),实际上是刘晏理财期间就奠定的。所以,杨炎财政改革在相当程度上也是对刘晏理财的继承和发展。我们不宜因党争倾轧就忽略了他俩理财之间的联系。对此,拙著《唐代财政史新编》有所分析,李志贤博士新作复予进一步说明,是耶非耶,惟识者正之。

我与志贤君因拙著之缘于 1996 年夏相识,其时他正为博士学位论文选题《杨炎及其两税法研究》做开题调研,专程从狮城到鹭岛与我商讨。次年夏,我应邀出席新加坡国立大学中文系主办的"儒学与世界文明国际学术研讨会"之后,盘桓数日,与他就唐史研究作促膝之谈,深感志贤乃彬彬君子,虚心向学,广采博收,于中华历史人物典章情有独钟,遂引为研习唐史之同道,踟蹰前行,数年相得甚欢。故今志贤君嘱我作序,虽知笔拙,不敢辞也。

2001 年 2 月

11.姜密著《宋代"系官田产"研究·序》
(中国社会科学出版社 2006 年版)

司马迁自述其治史旨趣,在于"究天人之际,通古今之变,成一家之言"。言简意赅,向为中华良史奉为圭臬。然则,"非知之艰,行之惟艰"。且以"通唐宋之变"为例。中国古代社会于唐宋之际发生了巨大的变化,此乃 20 世纪以来中外史家的基本共识。然而若论及唐宋社会变迁的具体内涵及其历史意义，则迄今尚难一致。其中，日本学者内藤湖南于 1910 年提出"唐宋变革论"。中国学者侯外庐则于 1956 年提出"法典法"的标准，主张唐代均田制和两税法是中国封建社会由前期向后期转变的标志。胡如雷于 1960 年提出从唐中叶到宋代发生了"量变过程中的局部质变，从而使两上朝代显示出了某些阶段性特点"。均为颇具影响的宏论。同时，众多学者从文化、政治、阶级、经济等不同层面，对唐宋之际中国社会变迁进行专题研究，见仁见智，各具特色。总之，唐宋之际中国社会究竟发生了哪些深刻变化，如何揭示这些变化的历史意蕴，题义远未穷尽，犹期望于鸿篇宏旨和知微知彰之作迭出纷呈，争鸣争妍。

姜密女史从余攻读博士学位期间，选择宋代"系官田产"作为学位论文题目，在前辈时贤的学术基础之上，从"系官田产"的来源、经营方式、产权变动及其影响等方面详加探讨，提出了自己的一些见解。其议论之得失，尚待评说。不过其旨趣关乎"通"，即欲探究唐朝国有土地（包括暂时由国家托管的私有田地）制度变迁的若干问题，为"唐宋社会变迁"这一重大课题的研究添砖加瓦，不失为务实有益的尝试，值得鼓励。

姜密女史的博士学位论文在评审与答辩过程中得到诸多唐史专家、宋史专家的奖掖、批评、指点，这对于作者本人以及身为指导教师的我，都是有力的鞭策。现姜密女史将博士学位论文修订梓行，我以为是获得更广泛的批评指教的良机。学无止境，砥之砺之，日增月进，渐入佳境，后生可畏也。

甲寅之年仲夏

12.王万盈著《转型期的北魏财政研究·序》
（光明日报出版社 2006 年版）

历时 400 年左右的魏晋南北朝，是中国古代史蕴涵极为丰富的一段重要时期。其间社会的统一与分裂，政权的并存与更迭，民族的冲突与融合，经济的衰退与复兴，社会阶层的分化与升降，国家制度的沿革与转型，思想学术的激扬与嬗变，文化艺术的传承与创新，风云人物的神骨与际会，如此等等，历来为史家文人所瞩目，史论文章，精彩纷呈。同时，魏晋南北朝史又以头绪纷繁、资料阙略不全而素称难治，常令人有治丝益梦、谈何容易之慨，也留有可深入探赜索隐的诸多学术空间，财政史即其一。

王君万盈于 2002 年考入厦门大学，从余攻读历史学博士学位，有志研习魏晋南北朝史,遂选定从制度转型与财政体制变迁互动的角度研究北魏财政史。他专心典籍,孜孜不倦,历时三载,撰就学位论文《转型期的北魏财政研究》提交评审与答辩。其辩证事实,叙说义理,或借他山之石,或陈一己之见,颇得不少专家的首肯与指点。今略予修订,作为浙江省省级社会科学学术著作出版,适可广求方家指教,以期更上一层楼。

学也无涯。治史有成固难,然亦非不可企及。我以为一部史著欲取得原创性的创新,充分可靠的资料、科学的理论(包括适合的分析工具)和恰当的表达形式(包括论述框架),三者缺一不可。古人谓良史须兼具才、学、识、德,此即史家努力之通途。王万盈博士年轻好学,乃后起之秀,山阴道上,较同年同志,或先著一鞭,勤之奋之,锦绣前程可望也。

2006 年 11 月 30 日

13. 李金水著《王安石变法新探·序》

(福建人民出版社 2007 年版)

北宋神宗时期发生的王安石变法,是中国古代涉及面最广的一次由中央政府主导的变革运动,对其是非得失,时人后学,见仁见智,毁誉不一。学术界于此积淀了丰厚的相关研究成果,新近李华瑞先生的《王安石变法研究史》(人民出版社 2004 年版)对此做了相当全面深入的总结。因此,李金水博士在厦门大学在职攻读博士学位期间,有意选择王安石变法中的诸项财政经济变法为学位论文选题的时候,无疑面临着能否在前人基础上有所前进的挑战。经过对学术史的回顾、史料搜集与分析,并且借鉴相关的理论工具,我们商定了以下两条主要研究思路。

第一,王安石变法是一场重大的制度变迁,必须力求在前人的基础加强对其发展变化过程的描述和阐释。众所周知,制度史一直是中国传统史学和当代史学的重要园地之一,春华秋实,硕果累累。进入 20 世纪以来,中外学者进一步努力开创制度史研究的新局面,并在实践中提出不少颇有借鉴价值的理论和主张。例如,美国著名的经济史学家道格拉斯·C.诺思所提出的制度变迁理论,就是一种颇适用于制度史研究的新的分析工具。再如,邓小南教授主张"走向'活'的制度史",她认为:"所谓'活'的制度史,不仅是指生动活泼的写作方式,而首先是指一种从现实出发,注重发展变迁和相互关系的研究范式";

"有'运作'、有'过程'才有'制度'"。① 此类理论和主张对于李金水进行选题研究的具体指导意义在于,不只要关注王安石变法的制度条文本身,更要注重其实施状况与调整变化。因此,如果能在前人的基础上,把王安石变法的诸项财政经济变法之由来、推行及其调整,尽可能完整详细地揭示出来,然后水到渠成地分析总结其成败得失,庶几可使王安石变法这一制度变迁史鲜活一些。

第二,在研究王安石变法的实施过程中,要更多地关注中央决策与地方政府执行状况的互动关系,特别是地方政府推行变法的实际情况所造成的影响。这是因为,北宋虽然是一个高度中央集权的王朝,王安石变法虽然是由中央政府主导的强制性制度变迁,但是其财政经济类的变法涉及国计民生,只有通过地方政府才能付诸实施。时人关于变法是非的各种议论,在很大程度上都与地方官员的言行直接相关。换言之,王安石变法得失成败的缘由,除了制度设计与制度调整的当否之外,在更多的场合是取决于地方政府的实际执行状况。因此,如果能够对地方政府实施变法的各种具体情况加以揭示和阐述,庶几也可使王安石变法这一制度变迁史鲜活一些。

沿循上述思路,李金水尝试着选取均输法、青苗法、农田水利法和免役法,撰写了《王安石变法新探》一文作为博士学位论文,提交评审,举行答辩,从中获得不少专家的指教和鼓励。现在他又补充了市易法和方田均税法两部分内容,比较完整地表达了自己对王安石变法的六项财政经济变法的见解,并成书出版。这是他在职攻读博士学位六年以来克服种种困难坚持不懈的结果,可喜可贺。

任何一项学术研究活动都是一个认知的过程,其间必须不断增加资料、更新知识,不断接受自己或他人的证实证伪,才能逐步接近客观事实。因此,本书的出版,不管是对作者李金水博士或者是对作为其学位论文指导教师的我,都是获取批评、增广学识的极好机会,盼望方家多有指正。

2006 年 11 月 5 日

---

① 邓小南:《走向"活"的制度史——以宋代官僚政治制度史研究为例的点滴思考》,包伟民主编:《宋代制度史研究百年(1900—2000)》,商务印书馆 2004 年版。

14.陈笃彬、苏黎明著《泉州古代著述·序》

（齐鲁书社 2008 年版）

唯特定方域之突出文士是选，施设专篇评介其作，此文体源流远矣。北朝齐周之际宋孝王所著《关东风俗传》，"有《坟籍志》，其所录皆邺下文儒之士，雠校之司"（刘知几《史通·内篇·书志》），即其滥觞者一也。明清以降，地方史乘多有类此者，盖一地文人著述之繁夥阑珊，乃此域社会经济兴衰、文化积淀深浅之反映，良史必志焉。

笃彬、黎明二君，泉州人氏，笃好文史，明敏古鉴，近年尤致力于彰显乡学前贤，先有《泉州古代书院》、《泉州古代科举》、《泉州古代教育》行世，今复以《泉州古代著述》付梓，笔耕克勤，秋实积案，诚可贺也。其所谓著述，乃取古"经籍"之意，网罗甚广，盖如《隋书·经籍志序》所云："夫仁义礼智，所以治国也；方技数术，所以治身也。诸子为经籍之鼓吹，文章乃政化之黼黻，皆为治之具也。"故是书以人系文，通贯千载，周及四部；缕析乃历数泉州籍文士一千余名，著述三千余种；总观则概括历代泉州文士著述之特点，其立意也可佳，其论说也可采。读斯篇者，不惟可按验泉州古代文脉通滞与国运盛衰息息相关之状，抑且可就评点泉州古代文士其人其作献疑争鸣、拾遗补正，神与物游，不亦乐乎。

岁次丁亥

15.程利英著《明代北直隶财政研究——以万历时期为中心·序》

（中国社会科学出版社 2009 年版）

今人所谓财政，古人或称"食货"，或谓"王用""国用""邦计""国计"等，因事关王朝兴衰与民生甘苦，成为中国传统史学相当关注的一个重要领域，自《史记·平准书》以来，官私撰著的专篇专书迭现，成为"资治"的必读文献。20世纪以来，随着西方经济学理论的引进，中国学者研究古代财政史在论题选择、史料发掘、理论阐述与篇章架构等方面均与传统史学迥然有别，精彩纷呈。

对此我曾有所评介。^① 进入 21 世纪以来,中国古代财政史研究继续拓展,不少新著出自青年学者之手,更是令人欣喜。程利英博士《明代北直隶财政研究——以万历时期为中心》即是其中一种。

该书是她将自己的博士学位论文修订而成,选择明代北直隶的财政作为研究对象,以历史学的实证法为主,尝试借助财政学、地方财政学的相关理论或概念,通过区域性的个案研究,考察明代中央与地方的财政关系及其影响;分析位于京畿的北直隶地区在明朝国家财政中的地位与贡献,探讨明代京畿地区的地方财政是否有自己的特点等问题。尽管其得失之处尚待读者的鉴定批评,但该书的出版可以推动迄今仍相当薄弱的中国古代地方财政史研究,则是可以肯定的。

我作为她的学位论文指导老师,想借她让我写书序的机会谈一点想法,即中国古代财政史的研究与教学,应不断努力突出财政史的交叉学科特色。

如果对迄今为止的中国古代财政史论著进行一番比较全面的回顾与总结,我想在披阅之中不少人会和我一样,不时要产生"是财政学的财政史? 还是历史学的财政史"这样的疑问。本来,财政史作为历史学与财政学的交叉学科,应该是左右逢源,兼具财政学与历史学的学科特色才对,为什么还会让人产生这种困惑呢? 我认为主要出于以下二个方面的原因。

第一,有两支学养各有长短的财政史教学与科研队伍。一支是分布在科研机构和高等院校以历史研究为专业的学者,他们有比较系统深入的历史知识,通常专攻某一断代史,熟谙文献和专题史料,擅长考据,但一般缺乏现代财政学的理论素养和问题意识。一支是财政学界主要是财经院校的教师,他们中不少人的学养从本科到研究生都是学习财政学或经济学的,没有受过历史学的系统训练,长于掌握现代财政学的基础理论,但缺乏广博的中国通史和断代史知识,史料的掌握尚欠全面深入,史实考据功力不深。我们只要对比一下出自历史学者的和出自财政学者的中国古代财政史论著,就不难看出这两支中国古代财政史的研究队伍在问题意识、关注对象、表述方法、论证过程等方面所呈现的明显差异。

第二,财政史的教学和科研在当今现实中有两种迥异的学科际遇。就历史学与财政学的一级学科分野而言,在历史学中,财政史只是众多分枝中的一枝,尽管研究的人员、成果和其他分枝有多少之分,在学科地位上却不存在高

---

① 陈明光:《20 世纪中国古代财政史研究评述》,原载《中国史研究动态》2002 年第12 期;收入陈明光:《汉唐财政史研究·附录》,岳麓书社 2003 年版。

下之别。而当代中国的财政学一直以研究现实财政问题为学科主流,在高等院校财经学院的学科建设中财政史多被列为殿军末流,这就使得从事财政史特别是中国古代财政史教学和科研的教师或者英雄气短,心思旁骛;或者急功近利,借助"财政史"图解现实的财政政策、财政问题,这不仅有重蹈"影射史学"之虞,而且也加重了"财政学的财政史"的偏向。

因此,我们在从事中国古代财政史的研究和教学时,就不得不面对"是财政学的财政史?还是历史学的财政史"这样一种质疑。这一质疑如果换个表达方式,就是在中国古代财政史的教学、科研中,如何正确处理运用现代财政学理论与引证史实二者之间的关系。

我认为,不管在我国高等教育的学科分类中,财政史分属财政学也好,分属历史学的专门史也好,实证性是中国古代财政史的基本学科属性。只有努力于准确、全面、深入细致地掌握相关史料,中国古代财政史研究才有学科立足之本,否则只能是无源之水。从这个角度来说,我认为中国古代财政史的教学和研究首先应该是"历史学的财政史",即你的阐述必须有坚实的史实依据(尽管不一定大段大段地引用原始资料),论点必须经得起史料与逻辑的检验,最大限度地减少主观臆说。换言之,财政史首先必须具有"史学的真实"。从事中国古代财政史的教学和研究工作的学者,必须把尽可能地全面、准确地占有相关资料作为基本功。对此,我想强调两点。一是要特别关注新史料的发现和利用。远的不说,20 世纪 70 年代以来考古发现的诸多新资料,例如 1973年湖北睡虎地秦简的秦律,1984 年湖北江陵张家山 247 号汉墓发现的《(吕后)二年律令》,1993 年尹湾汉墓出土的《集簿》和《东海郡吏员簿》,1999 年天一阁博物馆发现的明钞本《宋天圣令》所附《唐令》,等等,都导致了秦汉、唐代财政法制研究的重大突破。再如,20 世纪 80 年代发现的吐鲁番文书中的唐仪凤三年度支奏抄,1996 年长沙走马楼发现的三国吴简,使得人们对孙吴的财务会计管理、唐朝前期财政支出的计划性都得刮目相看,不得不重写三国财政史和唐代财政史的有关内容。二是要关注史学界对传世文献的整理成果。中国古代财政史的基础史料仍然是诸如二十四史、"十通"之类的传统文献。但这些资料中错讹疏漏比比皆是,必须进行认真的校勘比证,对此史学界历来十分重视,不断有新成果问世,对此应及时掌握和采用。

近年来,不少财经院校引进历史学专业出身的青年教师从事中国古代财政史的教学和科研,这说明财政史的史学属性进一步受到人们的重视。不过,这些青年教师缺乏财政学理论素养的状况也亟待改变,否则将影响其教学和科研效果。在史学界从事中国古代财政史研究的不少学者也有类似的理论素养欠缺,从而在科研中形成"历史学的财政史"的偏向,即注重引证史料,考辨史实,却不善于进行必要的财政学理论阐述和概括。著名经济史学者吴承明先生指出:"在经济史研究中,一切经济学理论都应视为方法论。"①我想财政学理论与中国古代财政史研究的关系也是如此。实践证明,即使是对于中国古代财政史研究,财政学理论也是有效的分析工具,必须努力加以掌握。"横看成岭侧成峰,远近高低各不同。"恰当地运用财政学的理论或概念,有助于扩大研究视野,发掘史料隐藏的多层内涵,可以催生新的思路,设计新的论述架构,作出新的阐述。当然,中国古代财政史研究若要运用或借鉴现代财政学理论或概念,必须努力地与相关史实有机地结合起来,切忌穿鞋戴帽,或将理论与史实分为两层皮;不能削史实之足,去适理论之履;不能张冠李戴。所以,要恰当地借用现代财政学的理论或概念作为研究中国古代财政史的分析工具,绝不是一件容易的事,其适用范围必须十分慎重地加以选择,但是一旦借鉴得当,必将令人耳目一新。

总而言之,中国古代财政史的教学与研究,应该在实证性的坚实基础之上,努力加强理论建构或理论阐述,充分展示其历史学与财政学交叉的学科特色。这是值得追求而且可望到达的一种治学佳境。愿以此与利英博士及诸同仁共勉。

己丑年正月初三日

16.何世鼎著《中国近代民族工业企业的科技进步——与近代外国工业企业的比较研究·序》
(天津古籍出版社 2011 年版)

何世鼎君于 2001 年考为厦门大学专门史(中国经济史)的在职博士研究生,由我指导他的学位论文写作。当时他已在日本获得工商管理硕士学位,回国在集美大学管理学院任教。为了选择攻读博士学位的专业方向和导师,他在 2000 年先旁听我给博士生讲课,参加课堂讨论,给我留下做事认真执着的印象。

考虑到他留学日本偏重于企业技术经营史研究的学术经历和知识积累的

---

① 吴承明:《经济学理论与经济史研究》,《经济研究》1995 年第 4 期。

特点,在商定其博士学位论文选题时,我同意他提出的《论中国近代民族工业企业的科技进步:与近代外国工业企业的比较研究》的设想。他一边工作一边研究,历时5年于2006年夏提交学位论文,申请答辩。

世鼎君曾私下感谢我"允许学生按照他本人的理解和思维来进行学位论文的写作"。其实这是我作为指导老师的本分职责之一。我自己的学术研究偏重于中国古代经济史特别是汉唐财政经济史,但是,如果让他在有限的攻读博士学位期间另起炉灶,从头研习中国古代经济史的资料,于我可能是驾轻就熟,于他必将事倍功半,甚至事与愿违。因此,让他的博士论文写作与其硕士阶段的理论准备和知识积累衔接才是实事求是的选择。当然,这会给我在审读他的论文初稿、提供修改建议的时候,由于自己知识结构和学术积累的不足而带来一定的困难。所幸经过我们双方的共同努力,特别是得益于参加论文评审和论文答辩的中国近代经济史专家的批评指点,世鼎君通过了论文答辩,获得博士学位。

今世鼎君将学位论文加以修订,付梓刊行,嘱我作序。我回想他到厦门大学旁听我讲课,一路走来,转眼间就过了10年。10年来他一直坚持中外企业技术经营史的教学与研究,认真而执着。

世鼎君从写作博士学位论文到修订成本书,主旨在于从中外经济发展史的比较研究,以企业科技为主线,探讨19世纪下半叶至20世纪上半叶中国的工业化进程,说明近代中国工业化的缘起及其发展的艰辛历程。他借助西方企业科技理论,分析近代中国民族工业的发展模式、路径及其成效,通过比较近代中国与英国工业企业科技进步的不同发展路径,认为由于具体国情不同,近代中国工业企业的科技进步只能走自上而下的国有企业主导型路径。他论述了中国近代民族工业企业科技进步的艰难变迁,认为机器制造业的发展未能伴随近代国内市场的扩大,到达自主创新的新阶段;民族工业企业的组织管理体制和技术传播方式,未能与大机器工业生产方式成功对接;加之近代中国政府的"功能缺位"与"功能滞后",这些都成为民族工业企业科技进步的绊脚石。他分析了近代中国新式企业管理制度的建立过程,并对其推动原因做了说明;论述了20世纪20年代中国民族工业企业科技进步的崛起原因,以及近代中国社会教育对科技进步的推动作用。总之,这是他关于近代中国企业管理史的一项研究成果,有新的视角,有自己的见解,学术追求的态度是认真执着的。今出版以增广学术交流和切磋,盼望读者多加批评指正。

2010年11月28日

17.陈明光、侯真平主编《中国稀见史料·厦门大学图书馆藏稀见史料(一)·序》

(厦门大学出版社 2011 年版)

　　大凡稀见之纸质古今文献,皆兼具资料价值与文物价值,图书馆视为珍藏,固其宜也。然于善加庋藏,与便利阅读之间,不免两难:若束之高阁,锁之金匮,则有碍其资料价值之发挥,窒息文献功用之真谛;若任由取阅乃至复制,则有损其文物价值,亦必危及其资料价值。权衡取舍之间,或失之偏颇,良有以也。学者于图书馆不轻易将稀见文献示人之举时有诟病,图书馆却多不为所动,盖或缘于此。

　　厦门大学图书馆自 1921 年设立以来,力循"自强不息,止于至善"之校训,虽数经变迁,而不敢懈怠于学术馆藏之建设,积沙成塔,渐至繁富。今收藏之大批珍稀文献,乃数代学者、友人与馆员之心血结晶。近年以来,随着办馆条件之显著改善,尤其自 2009 年成为全国古籍重点保护单位以来,馆方既努力加强稀见古籍之保存保护,亦积极扩大方便读者利用之途径,遂欲蹑智者之先踵,行两全其美之道,影印出版馆藏稀见文献;而厦门大学出版社于 2007 年策划影印出版《中国稀见史料》第一辑,颇得学界好评与鞭策,欲罢不能,于是双方契合,共同敦聘编委,选编《中国稀见史料·厦门大学图书馆藏稀见史料》。

　　因工程颇大,细致工作众多,今先取馆藏十三种以明清为主之稀见文集(含名人题识本)、政书、地方文献,其中四种孤本(含三种稿本),辑成《中国稀见史料·厦门大学图书馆藏稀见史料》(一),以飨学人。虽属投石问路,先贤文献,泽惠学林,是所期冀。

　　厦门大学图书馆特藏部刘心舜主任率本部馆员诸君,于馆藏稀见文献之信息收集、底片制作,用功甚伙。王志双、许建生、张徐芳、张育梅诸君尤致力于馆藏文献稀见程度之认定,著述者生平、著述经过、版本源流之了解,版本之鉴定,史料价值之认识等,广搜资料,草拟文稿,供主编裁断入选书目及撰定《提要》,助莫大焉。厦门大学出版社责任编辑董兴艳君亦于馆藏文献稀见程度之认定信息多有贡献。特予志之,以彰其绩。

2010 年 7 月

18.陈盛明著《明诚集·序》

(厦门大学出版社 2015 年版)

  盛明先生的次女宪光君,和我是福建师范大学历史系 77 级的同学。2012年 8 月初,我们班四十几位同学在泉州聚龙小镇举行纪念毕业 30 周年(1982年 1 月毕业)的聚会活动,宪光君以《明诚集》电子版见示。拜读之余,我不由地感怀与盛明先生有过的"三缘"。

  1981 年秋,我班同学赴泉州进行教学实习。在宪光君的聚宝街府中,我和几位同学与盛民先生都有过一面之缘,虽未及交谈,给我留下的是儒雅长者的印象。1982 年春,我成为厦门大学历史系研究生。后来又留下任教直至退休。这便与盛民先生有了校友之缘,特别是多次与他的藏书结缘。

  诚如本集所示,盛民先生毕生突出的文化学术贡献之一,是创办以收集、传播东南海疆和东南亚文献为宗旨的"私立海疆学术资料馆",并把它捐献给厦门大学,成为厦门大学图书馆和厦门大学南洋研究所(今称南洋研究院)资料室的特色典藏,至今仍惠泽学林。1997 年至 2008 年我兼任厦门大学图书馆馆长期间,耳闻目染诸多原私立海疆学术资料馆文献对学人、学术的泽润。就我个人而言,也与盛民先生有过数次书缘。例如,1992 年起,我参与娄曾泉教授主持的何乔远著《闽书》点校组的工作(点校本《闽书》全五册,福建人民出版社 1994—1995 年版),主校本之一采用典藏于南洋研究院的《闽书》,就是来自海疆学术资料馆。2010 年,本着以"先贤文献,泽惠学林"的宗旨,我参与主编由厦门大学图书馆和厦门大学出版社联合选编、影印出版的《中国稀见史料》第二辑《厦门大学图书馆藏稀见史料(一)》(厦门大学出版社 2010 年版),其 13 种稀见古籍中,有 3 种清人著作来自海疆学术资料馆的庋藏,即柯辂撰《淳庵诗文集》誊稿本,陈国仕撰《丰州集稿》,黄宗汉撰、黄贻楫辑《晋江黄尚书公全集》誊稿本。今年,我们编选影印的《中国稀见史料》第三辑《厦门大学图书馆藏稀见史料(二)》(厦门大学出版社 2012 年版),其中的清人龚显曾撰《亦园脞牍》一种,亦来自海疆学术资料馆的庋藏。我想,将盛民先生收藏的稀见古籍影印出版,以飨读者,以广书泽,是契合先生创办海疆学术资料馆的宗旨的,当可告慰先生在天之灵。

  厦门大学图书馆还保存着海疆学术资料馆的大批剪报资料,至今仍有宝贵的文献价值。2010 年,原福建省副省长、现台盟中央常务副主席汪毅夫先生曾借阅过其中的边疆类剪报资料,颇为重视。我曾代厦门大学图书馆草拟过一份报告,请汪毅夫先生转呈中央有关方面,希望能得到经费支持,将原海疆学术资料馆的剪报资料予以整理出版。近闻已获得中央和福建省有关领导的首肯,有望付诸实施。这将是扩大盛民先生收藏的各种文献资料的利用价值的又一重要措施,亦可告慰先生在天之灵。

本文集还展示了盛民先生的另一项文化学术贡献,即他晚年利用收集的特色民间文献,所进行的华侨史、闽南地方史专题研究,如《闽南华侨史资料一脔——华侨墓志所反映的史实》《从〈泉俗激刺篇〉看清末泉州黑暗面》《吴状元愤写百哀诗》《晚清泉州一个典型世家——黄宗汉家族试探》等文。我认为盛民先生的专题研究方法颇具特点,就是结合其他民间文献和民间习俗,扩展了所运用的主题文献(如墓志铭、民间契约和个人诗文)的外延和内涵,从而使读者对相关史实特别是闽南华侨史、闽南地方史有了更为具体详实的了解。因此,盛民先生的专题论文虽为数不多,仍值得有志于从事"泉州学"、闽南文化乃至闽台文化研究者仔细品读,从中可得不少的启迪和参考。

2012 年 12 月 10 日

19.刘云著《宋代产权制度研究·序》
(中国社会科学出版社 2017 年版)

历史是人们对过去事实的认知。历史研究者如何掌握和运用认知工具,决定着其研究的广度、深度和创新程度。刘云博士在本书采用产权制度作为其认知对象和阐释工具,我对此颇感兴趣。我一直觉得运用现代产权理论去阐释中国古代的相关社会经济问题,是一个可以有所作为的学术课题。

虽然在中国传世的官私文献中直到民国之前尚无"产权"一词,然而产权的存在却是自古以来的客观历史事实。例如,"溥天之下,莫非王土",[①]就是先秦时期出现的一种产权宣示。到了唐五代,官府对产权处置作出空前繁复的法令规定。例如,唐朝的《田令》规定:"诸官人、百姓,并不得将田宅舍施及卖易与寺观。违者,钱物及田宅并没官。""诸田为水侵射,不依旧流,新出之地,先给被侵之家。若别县蜀新出并准此。其两岸异管,从正流为断。""诸竟田,判得已耕种者,后虽改判,苗入种人;耕而未种者,酬其功力。未经判决,强耕种者,苗从地判。""诸职分陆田(注:桑柘、綵绢等目)限三月三十日,稻田限

———————
① 《诗经·北山》。

四月三十日。以前上者,并入后人;以后上者,入前人。其麦田以九月三十日为限。若前人自耕未种,后人酬其功直;已自种者,准租分法。其限有月闰者,只以所附月为限,不得更理闰月。若非次移任,已施功力,交与现官者,见官亦酌其功直,同官均分如法。若罪犯不至,去官,虽在禁,其田并同见任;去官者,同阙官例。或本官暂出即还者,其权署之人不在分给。"诸公私田荒废三年以上,有能借佃者,经官司申牒借之,虽隔越亦听(注:易田于易限之内,不在倍限)。私田三年还主,公田九年还官。其私田虽废三年,主欲自佃,先尽其主。限满之日,所借人口分田未足者,官田即听充口分(注:若当县受田悉足者,年限虽满,亦不在追限。应得永业者,听充永业。)私田不合。令其借而不耕,经二年者,任有力者借之。即不自加功转分与人者,其地即回借见佃之人。若佃人虽经熟讫,三年之外不能耕种,依式追回,改给。"①

再如,唐宣宗大中二年(848年)正月制:

所在逃户,见在桑田屋宇等,多是暂时东西,便被邻人与所由等计会,虽云代纳税钱,悉将斫伐毁折。及愿归复,多已荡尽,因致荒废,遂成闲田。从今已后,如有此色,勒乡村老人与所由并邻近等同检勘分明,分析作状,送县入案。任邻人及无田产人,且为佃事,与纳税粮。如五年内不来复业者,便任佃人为主,逃户不在论理之限。其屋宇桑田树木等权佃人,逃户未归五年内,不得辄有毁除斫伐。如有违犯者,据限日量情以科责,并科所由等不检校之罪。②

后周显德二年(955年)五月二十五日的敕文规定:

应自前及今后有逃户庄田,许人请射承佃,供纳租税。如三周年后本户归来业者,其桑土不论荒熟并庄田(三分)交还一分。应已上承佃户如是自出力别盖造到屋舍,及栽种到树木、园圃,并不在交还之限。如五周年外归业者,庄田除本户坟茔外,不在交付。如有荒废桑土,承佃户自来无力佃莳,只仰交割与归业人户佃莳。③

---

① 天一阁博物馆等:《天一阁藏明钞本天圣令校证》下册,中华书局2006年版,第253~259页。

② (宋)王溥:《唐会要》卷八五,《逃户》。

③ (宋)王溥:《五代会要》卷二五,《逃户》。

又如,唐元和六年(811年)以后的一段敕文称:

> 应典卖倚当物业,先问房亲。房亲不要,次问四邻。四邻不要,他人并得交易。房亲着价不尽,亦任就得价高处交易。如业主、牙人等欺罔邻、亲,契帖内虚抬价钱,及邻、亲妄有遮恡者,并据所欺钱数与情状轻重,酌量科断。[①]

上述法令规定涉及田宅一类产权在所有权、占有权、经营权、阻止他人侵犯权、收益权、处置权等多个层面的分割或重组,它们都或多或少地牵扯着特定的社会经济关系,对当时的社会经济生活带来复杂的影响。

对于如何运用现代产权理论去阐释中国古代的相关社会经济问题,我自己曾写过几篇文章试做探讨,[②]并发现从传世文献所展示的纷繁历史事实来看,宋朝是中国古代产权制度变迁承上启下的重要历史时期,宋朝的产权是一个兼具复杂性和学术创新性的研究领域,因此鼓励青年学者大胆加以尝试。2000—2003年我曾指导姜密女史撰成博士学位论文《宋代"系官田产"研究》(中国社会科学出版社2006年版),从产权变动的角度比较系统地探讨宋朝国有土地制度的若干重要问题。2004—2007年我则指导刘云君撰成博士学位论文《宋代产权制度专题研究》。该文选择宋代的产权结构、财产检校制度、产权文书等作为论述对象,认为宋代产权制度的基本内容,是出于对交易成本与产权收益的考量,宋代各产权主体调整产权权利束组合,国家修改法令以适应并规范产权权利,并以产权文书作为联接资产、产权主体与国家的媒介。文中通过实证分析与理论阐释,说明产权制度在激励宋代社会经济的发展,提高宋代基层民众的社会福利,维护社会秩序,稳定宋朝社会的经济基础等方面所发挥的作用。我作为指导老师,对该文稿有过先睹之欣快,间为商榷之迟吟。2007年6月,在听取了评审专家的意见和修改建议之后,刘云君顺利通过论文答辩。其后他将学位论文的部分内容在学术期刊发表多篇论文,现复经修

---

① (宋)窦仪等撰:《宋刑统》卷一二,《户婚律·典卖指当物业》,中华书局1984年点校本。

② 参见拙文《六朝"民田"的产权及交易方式》(《河北学刊》2010年第2期),《唐五代逃田产权制度变迁》(《厦门大学学报》2004年第4期),《宋朝逃田产权制度与地方政府管理职能变迁》(《文史哲》2005年第1期),《司法与产权——唐五代的"籍没家产"》(韩国《亚洲研究》第5卷,韩国汉城2009年版)。

订润色,付梓刊行。我相信本书的正式出版能方便学界同仁比较完整地检视刘云博士迄今为止对宋代产权制度的研究方法、资料运用和研究心得之后,并对其得失提出中肯的意见和建议,相互促进,更加深入地开展宋代产权制度乃至社会经济史的研究,取得更多更好的学术成果。

2017 年 6 月 1 日

20. 陈明光、阎坤主编《中华大典·经济典·财政分典·说明》

(国家出版基金资助出版项目。全书五册,1000 万字,巴蜀书社 2017 年版)

中国的财政源远流长。司马迁在《史记·平准书》称:"自虞夏时,贡赋始备也。"指出从夏朝开始,作为财政收入的贡献制度和赋税制度已经比较完备了。财政是国家运用其政治的和财产的权力来取得、分配和使用一部分社会资源,为实现其职能服务的资源配置行为,是关乎国计民生的由政府主导的重要经济活动,历来受到朝野上下的瞩目。自《尚书·禹贡》《史记·平准书》以降,官私撰写并流传下来的财政文献资料至清朝末年堪称汗牛充栋。这使本书的编纂具有很好的客观条件。

本书依照资料丰富者取精、资料稀少者取全的原则,辑录从先秦至 1911 年刊刻流传的典籍中的财政资料,根据《中华大典》工作委员会的有关要求加以分类、校勘和标点。

《中华大典》工作委员会的要求指出,"大典编纂的目的是要深入挖掘中国传统文献中各学科门类中的各种知识,溯本求源,正流清源、按现代学科的分类方式汇集整理,以更好地传承中华文明"。而中国直至清朝末年受"西风东渐"的影响,才出现并开始使用现代财政学科的"财政""预算""财政收入""财政支出"等概念。在此之前则以"王用""国用""邦计""国计""量入制出""度支""支度"等词语表达不同的财政活动内涵。这就使本书在资料的取舍与分类时遇到不小的困难。为了既能古为今用又不圆凿方枘,本书的体例安排采取宜粗不宜细的原则,分为六个总部,即:

一、《综合总部》。分类辑录关于财政政策的综合性资料,有关各个朝代或者同一朝代各个阶段财政状况的概述性资料。

二、《财政管理体制总部》。分类辑录关于国家财政管理体制、皇室财政管理体制、食封管理体制等资料。

三、《财政收入总部》。分类辑录的资料包括农业税、工商税、力役征调、专卖收入、官业经济收入、贡献、卖官鬻爵收入、赃赎收入、债务收入,等等。

四、《财政支出总部》。分类辑录的资料涉及皇室支出、俸禄、军费、赈济、赏赐、政府购买、行政事务支出、工程支出、交通支出、文化教育支出、外交支出、宗教事务支出,等等。

五、《财务行政总部》。分类辑录有关预算决算、财物调运、仓库、财务会计等资料。

六、《财政监督总部》。分类辑录有关财务审计、财政监察等资料。

针对中国古代不同历史时期财政问题的差异性,即受政治、经济、军事、社会等重大变化影响而导致财政政策、财政管理体制、财政收支结构、财物调运等发生的不同变化,本分典在六个总部之下,均分为先秦至五代十国、宋辽金元西夏、明代、清代四个历史时期,分别根据各个历史时期的财政资料特点灵活地设立部、分部及其纬目的数量和类别,不强求一致,但相似的经纬目先后排序则尽量相同。我们认为这种编纂方式既有利于厘清不同历史时期的财政差异,也方便于读者检索、比对有关资料。

本书的编纂工作自二〇〇六年冬启动至今,中有拖宕与波折。幸承厦门大学历史系、厦门大学国学院、厦门大学马克思主义学院、厦门大学图书馆、福建师范大学历史系、福建师范大学图书馆、西南大学古籍研究所、西南大学图书馆、和景文化发展(北京)有限公司、巴蜀书社等单位及相关编纂人员的大力支持与通力合作,从二〇一四年春起加速进行,终于今年底完稿、审毕,交付出版。对上述单位和参编人员,我由衷地表示感谢。

本书的编纂工作得到厦门大学国学院的立项资助,特予志谢。

二〇一五年十二月

附:《财政综论总部·提要》

为了便于反映中国古代不同历史阶段国家财政的特点,同时兼顾传世古籍保留财政资料的详略不同,本总部先按长时段划分为《先秦至五代十国部》《宋辽金元西夏部》《明代部》《清代部》,各部再下设《财政政策分部》《历朝财政概述分部》,根据资料丰富者取精、资料稀少者取全的原则,分类辑录从先秦至清代末年的有关资料。

《财政政策分部》辑录的主要是论及多项财政政策且裁割易致资料零碎的综合性资料。例如,皇帝各种诏敕中述及多项财政政策兴废变革的资料,中央政令述及多项财政政策兴废变革的资料,地方官员在任期间施行的多项财政措施,朝野奏议中述及多项财政政策利弊与变革的资料等。同时也辑录部分针对单项财政政策的综论性资料。

《历朝财政概述分部》辑录的是论述各个朝代或者同一朝代各个阶段的财政收支状况,以及论述地区性或者某财政单位收支状况的概述性资料。

设置《财政综论总部》旨在便于读者整体地、动态地把握中国古代从先秦至清代末年国家财政的演变趋势以及阶段性变化的突出特点,了解其间诸多财政政策的制定依据、传承演变、时人的不同见解、实施状况和实际影响等。

《财政管理体制总部·提要》

本总部所谓财政管理体制,是指中国古代划定各级政权在财政管理方面的权责、财力和收支范围,即处理财政分配中各方面的责、权、利关系的财政制度,实质在于处理财政资金分配的集权与分权问题。

中国古代财政管理体制的构成主要包括国家财政管理体制、皇室财政管理体制和食封管理体制三个部分。为了便于反映中国古代不同历史阶段财政管理体制的特点,同时兼顾传世古籍保留财政管理体制资料的详略不同,本总部先按长时段划分为《先秦至五代十国部》《宋辽金元西夏部》《明代部》《清代部》,根据资料丰富者取精、资料稀少者取全的原则,分类辑录从先秦至清代末年有关财政管理体制的资料。各部之下再酌设《国家财政管理体制分部》、《皇室财政管理体制分部》和《食封管理体制分部》。

中国古代自秦始皇统一六国以来长期实行中央集权的郡县制政体,同时建立与之相适应的财政管理体制。《国家财政管理体制分部》辑录的资料主要反映中央政权各军政主管部门之间,以及中央与各级地方政权之间关于财政管理的权责、财力和收支范围的制度规定及其演变、实施状况等。

中国先秦时代产生的“溥天之下,莫非王土;率土之滨,莫非王臣”的君权至上主义,反映到财政分配上就是皇帝及其宫廷是国家财政必须优先给予保障收支的特殊财政单位,为此必须建立相应的皇室财政管理体制。《皇室财政管理体制分部》辑录的资料涉及皇室财政与国家财政的收支范围划分,皇室财政管理机构的设立及其权责规定、皇室财政收支的运作实务等方面。

中国古代从先秦至清代末年,分封制度或行或废。《食封管理体制分部》辑录的资料不仅记录实行分封制度的不同历史时期的食封管理内容,而且反映出分封制度及其食封管理体制所经历的从“授土授民”“衣食租税”到俸禄化的演变过程。

《财政收入总部·提要》

本总部所谓财政收入,是指中国古代国家为实现其职能,凭借政治权力,采取多种形式参与公共资源、社会产品和国民收入的初次分配或者再分配而筹集到的一切资金和物资的总和。

中国古代从先秦至清代末年,由于政体、政局和社会经济的变化,国家财政收入的筹集形式、物化形态及其结构比例也发生过或缓慢或剧烈的变化。为了便于反映不同历史阶段国家财政收入的筹集形式、物化形态和结构比例诸方面的异同和特点,同时兼顾传世古籍保留财政收入资料的详略不同,本总部先按长时段划分为《先秦至五代十国部》《宋辽金元西夏部》《明代部》《清代部》,根据资料丰富者取精、资料稀少者取全的原则,分类辑录从先秦至清代末年的有关资料。各部再分设《农业税收入分部》《工商税收入分部》《专卖收入分部》《官业经济收入分部》《贡献收入分部》《力役分部》等多个分部。各部所设立的分部及其下所立经目并不强求一致,而是根据该历史时期财政收入形式和内容的实际情况,兼顾资料的多寡,有同有异,或多或少,力求反映各历史时期财政收入的时代特点。例如,《先秦至五代十国部》《明代部》和《清代部》均设有《卖官鬻爵收入分部》,而《宋辽金元西夏部》则根据实际情况改为《卖官鬻爵鬻牒收入分部》。如各部的《官业经济收入分部》《专卖收入分部》等分部立目虽同,但其下设经目也根据实际情况有同有异。再如,《明代部·农业税收入分部》下设的《江南重赋》《一条鞭法》《辽饷剿饷练饷》,《清代部》所设立的《关税收入分部》《债务收入分部》等经目,均具时代特点。

必须指出,我们今天所说的"役"指兵役或劳役,所说的"赋税"二字则是同义反复,是对税收的泛称,并非特指某项税种。"租"则不同于"赋税",是某项资源的所有权或占有权的经济体现。但是,我国从先秦至清代末年的传世古籍所见的"赋""税""租"等用语,使用者对其财政内涵并无严格区分,混用或相互代指之处比比皆是。同时,按照当代财政学的概念,计税客体或称计税依据的不同,应该是区分不同税种的基本根据。而中国在汉朝以前,"赋"和"税"仍是计征依据不同的两个税种,直到清代"摊丁入地"之后,税、赋、役三者才最终完成其漫长的合、分、再合的演变过程。因此,如果严格按照当代财政学的概念去界定,本总部各部之《农业税收入分部》所涉及资料,有些应界定为人头税,如汉代的算赋、口赋、魏晋南北朝的户调制、隋至唐前期的丁租、丁调制、宋代的丁口钱、身丁钱等;有的应界定为土地税或田赋,如唐后期以降的两税斛斗、夏税秋粮等;有的应界定为代役金,如隋唐的丁庸、明代的一条鞭法等。不过,如上所述,因古人用语不纯,想按照今天的概念对古籍资料予以分类是不可行的。因此本总部各部之所谓"农业税收入",既包括按田亩计征的田赋,也包括以农业人口为主要征收对象的人口税。中国古代一直是农业大国,农业人口历来占据官府控制的在籍户口总量的绝大多数,有鉴于此,设立《农业税收入分部》庶几有据。

《财政支出总部·提要》

本总部所谓财政支出,是指中国古代国家分配和使用财政收入的过程。其应用项目反映了政府政策的选择,体现了政府活动的方向和范围,对政治、经济、军事、文化教育、社会生活等方面均具有重要影响。一个历史时期财政支出项目及数量的增减,往往反映了时局的特点。

为了便于反映中国古代不同历史阶段国家财政支出的特点,同时兼顾传世古籍保留财政支出资料的详略不同,本总部先按长时段划分为《先秦至五代十国部》《宋辽金元西夏部》《明代部》《清代部》,根据资料丰富者取精、资料稀少者取全的原则,分类辑录从先秦至清代末年有关财政支出的资料。各部下设分部。由于中国古代长期实行以皇权为核心的中央集权的郡县制和官僚制,并且是以一家一户为生产单位的小农经济为基础的,各部所设分部即支出项目有不少是相同的,如《皇室支出分部》《俸禄支出分部》《军费支出分部》《赏赐支出分部》《赈济抚恤支出分部》等。同时又根据各时代的特点而有所不同,如《清代部》所设《赔款支出分部》。各分部之下所设之目,也根据各时代的特点有所增减,如《明代部》之《军费支出分部》《水利支出分部》等。

《财务行政总部·提要》

本总部所谓财务行政,是指中国古代国家财政部门依据有关法律和制度的规定,对国家财政的各种财物和资金的收支进行调配和管理的财务活动,其基本内容包括预算、决算、会计、漕运、仓储等制度。

中国从先秦至清代末年,随着国家财务行政的制度建设的逐渐发展,以及国家财政收支重心的区域性变动,不同历史阶段的财务行政各具特点。为了便于反映中国古代不同历史阶段国家财务行政的特点,同时兼顾传世古籍保留财务行政资料的详略不同,本总部先按长时段划分为《先秦至五代十国部》《宋辽金元西夏部》《明代部》《清代部》,根据资料丰富者取精、资料稀少者取全的原则,分类辑录从先秦至清代末年有关财务行政的资料。各部再设《预算决算分部》《会计分部》《财物调运分部》《仓库分部》等。从各分部的辑录资料庶几可把握中国古代财务行政的发展脉络,如唐代朝廷编纂的《唐六典》,宋代官方编纂的各种《会计录》、清代末年各省编纂的《财政说明书》等,都是研究中国古代预算、决算制度演变的珍贵历史资料。从各部辑录的财物存储、调运的资料,亦可窥探中国古代不同历史时期国家财政收支重心的变动,探讨不同历史时期经济重心、政治中心、军事布局与财赋调取重地这四者的空间变动所产生的相互作用与复杂影响。

《财政监督总部·提要》

本总部所谓财政监督,是指中国古代由国家财政系统内部,或者由独立的司法机构、监察机构针对一定范围内的财政活动行使监督权的行为,重点在于对各级军政机构执行财税法律法规和政策的情况、财政收支活动、财务会计资料等依法进行监督检查。

中国从先秦至清代末年,随着国家财政收支规模的不断扩大,财务行政程序的复杂化,以及财政监督制度建设的逐步发展,不同历史阶段的财政监督各具特点。为了便于反映中国古代不同历史阶段国家财政监督的特点,同时兼顾传世古籍保留财政监督资料的详略不同,本总部先按长时段划分为《先秦至五代十国部》《宋辽金元西夏部》《明代部》《清代部》,根据资料丰富者取精、资料稀少者取全的原则,分类辑录从先秦至清代末年各历史时期记录审计和财政监察的资料。

必须指出,"审计"一词作为指代财务审计的官方用语,是在宋代才出现的。此前的财务审计行为,官方或称为上计(如秦汉),或称为勾、勾检、勾覆(如隋唐);宋代以降官方还使用覆、点磨、勘勾、磨勘、稽核、查盘等多种词汇指代财务审计行为。从资料来看,中国古代的财务审计重点在于对财政收支账簿文书的真实性、准确性进行账面校对和账、实核对,监督主体主要来自财政系统内部,采取自下而上呈报会计资料,自上而下完成审计的形式。财政监察的重点在于对各级军政机构的官员和经手胥吏执行财税法律法规和政策的情况进行督查,并作出必要的处置,监督主体更多地倚重独立于财政系统之外的司法机构和监察机构,执法依据主要援引刑律。但是,从本总部所辑录的资料可以看出,在中国古代漫长的财政监督实践中,财务审计活动与财政监察行为多互有交叉。职此之故,本总部《审计分部》与《财政监察分部》的资料分类并非能做到泾渭分明,请读者注意交叉使用或做进一步的细分。

二〇一五年十二月

附录二　陈明光史学研究与论文写作经验谈

张赟冰　整理

　　2017年3月20日下午,厦门大学历史系陈明光教授在校举办了主题为"史学研究与论文写作之我见——从我撰写的学位论文谈起"的学术讲座。此为刁培俊老师主持的厦大历史系研究生必修课"史学研究与论文写作"系列讲座之一。在讲座中,陈先生多以个人研究为例,讲授实际的写作经验,详实具体,真切足法,又不时忆及读书、治学的往事,亦值得记述。兹撮举讲座大旨,整理成文,或可裨益学林,不负陈先生"薪火相传"的殷殷之望。

　　讲座伊始,陈先生回顾了其硕士和博士学位论文的写作情况。1982年春,他自福建师范大学本科毕业,考入厦门大学历史系,师从著名历史学家韩国磐先生。1984年,完成硕士学位论文《唐朝实施两税法以后中央与地方分割赋役的斗争》,后经修改、整理,先后在《中国史研究》《历史研究》《厦门大学学报》等刊物发表4篇论文。1988年,亦在韩先生指导下,完成博士学位论文《唐代国家预算研究》,后经修改、整理,先后在《中国史研究》《财政研究》《文献》《厦门大学学报》等刊物发表8篇论文。最后将两篇学位论文整合修订,加上若干篇后写之论文,撰成《唐代财政史新编》一书,1991年由中国财政经济出版社出版,1999年再版。在20世纪唐代财政史研究领域,鞠清远、Denis Twitchett(杜希德)、李锦绣和陈先生这四大家中,陈先生的研究,以其运用现代财政学的理论概念和史学实证相结合的独到学术理路,洵成一家之言,充实而有光辉。

　　从硕士论文到博士论文,陈先生的研究范围随之扩大,从财政收入问题扩大到整体财政研究;从唐后期中央与地方分割主要财政收入(赋役)的关系,扩大到有唐一代的财政管理体制和财务行政等,但核心都是唐代财政问题。陈先生夫子自道:这两篇学位论文基本奠定了他以后数十年的学术研究领域,及其所能达到的高度与深度。本场讲座他之所以从其学位论文谈起,是想强调学位论文对学者学术生涯的奠基作用,借此告诫年轻学子一定要认真对待自己的学位论文。陈先生指出,写好学位论文,首先离不开老师的教导。在此,他深切铭感导师韩国磐以及郑学檬、杨际平等先生的教导之恩。然而师承之外,个人刻苦的训练和不懈的努力也至关重要。结合其治学经历,陈先生从八个方面讲述了关于史学研究与论文写作的重要经验。

一、学术兴趣

陈先生首先强调学术兴趣的重要性。他认为兴趣是史学研究最大的原动力之一,凡立志以史学为业者,首当培养兴趣。陈先生坦承,恢复高考时,正值20世纪70年代末,同当时许多知识青年一样,憧憬着文学梦,因此他填报的第一志愿是中文系。然而因缘际会,却被历史系录取。回顾自己的治学之路,本科生期间发表的数篇习作,无不包含着历史人物传记的情结,这便是将原有的文学兴趣与史学专业相结合的结果。到了研究生学习期间,由于报考方向为"中国封建经济史"(入学后改为中国古代史),加上得益于韩国磐先生所讲授的《中国古代经济史专题》学位课程的教泽,方逐渐培养起对中国古代财政经济史的浓厚兴趣,自此悠游其中,数十年奉为旨归,以至于今。述谈个人的学习履历,陈先生意在劝导初窥史学堂奥的各位年轻学子,学术兴趣虽有出于天性者,亦可经后天培养而成。

二、学术史

陈先生指出,从事史学研究,必须充分掌握学术史。这如同作战之前,必先要侦查阵地。掌握学术史,目的是要站在学术前沿。然而,此事非朝夕之功。要正确评判学术史,能够指出前人的研究所得何在,所失何在;其所得,何以得?其所失,何以失?以及最重要的,如何推进下一步研究?这都需要具备一定的学术积累,要有一个长期的阅读、积淀、思索的过程。

陈先生根据自己聆听韩先生授课的体会,建议年轻学子要特别注意导师授课时有关学术史的评论,然后以此为线索,广泛搜罗相关论著,认真加以研读,钩玄提要,评判得失,如此方能渐渐对研究现状了然于胸,在充分吸收前人成果的基础上,做到"学如积薪,后来者居上"。陈先生特别强调,在关注学术动态时不要自限藩篱,不能囿于个人选择的历史时段、研究领域或专题之所限,应该扩大视野,博览旁通。有时看似"不相关"的论著却能启发灵感。

三、扎实掌握材料

这是本场讲座的一个重点内容。陈先生指出,历史研究是实证研究,研究客体隐藏在地上和地下的材料里。搜集和掌握材料,是寻找历史研究对象的必由之路。掌握材料,没有一蹴而就的捷径,必须要下苦功夫、"笨"功夫。在所选定的论题范围内,对相关材料要尽可能"竭泽而渔";惟有穷尽相关材料,才有立论的资格,才能使论证获得可靠的保障。

在此,陈先生举出了他的几篇代表作为例,分享了其发现问题与提出学术新见的过程,证明了穷尽相关史料的重要性。例如,其《唐代"除陌"释论》(刊于《中国史研究》1984年第4期)一文,正是得益于把唐代有关"除陌"的史料收集殆尽,经排比考索,发现唐代所谓"除陌"一词,其实具有商税、货币流通新形式、中央财政临时调集资金的手段这三种不同含义,刷新了以往学界并不全面的认识。再如其《"量出制入"与两税法的制税原则》(刊于《历史研究》1986年第1期)一文,是在全面收集和排比了唐朝在建中元年推行两税法的所有公文,结合黜陟使到各州确定两税定额的具体方法,以及唐中央对两税的定额管理办法等相关资料后,方提出唐朝推行两税法时并没有采用杨炎"量出以为入"建议的卓见。

在陈先生看来,掌握史料需要注意三个方面。第一是阅读原始文献要细致,尤需关注同一种文献或不同文献关于同一个问题表达的文字异同。例如,汉文帝免除田租,是一共13年,还是仅在"十三年"这1年?对此问题,便需要比较《汉书》关于减免田租的多种表达用语。再如,要注意到唐后期、五代、宋朝新出现的一些官方财政用语所反映的财税变革蕴含。

第二是平衡阅读原文与电子文本检索之间的关系。电子检索作为新兴手段,极大地便利了学术研究,固应得到充分利用,但也不能过于依赖。利用电子检索的前提,是原始文献阅读达到一定程度的积累,如此才能正确地选择检索词,以及有效地评估检索结果。例如关于"除陌",唐代文献中又有"垫陌""抽贯""短陌""欠陌"等不同表达,若不曾广泛阅读原文,便会遗漏许多相关材料。

第三是要关注新资料的发现、公布与利用。新资料既能够解决旧问题,也能够提出新问题。例如,出土汉简证明西汉时即有"八月算民"制度,彬州晋简补充了西晋确有计亩征收定额税"田租"制的实证资料,走马楼吴简为探讨户等制起源提供了新证据等。近年来,各种新资料先后被整理、公布,包括官方档案文书的公布,稀见古籍的影印,出土文献的整理,民间文献的收集,国外汉籍善本的回传。以上新资料的应用,必将极大推进史学研究,学者应当随时密切关注。

四、具备相关知识

这是本场讲座的另一个重点。陈先生认为,所谓"历史",实则是人们对过去事实的认知。历史事实,是谓客体;历史认知,是谓主体。历史研究的主体性包括研究者自觉或不自觉地运用的理论,以及所依据的知识结构、人生经验等。这些构成了个人的知识体系。史学研究就是史家基于个人的知识体系,以努力接近和阐述历史事实为己任。因此,史学研究不仅需要实证,也需要阐释;不仅需要考据之学,也需要义理之学。两者不可或缺,亦不可偏废。

陈先生指出,史家的主体意识在史学研究过程中的显性和隐性影响无处不在,因此治史者必须强化和完善主体性的知识结构。首先,要努力积累基础性或曰系统性的专门知识。治中国史者,基础须宽厚,眼界应博通,既需"纵通",也需"横通"。所谓"纵通",即"通古今之变",不限于一朝一代;所谓"横通",即多角度整体认识历史,不囿于一领域一专题。讲述至此,陈先生忆及当年跟从韩国磐先生问学的一些往事。例如1982年5月4日课上,韩先生谈自己的治学经历与方法,强调研究断代史必须熟悉基本史籍,指出掌握基本史料也是打基础。其次,韩先生强调阅读基本史籍要讲究方法。1982年2月16日课余,陈先生尝问:研治隋唐史,史籍众多,初学者当先读何书?韩先生答曰:先读《资治通鉴》,了然大事件与基本线索;然后对读两《唐书》,读到职官、田制、赋税法律等内容时,结合《通典》《唐六典》《唐律疏议》《唐会要》《文献通考》等专书。这样去读虽然进度稍慢,但基础会更扎实。陈先生说,这些教诲让自己受益深远,至今不忘,希望后学者也能秉承。

最后,还要扎实掌握相关学科知识,掌握多种分析工具。历史学是基础性学科,其研究领域所涉甚广。历史学者应积极吸收其他学科的营养,学习其分析方法,借鉴其分析工具,如此方能增广对历史事实的认知视角,深化史识。陈先生举其研究心得为例,他在研究两税法时,曾借助了现代财政学中"税收管理体制"和"财政管理体制"的概念。运用这两个概念去观察和分析唐朝建中元年推行"两税法"的有关史料,发现"两税法"改革的内涵和外延并非如以往所言,仅仅局限于改革农业税制本身,而是还包含着变革税收管理体制和财政管理体制的重要且丰富的内容,由此所引发的唐中央与地方争夺财力的新矛盾和新形式,都必须重新加以研究。他认为,在进行跨学科的研究时,最理想的状态是将不同学科的特点有机结合,融会贯通。但目前所见不少所谓跨学科研究的史学论著,存在着"穿鞋戴帽"、"两层皮"(或云"眼中金屑")等弊端,所引史料与所借用的跨学科理论、概念之间,并无有机的内在联系。因此,陈先生强调,要把跨学科的理论、方法运用于史学研究,须追求"左右逢源""盐溶于水"之境。

五、培养"历史感"

"历史感"看似不可捉摸,实则真切地影响着学者的研究。陈先生认为,若想成为一名优秀的历史学者,应当培养自身的"历史感",以达致宿白先生所谓"神游于历史与现实之间"的境界。一方面,在研究某些历史问题时要注意设身处地,要回到历史情境中,"还原"古人的社会生活。例如,邓小南教授曾提倡"活"的制度史研究,陈先生认为其关键便在于厘清制度的实施状况与实际影响,而不能仅限于研究制度的条文规定。以两税法为例,研究两税法,就必须认真考察其法令依据、实施状况、制度铺垫和制度性缺陷。

另一方面,应注意从现实社会生活中获得反思历史的灵感。现实生活可以为我们理解历史提供许多新鲜的思路。例如,如何恰当地评价中国历史上的商人、牙人等社会阶层的财政经济作用?在过去的计划经济体制下,排斥商品经济,因此对历史上的商业和商人也多持否定评价。但是,改革开放以后经济体制的变化,让我们认识到商业在经济中的重要地位,也促使我们重新评价历史中商业和商人阶层的作用。

六、选题方向

陈先生认为,选题是论文写作的开端,好的选题可以让论文事半功倍。选题应注意两个方面:一是要由小入大,力所能及。所选论题,应与当前个人的学术能力相对应,不要超出自己所能驾驭的范围。因此,习作宜选择小问题入手,学习写作小论文,然后逐渐扩大研究领域。二是研究方向则应当选"潜力股",忌打"麻雀战"。即所选论题方向应当有较强的学术延展性,可以形成一定的领域,值得自己今后长期探索。例如韩国磐先生在"文革"后招收的第一批硕士研究生,即李伯重和杨际平。李先生的硕士论文题目是"唐代江南农业的发展",博士期间他跟随傅衣凌先生转治明清史,所研究的地域依旧是江南,直到今天仍然如此,成为江南研究的国际名家。杨先生的硕士论文选题为均田制研究,此后几十年的研究重心仍然在此,是当今均田制研究首屈一指的专家。两位先生都是选择"潜力股"论题的典范。陈先生自己长期研究汉唐财政史,也是源于当年研究生期间的选题。

七、完善表达方式

陈先生强调:"言之无文,行之不远。"史学论文必须完善其表达方式。其中最重要的是逻辑。史学研究重在推演事物发展变化的因果以及相互的关联性,即胡如雷先生所形象表述的"瞻前顾后,左顾右盼",若没有严密的逻辑便无以为之。

首先,应遵守同一律,即概念的一致性,不能偷换概念。陈先生列举若干史学论著为例,反复说明遵循同一律的重要性,强调在史学研究中,凡涉及研究对象的概念,须将其内涵与外延界定清晰。在中国古代史的研究中,要注意辨别古人使用的相同或相似的词语是否有相同的含义。例如唐人所谓"量出为入",便有三种财政含义,不可望文生义,混为一谈。

其次,概括应得当。史学论述的概括是逻辑推理的必然,在以举例法为基本论证方法的史学研究中,不可避免地需要概括历史原因、历史规律、历史趋势、历史意义、历史地位等。史学论述的概括是一种追求,惟有通过概括,史学才能从"实录"的层次上升至"通古今之变"的境界。史学论述的概括是一种无奈,因为史料太少或太多,不得不借助于概括。史学论述的概括业可能成为一个陷阱,易失之盲人摸象,以偏概全。史学论述的概括更是一种挑战,"以小明大,见一叶落而知岁之将暮",需要极强的洞察力。进行概括时,特别要注意避免以偏概全,推论过远。应注意文献本身蕴涵的时间差异,慎用"两汉""隋唐""宋元""明清"等较长时段的时间概念。也要注意空间差异,不能以一地区的个例代表全国。

最后,论文中要注意避免使用诸如"从来""从不""每个""人人""处处""无不""所有"之类用来涵盖全部的词语。要特别注意反证,对矛盾的资料一定要有所说明。他重温了韩先生当年关于"提出结论要留有余地,有几分资料说几分话"的教导。主张提出结论要尽可能做到"平实",慎用"不断""空前"等词语;还要避免类比失当。在撰写论文的过程中,可以通过排比小论点与主要论据,检查论文的逻辑是否严密。论文写成之后可以通过撰写"提要"或"总括全篇"去检查思路和逻辑是否严密。他说自己从韩先生的论文篇末往往有"总括全篇"一段在写作逻辑训练方面借鉴甚多。

逻辑之外,还应注意行文。文字宜简洁、生动,避免重复啰嗦。不同体裁或题材的史学论文,允许有不同的文字风格。但总体而言,史学文章应严肃,文字应准确、简洁、典雅。当今有些史学文章的文字过于平白,几近鄙俚,应引以为戒。

八、选题方式

陈先生认为,研究生学位论文的选题方式无非是两种:一种是自己选题,经导师认可。此种方式的关键在于如何预测创新点,其中导师的把关作用非常重要。另一种导师命题作文。此种方式好处在于导师已有想法或初步研究,也便于因材命题;但缺点是学生不容易有自己的思路。

陈先生在总结时强调,史学论著要取得创新,需要具备三个要素:充分可靠的资料、科学的理论、恰当的表达形式。因此要写好一篇史学论文,需做好五项基础准备工作:增强理论修养、完善知识结构、详实掌握资料,正确评判相关学术史、提高文字驾驭能力。这便是有志于史学研究的青年学子应努力的方向。

原载澎湃新闻网,2017 年 03 月 25 日 14:20

附录三　本书所收论文刊载信息

1. 《略谈中国古代商业史的几个问题》,原载《历史教学》2007 第 4 期。

2. 《驵侩、牙人、经纪、捐客——中国古代交易中介人主要称谓演变试说》(第二作者毛蕾),原载《中国社会经济史研究》1998 年第 4 期。

3. 《试论汉宋时期农村"计赀定课"的制度性缺陷》,原载《文史哲》2007 年第 2 期;又见中国人民大学报刊资料复印中心《经济史》2004 年第 6 期;收入《文史哲》编辑部编:《门阀、庄园与政治:中古社会变迁研究》,商务印书馆 2011 年版。

4. 《"修耕植,畜军资"——曹魏财政基本建设方针述论》,原载《中国社会经济史研究》2004 年第 6 期。

5. 《论曹魏财政管理的专职化演变》,原载《厦门大学学报》2005 年第 2 期。

6. 《曹魏的封爵制度与食封支出》,原载《西北师范大学学报》2005 年第 2 期;又见中国人民大学报刊资料复印中心《魏晋南北朝隋唐史》2005 年第 5 期。

7. 《走马楼吴简所见孙吴官府仓库账簿体系试探》,原载《中华文史论丛》2009 年第 1 期;收入长沙简牍博物馆编:《走马楼吴简研究论文精选》(下),岳麓书社 2016 年版。

8. 《读走马楼吴简札记三则》,原载《永久的思念——李诞教授逝世周年纪念文集》,云南大学出版社 2011 年版。

9. 《关于东晋南朝铸币的两个问题》,原载《厦大史学》第一辑,厦门大学出版社 2005 年版。

10. 《"短陌"与"省陌"管见》,原载《中国经济史研究》2007 年第 1 期。

11. 《六朝"民田"的产权及交易方式》,原载《河北学刊》2010 年第 2 期。

12. 《试论六朝时期江南生产力积极因素的积淀》,选自《六朝经济》第四章第三节,南京出版社 2013 年版。

13. 《隋唐王朝赋税的来源与用途述论》，原载《经济－社会史评论》第六辑，三联书店 2012 年版。

14. 《唐朝财政国库制度述略》，原载财政部国库司编：《现代国库理论与实践》（第一辑），中国财政经济出版社 2011 年版。

15. 《论唐代广州的海外交易、市舶制度与财政》（第二作者靳小龙），原载《中国经济史研究》2005 年第 1 期。

16. 《略论唐朝的州县行纲》，原载《庆祝宁可先生八十华诞论文集》，中国社会科学出版社 2008 年版。

17. 《唐朝中央对地方政府的财政监督述论》，原载《宁波大学学报》2009 年第 1 期。

18. 《唐代后期地方财政支出定额包干制与南方经济建设》，原载《中国史研究》2004 年第 4 期。

19. 《两把双刃剑——唐朝后期地方日常军费的定额包干制与"食出界粮"制》，原载《风云际会财政史》，东北财经大学出版社 2009 年版。

20. 《从"两税钱"、"两税斛斗"到"桑田正税"——唐五代两税法演变补论》，原载《文史》2010 年第 1 辑，中华书局 2010 年版。

21. 《从"两税外加率一钱以枉法论"到两税"沿征钱物"——唐五代两税法演变续论》，原载《魏晋南北朝隋唐史资料》第二十五辑，武汉大学出版社 2009 年版。

22. 《从唐朝后期的"省司钱物"到五代的"系省钱物"——五代财政管理体制演变探微》，原载武汉大学中国三至九世纪研究所编：《魏晋南北朝隋唐史资料》第三十辑，上海古籍出版社 2014 年版。

23. 《唐五代逃田产权制度变迁》，原载《厦门大学学报》2004 年第 4 期；又见中国人民大学报刊资料复印中心《经济史》2004 年第 6 期；《魏晋南北朝隋唐史》2004 年第 6 期。

24. 《司法与产权——唐五代的"籍没家产"》，原载韩国《亚洲研究》第 5 卷，韩国汉城 2009 年版。

25. 《五代财政中枢管理体制演变考论》，原载《中华文史论丛》2010 年第 3 辑，上海古籍出版社 2010 年版。

26. 《"检田定税"与"税输集办"——五代时期中央与地方的财权关系论稿之一》，原载《中国社会经济史研究》2009 年第 3 期。

27. 《论五代时期的军费》，原载《厦门大学学报》2011 年第 1 期。

28. 《论五代时期臣属"贡献"与财政性》，原载杜文玉主编：《唐史论丛》第十四辑,陕西师范大学出版社 2012 年版。

29. 《宋朝逃田产权制度与地方政府管理职能变迁》,原载《文史哲》2005 年第 1 期。

30. 《唐宋以来的牙人与田宅典当买卖》(第二作者毛蕾),原载《中国史研究》2000 年第 4 期。

31. 《杨炎的功过与悲惨结局》,原载《文史知识》1989 年第 1 期。

32. 《汉代"乡三老"与乡族势力蠡测》,原载《中国社会经济史研究》2006 年第 2 期;收入陈支平主编:《相聚休休亭:傅衣凌教授诞辰 100 周年纪念文集》,厦门大学出版社 2011 年版。

33. 《唐朝的出使郎官与地方监察》,原载《厦门大学学报》2009 年第 2 期;又见中国人民大学报刊资料复印中心《魏晋南北朝隋唐史》2009 年第 4 期。

34. 《校订本〈册府元龟〉标点商兑之一——关于唐朝的"郎官、御史"》,原载《厦门大学国学院研究集刊》第二辑,中华书局 2009 年版。

35. 《论晚唐中枢权力分配格局的变动》,原载《唐代的历史与社会》,武汉大学出版社 1997 年版。

36. 《试论郑樵编纂〈通志〉的主客观原因》,原载《厦门大学学报》1998 年第 3 期;又见中国人民大学报刊资料复印中心《历史学》1999 年第 2 期。

37. 《试论两宋八闽文化的发展》,原载《中国文化研究集刊》第 5 辑,复旦大学出版社 1987 年版。

38. 《郑樵治学道路试探》,原载《福建师大学报》1982 年第 4 期;又见中国人民大学报刊资料复印中心《史学史》1983 年第 2 期。

39. 《台湾回归话施琅》,原载《福建师大学报》1980 年第 2 期;又见中国人民大学报刊资料复印中心《中国古代史》1980 年第 21 期;收入施伟青主编:《施琅研究》,厦门大学出版社 2000 年版。

附录四　陈明光史学主要著作编年目录

一、论文

1. 《郑樵与袁枢》（与许在全合作），《福建师大学报》1979 年第 3 期。

2. 《台湾回归话施琅》，《福建师大学报》1980 年第 2 期；又见中国人民大学报刊资料复印中心《中国古代史》1980 年第 21 期；收入施伟青主编：《施琅研究》，厦门大学出版社 2000 年版。

3. 《试论朱熹对福建文化教育的影响》（与方品光合作），《福建师大学报》1980 年第 3 期。

4. 《郑樵治学道路初探》，《福建师大学报》1982 年第 4 期；又见中国人民大学报刊资料复印中心《史学史》1983 年第 2 期。

5. 《试论唐代刘晏理财的特点及其历史地位》，《福建师大学报》1984 年第 2 期。

6. 《唐代"除陌"释论》，载《中国史研究》1984 年第 4 期；又见中国人民大学报刊资料复印中心《魏晋南北朝隋唐史》1985 年第 3 期。

7. 《"量入制出"与两税法的制税原则》，《历史研究》1986 年第 1 期；又见中国人民大学报刊资料复印中心《经济史》1986 年第 4 期、《魏晋南北朝隋唐史》1986 年第 4 期。

8. 《论两税法与唐前后期中央和地方财权关系的变化》，《厦门大学学报》1987 年增刊。

9. 《秦朝傅籍标准蠡测》，载《中国社会经济史研究》1987 年第 1 期；又见中国人民大学报刊资料复印中心《先秦、秦汉史》1987 年第 6 期、《经济史》1987 年第 5 期。

10. 《试论两宋八闽文化的发展》,《中国文化研究集刊》第 5 辑,复旦大学出版社 1987 年 6 月版。

11. 《唐朝的两税三分制与常平义仓制度》,《中国农史》1988 年第 4 期。

12. 《唐朝两税三分制的财政内涵试析》,《中国社会经济史研究》1988 年第 4 期。

13. 《唐朝的食堂与"食本"》,《文史知识》1988 年第 10 期。

14. 《论唐朝两税预算的定额管理体制》,《中国史研究》1989 年第 1 期;又见中国人民大学报刊资料复印中心《经济史》1986 年第 4 期、《魏晋南北朝隋唐史》1989 年第 4 期。

15. 《唐代前期国家预算述论》,《财政研究》1989 年第 4 期。

16. 《唐代前期预算外收支计划述略》,《厦门大学学报》1989 年第 4 期。

17. 《唐人姜师度水利业绩述略》,《中国农史》1989 年第 4 期。

18. 《杨炎的功过与悲惨结局》,《文史知识》1989 年第 11 期。

19. 《试论安史之乱对唐代前期国家财政体系崩坏的影响》,《求是学刊》1990 年第 1 期。

20. 《论唐代两税法改革的财政前提》,《中国社会经济史研究》1990 年第 2 期。

21. 《传本〈夏侯阳算经〉成书年代补证》,《历史文献研究(北京新一辑)》,北京燕山出版社 1990 年 10 月版。

22. 《唐代国家预算研究》,《文献》1990 年第 4 期。

23. 《唐朝两税三制的来龙去脉及其评价》,《财政研究参考资料》1990 年第 38 期。

24. 《东晋士族高门中少有的务实人物庾翼》,《文史知识》1991 年第 3 期。

25. 《唐朝的侍老制度》,《文史知识》1991 年第 10 期。

26. 《陆贽论两税法平议》,《中国社会经济史研究》1991 年第 4 期;又见中国人民大学报刊资料复印中心《经济史》1992 年第 1 期。

27. 《试论唐前期官员俸料钱与国家财政的关系》,《史林》1992 年第 1 期;又见中国人民大学报刊资料复印中心《魏晋南北朝隋唐史》1992 年第 8 期。

28. 《再论唐代的"除陌"》,《中国史研究》1992 年第 2 期。

29. 《析汉代的"假税"与"八月算民"》,《中国社会经济史研究》1992 年第 2 期;又见中国人民大学报刊资料复印中心《经济史》1992 年第 7 期。

30. 《五代"关市之征"试探》,《中国经济史研究》1992 年第 4 期;又见中国人民大学报刊资料复印中心《魏晋南北朝隋唐史》1993 年第 3 期。

31. 《唐后期存在着两个户部司吗》，《历史研究》1992 年第 6 期；又见中国人民大学报刊资料复印中心《魏晋南北朝隋唐史》1993 年第 3 期。

32. 《试论唐太宗轻徭薄赋思想及其实施——与隋文帝的比较研究》，《中国社会经济史研究》1993 年第 1 期。

33. 《试论唐后期两税法改革与"随户杂徭"》，《中国社会经济研究》1994 年第 3 期。

34. 《中国财政史上何时建立国家预算》，《厦门大学学报》1995 年第 1 期。

35. 《略论唐代的赋税"损免"》，《中国农史》1995 年第 1 期；又见中国人民大学报刊资料复印中心《经济史》1995 年第 3 期；收入韩国《唐史论丛》（春史卞麟锡还历纪念），韩国汉城 1995 年版。

36. 《孙吴封爵制度商探》，《中国史研究》1995 年第 3 期；又见中国人民大学报刊资料复印中心《中国古代史（先秦至隋唐）》1995 年第 11 期。

37. 《孙吴三项财经措施作用析疑》，《历史研究》1995 年第 5 期。

38. 《试论东晋财力虚竭的原因》，《中国社会经济史研究》1996 年第 2 期；又见中国人民大学报刊资料复印中心《魏晋南北朝隋唐史》1996 年第 6 期。

39. 《皇帝·宰相·宦官——晚唐中枢权力分配格局变动述略》，《文史知识》1996 年第 7 期。

40. 《也谈唐代的"量出制入"》，《文史知识》1996 年第 8 期；又见中国人民大学报刊资料复印中心《经济史》1996 年第 6 期。

41. 《"竭泽而渔"与"左右逢源"浅识》，《唐研究纵横谈》，中国社会科学出版社 1996 年 11 月版。

42. 《唐人所谓"量出制入"释论》，《第三届中国唐代文化学术研讨论文集》，台北乐学书局 1997 年 6 月版。

43. 《论晚唐中枢权力分配格局的变动》，《唐代的历史与社会》，武汉大学出版社 1997 年版。

44. 《"两税法"与唐朝财政管理体制变革之我见》，载日本《唐代史研究会会报》第 10 号，1997 年 7 月版。

45. 《郑畋宦绩考》，《唐研究》第三卷，北京大学出版社 1997 年 12 月版。

46. 试说汉唐之际的纳税通知与完纳凭证，《中国古代社会研究》（庆祝韩国磐先生八十华诞纪念论文集），厦门大学出版社 1998 年 7 月版。

47. 《试论郑樵编纂〈通志〉的主客观原因》，《厦门大学学报》1998 年第 3 期；又见中国人民大学报刊资料复印中心《历史学》1999 年第 2 期。

48. 《驵侩、牙人、经纪、掮客——中国古代交易中介人称谓演变试说》（与毛蕾合作),《中国社会经济史研究》1998年第4期。

49. 《"调均贫富"与"斟酌贫富"——从孔子的"患不均"到唐代的"均平"思想》,《历史研究》1999年第2期;收入《98法门寺唐文化国际学术讨论会论文集》,陕西人民出版社2000年12月版。

50. 《财政考虑与汉代所谓重农抑商政策》,《东南学术》1999年第3期;又见《新华文摘》2000年第1期。

51. 《二十世纪福建学者的中国古代社会经济史研究论著评介》,《香港中国近代史学会会刊》第九、十期合刊,1999年10月版。

52. 《略论唐代官私借贷的不同特点》,《中华文史论丛》(第六十二辑),上海古籍出版社2000年4月版。

53. 《中国古代的"人牙子"与人口买卖》(与毛蕾合作),《中国经济史研究》2000年第1期。

54. 《20世纪唐代两税法研究评述》,《中国史研究动态》2000年第10期;又见中国人民大学报刊资料复印中心《魏晋南北朝隋唐史》2001年第1期;日文版载日本《唐代史研究》2002年第5号(船越泰次译)。

55. 《唐宋以来的牙人与田宅典当买卖》(与毛蕾合作),《中国史研究》2000年第4期。

56. 《中国古代赋役制度研究的回顾与展望》(与郑学檬合作),《历史研究》2001年第1期;又见中国人民大学报刊资料复印中心《经济史》2001年第3期;收入《历史研究〉五十年论文选(20世纪中国历史学回顾·上)》,社会科学文献出版社2005年7月版。

57. 《"食货"与"轻重"——试论中国古代财政对商品经济的影响》,《光明日报·理论周刊》第157期第3版,2001年3月27日。

58. 《汉唐之际的国家权力、乡族势力与"据赀定税"》,《中国社会历史评论》第三卷,中华书局2001年版。

59. 《断代体裁唐代财政史研究的创新——评李锦绣〈唐代财政史稿〉》,《中国社会经济史研究》2002年第2期。

60. 《中国古代制度史研究的视角转换——评王勋成著〈唐代铨选与文学〉》,载《中国史研究》2002年第3期;又见中国人民大学报刊资料复印中心《历史学》2002年第12期。

61. 《20世纪魏晋南北朝财政史研究述评》(与洪钢合作),《周秦汉唐研究》第一辑,三秦出版社2002年10月版。

62. 《20世纪中国古代财政史研究述评》,《中国史研究动态》2002年第12

期；又见中国人民大学报刊资料复印中心《经济史》2003 年第 2 期。

63. 《21 世纪的史学创新思维浅议》，《21 世纪中国历史学展望》，中国社会科学出版社 2003 年 3 月版。

64. 《唐宋田赋的"损免"与"灾伤检放"论稿》，《中国史研究》2003 年第 2 期；又见中国人民大学报刊资料复印中心《宋辽金元史》2003 年第 4 期。

65. 《试析唐朝和籴加价对商品粮贩运距离的影响》（与孙彩红合作），《李埏教授九十华诞纪念文集》，云南大学出版社 2003 年 11 月版。

66. 《唐五代逃田产权制度变迁》，《厦门大学学报》2004 年第 4 期；又见中国人民大学报刊资料复印中心《经济史》2004 年第 6 期、《魏晋南北朝隋唐史》2004 年第 6 期。

67. 《唐代后期地方财政支出包干制与南方经济建设》，《中国史研究》2004 年第 4 期。

68. 《"修耕植，蓄军资"——曹魏财政基本建设方针述论》，《中国社会经济史研究》2004 年第 6 期。

69. 《唐宋财赋"上供、留使、留州"制度异同辨》（与孙彩红合作），《安徽师范大学学报》2004 年第 6 期。

70. 《论唐代广州的海外交易、市舶制度与财政》（与靳小龙合作），《中国经济史研究》2005 年第 1 期。

71. 《宋朝逃田产权制度与地方政府管理职能变迁》，《文史哲》2005 年第 1 期。

72. 《论曹魏财政管理的专职化演变》，《厦门大学学报》2005 年第 2 期。

73. 《曹魏的封爵制度与食封支出》，《西北师范大学学报》2005 年第 2 期；又见中国人民大学报刊资料复印中心《魏晋南北朝隋唐史》2005 年第 5 期。

74. 《关于东晋南朝铸币的二个问题》，《厦大史学》第一辑，厦门大学出版社 2005 年版。

75. 《略论评价历史人物的主体性》，《厦大史学》第二辑，厦门大学出版社 2006 年 3 月版。

76. 《汉代"乡三老"与乡族势力蠡测》，《中国社会经济史研究》2006 年第 2 期。

83. 《唐朝开元天宝年间节度使权力状况析论》（与王敏合作），《厦门大学学报》2006 年第 3 期。

84. 《"短陌"与"省陌"管见》，《中国经济史研究》2007 年第 1 期。

85. 《试论汉宋时期农村"计赀定课"的制度性缺陷》，《文史哲》2007 年第 2

期；又见中国人民大学报刊资料复印中心《经济史》2004 年第 6 期；收入
《文史哲》编辑部编：《门阀、庄园与政治：中古社会变迁研究》，商务印书
馆 2011 年版。

86. 《略谈中国古代商业史的几个问题》，《历史教学》2007 年第 4 期。

87. 《略论唐朝的州县行纲》，《庆祝宁可先生八十华诞论文集》，中国社会科
学出版社 2008 年版。

89. 《〈旧唐书·姜师度传〉笺证稿》，《厦门大学国学院集刊》（第一辑），中华
书局 2008 年版。

90. 《走马楼吴简所见孙吴官府仓库账簿体系试探》，《中华文史论丛》2009
年第 1 期，上海古籍出版社 2009 年版；收入长沙简牍博物馆编：《走马楼
吴简研究论文精选》（下），岳麓书社 2016 年 8 月版。

91. 《唐朝的出使郎官与地方监察》，《厦门大学学报》2009 年第 2 期；又见中
国人民大学报刊资料复印中心《魏晋南北朝隋唐史》2009 年第 4 期。

92. 《司法与产权——唐五代的"籍没家产"》，韩国《亚洲研究》第 5 卷，2009
年 5 月版。

93. 《"检田定税"与"税输集办"——五代时期中央与地方的财权关系论稿之
一》，《中国社会经济史研究》2009 年第 3 期。

94. 《校订本〈册府元龟〉标点商兑——关于唐朝的"出使郎官、御史"》，《厦门
大学国学研究院集刊》（第二辑），中华书局 2009 年版。

95. 《两把双刃剑——唐朝后期地方日常军费的定额包干制与"食出界粮"
制》，孙文学、齐海鹏主编：《风云际会财政史》，东北财经大学出版社 2009
年版。

96. 《从"两税外加率一钱以枉法论"到两税"沿征钱物"——唐五代两税法演
变续论》，《魏晋南北朝隋唐史资料》第二十五辑，武汉大学出版社 2009
年版。

97. 《唐朝中央对地方政府的财政监督述论》，《宁波大学学报》2009 年第 1
期。

98. 《从"两税钱"、"两税斛斗"到"桑田正税"——唐五代两税法演变补论》，
《文史》2010 年第 1 辑，中华书局 2010 年版。

99. 《六朝"民田"的产权及交易方式》，《河北学刊》2010 年第 2 期。

100. 《五代财政中枢管理体制演变考论》，《中华文史论丛》2010 年第 3 辑，上
海古籍出版社 2010 年版。

101. 《论五代时期的军费》，《厦门大学学报》2011 年第 1 期。

102. 《读走马楼吴简札记三则》,《永久的思念——李诞教授逝世周年纪念文集》,云南大学出版社 2011 年版。

103. 《唐朝国库制度述略》,财政部国库司编《现代国库理论与实践》(第一辑),中国财政经济出版社 2011 年 11 月版。

104. 《论五代时期臣属"贡献"与财政性》,杜文玉主编《唐史论丛》第十四辑,陕西师范大学出版社 2012 年 2 月版。

105. 《隋唐王朝赋税的来源与用途》,侯建新主编《经济－社会史评论》第六辑,三联书店 2012 年 11 月版。

106. 《走马楼吴简所见孙吴农业税征收实务述略》,《遗大投艰集:纪念梁方仲教授诞辰一百周年》,广东人民出版社 2012 年 12 月版。

107. 《从唐朝后期的"省司钱物"到五代的"系省钱物"——五代财政管理体制演变探微》,武汉大学中国三至九世纪研究所编《魏晋南北朝隋唐史资料》第三十辑,上海古籍出版社 2014 年版。

二、著作

(一)个人专著

1. 《唐代财政史新编》,中国财政经济出版社,1991 年第一版,1999 年第二次印刷。

2. 《唐懿宗 唐僖宗》,吉林文史出版社 1995 年 9 月版。

3. 《中国古代的纳税应役》,北京商务印书馆国际有限公司 1996 年 7 月版,台湾商务印书馆 2000 年繁体字版,北京商务印书馆国际有限公司 2013 年增订版。

4. 《六朝财政史》,中国财政经济出版社 1997 年版。

5. 《钱庄史》,上海文艺出版社 1997 年版。

6. 《汉唐财政史论》,岳麓书社 2003 年版。

7. 《寸薪集:陈明光中国古代史论集》,厦门大学出版社 2017 年版。

(二)合著

1. 《中国名君名臣政绩辞典》,罗耀九主编,江西教育出版社 1990 年版。

2. 《中华文明五千年》,韩国磐主编,天津人民出版社 1993 年版。

3. 《中国赋役制度史》,郑学檬主编,厦门大学出版社 1994 年版;上海人民出版社 2000 年新一版。

4. 《中国农民负担史》(第二卷),叶振鹏主编,中国财政经济出版社 1994 年版。

5. 《二十世纪唐研究》,胡戟、张弓主编,中国社会科学出版社 2002 年版。

6. 《中国企业史(古代卷)》,郑学檬主编,企业管理出版社 2002 年版。

7. 《中国经济通史》第四卷,赵德馨总主编,湖南人民出版社 2002 年版。

8. 《20 世纪中国财政史研究概要》,叶振鹏主编,湖南人民出版社 2005 年版。

9. 《简明中国经济通史》,郑学檬主编,人民出版社 2005 年版。

10. 《中国赋税思想史(2005 年版)》,孙文学、刘佐主编,中国财政经济出版社 2006 年版。

11. 《六朝经济》,南京出版社 2010 年版。

12. 《中国财政通史》第三卷《魏晋南北朝财政史》(上下册),叶振鹏总主编,湖南人民出版社 2013 年版。

13. 《中国财政通史》第四卷《隋唐五代财政史》(上下册),叶振鹏总主编,湖南人民出版社 2013 年版。

三、古籍整理(合作)

1. 校点本《闽书》五册,福建人民出版社 1994—1995 年版。

2. 校点本《名山藏》三册,上海辞书出版社 2014 年版。

3. 《中华大典·经济典·财政分典》五册,巴蜀书社 2017 年版。

后　记

　　我自读本科生期间(1978 年 2 月—1982 年 2 月)到 2014 年,曾发表史学文章百余篇。为方便读者查阅,拙著《唐代财政史新编》(中国财政经济出版1991 年版,1999 年第 2 次印刷)作为《附录》收入 9 篇。2003 年又挑选截至2002 年发表的 22 篇结集为《汉唐财政史论》(岳麓书社 2003 年版),作为厦门大学历史系"南强史学丛书"之一种出版。本书论文部分选编的是我 2003 年以来发表的 31 篇专论和 2003 年之前发表的 8 篇专论,①均为以第一作者发表。论题以汉魏唐宋时期的财政、经济为主,稍涉政治和文化。本书附录则收入我为个人著作或合作完成的著作撰写的前言、后记,为后贤佳制撰写的序文共 20 篇,以及 1 篇近期与厦门大学研究生交流的史学研究和论文写作之个人经验谈,它们可与前面的 39 篇专论互为补充,共同反映我研习中国古代史的主要方向、学习心得、方法探索和理论思考。

　　本书取名《寸薪集》,是为了记录一名受业弟子为传承师业之火而不忘添薪的初心。

　　我在福建师范大学历史系读本科期间的史学习作,主要围绕若干福建古代历史人物展开。1982 年春毕业后,我考为厦门大学历史系韩国磐先生的研究生,于 1984 年秋获得硕士学位并留校任教,1985 春至 1988 年夏在职攻读并获得博士学位,才逐渐步入研习古史的佳境。

---

　　①　其中的《台湾回归话施琅》一文是我本科期间发表的习作,是国内较早从祖国统一的角度重新评价施琅的文章。《郑樵治学道路试探》一文也是本科生期间的习作。《试论两宋八闽文化的发展》一文则是在我的本科毕业论文基础上修改的,可与《试论郑樵编纂〈通志〉的主客观原因》一文参看。《杨炎的功过与悲惨结局》一文可与我为李志贤著《杨炎及其两税法研究》作的《序》参看。为记录个人研读中国古代史的行迹与思考,本书将它们一并编入。

从我保存的硕士生期间听课笔记可以看到,1982—1983年,国磐师为我们讲授硕士学位课程“中国古代史专题”和“中国古代经济史专题”时,曾花不少的时间讲解汉唐间的田制、赋税制度、财政职官制度、理财措施等方面的基本史实、传承演变以及当代的学术争论。当时即引起我的浓厚兴趣。随后在国磐师的指导下,我先后撰成以唐朝财政为论题的硕士学位论文和博士学位论文,从而确定了以汉魏唐宋的财政经济问题为日后的主要研究领域。换言之,我之所以长期专注于汉魏唐宋的财政经济史研究,乃得益于国磐师的言传身教。

2009年12月,为纪念韩国磐先生诞辰九十周年,我与诸“韩门弟子”与厦门大学图书馆特藏部共同筹办了“薪尽火传——韩国磐先生史学成就及其影响展览”,展列了国磐师的全部学术论著及其弟子们的一部分学术论著。为此我曾赋诗云:

鹿礁塔下仰一灯,半亩榕荫聚众生。①
雕刻文章多手力,援升堂庑瘁躬身。②
幸承赐序光青简,③可有传火添寸薪?
渺远天人何处问,江涛海信寄诗声。

其中“可有传火添寸薪”一句,一直是我留校之后在教学和科研工作中对自己的反躬策问,从而不敢懈怠。

在厦门大学历史系,鞭策我努力“传火添寸薪”的师长,还有郑学檬先生和杨际平先生。

学檬先生于1960年厦门大学历史系毕业后即留校任教。我负笈韩门时,他既是国磐师的助手,又担任硕士研究生必修课“中国古代经济史理论”的教师。学檬先生素以唐五代经济史为主要研究方向,1985年起又长期担任校主要领导职务,其理论素养、思辨能力、学术成果和组织领导才能,广受赞誉。国磐师在世时,他辅佐国磐师为建设厦门大学魏晋隋唐史研究团体殚心尽力;

① 韩师晚年寓居鼓浪屿鹿礁路26号二楼,临窗一老榕垂拂,因名其斋“老榕书屋”。

② 手力,此处指亲自劳作。韩师于1979年因中期食道癌作了胃代食道大手术之后,仍以羸瘦之身坚持撰著、授课、指导和批改学生论文,乃至日常书札往来,事必躬亲,不假人手。

③ 韩师曾为余等多名学生出版的首部史学专著撰写序言,奖掖有加。

2003 年国磐师病逝后,他领导厦门大学魏晋隋唐史研究团体继续前行,思虑周全,亲为亲历,是践行"传火添寸薪"的楷模。去年他出版《点涛斋史论集:以唐五代经济史为中心》一书(厦门大学出版社 2016 年 3 月版),集中反映了他"传火添寸薪"的学术成果。我留校之后在学术活动、行政职事乃至生活安排等多方面都得过他的谆谆教诲和悉心关怀,因此为"传火添寸薪"也不敢懈怠。

　　际平先生为北京大学历史系 1961 级本科生,受"文化大革命"的破坏影响,离校后长期不能如愿在高校或科研机构工作,却对唐史研究孜孜以求。1979 年他考为国磐师的首届硕士研究生,1981 年毕业后留系任教,接任国磐师的助手。我入读韩门时,他经常带领我们去鼓浪屿国磐师家听课。对我来说,他既是师兄,又是老师。他勤于治学,敏于思辨,敢于质疑,勇于创见,在秦汉魏晋隋唐史研究创获甚丰,也是践行"传火添寸薪"的榜样,去年他出版《杨际平中国社会经济史论集》三册(厦门大学出版社 2016 年 8 月版),集中反映了他的学术成果。我在学术研究中向他多有请益,在"传火添寸薪"中亦颇受鞭策。

　　因此,这本《寸薪集》既是我对国磐师耳提面命的缅怀,也是对受学檬先生、际平先生耳濡目染的感念。

　　这本《寸薪集》有一半以上的选题是论述唐后期经五代入宋这段历史时期的财政经济问题,反映了我近些年研习中国古代史的关注点之所在,也透露出我本来有心今后要更多地关注唐后期经五代入宋的制度变迁,包括产权制度、中央与地方的财政关系等。遗憾的是,虽然不忘初心,近年来我却深感力不从心。自读研究生以来,我双眼高度近视发展很快,从原来的四五百度增至千度上下。2008 年退休以来,右眼视力急剧下降,虽近辨五指,却不能阅读。2010年体检曾被疑为黄斑裂孔,建议做进一步检查。我却因左眼矫正视力尚好,遂不以为意,笔耕不辍,先后作为主要作者撰成《中国财政通史》之魏晋南北朝卷、隋唐五代卷(湖南人民出版社 2013 年版),《六朝经济》(南京出版社 2010年出版)等书稿,并增订出版个人专著《中国古代的纳税与应役》(商务印书馆2013 年版),计完成书稿近 200 万字。故 2011 年曾赋诗《退休三载小记》云:"愧无才气应时须,自在高轩远紫衣。四种雕虫何足喜?投壶击剑更宽馀。"至2013 年体检,经医生诊断为右眼视网膜脱离,我方去做进一步检查,确诊为右眼黄斑裂孔性视网膜脱离,左眼则患有黄斑前膜及黄斑劈裂。随后做了左眼黄斑前膜剥除及黄斑劈裂修复手术,3 个月后又做了右眼视网膜复位手术。但右眼仍然不能阅读文字。左眼则白内障发展迅速,阅读相当吃力。到 2015年,视力问题已经严重影响我的日常生活,遑论治学。2016 年元旦,我成功地做了左眼白内障手术,幸运地获得较好的矫正视力,日常生活无虞。术后校园漫步,喜而赋诗云:"旧岁辞时褐翳摘,金晴只眼扫阴霾。良辰再寻肥绿处,遥指茶花似雪白。"不过,鉴于 3 年来因视力给自己和家人的生活带来的诸多困扰,我几经思忖,不得不告诫息自己:"心智尚高目力伤,体魄尚健须自量;学海涛中落风樯,山阴道上弛马缰。"(自作《挽留光明行》诗句)因此这本《寸薪集》也包含着我对自己今后很可能难于再通过提供个人学术研究成果去"传火添寸薪"的遗憾。

本书所收论文由于撰写时间有早晚,发表刊物有不同,注释格式原来不大一致,这次结集时尽可能做了统一。同时也订正了原文与注释的若干文字错讹,观点则一仍其旧。书中尚存有不当之处,敬请识者不吝指正。

我于 1997 年春至 2008 年春兼任厦门大学图书馆馆长。在这 10 年间,我在图书馆的制度变革、机制转型、馆藏建设和人才培养等方面,与同仁同心同德,略尽绵力;同时个人的学术研究活动也得到图书馆同仁给予馆藏资源、文献传递等方面的有力保障。本书的文章有几近三分之二的篇幅是在这个"双肩挑"期间写成的。值此本书出版之际,我要再次向厦门大学图书馆诸同仁长期的帮助深表谢意。

本书文章结集过程中,承蒙毛蕾、刁培俊、王志双、刘云、周红诸君协助提供了不少文献信息,张赟彬君则帮助整理加工我的讲座录音形成文稿,特予志谢。

感谢责任编辑韩珂珂及校对郭晓丽、郭伟涵对付印稿文字的纠错补遗。

本书在出版过程中,得到厦门大学图书馆馆长萧德洪研究馆员、副馆长陈小慧研究馆员和厦门大学出版社社长蒋东明编审的关注与支持,谨此致谢。

本书荷蒙郑学檬师赐序,教泽沾溉,由来绵长,中心藏之,何日忘之!

今年我七十虚度,值本书出版之际,赋七律一首,略记心迹:

> 不闻人唤古稀翁,球场腾移小建功。
> 十载蹉跎多噩梦,卅年勤勉几泥鸿?
> 辍文病眼成新憾,翳目重光改旧衷。
> 夕倚斜晖晨鉴水,拈来诗絮送清风。

2017 年 4 月 6 日改定于厦门大学建校 96 周年校庆之辰